경제안보와
외국투자안보법

김민배

박영사

머리말

기술 패권을 차지하기 위해 미·중은 왜 대립하는가. 그것은 향후 강대국의 갈림길이 제4차 산업을 좌우할 첨단 기술의 확보에 달려 있기 때문이다. 누가 더 많은 첨단 기술을 확보하여 미래의 강대국 지위를 장악할 것인가. 미·중은 물론 주요국은 첨단 소재, 인공지능, 로봇, 바이오, 양자, 합성생물학 등을 국가안보와 경제를 좌우하는 핵심 분야로 인식하고 있다. 미·중의 기술 패권 전쟁이 경제, 군사, 과학기술, 인프라, 지정학 등으로 계속 확대되고 있는 이유이다.

패권국가에 신흥국가가 도전하면 이에 두려움을 품고, 현상을 유지하기 위해 억압한다는 고대 아테네 역사학자 '투키디데스의 덫'도 새롭게 조명되고 있다. 미국이 국가안보 논리를 경제와 첨단 기술에 적용하자 중국은 이러한 제재를 자신들에 대한 체제 공격으로 간주하고 있다. 중국이 미국의 일자리를 빼앗고 있다면서 무역 제재를 했던 트럼프 정부의 정책도 같은 논리다. 미국이 경제 안보를 명분으로 첨단 기술의 통제에 나선 것은 중국의 경제력과 과학기술이 급속하게 발전하고 있기 때문이다. 중국은 이미 '천인계획'과 '중국제조 2025'를 통해 민군 융합기술에서 비약적인 발전을 추구하고 있다.

이에 맞서 미국은 국가안보 예외 조항을 근거로 중국 정부와 기업의 투자와 기술 유출을 규제하고 있다. 트럼프 전 대통령은 다자주의를 부정하고, 예외주의를 주장한다. 미국을 '다시 위대하게'라는 트럼프의 구호에는 미국을 다시 '예외적인 나라로' 만들겠다는 뜻이 담겨있다. 문제는 트럼프의 일방주의가 한국에 미치는 영향이다. 동맹관계나 공통의 가치관을 바탕으로 미국에 보조를 맞추고 있지만, 항상 절반 이상이 휘말려 있는 구도이다.

주요국들은 경제안전 보장 정책으로 공급망의 확보, 첨단 기술의 유출 방지와 육성, 중요 인프라와 데이터의 보호 등을 추진하고 있다. 미국의 「수출관리통제법」과 「외국투자위험심사현대화법」, 영국의 「국가안보투자법」, 일본의 「경제안보추진법」, 오스트레일리아의 「외자매수법」 등은 특정 국가나 중요기술에 대해 투자규제를 하는 법률이다.

바이든 대통령은 2023년 8월 '우려국에 대한 대외투자를 규제하는 행정명령'을 공포하였다. 행정명령은 반도체 및 마이크로일렉트로닉스, 양자 정보 기술, 인공지능 분야에서 미국의 대외투자를 제한하도록 했다. 미국은 「국가핵심역량방위법」을 통해 미국 밖의 아웃 바운드 투자에 대해서도 통제하는 법률을 준비하고 있다. 일본은 2022년 5월 제정한 「경제안전보장추진법」을 토대로 서플라이 체인 강화, 기반 인프라의 공급망·사이버 보안, 민관 기술 협력, 특허 출원의 비공개 제도를 구축하고 있다. 일본은 해양, 우주항공, 영역 횡단·사이버 공간, 바이오의 4개를 특정하고, 이들 기술을 육성하기 위해 파격적인 지원을 하고 있다.

기술 패권을 둘러싼 경쟁이 갈수록 치열해지는 것은 국민의 생존과 국가의 번영에 과학기술이 매우 중요한 요소임을 잘 알기 때문이다. 특히 국가 경제뿐만 아니라 군사적 경쟁 환경을 완전히 바꿀 수 있는 AI, 바이오, 로봇, 양자 등에서 경쟁이 치열하다. 주요국은 첨단 소재, 양자 기술, 핵, 합성생물학 등 20여 개 분야에서 첨단 기술과 인프라를 선정하고 있다. 보호 대상으로 선정한 기술 분야와 인프라를 보면 향후 세계를 좌우할 기술이 무엇인가를 알 수 있다.

우리나라는 주요국보다 앞서 2006년 「산업기술보호법」을 제정하였다. 2024년 3월 기준으로 국가핵심기술은 13개 분야 75개 기술, 방위산업기술은 45개 분야 128개 기술, 국가첨단전략기술은 4개 분야 17개 기술을 지정하고 있다. 주요국의 기술 인재 육성, 관리 그리고 통제 정책을 보면 우리나라도 첨단 기술과 인프라를 더 확대할 필요가 있다.

주요국은 첨단 기술의 보호를 위해 기술 유출 행위에 대한 통제와 처벌을 강화하고 있다. 동시에 첨단 기술과 핵심인프라에 대한 외국의 투자 심사를 강화하고 있다. 국가정보원에 따르면 산업기술 해외유출 사건이 지난 5년간 총 96건이 적발됐고, 피해액은 23조 원으로 추정한다. 대법원에 따르면 2013~2022년 산업기술보호법 위반으로 1심 판결을 내린 141건 중 실형이 선고된 건 14건이었다. 2022년 영업비밀침해행위는 전체 28건 중에서 23건에 대해 집행유예가 선고되었고, 판결에 비판이 제기되었다. 2024년 3월 국가핵심기술의 유출에 대한 양형기준이 새롭게 공표되었다. 국가핵심기술의 유출에 대한 우려를 반영한 기준으로 최고 18년까지 선고할 수 있다.

현재 우리나라는 대통령 직속으로 국가안보실에 3차장 조직을 신설하여 경제 안보를 담당하고 있다. 국가안보실을 중심으로 정부 부처, 경제단체, 기업, 국가정보원 등이 협력하여 기술인재 육성과 초빙, 기술 보호와 관리, 최고 기술의 획득과 투자 등을 적극적으로 추진해야 한다. 그런데 국가핵심기술 등의 해외 유출은 외국과의 분쟁이며 국가 주권의 문제와 연결된다. 이러한 현실을 중시하여, 최첨단 기술의 해외 유출에 대처하는 통제시스템의 구축이 중요하다. 외국의 투자 심사에 대해 정보기관의 국가안보 심사의견을 반영하는 주요국의 법률과 제도를 토대로 국가정보원과 부문별 정보기관의 기능을 강화해야 한다.

주요국이 최첨단 기술의 개발과 보호에 전력을 다하는 이유는 무엇인가. 그것은 기술이 경제이고, 국가안보라는 점을 체감하고 있기 때문이다. 과연 국가핵심기술이 없어도 세계가 대한민국을 우대할 것인가. 최첨단 양자 기술이나 인공지능이 없다면 우리의 미래는 어떻게 되는가. 첨단 기술과 국가 핵심 기술이 없다면, 국제사회에서 한국은 확고한 지위를 확보할 수 없다. 첨단 기술이 없으면 기업도 일자리도 없다는 현실을 직시할 때다. 첨단 기술의 유출은 기업의 도산과 실직 그리고 가족의 해체라는 국민의 삶과 직결되기 때문이다.

어떤 첨단 기술을 육성하고 지킬 것인가. 다른 국가에 맞서 한국의 미래를 좌우할 첨단 기술을 어떻게 찾아내어, 세계 최고의 수준으로 육성할 것인가. 코로나19를 통해 위기 시 타국을 먼저 돕는 국가는 없다는 것을 경험하였다. 주요국의 자국 우선주의 정책에 대비한 경제 안보 전략을 수립해야 한다. 국가안보와 경제 안보 그리고 국민의 삶을 위해 첨단 기술의 육성과 보호가 필요하다. 동시에 경제 안보를 중시하는 차원의 외국 투자심사와 최고급 기술인재의 초빙 그리고 최첨단 기술의 획득에 나서야 할 때다.

2023년 11월 국정감사에서 '세계 2위 한국 기술을 인수한 중국 자본이 IT 기술만 빼낸 뒤 감원에 나서' 문제가 되었다. 모든 외국투자가 좋은 것은 아니라는 사례다. 오스트레일리아의 「외자매수법」은 국가안보 판단과 함께 국익에 위배되는지를 심사하고 있다. 외국투자가 상품이나 서비스의 시장가격이나 생산을 지배하게 될 가능성이 있는지, 투자가 세수나 환경 정책에 어떤 영향을 주는지, 외국투자가 경제 전반에 영향을 미칠 가능성이 있는지, 국민에게 공정한 혜택을 가져올 것인지, 지역사회의 고용과 발전에 기여하는가 등을 판단한다.

우리나라도 국가안보와 국익의 차원에서 기술 보호와 외국 투자를 판단해야 한다. 이를 위해서는 「(가칭) 외국의 투자와 국가안보에 관한 법률」의 제정이 필요하다. 주요국의 입법 동향과 정책을 바탕으로 외국인의 투자 허용기준, 유치 대상, 심사 주체, 신고자와 절차, 대상 기술 분야, 국가안보와 국익 기준 등을 다시 정해야 한다. 첨단 기술과 신흥기술, 핵심 산업, 핵심인프라와 R&D에 대한 투자규제와 투자유치를 위해 국가안보와 경제 안보의 기준을 재정립할 필요가 있다.

2004년 「산업기술보호법」의 제정과정에 참여한 후, 20여 년 동안 강의와 논문 등을 통해 산업기술의 보호와 산업보안 인력의 교육에 최선을 다하고자 했다. 『경제안보와 외국투자안보법』은 국내외 기업과 R&D 현장에서 일하는 산업보안 담당 임직원과 정부 부처 공무원 그리고 이름을 밝힐 수 없는 분들의 노고에 기초한 것이다. 집필의 바탕이 된 국가정보원, 산업통상자원부, 방위사업청, (사)한국산업보안연구학회, (사)한국산업기술보호협회 등에게 감사드린다. 항상 지도와 격려를 해주신 인하대학교 동문·교수·직원·학생 여러분과 사랑하는 가족에게 감사드린다.

어려운 출판 여건에도 본서의 간행에 도움을 주신 박영사의 안상준 대표이사, 장규식 팀장, 양수정 대리 등에게 감사드린다. 『경제안보와 외국투자안보법』이 우리나라의 경제 안보를 위한 첨단 기술의 보호와 육성 그리고 외국 첨단 기술의 획득과 올바른 외국 투자를 판단하는 길잡이가 되기를 기대한다.

2024년 5월
김민배

[법 제정을 위한 비교법적 분석]

Part 03 ─────────────────────────────

미국의 외국 투자심사 제도

Part 04 ———————————————————

영국 투자규제 제도와 국가안보투자법

Part 05 ─────────────────────────

캐나다의 법과 외국의 투자규제

Part 06 ————————————————————

오스트레일리아의 법과 외국의 취득 규제

Part 07 —————

일본의 경제안보추진법과 기술보호

[법 제정의 방향과 입법적 시사점]

Part 08

상호주의의 쟁점과 시사점

[외국의 투자관리제도 특징과 국내 입법 시 참고사항]

Part 09 —————————————————————————

외국의 투자관리 제도 특징과 시사점

Part 10 —————————

외국의 투자와 국가안보에 관한 법률(안)

[참고자료]

부 록

경제 안보와
외국투자안보법
제정의 필요성

PART 01
서론

PART

01

서론

경제 안보와 기술 패권 전쟁

I 경제 안보와 첨단기술

　왜 기술 패권을 차지하기 위해 미·중은 계속 대립하는가. 그것은 강대국의 갈림길이 제4차 산업을 좌우할 첨단기술의 확보에 달려 있기 때문이다. 누가 첨단기술의 수준을 높여, 게임 체인저로 미래의 지위를 확보할 것인가. 주요국은 첨단 소재, 인공지능, 로봇, 바이오, 양자, 합성생물학 등을 국가 경제와 안보를 좌우하는 핵심 분야로 인식하고 있다. 직시해야 할 것은 미·중의 기술 패권 전쟁이 경제, 군사, 과학기술, 인프라, 지정학 등으로 확대되고 있다는 점이다.

　미국이 안보 논리를 경제에 적용하자 중국은 이를 체제 공격으로 간주하고 있다. 패권국가에 신흥국가가 도전하면 이에 두려움을 품고 현상을 유지하기 위해 억압한다는 고대 아테네 역사학자 '투키디데스의 덫(Thucydides Trap)'도 새롭게 조명되고 있다. 기원전 5세기 아테네의 투키디데스는 아테네와 스파르타 진영 간 발생했던 펠로폰네소스 전쟁의 시작과 전개 과정을 설명하면서, 전쟁의 필연적 원인을 아테네의 성장과 이에 대한 스파르타의 우려로 규정하였다. 그레이엄 앨리슨(Graham Allison)은 '투키디데스의 함정 프로젝트(Thucydides's Trap Project)'로 명명된 연구를 통해 15세기 이후 신흥세력이 지배 세력에 도전했던 사례들이 16개이며, 12개 사례가 전쟁으로 연결되었다고 주장했다.[1] 앨리슨이 밝혀낸 전쟁의 원인은 2,500여 년 전 투키디데스의 결론과 유사하다. 기존 지배 세력이 느끼는 미래에 대한 불안과 두려움이 신흥세력의 자신감과 자부심에 찬 행동들과 충돌했다는 것이다.

부상하는 신흥세력과 기존 지배 세력 간의 전쟁 현상을 다룬 연구는 많다. 미국-중국 관계는 오래전부터 중요하게 다루어져 왔던 주제이다. 그러나 중요한 것은 2012년경부터 투키디데스 함정이라는 단어가 자주 사용되기 시작했다는 점이다. 그 이유는 이때를 전후하여 기존 이론들의 예측이 적중했기 때문이다. 중국의 개혁개방 이후 30여 년간 지속되어 오던 미·중 밀월관계가 막을 내리고 경쟁이 본격화된 시점이다. 중국이 미국의 일자리를 빼앗고 있다면서 무역 제재를 했던 트럼프 전 대통령의 차이나 쇼크론도 마찬가지이다.

2024년 11월 대선에 도전하는 트럼프 전 대통령이 최근 유세에서 나토 동맹국들이 자국의 안보를 스스로 책임져야 한다는 주장을 반복해서 논란이다. 그는 GDP 대비 2% 기준에 미달하는 나토 20개국에 대해 빚을 갚으라는 식의 압박과 함께 나토 탈퇴도 언급했었다. 트럼프는 1기 재임 시절 주한미군 철수를 거론했고, 한미 방위비 분담금 특별협정(SMA) 협상에서도 높은 인상률을 요구했다. 트럼프는 FTA 재협상도 주장했었다. 그는 다자주의를 부정하고, 예외주의를 주장한다. 이미 미국은 GATT 제21조 국가안보 예외 조항을 근거로 미국 국내법을 적용하여, 중국기업의 미국 활동을 규제하고 있다. 미국을 '다시 위대하게'라는 트럼프의 구호에는 미국을 다시 '예외적인 나라로' 만들겠다는 뜻이 담겨있다.

문제는 트럼프의 일방주의가 한국에 미치는 영향이다. 동맹관계나 공통의 가치관을 바탕으로 미국에 보조를 맞추고 있지만, 항상 절반 이상이 휘말려 있는 구도이다. 미국의 「외국투자위험심사현대화법」, 영국의 「국가안보투자법」, 일본의 「경제안보추진법」 등은 특정 국가나 중요기술에 대해 투자규제를

---

1   https://www.belfercenter.org/publication/thucydidess-trap-has-been-sprung-pacific

하는 법률이다. 주요국들은 경제안전 보장 정책으로 공급망의 확보, 첨단기술의 유출 방지와 육성, 중요 인프라와 데이터의 보호 등을 재구축하고 있다.

Ⅱ 미국과 중국의 기술 패권 전쟁

최첨단 과학 기술 발전과 미·중 기술패권 경쟁 격화 등 요인으로 인해 전통적인 국가안보와 함께 경제 안보의 중요성이 강조되고 있다. 과학 기술의 발전, 산업의 첨단화, 디지털 경제의 활성화 등으로 경제 안보에서 첨단기술과 산업기술의 중요성이 크게 증가하고 있다. 미국, 영국, 캐나다, 오스트레일리아, 일본 등 주요국은 첨단기술과 관련 분야를 육성과 기술 보호의 대상으로 규정하고 있다. 첨단소재, 인공지능, 로봇, 바이오, 양자 기술, 합성생물학 등의 첨단 과학 기술이 국가 경제와 산업 그리고 안보를 좌우하는 핵심 자산이라는 점을 인식하고 있다. 이중용도(dual use) 등 첨단기술이 미래산업으로서 경제적 이익을 창출하는 원천이라는 사실도 마찬가지이다. 미·중을 중심으로 한 기술 패권 경쟁이 본격화됨에 따라 주요국의 기술 안보 및 첨단기술 보호 전략도 경쟁국에 대한 견제를 넘어 경제 안보의 핵심축으로 자리 잡고 있다.

어느 국가가 첨단기술의 수준을 높여, 게임 체인져로서의 지위를 확보할 것인가. 향후 강대국의 갈림길은 제4차 산업을 좌우할 첨단기술을 얼마나 확보하는가에 달려 있다고 해도 과언이 아니다. 기술 패권을 차지하기 위해 대내 규제를 넘어 대외투자에 대한 규제로 확대되고 있다. 미국은 적성국으로 지목한 중국의 악의적인 지식 재산 약탈에 대응하기 위해 투자 및 보안 법률을 강화하고 있다. 주요국은 외국인에 의한 대내 투자규제와 함께 자국의 기술 보호를 위해 처벌 규정을 강화하고 있다.

2023년 8월 9일 바이든 대통령은 첨단기술과 관련된 중국에 대한 투자를 제한하는 행정명령(EO14105호)²에 서명하였다. 홍콩과 마카오를 포함한 중국은 행정명령 부속서에서 우려 국가로 지정되었다. 행정명령에 따라 양자 컴퓨팅, 인공지능, 첨단반도체 및 마이크로 전자 공학에 관한 모든 거래를 미국 정부에 통지해야 한다. 매우 심각한 국가안보 위협을 가하는 것으로 판단되는 기술에 대한 투자도 금지된다. 그런데 미국의 아웃 바운드 투자 검토 메커니즘에 대한 관심은 2018년에 시작되었다. 당시 입법 입안자들은 「외국투자위험심사현대화법」(FIRRMA)³에 아웃바운드 투자심사 메커니즘을 포함하고자 했다. 그러나 FIRRMA는 아웃바운드 투자심사에 대한 메커니즘이 없이 제정되었다. 그 후속 조치로 미국 의원들이 「국가 핵심 능력 방위법(National Critical Capabilities Defense Act 2023, NCCCDA)」⁴을 통과시키려고 시도하고 있다. 2021년과 2022년에 NCCDA가 통과되지 못한 후 NCCDA를 지지하는 의원들은 2022년 9월에 아웃바운드 투자심사 관련 행정명령을 요청하는 서한을 바이든 대통령에게 보냈다.

2023년 8월 2일, 미 상원은 2023년 「국방수권법(NDAA)」의 수정안을 통과시켰다. 「해외투자투명성법(Outbound Investment Transparency Act of 2023)」⁵이라는 제목의 「국방수권법」 개정안이 상원에서 91대 6으로 승인되었다. 개정안은 미국 금융기관이 첨단반도체, AI, 양자 퓨팅, 극초음속, 위성 기반 통신, 레이저 스캐닝 시스템 분야에서 중국기업에 투자할 때 정부에 통보하도록 하고 있다. 그러나 핵심적인 하원의원들이 수정안에 대해 이의를 제기해왔기 때문에 대통령의 행정명령(EO)과 일부 중복되는 이 수정안이 NDAA의 일부로서 법률로 제정될지는 확실하지 않다. NCCDA를 제정하지 못하는 현실과 「국방수권법」의 상원 수정안에 대한 이견은 국가안보와 기술 혁신의 촉진 사이에서

---

2 https://www.whitehouse.gov/briefing-room/presidential-actions/2023/08/09/executive-order-on-addressing-united-states-investments-in-certain-national-security-technologies-and-products-in-countries-of-concern/

3 https://home.treasury.gov/sites/default/files/2018-08/The-Foreign-Investment-Risk-Review-Modernization-Act-of-2018-FIRRMA_0.pdf

4 https://www.govinfo.gov/app/details/BILLS-118hr3136ih

5 https://www.casey.senate.gov/imo/media/doc/outbound_investment_transparency_act_one-pager.pdf

올바른 균형을 이루는 법적 기준을 제정하기가 어렵다는 것을 증명하고 있다.

한편 미국 재무부는 2023년 9월 28일까지 대통령의 행정명령 시행에 따른 의견을 구하는 규정 제정안 사전통지(advance notice of proposed rulemaking: ANPRM)를 발표하였다.[6] ANPRM은 적용되는 거래의 유형, 제한 대상인 미국인의 정의, 실사 문제, 적용 대상 기술 및 제품의 범위, 관련한 정의, 다양한 잠재적 예외를 포함하여 규칙 제정과 관련한 핵심 구성 요소에 대한 의견을 요청하고 있다.

ANPRM은 적용대상 거래의 특정 범주에 다음을 포함할 것을 고려하고 있다.

① 인수 합병, 사모 펀드, 벤처 캐피탈, 기타 계약을 통한 지분 인수
② 그린필드 투자
③ 합작 투자
④ 주식으로 전환할 수 있는 특정 채무 금융 거래 등

ANPRM은 거래 당사자의 투자가 금지되는지, 통지대상인지 등의 여부를 결정할 의무가 있다는 것을 고지하고 있다. ANPRM은 미국 투자자에게 금지된 외국기업에 의해 또는 외국기업을 통해 이루어진 투자를 지시하는데 미국인이 개인적으로 관여하는 것에 대한 제한도 검토하고 있다.

우리나라도 미국, 영국, 캐나다, 오스트레일리아, 일본 등과 같이 안보 투자 관련 법률을 제정하여 운영할 필요가 있다. 이를 통해 국가핵심기술과 방산기술, 첨단전략기술과 핵심인프라, 국가 중요시설과 핵심 인프라 지역 등에 대해 외국인의 투자 허용기준과 대상 등을 재정립할 필요가 있다. 이를 위해서는 「부동산 거래 신고법」, 「외국인투자촉진법」, 「산업기술보호법」, 「방위산업기술보호법」, 「국가첨단전략산업법」 등을 포괄하면서도, 이를 뛰어넘는 새로운 차원의 법률이 필요하다. 국가안보와 경제 안보의 차원에서 주요국의 입법 동향과 정책을 바탕으로 「(가칭) 외국의 투자와 국가안보에 관한 법률」을 제정할 필요가 있다.

---

6 https://home.treasury.gov/news/press-releases/jy1686

CHAPTER 02

외국 투자와 경제 안보

I 외국 투자와 경제 안보의 중요성

미국은 중국의 경제와 군사·과학 기술 측면에서의 대두 등을 배경으로 트럼프 행정부가 출범한 2017년 이후 경제 안보를 중시하는 경향이 더 강해졌다. 구체적인 법률이나 규정 등을 통해 무역이나 투자를 통한 첨단기술의 유출 방지를 강화하고 있다. 이 같은 흐름은 바이든 정부에서도 기본적으로 계승되고 있다.

주요국들은 경제 안전보장 정책의 바탕이 되는 첨단기술의 유출이나 침해를 방지하기 위해 최근 관련 법률을 제정하여 운영하고 있다. 미국은 FIRRMA를 통해 핵심기술의 유출 방지 정책을 실시하고 있다. 영국의 2021년 「국가안보투자법」은 국가안전보장에 초점을 맞춘 투자심사 메커니즘으로 영국의 첨단산업에 속하는 대상 회사에 대한 투자를 심사하기 위해 제정되었다. 오스트레일리아는 1975년 「외자매수법」을 2020년 개정하여 외국인의 투자에 대해 규제 정책을 실시하고 있다. 오스트레일리아는 「외국인투자개혁법」(2020)에 따라 외국인이 국가안보와 관련된 거래를 하는 경우 심사 과정을 거치도록 하고 있으며, 심사대상이 아니거나 이미 승인된 투자에 대해서도 안보 위협으로 판단될 시 직권심사가 가능하도록 하고 있다. 일본은 「경제안보추진법」을 2022년 5월에 제정하여 시행하고 있다. 캐나다는 「캐나다 투자법」에 대한 개정안이 의회에서 심의 중이다. 주요국들은 경제안전 보장 정책의 축으로 다음을 제시하고 있다.

① 공급망의 확보
② 첨단기술의 유출 방지
③ 중요 인프라와 데이터의 보호
④ 첨단기술의 개발 강화·지원 등

세계의 주요국이 첨단기술의 개발에 전력을 다하는 이유는 무엇인가. 그것은 기술이 경제이고, 국가안보라는 것을 체감하고 있기 때문이다. 하지만 첨단기술의 개발에는 투자에 대한 불확실성이 존재한다. 시장경제의 메커니즘에만 맡겨서는 첨단기술에 대한 투자와 보호가 불충분해지기 쉽다. 첨단기술의 개발이나 보호에 정부가 선도해야 하는 이유다. 주요국은 첨단분야 연구에 대한 리스크를 정부가 우선 부담한다. 그리고 지식과 경험을 가진 기업과 대학 등의 제휴를 통해 기술개발을 강력하게 추진한다. 과연 삼성이나 포스코 등이 갖고 있는 국가핵심기술이 없어도 세계가 한국을 우대할 것인가. 첨단기술과 국가 핵심기술이 없다면, 국제사회에서 한국은 확고한 지위를 확보할 수 없다.

Ⅱ 외국 투자안보법 제정의 필요성

미국의 바이든 대통령은 2023년 11월 16일 아시아태평양경제협력체(APEC)에서 "우리는 중국과 경제 관계에서 분리(decoupling)가 아니라 위험을 줄이면서(de-risking) 다변화를 하고 있다"고 했다.[7] 이에 대해 시진핑 주석은 미국 주요 경영진에게 "친구가 될 준비가 됐다"며, "디커플링과 공급망 중단은 누구에게도 이익이 되지 않는다"고 했다. 2023년 11월의 APEC에서 우리가 주목해야 하는 것은 미국이나 그 동맹들이 디커플링이 아니라 디리스킹을 강조하고 있는 점이다.[8] EU도 지난 6월 경제 안보가 우선이라면서, 공급망의 중국 의존을 경감하는 대책으로 디리스킹 개념을 내세웠다. 그것은 트럼프전 대통령 이후 유지되어온 대중 정책에 일부 변화가 있다는 것을 의미한다.[9]

그러나 미국은 국가안보를 위해 필요한 기술과 분야에 대한 보호조치를 해제할 생각이 없다. 바이든 대통령은 2023년 8월 '적대국(우려국)에 대한 대외투자를 규제하는 행정명령'을 공포하였다.[10] 행정명령은 반도체 및 마이크로일렉트로닉스, 양자 정보기술, 인공지능 분야에서 미국의 대외투자를 제한하도록 했다. 미국으로부터의 해외투자가 중국 등의 군사력에 이용되는 것을 저지하기 위한 정책이다. 미·중 기술 패권 경쟁의 핵심은 첨단기술이다. 최첨단 기술을 장악하는 자가 세계의 최강자가 된다는 것을 잘 알고 있기 때문이다.

일본 역시 국가안보 전략을 강화하고 있다. 특히 사이버보안, 기술, 에너지·식량안전보장에 대해서는 경제 안보의 차원에서 추진하고 있다. 일본은 2022년 5월 제정한 「경제안보추진법」을 토대로 정책을 집행하고 있다. 구체적으로 서플라이 체인 강화, 기반 인프라의 공급망·사이버 보안, 민관 기술협력, 특허 출원의 비공개 제도를 구축하고 있다. 일본은 해양, 우주항공, 영역 횡단·사이버 공간, 바이오의 4개를 특정하고, 이들 기술을 육성하기 위해 파격적인 지원을 하고 있다. 지난 1년간 1차 과제 20개에 1,824억 엔, 2023

---

7 https://www.whitehouse.gov/briefing-room/speeches-remarks/2023/11/16/remarks-by-president-biden-at-the-apec-ceo-summit-san-francisco-ca/; https://www.hani.co.kr/arti/international/america/1116744.html

8 https://www.nytimes.com/2023/05/20/world/decoupling-china-de-risking.html

9 http://m.kyeongin.com/view.php?key=20231119010003960

10 https://www.theguardian.com/world/2023/aug/09/biden-executive-order-us-invest-ment-chinese-technology

년 10월 20일 발표한 제2차 연구과제는 13개에 1,500억 엔을 투자하고 있다. 일본이 JST와 NEDO를 통해 최근 1년간 공모된 4개 분야의 연구비만 3조원에 이른다.

우리나라는 국제협동 연구와 외국인 과학자의 유치를 통해 기술을 개발한다고 한다. 하지만 주요국은 인재의 유출 방지에 적극적으로 나서고 있다. 과학과 첨단기술 그리고 R&D 정책은 기존의 한국 과학자와 연구자를 중심축으로 추진해야 한다. 첨단기술과 인재가 경제 안보의 중심축이라는 사실을 직시할 때 올바른 정책을 추진할 수 있다.

2023년 11월 국정감사에서 '세계 2위 한국 기술을 인수한 중국 자본이 IT 기술만 빼낸 뒤 감원에 나서' 문제가 되었다.[11] 모든 외국투자가 좋은 것은 아니라는 사례다. 오스트레일리아의 「외자매수법」은 국가안보 판단과 함께 국익에 위배 되는지를 심사하고 있다. 외국투자가 상품이나 서비스의 시장가격이나 생산을 지배하게 될 가능성이 있는지. 투자가 세수나 환경 정책에 어떤 영향을 주는지. 외국투자가 경제 전반에 영향을 미칠 가능성이 있는지. 국민에게 공정한 혜택을 가져올 것인지. 지역사회의 고용과 발전에 기여하는가 등을 판단한다.

우리나라는 2006년 선구적으로 「산업기술보호법」을 제정하였다. 산업기술과 국가핵심기술 그리고 경제 안보의 중요성을 간파하고, 법과 제도적 장치를 선도적으로 마련하였다. 최근 대통령 국가안보실에 경제 안보를 담당하는 3차장도 신설하였다. 정보기관의 국가안보 심사의견을 반영하는 외국의 사례를 바탕으로 국가정보원 산업기밀보호센터의 역할도 법률에 반영해야 한다. 코로나19를 통해 위기 시 타국을 먼저 돕는 국가는 없다는 것을 경험하였다. 주요국의 자국 우선주의 정책과 트럼프의 제2기를 대비한 전략을 수립해야 한다. 국가안보와 경제 안보 그리고 국민의 삶을 위해 철저히 대비해야 할 때다.[12]

---

11 https://www.asiatoday.co.kr/view.php?key=20231012010005815

12 http://m.kyeongin.com/view.php?key=20240219010001681

우리나라도 국가안보와 국익의 차원에서 기술 보호와 외국 투자를 판단해야 한다. 이를 위해서는 기존의 법률을 뛰어넘는 「(가칭) 외국의 투자와 국가안보에 관한 법률」의 제정이 필요하다. 주요국의 입법 동향과 정책을 바탕으로 외국인의 투자 허용기준, 유치 대상, 심사 주체, 신고자와 절차, 대상 기술 분야, 국가안보와 국익 기준 등을 다시 정해야 한다. 첨단기술과 신흥기술, 핵심산업, 핵심인프라와 R&D에 대한 투자규제와 투자유치를 위해 국가안보와 경제 안보의 기준을 재정립할 필요가 있다.

본서에서는 미국, 영국, 오스트레일리아, 캐나다, 일본의 외국투자안보법 관련 법령 제·개정 과정과 법률의 특징을 분석하고자 한다. 특히 외국투자안보법 관련 심사대상, 심사방식, 심사 일정, 심사 주체, 그리고 국가안보 판단 기준, 벌칙 등을 연구하고자 한다.

이를 위하여 주요국의 안보 투자 정책 사례 및 동향 연구, 주요국의 외국투자 정책 및 법령 등을 비교법적으로 연구하고자 한다. 특히 미국, 영국, 오스트레일리아, 캐나다, 일본의 법제 관련 자료와 보고서 등을 검토·해석하여, 우리 법체계와의 정합성 및 제도 도입의 가능성 등을 검토하고자 한다.

구체적으로 주요국의 기술 보호를 위한 수출통제, 해외투자 규제, 연구 안보 등의 정책 동향을 분석하고, 향후 제도개선, 법령 제·개정, 정책 수립과 전략에 필요한 사항을 검토하고자 한다. 결론적으로 미국, 영국, 캐나다, 오스트레일리아, 일본 등 주요국의 입법 사례 연구를 통해 「(가칭) 외국의 투자와 국가안보에 관한 법률」의 제정에 필요한 내용과 시사점 등을 제시하고자 한다.

주요국의 경제 안보와 외국투자 정책의 동향

PART 02

국가안전보장과 외자 규제의 동향

PART

02

국가안전보장과
외자 규제의 동향

CHAPTER

01

세계의 경제 안보와
외국인 투자환경의 변화

I | 경제 안전보장과 외국인 투자에 대한 규제

① 정책의 핵심과 경제 안보

유럽과 미국을 중심으로 하는 자유무역 체제가 흔들리고 있다. 세계 경제에서 중국의 대두, 코로나19 바이러스 감염 확대를 계기로 한 공급망 혼란, 러시아의 우크라이나 군사 침공 등 세계화를 압박하는 리스크가 표면화된 영향이 크다. 일부 국가에서 도입된 자국 우선 수출 제한과 생산 공급망 두절로 반도체 의료 관련 제품 등 전략물자가 공급 부족에 빠지는 사태가 있었다. 경제 안전보장이나 서플라이체인 강화를 동기로, 오랜 세월 계속되는 자유무역을 우선하는 통상 관행에도 변화의 조짐이 보인다. 이 같은 변화는 주요국 통상정책에도 짙게 반영돼 새로운 정책 방향에 기초한 새로운 다자간 틀의 형성을 촉구하고 있다. 예컨대 반도체 수출관리를 확대하고 있으며, 자국 기업의 우려 국가 투자를 감독하는 등 완전히 새로운 경제 질서가 구축되고 있다.

미국 바이든 행정부에서 안보 정책을 총괄하는 설리번(Jake Sullivan) 백악관 국가안보보좌관은 2023년 4월 27일 미국 싱크탱크 브루킹스연구소 행사에서, 미국이 그동안 비용 절감 등 시장 효율성을 추구하면서 전략물자 공급망이 고용 및 산업과 함께 해외로 이전했다고 했다. 그는 지정학 리스크나 중국 등과의 경쟁도 언급하면서 바이든 정권의 산업 이노베이션 전략이 새로운 국제경제 질서를 구축해 나갈 것이라고 강조하고 있다. 설리번 보좌관은 종래의 자유무역협정(FTA)에 대해, '관세 삭감에 근거한 통상 정책'은 서플라이 체인의 강화로 이어지지 않는다면서, 디지털 인프라 구축과 노동자·환경 보호 등에 힘쓰는 '현대 무역협정'의 필요성을 호소했다.[13] 조 바이든 대통령도 지난 6월 8일, 공급망의 재편 과제를 염두에 두고, '국제 무역이 근본적으로 변화하고 있다'고 했다.

2023년 6월 20일 EU도 경제 안보 전략을 발표했다. 폰 데어 라이엔(Ursula von der Leyen) 유럽연합 집행위원장은 그 어느 때보다 경쟁적이고 지정학적인 세계로 눈을 돌릴 필요가 있다며 우리와 많은 동맹국들에게 경제 안보는 우선 사항이라고 말했다. EU는 공급망의 중국 의존을 경감하는 대처로서 '디리스킹(de-risking)'이라는 개념을 제창했다. 샤를 미셸(Charles Yves Jean Ghislaine Michel) 유럽이사회 의장은 2023년 6월 30일, 경제 관계에서 중국과의 적정한 균형을 되찾아야 한다고 했다.[14]

미국과 유럽 주도의 새로운 통상정책은 국제적인 질서에 반영되고 있다. 2023년 5월 히로시마에서 개최된 G7 정상회의에서는 경제 안전보장에 관한 성명을 처음 채택했다. 서플라이체인 강화의 대처로서 중요 광물이나 반도체, 축전지와 같은 중요 물자를 구체적으로 지정하였다. 중국 등을 염두에 두고, 경제적 위압에의 대응을 향한 조정 플랫폼의 설치에 합의했다. 그 밖에도 폭넓은 정책 영역에서의 협조를 약속하고 있다. 또 경제 안전보장의 접근법으로 유럽이 제언한 '디리스킹'을 추진하기로 했다.[15]

---

13 https://www.whitehouse.gov/briefing-room/speeches-remarks/2023/04/27/remarks-by-national-security-advisor-jake-sullivan-on-renewing-american-economic-leadership-at-the-brookings-institution/

14 EU 이사회(2023년 6월 29~30일) 후에 발표된 성명. https://www.consilium.europa.eu/en/meetings/european-council/2023/06/29-30/

15 https://www.mofa.go.jp/mofaj/files/100506777.pdf

◑ G7 정상회의 합의(경제 안보 분야)

항목	합의 내용(요약)
서플라이 체인	◦ 모든 나라에 「강인하고 신뢰성 있는 서플라이체인에 관한 원칙」지지를 촉구한다. ◦ 중요 광물, 반도체, 축전지 등의 중요 물자 서플라이체인을 강화해 나간다. ◦ 공급 혼란에 대처하기 위해 스트레스 테스트의 식견과 베스트프랙티스를 공유한다.
핵심 인프라	◦ 오픈 아키텍처나 보안 관련에 대해 의견 교환을 계속한다. ◦ 엄격한 설비 평가가 필요하다는 것을 논의하였다(프라하 제언이나 EU의 5G 툴박스).
비시장적 정책 관행	◦ 산업 보조금, 국유기업의 시장 왜곡적 관행, 모든 형태의 강제 기술 이전에 대한 우려를 표명하였다. ◦ 기존 수단을 활용(효과 검증)하고, 필요시에 새로운 툴을 개발하여 WTO의 대처를 강화한다.
경제적 위압	◦ 「경제적 위압에 대한 조정 플랫폼」을 시작한다. 조기 경계나 신속한 정보공유, 정기적 협의를 한다. ◦ (위압의) 대상이 된 국가나 주체 등을 지원하고 협조한다. ◦ 기존 수단을 활용(효과 검증)하고, 필요시에 새로운 툴을 개발하여 WTO의 대처를 강화한다.
디지털	◦ 데이터 관리 규제에 대한 우려 표명. 대처를 위한 전략적 대화를 심화시킨다.
국제 표준화	◦ 폭넓은 이해관계자를 포함한 형태에서의 개방적이고 자주적인 표준 책정을 지원한다.
중요·첨단기술	◦ 이중용도(dual use) 기술 보호를 위해 수출관리 분야의 다자간 대처를 강화해 나간다. ◦ 수출이나 대내 투자와 관련된 규제를 보완하는 역할로서 대외투자 관련 조치의 중요성을 인식한다. ◦ 경제 안전보장 툴킷에 관해 민간 섹터에 명확성을 제공해 나간다.

출처: G7 Leaders' Statement on Economic Resilience and Economic Security May 20, 2023

미국이 참여하는 인도태평양 경제체제(IPEF)에서도 공급망 협정 협상이 2023년 5월 실질적으로 타결되었다.[16] 다자간에 서플라이체인을 관철하는 협정이다. 이 협정의 텍스트는 공개되지 않았다. 그러나 각 참가국의 중요 분야·물품을 특정해, 공급단절 리스크에 집단적으로 대응하는 것이나 조달 지원, 물류·인프라의 강화 등에 관한 대처가 포함될 것이라고 한다. 대처의 주체가 되는 조직도 설치된다. 개별 행동계획이 수립되고 공급원 다원화와 비즈니스 매칭, 위기 시 긴급 연락 채널 등이 규칙화될 것으로 보인다.

IPEF는 다음과 같은 사항을 추진하도록 하고 있다. IPEF는 서플라이 체인 협의회를 조직하여, 중요 분야·물품에 대해서 분야별 액션 플랜을 공동으로 책정하는 구조를 구축한다. 이를 통해 공급원 다원화, 인프라·노동력 개발, 물류 연결성 향상, 비즈니스 매칭, 공동연구 개발, 무역 원활화 등에 대처한다. IPEF는 위기 대응 네트워크를 가동하여, 체약국의 단절 시 지원 요청에 대응하기 위해 정보공유나 협력 촉진을 위한 긴급 연락 채널을 설치하도록 한다. 이를 통해 경제적인 악영향을 최소한으로 억제해 신속하고 효과적인 대응을 목표로 한다. IPEF는 노동권 자문위원회를 설치하여, 정부, 노동자, 사용자의 대표로 구성되는 자문위원회 및 정부 대표로 구성된 소위원회를 신설한다. 이를 통해 공급망에서의 노동자 권리 촉진, 지속 가능한 무역 투자 추진, 노동자 권리 존중 기업에 대한 투자 기회 향상 지원을 하도록 한다.

(2) 반도체 수출 관리와 다른 산업의 파급

전략물자에 관한 주요국의 개별 정책으로는 반도체를 둘러싼 수출 관리 대책을 들 수 있다. 발단은 미국이 지금까지와는 선을 긋는 포괄적인 엔드 유스 규제 등을 구체화하면서 시작되었다.

---

16 https://ustr.gov/trade-agreements/agreements-under-negotiation/indo-pacific-eco-nomic-framework-prosperity-ipef

◑ 미국 정부가 지정하는 중요기술 사례

분야	내용
컴퓨터 관련 기술	◦ 첨단 컴퓨팅 ◦ 클라우드 컴퓨팅 외 ◦ 인공지능(AI) ◦ 기계·심층·강화학습, 인지, 의사결정 외 ◦ 양자 정보기술 ◦ 양자 암호, 양자 네트워킹 외 ◦ 반도체 및 마이크로 전자 공학 ◦ 설계, 제조 장치, 첨단 패키징 외
바이오 기술 제조	◦ 핵산 단백질합성 ◦ 게놈 단백질 공학 ◦ 생물정보학, 생물기상학 ◦ 다세포 공학 ◦ 바이러스 공학 ◦ 바이오 제조 및 가공기술 외
청정 에너지 기술	◦ 재생 가능 발전 ◦ 재생 가능하고 지속 가능한 연료 ◦ 에너지 저장 ◦ 전기 하이브리드 동력 ◦ 축전지 ◦ 에너지 효율화 기술

출처: Remarks by U.S. Secretary of Commerce Gina Raimondo on the U.S. Competitiveness and the China Challenge

그 결과 세계의 반도체 산업에 큰 영향을 주었다. 미국 외에도 글로벌 반도체 장비업체 'ASML'의 본사가 있는 네덜란드와 일본도 대중국 반도체 기술 수출 규제를 발표했다.

향후 수출관리와 규제의 대상이 확대될 가능성이 크다. 미 바이든 행정부의 반도체 규제 발표 이후인 2022년 11월 수출관리를 지속적·전략적으로 개정함으로써 핵심기술을 보호할 방침을 밝힌 바 있다. 향후 10년간 특별히 중요해질 기술 분야로서 첫째, 컴퓨터 관련 기술[반도체 등 마이크로전자공학, 양자정보 시스템, 인공지능(AI)], 둘째, 바이오 기술·제조, 셋째, 청정에너지 기술의 3가지를 들고 있다.[17] 이들 기술의 구체적인 정의나 범위는 정해져 있지 않다.

Ⅱ 미중 대립과 세계의 경제 안보 동향

(1) 미국과 중국의 관계 변화

1979년 미·중 수교 후 관여 정책이 미국의 대중국 자세의 주축이었다. 미국은 인적 교류와 경제적 원조를 통해 중국의 근대화를 지원했다. 미국의 목표는 중국이 경제성장을 하면 사회주의 경제에서 자본주의 경제로 이행하고, 결국 정치적 개혁, 자유화가 일어난다는 시나리오였다. 결과적으로 미국 주도의 국제질서에 중국이 편입되기를 기대했다. 미국의 관여 정책은 1989년 톈안먼 사태를 거치면서도 흔들림이 없었다. 클린턴 행정부는 중국의 WTO(세계무역기구) 가입 실현을 강력히 뒷받침했다. 중국의 대두를 봉쇄해야 한다는 논조도 있었지만 2000년대 들어서도 이 정책은 계속되었다.[18]

그러나 미국의 대중국 자세는 관여에서 대립으로 치닫고 있다. 상황이 달라졌다. 2012년 국가주석에 취임한 시진핑은 '중국의 꿈, 중화민족의 위대한 부흥'과 같은 장대한 비전을 내걸고 사회통제를 강화했다. 그에 따라 중국에 대한 경계감이 서방국가에서 높아졌다. 미국 정부 내에서는 중국 관여를 통한 WTO 규정 준수 설득이 실패했다는 인식이 공유되었다.

---

17 Remarks by U.S. Secretary of Commerce Gina Raimondo on the U.S. Competitiveness and the China Challenge; https://www.commerce.gov/news/speeches/2022/11/re-marks-us-secretary-commerce-gina-raimondo-us-competitiveness-and-china

18 John J. Mearsheimer, *The Tragedy of Great Power Politics*(New York: Norton, 2001).

오바마 행정부는 중동에서 아시아로의 선회와 재균형을 내세워 아태지역의 중요성을 강조하면서 대중 관여 정책의 수정을 시도했다. 그리고 트럼프 행정부가 출범한 뒤 미국의 대중 자세는 대립으로 전환된다. 2017년 국가안보전략(NSS)에서는 중국을 러시아와 함께 경쟁상대로 지목해 강대국 간 경쟁 시대가 도래했음을 각인시켰다. 그리고 중국을 현상 변경 세력이라고 단정하면서 그동안 관여 정책이 잘못됐다는 인식을 나타냈다. 중국이 권위주의 체제를 확산시키기 위한 영향력을 높이고 있다고 진단하면서, 대결 수위를 높였다.

바이든 행정부도 대중 강경 자세를 계승했다. 집권 초기부터 중국을 미국에 가장 중대한 지정학적 도전이자 국제 질서를 재편하려는 의도와 그 목표를 가진 국가로 보았다. 그리고 미국에 대항할 수 있는 경제, 외교, 군사, 기술력을 모두 보유한 유일한 경쟁상대로 규정했다.

② 미·중 대립을 보는 관점

그렇다면 왜 미국의 대중 자세는 대립으로 변했을까. 이를 설명하고자 하는 여러 가지 주장들이 있다. 여기에서는 히라키 아야카(平木)의 세 가지 시점을 인용하고자 한다.

첫째, 차이나 쇼크론이다. '중국은 미국 일자리를 빼앗고 있다'는 트럼프 전 대통령의 주장이다. 중국으로부터의 수입 증가가 미국 제조업의 고용 상실과 실업 증가로 이어졌다는 견해이자 미국 내 중산층을 중심으로 높아지는 반중 정서의 뿌리이기도 하다.[19]

---

19 이 부분의 내용은 平木 綾香, 経済安保を俯瞰する(前編); https://faportal.deloitte.jp/institute/report/articles/000748.html를 기초로 한 것이다. David H. Autor, David Dorn, Gordon H. Hanson, "The China Syndrome: Local Labor Market Effects of Import Competition in the United States," *American Economic Review*, American Economic Association, vol. 103(6), pages 2121-2168, October 2013.; David H Autor, David Dorn, Gordon H. Hanson, "The China Shock: Learning from Labor Market Adjustment to Large Changes in Trade", *NBER Working Paper*, No. w21906, January 2016.

둘째, 패권국가 미국과 추격 국가 중국과의 숙명적 충돌론이다. 신흥국이 대두해 패권국에 도전하려 하자 패권국들은 두려움을 품고 기존의 질서와 현상을 유지하려 한다. 그 결과 국제 관계에 구조적 긴장 상태가 생긴다. 고대 아테네 역사학자 투키디데스(Thucydides)의 이름을 따서 투키디데스의 덫으로 불린다. 중국의 군사력과 경제력 증대가 미중 관계에 긴장을 가져오고 있다는 분석이다.[20]

셋째, 경제 영역에서 안전보장의 딜레마가 확대되고 있다는 견해이다. 안보 딜레마란 국가가 자국의 안보를 확보하려고 하면 그것이 다른 나라에게는 위협으로 인식되어 군비 확장과 동맹 강화를 초래한다는 것이다.

결과적으로 자국의 안보가 훼손되는 상황을 말한다. 경제 규모에서 중국 공산당이 주도하는 자본주의, 즉 국가 자본주의에 의해 중국의 경제력은 미국과 어깨를 나란히 할 정도로 성장했다. 미국은 이것을 위협으로 간주하고 안보 논리를 경제 측면에서도 적용해 나갔다. 중국은 미국의 제재를 체제 공격으로 간주하고 보복 조치로 대응하게 된다. 이러한 제재와 보복이라는 상황 논리의 반복이 미·중 갈등의 격화를 초래하고 있다.[21]

③ 미·중 대립의 확대와 주변 국가

직시해야 할 것은 미국과 중국의 대립이 더 이상 군사적으로만 국한되지 않는다는 사실이다. 중국의 불공정 무역 관행에서 이데올로기와 그리고 기술 분야로 확대되면서 복잡하게 진행되고 있다. 미·중의 대립 영역은 전방위로 확대되고 있다. 미·중은 이데올로기, 경제, 군사, 지정학 등에서 대립하고 있다. 미 공화당 하원의원들은 현재의 미·중 관계를 새로운 냉전으로 규정했

20 GrahamAllison,*Destined for War: Can America and China Escape Thucydides's Trap?* (Houghton Mifflin Harcourt, 2017).

21 Margaret M. Pearson, Meg Rithmire, Kellee S. Tsai, "China's Party-State Capitalism and International Backlash: From Interdependence to Insecurity," *International Security*,2022, 47 (2), 135-176.

다. 그리고 이 새로운 냉전에서 승리하기 위해서는 중국의 침략에 대해 엄격한 정책으로 맞서야 한다고 밝혔다. 경제 강화, 공급망 재구축, 인권, 군사적 침략, 미국인의 개인정보, 지적재산, 고용 등에 대처해야 한다고 주장한다.[22]

미·중 갈등은 양국의 문제를 넘어 세계질서 체제로 번지고 있다. 특히 한국을 포함한 서방국가에 미치는 영향도 크다. 우리나라는 동맹관계나 공통의 가치관을 바탕으로 미국의 흐름에 보조를 맞추고 있는 상황이다. 하지만 항상 반쯤은 휘말려 들어가 있는 구도이다. 미·중 갈등과 대립, 제재와 보복이 확대될수록 경제적인 자립성의 향상이나 첨단기술의 획득을 통한 우위성과 불가결성의 확보가 대한민국의 중요한 과제가 되고 있다.

그 시작은 2018년 8월에 통과된 「2019년 미국 국방권한법」(National Defense Authorization Act for Discal Year 2019: NDAA)[23]이다. 거기에서 수출관리, 대내 투자규제, 정부조달 규제 등 대중 강경책을 담았다. 미국은 그 후에도 경제 안보와 관련된 정책과 계획을 속속 내놓고 있다. EU는 2019년 안전보장 및 공공질서 보호를 목적으로 EU 역외 직접투자를 스크리닝하는 '대내 직접투자 심사규칙'을 제정하였다. 2022년에는 중요한 기술 및 공급망에서 특정 국가에 대한 의존을 줄이고 EU의 전략적 자율성을 높이기 위한 로드맵을 포함한 안전보장 및 방위 정책 패키지를 발표했다.[24]

그중에는 ① 방위 연구·방위 능력에 대한 투자 및 공동조달 ② 합리적이고 보다 수렴적인 수출관리 관행 ③ 민사 및 방위 연구·이노베이션 간의 상승효과와 전략적 의존 경감 ④ EU 차원에서의 우주 방위 강화 ⑤ 유럽의 회복력 강화를 제안하고 있다.

서방 국가들의 이 같은 움직임에 대해 중국은 2020년 「수출관리법」, 2021년 「외상투자안전심사판법」을 시행하는 등 맞대응 조치를 강구하고 있

---

22 平木, 앞의 글 참조. Rep. Kevin McCarthy , Rep. Mike Gallagher "China and the US are locked in a cold war. We must win it. Here's how we will",FOX NEWS, Dec 8, 2022.

23 https://www.congress.gov/115/bills/hr5515/BILLS-115hr5515enr.pdf

24 European Commission,"Commission unveils significant actions to contribute to European Defence, boost innovation and address strategic dependencies", Feb 15, 2022.

다. 바로 경제적 수단을 통한 안보 딜레마가 미국 대 중국에서 서방 대 중국으로 확대되고 있다. 향후의 초점은 중국이 어떠한 국가를 포섭해 자기 진영을 확대해 나갈 것인가 하는 점이다. 경제안보는 미국이나 동맹국만의 과제가 아니라 글로벌 사우스를 포함한 세계 전체의 과제가 되었다.[25] 중국도 직접투자, 새로운 국제기구 설립, 신흥국이나 개도국의 이익 대변 등을 통해 글로벌 사우스를 끌어들이려 하고 있다.

글로벌 사우스라고 해서 단단히 결속되어 있는 것은 아니다. 각국의 정치경제적 상황은 다양하고 주안점은 자국의 경제발전과 국내 정치체제의 안정에 놓여 있기 때문이다. 글로벌 사우스가 유럽 진영이나 중국 진영 한 쪽을 모두 선택한다는 것은 생각하기 어렵다. 분명한 것은 글로벌 사우스가 세계질서에 또 다른 큰 불확실성의 요인이라는 점이다.

④ 경제 안보와 기술패권 경쟁

미중 기술 경쟁은 인공지능(AI), 5G, 양자컴퓨터, 빅데이터 등 첨단기술 분야에서 치열해지고 있다. 미 국무장관은 '냉전 이후 세계는 끝을 맞이하고 세계를 형성하기 위한 새로운 경쟁이 벌어지고 있다. 그 경쟁의 중심에 있는 것이 기술이다.'라고 말해, 첨단기술 분야에서 한 발짝도 물러서지 않는 자세를 보이고 있다.[26] 미중의 기술을 둘러싼 경쟁이 격화되기에 이른 경과를 히라키(平木)는 중국의 도전, 미국의 반격, 확대와 장기화의 3개의 단계로 나누어 설명하고 있다.[27]

2017년 도널드 트럼프 행정부 출범으로 보호주의적 성향이 강해지면서

---

25 「林芳正外相インタビューの要旨「G7で国際秩序守る」」, 日本経済新聞,2023年4月14日; 平木, 앞의 글 참조.

26 U. S. Department of State, "Remarks to the Press",Oct 17, 2022.

27 平木 綾香, 経済安保を俯瞰する(後編)-米中の競争と分断が先端技術領域で激化, https://faportal.deloitte.jp/institute/report/articles/000749.html

대중 정책은 더욱 엄격해졌다. 당초 대중 무역적자 감축에 주안점을 뒀지만 2018년 이후에는 기술경쟁으로 쟁점이 옮겨가면서 안보논리가 경제·무역 면으로 파급돼 갔다. 미국은 중국이 사이버 공격에 의해 지식재산이나 기업비밀 절취를 자행하고 있다고 비판했다.[28] 미국 무역대표부(USTR)는 2018년 3월 중국의 지식재산 침해 행위를 비판하는 '통상법 301조 보고서'를 발표했다. 그해 6월에는 백악관 통상제조업 정책국(OTMP)이 어떻게 중국의 경제침략이 미국과 세계 기술의 지적재산을 위협하고 있는가 라는 보고서를 발표했다. 중국에 의한 대미 투자를 기술 획득을 목적으로 한 중국 정부 주도의 투자, 즉, 미국으로부터 기술을 절취하는 수단이라고 했다. 실제로 안보상의 이유로 중국계 기업의 미국 반도체 기업 인수를 대통령의 행정명령으로 막고 있다.[29]

2019년 미국 「국방권한법」(National Defense Authorization Act for Discal Year 2019: NDAA)[30]이 트럼프 대통령의 서명으로 통과됐다. 주목할 만한 것은 「수출관리개혁법」(Export Control Reform Act: ECRA)과 「외국투자위험심사근대화법」(FIRRMA)이 포함되었다는 점이다. ECRA에서는 첨단기술을 새로운 규제 대상에 추가했다. 또 ECRA의 하위법령인 수출관리규칙(Export Administration Regulations: EAR)에는 미국의 국가안보나 외교정책상 우려가 있는 기업을 지정하는 엔티티 리스트(EL)가 있으며, 여기에 '중국 제조 2025'의 핵심이었던 중국기업이 대거 포함됐다.

FIRRMA는 안전보장 관점에서 미국에 대한 대내 투자를 심사하는 대미투자위원회(Committee on Foreign Investment in the United States: CFIUS)[31]의 권한을 강화하는 것이다. 심사대상 거래를 확대하고, ECRA에 규정되어 있는 중요기술이나 주요 인프라, 민감한 개인 데이터와 관련된 투자를 규제한다.

---

28 The White House, *National Security Strategy of the United States*, Dec 2017.

29 TheWhite House Office of Trade and Manufacturing Policy, "How China's Economic Aggression Threatens the Technologies and Intellectual Property of the United States and the World", June 2018.

30 https://www.congress.gov/115/bills/hr5515/BILLS-115hr5515enr.pdf

31 https://home.treasury.gov/policy-issues/international/the-committee-on-foreign-investment-in-the-united-states-cfius

위에 더해 중국기업 5곳의 정부조달을 금지하는 조치도 발효됐다. 미국은 ① 관세 인상 수입 규제 ② 수출관리 ③ 대내투자 규제 ④ 정부조달 규제 ⑤ 인적 교류 제한 ⑥ 개별기업 제재 등 모든 정책 수단을 동원해 중국의 도전을 차단하기 시작했다.

2021년 출범한 바이든 행정부도 트럼프 전 행정부의 대중 강경정책을 답습하였다. 2022년 10월에는 국가안보를 이유로 반도체와 슈퍼컴퓨터 관련 대중 수출규제를 전례 없는 엄격함으로 강화했다. 그리고 미국 주도의 대중 포위망이 구축되고 있다. 미국의 요청에 따라 일본과 네덜란드는 반도체 제조장치 등 대중 수출관리 강화를 단행했다. 여기에 미국, 일본, 대만, 한국의 반도체 동맹(칩4) 결성도 있었다.[32]

바이든 행정부는 전략적 산업을 중국으로부터 분리할 뿐만 아니라 「CHIPS 및 과학법(CHIPS and Science Act: CHIPS법)」[33]이나 「인플레이션 억제법(Inflation Reduction Act: IRA)」을 통해 거액의 국가 예산을 투입함으로써 미국 내 제조업을 지원하고 일자리 창출을 실현하고 나아가 이노베이션을 확산시키려 하고 있다. 정부조달에 관해서는 바이 아메리칸 규칙을 강화하는 등 자국 우선의 정책을 내놓고 있다.[34]

또한 이에 앞서 2022년 2월에는 미국의 이노베이션 및 국가안전보장에 중요·첨단기술(CET 리스트)을 발표했다. 특기할 점은 중국이 '중국 제조 2025'에서 중점 분야로 자리매김한 분야와 겹치는 분야가 많다는 점이다. 경제 안보를 지킴과 공격의 관점에서 보면 지킴은 무역·투자·조달·정보·인적교류 등

32 "Taiwan says 'Fab 4' chip group held first senior officials meeting",REUTERS, Feb 26, 2023.

33 https://www.whitehouse.gov/briefing-room/statements-releases/2022/08/09/fact-sheet-chips-and-science-act-will-lower-costs-create-jobs-strengthen-supply-chains-and-counter-china/

34 The White House, "FACT SHEET: Biden-Harris Administration Issues Proposed Buy American Rule, Advancing the President's Commitment to Ensuring the Future of America is Made in America by All of America's Workers",July 28, 2021.
John Harwood,"Biden's Buy American push is good politics but bad economics", CNN Politics, Aug 1, 2021.

관리 강화를 통한 기술 보호가 초점이었다. 다음은 공격이다. 기술 보호 노력이 앞으로도 진행되는 한편, '중국 제조 2025'나 CET 리스트에 열거되어 있는 최첨단 기술 영역에서 어떻게 이노베이션을 창출해 나갈지가 초점이 된다.

2023년 3월 오스트레일리아 싱크탱크인 오스트레일리아전략정책연구소(Australian Strategic Policy Institute: ASPI)[35]가 발표한 국가별 기술 경쟁력 순위에서는 전체 44개 항목 중 37개 항목에서 중국이 1위를 차지했다. 방위, 우주, 안보와 관련된 기술 연구에서 중국의 우위는 미국에 명백한 위협이 되고 있다.[36]

Ⅲ 국제적인 연대와 가능성

① 유럽과 미국의 동향

대외 투자규제는 여러 국가의 적극적인 협조가 없다면, 미국의 목표인 기술 우위성 확보나 실현이 어렵다. 2023년 5월 20일에 발표된 '경제적 강인성 및 경제 안전보장에 관한 G7 정상 성명'에서는 대외투자에 의한 리스크에 대처하기 위해 설계된 적절한 조치는 수출 및 대내 투자에 관한 특정된 기존의 관리 수단을 보완하기 위해 중요하다고 밝히고 있다. 대외투자 심사에서도 다자간 연계해 나갈 가능성이 높다.[37]

미국과 유럽연합(EU)은 제4차 EU 미국무역평의회(EU-US Trade and Technology Council: TTC) 각료회의 공동성명에서도 기존 규제 수단인 수출관리와 대내투자규제를 보완하기 위해 대외 투자규제 검토가 필요하다는 점을

---

35 https://www.aspi.org.au/

36 Australian Strategic Policy Institute, "ASPI's Critical Technology Tracker", Mar 2, 2023.

37 外務省,「経済的強靭性及び経済安全保障に関するG7首脳声明」, 2023年5月20日.

담고 있다.[38] 또한 유럽위원회는 2023년 6월 20일 EU 최초로 경제 안전보장 전략을 발표하였다. EU 가맹국과 대외투자에 의해 어떠한 안전보장상의 리스크가 발생하는지 검토하고, 이를 바탕으로 연내에 이니셔티브를 제안한다고 대외투자 규제에 관한 대처 방침을 명문화했다.[39]

크런치베이스(crunchbase)[40] 조사에 따르면 2023년은 미국 투자자들의 중국 거래가 최근 몇 년 사이 가장 적다. 2019년부터 2021년까지 중국 스타트업 투자 건수가 426건으로 증가하다가 지정학 리스크가 커지면서 지난해 투자 건수는 283건으로 감소했다. 미국의 벤처 캐피털(VC) 대기업은 2023년 6월 6일, 동사의 글로벌 투자 체제를 재편해, 글로벌 사업을 유럽, 중국, 인도, 동남아시아의 3 지역으로 분할하는 것을 발표했다.[41] 말하자면, 중국 부문을 유럽의 사업으로부터 분리한다고 하는 사내 디커플링이다. 특히 최근에는 미국 정부가 제재 대상으로 삼은 중국 드론 제조업체와 신장 위구르 자치구 위구르인을 감시한다는 비난을 받은 AI 스타트업 등 미국 정부가 국가 안보상 위험이 있다고 주장하는 중국기업에 대한 투자를 두고 정부의 감시가 거세졌다. 이 움직임은 다른 미국 거점 벤처 캐피털들이 중국에서의 사업 전략을 재검토하는 계기가 되고 있다.

② 찬반양론

미국은 강경파와 신중파로 갈라졌다. 2023년 8월 9일 대통령의 행정명령에 대해 미 연방의회는 이를 환영하고 있다. 척 슈머 상원 원내총무(Chuck Schumer)는 그동안 미국으로부터의 자금이 중국군의 성장을 조장해 왔기 때

38 European Commission, "Joint Statement EU-US Trade and Technology Council of 31 May 2023 in Lulea, Sweden", May 31, 2023.

39 European Commission,"An EU approach to enhance economic security" June 20, 2023.

40 https://www.crunchbase.com/

41 McMorrow, Ryan, et al. "How Us-China Tensions Shattered Sequoia's Venture Capital Empire." Subscribe to Read | Financial Times, 7 June 2023.

문에 중국의 군사적 발전의 자금줄이 되지 않도록 미국으로부터의 투자를 규제하는 것은 전략적인 첫걸음이라고 평가한 뒤 대외투자 프로그램의 조기 실현을 요구했다.[42]

한편 대중 강경파 의원들은 백악관이 발표한 규제 내용이 중국에 대해 관용적이라는 비판을 하면서 추가 규제 강화를 요구하고 있다. 마이크 갤러거 하원의원(Mike Gallagher)은 보다 광범위한 규제를 요구하는 서한을 8월 3일 백악관에 송부했다.[43] 또 대통령의 행정명령은 수동적 투자가 대상에서 제외된 데서 허점이 있다며, 중국의 군사력 강화뿐만 아니라 감시사회와 인권침해를 조장할 수 있는 자금 제공을 확실히 막아야 한다고 주장하고 있다.[44]

2023년 7월 25일 미 의회에서는 「대외투자투명성법(Outbound Investment Transparency Act: OITA)」을 2024년 「국방수권법(National Defense Authorization Act: NDAA)」의 일부로 포함시키는 것을 가결했다. OITA는 상원의 밥 케이시 의원(Bob Casey)과 존 코닌 의원(John Cornyn)이 공동 제안한 것으로 대통령의 행정명령과 마찬가지로 미국 사업체에 대해 심사 대상거래에 관해 재무부에 통보할 의무를 부과하는 내용이다. 대통령의 행정명령과 다른 점으로는 중국뿐만 아니라 러시아, 북한, 이란에서의 미국의 투자 활동을 상세하게 파악하기 위한 정보 수집 도구로서 대외투자 프로그램을 설계하고 있다. 최첨단 반도체·마이크로일렉트로닉스, 인공지능, 양자 정보 과학·기술, 위성통신, 군민 양용 기술인 네트워크화된 레이저 스캐닝 시스템 등 6개 기술 분야를 대상으로 한다. 또, 지식재산의 이전을 수반하는 공동 연구 등에 대해서도 대상의 활동에 포함된다.

반면 산업계와 일부 전문가들은 대외투자 규제가 미국에도 큰 비용을 초래할 것이라며 신중한 입장이다. 미국 상공회의소는 대외투자 프로그램 도입

---

42 Senate Democrats, "Majority Leader Schumer Statement On The Biden Administration Restricting Certain U. S. Investments In China To Protect National Security", Aug 9, 2023.

43 The Select Committee on the CCP, "Letter to President Biden on Restrictions on US Investments to China", Aug 3, 2023.

44 The Select Committee on the CCP, "Gallagher Issues Statement on President Biden's Executive Order to Curb U. S. Investment in China", Aug 10, 2023.

에 대해 국가안보와 산업계의 비즈니스 기회를 유지하기 위한 균형 잡힌 조치를 요구했다.[45] 또한 미국 반도체산업협회(SIA)[46]는 오래전부터 반도체 수출 등을 제한하는 일방적인 조치는 미국 반도체 산업의 경쟁력을 저하시키고 공급망의 혼란을 초래할 뿐만 아니라 중국으로부터 보복 조치를 받을 위험이 있다고 우려하고 있다.[47]

전문가들은 미국이 단독적인 접근을 추구하면 미국 기업은 중국에서의 비즈니스 기회를 잃고 중국은 미국 대신 다른 나라 투자자를 확보할 가능성이 있다고 주장했다. 미국의 대중 투자규제 목적을 달성하기 위해 다자간 접근이 필요하다고 한다.[48]

또 대외투자를 규제하려는 움직임은 중국 기업과 미국 벤처 캐피털의 교류로부터 이익을 얻는 것은 중국뿐이라는 편향된 생각에 따른 것이라는 의견도 있다.[49] 2023년 네이처 인덱스에 따르면 자연과학 분야(물리학, 화학, 생물학, 지구 환경과학)에서는 중국이 미국을 제치고 선두를 달리고 있다. 이 같은 중국의 과학적 진보를 감안할 때 미중 교류에서 얻는 이익은 중국뿐 아니라 미국에도 있다는 점을 무시해서는 안 된다고 한다. 미국이 중국의 테크놀로지 시장을 선점하면서 기술의 우위성을 유지하기 위해서는 고액의 연구 자금과 큰 시장이 필요하다는 것이다.

45 U. S. Chamber of Commerce, "U. S. Chamber Comments on Outbound Investment Screening Executive Order", Aug 9, 2023.

46 https://www.semiconductors.org/

47 Semiconductor Industry Association, "SIA Statement on Potential Additional Government Restrictions on Semiconductors", July 17, 2023.

48 Khushboo Razdan, "US considers screening outbound investment amid China competition, leading experts to urge caution", South China Morning Post, May 19, 2023.

49 Hon. Mark R. Kennedy, "Beware the Unintended Consequences of Investment Restrictions", Wilson Center, Aug 15, 2023.

미국은 2022년 10월에 반도체 제조 장치 등의 수출관리를 강화했을 때와 마찬가지로 이번 조치에 대해 동맹국이나 파트너 국가에 대해 연계를 요구하고 있다. 이미 유럽연합이나 영국에서는 미국의 움직임에 발맞춰 대외투자에 관한 조치 도입에 대한 검토가 본격화되고 있다.[50]

2023년 6월 20일 유럽위원회는 외무·안보 정책 고위 대표와 공동으로 유럽경제안보전략에 관한 공동 커뮤니케이션(Joint Communication on a European Economic Security Strategy)을 발표하였다.[51] 이는 지정학적 긴장과 급속히 진화하는 기술 혁신으로 경제의 개방성을 유지하면서도 경제적 상호의존에서 발생하는 위험을 관리하는 데 초점을 맞추고 있다. EU 역내의 경쟁력 강화나 동맹국과의 제휴, 또 수출관리나 투자규제 등을 통해서 디리스킹을 목표로 하고 있다.

주목해야 할 것은 동 커뮤니케이션에 대외투자에서 발생하는 안전보장상의 리스크에 대처하기 위한 조치를 검토한다고 명기한 것이다. 첨단기술·신흥 기술이나 기타 이중용도 기술이 군민 융합 전략을 채용하고 있는 적대국(우려 국가)에 유출되는 것에 대한 우려를 표명하고 있다. 수출관리 강화만으로는 대응이 미흡하다며 기술이나 노하우가 대외투자를 통해 유출되는 리스크에 대응하기 위해 대외투자 규제가 필요하다고 밝혔다.

2023년 7월 13일, 독일은 첫 중국 전략을 발표했다.[52] 중국을 중요한 파트너이자 경쟁 상대이자 체계적인 경쟁자로 규정했다. 중국의 불공정한 무역 관행과 중국 제조 2025, 쌍순환 전략 등은 독일의 안보 위협이 될 것이라며 중국과의 디커플링을 부인하면서도 경제 분야에서는 위험을 회피하기 위한 노

---

50 George Parker and Michael O'Dwyer, "Rishi Sunak weighs following Joe Biden on curbing tech investment in China", Financial Times, Aug 10, 2023.

51 European Commission, "An EU approach to enhance economic security", June 20, 2023.

52 Federal Foreign Office, "Germany adopts its first comprehensive Strategy on China", July 13, 2023.

력이 필요하다고 강조했다. 그 대처의 하나로 대외투자에 관한 조치는 수출관리나 대내투자 규제 등 기존 수단을 보완하는 것으로서 중요하다고 인식했다.

미국은 동맹국에 대해서도 예외 없이 비슷한 조치를 요청할 것으로 예상하고 있다. 2023년 5월 G7 히로시마 서밋에서 '대외투자에 의한 리스크에 대처하기 위해 설계된 적절한 조치'는 수출 및 대내투자에 관한 특정된 기존의 관리수단을 보완하기 위해 중요하다고 발표했기 때문이다.[53]

그러나 미국이나 유럽의 대외투자에 대한 규제프로그램은 완전히 새로운 틀이다. 향후 미 재무부나 EU가 어떤 구체적인 규제를 수립해 나갈지 주목된다. 또, 미국은 동맹국에 대해서도 투자규제 조치에 동참할 것을 요구할 가능성이 있다. 우리나라도 미국이나 유럽에서의 대외투자 규제에 대한 동향을 계속 주시해 갈 필요가 있다.

---

[53] 外務省,「経済的強靭性及び経済安全保障に関するG7首脳声明」, 2023年 5月 20日.

CHAPTER 02

주요국 법제 개편 동향

I | 미국 대통령의 대외투자 규제

1 미국 행정부의 대외투자 규제 과정

바이든 미국 대통령은 2023년 8월 9일 적대국의 대외투자에 관한 대통령의 행정명령에 서명했다.[54] 이를 통해 반도체·마이크로일렉트로닉스, 양자정보기술, 인공지능(AI)의 3개 분야에서 국가안전보장에 있어서 중요한 첨단기술·제품에 관련된 대외투자를 제한하는 프로그램을 신설하게 되었다. 미국으로부터의 투자가 우려국의 군사력 등의 향상에 이용되는 리스크에 대처하는 것이 목적이다. 미국 바이든 행정부의 대외투자 규제는 대통령의 행정명령에 따라 재무부는 '우려 국가의 특정 국가 보안 기술 및 제품에 대한 미국 투자 해결'을 구체화하고 있다.[55] 대통령의 행정명령의 배경에는 중국이 군사력

---

[54] https://www.whitehouse.gov/briefing-room/presidential-actions/2023/08/09/executive-order-on-addressing-united-states-investments-in-certain-national-security-technologies-and-products-in-countries-of-concern/

[55] https://home.treasury.gov/policy-issues/international/outbound-investment-program

현대화에 중요한 첨단기술 생산 능력을 높이기 위해 미국의 투자를 이용하고 있다는 문제의식이 내재되어 있다. 미국 정부와 함께 대외투자 규제를 검토하는 미연방의회의 동향도 초점의 대상이다.

2018년에 통과된 FIRRMA 심의 과정에서 중요기술을 가진 미국 기업이 합작 사업 등을 통해 지식재산 등을 외국기업에 제공하는 거래에 대해 대미 외국 투자 위원회(CFIUS)의 심사대상에 포함시키는 방안을 검토하였다.[56] 당시 트럼프 행정부는 중국 인민해방군과 관련된 중국기업에 대한 미국인의 증권 투자를 금지하는 조치를 도입해 대중 투자를 부분적으로 제한하였다.[57]

그동안 의회에 제출된 법안에서 논란의 중심은 2021년 5월 제출된 「국가 핵심능력방위법안」(NCCDA)이다. 이 법안은 미국 무역대표부(USTR)가 이끄는 부처 횡단 위원회를 창설해 미국 기업의 대외투자를 심사할 권한을 부여하도록 하고 있다. 동 위원회는 의료용품이나 주요 인프라의 운용에 불가결한 품목 등의 제조 능력을 중국 등 우려국에 이전하는 투자를 심사하도록 하고 있다. 코로나19 확산은 중요 물자 공급을 중국에 의존하는 경우 당면할 위험을 가시화시켰고, NCCDA는 그러한 리스크를 강하게 의식하고 있는 법안이다.

NCCDA는 민주당과 공화당이 중국을 염두에 두고, 대외투자에 따른 국가안전보장상의 리스크에 대처해야 한다는 총론에서는 일치하고 있다. 그러나 대처해야 할 구체적인 리스크나 규제의 범위 그리고 방법에 대해 의견을 수렴하지 못하고 있다. 따라서 상하 양원을 통과하는 데 충분한 지지를 모으는 법안을 만들지 못하고 있다. NCCDA의 규제 범위가 넓은 것 등에 대해 산업계는 반대하고 있다. NCCDA는 미 하원에서 2022년 2월 반도체 산업에 대한 자금 지원을 담은 「미국경쟁법안」의 일부로 통과됐다. 미국 경쟁법안은 상원의 대안인 미국 이노베이션 경쟁법안과 조율 끝에 그해 8월 「CHIPS 및 과학법」으로 통과됐지만 NCCDA는 이 법에 포함되지 않았다. 법안 작성에 시간이 걸리자 2022년 9월에는 상원 민주당의 척 슈머 원내총무 등이 정부에 대해 의회에 앞서 대외투자를 제한하는 조치를 강구하도록 요청했었다.

---

56 https://www.jetro.go.jp/biznews/2023/08/5a31055f2556ce2f.html

57 https://www.jetro.go.jp/ext_images/_Reports/01/dedae9f21f1fbbcb/20230003_01.pdf

미국의 대중정책이 디커플링에서 디리스킹으로 전환되고 있는 가운데 바이든 행정부가 중국 투자를 규제하는 새로운 조치를 도입하겠다고 발표했다.[58] 미국의 자금이 중국의 군사력 강화 자금원이 되는 것을 피하고자 하는데 그 목적이 있다. 미국은 동맹국에도 비슷한 조치의 도입을 요구하고 있다. 바이든 미국 대통령의 대외투자에 관한 행정명령은[59] 5년 이상 전부터 검토가 시작되었다. 하지만, 의회나 행정부 내에서의 조정이 난항을 겪고 있었다. 이번 대통령의 행정명령은 규제 대상 분야를 반도체 양자기술 AI 등 3개 분야로 정하고 있어 당초 논의에서 범위를 크게 좁힌 것이다. 실질적인 대중 투자규제다.

이번 대통령의 행정명령은 미국인에 대해 대상 국가안보와 관련된 기술 및 제품과 관련된 특정 활동에 종사하고 있는 우려국의 개인사업체와 대상 거래를 하는 것을 금지하거나 재무부에 통지하도록 하는 대외투자 프로그램의 설립을 재무부에 지시한 것이다. 재무부는 대통령의 행정명령 발령과 동시에 규칙안 사전통지(Advance Notice of Proposed Rulemaking: ANPRM)를 공표했다.[60] ANPRM에 의하면, 현 단계에서 프로그램의 대상으로서 검토되고 있는 것은 아래와 같다.

○ 미국인(U.S. person): 미국 시민, 영주권 보유자, 미국법 또는 미국 내 관할권에 따라 설립된 사업체(그 법인의 미국 외 지점도 포함한다) 및 미국 내에 존재하는 개인 또는 사업체[61]

---

58 https://faportal. deloitte. jp/institute/report/articles/000850. html 2023/09/15

59 The White House, "Executive Order on Addressing United States Investments in Certain National Security Technologies and Products in Countries of Concern", Aug 9, 2023.

60 https://home.treasury.gov/news/press-releases/jy1686

61 재무부는 미국 내 거주 여부에 관계없이 미국인에 대해 이 규제를 적용할 방침이다.

○ 대상 국가안보와 관련된 기술 및 제품(Covered national security technologies and products): 우려국의 군사, 첩보, 감시, 사이버 대응 능력을 향상시켜 미국에 심각한 안보 위협을 초래하는 기술 및 제품

○ 우려 국가(Country of Concern): 이번 대통령의 행정명령 부속서에 기재된 국가·지역은 중화인민공화국, 홍콩, 마카오[62]

○ 우려국의 개인(Person of a country of concern)
① 미국 시민 또는 영주자가 아닌 우려국의 시민 또는 영주자
② 우려국의 법률에 따라 설립 또는 우려국 내에 본사를 둔 사업체
③ 우려 국가 정부 및 그 관리하에 있는 개인이나 사업체
③ ① 내지 ③에서 특정되는 개인 또는 사업체가 직간접적으로 50% 이상 소유하고 있는 사업체

○ 대상 외국인(Covered foreign person)
① 대상 국가안보와 관련된 기술 및 제품에 관한 특정 활동에 종사하고 있거나 종사하고 있다는 것을 미국인이 인식하고 있는 우려국의 개인
② ①에 해당하는 직간접적으로 자회사 또는 지점을 소유하고 개별 또는 합계로 그 연결 매출, 순이익, 자본적 지출, 운영비의 50% 이상을 차지하는 개인

○ 대상거래(Covered Transactions)
① M&A, 사모 펀드, 벤처캐피털(VC) 등을 통한 주식 취득
② 주식으로 전환 가능한 특정 파이낸스 거래
③ 특정 그린필드 투자
④ 특정 조인트벤처(합작회사) 설립[63]

---

[62] 우려국 목록은 향후 갱신될 가능성이 있다.

[63] 소재지는 묻지 않는다. 미 재무부는 상장투자신탁(ETF)이나 미국 모회사에서 자회사로의 자금 이동 등은 대상에서 제외할 방침이다.

③ 거래 금지와 신고가 필요한 기술·제품

1) 국가 보안 기술 또는 제품: 반도체 및 마이크로 전자공학

대통령의 행정명령에 따라 미 재무부는 첨단 반도체 및 마이크로 전자 기술 및 제품에 참여하는 해당 외국인과 관련된 특정 거래를 미국인이 수행하는 것을 금지하고자 한다. 또한 미 재무부는 기타 반도체 및 마이크로 전자 기술 및 제품에 종사하는 해당 외국인과 관련된 특정 거래에 대해 미국인에게 통지하도록 요구하는 것을 고려하고 있다. 재무부는 또한 기타 집적회로의 설계, 제조 및 패키징에 대한 통지 요건을 검토하고 있다. 미국 정부가 검토 중인 금지사항은 다음 세 가지 영역이다.

① 고급 집적회로의 설계 및 생산을 가능하게 하거나 성능을 향상시키는 특정기술, 장비 및 기능
② 고급 집적회로 설계, 제조 및 패키징 기능
③ 고급 집적회로를 통해 구현되는 특정 슈퍼컴퓨터를 제3자 고객에게 설치하거나 판매하는 행위

2) 국가 보안 기술 또는 제품: 양자 정보기술

대통령의 행정 명령에는 규정이 양자 정보기술 범주의 민감한 기술 및 제품을 포함하도록 국가 보안 기술 및 제품을 정의할 것이라고 명시되어 있다. 미국 정부는 특히 암호화 및 기타 사이버 보안 통제를 훼손하고, 군사 통신을 위태롭게 할 수 있는 기능을 가능하게 하는 양자 정보기술 및 제품의 개발 및 생산에 관심을 갖고 있다. 이러한 우려를 해결하기 위해 재무부는 특정 고급 양자 정보 기술 및 제품 또는 최종 용도에 초점을 맞춘 금지를 검토하고 있다. 양자 센서의 경우 최종 사용자가 의학, 지질학 등 민간분야에서 사용하는 경우를 구별하고, 양자 네트워킹 시스템의 경우 통신 또는 보안과 관련 없는 양자 시스템은 제외하려고 한다. 미 재무부는 현재 양자정보기술에 대한 별도의

신고 요건을 검토하지 않고 있다. 그러나 다음 사항에 관여하는 해당 외국인과 거래를 하는 미국인에 대해 금지를 검토하고 있다.

① 양자 컴퓨터 및 부품: 양자 컴퓨터, 희석 냉장고 또는 2단계 펄스 튜브 냉동기
② 양자 센서: 최종 용도가 군사용, 정부 정보 또는 대규모 감시에 사용하도록 설계된 양자 감지 플랫폼의 개발
③ 양자 네트워킹 및 양자 통신 시스템: 양자 키 배포와 같이 보안 통신에만 사용되도록 설계된 양자 네트워크 또는 양자 통신 시스템의 개발

3) 국가안보 기술 및 제품: AI 시스템

대통령의 행정명령에는 이 규정이 AI 시스템 범주의 민감한 기술과 제품을 포함하도록 국가 보안 기술 및 제품을 정의할 것이라고 명시되어 있다. 미국 정부는 무기, 정보, 감시 능력 등 우려국의 군사 현대화를 가능하게 하고 사이버 보안과 같은 분야에 적용할 수 있는 AI 시스템의 개발에 관심을 갖고 있다.

정책 목표는 국가안보와 관계가 없는 소비자 애플리케이션이나 기타 민간인만을 위한 AI 시스템을 개발하는 기업은 제외한다. 국가안보에 중대한 위험이 있는 애플리케이션을 개발하는 기업에 대해 미국의 투자를 중지하는 것이다. 특정 애플리케이션 또는 최종 용도에 AI 시스템을 통합하는 소프트웨어 개발에 종사하는 외국인이 심사대상 범위에 포함될 것이다. 재무부는 이러한 우려를 해소하기 위해 통지 요건과 금지 가능성을 검토하고 있다. 미 재무부는 미국인들이 외국인들과 거래를 할 경우 재무부에 통보하도록 요구하는 것을 검토하고 있다.

① AI 시스템: 주어진 목표에 대해 실제 또는 가상 환경에 영향을 미치는 예측, 권장 사항 또는 결정과 같은 결과를 생성할 수 있는 엔지니어링 또는 기계 기반 시스템. 다양한 수준의 자율성을 갖고 작동하도록 설계되었음

② 최종 용도가 군사용 등으로 설계: 인공지능 시스템을 통합한 소프트웨어 개발에서 최종 용도가 군사, 정부 정보 또는 대량 감시 최종 용도로 전용으로 설계되었음

③ 인공지능 시스템을 통합한 소프트웨어 개발이 다음을 위해 전용으로 설계: 사이버 보안 애플리케이션, 디지털 포렌식 도구 및 침투 테스트 도구, 로봇 시스템의 제어, 관련 당사자의 동의 없이 대화를 감청할 수 있는 비밀 청취 장치, 비협조적 위치 추적(국제 모바일 가입자 신원(IMSI) 캐처 및 자동 번호판 판독기 포함), 안면인식[64]

미국 의회가 구체적인 법안을 논의하는 것과는 별도로 바이든 행정부도 출범 이후 대외투자가 가져올 국가안보 리스크에 대처하겠다는 뜻을 시사해 왔다. 그러나 정권 내에서는 국가안보에 무게를 두는 그룹과 기업 활동에 미칠 영향을 우려하는 그룹 간에 규제 범위 등을 놓고 이견이 있었다. 결국 관계부처 간 조율에 시간이 걸렸다. 정권은 또 대통령의 행정명령을 준비하면서 산업계 및 동맹 파트너국과도 협의한 것으로 알려졌다.

NCCDA가 공급망 보호를 중시하는 반면 2023년 8월 대통령의 행정 명령은 대외투자에 따른 무형의 편익에 초점을 맞춘 것이 특징이다. 바이든 행정부는 우리가 막으려는 것은 중국으로의 자금 유입 전체가 아니라고 한다. 왜냐하면 중국에는 충분한 자금이 있기 때문이다. 한편 중국에 없는 것은 '노하우'라고 지적하고 있다. 즉, 벤처캐피털(VC) 투자 등에 따른 경영지원이나 투자인력 네트워크 제공을 제한하는 것이 행정명령의 목적이라고 설명했다. 이러한 노하우가 가능하게 하는 중국에 의한 자체 첨단기술의 개발은 기존의 수출관리나 대내 투자심사 제도로는 대처할 수 없다. 이것이 바이든 행정부의 대외투자 규제의 바탕이다.

---

64 National Archives, "U. S. Investments in Certain National Security Technologies and Products in Countries of Concern," An unpublished Proposed Rule by the Investment Security Office, Aug 14, 2023.; https://www.federalregister.gov/documents/2023/08/14/2023-17164/provisions-pertaining-to-us-investments-in-certain-national-security-technologies-and-products-in#print

● 신고 대상과 금지 대상

대상 기술 및 제품 분야	신고 대상	금지 대상
반도체, 일렉트로닉스	○ 집적회로의 설계·제조·패키징(금지 대상 이외의 것)	○ 첨단 집적회로와 관련된 전자설계 자동화 소프트웨어 개발 또는 생산 ○ 첨단 집적회로와 관련된 반도체 제조장치의 개발 또는 생산 ○ 첨단 집적회로 설계, 제조, 패키징 ○ 슈퍼컴퓨터 설치 또는 제3자 판매
양자 정보기술	○ 현시점에서는 검토하지 않음	○ 양자 컴퓨터 및 특정 부품의 생산 ○ 군사, 정부의 정보활동 또는 대규모 감시의 최종 용도 전용으로 설계된 양자 센서 개발 ○ 양자키 배포 등 안전한 통신 전용으로 설계된 양자 네트워크 또는 양자 통신 시스템 개발
AI 시스템	○ AI 시스템을 내장한 소프트웨어로 사이버보안 응용이나 얼굴 인증 등의 용도 전용으로(또는 주로 이러한 용도를 위해) 설계된 것의 개발	○ AI 시스템을 내장한 소프트웨어로 군사, 정부의 정보활동 또는 대규모 감시의 최종 용도 전용으로(또는 주로 이러한 최종 용도를 위해) 설계된 것의 개발

주: 미국 재무부의 8월 14일자 관보의 III. F~III.I.절을 참조.
출처: 일본 JETRO 지역분석보고서

    대통령의 행정명령에 따라 신설되는 대외투자 프로그램은 미국인[65]에 의한 특정 기술·제품 등이 우려국(현시점에서는 홍콩과 마카오를 포함한 중국만)[66]의 개인이나 사업체와의 거래에 대해 국가안전보장에 특히 심각한 위협을 초래

---

65 미국 시민, 영주권자, 미국 법률 또는 미국 내 관할권에 따라 조직된 사업체(미국 외 지사도 포함한다) 및 미국 내에 존재하는 개인·사업체를 가리킨다.

66 대통령의 행정명령은 우려국에 대해 미국의 국가안보를 위협하는 방법으로 미국의 능력에 대항하기 위해 군사, 첩보, 감시 또는 사이버 능력에 중요한 첨단기술·제품의 진보를 지시, 촉진 또는 지원하는 포괄적이고 장기적인 전략에 관여하고 있는 국가·지역으로 정의하고 있다. 우려 국가는 대통령의 행정명령 부속서 개정에 따라 앞으로 추가될 가능성이 있다.

하는 거래를 금지한다. 기타 거래는 재무부에 신고해야 한다. 대상 분야는 반도체 마이크로일렉트로닉스, 양자 정보기술, 인공지능(AI)의 3개 분야로 재무부는 대상거래로서 주식 취득[M&A, 사모펀드(미공개주식) 투자, VC 투자], 주식으로 전환 가능한 파이낸스 거래, 그린필드 투자, 합작 사업을 검토하고 있다. 대상거래의 범위나 대상 기술·제품의 상세한 정의는 실시규칙으로 정한다. 재무부는 이해관계자들로부터 모집한 의견을 토대로 규칙안을 마련하고 있다.

미 언론 보도에 따르면 행정부는 대상 분야에 청정에너지와 바이오테크놀로지도 포함하는 방안을 검토했던 것으로 알려졌다. 그러나 이들은 최종 발표에서 제외됐다. 이 점에서 규제 범위는 사전 예상보다 좁게 설정됐다.[67] 한편, 반도체에 대해서는 첨단 집적회로와 관련된 거래가 금지 대상이 되는 한편, 비첨단 집적회로와 관련된 거의 모든 거래는 신고 대상으로서 검토되고 있어 잠재적으로 매우 광범위한 규제라고 할 수 있다. 미국 전문가들은 AI와 관련된 심사대상 거래 범위를 어떻게 획정할지 주목하고 있다. 반도체나 양자 정보기술은 기술지표로 정의할 수 있는 반면 AI는 보다 비정형적인 카테고리라서 규제할 거래를 명확히 정하는 것이 어렵기 때문이다.

재무부는 공개의견을 토대로 규칙안을 작성한 뒤 규칙안에 관해서도 의견을 모을 것으로 보인다. 그 때문에 최종규칙이 시행되는 시기는 2024년 이후가 될 것으로 예상되고 있다. 미국 정부 관계자는 규칙 제정과정에서 대통령의 행정명령에 명시된 3개 분야 이외로 대상을 확대하는 것은 상정하지 않고 있다고 했다. 그러나 미국 산업계는 규제 범위가 지나치게 확대되는 일이 없도록 규칙 제정에 적극적으로 관여한다는 방침이다.[68] 산업계는 지금까지 미 의회에 애매한 규제를 일방적으로 하지 말 것을 요청하고 있다.

---

[67] 米中対立の新常態 - デリスキングとサプライチェーンの再構築対外投資規制へ動き出したバイデン米政権. 規則制定と法制化が焦点に; https://www. jetro. go. jp/biz/areareports/special/2023/0904/a0f26d952d2127ea. html

[68] https://www.jetro.go.jp/biznews/2023/08/3f924474006d4b9b.html

◑ 요구 사항

요청 사항	내용
규제 범위	○ 국가안전보장과 명확하게 관련된 분야·거래만을 대상으로 할 것 ○ 대상 거래는 명확히 정의하고 규제 준수 부담 경감 ○ 수출관리 등 기존 규제와의 중복을 피할 것
소관 부처	○ 규제를 원활하게 시행하기에 충분한 자원과 경험을 가진 정부 기관이 주도할 것
국제 연대	○ 미국 기업만 규제로 인한 불이익을 받는 일이 없도록 동맹 파트너국과 협조 ○ 각국이 각자 규제를 실시하면 세계 무역 시스템이 혼란스러워지고 규제 준수 비용도 증대

출처: 미국 상공회의소, 미·중 비즈니스 평의회(USCBC), 정보기술산업협회(ITI), BSA의 발표 자료. 일본 JETRO 지역분석보고서

(4) 투자규제와 그 영향

새로운 규제가 기업 활동에 미치는 영향은 규칙안이 확정될 때까지 알 수 없는 부분이 있다. 한국 기업 입장에서는 새로운 규제가 미국 기업 이외에도 적용될 수 있다는 점에 유의할 필요가 있다. 규제를 준수해야 하는 미국인에는 미국 법률에 따라 조직된 사업체도 포함되고, 한국 기업의 재미 자회사도 대상이 되기 때문이다. 미 재무부는 미국인이 직접 또는 간접적으로 50% 이상 소유하는 외국 사업체가 실시하는 거래에 관한 신고·금지 요건도 정할 것으로 보인다. 그렇게 되면 한국에 소재하는 미국계 기업에도 규제가 미칠 가능성이 있다. 행정명령에 따라 미국 재무부는 미국인이 지배하는 외국 사업체가 하는 거래 중 미국인이 한 경우 신고금지 대상이 되는 거래에 대해서도 해당 미국인에게 신고를 요구하거나 금지거래를 방지하기 위한 조치를 요구할 수 있다.

그러나 미국의 대외투자 규제 도입에는 고려해야 할 점은 많다. 첫째, 국외로의 자본 이동에 관한 데이터수집이다. 자본이 어디로 흘러가는지 어느 섹터로 들어오고 있는지, 혹은 또 누가 그 자금을 제공하고 있는지에 대해서 알

기 어렵다.

둘째, 법률에서 정의와 개념이다. NCCDA에서도 FIRRMA와 ECRA 등의 현행 국가 안전 보장 관점에서 투자와 수출을 관리하는 제도와 비교하여, 정의 등의 애매함이 지적됐다. 여러 나라와 다른 펀드를 경유하여 투자가 이루어지고 있는 것을 감안하면 대외 투자를 심사하는 과정은 더 복잡하게 될 것이다. '투자'나 '미국 기업'의 정의를 어떻게 해야 하는가. 노하우 이전과 연기금 투자도 포함해야 하는가 등 논점은 많다.

셋째, 미국의 산업계 부담 증가와 미국 경제에 대한 영향이다. 대외투자 심사의 도입은 미국의 투자자의 부담을 늘릴 뿐만 아니라 외국기업의 미국 진출을 방해할 수 있다.

넷째, 정부와 민간 기업의 역할 분담이다. 새로운 기술의 출현과 기술 발전의 가속에 의한 안전보장 관점에서 기술을 보전하기 위해서는 새로운 플레이어를 포함한 많은 플레이어에 폭넓게 대응해야 한다.

마지막으로 무역·투자 자유화를 내세운 미국의 이념과 정합성을 어떻게 취할지이다. 미국이 대외투자 규제는 그동안 거의 규제되지 않고 있다. 하원 금융 서비스 위원회의 패트릭 맥 헨리(Patrick McHenry) 위원장은 '중국과 경쟁하는 데 미국은 중국 공산당과 같이 되어서는 안 된다'고 한다. 미국 정부가 민간기업 활동에 대한 감시를 강화하는 데 대한 우려의 목소리도 여전하다.[69]

---

69 "White House Scales Back Plans to Regulate U. S. Investments in China." POLITICO, Feb 27 2023.

Ⅱ | NCCDA와 OITA

(1) 2023년 국가핵심능력방위법안

다른 정책 수단으로 대외투자를 규제하려는 움직임이 있다. 자국 기업이 우려국·거래처에 대해 투자하는 움직임을 감독하는 것이 목적이다. 미국에서는 감독제도를 법제화하는 2023년 「국가핵심능력방위법안(H. R. 3136)」[70]이 연방의회에 제출돼 있다. 동법이 실현되면 국내법 관할이 미치는 미국인(US Person)에 의한 주식투자나 자회사·합작회사 설립 등에 우려 국가가 관련될 경우 안전보장상 중요한 산업에 한해 해당 거래에 관한 보고 의무나 미 정부의 심사 권한이 생긴다. 또한 이 제도는 「국방수권법」의 부대 조항에 편입하는 것이 검토되고 있으나 의회 내에서도 내용에 차이가 커서 성립에 이르지 못하고 있다.

이러한 움직임을 바탕으로 2023년 8월 9일 바이든 대통령은 「국제긴급경제권한법」(IEEPA)에 근거해 중국(홍콩과 마카오 포함)과 관련된 미국인에 의한 특정 거래에 대해 사전 통지 의무와 거래 중지 권한을 정하는 규칙의 제정을 재무부 장관에게 지시하는 대통령의 행정명령에 서명하였다. 첫 단계로, 행정명령(EO) 발행과 동시에 재무부는 프로그램의 의도된 범위에 대한 투명성과 명확성을 제공하고 이에 대한 의견을 구하기 위해 연방 관보에 제안된 규칙제정에 대한 사전 통지를 했다.[71] 미국 재무부는 ANPRM을 통해 반도체, 양자 정보기술, 인공 지능 시스템과 관련된 국가 보안 기술 및 제품의 하위 집합

---

70 https://www.govinfo.gov/app/details/BILLS-118hr3136ih

71 ANPRM: 우려 국가의 특정 국가 보안 기술 및 제품에 대한 미국의 투자에 관한 조항.
재무부는 우려 국가의 특정 국가 보안 기술 및 제품에 대한 미국의 투자를 다루는 행정 명령 이행에 대한 공개 의견을 구했다(2023년 8월 9일). 관심 있는 사람은 전자적으로 의견을 제출하거나 다음 주소로 의견을 우편으로 보낼 수 있었다. US Department of the Treasury, 수신: Meena Sharma, Acting Director, Office of Investment Security, 1500 Pennsylvania Avenue, NW, Washington, DC 20220.

에 대한 의견을 구하고 있다.[72]

………………………………………
● 미국 연방의회에 제출 중인 대외투자 규제안

항목	내용
제도	○ 부처 횡단 조직 「국가 핵심능력 위원회(NCCC)」를 창설. USTR, 상무부, 재무부 등 13개 부처로 구성. 의장은 대통령이 지명한 정부 기관의 장
대상	○ 미국법 관할에 있는 미국인에 의한 특정 거래 중 우려국에서 발생하는 것 또는 우려국이 관련된 외국 주체가 관여하는 것 ○ 우려 국가: 중국, 러시아, 이란, 북한, 쿠바, 베네수엘라 등 국가안보에 유해한 관행에 장기적으로 종사하고 있는 국가 ○ 거래: 주식투자, 특정 대여, 자회사나 합작회사 설립, 이사회 대표권 취득, 중앙정부 보조금이나 세제 혜택, 정부조달 계약을 얻는 미국 주체의 행동 ○ 업종(국가중요능력산업): 반도체 제조 · 첨단 패키징, 인공지능(AI), 양자컴퓨터, 대용량 배터리, 중요 광물 · 소재, 원료의약품(API), 자동차 제조 기타 대통령이 지정한 업종 ○ 예외: 최소 기준을 밑돌거나 통상적인 상거래로 분류되는 거래는 제외. 이들 정의는 행정재량이 됨.
의무	○ 대상 거래에 관여하는 미국인은 위원회에 보고할 의무가 있음 ○ 위원회는 45일 이내에 공식 심사를 개시할지 결정. 한편 위원회는 보고가 없는 거래에 대해서도 독자적으로 심사를 개시하는 것이 가능 ○ 위원회는 심사 개시 후 90일 이내에 거래에 대한 허가 또는 금지, 변경 판단을 실시
벌칙	○ 최대 25만 달러 또는 대상거래의 배액의 벌금

출처: 미국 연방 하원 웹사이트

(2)   NCCDA와 OITA 그리고 대통령 행정명령
───────────────────────────────

　　NCCDA를 추진하는 의원들은 대외투자 심사제도의 창설을 포기하지 않고 있다. 미 하원의 로사 델라우로(Rosa Luisa DeLauro) 등은 2023년 5월에

───────────────
72 https://home. treasury. gov/news/press-releases/jy1686

「NCCDA 수정법안(2023 NCCDA)」을 제출했다. NCCDA를 처음 제출한 코닌(John Cornyn) 상원의원과 밥 케이시(Bob Casey) 상원의원도 7월 「대외투자투명성법안(OITA)」을 상원의 2024년 회계연도 「국방수권법안(NDAA)」 수정안으로 제출했다. OITA는 초당파의 지지를 얻어 NDAA의 일부로서 가결되었다. 미국의 상하원은 앞으로 각각 통과시킨 NDAA를 단일화하는 작업을 벌일 예정이다. 하원의 NDAA에는 대외 투자규제에 관한 조항이 포함돼 있지 않아 OITA 통과에는 하원의 지지가 필요하다.

바이든 정권은 이러한 의회의 대안을 평가하면서 대외투자 규제에 대해 의회와 조정해 나간다는 방침이다.[73] 미국에서는 의회가 심의 중인 법안을 대통령의 행정명령에 따른 내용으로 조정할 가능성을 제기한다. 바이든 정권도 규제를 최종적으로 법제화해 제도의 일관성과 정당성, 그리고 예산 확보 가능성을 제기하고 있다. 실제로 제이크 설리번 백악관 국가안보보좌관은 대중국 투자의 투명성을 높이기 위한 의회의 입법 조치에 지지를 표명한 바 있다.[74] 현재 제출되고 있는 각 법안과 대통령의 행정명령에 근거한 규제를 비교하면, 대상이 되는 분야나 거래에 공통되는 부분이 있는 반면, 규제의 범위나 방법에는 차이가 있다. 대상 분야에 대해서는 2023년 NCCDA와 OITA는 대통령의 행정명령으로 지정된 반도체, 양자정보기술, AI보다 폭넓은 분야를 대상으로 하고 있다. 규제 방법에 관해서는 2023년 NCCDA가 투자 안건별 심사(이른바 '역CFIUS')를 규정하고 있다. 그러나 대통령의 행정명령에 근거한 규제에서는 그러한 심사는 상정되어 있지 않다. OITA는 거래 금지 규정을 포함하지 않고 신고요건만을 정하고 있다.[75]

---

[73] https://www.jetro.go.jp/biznews/2023/08/30bbab152c2ddc41.html

[74] 워싱턴 포스트 인터넷판 2022년 7월 13일

[75] https://www.whitehouse.gov/briefing-room/presidential-actions/2023/08/09/executive-order-on-addressing-united-states-investments-in-certain-national-security-technologies-and-products-in-countries-of-concern/; https://www. whitehouse. gov/briefing-room/press-briefings/2023/08/10/background-press-call-by-senior-administration-officials-previewing-executive-order-on-addressing-u-s-investments-in-certain-national-security-technologies-and-products-in-countries-of-concern/; https://home.treasury.gov/system/files/206/Provisions%20Pertaining%20to%20U.S.%20Investments%20

● NCCDA와 OITA 그리고 대통령 행정명령 비교

항목	2023년 NCCDA	OITA	대통령 행정명령
소관 부처	○ 부처 횡단의 국가 핵심 능력 위원회(NCCC)를 설립. USTR, 상무부, 재무부 등 13개 부처로 구성. 의장은 대통령이 지명한 부처의 수장	○ 재무부	○ 재무부
적용 주체	○ 미국인(미국 시민, 미국 국민, 영주권자 및 미국 법률 또는 미국 내 관할권에 따라 조직된 법인, 파트너십 및 기타 사업체)	○ 미국인(미국 시민, 미국 국민, 영주권자 및 미국 법률 또는 미국 내 관할권에 따라 조직된 법인, 파트너십 및 기타 사업체)	○ 미국인[미국 시민, 영주권자, 미국 법률 또는 미국 내 관할권에 따라 조직된 사업체(미국 외 지사도 포함) 및 미국 내에 존재하는 개인·사업체]
대상 분야	○ 국가 중요능력 분야: 반도체 제조·첨단 패키징, 대용량 배터리, 중요 광물·소재, AI, 양자정보 과학·기술, 원료의약품, 자동차 제조, 대통령이 지정한 기타 분야	○ 첨단반도체·마이크로일렉트로닉스, AI, 양자 과학·기술, 극초음속, 위성통신, 민군 양용의 네트워크화된 레이저 스캐닝 시스템	○ 반도체·마이크로일렉트로닉스, 양자정보기술, AI시스템
대상국	○ 우려국: 미국의 국가안보와 미국인의 안전에 현저하게 유해한 관행에 장기적으로 종사하고 있는 국가. 중국, 러시아, 이란, 북한, 쿠바, 베네수엘라 포함	○ 우려국: 북한, 중국, 러시아, 이란(미합중국법전 제10편 제4872조에서 지정된 국가)	○ 우려국: 중국(홍콩과 마카오 포함)

in%20Certain%20National%20Security%20Technologies%20and%20Products%20in%20
Countries%20of%20Concern.pdf; https://www. jetro. go. jp/biznews/2023/08/5a31055f-
2556ce2f. html

대상 거래	○ 국가 핵심능력 분야에서의 다음 활동: (1) 우려국 사업체의 주식 취득 등 (2) 우려국 사업체의 채무에 대한 지분에 관한 결정 (3) 우려국의 완전 자회사 설립 (그린필드 투자 등) (4) 우려국의 사업체와의 합작 사업 설립 등 (5) 우려국 사업체와의 업무 협력, 동 사업체의 이사회 대표권 취득, 동 사업체에의 업무 서비스 제공 등 (6) 미국 정부의 자금 지원 수급자에 의한 우려국 사업체 또는 우려국에 관한 활동 (7) 미국 국가안보 기관의 연례 조달로 일정한 이익을 얻는 사업체의 우려하는 국가 또는 우려국에 관한 활동 (8) 별도 규칙으로 정해진 우려국 또는 우려국의 사업체가 관련된 기타 활동 ○ 단, 일정 금액 미만의 거래, 미국 국익에 기여하는 거래, 별도 규칙으로 정의되는 '통상 비즈니스 거래'는 적용 제외	○ 대상 분야와 관련된 다음 활동: (1) 우려국 사업체의 주식 취득 등 (2) 우려국 사업체의 채무에 대한 지분에 관한 결정 (3) 우려국의 완전 자회사 설립 (그린필드 투자 등) (4) 우려국의 사업체와의 합작 사업 설립 등 (5) 우려국 사업체와의 업무 협력, 동 사업체의 이사회 대표권 취득, 동 사업체에의 업무 서비스 제공 등 ○ 단, 일정 금액에 미달하는 거래, 재무부 장관이 미국의 국익에 기여한다고 판단한 거래, 별도 규칙으로 정의되는 '통상 비즈니스 거래'는 적용 제외	○ 대상 분야의 특정 기술·제품에 관련된 우려국의 개인·사업체·정부와의 거래. 구체적으로는 주식 취득(M&A, 사모펀드, VC), 주식으로 전환 가능한 디트파이낸싱 거래, 그린필드 투자, 합작 사업 • 제3국 사업체를 통한 특정 간접 거래도 대상 • 규제가 적용되지 않는 제외 거래도 지정. 구체적으로는 공개시장에서 거래되는 증권이나 인덱스펀드, 상장투자신탁(ETF) 투자, 미국 모회사에서 자회사로의 자금 이동 등 ○ 단, 미국의 국가안보에 특별한 이익을 주는 거래 등에 대해서는 금지 요건에서 제외

규제 방법	○ 대상 활동의 개시 예정일의 90일 전까지 NCCC에 신고를 의무화. NCCC은 45일 이내에 심사를 할지 통지. 심사 개시로부터 90일 이내에 심사 결과를 공표하고 거래가 초래하는 국가안전보장상 리스크 경감 조치의 강제나 대상 활동의 금지 가능 ○ NCCC는 신고하지 않은 대상 활동에 대해서도 자주적으로 심사를 할 수 있음	○ 무담보 거래의 경우 완료 예정일 14일 전까지, 유담보 거래의 경우 완료일 14일 후까지 재무부에 신고를 의무화 ○ 신고하지 않은 대상 활동을 특정하는 프로세스도 별도 제정	○ 신고거래와 금지거래를 각각 규정 ○ 신고거래에 대해서는 거래 완료 후 30일 이내에 재무부에 신고하도록 의무화
벌칙	○ 금지된 거래의 실행, 대상거래를 신고하지 않은 경우, NCCC에 제출한 정보에서 중대한 허위 기재 또는 누락, 위험 경감조치를 위반하는 행위, 규칙에 따른 금지사항 회피는 최고 25만 달러 또는 대상 활동의 배액의 민사제재금 대상 ○ 대통령은 법무부 장관에게 미국 지방법원에서 대상 활동 매각을 포함한 구제조치를 요구하도록 지시할 수 있음	○ 별도 규칙으로 제정. 대상거래를 신고하지 않은 경우 또는 재무부에 제출한 정보에 중대한 허위 기재 또는 중대한 사실의 기재 누락이 있는 경우가 대상	○ 재무부에 제출한 정보·문서의 중대한 허위 기재 또는 기재 누락, 금지거래의 실행, 신고거래를 적절히 신고하지 않은 경우는 국제긴급경제권한법(IEEPA)에 따른 민사벌의 대상 ○ 재무부는 대통령의 행정명령에 따라 규칙 시행 후 실행된 금지거래의 무효화 또는 매각을 강제할 수 있음

출처: 2023년 9월 12일 기준, 미국 의회, 백악관, 재무부 발표 각종 자료. 일본 JETRO 지역분석보고서

향후 법제화에 대해 유력 의원 간 의견조정이 주목된다. 미국 벤처 캐피털의 대중국 투자를 조사하고 있는 하원의 미국과 중국 공산당 간 전략적 경쟁에

관한 특별위원회 마이크 갤러거(Mike Gallagher) 위원장은 안건별 심사제도에 부정적인 시각이다. 그러나 규제대상 분야 확대와 대통령의 행정 명령에 따른 규제로 대상에서 제외될 것으로 예상되는 수동적 투자규제도 요구하고 있다[76]. 한편 공화당의 하원 금융서비스위원회 패트릭 맥헨리(Patrick McHenry) 위원장은 새로운 대외투자 규제의 실효성을 의문시하고 있다.

하원 금융서비스위원회 앤디 바(Andy Barr) 의원은 2023년 2월 「2023년 중국 군사 및 감시 회사 제재법안」[77]을 제출한 바 있다. 이 법안은 대통령에게 국방부가 2021 회계연도 NDAA에 따라 공표하고 있는 중국 군사 기업 명단과 재무부 NS-CMIC 명단 게재 기업에 제재를 가하도록 의무화하는 내용이다. 이 법안이 2023년 9월 20일 하원 금융 서비스 위원회에서 통과되었다. 제안된 법안에 따르면 미 대통령은 중국의 국방 및 감시기술 부문에 중요한 중국기업을 제재해야 한다. 일반적인 투자 제한과 달리 이러한 포괄적 제재는 블랙리스트 기업과의 거의 모든 경제적 교류를 금지하고 있다. 세계질서를 재편하려는 중국 공산당의 분명한 야심에 맞서 이 제재법안이 미국 국가안보를 위협하는 중국기업에 대한 자금 조달을 차단하는 중요한 도구라고 한다.[78]

민주당에서는 슈머 상원 원내총무 등이 2023년 5월 「CHIPS 및 과학법」에 이은 대중경쟁법안 2탄의 일환으로 대외 투자심사 도입을 목표로 한다고 밝혔다. 대외투자 규제에 적극적인 의원들은 대통령의 행정명령은 환영할 만한 첫걸음이지만 목표는 아니라는 인식에 일치한다. 앞으로도 법 정비 논의가 계속될 것이 확실하다. 바이든 정권의 규칙 제정과 함께 미국 의회의 움직임도 주시할 필요가 있다.

---

[76] 워싱턴 포스트 인터넷판 2023년 8월 29일

[77] https://www.govinfo.gov/app/details/BILLS-118hr760ih

[78] https://barr.house.gov/2023/9/barr-s-bill-to-stop-the-financing-of-china-s-military-industrial-complex-moves-out-of-committee

Ⅲ 중국의 경제 안보 법제의 변화

① 중국의 안보 관련 법령과 그 운용

미국과 유럽의 규제와 수출관리에 대응하여, 중국에서도 화물이나 기술, 데이터 관리에 관련된 안전보장 관련 법령이 정비를 완료했다. 이미 그 운용 예가 나와 있다. 2020년 시행된 「수출관리법」에 따른 단속은 라이선스 미취득을 이유로 한 처벌 위주다.

데이터 측면에서는 미 반도체 대기업 마이크론에 대한 사이버 보안 심사 결과 중국의 중요 정보 인프라 운영자에 의한 이 회사 제품 조달 중단이 결정됐다. 대항조치에 대해서는 대만에 무기 매각을 한 것으로 알려진 미국 기업에 대한 반외국 제재법과 신뢰할 수 없는 엔티티 리스트가 적용되고 있다.

◑ 중국의 안보 관련 법령

분류	내용
수출관리	○「수출관리법」을 2020년 8월에 시행. 대상 품목이나 수입자, 최종사용자의 리스트화를 규정. 재수출 간주 수출도 규제 ○ 수출 금지·제한 기술 목록을 개정. 3D 프린터, 드론, AI, 양자 암호 등을 추가 ○ 2022년 12월에는 복제 게놈 편집 기술과 태양전지용 실리콘 웨이퍼 추가
데이터 관리	○ 데이터 3법(사이버 보안법: 2017년 6월 시행, 데이터보안법: 2021년 9월, 개인정보 보호법: 2021년 11월)에서 국경관리를 법제화 ○ 중요 정보 인프라 운영자나 일정한 개인정보 처리자에게 국내 보존 의무, 데이터 국경 이전 시 안전 평가·행정 승인 취득 의무 등을 규정
대항조치	○ '신뢰할 수 없는 엔티티·리스트'를 2020년 9월 시행. 시장원리에 반하여 중국기업 등과 거래 중단하는 행위를 리스트의 추가 사유로 함 ○「반외국 제재법」이 2021년 6월 시행. 외국 정부의 차별적 제한조치가 대상. 기업도 규제에 포함

❶ 중국의 안보 관련 운용 사례

분류	내용
수출관리	○ 확인된 처벌 사례로는 이중용도 품목 수출허가 미취득, 군용품 수출허가 미취득 등 이유 ○ 처벌 대상 수출품은 인조흑연(이중용도, 양용품목)과 위장색 백팩, 남성용 조끼, 툴킷(군용품) 등 안보 위협이 비교적 경미한 것
데이터 관리	○ 데이터 3법의 하위 규칙 「데이터 역외이전안전평가변법」을 2022년 7월 공표. 이전 절차로서 정부 정부의 승인, 표준계약 체결, 전문기관에 의한 인증 등을 규정 ○ 표준계약은 2023년 5월 말 가이드라인 공표. 개인정보보호 영향평가 절차 등 세칙이 불투명 ○ 사이버 보안 심사 결과 2023년 5월에 미국 반도체 대기업 마이크론에 대해 중국의 중요 정보 인프라 운영자에 의한 동사 제품의 조달 정지가 결정
대항조치	○ 미국 기업 레이시온 테크놀로지스와 록히드 마틴의 CEO에 대해 2022년 2월에 「반외국 제재법」 적용 ○ 2023년 2월에는 '신뢰할 수 없는 엔티티 리스트'의 첫 지정에 따라 중국 관련 무역 투자, 입국 제한, 대만 무기 매각액의 2배 상당의 벌금 등의 조치 발표

출처: 중국 정부 공표자료 및 각종 보도, 일본 JETRO 지역분석보고서

(2) 중국의 핵심 광물 등 수출규제

2023년 7월 3일 중국 상무부 및 세관총서는 「수출관리법」, 「대외무역법」, 「세관법」 규정에 따라 국가의 안전 및 이익을 지키기 위해 갈륨 및 게르마늄 관련 품목에 대해 수출관리를 한다고 발표했다. 공고에서는 갈륨 및 게르마늄 관련 품목에 대해 무허가 수출을 금지한다고 했다. 수출사업자는 이들 품목을 수출할 때 부처 차원의 상무부 주관 부서를 통해 상무부에 신청해 최종사용자나 최종 용도 증명 등을 제출해야 한다고 밝혔다. 특히 국가안보에 중대한 영향을 미치는 품목의 수출에 대해서는 상무부는 관련 부서와 공동으로 국무원의 인가를 받도록 했다. 또 수출사업자가 무허가로 해당 품목을 수

출한 경우나 수출허가 범위를 초과하거나 기타 위법한 상황이 있는 경우에는 상무부 또는 세관 등이 관련 법규 규정에 따라 행정처벌을 하고, 범죄에 해당하는 경우 형사책임을 가하도록 했다.

중국은 글로벌 갈륨 및 게르마늄 공급망에서 가장 큰 비중을 차지한다. 핵심 원자재 관련 기업이 모인 '핵심 원자재 동맹(CRMA)'에 따르면 전 세계에서 생산되는 갈륨과 게르마늄의 각각 80%, 60%가 중국산이다. 갈륨과 게르마늄은 '부금속'으로, 자연에서 그 자체로 발견되기 보단 다른 가공 과정 중 부산물로 얻을 수 있다.[79] 이번에 대상이 된 갈륨과 게르마늄은 모두 중국 내 매장량이 많고 중국이 세계 주요 생산 공급국이 된 것으로 알려졌다. 특히 갈륨은 2세대 및 3세대 반도체 재료에 사용되는 물질로 소개되고 있다.[80]

중국 「수출관리법」이 2020년 12월 1일에 시행된 이후, 양용품목 및 기술 수출입허가증 관리목록 이외의 특정품목을 대상으로 하는 수출관리조치는 상용암호나 고압물총 제품, 과염소산칼륨에 관한 것 등에 그치고 있었다. 이번 조치에 대해 상무부는 이중용도 품목에 대한 수출관리 강화는 특별히 새로운 방법이 아니며, 어떻게 국가안전을 최대한 지키면서 민간무역에 미치는 영향을 억제하느냐가 중요하다고 지적했다. 또한 이번 조치는 일종의 대등한 대항 조치이자 중국의 안전과 이익을 지키는 수단이라고 주장했다.[81]

---

79 https://www.bbc.com/korean/articles/c0xvv0eze1lo

80 环球时报 7月 4日

81 중국 상무부는 미국 등이 실시하고 있는 반도체 수출규제에 관해 반대 의사를 표명했으며, 최근에는 네덜란드가 일부 노광장치 등 반도체 관련 제품을 수출규제 대상에 포함시킨 것에 대해 불만을 표명하는 대변인 담화를 2023년 7월 1일 발표했다. https://www.jetro.go.jp/biznews/2023/07/74e08dd9a1764e80.html

Ⅳ   일본의 경제안보 법제의 변화

① 국가안보 전략과 일본의 경제안보

일본의 경제 안보 현황을 살펴볼 필요가 있다.[82] 일본 정부는 2022년 12월 국가안전보장에 관한 기본방침인 국가안전보장전략, 국가방위전략, 방위력 정비계획으로 구성된 안전보장 3문서를 내각에서 결정했다. 이에 따라 기존 방위계획의 핵심이 국가방위전략, 중기 방위력정비계획은 방위 정비계획으로 개정됐다. 2013년의 책정 이후 처음 개정되는 '국가 안전보장 전략'에는 반격 능력의 도입 등이 명기되어 일본의 안전보장 정책이 크게 전환되었다. 반격 능력에 대해서는 일본 인근에서 미사일 전력이 현저히 증강되고 있고, 기존 미사일 방어만으로는 완전히 일본을 지킬 수 없다며 이번에 국가안보전략에 반격 능력 보유를 명시했다.[83]

'국가 안전 보장 전략' 책정의 배경으로 일본의 안전보장 환경의 변화가 있다는 점을 들고 있다. 구체적으로는 다음과 같다.[84]

① 파워 밸런스의 변화와 지정학적 경쟁의 격화. 즉, 기존의 국제 질서의 변경을 시도하는 움직임이 있다.

② 힘에 의한 일방적 현상 변경 압력. 즉, 러시아의 우크라이나 침략으로 국제 질서를 형성하는 룰의 근간이 깨졌다. 같은 사태가 장차 인도 태평양 지역, 특히 동아시아에서 발생할 가능성이 있다. 일본 주변에서 핵미사일 전력을 포함한 군비 증강이 급속히 심화되고 있다.

③ 국가안전보장 대상의 확대. 즉, 영역을 둘러싼 회색지대 사태, 민간의

---

82 平木綾香, 経済安保を俯瞰する(前編)-米中対立を前提としたリスクマネジメントを-;https://faportal.deloitte.jp/institute/report/articles/000748.html

83 "Japan scraps pacifist postwar defence strategy to counter China Threat," Financial Times, Dec 16, 2022.

84 内閣府,「国家安全保障戦略」, 2022年12月

주요 인프라 등에 대한 국경을 초월한 사이버 공격, 가짜 정보의 확산 등을 통한 정보전 등이 발생하여 유사시와 평시의 경계가 모호하다. 게다가 국가안보 대상이 경제 기술 등 그동안 비군사적으로 여겨졌던 분야로 확대되면서 군사와 비군사 분야의 경계가 모호하다.

④ 글로벌 문제에 대한 대응. 즉, 기후변화, 감염병 위기 등 국경을 넘어 인류의 존재 자체를 위협하는 글로벌 과제에 대한 대응을 위해 국제사회 전체의 협력이 요구된다.

일본은 지정학적 경쟁이나 지구 규모의 과제에의 대응 등 대립과 협력이 복잡하게 얽혀 있으며, 전후 가장 어렵고 복잡한 안전보장 환경에 직면해 있다고 진단하고 있다. 이 복잡한 국제관계 전체를 바탕으로 외교력, 방위력, 경제력, 기술력, 정보력을 포함한 종합적인 국력을 최대한 활용하여 일본의 국익을 지키는 것이 국가안보전략의 목적이라고 한다.

② 국가안보 전략의 시행

1) 6개의 전략

일본의 국가안보전략에는 자주적인 경제적 번영을 실현하기 위한 경제안보정책 촉진이라는 항목이 마련돼 경제안보를 일본의 평화와 안전, 경제적 번영 등 국익을 경제적 조치를 강구하고 확보하는 것으로 정의했다. 구체적인 정책으로서 6개의 전략을 제시했다.

① 「경제 정책을 일체적으로 강구함으로써 안전 보장 확보 추진에 관한 법률」(경제 안전 보장 추진법)의 착실한 실시와 부단한 재검토와 대응을 강화한다.

② 서플라이 체인 강화에 대해서 특정국에 대한 과도한 의존을 저하시켜 차세대 반도체의 개발·제조 거점 정비, 희토류 등 중요한 물자의 안정적인 공급 확보 등을 추진하는 것 외에 중요한 물자나 기술을 담당

하는 민간 기업에 대한 자본 강화의 대처나 정책금융의 기능 강화 등을 추진한다.

③ 주요 인프라 분야에 대해서 지방공공단체를 포함한 정부조달 방식이나 추진법 사전심사제도 대상 확대 검토 등을 추진한다.

④ 데이터·정보보호에 대해서 보안·클리어런스를 포함한 국내의 정보 보전 강화를 위한 검토를 진행한다.

⑤ 기술육성·보전 등의 관점에서 첨단기술의 정보수집·개발·육성을 향한 지원 강화·체제 정비, 투자심사나 수출 관리의 강화, 강제 기술 이전에의 대응 강화, 연구 인테그리티의 추진, 인재 유출 대책 등에 대해 구체적인 검토를 진행한다.

⑥ 외국으로부터의 경제적인 위협에 대한 효과적인 대응을 추진한다.

2) 3개의 핵심 분야

경제안전보장과 관련된 중요 분야인 ① 사이버 보안 ② 기술 ③ 에너지·식량안전보장에 대해서는 전략적 접근을 내걸고 있다. 각각의 개요는 다음과 같다.

① 사이버 보안(사이버 안전보장 분야에서의 대응 능력 향상): 사이버 공간의 안전하고 안정적인 이용, 특히 국가 및 주요 인프라 등의 안전 등을 확보하기 위해 사이버 안전보장 분야에서의 대응 능력을 구미 주요국과 동등 이상으로 향상시킨다.

② 기술(기술력 향상과 연구개발 성과의 안전보장 분야에서의 적극적인 활용을 위한 관민의 제휴 강화): 관민의 기술력을 넓고 적극적으로 안전보장에 활용하기 위해 안전보장에 활용 가능한 관민의 기술력을 향상시키고, 연구개발 등에 관한 자금 및 정보를 정부 횡단적으로 활용하기 위한 체제를 강화한다.

③ 에너지·식료 안전 보장(에너지나 식량 등 일본의 안전보장에 불가결한 자원의 확보): 일본의 경제·사회 활동을 국내외에 있어 원활하게 하고, 또 유사시 일본의 지속적인 대응 능력 등을 확보한다는 관점에서 국민의

생활이나 경제·사회 활동의 기반이 되는 에너지 안전 보장, 식량 안전 보장 등 일본의 안전보장에 불가결한 자원을 확보하기 위한 정책을 추진한다.

일본의 국가안보의 관점이 군사적 측면에서 경제적 측면으로 확산되고 있다. 일본의 경제 안보는 국가의 전략적 목표를 달성하기 위해 경제적 수단을 사용하는 것이라고 할 수 있다.

CHAPTER 03

우리 법제의 한계 및 개편 필요성

Ⅰ 경제 안보와 외국인 투자관리제도

① 외국의 투자와 투자관리 필요성

대내 직접투자의 주된 목적은 뛰어난 기술이나 노하우에 투자해 경제의 성장과 발전에 이바지하는 것에 있다. 그러한 투자 활동의 자유를 보장하고, 확보하는 것이 중요하다. 하지만 외국의 투자 가운데 국가의 안보 등에서 문제가 되는 경우, 이에 대처하기 위해서는 투자관리 제도의 정비가 필요하다. 일본에서는 외국의 투자가 다음과 같은 폐해를 가져올 가능성이 있다는 점을 지적하고 있다.[85] 첫째, 「외환거래법」이나 「외국인투자촉진법」에서 계획했던 투자가 이루어지지 않게 될 우려가 있다. 둘째, 경제적 측면에서 보면 투자를 둘러싼 문제가 기업의 평판도에 리스크가 발생시키고, 기업가치 훼손(주가 저하 등)은 물론 외국이나 국내 다른 회사로부터 거래를 중단시킬 우려가 있다.

그렇다면 어떤 투자가 문제가 되는가. 일본은 다음의 사례를 들어 외국 투

---

[85] 経済産業省 国際投資管理室, 国投資家から投資を受ける上での留意点について, 2023年8月;
https://www.meti.go.jp/policy/anpo/shiryo-toushikanri.pdf

자에 대한 투자관리의 필요성을 강조하고 있다. 첫째, 이중 용도(듀얼 유스)가 문제이다. 즉, 군사 전용이 되는 경우이다. 공작기계 제조업체를 인수하여, 무기 등으로의 전용하거나 무기 등의 설계 제조에 이용하는 경우이다.[86] 둘째, 공급의 단절이다. 방위 장비 제조업체 인수한 국가로 공급처를 변경한 결과 해당 국가의 방위력이 저하되는 경우이다.[87] 셋째, 핵심기술의 유출이다. 반도체 제조업체를 인수하여 동등한 제품을 저렴하게 제조한 후 판매하여, 국내 제품의 판매량이 감소하여, 산업 기반을 위협하는 경우이다.[88] 넷째, 인재의 유출이다. 외국법인이 자회사 설립하여, 인재 영입을 통해 기술 유출을 하는 경우이다.[89] 다섯째, 개인정보 등의 유출에 의한 피해와 첩보 자료 등으로의 악용이다.[90]

일본이 예시하고 있는 문제가 되는 외국 투자를 어떻게 관리할 것인가. 그것은 우리가 해결해야 할 당면한 과제이기도 하다.

---

[86] 예를 들면 A국이 군사 전용이 가능한 기계 부품을 제조하는 공작기계 제조업체 B사를 인수하면서, B사가 가진 기계 부품 설계 제조기술을 A국으로 유출하는 경우이다. A국이 해당 기술을 이용해 무기 등의 설계 제조에 이용한다면, 그 결과 당사국은 물론 국제사회의 안전보장에 대한 우려가 커지게 된다. 経済産業省 国際投資管理室, 国投資家から投資を受ける上での留意点について, 2023年 8月 참고.

[87] 예를 들어, A국의 펀드가 방위 장비품을 제조하고 있는 B국의 B사를 인수하였다. A국 펀드는 A국 정부의 지배하에 있고 도매처를 B국이 아닌 A국에 우선 공급 방식으로 전환해 B국의 국내 공급이 끊겼다. B국은 대체품 조달에 난항을 겪으면서 방위장비품을 B국 내 수요처에 공급하지 못해 B의 방위력이 떨어지게 된다. 経済産業省 国際投資管理室, 위의 자료 참고.

[88] B국의 기술 절취를 노리고 있는 A국 기업이 B국의 제조업의 기반이 되는 반도체 제조기술을 보유한 B사에 출자를 실시해, B국이 우위성을 가지는 반도체 제조기술의 일부를 취득하였다. A국에서도 해당 기술을 사용하여 동등 제품을 저렴하게 제조하여 판매하자 B국 제품이 팔리지 않게 되었다. 그 결과 B국 반도체 산업이 쇠퇴하고, 오히려 A국으로 부터 수입에 의존하게 되었다. 経済産業省 国際投資管理室, 위의 자료 참고.

[89] 예를 들어, A국의 인공지능(AI)을 연구하는 B사가 일본에 연구 거점으로서 자회사를 설립하였다. 해당 자회사의 사장에는 AI의 첨단 연구 실적이 있는 일본 기업 C사의 기술부장이었던 D를 취임시키고, D는 과거의 인맥을 이용해, C사의 중요한 기술자(E 등)를 뽑아, AI 기술을 B사에 제공하였다. 그 결과 C사의 기술경쟁력이 상실됐고, B사와 A국의 기술경쟁력이 높아졌다. 経済産業省 国際投資管理室, 위의 자료 참고.

[90] 일본에 폐쇄회로(CC)를 운영하는 자회사가 영상 데이터를 A 국가로 송신하였다. 그 결과 개인정보 등이 유출되고, 첩보활동 등에 이용되는 경우이다. A국의 CCTV 제조사가 한국에 거점으로 자회사를 설립하였다. 설치된 CCTV에서 영상 데이터를 입수·해석하여, 정부 요인이나 기업 간부 등 수많은 개인의 인증 정보나 행동 정보가 A국에 누출됐다. 이러한 관련 정보가 A국의 첩보활동 등에 이용되고 있다. 経済産業省 国際投資管理室, 위의 자료 참고.

2 경제안보 강화와 대응 필요

각국에서 경제안전 보장에 관한 전략·정책이 책정되어, 양자간·다국간 경제안전 보장 협력이 진전되고 있다.[91] 2023년 5월의 G7은 중국과의 '디커플링'을 요구하지 않고, 경제적 강인성을 위한 '디리스킹(de-risking, 리스크 저감)'과 경제 관계의 다양화가 필요하다고 강조했다. 하지만 실제로는 국가안보에 가까운 산업이나 첨단기술 분야에서의 한정적인 미중 디커플링이 점점 강화되고 있다.

일본은 2022년 5월에 제정한 「경제안전보장추진법」의 제도 설계와 운용을 크게 진전시키고 있다. 구체적으로는, ① 서플라이 체인 강화, ② 기반 인프라의 공급망·사이버 시큐리티, ③ 민관 기술 협력, ④ 특허출원의 비공개의 4제도가 강화되고 있다.

그러나 주요국은 향후 규제 대상이 되는 물자·기술·업계 등이 재검토·추가될 가능성이 있다. 주요국의 동향을 모니터링하는 것이 필요하다. 주요국에 의한 규제에 대해 정부와 기업은 어떻게 대응해야 하는가. 수출관리를 포함한 무역 거래의 관점에서는 거래하는 제품이나 거래상대방, 제품의 용도에 관해 안전보장상의 리스크가 없는지 점검하는 것이 중요하다.[92] 군사적 목적으로 전용될 위험성이 있는지 여부를 확인하기 위해서 제품의 해당 여부 판정이나 인권 실사의 실시, 거래처의 스크리닝 등을 미리 종합적으로 실시하는 것이 요구된다. 여기에는 법령 준수라는 관점이 중요하다.

한편, 특정국으로부터 중요 물자나 첨단기술로 지정을 받음으로써 보조금을 포함한 산업 정책적 지원을 받는 등 관련 정보를 수집하는 것도 중요하다. 또한 거래시점에서도 규제 리스크를 염두에 둔 면책조항을 계약서에 포함시키는 등 법적인 측면에서 리스크에 대한 대책도 필요하다.

---

[91] https://www.tokio-dr.jp/publication/report/riskmanagement/pdf/pdf-riskmanagement-384.pdf

[92] 일본 제트로의 조사에 의하면, 일본 기업의 80%는 경제 안전 보장을 경영상의 과제로 파악하고 있다. 2022년 11월 24일자 지역·분석 리포트 참조.

Ⅱ　종합적인 외국인 투자관리 제도의 필요성

① 기존의 성과와 한계

1) 법률의 목적 비교

지금까지 정부는 해외 기술 유출에 대처하기 위해 「산업기술보호법」, 「방위산업기술보호법」, 「첨단전략산업법」 등을 적용하였다. 「외환거래법」과 「대외무역법」를 통해 안전보장 무역관리에 대해 적절한 대응을 해왔다. 또한 「부정경쟁방지법」에 따른 영업비밀 보호 강화, 「외국인투자촉진법」에 의한 외자 유치와 관리를 해왔다.

개별법의 입법목적을 보면 다음과 같다. 「외환거래법」은 외국환거래와 그 밖의 대외거래의 자유를 보장하고 시장기능을 활성화하여 대외거래의 원활화 및 국제수지의 균형과 통화가치의 안정을 도모함으로써 국민경제의 건전한 발전에 이바지함을 목적으로 하고 있다. 「외국인투자촉진법」은 외국인 투자를 지원하고 외국인 투자에 편의를 제공하여 외국인투자 유치를 촉진함으로써 국민경제의 건전한 발전에 이바지함을 목적으로 하고 있다.

「국가첨단전략산업 경쟁력 강화 및 보호에 관한 특별조치법」은 국가첨단전략산업의 혁신생태계 조성과 기술 역량 강화를 통하여 산업의 지속 가능한 성장기반을 구축함으로써 국가 경제 안보와 국민경제 발전에 이바지함을 목적으로 한다. 「부동산거래신고법」은 부동산 거래 등의 신고 및 허가에 관한 사항을 정하여 건전하고 투명한 부동산 거래질서를 확립하고 국민경제에 이바지함을 목적으로 한다. 「방산기술보호법」은 방위산업기술을 체계적으로 보호하고 관련 기관을 지원함으로써 국가의 안전을 보장하고 방위산업기술의 보호와 관련된 국제조약 등의 의무를 이행하여 국가신뢰도를 제고하는 것을 목적으로 한다. 「산업기술보호법」은 산업기술의 부정한 유출을 방지하고 산업기술을 보호함으로써 국내 산업의 경쟁력을 강화하고 국가의 안전보장과 국민경제의 발전에 이바지함을 목적으로 한다.

그동안 외국인 투자나 관리에 대해 관계 행정기관은 적절한 안전보장 무역관리, 영업비밀 보호의 실시, 연구 인테그리티 확보, 해외 수출 및 M&A 등에 대해 필요한 정책을 실시하였다. 하지만 기존 '법률의 목표'를 보면 국가안보나 경제안보 정책과는 일치하는 면도 있지만 일부만을 실현하는 경우 있다. 이를 효과적으로 수행하기 위해서는 하나의 행정기관에 의해 외국의 투자가 완결되는 것이 아니라 정부의 컨트롤 타워를 중심으로 관계 행정기관이 동시에 외국의 투자가 한국의 국가안보와 경제안보에 미칠 영향을 심사하고, 검토하여 적극적으로 대응할 필요가 있다. 이를 위해서는 외국의 투자에 대해 국가안보와 경제 안보 차원에서 상시 검토할 수 있는 제도적 장치가 필요하다. 특히 심사대상, 심사기준, 심사 절차, 심사 후 조치 등을 대외적 환경변화와 외국의 입법 사례 등을 바탕으로 개정하거나 제정할 필요가 있다.

② 국가의 책무와 경제 안전 보장 추진

국가는 국가안보와 경제안전보장에 관한 경제정책을 종합적이고, 효과적으로 추진할 책무를 지고 있다. 국가의 관련 행정기관은 안전보장 확보에 관한 경제정책의 실시에 관해 상호 협력해야 한다. 국가는 안전보장 확보에 관한 경제정책을 종합적이고 효과적으로 추진하기 위해 필요한 조치를 강구하도록 노력해야 한다. 특히 국가는 장래의 국민 생활 및 경제활동 유지에 중요한 것이 될 수 있는 첨단기술의 보호에 최선을 다해야 한다. 국가핵심기술과 첨단기술 중 해당 기술이나 해당 기술의 연구개발에 사용되는 정보가 외국에 부당하게 유출되거나 해당 기술을 이용한 물자 또는 업무를 외국에 의존하는 경우 그 단절로 인해 발생할 국가적 위험과 국민 생활에 미치는 악영향은 매우 크다.

그러므로 국가 핵심기술과 첨단기술 등에 대한 유출 방지 및 보호조치, 정보제공, 자금 확보, 인재 양성, 기타 조치를 위해 정부는 최선을 다해야 한다. 특히 첨단기술이나 국가 핵심기술의 보호, 연구개발 촉진, 성과의 활용은 중장기적으로 한국이 국제사회에서 확고한 지위를 계속 확보하는 데 필수적인 요소이다. 이를 위해서는 정부가 리스크를 부담하고 지원을 하여, 지식을 가진 민간 기업·대학 등과의 제휴 아래 기술개발을 강력하게 추진할 필요가 있다. 국가 핵심기술이나 첨단기술의 개발이나 보호는 기업에만 의존해서는 안 된다. 첨단성이 높은 기술들은 리스크도 동반하기 때문에 투자와 성과에 불확실성이 크다. 시장경제의 메커니즘에만 맡겨서는 기술에 대한 투자뿐만 아니라 보호에도 큰 한계가 있다.

정부는 국가안보와 경제 안보 차원에서 외국인의 투자에 대한 심사를 강화해야 한다. 이를 위해 국가의 안전보장에 관한 정책, 국방 정책, 경제 정책 등의 중요사항을 담당하는 관계 중앙행정기관 및 국가안전보장 부처가 정보를 공유하고 밀접하게 협력해야 한다. 특히 국가안보와 경제 안보 정책의 방향에 혼란을 발생시키는 일이 없도록 해야 한다.

정부는 국민 생활 및 경제활동을 뒷받침하는 중요한 산업이 직면하는 리스크를 안보 확보 차원에서 전체적으로 점검하고, 평가하여, 위험 해소를 위한 정책을 추진해야 한다. 동시에 세계적 경쟁에서 각 산업 분야와 기술이 우위성을 획득·유지·강화하도록 지원해야 한다. 첨단기술과 핵심인프라 그리고 관련 산업을 담당하는 관계 행정기관의 연계를 높일 수 있도록 국가 안전보장 및 경제 안전보장 추진 부처가 서로 협력하도록 해야 한다.

세계적 차원의 정보를 집약하면서 여러 위험 시나리오를 상정하고 복합사태의 발생 가능성과 상호 의존도 등에 대한 대책을 수립하고, 이에 대한 대응체계를 상시적으로 운영해야 한다. 이를 위해서는 외국의 투자에 대한 국가안보 심사를 위한 조직의 설치가 필요하다. 가칭 외국투자안보심사위원회를 대통령이나 국무총리 소속 위원회로 설치하고, 그를 지원하는 지원단의 설치도 제도화해야 한다. 가칭 외국투자안보심사위원회를 통해 외국의 투자에 대해 심사를 하고, 각종 대응 정책을 수행하도록 해야 한다.

III 개별법 차원에서의 개정 필요성 등

① 현행 법령의 한계

1) 기술의 정의 및 범위 등 불일치

산업기술에 대한 정의 규정에 따르면 「산업발전법」, 「산업기술혁신법」 등 다양한 법률에 근거한 각종의 기술이 산업기술에 포함되고 있다. 그런데, 관련법상 산업기술에 대한 정의가 일치하지 않고, 타법률의 제정이나 개정에 관한 사항이 적시에 반영되지 않고 있다. 각 법률에 산업기술에 대한 정의가 달라 혼란의 여지가 있으므로 산업기술의 정의를 통일화할 필요가 있다.

「국가첨단전략산업법」은 「산업기술보호법」과 달리 수출 또는 인수 합병과 관련한 산자부 장관의 중지·금지·원상회복 명령에 대한 불이행을 침해행위 유형으로 규정하고 있지 않다. 해석론상 전략기술은 「산업기술보호법」상의 국가 핵심기술로 간주할 수 있으므로, 「산업기술보호법」을 적용하여 처벌 가능하다고 볼 여지도 있으나 죄형법정주의 원칙상 명확성의 원칙에 따라 산업통상자원부 장관의 명령 불이행시 처벌이 불가능하다는 주장도 있다.

2) 판정제도의 문제점

국가 핵심기술 사전판정 제도가 있지만 국가핵심기술 제도 자체를 모르는 경우 회사 보유 기술이 국가 핵심기술에 해당하는지조차 모를 수 있다. 회사는 보유 기술이 국가 핵심기술에 해당하는지에 대한 사전검토가 어려울 수 있다. 특히, 대상기관이 기술보유 사실을 고의로 숨기거나 기술 수출 및 해외 인수 합병 시 사전심사가 필요함을 모를 경우 기술 유출 방지에 중대한 허점이 발생하게 된다. 이를 해결하기 위해서는 대상기관의 신청이 없더라도 국가가 직접 기업에 산업기술(국가 핵심기술, 첨단 전략기술, 방위산업기술 등) 판정신청 명령이 가능하도록 법령을 정비할 필요가 있다. 만약 대상기관 등이 판정신청

서류를 제출하지 아니하거나 국가 핵심기술 보유기관 등록 신청을 아니한 경우 벌칙을 강화할 필요가 있다.

3) 의제 조항의 정비

현행 「산업기술보호법」, 「국가첨단전략산업법」상의 수출 승인을 받으면 「대외무역법」 제19조의 전략물자 수출 허가, 「방위사업법」 제57조의 국방과학기술과 방산물자 수출 허가를 의제하고 있다. 해외의 경우 대외 거래인 수출과 관련해서는 「대외무역법」과 같은 이중 용도나 군사 목적 가능성 등(미국의 경우 신흥 및 기반기술 추가)을 토대로 검토하고 수출통제를 하고 있다. 우리나라는 「산업기술보호법」, 「국가첨단전략산업법」상 수출통제라는 특칙을 두면서 「대외무역법」상 수출통제는 예외로 다루는 방식이다. 그러나 「산업기술보호법」, 「국가첨단전략산업법」상의 수출 승인시 「대외무역법」 제19조의 전략물자 수출 허가, 「방위사업법」 제57조의 국방과학기술과 방산물자 수출 허가에 대한 실질적인 고려나 해당 법률을 구체적으로 검토해야 한다. 관련 사항에 대한 검토가 제대로 반영되지 않은 상태로 의제가 다루어지는 경우 법률의 목적을 달성하기 어렵다.

국가 핵심기술과 전략기술의 경우 비록 지정, 해제, 판정의 주체는 다르다. 하지만, 수출 및 해외 인수 합병 등에 대한 심사는 동일하다. 그리고 침해 행위에 대한 대응과 처벌 조항도 유사하다. 하지만 전문인력 등 지정과 그에 따른 인적 조치에서 차이가 있고, 구체적인 법률의 내용에 따른 원상회복, 침해 행위, 처벌 조항의 차이가 존재한다. 「국가첨단전략산업법」과 「산업기술보호법」의 수출 또는 인수·합병과 관련한 산업통상자원부 장관의 중지·금지·원상회복 명령에 대한 불이행을 침해 행위 유형으로 규정하고, 실무적 관점에서 기술 유출 관련 대응을 할 필요가 있다. 그리고 수출, 해외 인수 합병 등 외국인 투자에 대해 다양한 조건을 부과하고, 사전 및 사후 협의나 보고 절차 등을 준수하도록 법률을 개정할 필요가 있다.

ㄹ   주요 현안과 대처의 한계

1) 지배권 문제

「외국인투자촉진법」상 미신고 후 제한 업종 투자에 대한 처벌 규정이 미흡하다. 비영리법인의 투자 규제의 엄격성에 대한 검토가 필요하다. 신고하지 않고 제한되는 업종에 투자하는 경우 투자 위반에 대한 제제와 처벌이 강화되어야 한다.

현행 「산업기술보호법」에 의하면 외국인이 국가 핵심기술 보유기관의 국내외 모회사 등을 M&A하여 국내 법인을 간접 지배하는 유형에 대해서는 통제가 어렵다(중국계 사모 펀드가 국내 대상기관의 주식을 보유한 외국기업의 지분을 취득하는 방식으로 국내 대상기관 지배 시도). 그러므로 외국인이 기술보유기관을 직접 지배하는 경우뿐 아니라 국내외 모회사 인수를 통한 간접 지배도 사전 승인의 대상이 되는 해외 인수 합병의 유형으로 할 필요가 있다.

최근 주요 국가 간 기술패권 경쟁이 치열해지고 있는 상황에서 우리나라의 국가 핵심기술이 해외로 유출되지 않도록 하기 위해서는 현재 실시하고 있는 산업통상자원부장관의 승인만으로는 미흡하므로 국가 핵심기술의 해외 수출과 해외인수·합병에 대한 관리를 더 강화해야 한다는 지적이 있다. 산업통상자원부 장관이 국가 핵심기술의 수출과 해외인수 합병 등에 대한 승인을 하는 경우 미리 국회의 소관 상임위원회에 보고하도록 하는 방안도 제안되고 있다.

2) 외국 정부의 요구에 대한 대처 문제

외국 정부가 국가 핵심기술 보유 대상기관, 전략기술 보유자의 해외사업장에 대하여 국가 핵심기술, 전략기술과 관련한 자료 제출이나 현장 조사를 요구하고 대상기관 또는 보유자가 이에 응할 경우, 우리나라의 중요한 국가 핵심기술, 전략기술이 외국 정부나 기업에 유출되어 심각한 피해를 줄 수 있다는 우려가 제기되고 있다. 이에 대해 국가 핵심보유 대상기관, 전략기술 보유자는 해외사업장에 대하여 외국 정부로부터 자료의 제출이나 현장 조사를 요구받아 이에 응할 경우에는 '산업통상자원부 장관의 승인'을 받도록 하는 방안도 제시되고 있다. 이러한 점은 해외 사업자 제공의 클라우드 사용 시에도 제기되는 문제이다. 각 국가의 법률을 준수해야 한다는 차원에서 자료 제출을 금지하거나 거부할 방법을 찾기 어렵다. 하지만, 대상기관이나 전략기술 보유자 등은 외국 정부의 요청에 따르기 전에 관계 행정기관 등에 신고하여 필요한 대책을 함께 수립할 수 있도록 하는 것이 필요하다.

3) 국익과 국민경제에 대한 대책 미흡

지난 11월 국회 산업통상자원중소벤처기업위원회 국정감사에서 "세계 2위 한국 기술 인수한 중국 자본…이번엔 직원 '자르기' 논란"[93], "기술만 빼낸 뒤 나가라니…중국이 인수한 한국 IT 기업에 무슨 일"[94]이 문제가 되었다.

중국 자본이 한국의 IT 기업을 인수한 이후 기술을 모두 이동시키고 한국 법인을 축소하고 있는데 씨디네트웍스가 보유한 CDN 기술은 국가 핵심기술에 해당되지 않는다는 이유로 법의 보호도 받지 못했다는 것이다. 한국 기술이 모두 중국으로 이동되는 것을 바라만 보고 있어야 하는 상황이었다는 점이 문제가 되었다.

국가핵심기술 등을 보유한 기업 등은 정부의 승인, 모니터링, 법령 준수 등의 조치를 통해 대처할 수 있다. 그러나 외국 투자를 받은 기업들이 갖고 있는 기술 또는 콘텐츠를 차지하고, 기업 자체를 해산하거나 축소하는 것이 국민경제에 미치는 영향이 크다. 하지만 그에 대한 보호조치가 미흡하다.

주요국은 외국 투자에 대해 국가안보를 기준으로 한 판단을 하고 있다. 그런데 오스트레일리아의 「외자매수법」은 국가안보를 기준으로 한 판단과 함께 국익에 위배 되는지를 심사하고 있다.

---

93 https://www.mk.co.kr/news/business/10866292

94 https://www.mk.co.kr/news/society/10809739

① 오스트레일리아에 대한 투자가 상품이나 서비스의 시장가격이나 생산을 지배하게 될 가능성이 있는가.

② 외국 투자가 오스트레일리아의 세수나 환경 정책에 영향을 미칠 가능성이 있는가.

③ 외국 투자가 오스트레일리아의 경제 전반에 영향을 미칠 가능성이 있는가.

④ 오스트레일리아 국민을 위해 공정한 혜택을 가져올 것인가.

⑤ 오스트레일리아 지역사회에서 고용 및 발전에 기여하는가.

⑥ 투명성 있는 규제 및 감독의 대상이 되고 있는가.

우리나라의 현행 법령 등은 국가 핵심기술, 첨단기술, 전략기술 등의 보호에 집중되어 있다. 해당 법령에서 국민 생활이나 국민경제에 영향을 주는 기술이나 산업 분야는 그 대상이 아니다. 현실을 보면 중국 등 일부의 외국 투자가 기술 이전, 시설 이전, 감원, 파산 등으로 이어지고 있지만 기술 보호의 대상이 아니라서 사각지대로 남아 있다. 우리나라의 안보 투자 관련 법률의 제정 시 외국 투자가 국민경제와 고용 등에 미치는 영향에 대해 검토하고 판단할 필요가 있다. 외국 투자와 관련하여 국가안보와 경제 안보 그리고 국익의 범주를 어떻게 설정하고, 적용할 것인지. 「(가칭) 외국의 투자와 국가안보에 관한 법률」의 제정 시 그 기준과 판단 절차 등을 정립할 필요가 있다.

법 제정을 위한
비교법적 분석

PART 03
미국의 외국 투자심사 제도

미국의 외국 투자심사 제도

CHAPTER

01

서론

Ⅰ | 개요 및 제도 경과

① 기술 보호와 투자규제

미국에서는 외국인의 미국 내 투자에 대해 대미외국인투자위원회(The Committee on Foreign Investment in the United States, 이하 CFIUS)[95]에 의해 국가안전보장상의 관점에서 심사를 실시하고 있다. CFIUS에 의한 심사제도는 새로운 것이 아니다. 중국의 투자 증대 및 그로 인한 기술 유출 우려 등을 배경으로 2018년에 「외국투자위험심사현대화법(Foreign Investment Risk Review Modernization Act: FIRRMA)」이 성립되면서 CFIUS의 권한이 강화되었다. FIRRMA에 의해, CFIUS의 심사 대상이 되는 투자 범위의 확대나 절차의 변경이 이루어졌다. 그 결과 제도는 보다 복잡해졌다. CFIUS 심사 결과, 미국의 국가안전보장을 해칠 우려가 있는 거래에 대해서는 대통령의 판단에 따라 해당 거래의 중지가 명령될 가능성이 있으며, 그에 이르지 못할 경우에도 해당 위험을 경감하기 위해 해당 거래에 다양한 조건이 붙여질 가능성이 있다.

---

95 https://home.treasury.gov/policy-issues/international/the-committee-on-foreign-in-vestment-in-the-united-states-cfius

또한 이러한 실질적인 문제 이외에도 이들 CFIUS가 부과한 조건을 위반한 경우나 CFIUS에 대한 신고 의무가 있는 거래임에도 불구하고 이를 게을리한 경우 등에는 벌금이 부과될 가능성도 있다. 미국에 투자하는 외국인에게는 매우 영향이 큰 규제라고 할 수 있다. 따라서 미국에 대한 투자를 검토할 때에는 CFIUS에 의한 심사에 대해 충분히 이해한 후 신중한 대응이 요구된다.

② 핵심 인프라와 부동산 투자 규제

국가에 따라 차이가 있기는 하지만 외국인에 의한 부동산의 취득은 토지의 특성 때문에 제한되고 있다. 즉, 토지의 한정된 면적, 경제적 중요성, 국민의식의 반영, 국가안보의 관점 등이 그 이유다. 그러나 각 국가의 외국인에 대한 부동산 취득은 시대의 흐름에 따라 변화하였다. 이념상으로도 평등과 우애의 관념에 기초하여 자국민과 외국인을 평등하게 취급하고, 국제법상 상호주의 등에 따라 외국인에게 부과된 취득 제한을 완화하기도 하였다. 다른 한편 외국인에 의한 부동산 취득이 증가한 요인으로 다국적 기업에 의한 거래 증대, 해외투자의 세제상 우대조치, 투기 자본의 존재, 노동력의 국가 간 이동, 외국에서 휴가를 가능케 한 생활 수준의 상승 등을 들 수 있다.

최근 외국인에 의한 부동산 취득이 증가한 국가에서는 외국인의 부동산 취득을 제한하는 특별 입법을 제정하고 있다. 국가가 직접적으로 외국인에게 토지 취득을 금지하거나 외국인에게 높은 세금을 부과하거나 토지 취득을 위한 요건을 강화하는 것이다. 외국인에 의한 토지 취득 제한 이유는 경제적 이유, 공공의 복지, 사회적 이유, 국방상 이유 등 다양하다. 그 가운데 국가안전보장상의 이유로 외국의 토지 취득이나 부동산 거래를 제한하는 경우 국가안보상의 주요 지역인 군사기지 주변이나 해안 지대 등이 그 제한 대상이 된다.[96]

---

96 김민배 외(2023), 외국인 부동산 취득규제 해외사례 조사보고서, 인하대 산학협력단; Joshua Weisman, "Restrictions on the Acquisition of Land by Aliens", The American Journal of Comparative Law 28(1),1980, p.41.

미국 재무부는 「31 CFR Part 802(이하 31 CFR § 802 혹은 「부동산 규정」)」[97] 즉, 「부동산 규정」을 토대로 CFIUS의 관할권을 매매 또는 임대와 관련된 특정 유형의 부동산 거래에 대해 확대하였다.[98] 새로운 「부동산 규정」에 의해 CFIUS는 특정 기준을 충족하는 부동산 관련 거래를 심사할 수 있다.[99] 만약 그것이 미국의 국가안보를 위협하는 경우 외국인과의 부동산거래를 중단할 수 있다.[100] CFIUS는 항만과 공항 그리고 군사시설 등 일정한 범위의 부동산 거래에 대해 새로운 「부동산 규정」을 적용하도록 하고 있다.[101] 「부동산 규정」은 거래와 관련한 부동산의 가치나 금액 그리고 관련된 부동산의 규모는 관계가 없으며, 적용 가능성을 결정하는 핵심적 기준은 해당 부동산이 특정한 지리적 위치에 있는가에 달려 있다. 전통적인 의미에서의 국가안전보장 기준이 변화하는 것을 알 수 있다.

미국의 「부동산 규정」은 첨단기술 규제 규정인 「31 CFR § 800」과 함께 중국의 미국에 대한 투자를 견제하고자 하는 데 주된 목적이 있다.[102] CFIUS

---

[97] https://home.treasury.gov/system/files/206/Part-802-Final-Rule-Jan-17-2020.pdf. part 802 of title 31 of the Code of Federal Regulations(CFR). 31 CFR Part 802 – REGULATIONS PERTAINING TO CERTAIN TRANSACTIONS BY FOREIGN PERSONS INVOLVING REAL ESTATE IN THE UNITED STATES을 '31 CFR § 802 혹은 「부동산 규정」'이라 약칭함.

[98] 부동산이란 미국에 있는 모든 토지(지하 및 수중 포함) 또는 토지에 부속된 구조물 (건물 또는 그 일부 포함)을 의미한다. 31 CFR §802.235. 거래란 제안 또는 완료 여부에 관계없이 부동산을 소유한 자로부터 매입 또는 임대 또는 양도를 의미한다. 31 CFR §802.237.

[99] 1950년 국방생산법 섹션 721을 수정한 것이다. 50 U.S.C. 4565; 31 CFR 31 CFR § 802. 101(a)

[100] 小野亮, "安全保障に基づく対米投資規制の強化(CFIUS 改革)— 中国の最先端技術獲得と 規制逃れに高まる警戒", 「みずほリポート」, みずほ総合研究所, 2018.05, 1–6 면. James K. Jackson, "The Committee on Foreign Investment in the United States (CFIUS)", Congressional Research Service Report, February 14, 2020, p.11.

[101] 그러나 「부동산 규정」은 「국제긴급경제권한법」 또는 미국 헌법에 따른 대통령 또는 의회의 기타 권한을 포함하여, 연방법의 다른 조항에 따라 제공되거나 확립된 다른 권한, 프로세스, 규정, 조사, 집행 조치 또는 검토에는 영향을 미치지 않는다. 31 CFR §802.103.

[102] 김민배, "미국의 외국인 투자규제 대상과 특징– 미국의 외국투자위험심사현대화법(FIRRMA)를 중심으로–", 법제, 법제처, 2020.9, 43–45; 나수엽, 김영선, "미국의 「외국인투자위험심사현대화법(FIRRMA)」발효와 미국의 대중투자규제", 「KIEP 세계경제 포커스」, 대외경제정책연구원, 2020.4. 1–12 면; 김명아, 국제통상 투자 법제연구(1), 한국법제연구원, 2019. 10. 참조.

는 중국 투자자, 특히 중국 정부와 관련이 있는 투자자를 면밀하게 조사한다. 그 이유는 중국의 경제적 성장, 군사적 야망, 지식재산권 침해, 사이버 해킹사례, 전략적 군사적 기술(반도체, 인공지능 등)에 대한 중국 국가 차원의 투자가 가져올 영향 때문이다.[103] 최근 미국 대통령의 행정명령에 따라 공식적으로 차단된 거래 대부분은 중국 투자자 또는 중국 영향력에 대한 우려가 관련되어 있다.[104] FIRRMA는 중국 및 기타 미국의 적대국에 대한 엄격한 심사를 보장하는 특별 우려 국가와 반대로 우호 국가의 화이트 리스트를 통해 외국의 미국에 대한 투자를 심사하고 있다. 미국의 「부동산 규정」의 제1차 목표는 중국이 미국의 주요시설에 대한 투자를 저지하는 데에 있다고 할 수 있다.

---

103 峰尾洋一, "技術競争で欠落する米国の攻めの戦略", 「丸紅ワシントン報告」, 2020.01, 3-4 면; 杉之原真子, "対米投資規制強化の政治過程-2018年外国投資リスク審査現代化法をめぐって", 「国際交流研究」, 2019 第21号, 105 면; 増田耕太郎, "中国企業の対米直接投資の急増と米国の 国家安全保障 米国民に歓迎される投資を増やせるのか", 「国際貿易と投資」 No.108, 2016, 44-61 면; Bob Davis, "Trump Plans New Curbs on Chinese Investment, Tech Exports to China", WSJ, June 24, 2018.

104 https://www.goodwinlaw.com/publications/2018/06/hospitality-and-leisure-series

Ⅱ 미국의 관계 법령, 경위, 배경 등

1) 관계 법령

① 2018년 외국 투자위험심사 현대화법(Foreign Investment Review Risk Modernization Act: FIRRMA)[105]

② FIRRMA 시행규칙 31 C.F.R. Parts 800-802(FIRRMAs implementing regulations at 31 C.F.R. Parts 800-802)

2) 규제 집행기관

① 대미 외국투자위원회(CFIUS)

② 미국 대통령

③ 미 재무부 장관(CFIUS 의장)

3) 제도 성립의 경위·배경

외국으로부터의 투자는 미국의 경제상의 이익 발전을 위해 중요하다는 점에는 변함이 없다. 그러나 최근 국가안전보장을 둘러싼 상황이 크게 변화하고 있다. 국가안전보장에 대해 최대의 잠재적인 리스크를 지닌 외국으로부터의 투자의 성질도 변화하고 있다. CFIUS는 미국의 국가안보를 보호하기 위해 CFIUS의 절차 및 권한을 강화하고 있다. 미국의 대통령은 미국의 동맹국이나 파트너 국가가 국가안전보장상의 위험의 관점에서 외국으로부터의 투자를 심사하는 CFIUS에 대해 행정명령을 강화하고 있다. CFIUS는 국가안보의 보호를 위해서 외국으로부터의 투자를 심사해야 한다는 취지로 FIRRMA를 제정하였다.[106] FIRRMA는 CFIUS의 설치 이후 가장 근본적인 개혁이었다.

---

105 Subtitle A of Title XVII of Public Law 115-23, 132 Stat. 2173, amending section 721. of the Defense Production Act of) 1950.

106 FIRRMA §1702(b)

FIRRMA가 규정하는 사항은 다음과 같다.

① 지배권 취득을 수반하지 않는 일정한 투자 및 부동산 거래에 대한 권한 확대
② 일정 종류의 외국투자가에 관한 심사에서 제외
③ 새로운 간이 통지서에 의한 신고 및 심사 절차
④ 핵심기술(critical technologies) 또는 외국 정부의 권익이 관여하는 일정한 거래에 관한 신고 의무의 발생

미국은 개혁의 상세한 내용 결정을 CFIUS에 맡기고 있다. 이에 CFIUS는 2019년 9월에 투자[107] 및 부동산거래[108]에 대처하는 두 가지 규칙을 공표하였다. 「부동산 규정」은 2020년 2월 13일에 시행되었다. 「부동산 규정」은 CFIUS의 심사대상 범위로 제한하고, 신고 의무의 발생 요건을 국가안전보장상의 우려를 일으킬 수 있는 거래로만 한정하고 있다. 특히 제외 투자자(excepted investor)에 해당하는 요건이 완화됨에 따라 추가로 CFIUS의 권한도 변화하였다.

FIRRMA는 CFIUS의 핵심을 이루는 각 심사대상 거래의 위험에 기초한 분석기법, 즉 외국투자가에 의해 발생하는 위협, 미국 사업이 직면하는 취약성, 그리고 관련 위협 및 취약성이 복합되어 국가안전보장에 미치는 효과 등을 판단하고 있다.

그렇지만, 전체적으로 CFIUS의 체제는 상당히 복잡한 것이어서 심사 대상의 범위에 대해서는 사실을 중요시한 분석이 이루어진다. CFIUS 심사 절차에서는 국가안전보장에 발생할 수 있는 중대한 리스크 평가와 배분을 어떻게 할지는 과제로 남아 있다.

---

[107] Provisions Pertaining to Certain Investments in the United States by Foreign Persons, 84 Fed. Reg. 50174 (September 24, 2019).

[108] Provisions Pertaining to Certain Transactions by Foreign Persons Involving Real Estate in the United States, 84 Fed. Reg. 50214 (Septem

4) CFIUS 심사제도

CFIUS는 외국인 투자가 미국의 국가안전보장에 미치는 영향을 감독하는 부처간 위원회(위원장은 재무부 장관)이며 1950년 「국방생산법」(이후 개정) 721조[109], 그 시행규칙[110] 및 대통령의 행정명령에 따라 외국인의 일정한 유형의 투자에 대하여 국가안보 관점에서 심사하고 대처할 권한이 부여되어 있다. CFIUS는 그 심사권한이 미치는 범위의 거래라면 당사자로부터의 신고 유무 및 거래 전후에 관계없이 심사를 실시할 수 있다. CFIUS는 심사 결과 '거래에 국가안전보장상의 우려는 존재하지 않는다'는 결론에 이르렀을 경우에는 (필요에 따라 조건을 붙인 후) 거래를 승인하지만, 그 우려가 해소되지 않았다고 판단한 경우 등에는 대통령에게 해당 거래에 대해 보고하고 대통령이 이를 판단한다. 대통령은 해당 거래가 '미국의 국가안전보장을 해칠 우려가 있다'고 판단한 경우 해당 거래의 중지 또는 정지(실행완료된 거래에 대해서는 거래의 철회나 취소)를 명할 수 있다.

CFIUS에 의한 심사는 통상거래를 하고자 하는 당사자로부터의 신고를 단서로 하여 개시되지만, 일부 예외를 제외하고 당사자에 의한 CFIUS에의 신고는 의무가 되어 있지 않으며, 신고 여부는 원칙적으로 당사자의 자주적인 판단에 맡겨져 있다. 무엇보다 CFIUS는 신고 유무에 관계없이 이미 완료된 거래에 대해서도 심사를 개시하는 것이 가능하다. 또 신고 의무가 없는 경우에도 국가안전보장상의 검토사항이 있을 수 있다고 CFIUS가 판단한 경우에는 당사자에게 신고를 요구할 수 있다. 따라서 거래 당사자는 사후적인 거래 해소 등이 명령되는 위험을 회피하기 위해 CFIUS에 대해 자주적으로 신고하고 거래 실행 전에 CFIUS의 심사를 받을 수 있다. 심사 결과에 따라 CFIUS의 승인을 얻을 수 있다면 특별한 사정이 없는 한, 향후 같은 거래가 다시 CFIUS의 심사 대상이 되지 않는 세이프 하버를 얻을 수 있다. 즉, 거래의 안정성을

---

[109] FIRRMA에 의한 CFIUS 심사제도 변경은 1950년 국방생산법 721조를 개정하는 형태로 규정되어 있으며 종전 개정과 함께 현재의 형태로 되어 있다. Section 721 of title VII of the Defense Production Act of 1950 (50 U. S. C. §4565)

[110] Chapter VIII of title 31 of the Code of Federal Regulations

확보할 수 있다. 그 때문에, 미국에의 투자를 실시하는데 신고 의무가 있는 경우를 제외하면, CFIUS에의 신고는 필수는 아니지만, 당사자에게 있어서 거래의 내용을 근거로 해 CFIUS에의 신고의 필요 여부를 검토할 필요가 있다.

◑ 미국 외국인투자심사 위원회 개요

◇ 외국인의 대미 투자에 대하여 미국의 특정 거래를 심사할 권한을 법적으로 부여받은 미국 정부의 관계부처 합동 기관

- 근거: 1950년 국방생산법(Defense Production Act) 721항과 미국연방규정집(C.F.R.) 31권 VIII장[111] 규정에 따름. 2018.8.13., 외국인투자위험심사현대화법(FIRRMA) 제정에 따라 DPA 721항 등이 개정

기존 심사대상	제정 후 심사대상
지배적(controlling) 투자에 대한 CFIUS의 심사 **+**	○ 비지배적(non-controlling) 투자에 대한 심사범위 확장 – 핵심기술(Critical Technologies) – 핵심인프라(Critical Infrastructures) – 민감개인데이터(Sensitive Personal Data)
외국기업의 부동산거래 심사	○ 외국 개인의 부동산거래에 대한 심사범위 포함 – 국가안보 위험을 초래할 수 있는 부동산거래 대상

◇ CFIUS의 구성은 8개 부처, 대통령자문위원회, 기타 부서로 구성

8개 중앙부처 장관(급) 및대통령자문위원회(1)	재무부(의장), 법무부, 국토안보부, 상무부, 국방부, 국무부, 에너지부, 미국통상대표부(USTR), 과학기술정책국(OSTP)	정회원
대통령자문위원회(5)	예산관리국(OMB), 경제자문위원회(CEA), 국가안전보장회의(NSC), 국가경제위원회(NEC), 국토안보위원회(HSC)	참관 자격
기타 부서장(3)	운수부, 보건복지부, 농무부	직무상 참가 의결권 없음

---

111 C.F.R. 31, Chapter VII (OFFICE OF INVESTMENT SECURITY, DEPARTMENT OF THE TREASURY)

CHAPTER 02

주요 개념과 심사대상

I | 주요 개념과 기준

① 외국인 등

1) 외국 정부

외국 정부란 미국 정부 또는 미국의 하위 정부를 제외하고, 정부 기능을 수행하는 모든 정부 또는 기관을 의미한다. 이 용어는 해당 부서, 기관 및 수단을 포함한 국가 및 지방정부를 포함하지만 이에 국한되지 않는다.[112]

2) 외국인

국가마다 부동산에 대한 외국인의 취득 여부를 결정하는 주요한 기준은 '외국인'이다. 외국인에 대한 기준은 국가마다 차이가 있다. 미국은 외국인을 다음과 같이 정의를 하고 있다.[113]

---

[112] 31 CFR §800.221; 31 CFR §802.219: 주요 개념과 심사대상은 김민배(2020. 9), 앞의 논문을 기초로 하여 작성된 것이다.

[113] 31 CFR §800.224; 31 CFR §802.221

86

PART 03
미국의 외국 투자심사 제도

① 외국 국적자, 외국 정부[114], 외국 법인 등, 그리고 외국 정부 또는 외국 법인 등에 의해 지배권을 행사하거나 행사할 수 있는 모든 법인 등

② 외국인이 지배권을 행사하거나 행사할 수 있는 자가 외국인인 경우 등을 의미한다.[115] 외국 국적자란 미국 국적자를 제외한 모든 자를 의미하고 있다.[116]

3) 엔티티(entity)

그런데 외국인과 관련하여 entity[117]의 의미를 정리할 필요가 있다. 일반적으로 entity는 법인이나 기업 등을 의미한다. 하지만 entity의 개념은 매우 포괄적이다.

① entity란 법인 또는 단체의 지사, 파트너십, 그룹 또는 소그룹, 협회, 부동산, 신탁, 법인 또는 부서(국가 또는 외국 국가의 법률에 따라 조직되었는가를 묻지 않는다)

② 특정 장소 또는 특정 제품 또는 서비스에 대한 비즈니스로서 어느 하나에 의해 운영되는 자산(별도의 법인체로 조직되었는가는 관계없다)

③ 모든 정부(외국 국가 또는 지방정부, 미국 정부, 미국 내 주 정부 및 해당 부서, 기관 등을 포함)를 의미하는 것으로 정의하고 있다.

그런데 외국 정부란 미국 정부 또는 미국의 지방정부를 제외한 정부 기능을 수행하는 모든 정부 또는 기관을 의미한다. 이 용어는 해당 부서, 기관 및 조직을 포함한 국가 및 지방정부를 의미하지만 이에 한정하지 않는다. 이와 같이 part 800과 802에서 사용하는 entity의 개념에는 기업, 법인, 단체, 정

---

114 31 CFR §802.219

115 31 CFR §802.221 (c)(1);31 CFR §802.221 (c)(2)

116 31 CFR §800.223; 31 CFR §802.220; https://www.proskauer.com/alert/final-cfius-rules-issued-what-it-means-for-real-estate-transactions-and-investors

117 31 CFR §800.217

부, 기관 등을 포함하고 있다(이하에서는 '법인 등'이라고 한다).[118]

미국의 「부동산 규정」이 외국인과 법인 등의 개념을 다양하게 규정하고 있는 것은 과거의 형식적인 국적의 기준으로는 효과적인 규제를 할 수 없다고 판단하였기 때문이다. 법인의 형태도 다양하고, 외국의 기관도 출자 등을 통해 지배권을 행사하기 때문이다. 미국의 「부동산 규정」은 과거와 달리 실질적인 지배 주체를 기초로 하여 외국인의 개념과 기준을 재정립하고 있다는 점에 주목해야 한다.

 지배와 모기업

1) 지배

미국에서 지배(control)란 직접적이든 간접적이든 행사 여부와 관계없이 법인 등에 대한 전체 의결권의 과반수 또는 지배적 소수자의 소유권을 통해 이사회의 대표, 대리 투표, 특별 지분, 계약, 합의에 따라 공식 또는 비공식적 합의 또는 기타 수단에 의해 법인 등에 영향을 미치는 중요한 사항을 결정, 지시 또는 의결하는 권한을 의미한다.[119]

특히, 다음과 같은 사항 또는 법인 등에 영향을 미치는 중요한 사항에 관한 결정, 지시, 조치, 판단, 의결하는 것을 의미한다.

① 일반적인 사업 진행에 관계없이 법인 등의 유무형의 주요 자산의 매각, 리스, 담보, 모기지 또는 기타 양도

② 법인 등의 조직 개편, 합병 또는 해산

③ 법인 등의 생산, 운영 또는 연구개발 시설의 폐쇄, 재배치 또는 실질적

---

118 31 CFR §800.208; 31 CFR §802.213. 「부동산 규정」이 corporation 등을 별도로 사용하고 있는 점과 개념 정의 등을 고려하여 기업 등보다는 법령의 규정대로 '법인 등 혹은 엔티티'(entity)로 사용하고자 한다.

119 31 CFR §802.221 (c)(5); 31 CFR §802.221 (c)(6)31 CFR §802.208(a)

인 변경

④ 법인 등의 주요 지출 또는 투자, 자본 또는 부채의 발행, 배당금 지급 또는 운영예산의 승인

⑤ 법인 등이 추진할 새로운 사업대상이나 벤처의 선정

⑥ 법인 등의 중요한 계약의 체결, 종료 또는 불이행

⑦ 법인 등의 비공개 기술, 재무 또는 기타 소유 정보의 처리를 관리하는 법인 등의 정책 또는 절차

⑧ 임원 또는 선임 관리자의 임명 또는 해임, 또는 파트너십의 경우 무한책임사원의 임명 또는 해임,

⑨ 중요 핵심기술 또는 민감한 기술 또는 미국 정부 기밀정보에 접근할 수 있는 직원의 임명 또는 해임

⑩ 규정[120]에 기술된 사항에 관한 '법인' 등의 정관, 구성 협약서 또는 기타 조직문서의 개정 등이다.

한편 복수 이상의 외국인이 법인 등에 소유 지분을 가지고 있는 상황에서 지배의 문제를 검토할 때, 외국인과 관련이 있는지 또는 함께 행동하기 위한 공식적인 또는 비공식적인 약정이 있는지, 그들이 단일 외국 국가의 국가 또는 하위 국가 정부의 기관 또는 기구인지, 그리고 특정 외국인 개인과 그 기업에 소유 지분이 있는 다른 개인이 모두 단일 외국 국가 또는 지방정부에 의해 통제되는지를 고려하여 판단하도록 하고 있다.[121]

2) 모기업

한편 미국의 FIRRMA에 의하면 소액주주 보호를 위한 것은 그 자체로 법인 등에 대한 지배력을 부여하는 것으로 간주하지 않는다.[122]

---

120 31 CFR §802.208(a)(1)부터 (9)

121 31 CFR §802.208(b)

122 31 CFR §800.208; 31 CFR §802.208(c)

① 법인 등의 전체 또는 실질적으로 전체 자산의 매각 또는 담보를 방지하거나 파산 또는 청산을 위한 자발적 신고를 저지할 수 있는 권한

② 법인 등이 다수의 투자자 또는 그 계열사와 계약을 체결하지 못하도록 하는 권한

③ 법인 등이 다수 투자자 또는 그 계열사의 의무를 보장하지 못하도록 하는 권한

④ 법인 등이 해당 법인 등에 대한 이해관계를 전환하는 추가 상품을 발행하는 경우 법인 등에 대한 투자자의 비례 지분이 희석되는 것을 방지하기 위해 법인 등에 대한 추가 지분을 매입할 수 있는 권리

⑤ 해당 주식을 관리하는 관련 기업 문서에 규정된 바와 같이, 소액 투자자가 보유한 특정 주식 종류의 기존 법적 권리 또는 선호도의 변경을 방지할 수 있는 권한

⑥ 법령과 관련한 법인의 정관, 설립협약 또는 기타 조직 문서의 수정을 저지할 수 있는 권한 등이다.[123]

미국의 FIRRMA에 의하면 주된 사무소란 규정에 따라 법인 등의 경영진이 법인 등의 활동을 지시, 통제 또는 조정하는 주요 장소를 의미한다. 또는 투자 기금의 경우 펀드의 활동은 주로 무한책임사원, 이사 또는 이와 동등한 자에 의해 지시, 감독, 통제 또는 조정되는 경우를 말한다.[124] 모기업이란 기업과 관련하여 다음을 의미한다.[125]

① 직간접적으로 다음의 행위를 한 자이다. 첫째, 법인 등에 대한 의결권[126]의 50% 이상을 보유하고 있거나 보유하려는 경우 둘째, 법인 등 이익의 최소 50%에 대한 권리를 보유하고 있거나 보유하려는 경우 또는 법

---

123 31 CFR §802.208(c) (1)에서 (5)까지 기술된 사항을 말한다.

124 31 CFR §802.232 (a)(b)

125 31 CFR §802.229 (a)

126 §802.244 의결권이란 해당 지분의 소유자 또는 보유자가 법인 등의 이사 선출 (또는 법인이 아닌 법인 등의 경우 유사한 기능을 수행하는 자) 기타 당해 법인 등에 영향을 미치는 사항에 대해 투표할 수 있는 권한을 갖는 법인 등에 대한 모든 이해관계를 의미한다.

인 등 자산의 최소 50%에 대한 해산 시 권리를 보유하고 있거나 보유하려는 경우 등이다.[127]

② 무한책임사원, 이사 임원 또는 이와 동등한 자이다. 한편 다른 법인 등 (중간 모기업)과 관련하여 규정[128]의 조건을 충족하는 모든 법인 등은 중간 모기업이 속한 다른 법인 등의 모기업에 해당한다고 본다.[129]

미국의 FIRRMA도 법인의 외형적 구조가 아니라 실질적 지배 구조를 기준으로 외국인과 외국기관 그리고 모기업에 해당하는가를 판단한다. 과거 인적 구조를 중심으로 판단하던 기준에서 직접적이든 간접적이든 행사 여부와 관계없이 법인 등에 대한 전체 의결권의 과반수 또는 지배적 소수자의 소유권을 통해 이사회의 대표, 대리 투표, 특별 지분, 계약, 합의에 따라 공식 또는 비공식적 합의 또는 기타 수단에 의해 법인 등에 영향을 미치는 중요한 사항을 결정, 지시 또는 의결하는 권한을 지니고 있는지를 토대로 판단하는 것이다. 이처럼 미국의 FIRRMA는 기업, 회사, 기관, 단체, 외국 정부 등의 형태가 매우 복잡하게 변화하는 것을 주시하면서, 시대적 변화에 맞게 외국 법인 등을 판단하는 기준을 새롭게 제시하고 있다.

재산권과 임대

1) 재산권

미국의 「부동산 규정」에 의하면 재산권이란 부동산과 관련하여 행사 여부, 다른 사람과 동시에 공유하는지 여부, 본래 부동산이 지역권 기타 저당권의 대상이 되는가를 나타내는 다음과 같은 권리 또는 법적 권한을 의미한다.[130]

---

127 31 CFR §802.229(c) (1)

128 31 CFR §802.229(a) (1) 또는 (2)

129 31 CFR §802.229(c) (2)(3)

130 31 CFR §802.233 (a)

① 부동산에 물리적으로 접근하는 권리 또는 법적 권한

② 타인이 부동산에 물리적으로 접근하는 것을 배제하는 권리 또는 법적 권한

③ 부동산의 개선 또는 개발하는 권리 또는 법적 권한

④ 부동산에 고정되거나 움직일 수 없는 구조물이나 물건을 부착하는 권리 또는 법적 권한 등이다.

2) 임대차

그리고 임대차란 소유권을 제외하고, 부동산에 대한 보유 지분을 일정 시간 동안 그리고 대가로 교환하여 부동산의 점유권을 타인에게 양도하는 것을 말한다. 임대차의 개념에는 전체 또는 부분적인 전대와 양도가 포함되어 있다.[131]

Ⅱ | 심사 대상

① 개요

CFIUS에 의한 심사의 대상이 되는 거래(즉, CFIUS의 심사 권한이 미치는 범위)는 일정한 거래로 한정되어 있어 외국인에 의한 미국에의 투자의 전부가 CFUIS의 심사를 받는 것은 아니다. CFIUS의 심사대상이 되는 거래는 다음과 같다.

---

131 31 CFR §802.226 (b)(1)(2). 31 CFR §802.226; 파트 800이 적용될 수 있는 특정 장기 임대 및 양도에 대해서는 31 CFR §800.249 (a)(5) 참조

① 외국인이 미국 사업을 지배하게 되는 투자(대상지배거래)

② 중요기술 등을 취급하는 미국 사업에 대한 일정한 투자(대상투자)

③ 일정한 부동산에 대한 투자(대상 부동산거래)

또한 심사대상에 포함되는 거래라 하더라도 모든 거래가 반드시 심사를 받는 것은 아니며 당사자로부터 신고된 거래 및 CFIUS가 독자적으로 심사가 필요하다고 판단한 거래만이 실제로 심사를 받게 된다. 이 중 CFIUS에 신고해야 하는 것은 ① 외국 정부가 관여하는 일정 거래 및 ② 일정한 중요기술 등을 취급하는 미국사업에의 투자와 같은 미국의 국가안전보장과의 관계에서 우려가 큰 거래로 한정되어 있다.

무엇보다 위와 같이 신고의무가 발생하지 않는 경우에도 거래 당사자는 CFIUS에 의해 국가안전보장상의 어떠한 우려가 나타날 가능성을 부정할 수 없다고 생각되는 거래에 대해 사후적인 심사 및 그에 기초한 거래에 영향이 있는 판단의 위험을 회피하기 위해 임의로 신고를 제출하고 거래 전에 CFIUS의 승인을 얻어 두는 경우가 있다.

따라서, 외국인이 미국에의 투자를 할 때 ① 해당 거래가 CFIUS의 심사 대상에 포함되는지, ② 심사대상에 포함될 경우에 신고 의무가 발생하는지, ③ 신고 의무가 없는 경우에도 임의로 신고를 실시할지를 순서대로 검토하게 된다.

② 심사대상과 19개 산업 분야

세계적으로 국가안보 및 관련된 산업에 대한 규제가 점점 중요한 안건으로 부상하는 가운데, CFIUS의 외국인 투자 심의도 한층 강화될 것으로 예상하고 있다. 2022년 2월 미국 과학기술위원회(National Science and Technology Council)는 미국 국가안보에 중요한 영향을 미치는 Critical and Emerging Technologies(CET)에 해당하는 19개 산업 분야를 공표하였다.[132]

---

132 https://www.whitehouse.gov/wp-content/uploads/2022/02/02-2022-Criti-

① 첨단 컴퓨팅

② 첨단 엔지니어링 재료

③ 첨단 가스터빈 엔진 기술

④ 첨단 제조

⑤ 첨단 원자력 기술

⑥ 인공지능

⑦ 자율 시스템과 로봇 공학

⑧ 생명공학

⑨ 통신 및 네트워킹 기술

⑩ 방향 에너지

⑪ 금융 기술

⑫ 휴먼-머신 인터페이스

⑬ 극초음속

⑭ 네트워크 센서 및 감지

⑮ 양자정보기술

⑯ 재생 에너지 발전 및 저장

⑰ 반도체 및 마이크로일렉트로닉스

⑱ 우주 기술 및 시스템

⑲ 첨단 네트워크 감지 및 서명 관리 등

이것은 기존의 20개 CET 산업 분야를 14개로 정리하고, 신규 5개 분야(Advanced Nuclear Energy Technologies, Directed Energy, Financial Technologies, Hypersonics, Renewable Energy Generation and Storage)를 추가한 것이다. 앞으로 CFIUS의 심의 대상이 되는 산업 분야가 추가된 만큼 한국 기업 등은 대미투자에 앞서 CFIUS 심의 대상 여부에 대한 분석이 중요하다.

---

cal-and-Emerging-Technologies-List-Update.pdf

(∃) 심사 과정

CFIUS는 독자적으로 심사를 개시하는 권한을 가지고 있다. 하지만, 일반적으로 거래의 당사자로부터의 신고를 단서로 심사를 개시한다(신고에는 의무적으로 이루어지는 것과 임의로 이루어지는 것이 있다). CFIUS에의 신고에는 통지(notice)라고 하는 방법과 간이한 방식에 의한 신고(declaration)라고 하는 방법의 2종류가 있다. 각각 절차의 소요기간이나 CFIUS에 의한 대응 등이 다르다. CFIUS 및 대통령이 거래를 승인할지 여부에 대한 기준이 되는 것은 어디까지나 해당 거래가 미국의 국가안전보장을 해칠 우려가 있는지이다. 그 이상의 구체적인 하위기준은 제시되지 않았으며, 또한 국가안전보장의 의의에 대해서도 특별히 정의되어 있지 않다.[133]

무엇보다 법령에서 심사에 있어서 고려되어야 할 요소를 제시하고 있어 미국의 국방, 중요한 기술, 중요한 인프라 등에 관한 영향이나 외국 정부의 관여에 관한 사항 등의 요소가 심사에서 검토되게 된다. 또한 최근 대통령의 행정명령(Executive Order 14083)에 의해 심사에서 중점적으로 고려해야 할 요소는 다음과 같다.

① 미국 내 중요한 공급망의 강인성 등에 대한 영향
② 미국의 안전보장에 영향을 미치는 분야가 미국의 기술적 리더십에 미치는 영향
③ 특정 분야에서의 투자 경향
④ 사이버 보안상 위험 및
⑤ 미국인의 민감한 데이터에 대한 리스크

CFIUS는 이러한 요소를 바탕으로 국가안전보장상의 리스크 유무를 분석한다. 또한 CFIUS는 국가안전보장상의 리스크를 경감한다는 관점에서 거래

---

133 법령에서는 국가안전보장에는 국토안전보장(homeland security)과 관련된 문제를 포함하는 내용의 규정이 있지만(50 U. S. C. § 4565 (a)(1)), 국가안전보장 자체의 개념적 정의는 없다.

자체나 투자 후 운영체제 등에 일정한 조건을 부과할 것을 요구할 수 있으며 심사 중에 이러한 리스크 경감 조치에 관한 거래 당사자와의 협상도 이루어진다. 거래 당사자가 리스크 경감조치나 신고 의무를 위반했을 경우 등에는 벌칙이 있으며 사안에 따라 벌금이 부과될 가능성이 있다.

Ⅲ | 심사 대상이 되는 거래 범위

① FIRRMA의 심사 대상

FIRRMA는 심사대상 지배권 거래에 대한 CFIUS의 권한을 유지하면서, CFIUS에 새롭게 두 개의 심사 대상을 설정하고 있다.

① 핵심기술, 핵심 인프라 스트럭처(critical infrastructure) 또는 민감한 개인정보(sensitive personal data)에 관여하는 미국 비즈니스(technology, infrastructure 및 data 에 관한 TID US business)에 대한 지배권 획득을 수반하는 일정한 투자

② 일정한 부동산 거래

「부동산 규정」은 거래가 심사대상 범위에 해당하는지 여부에 대해 각각 ①에 대해서는 미국 비즈니스의 운영, ②에 대해서는 부동산에 관한 상세한 기준을 정하고 있다. 그 결과, 지배권의 획득을 수반하지 않는 일정한 투자가 심사 대상 범위에 해당하는지를 분석하려면, 이러한 상세한 기준에 비추어 대상 사업을 실질적으로 평가하는 것이 필요하게 된다.

심사대상 범위에 거래가 해당하는지의 기준은 CFIUS에 축적된 과거의 사례 중에서 국가안전보장상 특단의 취약성을 가진 사업유형 및 부동산 유형을 토대로 되어 있으며, 또한 미 정부의 방위산업 기반의 완전성 및 신뢰성 유지에 관한 우려가 반영되어 있다. CFIUS의 심사 대상인 지배권의 획득을 수반

하지 않으나, 수동적이지도 않은 일정한 투자의 해당성 판단은 투자의 성질 및 대상 미국 사업의 성질에 근거하여 이루어진다.

FIRRMA는 중요한 인프라에 대한 대상 투자(covered investments)에 대한 CFIUS의 권한을 미국의 국가안보 보장에 있어서 특별히 중요하다고 될 수 있는 중요한 인프라의 세목에 한정하도록 규정하고 있다. 규칙은 28종의 인프라 스트럭처를 지정하고 있다.[134] 세목에는 이하의 부문이 포함된다.

① 통신: 일정한 인터넷 프로토콜 네트워크, 정보통신 서비스, 인터넷 상호 접속점, 잠수함 케이블 장치 및 관련 시설(일정한 데이터 센터를 포함)

② 전력: 기반계통을 구성하는 전력의 발전, 송전, 배전 또는 축장을 위한 일정한 시스템, 그것을 위해 이용되는 공업관리 시스템 및 기반계통에 물리적으로 접속된 일정한 축전 설비

③ 석유 가스: 일정한 정제소, 원유 저장 설비, LNG수출입 터미널, 천연 가스 지하 저장 시설 및 LNG피크 셰이빙 시설, 석유와 천연 가스 각 주 사이의 파이프 라인, 그것들을 위한 공업 관리 시스템

④ 수리: 일정한 수도 시스템 및 처리 작업 및 그것들을 위한 공업 관리 시스템

⑤ 금융: 제도적으로 중요한 일정한 금융 시장 기능, 유가 증권 및 옵션 거래소 및 핵심이 되는 절차 서비스 제공업체

⑥ 방위산업 기반: 일정한 군사 거점에 직접 제공되는 광섬유 케이블, 일정한 군사 거점으로 발전, 송전, 배전 혹은 축전 기능을 직접 제공하는 시설과 그것을 위한 공업 관리 시스템; 일정한 군사 거점에 직접 제공되는 수도 시스템 또는 처리 작업 및 그것들을 위한 공업 관리 시스템; 전략적 석유 비축에 직접 제공되는 주간 석유 파이프 라인; 국방부 전략적 철도 노선 네트워크의 일부 철도 및 그 연락 노선; 국방부에 직접 제공되는 위성 또는 위성 시스템 및 그 구성품; 일정한 특

---

[134] 시행 규칙에서 대상 투자에 관한 중요 인프라 스트럭쳐(covered investment critical infrastructure)를 정하고 있다. 31 C.F.R. Appendix A to Part 800

수 금속 대상 소재, 화학 무기 해독제 탄소 합금 및 장갑용 강판을 제조하는 미국 내의 시설 및 Major Defense Acquisition Program, Major System 혹은 DX 우선순위로 지정된 계약 혹은 명령을 위해 제조 또는 운영되거나 Title III program, Industrial Base Fund, Rapid Innovation Fund, Manufacturing Technology Program, Defense Logistics Agency(DLA) War stopper Program, 혹은 DLA Surge and Sustainment contract가 대출한(시판품으로서 입수 가능한 품목 제외) 일정한 공업 자원

⑦ 공항·항만: CFIUS의 새 부동산 심사의 대상이 되는 공항 및 항만

이 부속서는 또 이들 28종류의 인프라 스트럭쳐 각각에 대해, 5개의 특정 기능(소유, 운영, 공급, 제공, 제조)을 규정하고 있다. 대상 투자에 관한 중요한 인프라 스트럭처의 특정 기능을 수행하는 미국 비즈니스는 TID 미국 비즈니스로 간주된다.

CFIUS의 심사대상이 되는 거래(covered transaction, 이하 심사대상 거래)라 한다)는 아래와 같이 세 가지 유형이 있다.

① 심사대상 지배거래(covered control transaction)

② 심사대상 투자(covered investment)

③ 심사대상 부동산거래(covered realestate transaction)

또, 외국인에 의한 투자의 실행 시점에서 심사 대상이 아니어도 사후적으로 상기 거래와 같은 상황을 초래하는 경우 즉, 해당 외국인의 권한의 변경이 행해지는 경우 그 시점에서 심사대상 거래에 포함된다.[135] 이 밖에 CFIUS의 심사를 회피하기 위해 설계 또는 기획된 구조를 가진 거래도 심사 대상 거래에 포함한다고 되어 있다.

한편 심사대상 거래에 해당하는 거래의 모든 것에 대해 실제로 CFIUS의 심사를 받는 것은 아니고, 거래 당사자로부터 신고가 이루어진 거래 및

---

135 50 U. S. C. §4565 (a)(4); 31 CFR §800. 213,802. 212

CFIUS가 독자적으로 심사가 필요하다고 판단한 거래만이 실제로 심사를 받게 된다.

② 심사 대상 지배거래(Covered Control Transaction)

심사 대상지배거래란 외국인(foreign person)에 의한 미국사업(US Business)의 지배(control)를 가져오는 일체의 거래를 말한다.[136] 심사 대상지배거래에 해당하는지 여부에 대해서는 규칙에서 규정하고 있다. 규칙에서 심사 대상지배거래에 포함되는 거래와 포함되지 않는 거래의 유형 및 그 구체적인 예가 열거되어 있으며, 심사 대상지배거래 해당성의 판단에 참고가 된다. 심사 대상 투자 및 대상 부동산 거래에 대해서도 동일한 규정이 있다.[137]

1) 외국인(Foreign Person)

외국 국민, 외국 정부, 외국 기업 또는 외국인의 지배하에 있는 기업을 가리킨다.[138] 단, 외국기업에 대해서는 그 기업의 지분 과반수를 최종적으로 보유하고 있는 것이 미국 국적인 경우는 제외된다.[139] 또한 외국 기업의 미국 자회사도 '외국기업의 지배하에 있는' 미국기업으로서 외국인에 해당할 수 있으므로 해당 미국 자회사를 통한 거래를 실시하는 경우에도 심사대상이 될 수 있다.

2) 미국 사업(US Business)

해당 기업을 지배하고 있는 자의 국적에 관계없이 미국 내의 주정부 통상

---

136 50 U. S. C. §4565 (a)(4)(B)(i); 31 CFR §800. 210

137 31 CFR §800. 303,304), ;31 CFR §800. 303, 800. 304, 802. 301, 802. 302

138 31 CFR §800. 224

139 31 CFR §800. 220(b)

(주 경계를 넘는 제품, 서비스 혹은 금전의 거래 또는 수송)에 종사하고 있는 모든 기업을 가리킨다.[140] 또한 이 정의에 따르면 외국인이 지배하고 있는 미국 내 기업도 미국 사업에 해당할 수 있다. 한국 기업의 미국 자회사 주식을 다른 한국 기업이 양도받는 거래일 경우에도 해당 미국 자회사는 '미국 사업'에 해당하며 그 거래는 심사 대상이 될 수 있다.

3) 지배(Control)

기업의 발행완료 의결권부 지분 과반수 혹은 지배적 소수 보유, 의결권 대리행사, 이사 파견, 계약상 약정 또는 기타 방법을 통하여 직간접으로 기업에 영향을 미치는 중요한 사항을 판단 지시 또는 결정하는 권한(행사 여부는 묻지 않음)을 가리킨다.[141] 이와 같이 폭넓은 해석의 여지가 있는 정의가 이루어지고 있기 때문에 반드시 지분비율만으로 지배여부가 결정되는 것은 아니고 해당 거래를 하는 외국인에게 부여되는 권한 등도 가미하여 판단된다.

규정에서는 해당 권한에 해당하는 권한의 유형이 예시 열거되어 있다(예: 기업의 주요 자산의 매매·임대 등이나 기업의 조직변경·합병·해산 등에 대해 판단, 지시 또는 결정하는 권한 등). 그리고 지배권을 부여하지 않는 것으로 생각하는 것(예: 기업이 다수파 투자자 또는 그 관련 회사와의 사이에 계약을 체결하는 것을 저지할 권리 등)을 예시하고 있다.[142] 이것들도 고려하면서 사안에 따라 지배의 유무가 판단되게 된다.

(3) 심사대상 투자(Covered Investment)

심사 대상 투자란 외국인에 의한 대상지배거래에 해당하지 않는 거래로, 외국인에게 이하의 행위를 허용하게 되는 'TID 미국사업(TID U. S. Business)

---

140 31 CFR §800. 252

141 31 CFR §800. 208(a)

142 31 CFR §800. 208

에 대한 직간접 투자를 말한다.[143]

　① TID 미국사업이 보유한 중요한 비공개 기술정보 접근

　② TID 미국 사업의 이사회 또는 동등한 통치기관의 구성원 혹은 옵서버가 될 것, 또는 이들 지명

　③ 다음의 TID 미국 사업의 실질적인 의사결정 관여(주식 의결권 행사에 의한 관여는 제외)

　　(a) TID 미국 사업에 의해 보유 또는 수집된 미국 시민의 민감 개인 데이터(sensitive personal date)의 사용, 개발, 보관, 취득 또는 공표

　　(b) 핵심기술(critical technologies)의 사용, 개발, 취득 또는 공표

　　(c) 핵심 인프라(critical infrastructure)의 관리, 운영, 제조 또는 공급

　심사 대상 투자는 '지배'를 수반하지 않는 거래의 모든 것을 대상으로 하며, 어떠한 규모의 투자라도 대상이 된다. 무엇보다 예외적으로 심사제외투자가(excepted investors)에 의한 투자는 대상투자에서 제외되며, 심사 대상이 되지 않는다.

　심사제외투자자란 CFIUS가 지정하는 일정한 제외국(excepted foreign state)의 국민, 기업 및 정부(규칙에서 정하는 해당성 판단기준을 충족하는 자)를 말하며 CFIUS는 현재 오스트레일리아, 캐나다, 뉴질랜드 및 영국을 제외국으로 지정하고 있다. 한국은 여기에 포함되어 있지 않다.[144]

143　규칙상 조직 산하에 없는 TID 미국 사업(unaffiliated TID U.S. business)에 대한 투자를 대상으로 하고 있으며, 조직 산하에 없는 TID 미국 사업이란 '외국인에 관하여 해당 외국인이 발행완료 의결권수의 50% 이상을 직접 보유하고 있지 않으며 이사회 혹은 동등한 통치기관 구성원의 절반 이상을 임명할 권리를 갖고 있지 않은 TID 미국 사업'으로 정의되어 있다(31 CFR. §800.250). 따라서 산하기업에 대한 추가 투자의 경우에는 대상 투자에 해당하지 않는다. 50 U. S. C. §§4565 (a)(4)(B)(ii), (D); 31 CFR §800. 211

144　31 CFR § 800. 219, 800. 218

(4) TID 미국 사업

TID 미국 사업(TID U. S. Business)이란

① 핵심기술(critical technologies)을 생산, 설계, 시험, 제조, 조립 또는 개발하는 사업

② 핵심 인프라(critical infrastructure)를 소유, 운영, 제조, 공급 또는 제공하는 사업

③ 미국 시민의 민감한 개인 데이터(sensitive personal date)를 직간접으로 보유 또는 수집하는 사업의 총칭이다.[145]

핵심기술(Critical Technologies)[146]은 규칙에서 대상이 되는 항목을 열거하고 있다.

- 국제무기거래규칙(International Traffic in Armes Regulations)의 미국 군수품 목록(United States Munitions List)에 포함된 방위제품 및 방위서비스
- 수출관리규제(Export Administration Regulation)의 통상관리목록(Commerce Control List)에 포함된 일정 품목
- 10 C. F. R. 110에 규정된 특별히 설계되거나 준비된 원자력 설비, 부품, 소재, 소프트웨어 및 기술 등

핵심 인프라(Critical Infrastructure)는[147] 대상투자와 관련된 심사대상 핵심 인프라로서 규칙에서 28종류의 인프라를 지정(일정 요건을 충족하는 것)하고 있다.

---

145 31 CFR §800. 248

146 31 CFR §800. 215

147 31 CFR §800. 212

- 인터넷 프로토콜 네트워크, 정보통신 서비스, 해저 케이블
- 전기에너지의 발전·송전·배전·저장을 위한 시스템, 석유·가스 주정부 파이프라인, 수도시스템
- 위성 시스템, 철도 노선, 금융 시장 기능 등

민감 개인 데이터(Sensitive Personal Date)[148]는 다음과 같다.

① 식별 가능 데이터 중 규칙에서 정하는 일정 요건을 충족하는 미국 사업에 의해 보유 또는 수집되며 규칙에서 정하는 10개 카테고리 중 하나에 해당하는 것
   - 소비자 리포트나 건강보험 등의 신청에 포함된 데이터
   - 미국 사업의 제품·서비스 이용자 간 비공개 전자통신
   - 지리적 위치정보, 생체등록 정보 등
② 식별 가능 데이터를 구성하는 개인의 유전자 검사 결과

(5) 심사 대상부동산거래(Covered Real Estate Transaction)

심사 대상 부동산 거래란 외국인에 의한 미국 내 소재 대상 부동산(covered real estate)의 구입, 리스 또는 사용권의 취득으로, 이하 4개의 재산권(property right) 중 3개 이상을 외국인에게 주게 되는 거래를 말한다.[149]

① 부동산에 물리적으로 접근할 권리
② 다른 사람이 부동산에 물리적으로 접근하는 것을 배제할 권리
③ 부동산을 개량하거나 개발할 권리
④ 고정되거나 움직일 수 없는 구조 또는 물체를 부동산에 부가할 권리

---

148 31 CFR §800. 241

149 50 U. S. C. §4565 (a)(4)(B)(ii); 31 CFR §802. 212, 802. 233: 심사대상부동산 부분은 김민배 (2022), '미국의 부동산에 대한 외국인의 투자규제와 국가안보', 법제처를 기초로 하여 작성되었다.

또한 심사 대상 부동산(covered realestate)에 해당하는 부동산의 범위에 대해서는 규칙으로 규정되어 있으며, 크게 나누어

    (a) 공항 또는 항만 부지 내에 소재하거나 그 일부로서 기능하는 부동산

    (b) 군사 거점이나 중요한 정부 시설 등 인근에 소재하는 부동산의 두 카테고리가 존재한다.[150]

단, 대상 부동산 거래에는 심사 제외 대상 부동산 거래(excepted realestate transaction)로서 몇 가지 예외가 정해져 있다. 예를 들어 심사 대상 투자와 마찬가지로 심사 제외 투자자(심사 대상 부동산 거래의 용어로서는 제외 부동산 투자자)에 의한 거래[151]가 대상 부동산 거래에서 제외되어 있다. 이 밖에도 부동산의 성질에 따라 제외되는 경우(예: 단독주택 구입) 등이 심사제외대상 부동산 거래로 규정되어 있다.[152]

1) 핵심 인프라

FIRRMA에 의하면 핵심 인프라(critical infrastructure)란 '특정한 심사대상 거래로서 물리적이든 가상이든 간에 그러한 시스템이나 자산의 무력화 또는 파괴가 국가 안보에 지장을 줄 정도로 미국에 매우 중요한 시스템 및 자산'을 의미한다.[153]

FIRRMA는 심사 권한이 미치는 대상 투자의 범위를 핵심 인프라에 관한 조항의 시행규칙에서 핵심 인프라의 일부분으로 한정해야 한다고 되어 있다. 그 범위를 한정하기 위해, Appendix A에 자산 또는 시스템의 구체적인 종류에 근거한 28종류의 핵심 인프라의 유형(제1란)을 게시하고 있다. 여기에 명시된 핵심 인프라에 대한 투자는 심사대상이 된다. 그리고 핵심 인프라의 유형별 관련 기능 등을 명시(제2란)한 리스트가 게재되어 있다. 부록에서 투자심사

---

150 31 CFR §802. 211

151 31 CFR §802. 215

152 31 CFR §802. 216

153 31 CFR § 800.214

대상이 되는 핵심 인프라에 대해 상세하게 규정하고 있다.[154]

구체적으로 28개 지정 분야는 다음과 같다.[155]

① 인터넷 프로토콜 또는 통신 서비스

② 특정 인터넷 교환 포인트

③ 해저 케이블 시스템

④ 해저 케이블 착륙 시스템

⑤ 잠수함 양륙시설의 데이터 센터

⑥ 국방부에 서비스를 제공하는 위성 또는 위성 시스템

⑦ 주요 방위획득 프로그램을 위해 제조 또는 운용되는 산업자원

⑧ DX 우선순위 계약에 따라 제조된 모든 산업자원

⑨ 특정한 특수 금속, 화학 무기, 탄소를 제조하는 모든 시설, 합금 및 강판 및 기타의 특정 재료

⑩ 국방생산법, 산업기반기금, 고도 혁신기금, 제조기술프로그램, 국방 물류 워스토퍼 프로그램, 또는 방위 물류 증강 및 유지 프로그램에 의해 자금을 지원받은 모든 산업자원

⑪ 전기 에너지 저장시스템

⑫ 대용량 전기 시스템과 연결된 모든 전기 저장시스템

⑬ 군사 시설용의 전기 에너지 생성, 전송 또는 분배

⑭ 대용량 전력 시스템에 의해 사용되는 산업용 제어 시스템 또는 군사 설비를 직접 지원하는 시설

⑮ 특정 정유 시설

⑯ 특정 원유 저장 시설

⑰ 특정 LNG 수출입 터미널 또는 특정 천연가스 지하 저장 시설

⑱ 시스템적으로 중요한 금융 시장 유틸리티

---

154 31 CFR § 800.212, appendix A to Part 800

155 James K. Jackson(2020), p.16

⑲ 특정 금융 시장 거래소

⑳ 중요 서비스 제공자 프로그램의 기술 제공자

㉑ DOD 전략 궤도망의 일부로 지정된 모든 철도 노선

㉒ 특정 주간 송유관

㉓ 특정 주간 천연가스 파이프라인

㉔ 주간 석유 또는 천연가스 파이프라인에 의해 이용되는 모든 산업 통제 시스템

㉕ 특정 공항

㉖ 특정 해상 항만 또는 터미널

㉗ 공공 수도 시스템

㉘ 공공 수도 시스템 또는 처리시설에 따라 이용되는 산업용 통제 시스템 등이다.

그런데 이들 28개 핵심 인프라의 유형 및 종류에 대한 설명은 TID 미국 비즈니스를 정의하는 핵심 인프라의 범위를 명확하게 파악하는데 중요한 기준이 된다. 「부동산 규정」 부록 A에 기재되어 있는 핵심 인프라는 다른 규제 또는 다른 맥락에서 사용되는 핵심 인프라의 정의에 대한 변경을 의도하지 않는다. 따라서 부록 A에서 정한 종류가 아닌 미국 비즈니스에 대해 투자가 행하여지고, 그러한 투자에 의해 외국인이 미국 비즈니스를 지배하게 될 때에는 CFIUS의 심사의 대상이 될 가능성이 있다.

2) 포트

FIRRMA에 기초하여 공항이나 항만의 부지 내에 위치하거나 그 일부로서 기능하고 있는 부동산, 미국 군사 거점이나 기타 민감성이 높은 미 정부 시설이나 기타 부동산 물건에 근접하여, 외국인이 정보활동 또는 국가안전보장 활동의 정찰을 할 수 있는 일정한 부동산의 외국인에 의한 구매, 리스 또는 사용권의 취득에는 당해 외국인에 대한 적용제외가 인정되지 않는 한

CFIUS의 심사 권한이 인정된다. 미국은 심사 대상 부동산 거래(covered real estate transaction)라는 개념을 통하여 권한의 새로운 근거를 정하고 있다. 특히 CFIUS는 외국인에 의한 대상 부동산의 구입, 리스 또는 사용권 취득에 대해 심사할 권한을 갖고 있다. 구매에는 대상 부동산의 부분적 소유권 취득도 포함한다.[156] 리스에는 서브 리스도 포함된다.[157] 사용권은 일정한 공항 또는 항만을 위한 인프라 스트럭쳐의 개발 또는 운영에 관한 것에 한정된다.[158]

미국의 「부동산 규정」에 따라 심사대상이 되는 5가지 부동산 유형은 다음과 같다. 즉, 심사대상이 되는 공항 또는 대상이 되는 해상 항만에 속하거나 그 일부로 기능하는 부동산이다. 심사대상 포트(covered port)란 규정에 따라 다음과 같이 리스트된 포트를 말한다.[159]

① 교통부 연방 항공국의 연간 최종 항공기 데이터와 49 USC 40102로 정의된 '대형 허브 공항'[160]

② 교통부 연방 항공국(Federal Aviation Administration) 데이터에서 연간 총 화물 운송 중량이 12억 4천만 파운드 이상인 공항[161]

③ 교통부 연방 항공청이 '군민 공동 이용 공항'으로 49 USC 47175에 의해 지정된 공항[162]

---

156 31 CFR § 802. 234

157 31 CFR § 802. 226

158 31 CFR § 802. 206

159 31 CFR §802.210(b). 이 조항의 단락 (a)에 설명된 목록은 교통부 웹 사이트에 게시되어 있다.

160 https://www.faa.gov/airports/planning_capacity/passenger_allcargo_stats/passenger/ Passenger Boarding(Enplanement) and All-Cargo Data for U.S. Airports. 상업 서비스 공항에서의 비행기(등급별) 파일 참조. 대형 허브 공항은 '허브' 열 제목 아래에 'L'로 식별됨

161 https://www.faa.gov/airports/planning_capacity/passenger_allcargo_stats/passenger/ 착륙 중량별 전 화물 공항 파일 참조. 연방 항공국(FAA)에서 지정한 미국 공항(2018년 수치 기준)에 대해서는 미국 공항 및 민간·군사 공동(공동 사용) 공항에 대한 승객 탑승(탑승) 및 모든 화물 데이터를 참조

162 https://www.faa.gov/airports/planning_capacity/joint_use_airports/. Joint Civilian/Military (민군 공동 사용) 공항. FAA는 민간인이 민군 공용 공항으로 알려진 군용 비행장에 접근하는 것을 원할 때 해당 군부서와 협력한다. 민간 항공기 활동을 허용하는 민군 공용 군사 비행장 21개 군사

④ 교통부 해운관리부에 의해 규정된 국가 항만 준비 네트워크 내의 상업적 전략 항만[163]

⑤ 교통부 교통 통계국 데이터에 의한 총톤수 상위 25위 항만내 컨테이너 또는 건식 벌크 포트[164]

그런데 대상 포트가 「부동산 규정」[165]에 따라 적용되는 심사대상 포트인가 여부를 결정하기 위해 다음과 같은 기준을 적용한다. 첫째, 2020년 2월 13일 이후에 「부동산 규정」에 명시된 리스트에 추가된 모든 포트는 교통부에서 관리하는 리스트에 해당 포트가 추가된 후 30일이 될 때까지 대상이 되는 포트에 해당하지 않는 것으로 간주한다. 둘째, 특정한 거래의 중요 조건 또는 거래 완료일을 규정한 서면 문서에 당사자가 서명하기 바로 직전, 즉 거래 완료일 전일에 효력을 발휘하는 대상 포트에 적용한다.[166]

시설은 Air Force: AF Plant 42, Palmdale, CA 등이다.

163 https://www.maritime.dot.gov/ports/strong-ports/national-port-readiness-network-nprn National Port Readiness Network(NPRN)은 비상사태 및 기타 국방 비상시 군사 배치를 지원하기 위한 상업항의 준비 상태를 보장하기 위해 고안된 협동 네트워크이다. NPRN은 NPRNSG(National Port Readiness Network Steering Group), NPRNWG(National Port Readiness Network Working Group) 및 9개 연방 기관과 조직으로 구성된다. 각 전략 상업항에는 9개 기관 대표들이 항만준비위원회(USCG Relative Port Captain of the Relative Port)를 운영하여 평시 및 실제 국방 비상시 효율적인 항만 운영을 조정할 수 있는 수단을 제공하고 있다.

164 https://www.bts.gov/content/list-top-25-tonnage-container-and-dry-bulk-ports. 지정된 미국 해상 항만에 대해서는 교통부 웹 사이트의 NPRN (National Port Readiness Network) 및 Top 25 톤수, 컨테이너 및 드라이 벌크 포트 참조

165 31 CFR §802.210(a)

166 31 CFR §802.210 (b)

3) 군사시설

미국의 「부동산 규정」에 의하면 군사시설이란 부록 A에 있는 목록에 명시된 대로 다음 범주 설명에 해당하는 모든 사이트를 의미한다.[167]

(a) 공군 탄도 미사일 기지

(b) 공군 탄도 미사일 기지를 관리하는 공군 부대

(c) 공군 항공 전투 사령부의 부대를 포함하는 공군기지 및 주요 부속시설

(d) 공군 연구소 또는 시험소 및 관련 대지를 포함하는 공군기지 및 주요 부속시설

(e) 북미 항공 우주 방위 사령부와 그 지역을 포함하는 공군기지 및 주요 부속시설

(f) 위성, 원격 측정, 추적 또는 지휘 시스템을 포함하는 공군기지 및 주요 부속시설

(g) 이 조항에 규정한 군사시설과 병설되지 않은 저장고, 무기고 및 비행장을 제외한 군사기지, 탄약 공장, 우수 연구소와 그 주요 부속시설

(h) 미국에 위치한 육군 전투 훈련 센터

(i) 국방부 장관 부속 첨단연구단 본부와 주요 사무소 및 부속시설

(j) 알래스카, 노스다코타, 캘리포니아 또는 매사추세츠주에 있는 장거리 레이더 사이트 및 주요 부속시설 등

그리고 「부동산 규정」의 지리적 기준과 관련하여 부록 A의 파트 1에는 특정된 군사시설 131개, 파트 2에는 32개 시설이 리스트가 되어 있다. 「부동산 규정」에 따라 알래스카, 캘리포니아, 오리곤 및 워싱턴의 서해안 주에서 심사대상이 되는 공항과 항만은 알래스카 앵커리지(ANC), 오리곤 포틀랜드 등이다.

---

[167] 31 CFR §802.227.

○ 심사 대상 공항

① ALASKA: 앵커리지(ANC),
② 캘리포니아: 로스앤젤레스(LAX), 오클랜드(OAK), 팜 데일(공동 AF 플랜트 42), 리버사이드(공동 사용 March ARB), 산 디에고(SAN), 샌프란시스코(SFO),
③ OREGON: 포틀랜드 (PDX),
④ 워싱턴: 시애틀-타코마 (SEA).

○ 심사 대상 항만

① ALASKA: 앵커리지, 케치칸, 발데즈,
② 캘리포니아: 로스앤젤레스, 롱비치, 오클랜드, 샌디에이고,
③ OREGON: 포틀랜드,
④ 워싱턴: 칼라마, 롱뷰, 시애틀, 타코마.

특히 미국 국경에서 1마일 이내의 심사 대상 시설과 32개의 군사시설 중 '확장된 범위' 내에 있는 서부 해안의 군사시설을 특정하고 있다.[168] 이것은 시설과 근접한 토지와 시설로부터 확장된 범위 토지 사이에 위치한 모든 부동산을 포함하고 있다. 이러한 군사시설은 일반적으로 물리적 또는 전자적 감시에 민감한 훈련 범위 또는 발사 지점을 포함하고 있다. '근접' 및 '확장 범위' 범위 내의 서부 해안 기지와 서해안 군사시설은 99마일 확장 범위 규정에 따라 보호되고 있다.

① 알래스카: 앵커리지(Elmendorf-Richardson 합동 기지), Anderson(클리어 공군기지), Cape Newenham(Cape Newenham 장거리 레이더 기지), Delta

---

168 리스트는 각 군사시설에 대해 규정이 특정한 위치를 표시하지만, 대규모 시설의 경우 대상 부동산이 특정 지리적 위치에 국한되지 않을 수 있다. 각각의 경우 시설의 명칭이 괄호 안에 표기되어 있다. 전국적으로 특정된 군사시설의 위치는 미국 인구 조사국 웹 사이트(U.S. Census Bureau website)의 지도를 참조

Junction(Fort Greely), Fairbanks(Fort Wainwright 및 Eielson 공군기지), Fort Yukon(Fort Yukon 장거리 레이더 사이트), Ketchikan(남동 알래스카 음향 측정 시설), Kodiak Island(Kodiak 추적 스테이션), Oliktok(Oliktok 장거리 레이더 사이트) 등

② 캘리포니아: Edwards(Edwards 공군기지), El Segundo(로스앤젤레스 공군 기지), Fairfield(Travis 공군기지), Lompoc(Vandenberg 공군기지), Norco(해군 병기 기지 해안 파견대), Oceanside(해병대 베이스캠프 Pendleton), Point Mugu(해군 기지 Ventura 카운티-Point Mugu 운영 시설), Twentynine Palms(해병대 항공지상 전투센터) 등

③ OREGON: Boardman(해군 무기 시스템 훈련 시설 Boardman)

④ 워싱턴: Keyport(해군 기지 Kitsap-Keyport), Spokane(Fairchild 공군 기지) 등

부동산의 지리적 위치가 미국 영해의 경계 내(해안선으로부터 12해리)에 있고, 「부동산 규정」 부록 A의 4부에 특정된 23개의 해상군사 작전, 훈련 및 사거리 지역 내에 위치한 섬 및 비정기적인 반도의 부동산은 해상군사 범위에 관련한 지도에 표시되어 있으며, 미국 서해안의 경우 4개가 리스트 되어 있다.[169] 미국의 영해와 관련해서는 국립 해양대기청(NOAA)이 게시한 지도의 미국 영해의 경계 표시를 참고해야 한다.

---

169 캘리포니아 연안: Northern California Range Complex, Point Mugu Sea Range, Southern California Range Complex.
오레곤 및 워싱턴 연안: Northwest Training Range Complex.

CHAPTER

03

신고 의무 및 심사

Ⅰ | 신고 의무

① 개요

거래 당사자는 CFIUS에 대해 소정의 신고를 실시하는 것으로, 거래와 관련된 심사의 개시를 요구할 수 있다. 법령은 심사 대상 거래 중 일부 유형의 거래에 대해서는 거래 당사자에게 거래 실행 전에 CFIUS에 대해 신고하는 것을 의무화하고 있다. 한편, 그 이외의 심사 대상 거래에 대해서는 당사자가 신고를 실시할지 여부는 그 자주적인 판단에 맡겨져 있다. 단, 거래의 당사자는 상기와 같이 신고가 없는 경우에도 CFIUS에는 심사 대상 거래에 대해 심사를 실시할 권한이 있음을 근거로 자주적으로 신고를 실시할지 여부를 검토할 필요가 있다.

② 신고 의무의 대상이 되는 거래

CFIUS의 심사대상이 되는 거래 가운데 CFIUS에 대한 신고의무의 대상이 되는 것은 대상지배거래 또는 대상투자에 해당하고, 또한 이하에서 설명하는 2종류의 요건 중 어느 하나를 충족하는 거래이다. 또한 신고 방법으로서 통지 (notice)와 간이 방식인 신고(declaration)의 2종류가 있다. 하지만, 법령상 해당 신고 의무는 의무적 신고(mandatory declarations)로서 원칙적으로는 신고에 의한 신고가 의무화되어 있어 당사자는 신고 방법으로 신고를 하면 해당 의무를 다할 수 있다. 무엇보다 법령상 통지에 의해 대체하는 것도 가능하다고 규정되어 있어 당사자의 판단에 따라 선택하여 실시할 수 있다.[170]

① 외국정부가 관련된 거래: 단일 외국 국가 또는 지방정부(제외국 제외)가 상당한 지분(직간접 49% 이상의 의결권을 가진 외국인이 TID 미국사업에 대한 상당한 지분(직간접 25% 이상의 의결권))을 취득하게 되는 경우[171]

② 핵심 기술과 관련된 거래: 핵심기술을 생산, 설계, 시험, 제조, 조립 또는 개발하는 TID 미국 사업과 관련된 것으로 해당 사업을 지배하게 되는 자 등에 대한 해당 핵심기술의 수출, 재수출, 이전 또는 재이전에 대해 미국 규제정부의 인가(U. S. regulatory Authorization)가 필요한 경우[172]

그런데 미국 규제정부의 인가에는 국제무기거래규제(ITAR)에 따라 국무부가 발행하는 허가 및 기타 승인, 수출관리규칙(EAR)에 따른 상무부의 인가, 10 CFR Part 810에 근거한 에너지부로부터 요구되는 특정 또는 일반인가 (일부 제외), 10 CFR Part 110에 기초한 원자력규제위원회로부터의 특정인가

---

170 50 U. S. C. §4565 (b)(1)(C)(v)(IV); 31 CFR §800. 401 (a), (f)

171 투자펀드의 경우 해당 49%의 계산에 있어서는 외국정부가 리미티드 파트너로서 보유한 지분은 고려되지 않는다(31 C.F.R.§800. 244(b); 31 CFR §800. 401(b), 800. 244(a)).

172 31 CFR §800. 401(c)

가 포함된다.[173] 다만 EAR에 열거된 3개 허가사례 외 어느 하나에 적격인 경우는 예외로 간주된다.[174]

한편 상기의 요건에 대해서는 규칙에 몇가지 예외가 규정되어 있다. 예를 들어, 상기 두 거래에 공통되는 것으로서 미국인의 제너럴 파트너 등에 의해 전속적으로 운용되고 있는 것 등의 일정 요건을 충족하는 투자 펀드가 실시하는 거래에 대해서는 신고 의무에서 제외되어 있다.[175]

규칙은 외국인에 의한 투자펀드를 통한 투자에 관하여 외국인의 리미티드 파트너가 투자펀드의 어드바이저리 보드 또는 커미티의 구성원이었다고 하더라도 해당 리미티드 파트너에 의한 간접투자에 대해서 투자펀드에 관한 동일한 요건을 포함한 일정 요건을 충족하면 '대상투자'에 해당하지 않는다는 것을 명확히 하고 있다.[176]

 ## 신고 의무가 없는 거래에 대한 대응

신고 의무의 요건에 해당하지 않는 심사 대상지배거래 및 심사 대상투자 및 모든 대상부동산 거래에 대해서는 그 거래에 관해 CFIUS에 신고를 할지 여부는 당사자의 판단에 맡겨진다. 신고의무가 없는 경우에도 거래가 국가안전보장상의 검토사항을 제기할 가능성이 있다고 CFIUS가 판단한 경우에는 CFIUS는 당사자에게 거래에 관한 정보를 제공하거나 신고하도록 요구하는 경우가 있다.[177] 그리고 CFIUS는 그 심사권한이 미치는 범위의 거래라면 당사자로부터의 신고 유무 및 거래 전후에 관계없이 심사를 실시하는 권한을 가

---

173 31 CFR §800. 254

174 15 CFR §740. 13 (Technology and software — unrestricted),15 CFR §740. 17(b) (Encryption commodities, software and technology), 15 C. F. R. § 740. 20(c)(1)(License Exception Strategic Trade Authorization)31 CFR §800. 401(e)(6)

175 31 CFR §800. 401(d)(1), (e)(3)

176 31 CFR § 800. 307

177 31 CFR §800. 501(b), 802. 501(b)

지고 있기 때문에 신고의무의 대상이 아닌 거래에 대해서도 국가안전보장상 심사의 대상이 될 수 있다.[178]

절차적으로는 CFIUS의 구성원 등이 해당 거래가 심사대상 거래이며 국가안전보장상 검토사항을 제기할 가능성이 있다고 믿는 이유가 있는 경우 스태프 체어퍼슨(staff chairperson)을 통해 기관 통지(agency notice)를 CFIUS에 제출함으로써 통지에 기초한 심사가 개시된다.

이러한 사후적인 심사의 위험을 회피하기 위해 거래 당사자는 신고의무가 없는 거래라도 CFIUS에 임의로 신고함으로써 심사의 개시를 요구할 수 있다. 이 심사 결과, CFIUS로부터 거래 승인을 얻은 경우, CFIUS는 특별한 사정(신고 내용에 중대한 허위가 있는 경우 등)이 없는 한 승인된 거래에 대해 재심사를 실시하는 것이 허용되지 않게 된다. 즉, 승인에 의해 거래 당사자는 일종의 세이프 하버를 얻을 수 있다.[179] 이로써 거래 당사자는 거래의 안정을 도모할 수 있다. 따라서 거래 당사자는 미국 투자 시 신고의무 유무를 확인할 필요가 있는 동시에 신고의무가 없는 경우에도 해당 거래가 미국의 국가안전보장에 미치는 영향 등을 감안해 스스로 신고를 할지 여부에 대해 판단해야 한다.

 심사 면제(적용제외)

특정 국가와 관련하여, ① 비지배적 대상 투자와 ② 부동산 투자에 대한 면제를 제공한다. 부동산 투자심사 면제 대상인 경우 외국인 투자자는 CFIUS로의 의무신고가 필요하지 않다. CFIUS는 향후 다음의 사항을 충족하는 국가에 대하여 투자심사 면제국으로 지정하게 된다.[180]

---

178 §4565 (b) (1)(D); 31 CFR §800. 501(c), 802. 501(c)

179 31 CFR §800. 701,802. 701

180 (Federal Register) Certain Investments in the United States by Foreign Persons and Certain Transactions by Foreign Persons Involving Real Estate in the United States (2022.1.6.)

그 충족요건으로 ① 외국의 실효적 외국인 투자 심사제도 도입 여부와, ② 투자에 대한 국가안보적 차원의 미국과의 공조 여부로 판단한다. 하지만 실효적 도입 여부와 국가안보 공조 여부를 판단하는 구체적인 평가방식은 공개하지 않고 있다. 비지배적 및 부동산 투자심사 면제 대상 국가로 지정된 곳은 2022년 2월 13일 뉴질랜드가 추가되어, 총 4개국(오스트레일리아, 캐나다, 영국, 뉴질랜드)이다. 한국은 비지배적 및 부동산 투자심사 면제 대상 국가가 아니다.

◑ 비지배적 및 부동산 투자심사 면제 요건

투자자가 다음에 해당하는 경우이다.
① 투자심사 면제국가 자체 중 하나이거나
② 투자심사 면제국가에 속한 정부 기업이거나
③ 다음의 사항을 모두 충족하는 기업인 경우 투자심사 면제 대상에 해당
   ○ 주요 사업장이 미국 내에 있거나 투자심사 면제국가에 있는 경우
   ○ 주요 사업장 구성이 미국 혹은 투자심사 면제국가의 법에 근거한 경우
   ○ 이사회 멤버 및 참관인의 75%가 미국 혹은 투자심사 면제국가 시민인 경우
   ○ 의결권, 경제적, 수익적, 해산 관련 지분의 10% 이상을 보유하거나 기업에 대한 지배권이 있는 모든 외국인 또는 단체가 미국 혹은 투자심사 면제국가 시민인 경우
   ○ 의결권의 최소 50% 이상을 미국, 투자심사 면제국가 시민이 보유한 경우

출처: CFIUS BOOK(2020)

Ⅱ | CFIUS 심사에 관한 신고 절차

거래당사자는 CFIUS에 소정의 신고를 함으로써 거래와 관련된 심사의 개시를 요구할 수 있다. 신고에는 통지(notice)와 신고(declaration)의 2종류의 방법이 있다. 당사자는 신고가 의무인지 여부에 관계없이 어느 방법을 취할 수 있다.[181] 신고 방법에 따라 절차나 CFIUS의 대응에 차이가 있기 때문에 그 차이를 바탕으로 해당 거래와의 관계에서 어느 방법이 적절한지 검토하게 된다.

(1) 통지

통지는 CFIUS에 대해 정식 심사 개시를 요구하는 절차이다.[182] 통지에 대한 심사 프로세스는 통지가 CFIUS에 수리(accept)된 후 순서대로 (a) 1차적인 「심사(national security review)」(통지가 수리된 날로부터 45일간), (b) 1차 심사 단계에서 국가 안전 보장상의 우려가 불식되지 않을 경우 실시되는 2차적인 「조사(national security investigation)」(조사 개시일로부터 45일간을 원칙으로 하되 특별한 상황이 있는 경우에는 15일간의 연장이 가능)(이하 각각 「1차 심사」, 「2차 심사」로 총칭)[183]로 진행된다.

이러한 정식 프로세스 외에도 CFIUS에 의한 통지 초안 체크가 이루어지는 것이 일반적이다. 즉, 당사자는 정식 통지를 제출하기 전에 통지 초안을 CFIUS에 제시하고 CFIUS의 확인 및 의견을 거쳐 필요에 따라 수정한 후 정

---

[181] 법령상 신고의무는 의무적 신고(mandatory declarations)로서 원칙적으로는 신고에 의한 신고가 의무화되어 있으며 당사자는 신고의 방법으로 신고를 하면 해당 의무를 다할 수 있다. 무엇보다 법령상 통지에 의해 대체하는 것도 가능하다고 규정되어 있어 당사자의 판단에 따라 어느 방법으로든 실시할 수 있다(50 U. S. C. §4565(b)(1)(C)(v)(IV); 31 CFR §800. 401(a), (f)).

[182] 50 U. S. C. §4565(b)(1)(C)

[183] 50 U. S. C. §4565(b)(1), (b)(2), (d)

식 통지를 제출한다. 규칙상으로도 이러한 CFIUS에 의한 사전 확인이 장려되고 있으며, 적어도 통지 제출 5영업일 전까지 상담 또는 초안 제출을 요구하고 있다.[184]

한편 드래프트에 대한 코멘트 및 정식 통지를 수리하기까지의 기간에 대해서는 통지상에 '해당 거래가 심사 대상 거래이다'라고 명기되어 있는 경우, CFIUS는 10영업일 이내에 드래프트 또는 정식 통지에 대해 코멘트를 붙일지, 정식 통지를 수리할지를 판단한다고 되어 있다.[185]

CFIUS가 공표한 가장 최근의 연차보고서에 의하면 CFIUS가 드래프트에 대해 코멘트를 붙일 때까지의 2021년의 평균 경과일수는 6.2 영업일이었다고 되어 있다. 단, 수정 후에 제출한 통지에 대해 CFIUS로부터 재차 코멘트가 붙여질 가능성도 있고, 또 CFIUS로부터의 코멘트의 내용·분량이나 그에 대응하기 위한 기간 등에도 좌우되므로, 드래프트의 제출부터 정식적인 통지의 수리까지 필요한 기간은 사안에 따라 다르다.

1차 심사 단계에서 국가안전보장상의 리스크가 없다고 판단되면 그 시점에서 심사는 종료(즉, 거래를 승인)하지만, 해당 리스크에 관한 우려가 불식되지 않는 경우 등의 일정한 거래에 대해서는 2차 심사로 진행하게 된다. 2차 심사로 이행하는 조건은 다음과 같다.

① CFIUS 멤버가 스태프 체어 퍼슨(staff chairperson)에게 해당 거래에 의해 미국의 국가안전보장을 해칠 우려가 있어 그 우려가 경감되지 않았다고 생각하고 있음을 전달한 경우

② 주무 기관(leadagency)이 2차 심사를 실시할 것을 권고하고, CFIUS가 이를 승인한 경우

③ 거래가 외국정부 지배 거래인 경우

④ 외국인에 의해 중요한 인프라가 지배되는 거래이며, CFIUS가 지배되

184　31 CFR §800.501(g), 802.501(g)

185　31 CFR §800. 501(i),802. 501(i)

는 거래인 경우[186]

심사 기간 동안 CFIUS는 당사자에게 질문이나 추가 정보 제공 요청을 할 수 있는데, 이 경우 당사자는 원칙적으로 3영업일 이내에 이에 응답해야 한다. 또한 해당 심사 기간 중 CFIUS와 당사자 간에 국가안전보장상의 리스크에 대응하기 위한 경감조치와 관련된 협상도 이루어진다. 또한 CFIUS는 심사 기간 중 국가안전보장상의 리스크가 있는 거래에 대해 거래를 일시적으로 정지할 권한을 가진다.

CFIUS는 2차 심사의 완료 또는 기간의 종료 후, 대통령에게 보고를 실시할지, 혹은 대통령에게 보고하지 않고 심사를 종료할지(즉, 거래를 승인할지)를 판단한다. CFIUS는 ① 대통령에게 거래중지 또는 금지결정을 권고하는 경우 ② 대통령에게 거래중지 또는 금지결정을 권고할 것인지 여부에 대한 판단이 이루어지지 않은 경우 또는 ③ 대통령에게 거래에 관한 판단을 할 것을 요구하는 경우 해당 거래를 대통령에게 보고한다.[187] 해당 보고를 받고 대통령은 15일 이내에 그 거래에 관한 결정을 한다.

② 신고

신고는 통지를 대신할 수 있는 절차로 통지보다 간단한 서식으로 이루어지며 당사자는 CFIUS가 신고를 수령일로부터 30일 이내에 CFIUS로부터 답변을 받을 수 있다.[188] 법률의 문언상은 통지와 달리 CFIUS에 의한 수리(accept)가 아니라 수령(receive)으로부터 기간이 기산되게 되어 있다.[189] 규칙상 신고가 이루어진 경우에는 우선 스태프 체어퍼슨이 신속하게 신고 내용

---

186 50 U.S.C.§4565(b)(2)(B); 31 CFR §800.505, 802. 505

187 31 CFR §800. 508(b), 802. 508(b), 802. 508(b)

188 50 U.S.C. §4565(b)(1)(C)(v)

189 50 U.S.C. §4565(b)(1)(C)(v)(III)(bb)

이 규칙에서 정하는 기재사항 등에 비추어 불완전하지 않은지 점검하고 수리한 후에 CFIUS가 이를 수령하여 심사기간이 개시된다.[190] 또한 통지에 관해서도 통지의 완전성에 대해서는 스태프 체어퍼슨이 판단한다고 되어 있다.[191] 다만 통지와 달리 CFIUS가 신고에 대해 할 수 있는 답변은 다음 네 가지로 한정되어 있다.[192]

(a) 해당 거래가 국가안전보장과 관련된 검토사항을 발생시킬 수 있다고 믿을 이유가 있는 경우 당사자에게 통지(notice)를 제출할 것을 요구한다.

(b) 당사자에게 해당 신고에 기초하여 해당 거래에 관한 조치를 완료할 수 없다는 취지 및 거래에 관한 모든 조치를 완료했다는 통지(즉, 거래의 승인)를 얻기 위하여 당사자는 통지를 제출할 수 있다는 취지를 전한다(즉, 거래에 대하여 승인도 통지의 요청도 하지 않는다라고 하는 회답).

(c) 당사자로부터의 통지를 기다리지 않고 거래에 대한 정식 심사(상기 통지에 기초한 심사)를 일방적으로 개시한다. 절차로는 CFIUS의 구성원 등이 해당 거래가 심사대상 거래이며 국가안전보장상 검토사항을 제기할 가능성이 있다고 믿을 이유가 있는 경우에 스태프 체어퍼슨을 통해 기관통지(agency notice)를 CFIUS에 제출함으로써 통지에 근거한 심사가 개시된다.[193]

(d) 당사자에게 거래에 관한 모든 조치가 완료되었음(즉, 거래 승인)을 전달한다.

이와 같이 신고는 통지보다 간단하고 단기간에 거래 승인을 얻을 수 있는 가능성이 있지만, 다른 한편으로 상기 (a)의 응답을 받았을 경우에는 그 요청에 따라 재차 통지를 제출해야 하며, 또한 상기 (b)의 응답을 받았을 경우에는

---

190 31 CFR §800. 405, 802. 403

191 31 CFR §800. 503, 802. 503

192 50 U.S.C. §4565(b)(1)(C)(v)(III); 31 CFR §800. 407, 802. 405

193 31 CFR §800. 501(c), 802. 501(c). 501(c)

CFIUS로부터의 요청은 없지만, 그대로는 거래가 승인되지 않은 (즉, 세이프 하버를 얻지 못한) 불안정한 상태가 남아 있기 때문에 승인을 얻기 위해서는 스스로 통지를 제출할 필요가 있다. 따라서 상기 (d) 이외의 답변의 경우에 CFIUS의 승인을 얻기 위해서는 다시 상기 통지와 관련된 심사 절차를 거쳐야 하며, 처음부터 통지를 실시했던 경우보다 승인을 얻기까지 보다 긴 기간이 소요될 가능성이 있다.

신고에 대해서는 통지와 같이 CFIUS가 사전에 드래프트의 리뷰를 실시하는 일은 없다고 되어 있다. 또한 통지와 마찬가지로 심사기간 중 CFIUS로부터 당사자에게 질문이나 추가 정보 제공 요청이 이루어질 수 있으나 당사자는 원칙적으로 (통지의 경우보다 짧은) 영업일 기준 2일 이내에 이에 응답해야 한다.

③ 신고 방법 및 시기 등

신고는 보통 거래 당사자가 공동으로 한다. 당사자는 신고의무가 부과되는 경우 늦어도 거래완료 30일 전까지 신고를 하여야 한다.[194] 한편 임의로 신고를 하는 경우에는 법령상 기한의 제약은 따로 없지만, 거래완료 후 심사가 이루어져 해소 명령 등이 내려질 위험 등에 비추어 실무적으로는 보통(신고의무가 있는 거래를 포함) 거래실행예정일보다 전에 CFIUS의 승인을 얻을 수 있는 스케줄로 신고가 이루어진다.

통지 및 신고의 기재사항은 각각 규칙에 정해져 있으며, 거래에 관한 정보, 외국 투자가에 관한 정보, 투자하는 미국 사업에 관한 정보 등에 대한 기재가 요구된다. 신고에 대해서는 통지보다 요구되는 기재사항이 적고, 간이 양식으로 되어 있다.[195]

신고는 CFIUS Case Management System(CMS)이라는 전용 웹포털을 이용해 제출해야 한다. 또한 신고에 대해서는 신고수수료가 발생하지 않으나

---

194 31 CFR § 800. 401(g)

195 31 CFR § 800. 404, 800. 502, 802. 402. 502

통지의 경우에는 대상이 되는 거래의 가액에 근거하여 산정된 신고수수료(상한은 30만 달러)를 지불해야 한다.[196]

④ 신고 각하 및 철회

CFIUS는 신고가 규칙에 따르지 않고 불완전한 경우, 신고된 거래에 중대한 변경이 있는 경우, 신고에서 제공되어 정보와 모순되는 중요 정보가 밝혀진 경우, 또는 CFIUS로부터의 질문이나 추가 정보 요청에 당사자가 소정의 기간 내에 대응하지 않은 경우 등에 신고를 각하(reject)할 수 있다.[197]

한편, 신고를 한 당사자는 CFIUS의 심사기간 중이면 신고 철회를 요구할 수 있다. 단, 실제로 철회를 하기 위해서는 CFIUS의 승인이 필요하다.[198] CFIUS로부터의 질문에 대한 대응에 시간이 필요할 때 철회를 실시하는 경우나 심사 과정에서 CFIUS의 승인을 얻는 것이 어렵다는 것이 판명된 경우 등에 있어서 CFIUS(또는 대통령)의 최종 판단을 기다리지 않고 신고를 철회하고 거래 내용을 재검토하거나 거래 자체를 단념하는 경우 등이 있다.

---

196 31 CFR § 800. 1101, 802. 1101

197 31 CFR § 800. 406(a), 800. 504, 802. 404(a), 802. 504). 504(a), 404

198 31 CFR § 800. 406(c), 800. 509, 802. 404(c), 802. 509

Ⅲ | 심사 방법

(1) 심사 절차

거래의 당사자는 거래 완료 전 또는 후에 국가안전보장 심사의 임의 신고를 제출할 수 있다. 의무신고인 경우에는 거래가 완료된 30일 전까지 이루어져야 한다. 완전한 통지가 이루어진 경우 당사자의 통지서를 수령한 날로부터 45일 이내에 심사가 실시된다.

그 후 45일 이내에 조사가 이루어지고 CFIUS가 그 평가를 완료하기 위해 연장이 필요하다고 판단하는 경우에는 예외적으로 15일간 더 연장될 수 있다. CFIUS가 경감조치로는 해결할 수 없는 국가안보상 위험이 있을 수 있다고 판단할 경우 당사자가 거래를 파기하지 않는 한 거래는 대통령에게 회부된다. 대통령은 15일 이내에 그 거래를 중지 또는 금지하는 결정을 할 수 있다.

FIRRMA에서는 거래 당사자가 간이 신고로 CFIUS에 신고할 수 있으며, CFIUS가 신고 접수 후 30일 이내에 피드백을 받을 수 있다는 것이 주요 특징이다. 이는 완전한 통지를 제출하고 완전한 사전심사 및 정식 심사 절차를 받는 것을 대체하는 것이지만 당사자는 여전히 신고 기간 만료 후 당사자의 선택 또는 CFIUS의 요청에 의해 최종적으로 완전한 통지를 제출하게 될 가능성이 있다. CFIUS는 간이 신고를 심사한 후에 아래의 4개의 조치 중 1개의 조치를 취할 수 있다.

① 당사자에게 서면에 의한 완전한 통지를 요구하는 것

② CFIUS는 신고에 근거하여 대응조치를 강구할 수 없으며, CFIUS가 조치를 완료하기 위해 당사자는 통지서를 제출할 수 있다는 취지를 당사자에게 조언하는 것

③ 거래 심사를 일방적으로 개시하는 것

④ 당사자에게 서면으로 CFIUS가 거래에 관한 모든 조치를 완료한 것(즉, 거래의 승인)을 통지하는 것

··
● **CFIUS 심사 절차**

심사개시(Application): 30일 - 투자 거래 당사자의 자발적 통지 - 특별한 경우 의무적 신고 필요	○ 심사개시 후 리스크가 없는 경우, 추가적인 조치는 취하지 않음 ○ 리스크 잔존 시 서면 신고 요청 또는 일방적 검토 개시

⇩

검토(Review): 45일 - 투자 안보, 핵심 인프라, 리스크 등을 평가(위협·취약성등)	○ 국가정보국장의 분석 기간(30일 포함) ○ 리스크가 없는 경우 추가조치 없음, 리스크 해소되지 않을 시 조사단계로 수행

⇩

조사(Investigation): 45-60일 - 주요쟁점 검토, 협의, 이슈 검토, 허가 조건 부여	○ 예외적인 상황일 경우 15일 연장 가능 ○ 특별한 우려가 해소되지 않을 시 부정적 의견을 대통령에게 보고

⇩

대통령 결정: 15일 이내 - 투자 거래에 대한 정지 및 금지 - 완료된 거래에 대한 투자철회	○ 국가안보에 위협이 된다는 명확한 판단이 있다는 전제

CFIUS는 신고자가 거래에 관하여 제공한 정보를 대외로 공개하지 않으며, 신고자가 심사를 위해 거래를 CFIUS로 제출했다는 사실 또한 공개하지 않는다. CFIUS는 외국인투자자에 의해 신고된 세부 건수를 공개하고 신고 평가 후 내릴 수 있는 조치 권한을 명시하고 있다.

◑ CFIUS에 대한 외국인 투자자 신고대상 판단 절차

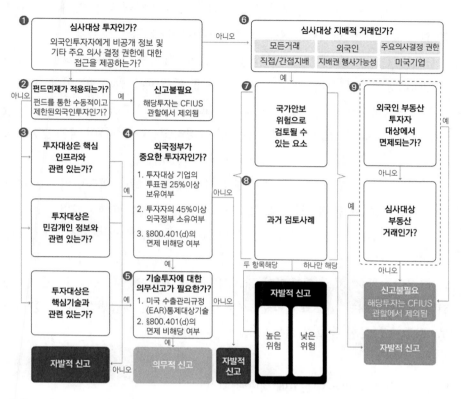

출처: CFIUS Overview 등

$\boxed{2}$ **심사기준 및 분석 방법**

CFIUS는 심사 프로세스에서 대상이 되는 거래가 미국의 국가 안전 보장에 미치는 영향에 대해 검토한다. 거래를 승인할지 여부에 대한 기준이 되는 것은 어디까지나 '해당 거래가 미국의 국가안전보장을 해칠 우려가 있는지'이며, 그 이상의 구체적인 하위기준은 제시되어 있지 않다. 또한 '국가안전보장'의 의의에 대해서도 정의 되어 있지 않다.

무엇보다 법령에서 심사할 때 고려되어야 할 요소가 열거되어 있으며, 이와 더불어 최근 대통령의 행정명령에 따라 CFIUS가 중점적으로 고려해야 할 항목으로서 일부 요건의 정교화 및 요건의 추가가 이루어졌다. 따라서 CFIUS는 심사에 있어서 이러한 요건를 고려할 것이 요구된다.

또한 CFIUS에 의한 국가안전보장상의 리스크 분석 방법에 대해서는 2008년에 재무부가 공표한 가이던스에 제시되어 있다.[199] 이에 따르면 CFIUS는 우선 거래 심사에 있어 법령상 고려요소를 포함한 심사대상 거래와 관련된 모든 국가안전보장상 고려요소를 특정하고 이에 비추어 국가안전보장에 영향을 줄 수 있는 사실과 상황에 대해 특정한다.

국가안전보장상의 리스크 분석을 실시할 때에는 해당 외국인이 착취하거나 손해를 입히는 능력 또는 의도를 가지고 있는지(위협 및 미국 사업의 성질, 또는 시스템, 사업체 또는 구조에서의 약점에 의해 미국의 국가안전보장이 손상되기 쉬운지)를 검토하도록 되어 있다. 그리고 이 위협과 취약성의 상호관계에 의해 미국의 국가안보에 미치는 잠재적인 결과가 국가안보상의 리스크라고 판단하게 된다. 또한 이러한 리스크 분석은 거래 당사자로부터 제공받은 정보, 공개정보, 정부가 보유한 정보를 바탕으로 이루어진다.

◐ **CFIUS의 외국인투자 신고에 대한 조치**

◇ 심사 대상이라고 판단될 경우 신고자에게 서면 통지(written notice)를 요청
◇ 신고자에게 위원회가 신고내용을 바탕으로 거래와 관련된 조치를 종결할 수 없음을 고지
◇ CFIUS의 일방적 검토(unilateral review) 착수
◇ 신고자에게 법에 근거한 모든 검토가 완료되었음을 고지(거래 허가)

---

199 https://home.treasury.gov/system/files/206/CFIUSGuidance.pdf

(3) 심사의 일반적 고려 요소

CFIUS 및 대통령이 심사에서 고려해야 할 요건은 법령에 열거되어 있다. 법령상 고려해야 하는 요건은 다음과 같다.[200]

(a) 예상 국방 요건에 필요한 국내 생산

(b) 인력, 제품, 기술, 재료 및 기타 공급품 및 서비스의 가용성을 포함한 국방 요건을 충족하기 위한 국내 산업의 능력 및 생산력

(c) 국가 안보 요건을 충족하는 데 필요한 미국의 능력 및 생산력에 영향을 미치는 외국인의 국내 산업 및 상업 활동 통제

(d) 해당 거래가 테러지원, 미사일·생물무기 등의 확산, 잠재적인 지역적 군사적 위협이 우려되는 국가로 인정된 국가에 대한 군사품, 장비 또는 기술 판매에 미치는 잠재적 영향

(e) 해당 거래가 미국의 국가안보에 영향을 미치는 분야에서 미국의 국제적 기술 리더십에 미치는 잠재적 영향

(f) 주요 에너지 자산을 포함한 미국의 주요 인프라에 미치는 잠재적인 국가 안보 관련 영향

(g) 미국의 핵심기술에 미치는 잠재적인 국가안보 관련 영향

(h) 심사 대상 거래가 외국 정부 지배 거래(foreign government-controlled transaction)인지 여부[201]

(i) 특히 외국 정부 지배 거래와 관련하여 ① 해당 외국 조약 및 다자간 공급 지침을 포함한 핵 비확산 관리 체제에 대한 준수 ② 해당 외국과 미국의 관계, 특히 테러 대책에 대한 협력 실적 및 ③ 수출 관리법 및 규

---

200 50 U. S. C. §4565(f): 김민배(2020. 12), 미국의 첨단기술보호정책과 국가안보의 판단기준, 법제처 참조

201 외국정부지배거래(foreign government-controlled transaction)란 외국정부 또는 외국정부에 의해 지배되거나 외국정부를 위해 행동하는 자가 미국사업을 지배하는 결과가 될 수 있는 대상지배거래를 말한다(31 C.F.R.§800.222).

제 분석을 포함한 군사 용도의 기술 이전 또는 전용 가능성에 관한 현재 평가 심사

(j) 미국의 에너지원 및 기타 중요한 자원·재료의 필요성과 관련된 장기적인 예측

(k) 대통령 또는 CFIUS가 일반적으로 또는 특정 심사나 조사와 관련하여 적절하다고 판단하는 기타 요인

Ⅳ 심사의 특별한 고려 요소

① 추진 배경 및 경과

2022년 9월 15일 바이든 대통령은 'CFIUS의 국가안보 리스크 심사에 중점적으로 고려해야 할 사항에 대한 행정명령'(이하 행정명령)²⁰²을 공포하였다. 행정명령이 CFIUS 관할을 확장하거나 기존의 미국 외국인 직접 투자 검토 절차를 변경하지는 않지만, 이는 최초의 대통령 지시이며 미국 정부의 외국인 투자 조사가 계속될 가능성이 있음을 나타내고 있다.²⁰³

행정명령은 CFIUS가 미국 내 외국인 투자 거래와 관련하여 다음 5가지

202 Executive Order on Ensuring Robust Consideration of Evolving National Security Risks by the Committee on Foreign Investment in the United States; https://www.whitehouse.gov/briefing-room/presidential-actions/2022/09/15/executive-order-on-ensuring-robust-consideration-of-evolving-national-security-risks-by-the-committee-on-foreign-investment-in-the-united-states/

203 Antonia I. Tzinova, Robert A. Friedman, Marina Veljanovska O'Brien, Sergio A. Fontanez, New Executive Order Creates Roadmap of Heightened CFIUS Scrutiny for Cross-Border M&A, Holland & Knight Alert:https://www.hklaw.com/en/insights/publications/2022/09/publnew-executive-order-creates-roadmap-of-heightened-cfius-scrutiny

특정 위험 범주를 고려하도록 지시하고 있다. 특히, 행정명령은 CFIUS가 검토에서 고려해야 할 요소들의 전체적인 목록이 아니라 다른 국가안보 관련 위험과 고려 사항 중 예시된 5가지 위험에 대한 미국 정부의 특별한 관심을 강조하고 있다.

행정명령은 외국인 투자에서 발생하는 국가안보 위험을 강조하는 FIRRMA의 조항을 재확인하고 있다. 즉, 국가안보와 관련된 분야에서 미국의 리더십에 영향을 미칠 수 있는 중요한 기술 또는 중요한 인프라를 획득하는 전략적 목표를 입증하거나 선언한 특별한 관심사를 가진 국가를 포함하도록 하고 있다.

FIRRMA와 행정명령 모두 미국에 국가안보 위험을 가하는 국가를 명시적으로 특정하고 있지 않다. 하지만, CFIUS는 '외국 적대국 및 기타 특별한 관심국'에 대한 직간접적인 개입 여부, 그리고 거래의 위협을 분석할 때 외국인 투자자가 외국 정부 또는 외국인과 '제3자 관계를 맺고 있는가'를 고려하도록 지시하고 있다. 이 기준들은 CFIUS 그 자체로는 새로운 것이 아니지만, 처음으로 대통령 행정명령에 명시하고 있다.

행정명령은 해외 인수나 투자 맥락에서 미국의 국가안보 이익을 폭넓게 해석할 수 있는 CFIUS의 권한을 제한하지 않는다. 5가지 고려 요소는 CFIUS가 이미 우려하는 것으로 알려진 것을 확인하는 것이다. 예를 들어, 국가안보 요소는 「국방생산법」(Defense Production Act: DPA)[204] 제721조에 설명되어 있다. 동법은 FIRRMA에 따라 수정되었으며 CFIUS 심사에 필요한 국가안보 요소와 절차를 설명하고 있다.

새로운 행정명령은 검토 프로세스, 법적 관할권, 심사 대상거래의 범위를 변경하지 않지만 CFIUS에 최종 지침을 제공하여 국경 간 투자 및 인수에 대한 심사가 미국 공급망에 영향을 미치거나 기술 리더십, 사이버 보안 및 미국인의 민감한 데이터 등 국가안보 위험에 계속 대응할 수 있도록 하고 있다. 행정명령은 미국 국가안보에 영향을 미칠 수 있는 반복적인 외국인 투자자의 증가분

---

[204] 50 U.S.C App. 2170(f); https://www.fema.gov/disaster/defense-production-act

또는 다중 투자로 인해 발생하는 위험에 대처하도록 하고 있다.[205] 'CFIUS의 국가안보 리스크 심사에 중점적으로 고려해야 할 사항에 대한 행정명령'은 전체 6개의 절로 구성되어 있으며, 주요 내용은 다음과 같다.

② 주요 내용

1) 공급망 회복력과 국가안보

대통령의 행정명령은 CFIUS에 대해 심사 대상거래가 국방 산업 기반 등을 포함하여, 국가안보에 영향을 미칠 수 있는지. 중요한 미국 공급망의 회복력에 어떤 영향을 미치는가를 판단하도록 지시하고 있다. 국가안보에 필수적인 특정 제조 능력, 서비스, 중요 광물 자원, 기술에 대한 소유권·권리 통제 등이 수반되는 외국인 투자는 미국을 위험하게 만들 수 있다. 이러한 요건에 해당하는가를 판단하는 경우 동맹국의 공급업체를 포함하여 대체 공급업체의 다양화 정도, 미국 정부와의 공급 관계, 공급망에 대한 외국인의 소유권이나 통제권에 대한 검토와 판단을 해야 한다.

행정명령은 CFIUS에게 국가안보에 필수적인 마이크로전자공학, 인공지능, 생명공학 및 바이오 제조, 양자 컴퓨팅, 첨단 청정에너지(배터리 저장 및 수소 등), 기후 적응 기술, 중요 물질(리튬 및 희토류 원소 등), 식량 안보에 영향을 미치는 농업 산업 기반 요소 등에 대한 고려를 지시하고 있다.

CFIUS에 대한 이러한 행정명령은 공중 보건(예: COVID-19 예방 및 대응 재료)에서 마이크로 전자(예: 반도체), 에너지(예: 희토류 광물)에 이르는 다양한 분야의 공급망 부족으로 미국 국가안보에 위협 요소가 되었다는 판단을 기초로 하고 있다. 향후 CFIUS는 미국 비즈니스가 방위 산업 기반과 관련이 있는지

---

205 New Executive Order Identifies National Security Risks for CFIUS to Consider When Assessing Foreign Investment in US Businesses, Thursday, September 29, 2022; https://www.natlawreview.com/article/new-executive-order-identifies-national-security-risks-cfius-to-consider-when

여부와 상관없이 미국 국내 역량의 핵심 산업에 영향을 미치는 해외 투자에 대해 더 철저히 조사할 것으로 예상된다. 외국으로부터의 투자 또는 인수가 중요한 상품 및 서비스의 지배권을 이전시키는 경우에는 CFIUS가 더 깊은 관심을 가질 가능성이 크다.

2) 미국의 기술 리더십에 대한 위협

행정명령은 CFIUS에 심사대상 거래가 미국의 기술 리더십에 필수적인 기술에 영향을 미칠지 여부를 고려하도록 지시하고 있다. 또한 CFIUS는 심사대상 거래가 미국의 국가안보를 저해할 수 있는 미래의 기술 발전을 초래할 수 있는지 여부를 고려하도록 지시하고 있다. 미국의 기술 리더십을 유지하는 조치는 이미 FIRRMA 및 미국 「수출관리법」을 비롯한 다양한 법적 및 규제 체제에 포함되어 있다. 그런데도 행정명령이 이들 분야에 대해 다시 강조하는 것은 외국인 투자가 더 엄격한 심사와 조사를 받을 가능성이 있다는 점을 통지하는 것이다.

행정명령에서 특정된 산업은 이전에 FIRRMA의 초점보다 더 광범위한 주제, 즉 핵심 인프라 및 핵심기술을 명확하게 구체화한 것이다. 바이든 대통령이 발표한 '생명공학 및 바이오 제조 이니셔티브 행정명령'[206]은 무엇보다도 이 부문의 위협과 취약성을 예상하고 관련 위험을 완화할 정부 조치를 촉진하는 것을 목표로 하고 있다. 생명공학은 첨단기술로 간주되기 때문에 이 산업 부문과 관련된 국가 간 거래에 대해서 보다 강화된 조사를 할 것으로 예상을 하고 있다.

CFIUS는 해당 거래가 국가안보를 저해할 수 있는지를 고려하는 임무를 맡고 있다. CFIUS는 거래의 대상이 되는 기존 미국 비즈니스뿐만 아니라 초기 단계의 기술 회사를 위한 계획 및 제품 로드맵을 포함하여 동일한 미국 비즈니스의 기술이 향후 어떻게 사용될 수 있는지에 대해 관심을 가질 것으로

---

206 https://www.whitehouse.gov/briefing-room/presidential-actions/2022/09/12/executive-order-on-advancing-biotechnology-and-biomanufacturing-innovation-for-a-sustainable-safe-and-secure-american-bioeconomy/

예상하고 있다.

3) 산업 투자의 증가에 따른 위험

행정명령은 CFIUS가 미국 국가안보에 영향을 미칠 수 있는 투자 동향을 조사하도록 지시하고 있다. 특정 분야 또는 기술에 대한 동일한 외국인의 특정 투자는 개별적으로 볼 때 위협을 제기하지 않는 것처럼 보일 수 있다. 하지만 과거 거래의 맥락에서 볼 때 그러한 투자가 주요 산업 또는 기술에서 민감한 기술 이전을 촉진할 수 있다. 한편 외국 투자자가 특정 산업 부문에서 상당한 시장 점유율을 확보하게 함으로써 국가안보에 해를 끼칠 수 있다.

행정명령은 반복적으로 투자하는 외국인 투자자에 대해 CFIUS가 투자 증가분 및 추가 투자를 포함한 투자 패턴의 전체를 고려해야 한다는 점을 지시하고 있다. 행정명령은 외국 회사 또는 국가가 해당 부문 내에서 여러 회사를 인수하는 것과 관련하여 훨씬 더 높은 위협이 있을 수 있다고 지적하고 있다. 이러한 위협에 대응하기 위해 행정명령은 CFIUS가 같은 외국인 투자자에 의한 단일 부문 또는 관련 부문에 대한 다중 인수 또는 투자의 맥락에서 대상거래에서 발생하는 위험을 고려하여 판단하도록 지시하고 있다.

4) 사이버 보안에 대한 위험

행정명령은 CFIUS가 외국 투자자(관련 제3자 관계를 포함)가 투자의 결과로 미국 사이버 보안에 해를 끼칠 수 있는 능력을 직간접적으로 획득할 수 있는지 여부를 고려하도록 지시하고 있다. CFIUS는 국가안보를 위협하는 사이버 보안 위험을 모니터링 하도록 하고 있다. 사이버 침입 또는 기타 악의적인 사이버 활동을 수행할 능력과 의도가 있는 외국인의 투자가 국가안보에 위험을 초래할 수 있다는 판단이다. 행정명령은 CFIUS가 해당 거래가 사이버 보안 관행, 거래에 대한 당사자의 액세스 외에도 외국인(또는 관련 제3자 관계)에 이러한 활동을 수행할 수 있는 액세스 권한을 제공할 수 있는지를 고려하도록 지시하고 있다. 특히 외국인 또는 관련 제3자에 대해 그러한 활동을 명확히 할 것을 요구하고 있다.

5) 중요한 데이터에 대한 위험

행정명령은 CFIUS에게 심사 대상거래가 미국인의 민감한 데이터를 외국인에게 이전하는 것을 포함하는지 고려하도록 지시하고 있다. 또한, 행정명령은 CFIUS에게 심사 대상거래가 다음 항목에 액세스할 수 있는 미국 기업에 대한 투자 또는 취득을 포함하는지를 평가하도록 지시하고 있다.

① 건강, 디지털 신원, 기타 생물학적 데이터를 포함한 미국인의 민감한 데이터 및 미국의 국가안보를 훼손하는 방식으로 개인의 신원을 밝히기 위해 잠재적으로 이용될 수 있는 식별 가능하거나 익명화될 수 있는 모든 데이터

② 외국인이 국가안보를 위협하는 방식으로 미국에 있는 사람들을 대상으로 사용할 수 있는 미국의 하위 모집단 데이터

데이터 악용으로 인한 국가안보의 취약성은 FIRRMA에서 성문화되기 이전부터 CFIUS의 주요 관심 사항이었다. 행정명령은 대규모 데이터 세트에 대한 액세스와 결합된 기술의 발전으로 한때 식별 불가능한 데이터로 간주되었던 데이터의 재식별 또는 익명화를 점점 더 가능하게 하는 방법에 대한 미국 정부의 초점을 명시하고 있다. 행정명령은 CFIUS가 해당 거래가 미국인의 민감한 데이터에 접근할 수 있는 미국 비즈니스를 포함하는지와 외국 투자자 또는 외국 투자자와 관계가 있는 당사자가 그러한 정보를 이용할 수 있는 능력을 갖고 있는지 또는 상업적 또는 기타 수단의 사용을 포함하여 국가안보에 해를 끼치는 정보를 이용할 능력이 있는지를 고려해야 한다고 명시하고 있다.

3) 심사 과정에서 CFIUS의 권한

1) 리스크 경감 조치

CFIUS는 그 심사 과정에서 해당 거래가 국가안전보장에 관한 리스크를 발생시킨다고 판단할 경우 해당 리스크를 경감하기 위해 일정 조건을 당사자에게 부과하거나 당사자와 조건에 관한 합의를 할 수 있다(이하 리스크 경감조치).[207] 지금까지 많은 거래는 무조건 승인되었지만 일정한 거래에 대해서는 이러한 조건을 준수하는 것을 전제로 거래가 승인되었다. 리스크 경감 조치는 당사자와 CFIUS가 지정하는 주도기관 간의 경감 합의 형식으로 이루어지는 경우도 있으며, 심사 과정에서 CFIUS와 당사자 간에 리스크 경감 조치에 관한 협상도 이루어진다. 또한 CFIUS는 당사자에 의해 스스로 거래가 단념된 경우에도 남아있는 국가안전보장상의 우려에 대처하기 위한 리스크 경감조치를 강구할 수 있다고 되어 있다.

리스크 경감 조치는 거래의 성질에 따라 부과되는 것으로, 그 내용은 거래 자체에 제한을 부과하는 것, 거래 후의 기업지배구조에 관한 의무나 컴플라이언스에 관한 의무 등 다방면에 걸쳐 사안별로 검토된다. 예를 들어, CFIUS가 공표한 연차보고서에 따르면 2021년에 실시된 심사에서 다음과 같은 리스크 경감 조치가 부과되거나 CFIUS와 거래 당사자 간에 협상되었다고 되어 있다.[208]

- 특정 지적재산, 기업비밀 또는 기술정보의 이전 또는 공유를 금지 또는 제한하는 것
- 미국 정부 또는 그 도급업자(contractors)와의 기존 또는 미래 계약, 미국 정부의 고객 정보, 기타 기밀정보를 취급하기 위한 가이드 라인이나

---

207 50 U. S. C. 4565(l)(3).

208 https://home.treasury.gov/system/files/206/CFIUS-Public-AnnualReporttoCongress-CY2021.pdf

조건을 설정하는 것

- 특정 기술, 시스템, 시설 또는 기밀정보에 대한 접근이 허가된 자만 가능하도록 보증할 것
- 미국 정부가 승인한 보안 오피서나 이사회 멤버의 임명, 보안 정책, 연차 보고서, 독립 감사 요건의 채용 등 외국으로부터의 영향을 제한하고 컴플라이언스를 확보하기 위한 기업 보안 위원회나 의결권 신탁, 기타 구조를 확립하는 것
- 외국인의 미국 사업소 방문을 사전에 보안 담당자, 제3자 감시원 또는 관련된 미국 정부 관계자에게 통지하고 승인될 것
- 특정 기밀성이 높은 미국 자산을 거래에서 제외하는 것
- 미국 사업의 일부를 매각하는 것 등

또한 CFIUS는 리스크 경감 조치에 관한 합의가 이루어진 후에도 해당 경감 합의의 준수 상황 등에 대해 주도기관을 통해 모니터링을 실시한다. 리스크 경감 조치가 준수되지 않은 경우, 당사자에 대해 벌금이 부과되는 경우가 있고, 또 위반이 중대한 경우에는 승인을 얻은 후라 하더라도 CFIUS에 의한 재심사의 대상이 될 가능성이 있다.

2) 거래 정지

CFIUS는 국가안전보장상의 리스크가 우려되는 거래에 대해 심사기간 중 일시적으로 그 거래를 정지시킬 수 있다.[209]

---

[209] 50 U. S. C. §4565(l)(1)

(4) 결정

CFIUS는 심사결과 심사를 실시한 거래에 관한 최종적인 판단으로서 해당 거래에 관한 조치를 종료할 것인가 또는 대통령에게 보고하고 어떠한 판단을 받을 것인가를 결정한다. 그리고 대통령은 CFIUS로부터 보고를 받은 경우 거래에 대한 최종적인 판단을 내린다.

1) 거래 승인

CFIUS는 심사 결과 '해당 거래에 의한 미해결 국가안전보장상의 우려는 존재하지 않는다'는 결론에 이르렀을 경우 해당 거래에 관한 조치를 종료(즉, 해당 거래를 승인)한다. CFIUS가 거래를 승인한 경우 (또는 다음과 같이 대통령이 해당 거래에 대해 거래중지명령 등의 권한을 행사하지 않음을 공표한 경우) CFIUS는 아래에서 설명하는 것과 같은 특별한 사정이 없는 한 해당 거래에 대해 다시 심사를 실시하는 것이 허용되지 않는다(즉, 승인에 의해 거래 당사자는 일종의 세이프 하버를 얻을 수 있다).[210]

단, 거래 승인을 받았더라도 ① 해당 심사에서 당사자가 허위 또는 오해를 불러일으키는 중요한 정보를 CFIUS에 제출한 경우 또는 CFIUS에 제출한 정보에 중요한 정보 또는 서류를 포함하지 않은 경우 또는 ② 합의된 위험 경감 조치의 중대한 위반이 있었다고 인정되어 해당 위반에 대한 충분하고 적절한 대처방법이 따로 존재하지 않는다고 CFIUS가 판단한 경우에 대해서는 예외적으로 세이프 하버의 대상이 아니게 되어 CFIUS에 의한 재심사 대상이 될 수 있다.[211]

2) 대통령에 의한 결정

대통령은 CFIUS로부터 보고를 받고, 해당 거래가 미국의 국가안보상을

---

210 31 CFR §800. 701,802. 701

211 50 U. S. C. §65; 31 CFR §800. 501(c)(1)(ii), 802. 501(c)(1)(ii)

해칠 우려가 있다고 판단할 경우 거래의 금지 또는 정지를 명할 수 있다.[212] 다만, 해당 명령을 내리기 위해서는 대통령이 ① 해당 거래를 실행하는 외국인이 국가안보에 위협을 가하는 행동에 나설 가능성이 있다고 대통령이 믿을 만한 확실한 증거가 있고, ② 「국방생산법」(Section 721 of title VII of the Defense Production Act of 1950) 및 「국제긴급경제권한법」(International Emergency Economic Powers Act)를 제외하고는 대통령이 해당 문제와 관련된 국가안전보장을 지키기 위한 충분하고도 적절한 권한을 부여하는 법률 조항이 없는 경우이다.[213] 한편, 대통령이 해당 명령을 하지 않기로 결정한 경우, 거래 승인과 마찬가지로 해당 거래는 세이프 하버의 대상이 된다.[214] 또한 법령에 의해 대통령의 결정은 사법심사의 대상이 되지 않는다고 되어 있다.[215] 다만, 해당 결정에 이르기까지의 절차에 대해서는 사법심사의 대상이 될 가능성이 있다.[216]

CFIUS는 당사자가 심사기간 내에 미해결 국가안전보장 우려를 모두 대처할 수 없는 경우 등에 시간적 유예를 주기 위해 일단 통지를 철회하고 재제출하는 것을 인정하는 경우가 있다. 또한 당사자는 비즈니스상의 판단으로 거래를 단념하는 경우, 리스크 경감 조치를 받아들일 수 없는 경우, 또는 CFIUS가 대통령에게 보고하기로 결정한 경우 등에 통지 철회를 요구하는 경우가 있는데, 그러한 경우에도 CFIUS는 최종적인 결정을 내리지 않고 이러한 철회를 인정하는 경우가 있다.

---

212 50 U. S. C. §4565(d)(1)

213 50 U. S. C. §4565(d)(4)

214 50 U. S. C. §4565(b)(1)(D), (E)

215 50 U. S. C. §4565(e); Ralls Corp. v. Committee on Foreign Investment in the United States, et al., No. 13-5315, slip op. (D.C. Cir. July 15, 2014); https://www.cadc.uscourts.gov/internet/opinions.nsf/B27E81AF31E360DA85257D16004E43E7/%24file/13-5315-1502552.pdf

216 Ralls Corp. v. Committee on Foreign Investment in the United States, et al., No. 13-5315, slip op. (D.C. Cir. July 15, 2014)

⑤ 수수료

2020년 5월 1일 이후 「부동산 규정」 제802.51조 (a)에 따라 위원회와의 거래에 대해 공식 서면통지를 제출하는 당사자는 다음과 같은 수수료를 지불해야 한다.[217]

● 수수료

(a) 거래 가치가 $ 500,000 미만인 경우: 수수료 없음
(b) 거래 가치가 $ 500,000 이상 $ 5,000,000 미만인 경우: $ 750
(c) 거래 가치가 $ 5,000,000 이상 $ 50,000,000 미만인 경우: $ 7,500
(d) 거래 가치가 $ 50,000,000 이상 $ 250,000,000 미만인 경우: $ 75,000
(e) 거래 가치가 $ 250,000,000 이상 $ 750,000,000 미만인 경우: $ 150,000
(f) 거래 가치가 $ 750,000,000 이상인 경우: $ 300,000.

⑥ CFIUS의 집행 및 벌칙 지침

1) 추진 배경 및 경과

2022년 10월 20일 CFIUS는 'CFIUS의 집행과 벌칙에 관한 가이드라인'(CFIUS Enforcement and Penalty Guidelines, 지침)[218]을 공표하였다. 본 지침은 CFIUS 위법 유형을 제시하고, CFIUS가 위반 당사자에 대해서 벌칙을 부

---

217 31 CFR §802.1106~802.1108에 따라 위원장은 웹사이트의 위원회 섹션에 규정된 방법으로 재무부가 본조에 따라 수령할 때까지 §802.503(a)에 따른 공식 서면 통지를 수락해서는 안 된다 (§802.1102).

218 https://home.treasury.gov/policy-issues/international/the-committee-on-foreign-investment-in-the-united-states-cfius/cfius-enforcement-and-penalty-guidelines; https://www.noandt.com/publications/publication20221102-1/

과하는 경우 절차, 그리고 벌칙을 과하는 경우 고려 요소를 구체적으로 규정하고 있다. 본 지침은 중국을 염두에 둔 국가 안전 보장상 우려에 대처하고 미국의 기술적 리더십을 확보하려는 바이든 정권의 정책이며, CFIUS 심사의 투명성을 확보하려는 것이라고 할 수 있다.

행정명령의 형식으로 지침을 외부에 공개하는 목적은 거래 당사자가 법령 의무를 위반한 경우 CFIUS가 어떻게, 또 어느 정도의 벌칙을 부과하는지, 나아가 벌칙의 가중이나 감경을 판단할 때 기준이나 요소에 대해 공개적으로 알리고 이를 주지시키고자 하는 것이다.

그러나 위반행위가 반드시 벌칙으로 이어지는 것은 아니며, CFIUS는 거래의 당사자나 제3자로부터 제공되는 정보를 검증한 후에 벌칙이 적절한지를 판단하고 있다. CFIUS는 위반행위를 감지하는데 있어서 각 부처나 공개정보, 감사회사 등 제3자 기관의 다양한 소스로부터 정보를 입수한다고 밝히고 있다. 한편 CFIUS가 위반행위를 수사하는 경우 거래 당사자에게 정보를 요구하기도 하며, 당사자는 조회에 대한 정보와 더불어 자기방어 등을 위한 증거도 제출할 수 있다. 또 당사자가 스스로 위반행위 가능성을 인지한 경우 서면으로 해당 행위와 관계자의 정보를 CFIUS에 공개하도록 권장하고 있다.

2) 위법 행위 유형

본 지침은 위반을 구성할 수 있는 세 가지 범주의 행위 또는 부작위에 대해 설명하고 있다. 그러나 위반이 반드시 「국방물자생산법」 제721조에 따른 처벌이나 기타 구제책으로 이어지지는 않는다. CFIUS는 적용 가능한 악화 및 완화 요인을 고려하는 것을 포함하여 처벌의 적절한 시기를 결정하는 데 있어 재량을 행사할 수 있다. 위법행위의 유형은 다음과 같다.

① 미신고 등: 해당 시 필수 신고서 또는 통지를 적시에 제출하지 않음

② CFIUS 완화 규정을 준수하지 않음: CFIUS 완화 협정, 조건 또는 명령에 따라 금지되거나 이를 준수하지 않는 행위

③ 중대한 허위표시, 누락 또는 허위 인증: 비공개 협의 또는 정보 요청에

대한 응답으로 제공된 정보를 포함하여 CFIUS에 제출된 정보에 중대한 허위 또는 누락, 평가, 검토, 조사 또는 CFIUS 완화 조치와 관련하여 제출된 허위 자료 또는 불완전한 인증

본 지침 공표 이전에 실제로 CFIUS에 의해 벌칙이 부과된 사례로서는 ② 유형 위반으로 인정된 사례가 2건이 있다. 사례는 필요한 보안 정책을 확립하지 않은 점 및 CFIUS에 적절한 보고를 하지 않은 것을 포함하여, CFIUS와 합의한 영향완화 조치를 위반하여 100만 달러의 벌금이 부과된 2018년 사례이다.[219] 다른 사례는 CFIUS의 잠정명령이 정하는 보호된 데이터에 대한 접근 제한 및 적절한 모니터링을 게을리한 것을 포함하여 해당 잠정명령을 위반하여 75만 달러의 벌금이 부과된 2019년 사례이다.[220]

3) CFIUS가 의존하는 정보 소스

CFIUS는 위반 발생 여부를 판단할 때 미국 정부 전반의 정보, 공개적으로 이용 가능한 정보, 제3자 서비스 제공자(예: 감사 및 모니터), 팁, 거래 당사자 및 제출 당사자를 포함한 다양한 출처의 정보를 고려해야 한다.

① 정보 요청

CFIUS는 위반이 발생했는지와 시행 조치가 있을 경우 취해야 할 조치를 조사할 뿐만 아니라 CFIUS 완화 준수 모니터링을 지원하기 위한 정보를 요청하고 있다. CFIUS가 위반이 발생했다고 판단할 경우, CFIUS는 어떤 조치를 취할 것인지 결정할 때 정보 요청에 대한 대상자의 협력을 고려해야 한다. 요청된 정보를 제공하는 것 외에도, 당사자들에게 무죄의 증거뿐만 아니라, 방어, 정당성, 완화 요인 또는 쟁점 행위에 대한 설명도 제공해야 한다.

---

219 https://home.treasury.gov/system/files/206/Penalties-Imposed-and-Unilateral-Reviews-Initiated-2018.pdf

220 https://home.treasury.gov/system/files/206/Actions-Taken-by-the-Committee-to-Impose-Penalties-and-Unilateral-Reviews-Initiated-2019.pdf

② 자체 공개

CFIUS는 다른 법률 또는 규정에 따라 명시적으로 요구되지 않더라도 위반이 될 수 있는 행위에 종사하는 모든 사람이 적시에 스스로 공개할 것을 강력히 권장하고 있다. 공개는 위반되는 모든 행위와 관련된 모든 사람을 설명하는 형식으로 서면 통보의 방식을 취해야 한다. CFIUS는 위반에 대한 대응을 결정할 때 공개의 적시성을 고려해야 한다. 적시성을 평가할 때 CFIUS는 문제가 된 위반행위의 발견이 자체 공개 이전에 이미 발생했거나 임박했는지를 고려해야 한다. CFIUS는 보고 당사자 또는 당사자가 위반행위 공개를 요구하는 CFIUS 규정을 준수했는지 여부를 고려해야 한다.

③ 지침의 원칙

본 지침은 CFIUS 또는 기타 법률 등에 따라 제공된 보고 또는 통보 요건을 대체하거나 수정할 수 없다. 심사 대상자가 위반행위에 해당할 수 있는 행위로 추가 조사가 필요한 경우에는 자료를 우선 제출하고, 상세한 자료를 추가로 제출할 수 있다.

④ 정보 수집 등

의무 신고나 통지를 제출하지 않는 등의 위반을 보고하기 위해서는 CFIUS 관련 부서에 연락해야 한다. 정보 수집에 필요하고 적절한 경우 CFIUS는 개정된 「국방생산물자법」에 규정된 소환권을 행사할 수 있다.[221] 특정 상황에서 CFIUS는 공식 패널티 절차를 시작하기 전에 대상자와 연락할 수 있다. 이러한 초기 연락은 순전히 정보 제공 목적으로 이루어진다. CFIUS는 위반행위가 발생했을 가능성을 제3자가 인식한 경우 CFIUS 웹사이트를 통해 적극적인 정보 제공을 당부하고 있다.[222]

---

[221] 50 U. S. C. § 4555(a) 참조

[222] https://home.treasury.gov/policy-issues/international/the-committee-on-foreign-investment-in-the-united-states-cfius/cfius-monitoring-and-enforcement

4) 패널티 프로세스

패널티 프로세스의 주요 단계는 다음과 같다.[223]

① CFIUS는 대상자에게 불이익을 받을 행위에 대한 서면 설명과 부과될 벌금 액수를 포함한 패널티 통지를 발송

② 통지서에는 해당 행위가 위반에 해당한다고 결론짓는 법적 근거가 명시되며, 위원회가 고려한 악화 및 완화 요소를 명시할 수 있음

③ 대상자는 위반통지서를 받은 날로부터 15영업일 이내에 변론, 정당성, 경감요인 또는 설명을 포함한 재심의 신청서를 CFIUS 위원장에게 제출할 수 있음. 정당한 사유가 있는 경우, 이 기간은 위원장과 대상자 간의 서면 합의에 따라 연장될 수 있음

④ 재심의 청원이 적시에 접수되면 CFIUS는 청원 접수 후 15영업일 이내에 최종 위반결정서 발행함. 그러나 이는 위원장과 대상자 간의 서면 합의에 의해 연장될 수 있음. 재심의 청원이 적시에 접수되지 않을 경우 CFIUS는 일반적으로 대상자에게 통지 형식으로 최종 패널티 결정을 실시

5) 벌칙 판단과 고려요소

본 지침은 CFIUS가 적절한 벌칙을 판단함에 있어 이하의 요소를 감안하도록 하고 있다. 열거하는 요소는 어디까지나 예시이며, 각 요소의 중요성도 문제가 되는 안건의 사실관계마다 다르다고 되어 있는 점에 유의할 필요가 있다.

① 설명 책임과 미래 법령 준수: 국가안전보장의 보호, 당사자의 설명 책임 확보 및 당사자의 미래 법령 준수 인센티브 확보에 집행조치가 미치는 영향 정도

② 손해의 정도: 문제가 된 행위가 미국의 국가안보를 어느 정도 해쳤거

---

[223] 벌칙을 고려하고 부과하는 과정은 31 CFR § 800. 901 및 802. 901에 설명되어 있음

나 해칠 우려가 있는가

③ 당사자 인식: 해당 행위가 단순한 과실 또는 중대한 과실에 의한 것인지, 의도적인 행위 또는 고의에 의한 것인지, CFIUS에 대하여 관련 정보를 은폐하거나 공유를 지연시켰는지, 조직 내에서 얼마나 상위의 사람이 해당 행위를 인지하고 있었는지

④ 빈도 및 타이밍: 당사자가 문제가 되는 행위를 인식한 후 또는 인식할 수 있는 상태가 된 후, CFIUS가 해당 행위 또는 그 시정조치를 인식할 때까지의 경과시간 및 해당 행위의 빈도 등

⑤ 대응 및 시정조치: 대상 당사자가 자주 공개를 했는지, 조사에 대한 협력 정도, 완전하고 적절한 시정조치를 신속히 강구했는지, 재발 방지를 위해 위반행위의 근본 원인, 정도 및 결과의 내부 분석을 실시했는지

⑥ 법령 준수 체제: 대상 당사자인 CFIUS와의 지금까지의 관계(history) · CFIUS에 관한 이해도(familiarity), 적용되는 법령상 의무를 준수하기 위한 사내외 자원(법무 카운셀러, 컨설턴트 등)의 유무, 법령 준수에 관한 사내 컴플라이언스 체제, 기업으로서의 컴플라이언스 문화 등

04

CFIUS와 연차 보고서

I | 2021 연차보고서

1) 개요

　　CFIUS는 매년 전년의 심사상황 등에 관한 정보를 연차보고서(annual report)로서 의회 등에 제출하는 것이 법령상 의무화되어 있으며,[224] 웹사이트상에서 해당 보고서를 공표하고 있다. 이것에 의해, 해당 기간에 있어서의 신고 건수나 신고를 실시한 외국인의 국적 내역, 신고된 거래의 산업 분야별 분포, 심사의 결과의 내역등의 정보를 확인할 수 있다. 이하에서는 연차 보고서(Annual Report to Congress for CY 2021)[225]에 기재되어 있는 정보의 일부를 소개한다.

---

[224] 50 U. S. C. §4565(m)

[225] https://home.treasury.gov/system/files/206/CFIUS-Public-AnnualReporttoCongress-CY2021.pdf

○ 신고현황: 2021년 심사대상 신고는 신고가 164건, 통보가 272건으로 CFIUS가 심사한 거래 건수로는 역대 최다였다. 또 해당 신고 중 47건이 신고의무 대상이었다.

2021년에 심사 대상이 된 신고를 한 기업의 국적(신고 또는 통지 건수가 10건 이상인 나라)을 보면, 신고에 관해서는 캐나다가 22건으로 가장 많았다. 이어 독일, 일본, 싱가포르, 한국이 모두 11건, 영국이 10건이었다. 통지에 대해서는 중국이 44건, 캐나다가 28건, 일본이 26건, 케이맨 제도가 18건, 프랑스 싱가포르 한국 영국이 모두 13건, 이스라엘이 12건, 독일이 10건이었다.

○ 신고에 관한 심사 상황: CFIUS는 제출된 164건의 신고 중 30건에 대해 통지 제출을 요구하고, 12건에 대해 신고에 따라 조치를 완료할 수 없다는 취지를 당사자에게 회신했다. 그리고 120건에 대해서는 거래를 승인했다(나머지 2건은 각하되었다).

② 통지에 관한 심사 상황

접수된 272건의 통지 중 130건에 관해 2차 심사까지 진행되었으며, 그중 3건이 15일간 연장 대상이 되었다. 통지된 거래 중 26건에 관해 리스크 경감 조치를 부과한 후 승인했다. 한편 74건이 철회되었으며, 그중 9건에 대해서는 CFIUS가 당사자에게 '그 거래와 관련된 국가안전보장상의 우려를 해소하는 리스크 경감 조치가 인정되지 않는다'고 전한 후에 또는 당사자에 의해 CFIUS가 제안한 리스크 경감 조치가 받아들여지지 않는다며 철회 또는 거래 단념이 이루어졌으며, 또 2건의 거래에 대해서는 상업적인 이유로 거래가 단념되었다. 철회된 통지 중 나머지 63건은 다시 통지가 제출되어 있다. 또한 리스크 경감 조치에 대해서는 상기 승인된 거래 및 철회된 통지와 관련된 거래 등을 포함하여 31건의 조치가 강구되었다. 또한 2021년에 대통령에 의해 저지된 안건은 없었다. 지금까지 대통령이 저지한 안건은 6건이다.

① 중국 우주항공기술수출입공사(China National Aero Technology Import and Export Corporation)에 의한 MAMCO Manufacturing 인수에 대한 해소 명령(부시 대통령, 1990년)

② Ralls Corporation에 의한 오리건주 풍력발전사업 인수에 대한 해소 명령(오바마 대통령, 2012년)

③ Grand Chip Investment GmbH의 Aixtron 인수 금지 명령(오바마 대통령, 2016년)

④ 차이나 벤처 캐피탈 펀드의 Lattice Semiconductor Corporation 인수 금지 명령(트럼프 대통령, 2017년)

⑤ 브로드컴의 퀄컴 인수 금지 명령(트럼프 대통령, 2018년)

⑥ Beijing Shiji Information Technology의 스테이앤터치 인수에 대한 해소 명령(트럼프 대통령, 2020년)

○ 신고되지 않은 거래에 관한 상황: CFIUS는 부처 간 조회, 일반 정보, 미디어 보도, 상업 데이터베이스 등을 활용하여 통지 또는 신고되지 않은 거래를 특정하고 있다. 2021년에 특정된 거래에서 CFIUS에 검토를 위해 제출된 것은 135건이며 CFIUS는 그중 8건의 거래에 대해 신고하도록 요구하고 있다. CFIUS는 미통지 혹은 미신고 프로세스 관련 직원 채용을 늘리는 등 이들 거래에 대해 심사를 강화하고 있다.

개요

◐ CFIUS로의 최근 4년간 신고 건수 등

연도	신고 건수	신고 철회
2019	94	1
2020	126	1
2021	164	0
2022	154	0

출처: Table I-1. Covered Transaction Declarations and Withdrawals[226]

2020년 제출된 신고에 대하여 제출일로부터 CFIUS가 신고를 접수한 날까지 경과 일수는 평균 5.48일 소요되었다. 신고 후 CFIUS의 조치가 이루어지까지는 평균 29.9일 소요되었다. CFIUS는 심사대상 거래에 대한 통지(notice) 접수 내역과 이에 대한 추후 조사, 철회, 대통령 결정 사항을 제시한다.

◐ CFIUS의 최근 통지 건수 및 조치

연도	건수	검토중 통지철회	조사건수	조사중 통지철회	대통령결정
2019	231	0	113	30	1
2020	187	1	88	28	1
2021	272	2	130	72	0
2022	286	1	162	87	0

출처: Table I-5. Covered Transactions, Withdrawals, and Presidential Decisions, 2013-2022 [227]

---

[226] https://home.treasury.gov/system/files/206/CFIUS%20-%20Annual%20Report%20to%20Congress%20CY%202022_0.pdf

[227] https://home.treasury.gov/system/files/206/CFIUS%20-%20Annual%20Report%20to%20Congress%20CY%202022_0.pdf

2020년 제출된 통지에 대하여 제출일로부터 CFIUS가 신고를 접수한 날까지 경과 일수는 평균 6.0일 소요되었다. 통지 후 CFIUS 검토 및 조사 완료 기간은 각각 평균 46일, 65일 소요되었다(법적 기한은 45일, 90일 이내).

② 신고 신청 수는 증가 추세

CFIUS는 개별 안건에 대해서는 대통령이 저지한 것 외에는 공개하지 않지만 전체적인 심사 개요는 매년 연차보고서에서 밝히고 있다. 2023년 7월에 공표된 2022년판 보고서에서 특기해야 할 점으로는 전년에 이어 심사 건수가 역대 최다를 경신한 것을 들 수 있다. 신청 방법은 간이 신고(declaration)와 상세한 심사가 수반되는 통지(notice) 두 가지다. 2022년에는 신고가 154건(전년 164건), 통지가 286건(전년 272건) 등 총 440건으로 전년보다 4건 늘었다.

CFIUS가 집행·벌칙 방침을 명확히 하고, CFIUS가 사후적인 수사를 강화하고 있어 어느 정도 리스크가 있으면 정공법으로 미리 심사를 받아두겠다는 분위기를 반영하고 있다. 심사 결과로는 전체의 58%를 신고 30일 또는 신고 1단계 45일 중 승인했으며 대통령이 저지한 안건은 없었다. 보고서를 보면, 신고에 대해서는 전체 154건 중, 50건은 정식적인 통지를 하도록 요청, 14건은 심사 미필, 90건을 승인, 각하는 0건이다. 통지에 대해서는 전체 286건 중 최종적으로 40건이 취하되었고, 1건을 각하했다. 따라서 보고서는 승인 건수를 명시적으로 기재하지 않았지만 245건에 대해서는 최종 승인한 것으로 보인다. 이들을 종합하면 CFIUS는 신청받은 전체 440건 중 335건(전체의 76.1%)에 대해서는 어떤 식으로든 승인한 셈이다.

● 신청 건수 상위 국가(2022년)

순위	투자기업 국적	신고(declaration)	통지(notice)	합계
1	싱가포르	9	37	46
2	중국	5	36	41
3	캐나다	22	17	39
4	일본	18	15	33
5	영국	8	18	26
6	한국	11	14	25
7	프랑스	9	14	23
7	독일	13	10	23

출처: 2022년 미국 재무부 CFIUS Annual Report

투자기업 국적별로 본 2022년 신청 건수(간이 신고와 통지의 합계 건수)에서는 싱가포르로부터의 신고 건수가 전년 대비 약 3배인 37건(전년 13건)으로 크게 늘어난 것 외에는 예년과 비교해 뚜렷한 변화가 없었다. 2022년 신고와 통지를 합한 국적별 상위는 위의 표와 같다. 이 가운데 싱가포르와 중국은 건수에 비해 간이 신고가 적다. 아마도 신고에서 정해진 30일 이내에 심사가 끝나지 않을 것을 예상하고 처음부터 통지를 한 것으로 보인다. 한국은 신고 11건, 통지 14건 등 25건으로 전체 국가 중 6위이다.

● 산업 분야별 신청 건수(2022년)

업종	신고	통지	합계
과학적 연구개발서비스	15	26	41
발전·송배전	15	24	39
소프트웨어	8	20	28
반도체 기타일렉트로닉스 제조	6	14	20
컴퓨터 시스템설계 기타 관련 서비스	3	15	18
항행, 측정, 전기의료, 제어기기 제조	4	12	16

항공 우주 제품 및 부품 제조	6	10	16
건축, 엔지니어링 및 관련 서비스	6	8	14
위성통신	4	9	13
유선·무선통신커리어	2	10	12
데이터 처리, 호스팅 및 관련 서비스	6	6	12
부동산임대업	5	6	11
매니지먼트, 과학적,기술적 컨설팅 서비스	0	10	10

주: 업종 분류는 북미산업분류시스템(NAICS) 4자리 분류에 따름.
출처: 2022년 미국 재무부 CFIUS Annual Report

산업 분야별로 본 2022년 신청 건수 상위는 위의 표와 같다. FIRRMA에 근거해 비지배적 투자에서도 CFIUS의 심사 대상이 된다고 한 TID(중요 기술, 주요 인프라, 민감한 개인정보를 취급하는) 미국 사업이나 2022년 9월의 대통령의 행정명령에서 통제를 요구한 마이크로 일렉트로닉스나 인공지능(AI), 양자 컴퓨팅 등과 관련된 업종이 많은 것이 인상적이다. 앞으로도 비슷한 경향이 계속될 것으로 예상된다.

 CFIUS는 신고되지 않은 거래 수사에 역점

2022년판 보고서에서 드러난 또 다른 경향이 CFIUS 미신고 거래의 사후 수사 강화다. FIRRMA에 의해 해당 수사를 담당하는 재무부 투자안전보장국(OIS)의 예산·인원이 확충된 것이 요인이라고 생각된다. 실제로 2021년께부터 미국 로펌들은 CFIUS가 사후적으로 수사를 진행하는 안건이 늘고 있는 점을 지적했었다. 재무부는 미신고 거래를 '임의 신청이 이루어지지 않았거나 CFIUS의 심사를 받았지만 세이프 하버가 부여되지 않은 거래'로 정의하고 있다. 또한 그것은 사전신고가 의무가 아닌 것(non-notified transactions)과 의무인 것(non-declared transactions)으로 나뉜다. 신고가 의무인 경우는 당연히 법령 의무 위반에 해당하며, 벌칙의 대상이 될 수 있다.

1단계로서 CFIUS는 모든 정보원으로부터 우려되는 거래를 좁혀 나간다. 정보원에는 기업의 보도자료나 미디어 보도, 증권거래위원회 제출서류 등 공개정보뿐만 아니라 일반으로부터의 정보제공 등 비공개인 것도 포함된다. 즉, 경쟁 상대나 내부 관계자 등 거래에 불만을 가지는 관계자로부터도 통보받을 수 있다. 정보 수집과 분석 결과 해당 거래에 대해 안보에 위협이 될 수 있는 거래라고 판단할 경우 다음 단계로 진행된다.

2단계에서는 CFIUS가 거래 대상이 된 미국 기업에 직접 연락을 취하게 된다. 주로 메일의 형태를 취하는 경우가 많다. CFIUS는 거래가 CFIUS 관할에 속하는 심사 대상 거래에 해당해 미국에 위협을 주는 것인지 판단하기 위해 다수의 질문을 던진다. 질문 내용에는 거래에 관여한 외국인 투자자와 최종 소유자, 투자 안건 포트폴리오 등이 포함된다.

최종 단계로서 심사 대상 거래에 해당한다고 판단한 경우, CFIUS는 정식 신고를 하도록 요청한다. 이후의 흐름은 통상의 심사와 같으나 완료까지 CFIUS가 잠정적으로 사업의 통합을 금지하는 등의 조치를 할 수 있다. 또 최종적으로는 어떠한 리스크 경감 조치가 제시되는 경우가 많다. CFIUS가 사후 수사에 나선 거래는 애초 위협 가능성이 있기 때문이다.

④ CFIUS와 투자기업이 합의한 리스크 경감책의 예

CFIUS가 제시하는 경감조치는 다양하지만 2022년 판 보고서에서는 총 52건에서 다음에 예시된 바와 같은 경감조치가 합의되었다고 밝히고 있다. 경감조치의 예에는 미국 정부와의 직간접적인 거래에 관여하는 경우의 제약이 적지 않게 포함되어 있어 투자처인 미국 기업이 미국 정부와 어떤 거래를 하고 있는 경우 CFIUS는 경계감을 높일 것으로 생각된다. 또 당초 미국의 안전보장에 위협을 주지 않는다는 가정하에 완료된 거래라도 CFIUS가 갖고 있는 정보망을 통해 위협 가능성을 탐지했을 경우 거래를 단념할 수밖에 없는 사태로 발전할 가능성이 있다는 점에 유의해야 한다. CFIUS와 투자기업이 합의한 리스크 경감책의 예는 다음과 같다.[228]

① 특정 지식 재산권, 기업 비밀, 기술 정보의 이송·공유 금지 또는 제한

② 미국 정부 또는 그 계약업자와의 기존 또는 미래 계약이나 미국 정부의 고객 정보, 기타 민감한 정보 취급에 관한 가이드라인과 규칙 제정

③ 특정 기술, 시스템, 시설 또는 민감한 정보에 대한 접근 허가를 받은 사람에 대한 제한

④ 특정 시설, 설비, 사업 거점을 미국 내에서만 한정

⑤ 데이터 스토리지 이전에 대해 사전에 미국 정부에 통지함과 동시에 미국 정부로부터 이의 없음이라는 양해를 취득

⑥ 특정 인원의 채용 제한

⑦ 외국으로부터의 영향을 제한하고 컴플라이언스를 확보하기 위한 기업 내 안전보장위원회나 의결권 신탁 및 기타 프레임 워크의 설립(미국 정부가 승인하는 안전보장담당관 또는 이사의 선임, 안전보장 대책 방침이나 연차보고서, 독립 감사 요청 등도 포함)

⑧ 외국 국적 보유자가 (투자처인) 미국 기업을 방문하는 경우의 안전보장담당관, 제3자 감사역 또는 적절한 미국 정부 관계자에게 사전 통지와 승인 취득

⑨ 미국 정부에 판매하는 제품·소프트웨어의 통합성을 확보하기 위한 안전 대책

⑩ (투자처의) 미국 기업의 소유권에 변경이 생겼을 때의 고객 또는 적절한 미국 정부 관계자에게 통지

⑪ 미국 정부에 대해 정해진 기간에 공급을 계속할 것을 보증, 일정한 비즈니스상의 결정을 할 경우 사전 통지·상담, 해당 기업이 비즈니스에서 철수할 경우 미국 정부에 일정한 권리를 담보

---

[228] 2022년 미국 재무부 CFIUS 보고서

⑫ 미국 정부에 대한 공급에 영향을 미칠 수 있거나 국가안보상의 우려를 발생시킬 수 있는 계획에 대한 회의 개최

⑬ 거래 내용에서 특정 민감한 미국 내 자산 제외

⑭ 특정 제품·서비스를 인허가를 받은 업체만 공급하도록 제한

⑮ 외국 투자가에 의한 (투자처의) 미국 기업의 지분율 상승 등에 있어서, 사전에 적절한 미국 정부 관계자에게 통지해 승인을 취득

⑯ 외국 투자가에 의한 (투자처의) 미국 기업의 전부 또는 일부의 매각

PART 04
영국 투자규제 제도와 국가안보투자법

PART

04

영국 투자규제 제도와
국가안보투자법

서론

I | 개요

① 서론

영국에서는 「2002년 기업법(Enterprise Act 2002)」으로 일정한 대내 직접 투자 규제가 이루어지고 있었다.[229] 하지만, 국제정세의 변동이나 팬데믹 등을 배경으로 국가안전보장상의 위협에 대처하는 새로운 틀로서 2022년 1월 4일 「국가안전보장·투자법(National Security and Investment Act 2021, 이하 NSI법)」이 시행되었다.[230]

NSI법에서는 국무부 장관(Secretary of State in the Cabinet Office)[231]이 일

---

[229] https://www.legislation.gov.uk/ukpga/2002/40/contents

[230] 금융 시스템의 안정성, 공중 보건상의 긴급 사태 대응 능력 및 미디어의 다양성에 영향을 미치는 거래에 대해서는, 기존의 2002년 기업법으로 규제가 행해진다. https://www.legislation.gov.uk/ukpga/2021/25/contents/enacted

[231] 최초에는 비즈니스·에너지·산업전략부(Department for Business, Energy & Industrial Strategy)의 담당 장관이 NSI법을 소관하고 있었다. 하지만 2023년 2월 7일자로 NSI법의 소관이 국무부 장관으로 이관되고, BEIS가 4개의 부로 분할되었다. 또, 실무적인 작업을 담당하는 부서로서 BEIS 내

정 요건을 충족하는 기업이나 자산의 지배 취득에 대해 국가안전보장에 대한 위협이 합리적으로 의심되는 경우에는 심사를 개시할 수 있도록 하고 있다. 심사 결과 실제로 국가안전보장에 대한 위협이 발생할 수 있다고 인정된 경우에는 해당 거래의 금지 등을 명할 수 있다.

그러나 정부가 모든 M&A 거래를 감시하고 그 안에서 심사해야 할 거래를 찾아내는 것은 불가능하다. 따라서 심사해야 할 거래를 놓치는 것을 방지하기 위해 심사대상 거래 중 특히 국가안전보장상의 우려가 생기기 쉬운 사업분야와 관련된 거래에 대해 거래당사자는 정부에 신고를 한 후 클리어런스를 취득하도록 하고 있다. 만약 신고를 게을리한 경우에는 다양한 제재를 부과받을 가능성이 있다. 또한 신고요건을 충족하지 않는 심사대상 거래라도 거래실행 후 공표정보나 제3자로부터의 신고 등에 의해 해당 거래를 인지한 정부가 심사를 개시하고 사후적으로 거래의 중지 등을 요구할 가능성이 있다. 그러므로 NSI법상의 심사·신고 대상이 될 수 있는 투자와 거래를 하는 경우 심사 절차 등을 이해한 후 신중하게 대응하는 것이 필요하다.

 NSI 제정 배경 등

1) 제정 배경

2021년 1월, 영국의 씽크탱크 CIVITAS[232]는 2000년 이후 약 20년간에 걸친, 영국 경제의 중국 투자의 규모와 그 영향을 조사한 보고서(이하 보고서)[233]를 발표하였다. 보고서는 영국이 중국으로부터의 투자에 과도하게 의존한 결과, 자국의 경제가 안전보장의 관점에서 심각한 리스크에 노출되어 있

부에 설치되어 있던 투자 시큐리티 부문(Investment Security Unit)(ISU)도 국무부로 이전했다.

[232] https://civitas.org.uk/

[233] "Understanding UK Strategic Dependence on Chinese Investment: The Case for Partial Decoupling", Jack Harris , Rachel Neal and Jim McConalogue, January 2021; https://civitas.org.uk/content/files/China-Independence-1.pdf

다고 지적하고 있다. 보고서에 따르면 영국은 2019년 건수 기준으로 유럽 내 중국의 대내 직접 투자국가로서 2위이다. 2000년 이후의 누적 금액은 500억 유로 이상으로, 2위인 독일의 220.7억 유로와 비교하면 투자 금액이 크다. CIVITAS의 조사에 의하면, 2009년~2019년에 영국에서 행해진 중국에 의한 투자의 80%는 국유기업 또는 중국 공산당에 연결된 기업으로부터의 투자였던 것으로 보고되고 있다.[234]

영국에 대한 투자의 규모에도 불구하고, 투자의 구체적인 특성이나 내용에 대해서는 영국의 정부에 의해 충분한 조사가 실시되지 아니하였다. 예를 들면 국가 자본, 또는 중국 공산당이 연결된 자들이 소유하는 기업으로부터의 투자가 경쟁 측면에서 타당한지, 영국 경제에 있어서 생산적인지에 대해 문제의식을 기본으로 정리하지 않았다. 보고서는 영국 경제가 중국과 같은 예측 불가능하고 권위주의적인 국가에 대한 의존을 줄이는 형태로 재구축되어야 한다고 주장하고 있다. 동시에 경제의 자립성을 높이기 위해서 중국과의 부분적 디커플링이 필요하며, 영국에서 지금까지 불충분했던 대내 직접투자 규제 법안의 제정을 주장하였다.

그렇다면 중국경제의 무엇이 문제인가. 1978년에 국제 무역의 1% 이하였던 중국경제는 눈부시게 성장하여, 세계 제2의 경제 대국으로 성장하였다. CIVITAS는 중국이 경제 성장을 이룬 배경에는 국유기업과 정부로부터의 보조금의 존재를 들고 있다. 중국에는 15만 개 이상의 국유기업(SOEs)이 있고, 그 가운데 91사는 포천의 글로벌 기업 500사에 포함되어 있다. 보고서에 의하면, 중국공산당은 이들 국유기업의 경영에 적극적인 역할을 하고 있으며, 국유자산 감독 관리위원회(SASAC)라고 하는 단일한 기관에 의해서 국유기업의 의사결정은 통제되고 있다. 즉 포천의 글로벌 기업으로 선정될 만큼 세계 최대 규모의 기업 경영에서도 중국공산당이 여전히 중요한 결정에 관여하고 있다는 것이다. 국유기업은 그것이 국가의 목적에 부합할 때 국유은행(SOBs)의 대출을 받을 수 있으며 자유시장과 공정한 경쟁 원칙은 중국에 지켜지지

---

234 https://civitas.org.uk/

않고 있다. 이것이 영국의 경제적 이익에 있어서 심각하고 장기에 걸친 리스크를 가져오고 있다고 지적하고 있다.

중국의 연례 통계에 의하면 중국공산당은 2005년~2015년 사이에 GDP의 거의 1%를 연구개발 보조금으로 지출하였다. 이러한 보조금의 결과 중국은 세계 경제에 있어서 여러 분야의 제조업을 독차지하고 있다고 지적하면서 다음과 같은 사례를 소개하였다. Haley and Haley[235]는 하버드 비즈니스 리뷰에서, 중국이 제조한 제품은 미국이나 EU에서 제조한 것보다 25~30% 싸게 팔리고 있다. 2000년에 중국은 철강 수입자였지만 철강 생산 세계 최대의 소비국이자 수출국이 되었다. 그동안 중국의 철강 생산을 위한 에너지 관련 보조금은 총 270억 달러에 달한다. 2000년에 중국은 태양 전지 패널 시장에서 5%의 점유율을 차지하였다. 중국 공산당은 그 생산을 위해 100억 달러의 보조금을 투입했고, 그 결과 지금은 시장의 60%를 지배하게 되어 국제적인 경쟁상대를 시장에서 사실상 퇴출 시켰다.

2) 중국의 대외투자와 국유기업 보조금

CIVITAS의 조사와 제언에 큰 시사를 준 것은 아메리칸·엔터프라이즈 공공 정책 연구소(AEI)의 China Global Investment Tracker(이하 CGIT)[236]와 중국과의 부분적 디커플링을 제창하는 Derek Scissors[237]의 리포트가 큰 영향을 끼쳤다고 한다. CGIT는 아메리칸·엔터프라이즈 공공 정책 연구소와 헤리티지 재단이 운영하는 중국 투자에 관한 데이터 베이스이다. Derek Scissors는 「미중 경제·안전보장조사위원회 2020년판 연차보고서」에서 '중국의 금융시스템 취약성과 미국의 리스크' 섹션에서 중국의 취약한 금융시스

---

235 Usha C. V. Haley와 George T. Haley는 중국의 보조금에 대해 연구하고 있다. 인용된 기사는 2013년에 작성된 것으로 중국정부의 보조금에 의해 솔라패널, 제지업, 철도 등의 분야에서 유럽 각국은 가격경쟁에서 패배하고 있다는 사실을 밝혔다. 이 상황을 방치하면 결국 중국 제품의 가격 인상이 일어나 사태가 더욱 악화될 것으로 보고 있다. 그 때문에 유럽기업은 자국의 정부에 대해 중국 정부 및 기업에 대한 압력을 높일 것을 요구하고 있다고 지적하고 있다.

236 https://www. aei. org/china-global-investment-tracker/ .

237 https://www.aei.org/profile/derek-m-scissors/

템은 해외로부터의 자본을 더 갈망하게 되고 중국 정부는 미국 자본을 유치하고, 편입하려고 할 것이라고 주장하였다.[238]

CIVITAS가 인용한 그 리포트[239]는 미국이 어떻게 중국으로부터 디커플링 할 수 있는지, 그리고 그 이유뿐만이 아니라 디커플링 했을 경우의 코스트와 베네핏에 대해 조사한 것이다. Derek Scissors는 부분적인 디커플링으로 인해 중국의 세계 경제에 대한 왜곡을 감소시킬 수 있다고 지적하고 있다. 그는 디커플링 하는 이유로서 '북경에 의한 국유기업에의 관여'가 있는 것을 들고 있다. 그의 관심 사항은 중국의 국유기업과 그것을 지원하는 보조금의 문제에 있다. 국유기업을 지원한다는 것은 경쟁을 제한하고 국유기업이 결과를 내지 않고, 고액의 부채를 안는 것을 가능하게 한다. 그 결과 중국과의 경제 관계를 불균형하게 만들어 미국에 불이익을 초래할 것이라고 지적하면서, 디커플링 대상이 되는 5가지 분야를 열거하고 있다. 즉, 수입, 수출, 대내투자, 대외투자, 서플라이체인의 전환 등이다. 그는 미국이 보조금 전쟁을 해도 승산이 없다고 주장한다. 중국의 보조금에 대항하기 위해서는 일시적인 통증을 수반해도 어떠한 법적 의무를 부과할 것을 주장하였다. 중국에서 생산된 부품을 사용하는 것을 불법으로 하고, 모든 법률을 구사해 그것들을 미국 내에서 판매하는 것을 법적으로 제한하는 것을 요구하였다. Derek Scissors는 첫 단계로 중국에 수많은 보조금의 명확화를 하도록 요구하면서, 미국의 정책 담당자에게 가장 먼저 보조금의 문서화에 착수하도록 요청하고 있다.

3) 중국의 대영국 투자 규모

CIVITAS의 조사에 의하면, 영국에서 행해진 중국에 의한 투자의 80%는 국유기업 또는 중국공산당에 연결된 기업으로부터의 투자였다. 영국에 대한

---

238 CISTEC ジャーナル 2021 年 1 月号所収,https://www.cistec.or.jp/journal/data/2101/05_tokusyuu02.pdf.

239 "Partial decoupling from China: A brief guide", American Enterprise Institute , July 7, 2020; https://www.aei.org/wp-content/uploads/2020/07/Partial-decoupling-from-China.pdf?x91208

중국으로부터의 112건의 투자(건설 계약을 포함)를 조사한 결과, 중국의 국유기업이나 중국 공산당과 관계가 있는 기업으로부터의 투자라는 것이 밝혀졌다. 80%(112건 중 90건)가 모두 중국의 국유기업 또는 중국 공산당에 연결된 기업이었다. 지난 10년간 중국과의 거래로 610.7억 파운드(800억 달러)의 투자가 행해졌다. 부동산 투자는 40건으로 116억 파운드(152억 달러), 은행이나 금융기관에의 투자는 8건으로 119억 파운드(156억 달러), 에너지 부문에의 투자는 12건으로 52억 파운드(69억 달러), 기술 부문에 대한 투자는 5건으로 49.6억 파운드(64.8억 달러), 엔터테인먼트 부문에 대한 투자는 10건으로 27억 파운드(36억 달러)였다.

영국의 비즈니스에서 100% 소유권을 획득한 중국기업 30개 중 36%에 해당하는 11개사는 국유 또는 일부 국유이며, 60%에 해당하는 18개사는 중국 공산당에 연결되어 있는 기업을 통한 매수였다. 비즈니스에서 49% 이상의 주식을 취득한 중국기업 49사 중 26사가 국유 또는 일부 국유기업이며, 29사는 중국 공산당에 연결되어 있는 기업을 통한 출자였다.

4) 영국의 외국 투자시스템 강화

중국으로부터의 고액의 투자에 의존해 온 영국이 디커플링을 도모하는데 있어서, 중요한 정책이 투자 규제의 강화다. 다른 국가도 해외투자에 대한 조사와 심사에서 중요한 정책 전환을 시작하고 있다. 이들 국가는 해외투자를 제한하는 신법을 도입하거나 기존 법 제도를 개정하는 등의 정책을 통해 정부의 역할을 확대하고 실제로 효과를 거두고 있다고 지적하고 있다. 그러나 영국에는 지금까지 외국인 투자가 및 또는 국유기업에 의한 매수를 규제하는 법령도 없고, CFIUS와 같은 독립된 대내 직접투자를 심사하는 전문기관이나 스크리닝의 체제가 없다고 보고서는 지적하고 있다.

2020년 11월 영국은 새로운 「국가안전보장투자법안(National Security and Investment Bill: NSIB)」을 공표하였다.[240] 「국가안전보장투자법안(NSIB)」

---

[240] National Security and Investment Bill, https://www.gov.uk/government/collections/national-security-and-investment-bill.

에서는 민감한 산업 섹터에서 특정 기업을 대상으로 한 '신고 의무가 있는 매수'는 사전에 장관에게 신고하도록 의무화하고 있다.[241] 국가 안전 보장과 관련하여 신고해야 하는 산업 섹터로서 17개 분야를 지정하였다.[242]

영국 의회는 헨리 잭슨 협회의 조사 결과를 토대로 지난 10년간 발생한 117건의 인수 안건에 대해 「국가안보투자법안(NSIB)」을 적용했을 경우, 실제로 포착할 수 있었던 것은 23건이었다고 보고되었다. 법의 특징은 당사자가 장관에게 신고한 시점을 일컫는 '트리거 이벤트(trigger event)'이다. 트리거 이벤트를 계기로 국무부 장관은 국유기업 등을 통한 매수 또는 주식의 명의 변경에 따라 국가안전보장상의 리스크가 생긴다고 하는 합리적인 판단이 있으면 콜인 행사가 가능하게 되었다.

Ⅱ 관계 법령 및 집행기관

 관계 법령

○ 2002년 기업법(The Enterprise Act 2002)

○ 2021년 국가안전보장·투자법(National Security and Investment Act 2021, NSI법)

○ 2021년 국가안전보장·투자법 규칙(통지 대상거래) (대상사업체 지정) (The National Security and Investment Act 2021 (Notifiable Acquisition)

---

[241] "National security and investment: mandatory notification sectors", https://www.gov.uk/government/consultations/national-security-and-investment-mandatory-notification- sectors.

[242] "National security and investment: mandatory notification sectors", https://www.gov.uk/government/consultations/national-security-and-investment-mandatory-notification-sectors.

(Specification of Qualifying Entities) Regulations 2021)

② 규제 집행기관

○ 경쟁 · 시장청(The Competition & Markets Authority)
○ 부문별 감독관청(Ofcom), 금융행위감독기구(the Financial Conduct Authority)
○ 투자안전보장국(Investment Security Unit within the Department for Secretary of State in the Cabinet Office, ISU)
○ 영국 국무부 장관(Secretary of State in the Cabinet Office)

심사의 대상과 신고

I 심사 대상과 거래의 범위

심사대상 엔티티(qualifying entity) 또는 심사대상 자산(qualifying asset)의 지배(control)의 취득(이하 '심사 대상 거래')이 국가 안전 보장에 대한 위협이 되거나 그럴 우려가 있다고 국무부 장관이 합리적으로 의심되는 경우 국무부 장관은 심사(call-in)를 시작한다.[243]

1 엔티티 취득의 경우

1) 대상 엔티티

대상 엔티티란 법인격 유무를 불문한 모든 엔티티를 말하며, 회사, LLP, 조합, 신탁 등이 포함된다. 또한 영국 외의 엔티티라도 영국 내에서 사업 활동

---

[243] NSI법 1조 1항의 문언은 'trigger event'의 발생이 심사대상 거래의 요건으로서 정해지며, 그 'trigger event'의 발생 정의가 NSI법 8조 및 9조에서 정하는 '대상 엔티티 또는 대상 자산의 지배 취득'으로 정해져 있다(NSI법 5조 1항).

을 하고 있거나 영국 내에 소재하는 자에게 상품·서비스를 제공하고 있는 엔티티는 대상 엔티티에 포함된다.[244] 이와 같이 영국 외의 엔티티의 취득이라도 심사 대상 거래가 될 수 있다는 점에 유의할 필요가 있다.

2) 지배의 취득

대상 엔티티의 '지배의 취득'은 다음 어느 하나의 경우에 해당하면 인정된다.

① 취득자가 보유한 대상 주체의 주식 또는 의결권 비율이 다음 각호의 어느 하나로 증가하는 경우[245]

(ⅰ) 25% 이하에서 25% 이상

(Ⅱ) 50% 이하에서 50% 이상

(ⅲ) 75% 미만에서 75% 이상

엔티티가 주식 자본금을 갖고 있는 경우, 기준치는 발행된 주식 자본금의 해당 비율에 대한 명목 가치(총액)의 주식을 보유하는 것을 의미한다. 엔티티가 주식 자본금을 가지고 있지 않은 경우, 기준치는 엔티티의 자본 또는 지분의 해당 비율 지분에 대한 권리를 보유하는 것을 나타낸다. 엔티티가 유한 책임 파트너십인 경우, 기준치는 해산 시 파트너십의 잉여 자산에 대한 지분 비율에 대한 권리를 보유하는 것을 나타낸다. 명시적으로 규정되지 않은 경우 각각 동일한 지분을 갖는 것으로 간주된다.

② 취득자가 대상 주체의 의결권을 취득함으로써 대상 주체의 사업에 관한 모든 종류의 결의를 가결 또는 부결시킬 수 있게 되는 경우[246]

인수 이전에 취득자가 이미 보유한 의결권은 인수가 이 기준을 충족하는

---

244 NSI법 7조 2항, 3항

245 NSI법 8조 2항 및 5항

246 NSI법 8조 6항

지가 평가할 때 고려된다. 의결권(Voting rights)이란 주주 또는 회원에게 전체 또는 실질적으로 모든 사안에 대해 총회에서 의결권을 행사할 수 있는 권리를 의미한다. 해당 엔티티가 투표로 문제를 결정하는 총회를 개최하지 않는 경우, 의결권에는 해당 엔티티와 관련하여 동등한 효과를 갖는 모든 권리가 포함된다. 소수파 거부권의 경우, 의결권은 보유자에게 엔티티의 업무를 관리하는 모든 문제 또는 실질적으로 모든 문제에 대해 의결권을 제공하는 경우에만 유효하다.

③ 취득자가 대상 주체의 경영방침에 중대한 영향(material influence)을 갖게 되는 경우[247]

'중대한 영향'의 유무를 판단할 때에는 영국 경쟁법상의 기업 결합 규제에서의 중대한 영향의 판단기준이 참고가 된다. 영국 경쟁법에 관한 기업결합 가이드라인(Merger Assessment Guidelines)[248]에 의하면, 중대한 영향은 의결권 보유 비율, 임원 구성 및 이사회 결의에의 거부권 등의 각종 사정을 근거로 종합적으로 판단되어 의결권 보유 비율이 25% 미만이어도 중대한 영향이 인정되는 경우가 있다. 실제로 의결권 보유비율이 12%에서 18%로 증가하는 거래에서도(의결권 보유비율 이외의 고려요소는 정부로부터 공표되지 않았지만) 대상 주체의 경영방침에 중대한 영향을 갖게 되는 경우에 해당한다고 하여 NSI법상의 '지배의 취득'이 인정된 사례가 존재한다.[249]

---

[247] NSI법 8조 8항

[248] https://assets.publishing.service.gov.uk/government/uploads/system/uploads/attachment_data/file/1051823/MAGs_for_publication_2021_--_.pdf

[249] 프랑스의 통신회사 Altice가 영국의 통신회사 BT의 주식을 추가로 취득한 사례이다. Altice가 BT 주식 5.9%를 인수함에 따라 Kwasi Kwarteng 비즈니스 장관은 전체 국가 안보 평가를 요청했다. 정부는 국가안보 및 투자법 2021에 따라 국가안보를 이유로 적격 인수를 조사하고 필요한 경우 개입할 권한을 갖고 있다. 영국 정부는 신중한 검토 끝에 Altice가 BT에서 5.9% 지분을 인수하는 것에 대해 추가 조치를 취하지 않는다는 최종 통지를 당사자들에게 하였다. 만약 추가 조치가 필요하다고 판단되면 영국 정부는 영국의 중요한 국가 통신 인프라를 보호하기 위해 조치를 취할 것이다. 국가안보 및 투자법에 따라 인수는 사례별로 평가되므로 향후 거래는 해당 법에 따라 별도의 평가를 받을 수 있다. 영국 정부 웹사이트 「Government to take no further action under National Security and Investment Acton BT share acquisition」. https://www.gov.uk/government/

한편 간접적인 의결권의 취득 등도 지배의 취득에 포함된다.[250] 영국의 경쟁시장청(CMA)은 합병관리제도를 운영할 때 중대한 영향을 평가하는 지침[251]을 작성했다. 평가를 할 때 CMA는 시장에서 대상 엔티티의 행동과 관련된 정책에 실질적으로 영향을 미칠 수 있는 인수자의 능력에 중점을 둔다. NSI법에 따른 물질적 영향력 취득에 대한 정부의 평가는 CMA 지침의 물질적 영향력에 관한 관련 조항을 고려하여 검토한다.

② 자산 취득의 경우

1) 심사 대상 자산

심사 대상자산이란

① 토지

② 동산

③ 산업상, 상업상 또는 기타 경제적 가치를 갖는 아이디어, 정보 또는 기술을 말한다.

예를 들어 ③에는 기업비밀, 데이터베이스, 소스코드, 알고리즘, 소프트웨어 등이 포함된다.[252] 자산 취득에 관한 거래 금지 사례로는 Beijing Infinite

---

news/government-to-take-no-further-action-under-national-security-and-investment-act-on-bt-share-acquisition

250 예를 들어 A사가 C사 의결권의 51%를 보유한 B사 의결권의 51%를 취득할 경우 A사는 B사뿐만 아니라 C사의 지배도 취득하게 된다. 또, 그룹 내 재편이라도 형식적으로 요건을 충족할지 여부가 판단되어, 특별한 면제 규정은 마련되어 있지 않다. 예를 들어, A사가 B사(A사와 공통의 완전 모회사를 가진 A사의 형제 회사)로부터 B사의 완전 자회사인 C사의 전 주식을 취득하는 그룹 내 재편의 경우에도 심사 대상 거래에 해당한다.

251 Guidance for businesses and their advisers on CMA's procedures for operating the merger control regime under the Enterprise Act 2002.https://www.gov.uk/government/publications/mergers-guidance-on-the-cmas-jurisdiction-and-procedure

252 NSI법 7조 4항, 5항

Vision Technology Company가 맨체스터 대학으로부터 비전 센싱 기술에 관한 지적 재산권의 이용 허락을 받은 건을 들 수 있다.[253]

단, ③과 영국 외에 소재하는 ① 및 ②에 대해서는 영국 내에서의 사업 활동 또는 영국 내에 소재하는 자에 대한 상품·서비스 제공과 관련하여 이용되는 자산만이 대상 자산에 포함된다.[254] 이와 같이 ③의 범위가 넓은 점이나 영국 외의 토지나 동산의 취득이라도 심사 대상 거래가 될 수 있는 점에 유의할 필요가 있다.

2) 지배의 취득

심사 대상 자산의 '지배의 취득'은 다음 경우에 인정된다.

① 취득자가 대상 자산을 이용할 수 있게 되거나 취득 전보다 취득자가 이용할 수 있는 범위가 확대되는 경우[255]

② 취득자가 대상 자산의 이용 방법을 지시 또는 통제할 수 있게 되거나 취득 전보다 취득자가 이용 방법을 지시 또는 통제할 수 있는 범위가 확대되는 경우[256]

---

[253] https://assets.publishing.service.gov.uk/government/uploads/system/uploads/at-tachment_data/file/1092802/aquisition-scamp5-scamp7-know-how-final-order-no-tice-20220720.pdf

[254] NSI법 7조 6항

[255] NSI법 9조 1항 (a)

[256] NSI법 9조 1항 (b)

엔티티가 엔티티 구조 단순화, 규정 준수 비용 감소 및 보고 복잡성 감소, 그룹 일부 매각 준비, 전반적인 사업 합리화 등 다양한 이유로 내부 조직 개편을 시도하기도 한다. 정부는 엔티티의 최종적 소유자가 동일하더라도 내부 재조직이 심사대상 엔티티에 대한 통제권을 인수하게 되는 경우 심사대상 인수가 될 수 있다고 간주한다. 또한 인수가 NSI법의 관련 테스트를 충족하는 경우 의무적으로 신고 대상이 될 수 있다.[257]

정부는 이러한 종류의 인수가 단지 엔티티 내부 구조 조정과 효율성의 산물이라는 점을 인식하고 있다. 그러나 동일한 사업집단에 속한 자가 엔티티에 대한 지배권을 취득하는 경우 국가안보 위험이 발생할 수 있다. 이것은 최종적으로 수익 소유권자가 대상취득의 전후와 같다고 해도 마찬가지이다. 이는 엔티티 구조의 다른 연결, 특히 최종적인 수익 소유자가 수동적인 연결에 의해 통제권을 취득하면 적대적인 행위자가 해당 엔티티에 대해 악의적인 행동을 추구할 수 있기 때문이다. 다음은 내부 재구성의 사례이다.[258]

---

257 https://www.gov.uk/government/publications/national-security-and-invest-ment-act-guidance-on-notifiable-acquisitions/national-security-and-invest-ment-act-guidance-on-notifiable-acquisitions

258 https://www.gov.uk/guidance/national-security-and-investment-act-guid-ance-on-acquisitions

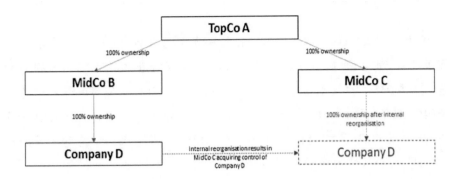

출처: Guidance: Check if you need to tell the government about an acquisition that
could harm the UK's national security

위의 예에서 내부 조직 개편에는 MidCo B의 회사 D에 대한 100% 지
분 및 의결권을 MidCo C로 양도하는 작업이 포함된다. 최종 수익 소유자인
TopCo A는 내부조직의 재편성 전후에 동일하며, 회사 D에 대한 간접 지분
수준은 변경되지 않는다. 이것이 MidCo C가 회사 D에 대한 통제권을 취득
한다는 것을 부정하는 것은 아니다. 따라서 이는 심사대상 취득에 해당한다.
D 회사가 영국에서 신고 대상 취득 규정에 명시된 활동을 수행하는 경우에도
의무적으로 신고해야 한다. 따라서 MidCo C는 인수 제안을 정부에 통보하
고 승인을 받아야 한다.

중대한 재정적 상황과 인수

1) 재정 문제

정부는 가능한 한 시기적절하게 모든 평가를 수행하는 것을 목표로 하고
있지만, 정부가 모든 관련 정보 수집을 포함하여 해당 인수의 잠재적 위험을
적절하게 평가할 수 있는 것이 중요하다. 결과적으로 NSI법에 명시된 일정을

신속하게 처리하는 것이 항상 가능한 것은 아니다.

당사자들이 재정적 어려움에 직면해 정부로부터 더 빠른 결정을 원할 때 인수에 대해 의무적 통지가 필요하거나 NSI법에 따라 콜인 또는 검토 대상이 될 수 있다. 이러한 상황에 대해 관련 당사자는 특히 NSI법의 법적 일정이 재정 문제를 악화시킬 수 있는 경우 가능한 한 빨리 정부에 이 사실을 알려야 한다.

중대한 재정적 어려움의 증거가 긴급성을 불러일으키는 예외적인 상황에서는 평가 과정을 신속하게 처리하는 것이 가능할 수 있다. 이는 적절하고 뒷받침되는 증거가 정부에 제공되고, 정부가 수락하는 경우에만 가능하다. 엔티티가 직면한 중대한 재정적 어려움이 관련된 국가안보 위험과 직접적인 관련이 있는 경우에도 적용될 수 있다.

신속한 일정이 적절한 상황이라 할지라도 정부 승인 없이 진행되는 신고 대상 인수는 무효이다. 정부 승인 없이 인수를 완료한 당사자는 NSI법에 따라 형사 또는 민사 처벌을 받을 수 있다.

2) 재정적 문제와 증거

정부는 NSI법에 따라 결정을 내릴 때 관련 당사자의 모든 진술을 고려하게 된다. 중대한 재정적 어려움이 주장되는 경우, 특권과 비례성을 고려하여 정부는 일반적으로 회사의 입장과 관련하여 외부 법률, 구조 조정 및 파산 자문가와 외부 감사자에게 회사에 제공되는 분석을 요청한다. 정부는 또한 금융시설을 제공하는 은행이나 기존 주주와 같은 회사의 부채 또는 자본 제공자에게 증거를 요청할 수도 있다.

문제의 법인이 대규모 엔티티 그룹에 속해 있는 경우, 정부는 모회사의 지속적인 재정 지원 능력도 고려하게 된다. 관련이 있는 경우 당사자들은 매각이나 합병 이외의 자금 조달 옵션이 실현가능하지 않거나 이용가능하지 않다는 증거를 제공할 수도 있다. 정부는 사안별로 어떤 증거를 제공하는 것이 적절한지 검토하게 된다. 긴급한 재정적 어려움에 대한 관련 증거에는 다음이 포함되지만 이에 국한되지는 않는다.

즉, 부실사태가 임박했다는 주장을 뒷받침하는 분석 및 자문서, 구조조정 및 부실자문위원 참여확인서, 13주간의 현금흐름표, 경상대차대조표 및 손익계정(예측과 전망 포함), 대출 기관 및 주주의 지원을 받지 못했다는 증거, 부채를 입증하는 채권자와의 서신 등이다. 청산인 및 청산인의 임명은 NSI법에 따른 심사대상 인수로 간주될 수 있으며 일부 특정 시나리오에서는 의무적인 통지가 필요할 수 있다.[259]

⑤ 간접적인 통제권 취득

NSI법법에 따르면 투자자와 다른 당사자들이 심사대상 엔티티에 대한 지배권을 간접적으로 획득하는 것이 가능하다. 이는 다수 지분의 단절되지 않은 연쇄가 이해관계에 있는 기업으로 귀결될 때 발생한다. NSI법의 4가지 유형의 다수 지분을 정의하고 있다.

① A 회사는 B 회사의 의결권의 과반수를 보유하고 있다.
② A 회사는 B 회사의 구성원이며, B 회사 이사회의 과반수를 임명하거나 해임할 수 있는 권리를 갖는다.
③ A 회사는 B 회사의 구성원이고, 다른 주주 또는 구성원과의 합의에 따라 B 회사 의결권의 과반수를 단독으로 통제한다.
④ 회사 A는 회사 B에 대해 지배적인 영향력이나 통제권을 행사하거나 실제로 행사할 권리가 있다.

간접 취득이 취득자가 동시에 2건 이상의 심사대상 취득을 수행했음을 의미하는 경우 단일 통지로 충분할 수 있다. 이러한 상황에 처한 당사자는 여러

---

[259] https://www.gov.uk/guidance/national-security-and-investment-act-guidance-on-acquisitions

인수에 대해 단일 통지를 제출할 수 있는 경우에 대한 규정에 따라야 한다.[260]

⑥ 주식에 대한 담보 부여

주식 담보권 부여는 대상 엔티티(차용자)의 주식을 소유한 사람이 다른 사람(차주자 또는 다수의 차주자를 대신하여 담보수탁자)을 위해 해당 주식에 대한 담보를 부여하는 경우 발생한다. 대출자와 차입자가 일정한 사건(예를 들어 대출의 불이행)이 발생하면 대출자나 담보수탁자는 주식담보를 강제하고 주식에 대한 지배권을 얻을 수 있어 주식에 대한 의결권을 행사할 수 있다고 합의하는 것이 일반적이다. 주식담보의 부여는 그 주식담보의 시행과는 별개이며, 이는 추후 시점에서 발생할 수도 있고 발생하지 않을 수도 있다. 주식에 대한 소유권이 담보 대출자(또는 그 지명인)에게 이전되지 않는 유형의 주식 담보 부여는 신고 대상 취득 규정에 포함된 활동을 수행하는 법인이 관여하더라도 의무 신고가 필요한 신고 대상인 취득이 아니다.[261]

NSI법은 관련 통제권 인수에 관한 것이다. 제8조에서는 취득자가 엔티티에 대한 지배력을 취득할 수 있는 몇 가지 방법을 명시하고 있다. 취득자가 해당 조항에 따라 신고 대상 취득 규정에 명시된 특히 민감한 활동을 수행하는 엔티티에 대한 통제권을 취득하는 경우, 취득이 완료되기 전에 의무적인 통지 및 승인이 필요하다.

---

[260] https://www.gov.uk/government/publications/national-security-and-investment-notification-service-mandatory-voluntary-and-retrospective-forms/guidance-on-completing-and-registering-a-notification-form#submitting-a-single-notification-for-multiple-acquisitions

[261] https://www.gov.uk/guidance/national-security-and-investment-act-guidance-on-acquisitions

Ⅱ 의무적 신고 및 임의 신고

① 신고 의무의 대상이 되는 거래

세계적으로 M&A가 활발히 이루어지고 있는 현대사회에서 정부가 지속적으로 모든 M&A 거래를 감시하는 것은 현실적이지 않다. 그러므로 심사를 해야 할 거래였음에도 불구하고 이를 간과하게 되는 사태는 쉽게 일어날 수 있다. NSI법에서는 심사 대상 거래 중에서도 국가 안전 보장상의 우려가 발생할 수 있는 사업 분야가 관계하는 거래에 대해서는 미리 영국 정부에 신고를 실시하는 것이 의무화되어 있다. 정부는 이러한 사전신고제도를 통해 국가안보상 우려가 발생하기 쉬운 유형의 거래정보를 사전에 파악하여 심사해야 할 거래 누락을 방지하고자 한다.

구체적으로는 심사 대상 거래 중
① 영국에서 지정 업종을 영위하고 있는 경우
② 대상 엔티티의 지배를 취득하는 경우에는 신고 의무의 대상이 된다.[262]

이러한 거래는 그 실행 전에 신고해야 하며[263], 나아가 국무부 장관으로부터 클리어런스를 취득하지 않으면, 만일 거래를 실행했다고 해도 해당 거래는 무효가 된다.[264]

1) 대상 엔티티의 지배 취득

대상 엔티티의 지배 취득은 다음 중 하나의 경우에 인정된다.

---

[262] NSI법 6조 2항, 4항
[263] NSI법 14조 1항
[264] NSI법 13조 1항

① 취득자가 보유한 대상 주체의 주식 또는 의결권 비율이 증가하는 경우[265]

② 취득자가 대상 주체의 의결권을 취득함으로써 대상 주체의 사업에 관한 모든 종류의 결의를 가결 또는 부결시킬 수 있게 되는 경우[266]

2) 대상 엔티티와 지정 업종

심사 대상 거래의 요건과는 달리 대상 엔티티가 영국에서 지정 업종을 영위하고 있는 경우가 아니면 신고 의무의 대상이 되지 않는다. 지정 업종에 관한 시행규칙[267]에서 다음 17개 지정 업종이 상세한 정의와 함께 정해져 있다. 구체적으로 어떤 사업이 이들 지정 업종에 해당하는지를 보충하기 위한 가이드라인[268]도 공표되어 있다. 예를 들어, 운송(transport)에는 폭넓은 업종이 포함된다고도 생각되지만, 시행규칙 및 가이드라인상으로는 일정한 요건을 충족하는 항만, 공항, 항공관제에 한정되어 있다.

....
◐ 신고 의무의 대상이 되는 지정 업종

a. 첨단 재료	a. Advanced Materials
b. 첨단 로봇 공학	b. Advanced Robotics
c. 인공지능	c. Artificial Intelligence
d. 민간 원자력	d. Civil Nuclear
e. 커뮤니케이션	e. Communications

---

265 NSI법 8조 2항 및 5항

266 NSI법 8조 6항

267 The National Security and Investment Act 2021 (Notifiable Acquisition) (Specification of Qualifying Entities) Regulations 2021.

268 Guidance: National Security and Investment Act: details of the 17 types of notifiable acquisitions;
https://www.gov.uk/government/publications/national-security-and-invest-ment-act-guidance-on-notifiable-acquisitions/national-security-and-invest-ment-act-guidance-on-notifiable-acquisitions

f. 컴퓨팅 하드웨어	f. Computing Hardware
g. 정부에 대한 중요 공급업체	g. Critical Suppliers to government
h. 암호 인증	h. Cryptographic Authentication
i. 데이터 인프라	i. Data Infrastructure
j. 국방	j. Defence
k. 에너지	k. Energy
l. 군용 및 이중 용도	l. Military and Dual-Use
m. 양자 기술	m. Quantum Technologies
n. 위성 및 우주 기술	n. Satellite and Space Technologies
o. 응급에 서비스에 대한 공급업체	o. Suppliers to the Emergency Services
p. 합성생물학	p. Synthetic Biology
q. 운송	q. Transport

출처: The National Security and Investment Act 2021 (Notifiable Acquisition) (Specification of Qualifying Entities) Regulations 2021.

 ## ② 임의 신고

신고 의무가 없는 심사 대상 거래에 대해서는 신고를 실시할지 여부가 당사자의 판단에 맡겨진다. 단, 신고 의무가 없는 경우라도 공표정보나 제3자로부터 신고 등에 의해 해당 거래정보를 입수한 국무부 장관이 '해당 거래에 의해 국가안전보장상의 우려가 발생할 수 있다'고 합리적으로 의심하는 경우에는 거래가 완료되었는지 여부에 관계없이 심사가 개시된다. 그리고 우려가 인정되면 거래의 금지나 중지 등을 명령받을 위험이 있다.

이러한 리스크를 회피하기 위해 거래 당사자는 신고 의무가 없는 거래라도 임의로 신고하여 클리어런스를 얻음으로써 거래의 안정을 도모할 수 있다. 따라서 거래 당사자는 신고의무의 유무를 확인하는 동시에 신고 의무가 없는 경우에도 해당 거래가 심사대상 거래에 해당하는 경우에는 영국의 국가안전보장에 미치는 영향 등을 감안하여 임의신고를 실시할지 여부를 검토할 필요가 있다.

◑ 신고 절차

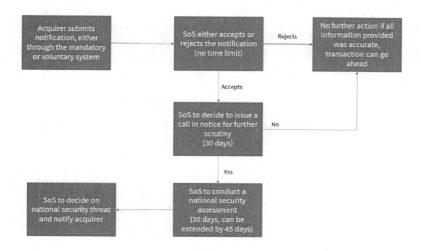

출처: 2023 THE BIOINDUSTRY ASSOCIATION[269]

Ⅲ │ 신고 시기와 신고 제출

① 신고 시기 결정

심사대상 엔티티 또는 심사대상 자산의 인수를 언제 통지하는 것이 적절한가를 검토해야 한다. 일반적으로 정부가 NSI법의 적용 여부와 국가안보 위험을 초래할 수 있는지 여부를 적절하게 평가할 수 있을 만큼 인수 조건이 충분히 안정적인 시점에 통지가 이루어져야 한다. 정부는 일반적으로 선의로 진행할 의사가 있는 경우 이를 통지하는 것이 적절하다고 간주한다. 이는 다음을 통해 입증될 수 있다.

---

269 https://www.bioindustry.org/membership/developing-your-company/protecting-your-company/national-security/nsi-regime-overview.html

즉, 지불 조건의 존재, 자금 조달 결재, 인수에 대한 이사회 차원의 검토 등이다. 공개 입찰인 경우, 제안을 할 것이라는 확고한 의사를 공개적으로 발표하거나 제안 가능성을 발표한 경우이다. 다만, 위 사항이 없는 경우에는 정당한 사유가 있는 경우에는 정부가 신고를 수리할 수 있다.

취득이 프로세스 초기에 통지되고, 검토 후 이후에 변경되는 경우 업데이트된 취득이 별도의 트리거 이벤트로 볼 수 있다. 당사자들은 계획된 조치에 변경이 있다고 생각하는 경우 정부에 연락하여 새로운 통지가 필요한지 문의할 수 있다. 그러한 요청을 처리하는 데는 시간이 걸릴 수 있으며, 당사자들은 또 다른 통지가 필요한 경우를 대비해 일정에 충분한 시간을 갖고 대비해야 한다.

그러나 인수에 대한 조기 통지는 회사(및 관련 당사자)에게 다음과 같은 부정적인 결과를 초래할 수 있다. 즉, 인수와 관련하여 추가 정보 요청이 필요할 수 있으며 이로 인해 지연이 발생할 수 있다. 통지는 최종적으로 거부될 수 있다. 즉, 이후 단계에서 또 다른 통지가 필요할 수 있다. 다음과 같은 경우 정부는 통지를 거부할 수 있다.

① NSI법의 요구 사항을 충족하지 않는다.
② 규정에서 정한 요구 사항을 충족하지 않는다.
③ 정부가 콜인통지 여부를 결정할 수 있는 충분한 정보가 포함되어 있지 않다.

신고하기로 결정한 경우 통지 양식에는 판매자와 대상자의 인식을 포함하여 협상이나 상거래의 진행 상황이 명시되어야 한다. 상황과 통지에 제공된 세부 사항에 따라 정부는 통지를 수락하기 전에 인수 상대방(예: 판매자)이 참여했으며 인수가 고려 중이라는 데 동의했다는 확인을 요구할 수 있다. 관할권에 관한 분쟁도 배제한다.

예를 들어, 정부가 동일한 대상과 관련하여 두 번 이상의 통지를 받은 경우, 준비가 유동적으로 보이는 경우 또는 통지와 관련된 비정상적인 상황이 있는 경우 특히 중요할 수 있다. 정부는 일반적으로 대체 입찰자의 잠재적 존재나 신원에 관한 정보를 제공하지 않는다. 대상자가 통지 프로세스에 관여하지 않는 경우, 통지자는 인수에 대한 조사가 요청되는 경우 정부가 대상자(매도자와는 별개)에게 이를 통지해야 하는 법적 의무가 있다는 점을 인지해야 한다.

② 신고서 제출

인수에 대해 정부에 알리는 데 사용할 수 있는 3가지 양식이 있다.

① 필수 신고 양식: 경제의 17개 민감한 분야에서 신고 대상 인수에 대해 정부에 알려야 할 법적 의무가 있다.

② 자발적 신고 양식: 의무 신고 대상이 아닌 완료 또는 계획된 적격 취득의 당사자인 경우 자발적 신고를 제출할 수 있다.

③ 소급 검증 신청서: 정부에 신고하고 승인을 받지 않고 신고 대상 취득(의무 신고 대상)을 완료하면 취득이 무효화된다. 통지 없이 신고대상 취득을 완료한 경우 소급적 검증을 신청할 수 있다.

한편 국가안보 및 투자신고 서비스를 이용하여 신고서를 제출할 수 있다.[270] 그리고 온라인 신고서 서비스에 등록하고 신고서를 작성하는 방법에 대한 추가 지침이 있다.[271]

---

[270] https://nsi.beis.gov.uk/

[271] https://www.gov.uk/government/publications/national-security-and-investment-no-tification-service-mandatory-voluntary-and-retrospective-forms

(3) 신고 수락 또는 거부

정부에 신고가 제출되면 정부는 당사자에게 사례 참조 번호를 제공하고, 합리적인 기간 내에 신고를 수락하거나 거부하거나 신고자에게 반환하는 것을 목표로 한다. 일반적으로 영업일 기준 5일이 소요되었다. 그러나 인수나 특정 문제가 복잡한 경우 시간이 더 오래 걸릴 수 있다.

정부가 신고자에게 신고를 다시 회부하는 경우, 정부가 신고를 수락할지 거부할지 결정할 수 있도록 모든 질문에 가능한 한 빨리 답변해야 한다. 통보자에게 질문이 있는 경우, 정부에 문의할 수 있다.[272] 정부는 신고서가 접수되기 전에 추가 정보가 필요한 경우 신고서를 다시 제출하도록 요청할 수 있다.

정부에서는 신고서가 승인되었는지 여부를 이메일로 알려준다. 정부의 검토 기간인 영업일 기준 30일은 이 이메일이 전송된 날부터 시작된다. 거부된 신고서는 다음 단계로 진행되지 않으며, 승인되지 않은 사유와 함께 반송된다. 이는 필수적, 자발적 또는 소급 여부에 관계없이 모든 유형의 통지 양식에 적용된다.

신고 양식이 승인되면 신고에 대한 검토는 두 부분으로 나뉜다. 검토 기간 (통보된 모든 인수에 적용), **평가 기간**(인수가 콜인된 경우에만 적용)이다. 검토 프로세스와 필요한 경우 평가 프로세스는 필수적, 자발적 또는 소급 여부에 관계없이 각 통지 유형에 대해 동일하다.

(4) 검토 기간

1) 정보 공유

신고가 수락된 후, 정부는 평가 요청 여부에 대한 결정을 뒷받침하기 위해

---

272 Investment.screening@beis.gov.uk

인수를 더 자세히 검토하게 된다. 여기에는 상당한 실사를 수행하고 관련 다른 정부 부서와 인수 세부 정보를 공유하는 것이 포함된다. 예를 들어, 국방 관련 사례는 평가를 위해 국방부와 공유된다. 관련 부서가 평가를 제공하고 관련 당사자로부터 추가 정보를 받으면 정부가 최종 결정을 내린다.

정부는 프로세스 전반에 걸쳐 엔티티와의 의사소통을 한다. 추가 정보가 필요한 경우 검토 기간 동안 당사자에게 연락할 수 있다. 통지서 접수 후 영업일 기준 30일 이내 정부는 다음 중 하나를 수행한다.

① 인수를 취소하고, 계속 진행할 수 있다.
② 완전한 국가안보 평가가 필요하다.
③ 평가를 완료하는 데 도움이 되도록 가능한 한 빨리 제공해야 하는 추가 정보가 필요하다(정보 통지)
④ 당사자 또는 인수에 관련된 사람들에게 회의에 참석하도록 요구한다 (출석 통지)

정부가 추가 조사를 위해 필요한 경우 검토 기간 마지막 날 또는 그 이전에 이메일로 통보를 받게 된다. 검토 기간 동안 정보 통지 또는 출석 통지는 영업일 기준 30일이다. 이는 평가 기간 중에 발행되는 안내 공지, 출석 공지 등과는 다르다. 평가 기간 동안 정보 통지 또는 출석 통지의 요구 사항이 충족될 때까지 법정 시간이 일시 중지된다.

2) 평가 기간

인수 검토가 완료되면 정부는 전체 평가를 수행해야 하는지 여부를 이메일로 알려준다. 이를 콜인이라고 한다. 콜인 후 평가 기간이 있다. 평가 기간은 영업일 기준 30일의 초기 기간으로 구성되며, 영업일 기준으로 45일(추가 기간)까지 연장될 수 있으며 정부와 인수자가 합의한 기간(추가 기간)까지 연장될 수 있다. 평가를 위해 인수가 요청되면 정부는 인수에 대해 더 자세히 이해하기 위해 관련 부서와 지속적으로 협력한다. ISU(투자 보안 부서)는 인수 당사자들의 주요 연락 창구로 남게 된다.

요청된 인수는 평가 기간 중 언제든지 정부에 의해 승인될 수 있다. 이를 최종 신고라고 하며 이메일로 알려준다. 평가기간 동안 정부는 다음을 수행할 수 있다.

① 정부가 시행하려고 하는 조건을 훼손할 수 있는 조치를 취하는 것을 방지하기 위해 즉각적이고 임시적인 통제 조치를 한다(임시 명령).
② 평가를 완료하는 데 도움이 되는 추가 정보를 제공하도록 요구한다(정보 통지).
③ 당사자 또는 인수에 관련된 사람들에게 회의에 참석하도록 요구한다(출석 통지).

3) 임시 명령

정부가 당사자의 선제적 조치를 방지 또는 번복하거나 그 영향을 완화하기 위해 그러한 명령이 필요하다고 합리적으로 판단하는 경우, 임시 명령은 평가 기간 내에 발부될 수 있다. 선제적 조치는 인수 평가 결과를 손상시킬 수 있는 모든 조치 또는 정부가 최종 명령을 통해 마련하려는 조건을 훼손하는 영향을 미칠 수 있는 모든 조치를 방지하는 조치이다.

임시 명령은 회사가 무언가를 하거나 하지 않도록 요구할 수 있다. 예를 들면 완료 전 단계를 중단하거나 자산 이전을 방지하는 것이 포함되나 이에 국한되지 않는다. 정부가 필요하고 적절하다고 판단하는 경우 요청 시점이나 요청 후 평가 과정의 어느 단계에서나 임시 명령이 발부될 수 있다. 임시 명령이 내려졌다고 해서 정부가 최종명령도 내린다는 의미는 아니다. 최종 통지를 통해 인수가 승인될 수도 있다. 그러나 최종명령이 내려진 경우 임시 명령은 최종 명령이 발효되면 효력이 중단된다.

임시 명령은 변경되거나 취소될 수 있다. 정부는 임시 명령의 시간 제한적 성격을 고려할 때 이러한 사례가 거의 없을 것으로 예상하고 있다. 정부에 이메일[273]로 연락하여 요청할 수 있다. 임시 명령의 변경 또는 취소를 요청하는 당사자는 정부가 고려할 수 있도록 증빙 자료를 제출해야 한다. 변경 요청은 임시 명령이 내려진 이후 상황의 중대한 변화에 근거해야 한다. 이것이 사실임을 입증하는 것은 변경을 요청하는 당사자에게 달려 있다.

4) 정보 공지

인수를 평가할 때 정부는 인수와 관련된 당사자 또는 제3자에게 정보를 요청할 수 있다. 이는 관련 당사자에게 정보 통지를 제공함으로써 수행된다. 이는 인수자, 판매자, 대상 또는 정부가 인수 평가와 관련된 정보를 가지고 있다고 간주하는 기타 당사자일 수 있다. 정보 통지는 언제든지 발행될 수 있으며 인수가 정부에 통지되기 전에 발송될 수 있다. 정보 통지에는 다음 사항이 자세히 설명되어 있다.

① 통지가 제공되는 목적
② 어떤 구체적인 정보가 요청되고 있는가.
③ 요청된 정보 제공에 대한 시간 제한
④ 정보가 제공되어야 하는 방식과 형식. 가능한 경우 이메일로 전달된다. 특히 민감한 성격의 정보를 제공해야 하는 경우, 정부는 이를 제출할 수 있는 방법에 대한 지침을 제공한다.
⑤ 정보 통지를 준수하지 않을 경우 발생하는 결과

인수 평가 시 여러 정보 통지를 할 수도 있다. 기밀 유지를 위해 당사자는 누구에게 정보 통지를 받았는지 알 수 없다. 정보 통지를 받은 당사자는 통지에 대해 논의하고 요청 내용을 명확히 하기 위해 정부에 연락을 할 수 있다.

사건이 접수되고 평가 기간이 진행 중인 경우 정보 통지를 제공하면 법정기한이 일시 중지되는 효과가 있다. 일정은 발행일로부터 제공된 정보가 제기된 질문에 적절하게 답변했다고 정부가 만족할 때까지 일시 중지된다. 정보

---

273 investment.screening@beis.gov.uk

통지에 대한 답변을 수락하기로 한 결정은 가능한 한 빨리 전달되며, 이는 수신된 정보의 양에 따라 달라질 수 있다.

평가 기간 일정은 정보 통지 응답이 만족스러운 것으로 승인된 후 첫 번째 영업일에 다시 시작된다. 이런 일이 발생하면 정부는 해당 사건의 새로운 법정 기한을 자세히 설명하는 이메일을 통해 인수자, 대상자 및 적격 엔티티의 당사자에게 통보하게 된다.

⑤ 출석통지서 등

1) 통지서

인수를 고려할 때 정부는 인수와 관련된 당사자 또는 제3자의 참석을 요구할 수 있다. 참석 통지의 당사자는 법적 대리인을 데려올 수 있지만 반드시 그렇게 해야 하는 것은 아니다. 출석 통지서는 다음 사항을 자세히 설명한다.

① 통지가 행해지는 목적
② 당사자가 출석하는 시간과 장소
③ 세션 중에 논의될 영역의 개요
③ 출석 통지를 준수하지 않은 결과

영국 정부는 가능한 경우 출석 통지 회의를 화상으로 개최해 당사자 비용을 최소화하는 것을 목표로 하고 있다. 이것이 불가능할 경우 출석 통지 회의는 일반적으로 런던 중심부의 정부 건물에서 열린다. 출석 통지의 발행은 통지가 발행된 날부터 당사자가 통지의 요구 사항을 준수하는 날까지의 평가 기간을 일시 중지하는 효과가 있다. 가능한 한 정부는 통지를 발행하기 전에 당사자들과 협력하여 회의 시기와 계획을 합의하게 된다. 일반적으로 심사기간 중에는 출석 통지가 발행되지 않는다.

2) 최초 기간

최초 기간이 끝날 때까지 당사자에게는 다음 중 하나에 대한 정보가 전달된다.

① 귀하의 취득이 승인되었으며 계속 진행할 수 있다(최종 통지).
② 특정 조건(최종 명령)에 따라 인수가 진행될 수 있다.
③ 귀하의 취득이 저지되어 계속 진행할 수 없다(최종 명령).
④ 평가 기간을 영업일 기준 45일 더 연장해야 한다.

정부는 추가 기간을 활용하여 평가 기간을 연장할 수 있으며, 인수 평가에 영업일 기준 45일을 추가로 허용할 수 있다. 추가 기간 공지는 법정대리인이 복사하여 관련 당사자에게 발송된다. 정부는 초기 기간 중 언제든지 추가 기간이 적절하다고 결정할 수 있지만, 이는 30영업일의 초기 기간이 끝난 후 첫 번째 영업일에만 시작된다. 초기 기간과 마찬가지로 안내나 출석 통지가 필요한 경우 일시 중지된다. 이 시간은 일반적으로 어떤 구제책이 적절한지 평가하고 당사자로부터 진술을 구하는 데 사용된다.

3) 임의 기간

경우에 따라 정부는 추가 기간이 끝난 후 더 많은 시간이 필요하다고 판단할 수 있다. 이 경우 당사자간에 자발적으로 기간을 약정할 수 있다. 이는 국가안보 위험을 완화하기 위한 구제책을 추가로 개발하거나 인수자가 제안된 구제책에 대해 추가 진술을 할 수 있도록 하는 데 사용된다.

자발적 기간은 추가 기간 중 언제든지 인수자 또는 정부가 서면으로 요청할 수 있다. 인수자가 추가 시간을 통해 인수 평가에 실질적으로 유용할 것으로 생각되는 추가 진술을 정부에 제공할 수 있다고 생각하는 경우 이메일을 통해 정부와의 서신을 통해 자발적인 기간을 요청할 것을 권장한다. 자발적 기간과 그 기간은 정부와 인수자가 서면으로 상호 합의해야 한다. 자발적 기간은 추가 기간 종료 후 첫 근무일부터 시작된다. 필요한 경우 1회 이상의 자발적 기간이 합의될 수 있다.

⑥ 최종 명령

1) 고지 방법

최종 명령을 내리기 전에 정부는 모든 진술을 고려해야 한다. 이메일[274]을 통해 정부에 진술해야 한다. 정부가 최종 명령 발부를 고려하는 경우, 정부는 관련 당사자에게 이에 대해 알리고 정부의 의사결정을 알리기 위한 진술을 요청하는 서면을 보낼 수 있다.

사건의 사실 여부에 따라 이 서신은 정부가 최종 명령 발행을 고려하고 있음을 인수자에게 알리고 그들이 고려 중인 구제책에 대한 정보를 제공할 수 있다. 가능한 경우 여기에는 식별된 국가안보 위험에 대한 개요가 포함될 수 있다. 하지만 이 정보의 민감한 특성을 고려할 때 해당 위험에 대한 자세한 설명을 제공하지 않을 수 있다.

당사자들이 고려 중인 제안된 구제책을 개괄적으로 설명하는 서신을 받은 경우 제안된 구제책과 대체 구제책의 타당성을 포함할 수 있는 제안에 관해 서면 진술을 할 수 있다. 정부는 제출된 모든 진술을 고려해야 하지만 제안된 대체 구제책을 받아들일 의무는 없다. 당사자들은 정부가 사건에 대한 구제책을 제안할 때까지 기다릴 필요가 없다. 인수자가 잠재적인 국가안보 위험을 완화할 것으로 간주되는 구제책을 식별했다고 믿는 경우 프로세스의 어느 시점에서나 진술을 할 수 있다.

2) 당사자에게 결정 전달

정부가 인수로 인해 국가안보 위험이 발생한다고 판단하는 경우, 당사자와 대표는 평가 기간 중 어느 단계에서 연락하여 정부가 최종명령을 통해 고려

---

[274] investment.screening@beis.gov.uk.

할 수 있는 조건에 대해 알릴 수 있다. 이러한 조건의 목적은 국가안보 위험을 완화하는 것이다. 정부가 인수에 대해 조건을 부과하거나 인수가 저지된 경우 최종명령이 내려지게 된다. 관련 당사자에게는 부과된 조건에 대한 세부 정보와 이러한 조건 위반의 결과를 포함하여 결정에 대한 정보가 제공된다. 정부가 결정을 내릴 때 당사자들에게 알리기 위해 다음과 같은 접근 방식이 사용된다.

검토 기간 이후에는 추가 조치가 취해지지 않을 것임을 당사자들에게 알리는 최종 통지 및 소급 검증 통지가 관련 당사자 및 통지자의 법적 대리인에게 발행된다. 전화 신고는 관련 당사자에게 발행되며 이메일을 통해 법적 대리인에게 알린다. 여기에는 심사대상 엔티티가 제안된 인수에 대해 알지 못하는 경우가 포함된다. 발신 및 최종 명령에 따른 최종 통지는 발신 통지를 받은 각 개인에게 발행된다. 정부의 최종 명령에 대한 공지는 Gov.uk[275]에 게시된다. 정부는 민감한 정보에 대해서는 삭제한다.

3) 콜인 후 인수 철회

NSI법에 따른 절차가 완료되기 전에 관련 당사자들이 인수를 철회하기로 결정하는 경우가 있다. 어떤 이유로든 인수자, 대상 또는 판매자가 정부에 통보된(또는 요청된) 인수를 철회하기로 결정해야 하는 경우 서면으로 정부에 알려야 하며, 이것이 인수에 해당한다는 증거를 제공해야 한다. 당사자들은 NSI 프로세스의 어느 단계에서든 인수를 철회할 수 있다.

공식 철회 후 NSI법에 따른 법적 테스트를 충족하는 신규 또는 개정 계약은 별도의 트리거 이벤트로 간주되며 새로운 검토의 대상이 될 수 있다. 인수 당사자가 인수를 철회하고 더 이상 인수를 완료할 의사가 없다고 정부가 판단하는 경우, 정부는 최종 명령을 발부하지 않는다. 다만, 적절한 경우 최종 통지를 발부한다.

---

275 https://www.gov.uk/

4) 인수와 기밀유지

정부가 임시 명령을 내리지 말라고 지시하지 않는 한 검토 및 평가 기간 동안 완료 시점까지 인수를 계속 진행할 수 있다. 임시 명령은 평가 기간 동안에만 발부될 수 있으며, 정부가 최종 명령을 통해 시행하려는 조건을 훼손하는 영향을 미칠 수 있는 조치를 방지하기 위해 당사자들에게 즉각적이고 일시적인 통제를 실시할 수 있다. 의무신고의 경우 정부로부터 허가를 받기 전까지 취득을 완료해서는 안 된다. 허가 없이 완료할 경우, 취득은 법적으로 무효가 된다.

자발적인 통지의 경우, 당사자는 인수를 계속하기로 선택할 수 있다(정부가 임시 명령을 통해 그렇게 하지 말라고 지시한 경우 제외). 그러나 정부가 결정을 내리기 전에 인수를 완료하기로 선택한 경우 나중에 정부가 국가안보 문제가 있다고 판단하면 인수가 취소될 수 있다.

정부는 국가안보 평가를 위해 인수를 요청했다는 사실이나 정부가 임시 명령을 내렸다는 사실을 일상적으로 공개하지 않는다. 정부가 공개 의향이 있는 경우 관련 당사자에게 통보할 것이다. 검토 및 평가 기간 전반에 걸쳐, 그리고 정부와의 모든 상호작용에서 부과될 수 있는 기타 법적 의무를 염두에 두어야 한다. 예를 들어, 관련자라면 영국 시장 남용 규정에 따른 내부 정보를 가능한 한 빨리 국민에게 공개해야 하는 의무와 같은 해당 투명성 및 공개 의무를 준수해야 한다.[276]

5) 최종 명령의 결과와 재정 지원

전체 국가안보 평가 이후 추가 조치가 취해지지 않으면 정부로부터 인수가 승인되었음을 통보받게 된다. 그 결정은 재검토될 수 없다. 유일한 예외는 통지 양식이나 정보 통지 또는 출석 통지에 대한 응답으로 허위 또는 오해의 소지가 있는 정보가 제공된 것으로 확인된 경우이다.

---

276 금융행위감독청(Financial Conduct Authority) 웹사이트에서 영국 시장 남용 규정에 대한 자세한 내용을 참조. https://www.fca.org.uk/markets/market-abuse/regulation

임시 명령이나 최종 명령을 받은 경우, 정부는 이를 계속 검토하고 적절한 경우 이를 변경 또는 취소할 의무가 있다. 이는 일반적으로 당사자들과의 논의를 통해 이루어지며, 당사자들은 명령 검토를 요청할 수도 있다.

NSI법은 정부에게 최종 명령으로 영향을 받는 엔티티 및 기타 당사자에게 재정 지원을 제공할 수 있는 권한을 부여한다. 예를 들어, 여기에는 대출, 보증 또는 배상이 포함될 수 있다. 임시 명령이 내려졌더라도 최종 명령이 이루어지지 않으면 재정 지원을 제공할 수 있는 권한이 없다.

정부는 재정 지원 요청을 사례별로 검토한다. 요청서는 정부가 실사 점검을 완료할 수 있도록 투자 보안 부서에 문서 증거와 함께 보내야 한다. 정부는 재정적 지원을 제공할 의무가 없으며 이는 일반적인 보상 제도도 아니다. 정부는 재정 지원을 매우 드물게, 그리고 적절한 대안이 없는 경우에만 제공할 것으로 기대한다. 모든 재정 지원 요청은 신중하게 검토된다. 당사자들은 제30조의 사용이 적절하다고 생각하는 경우 정부에 연락해야 한다.

6) NSI 법과 관련된 정보의 공개

NSI법에는 정부가 최종명령이 이루어지기 전에 개별 인수에 대한 정보를 게시해야 하는 법적 요구 사항이 없다. 그러나 정부는 최종 명령이 내려졌다는 사실을 공표해야 한다. 이러한 접근 방식은 NSI법 시스템이 시장에서 상업적 왜곡을 야기할 가능성을 최소화하려는 정부의 의도를 반영한다.

그러나 NSI법은 그러한 발표를 배제하지 않는다. 다음과 같은 상황이 관련될 수 있다. 당사자가 공개 회사이고 가격에 민감한 정보를 시장에 알려야 할 기존 법적 의무가 있는 경우, 당사자가 비즈니스 또는 평판상의 이유로 공개적으로 결정을 전달하려는 경우, 당사자가 정부의 인수 고려에 대한 외부 인식을 높이려는 경우 등이다.

정부는 개별 신고의 접수 여부, 수락 여부에 관한 정보를 공개하지 않는다. 정부는 검토 기간 이후 전화 통지 또는 최종 통지에 관한 정보를 게시할 수 있다. 임시 명령이 적용되는 인수의 경우, 정부는 해당 명령의 특정 내용에 대한 정보를 공개하지 않지만 명령이 이루어졌다고 명시할 수 있다. 정부는 평가 기간 이후 최종 통지에 관한 정보를 게시할 수 있다. 주로 당사자들이 해당 정보를 공개하거나, 정부가 그렇게 하는 것이 공익에 부합한다고 판단하는 경우이다.

CHAPTER 03

심사대상과 국가안보

I 심사 분야

영국 「국가안보투자법」(NSI법 섹션 3)에 따라 작성된 성명서[277]는 국무부 장관이 소환할 권한을 어떻게 행사할 것인지를 설명하고 있다. 국무부 장관이 인수가 국가안보에 위험을 초래했거나 초래할 수 있다고 합리적으로 의심하는 경우 인수가 진행 중이거나 시행될 경우 인수로 이어질 계획인 경우 평가를 요청할 수 있다. 국가안보에 위협이 될 수 있는 경우 국무부 장관은 인수를 취소하거나 특정 조건을 부과하거나 완전히 중지할 수 있다.

NSI법은 국가안보가 위험에 처하거나 위험에 처할 수 있는 상황을 의도적으로 명시하지 않는다. 이는 국가안보 권력이 국가를 보호할 수 있을 만큼 충분한 유연성을 확보하려는 정부의 오랜 정책을 반영한 것이라고 한다. 국가안보에 대한 위험을 초래할 가능성이 높은 17개 영역에서 대상 사업체(엔티티)는

---

277 National Security and Investment Act 2021: Statement for the purposes of section 3; https://www.gov.uk/government/publications/national-security-and-investment-statement-about-exercise-of-the-call-in-power/national-security-and-investment-act-2021-statement-for-the-purposes-of-section-3

특정 기밀성으로 인해 의무적으로 신고해야 한다. 의무적 신고 대상은 아니지만 인수대상 사업체에 대해 지배권을 획득하는 경우 콜인될 가능성이 크다.

NSI법 규칙은 다양한 기준에 의한 특정으로써 각 첨단산업을 정의하고 있다. 예를 들어 통신 산업은 영국의 매출액이 5천만 파운드 이상인 대상 회사로 한정된다.[278] 하지만 정부의 중요 공급업체 내지 산업은 대상회사인 영국 정부와의 공급계약에만 주목하기 때문에 대상회사가 영국에 물리적으로 존재하는지 여부에 관계없이 적용될 수 있다.

통지가 요건이 되는 것은 최첨단산업에서의 특정 활동에 한정된다. 국무부 장관은 통지된 거래를 심사하는 것 외에 거래가 국가안보상의 위험을 발생한다는 견해를 가진 경우 완료된 거래에 대해 실행일로부터 5년 이내(또는 국무장관이 거래를 인식한 후 6개월 이내)에 국가안보 심사를 위해 소환 심사를 할 수 있다. NSI법은 대상 분야를 특정하는 접근법을 취하고 있으며, 2021년 「국가안보투자법 규칙」[279]에서 17개 첨단산업 범위를 정하였다. 심사 대상 엔티티가 이들 첨단산업에서 대상이 되는 활동을 하는 거래는 NSI법에 기초하여 통지를 제출해야 한다

Ⅱ | 국가안보 위협의 판단 기준

1 개요

모든 심사대상 거래에 대해 실제로 심사가 이루어지는 것은 아니며, '심사대상 거래가 국가안전보장에 위협이 된다' 또는 '그럴 우려가 있다'고 국무

---

278 NSI법 규칙 별표 5

279 https://www.gov.uk/government/publications/national-security-and-invest-ment-act-guidance-on-notifiable-acquisitions/national-security-and-invest-ment-act-guidance-on-notifiable-acquisitions

부 장관이 합리적으로 의심할 경우 심사가 개시된다. NSI법 3조에 근거해 공표된 성명에 따르면 안전보장 대응에서의 유연성을 확보하기 위해 '국가안전보장에 대한 위협'의 정의는 의도적으로 정해져 있지 않다.[280] 심사 개시 여부는 주로 다음의 3요소를 바탕으로 사례별로 판단한다고 되어 있다.[281] 소환권 행사 여부를 결정할 때 국무부 장관이 고려할 위험 요소(Risk Factors)는 다음과 같다.

소환권 행사 여부에 대한 결정은 사안별로 이루어진다. 국가 안보에 위험을 초래하는 적격 인수 가능성을 평가하기 위해(따라서 인수요청 여부) 국무장관은 아래에 설명된 세 가지 위험 요소를 주로 고려할 것으로 예상한다.

  a. 목표 위험(Target risk): 심사대상 기업 또는 심사대상 자산이 국가안보에 위험을 초래하는 방식으로 사용되고 있는지 또는 사용될 수 있는지에 관한 것이다.

  b. 인수자 위험(Acquirer risk): 이는 인수자가 목표물을 지배함으로써 국가안보에 위험이 있거나 있을 수 있음을 시사하는 특성을 인수자가 가지고 있는지 여부에 관한 것이다.

  c. 지배 위험(Control risk): 이것은 심사대상 기업 또는 심사대상 자산의 인수를 통해 취득했거나 획득하게 될 지배력의 양과 관련이 있다. 통제 수준이 높을수록 국가 안보 위험 수준이 높아질 수 있다.

국무부 장관은 취득이나 인수를 요청할 때 3가지 위험 요소가 모두 존재할 것으로 예상하지만 더 적은 위험 요소를 기반으로 인수를 요청할 가능성을 배제하지는 않는다. 대부분의 심사대상 기업 또는 심사대상 자산의 인수의 경우 이러한 위험을 전반적으로 고려하면 국가 안보에 대한 위험이 낮을 것으로 예상된다.

---

[280] https://www.gov.uk/government/publications/national-security-and-invest-ment-statement-about-exercise-of-the-call-in-power/national-security-and-invest-ment-act-2021-statement-for-the-purposes-of-section-3

[281] National Security and Investment Act 2021: Statement for the purposes of section 3. Published 2 November 2021 16, 19, 20 단락 참조

2) 목표 위험

인수의 대상은 취득되었거나 인수될 심사대상 엔티티 또는 자산이다. 목표 위험을 평가할 때 국무장관은 목표가 무엇을 하는지, 무엇을 위해 사용되는지 또는 사용될 수 있는지, 그리고 그것이 국가안보에 위험을 초래했는지 또는 초래할 수 있는지 여부를 고려하게 된다. 대상 위험 평가에는 대상이 민감한 장소에 근접하여 발생하는 국가안보 위험도 고려할 수 있다. 국무장관은 경제의 17개 영역에서 활동하거나 밀접하게 연관된 활동을 수행하는 대상 엔티티가 다른 대상 엔티티보다 목표 위험을 높일 가능성이 더 크다고 생각한다.

3) 인수자 위험

국무장관은 취득자가 국가안보에 위험을 초래하는지 여부를 검토한다. 취득자가 제기할 수 있는 위험의 수준을 이해하기 위해 활동부문, 기술적 능력, 영국의 국가안보를 저해하거나 위협할 수 있는 기업에 대한 연계 등 취득자의 특성을 고려할 가능성이 있다. 수동적 또는 장기 투자 이력과 같은 일부 특성은 인수자 위험이 낮거나 없음을 나타낼 수 있다. 국무장관은 국유 기관, 국부 펀드 또는 외국과 연계된 기타 기관이 본질적으로 국가 안보 위험을 초래할 가능성이 더 높다고 간주하지 않는다. 인수자를 평가할 때 국무장관은 다음을 포함한 여러 요소를 고려할 수 있다.

① 인수자의 최종 통제자 또는 인수자가 쉽게 악용할 수 있는가.
② 인수자가 기존 보유 자산으로 인해 국가안보에 위험을 초래할 수 있는가.
③ 취득자 또는 최종 통제자가 국가안보와 관련된 범죄 또는 불법 활동을 저질렀거나 이와 연관되어 있는지, 또는 국가안보에 위험을 초래했거나 초래할 수 있는 활동과 연계되어 있는가.

인수자가 영국의 국가 안보를 훼손하거나 위협할 수 있는 단체와 연결되어 있다고 해서 이것이 자동적으로 취득에 대해 콜인한다는 것을 의미하지는 않는다. 국무장관은 인수자의 출신 국가에만 근거하여 판단을 내리지 않는다. 그러나 심사대상 기업 또는 심사대상 자산의 인수가 영국의 국가 안보에 위험을 초래했거나 초래할 수 있는지 여부를 평가할 때 영국에 적대적인 국가 또는 조직에 대한 인수자의 관계 또는 충성을 고려하게 된다.

(4) 지배 위험

통제(지배) 위험은 기업의 활동이나 전략에 대해 취득자가 얻는 통제의 정도를 말한다. 또한 자산의 사용을 통제하거나 지시하고 사용하는 것을 포함하여 자산에 대한 통제의 정도와도 관련이 있다. 국무부 장관은 심사대상 기업 또는 심사대상 자산의 인수를 통해 취득했거나 획득할 통제권을 고려하게 된다. 통제 수준이 높을수록 목표물이 국가 안보에 해를 끼치는 데 사용될 가능성이 높아질 수 있다. 또한, 많은 통제로 인해 당사자들이 국가안보에 위험을 초래할 수 있는 방식으로 시장의 다양성을 감소시키거나 시장의 행동에 영향을 미칠 수 있다. 그러한 경우 인수에 대해 콜인할 가능성이 더 높다. 통제 위험은 대상 및 인수자 위험과 함께 평가된다.

실무적으로 국무부는 심사를 개시한 이유(해당 거래가 국가안전보장에 대한 위협이 되거나 그럴 우려가 있다고 생각한 이유)의 상세한 내용을 당사자에게 공개하지 않고 있다. 이에 대해 정부의 우려가 비교적 조기에 당사자에게 공개되어 정부와 당사자 사이에 활발한 논의가 이루어지는 경쟁법상의 기업결합규제와 비교하면 NSI법에 근거한 심사 절차는 불투명하다는 비판도 있다. 15건의 거래에 대해 거래 금지·해소나 문제 해소 조치의 실시가 명령 되었지만, 결정문은 매우 간결하여, 어떤 이유로 국가 안전 보장에 대한 위협이 인정되었는지가 명확하지 않다.

Ⅲ 통계와 사례

① 기한과 통계

1) 기한

국무부 장관은 ① 심사대상 거래를 인식한 날로부터 6개월이 경과한 경우 또는 ② 심사대상 거래가 실행된 날로부터 5년이 경과한 경우에는 심사를 개시할 수 없게 된다. 단, 신고 의무의 대상이 되는 거래의 경우에는 ②의 기간 제한은 적용되지 않는다.[282]

2) 신고·심사 상황에 관한 통계

연차 보고서에 따르면 2022년 1월 4일부터 2022년 3월 31일까지의 신고·심사 상황은 아래의 표와 같다.

● 신고·심사 상황

항목	건수
수리한 의무적 신고 건수	178
수리한 임의 신고 건수	22
불수리 한 의무적 신고 건수	7
불수리 한 임의 신고 건수	1
심사가 개시된 건수	17
심사 중인 건수	14
클리어런스가 이루어진 건수	3
최종명령이 행해진 건수	0

출처: NSI법 Annual Report 2022

---

[282] NSI법 2조

17개 분야의 지정 업종별 내역을 보면 군사·방위 관계 업종을 중심으로 심사가 이루어지고 있다. 단, 하나의 거래라도 복수의 지정 업종에 관계하는 경우가 있기 때문에, 내역의 합계는 심사가 개시된 거래의 건수와 일치하지 않는다.

◑ 지정 업종별 내역

항목	건수
군사·군민양용	7
방위	6
정부에 대한 중요한 공급업체	6
데이터 인프라	4
긴급 서비스에 대한 중요한 공급업체	2
인공지능	2
첨단소재	2
위성·우주기술	1
암호인증	1
컴퓨터 하드웨어	1
민간용 원자력	1

출처: NSI법 Annual Report 2022

(2) 절차 위반에 대한 제재

NSI법의 일정한 절차 위반 등에 대해서는 형사 및 민사상의 제재가 정해져 있다. 예를 들어 잠정조치 명령이나 최종명령을 위반한 경우 및 허가를 취득하지 않고 신고 대상 거래를 실행한 경우의 제재는 다음의 표와 같다.[283]

---

[283] NSI법 39조 1항, 40조 1항, 4항, 5항, 41조 1항, 2항

위반내용	형사상 제재	민사상 제재
잠정조치 명령이나 최종명령을 위반한 경우	5년 이하의 금고 혹은 벌금(또는 둘 다)(NSI법 39조 1항)	① 고정액 제재금(상한선은 위반자가 기업일 경우 해당 기업그룹 전 세계 매출의 5% 또는 1,000만 파운드 중 높은 것, 위반자가 개인일 경우 1,000만 파운드) ② 1일 제재금(상한선은 위반자가 기업일 경우 해당 기업그룹 전 세계 매출의 0.1% 또는 20만 파운드 중 높은 것, 위반자가 개인일 경우 20만 파운드) ③ ① 및 ②의 조합 (NSI법 40조 1항, 4항, 41조 1항, 2항)
클리어런스를 취득하지 않고 신고 대상 거래를 실행한 경우	(NSI법 39조 1항)	고정액 제재금(상기 ①)만 (NSI법 40조 1항, 5항, 41조 1항)

3 국가안보투자법이 적용된 주요 사례

1) 법 시행 후 제1차 운용상황

2022년 1월 4일부터 3월 31일까지 NSI법에 따라 196건의 의무적 신고[284], 25건의 임의적 신고, 1건의 소급적 신고가 실시되었다. 의무적 신고에 비해 임의적 신고의 수가 적은 것에 대해 전문가가 임의적 신고를 실시하지 않고, 거래를 실행할 것을 조언하고 있는 안건이 상당수 있음을 알 수 있다는 지적도 있다. 또 신고가 이뤄진 거래 중 콜인된 거래는 17건이었다. 2022년 9월 말까지 공표된 ① 2차 심사 대상으로 콜인된 사례 ② 클리어런스에 조건

---

[284] 이 중 비중이 높았던 5개 업종은 많은 순으로 방위(약 33%), 민군 병용기술(약 21%), 정부에 대한 중요한 공급업체(약 20%), 인공지능(약 19%), 데이터 인프라스트럭처(약 17%), 첨단소재(약 12%)에 관한 신고였다(BEIS, Annual Report, page 14).

이 붙은 사례와 거래의 중지가 명령된 사례가 있다.

영국 정부는 2022년 7월 「국가안보투자법」에 따라 권한을 행사해 처음으로 거래를 차단하였다.[285] 그런데 첫 번째 금지 결정(이하 최종명령)을 기업 인수보다는 노하우 라이선스 부여를 택하였다. 영국 정부는 홍콩에 본사를 둔 취득자가 특정 이중 사용 기술에 대한 지식재산권(IP)과 노하우를 보유하고 있다는 이유로, 영국 기업의 인수를 금지하는 최종 명령을 내렸다. 이러한 결정은 영국 정부가 민감한 IP와 기술의 이전을 중시하고 있으며, NSI법에 따라 기술 라이선스와 자산 취득을 왜 중요하게 다루는가를 보여주고 있다.

이 사건은 대학의 SCAMP-5 및 SCAMP-7 시각 감지 기술과 관련하여 맨체스터 대학으로부터 Beijing Infinite로 IP 권리의 라이선스를 부여하는 것과 관련이 있다.[286] NSI법은 자산이나 기술 라이선스의 취득에 대한 의무적인 통지를 요구하지 않는다. 의무적인 통지는 심사대상 엔티티에 대한 지분투자자의 특정 트리거 기준치를 획득하는 경우에만 필요하다. 그러나 당사자들은 자발적으로 거래 통지를 하기로 결정할 수 있다. 대학이 자율적으로 통보하기로 하였고, 정부가 전면적인 국가안보 검토를 실시하였다. 2022년 7월 20일, 비즈니스 에너지 산업 전략부 장관(BEIS)은 제안된 라이선스 협정을 저지하는 최종명령을 발표하였다.

이 사건에 대한 공개적인 세부 사항은 거의 없지만, 대학과 베이징 인피니트는 베이징 인피니트가 시각 감지 기술과 관련된 기술의 개발, 테스트 및 검증, 제조, 사용 및 판매한다는 특정 IP를 라이센스 계약을 체결했다. 그러나 BEIS는 SCAMP-5와 SCAMP-7 시각 감지 기술이 상업적 용도로 사용될 수 있을 뿐만 아니라 군사적 목적으로도 사용될 수 있다고 판단하였다. 따라서 해당 기술이 영국에 국가안보 위험을 초래할 수 있는 국방 또는 기술 능력을

---

285 First Prohibition Order under U.K. NSI Act 2021 Targets Licence of IP Rights August 22, 2022; https://www.armstrongteasdale.com/thought-leadership/first-prohibition-order-under-u-k-nsi-act-2021-targets-licence-of-ip-rights/

286 https://assets.publishing.service.gov.uk/government/uploads/system/uploads/attachment_data/file/1092802/aquisition-scamp5-scamp7-know-how-final-order-notice-20220720.pdf

구축하는 데 사용될 수 있다고 결론을 내렸고, 라이선스 계약은 금지되었다.

2) 공표 사례

가. 콜인 사례[287]

① 네덜란드 Nexperia에 의한 영국 Newport Wafer Fab 인수

중국 기업의 자본 하에 있는 네덜란드 반도체 기업인 Nexperia가 2021년 7월 영국 최대 마이크로칩 제조업체인 Newport Wafer Fab 완전 인수를 실행했으나 2022년 5월 25일 콜인되었다. Newport Wafer Fab은 영국 정부와 방위 관련 거래를 하고 있었다. 2차 심사의 최초 30영업일 심사기간, 이후 45영업일 심사 기간이 모두 경과했지만 2022년 9월 말 기준으로 심사는 완료되지 않았고 정부·당사자 간 합의에 따라 심사 기간이 더 연장되었다.

② 프랑스 Altice에 의한 영국 BT그룹 주식 일부 매수

이스라엘 자산가인 Patrick Drahi가 지배하는 프랑스 투자 클럽 Altice가 2021년 12월 영국 최대 텔레콤 BT그룹의 지분을 12%에서 18%로 늘리는 거래를 실행했지만 2022년 5월 26일 콜인되었다. 그 후, 8월 23일에 해당 거래에 대해 클리어런스가 내려졌다.

③ 오스트레일리아 Macquarie Asset Management 등에 의한 영국 National Grid의 가스 트랜스미션 사업의 일부 인수

오스트레일리아 자산운용사 Macquarie Asset Management, 캐나다 기관투자가 British Columbia Management Corporation을 포함한 컨소시엄이 영국 송전·가스 공급사업자인 National Grid가 가진 가스 트랜스미션 사업의 60% 지분을 인수하는 거래에 대해 2022년 3월 계약이 체결돼 같은 해 실행이 예정됐으나 정부의 심사 대상으로 콜인되었다. 이들 매수자는 해당 거래 전부터 영국 내에 인프라 관련 시설을 소유하고 있었다.

---

[287] 2022년 9월 말까지의 영국정부의 공표정보를 바탕으로 주요 사례를 정리한 것이며, 해당 사례를 모두 정리한 것은 아님

④ Vesa Equity Investment에 의한 영국 Royal Mail 주식 일부 매수

체코 자산가인 Daniel Kretinsky가 지배하는 룩셈부르크의 Vesa Equity Investment가 영국의 Royal Mail에 대한 지분을 25% 이하에서 25% 이상으로 늘리는 거래를 계획하고 있다는 뜻을 정부에 통지한 결과 2022년 8월 25일 콜인되었다.

나. 클리어런스에 조건이 붙은 사례 및 거래 중지가 명령된 사례

① 영국 Epiris의 영국 Sepura 주식 일부 매입(조건부 클리어런스)

영국 PE 펀드인 에피리스 등이 비상사태 통신망 관련 서비스를 제공하는 영국 세푸라에 대한 지분을 75% 이하에서 75% 이상으로 늘리는 거래를 실행한 것에 대해 정부의 심사 대상으로 콜인되었다. Sepura는 2017년 7월 이후 중국 통신기기 공급자 산하에 놓여 있었다. 2022년 7월 14일 영국이 기밀정보와 기술을 보호하고 비상 상황 시 사용되는 네트워크의 관리능력을 유지할 수 있도록 기밀정보와 기술을 부정한 접근으로부터 보호하기 위한 관리체제를 강화하고 보안대책 준수상황을 감사할 수 있도록 감사 주체에 시설과 정보에 대한 접근권을 제공하는 등의 조건으로 허가를 받았다. 정부가 NSI법에 근거해 조건부 허가를 낸 첫 사례이다. 또 영국 투자자라도 실제로 NSI법의 규제 대상이 될 수 있음을 밝힌 사례이다.

② Super Orange HK Holding(홍콩)에 의한 영국 Pulsic의 주식매수 (거래 중지명령)

영국 정부는 국가안보에 대한 위험성을 우려해 Super Orange HK Holding(Super Orange)가 영국 전자디자인회사 Pulsic Limited의 주식자본 전량을 취득하는 것을 금지하는 또 다른 최종명령을 통과시켰다. 이 조치는 영국의 사업과 기술에 대한 중국의 개입을 제한하려는 최근의 시도이다. 브리스톨, 뉴캐슬, 도쿄, 새너제이 등에 사무실을 두고 있는 펄식은 전자설계자동화(EDA) 제품 생산에 사용되는 소프트웨어 개발과 관련한 IP와 노하우를 보유하고 있다. 이 기술은 민간 또는 군사 분야에서 사용될 수 있는 최첨단 집적회로의 구축을 용이하게 하는 데 사용될 수 있다. 영국 정부는 이중용도에 대

해 EDA 기술을 이용하여, 국방 또는 기술 역량 구축에 사용될 수 있다는 점을 우려하였다. 따라서 국무장관은 슈퍼오렌지의 펄식 인수가 국가안보에 위험을 초래할 수 있다고 판단하고, 거래를 금지하였다.

"국무부장관은 다음과 같은 이유로 국가 안보에 대한 위험이 발생한다고 본다.
i. 전자설계자동화(EDA) 제품에 대해 심사대상 기관이 개발 및 소유한 소프트웨어에 대한 지식재산권, 지식, 프로세스 및 기술을 적용하여 민간 또는 군사 공급망에서 사용할 수 있는 최첨단 집적 회로의 구축을 용이하게 한다(이중 사용)
ii. EDA 도구를 활용하여 설계에 특징을 도입할 수 있는 가능성(방어 또는 기술 능력을 구축하는 데 사용될 수 있는 사용자 지식 없이도 자동으로 또는 기능을 포함)
iii. 그러한 위험은 심사대상 기업(엔티티)과 자산이 취득자에게 이전될 때 발생한다.
국무부 장관은 국가안보에 대한 위험을 완화하기 위해 최종명령이 필요하고 비례적이라고 판단한다".[288]

③ Tawazun Strategic Development Fund(UAE)의 영국 Reaction Engines 주식 일부 인수(조건부 클리어런스)

Tawazun Strategic Development Fund(UAE)에 의한 영국 및 미국에서 추진·열관리 기술에 관한 사업을 영위하는 영국 Reaction Engines의 주식 일부 인수에 대해 2022년 9월 6일에 조건부 허가를 받았다(조건 내용은 비공개).

④ 영국 Stonehill Energy Storage에 의한 영국 Stonehill Battery Storage가 가지는 개발권 인수(조건부 클리어런스)

중국 정부조직이 75% 이상의 의결권을 보유한 영국의 Stonehill Energy Storage에 의한 Stonehill Battery Storage가 보유한 프로젝트(영국의 송전 능력 향상으로 이어지는 기술개발 포함)에 대한 개발권 전체 인수에 대해 2022년 9월 14일 일부 거래처 사업자를 지명할 때 영국 정부의 사전승인 획득 및 일부 정보 공유를 제한하는 조건으로 허가를 받았다.

---

288 https://www.gov.uk/government/publications/acquisition-of-pulsic-ltd-by-super-orange-hk-holding-ltd-notice-of-final-order/acquisition-of-pulsic-ltd-by-super-orange-hk-holding-ltd-notice-of-final-order

⑤ 미국 Viasat에 의한, 영국 Connect Topco의 모든 주식 매수(조건부 클리어런스)

2022년 9월 15일, 미국 위성 관련 서비스 제공업체인 Viasat의 영국 위성 커뮤니케이션 서비스 제공업체인 Inmarsat의 지주회사 Connect Topco의 모든 지분 인수에 대해 불법적인 접근으로부터 정보를 보호하기 위한 관리체제가 마련되어 있으며 영국 정부에 대한 전략적 기능 제공이 지속되는 것을 조건으로 허가를 받았다.

3) 최근 사례

① SiLight (Shanghai) Semiconductors Limited의 HiLight Research Limited 인수: 최종 명령 통지[2022년 12월 19일][289]

1. 국가안보 및 투자법 제26조에 따라 최종명령을 내렸다.
2. 명령의 대상이 되는 당사자는 다음과 같다.
   i. SiLight (Shanghai) Semiconductor Limited("인수자").
   ii. HiLight Research Limited("대상").
3. 인수자는 HiLight Research Limited의 지분 100%를 인수한다. 인수자는 이전에 HiLight Research Limited의 지분을 보유하지 않았다. 이번 인수는 법 8(2)(c)항에 따른 트리거 이벤트에 해당한다.
4. 이 명령은 국가안보에 대한 위험을 완화하기 위해 인수자가 HiLight Research Limited를 인수하는 것을 방지하는 효과가 있다.
5. 국무부장관은 다음과 관련하여 국가안보에 대한 위험이 발생한다고 간주한다.
   i. HiLight Research Limited의 기술이 영국에 국가안보 위험을 초래할 수 있는 기술적 역량을 구축하는 데 사용될 가능성이 있다.
6. 국무부장관은 국가안보에 대한 위험을 완화하기 위해 최종명령이 필요하고 비례적이라고 판단한다.

---

[289] https://www.gov.uk/government/publications/acquisition-of-hilight-research-limited-by-silight-shanghai-semiconductors-limited-notice-of-final-order/acquisition-of-hilight-research-limited-by-silight-shanghai-semiconductors-limited-notice-of-final-order

② EDF Energy Holdings Ltd가 GE Oil & Gas Marine & Industrial UK Ltd 및 GE Steam Power Ltd를 전체지분을 소유한 자회사인 GEAST UK Ltd를 통해 인수함: 최종명령 통지[2023년 8월 7일][290]

1. 국무부장관은 국가안보 및 투자에 관한 법률 제26조에 따라 최종 명령을 내렸다.
2. 명령의 대상이 되는 당사자는 다음과 같다:
   i. EDF 에너지 홀딩스 유한회사;
   ii. GEAST UK 유한회사;
   iii. GE Oil & Gas Marine & Industrial UK Limited; 및
   iv. GE Steam Power Limited.
3. EDF 에너지 홀딩스 유한회사의 100% 자회사인 GEAST UK 유한회사는 GE Oil & Gas Marine & Industrial UK Limited와 GE Steam Power Limited의 보유 지분 비율을 75% 미만에서 75% 이상으로 높여 인수 완료 시 심사대상 기업인 GE Oil & Gas Marine & Industrial UK Limited와 GE Steam Power Limited의 통제권을 갖게 된다.
4. 취득은 법 제8조(2)(c)에 따른 트리거 이벤트를 구성한다.
5. 국무부장관은 GE Oil & Gas Marine & Industrial UK Limited와 GE Steam Power Limited UK 시설을 통해 전달되는 해군 추진 시스템과 관련된 중요한 국가안보 및 방어 능력 때문에 국가안보에 위험이 발생할 것이라고 판단한다.
6. 최종 명령은 당사자들에게 다음을 요구한다:
   i. 물리적 및 정보 보안 요구 사항의 충족
   ii. 민감한 정보를 보호하기 위한 거버넌스 체계의 구현
   iii. HM 정부가 임명한 이사회 옵서버를 GEAST UK Limited 이사회에 배치하고, 이사회 옵서버가 GE Oil & Gas Marine & Industrial UK Limited 이사회와 GE Steam Power Limited 이사회의 회의를 참관할 수 있도록 허용한다;
   iv. 보안 요구사항 준수 및 민감 정보 보호에 대한 감독을 제공하기 위해 GEAST UK Limited 이사회에 운영 위원회를 설립한다;
   v. 영국의 중요한 국방부 프로그램과 관련하여 역량과 능력을 유지해야 한다.

---

290 https://www.gov.uk/government/publications/acquisition-of-ge-oil-gas-marine-industrial-uk-ltd-and-ge-steam-power-ltd-by-edf-energy-holdings-ltd-via-its-wholly-owned-subsidiary-geast-uk-ltd/acquisition-of-ge-oil-gas-marine-industrial-uk-ltd-and-ge-steam-power-ltd-by-edf-energy-holdings-ltd-via-its-wholly-owned-subsidiary-geast-uk-ltd

7. 최종 명령에는 최종 명령이 국방부의 중요한 프로그램의 이행을 위태롭게 할 정도로 심각한 방식으로 위반되는 경우, 국무부장관이 개입하여 국방부 프로그램의 이행에 필요한 관련 사업 또는 사업의 일부를 운영 통제하거나 인수할 수 있는 권한이 있다는 조항도 포함되어 있다.
8. 국무부장관은 최종 명령이 국가안보에 대한 위험을 완화하기 위해 필요하고 비례적이라고 판단한다.

③ Voyis Imaging Inc.의 사우샘프턴 대학교 소속 자산 인수: 최종 주문 통지[2023년 6월 8일][291]

1. 국무부장관은 국가안보 및 투자에 관한 법률 제26조에 따라 최종명령을 내렸다.
2. 명령의 대상이 되는 당사자는 다음과 같다:

    i. 사우샘프턴 대학;

    i. 법인의 자회사

    ii. 해당 법인이 통제하는 모든 법인

    iii. 법인의 모든 계열사

    iv. 그리고 이러한 목적을 위해 직간접적으로 법인의 정책에 영향을 미치거나 물질적으로 영향을 미칠 수 있지만 해당 법인에 대한 통제적 이해관계가 없는 개인 또는 그룹은 해당 법인의 정책을 통제하는 것으로 간주될 수 있다.

3. Voyis Imaging Corporation은 라이센스를 통해 심사대상 자산에 대한 통제권을 획득하게 되며, 이를 통해 심사대상 자산을 사용하거나 통제권을 획득하기 전보다 더 많은 범위에서 사용할 수 있게 된다.
4. 취득은 법 제9조 (1)(a)에 따른 트리거 이벤트를 구성한다.
5. 국무부장관은 허가된 심사대상 자산에 대한 접근을 통해 외국 국가의 군사력이 상승할 가능성이 있는 결과로 이질 수 있으므로, 이 트리거 이벤트로부터 국가안보에 대한 위험이 발생할 것으로 보고 있다.

---

291 https://www.gov.uk/government/publications/acquisition-of-assets-belonging-to-the-university-of-southampton-by-voyis-imaging-inc-notice-of-final-order/acquisition-of-assets-belonging-to-the-university-of-southampton-by-voyis-imaging-inc-notice-of-final-order

6. 최종명령은 Voyis Imaging Corporation이 심사대상 자산을 구매하고자 하는 모든 신규 고객에 대한 실사 검사를 수행하고, 심사대상 자산의 모든 신규 고객에 대한 세부 정보를 매년 정부에 보고하도록 요구하는 효과가 있다.

7. 국무부 장관은 최종명령이 국가안보에 대한 위험을 완화하기 위해 필요하고 비례적이라고 판단한다.

NSI 2023 연례 보고서[292]

- -

I 자체평가와 요약

① 자체평가

수세기 동안 영국은 투명성, 예측 가능성, 법치에 대한 역사적 헌신으로 인해 투자의 세계적인 중심이 되어 왔다. 「국가안보투자법」은 그 원칙에 정확히 부합하게 설계되었고, 2023년 2월에 이 심사체제가 최대한 기업 친화적이고 친투자적으로 유지하기 위해 그 법에 따른 결정권자의 역할을 맡게 되었다.

연례 보고서를 보면 영국이 그 임무를 성공시키고 있다는 것을 알 수 있다. 이것은 기업과 투자자들에게 사업을 하는 데 필요한 확실성을 제공하는 동시에 점점 더 불안정해지는 세계에서 영국의 국가안보를 결정적으로 보호하는 체제이다. 영국의 안보투자법은 영국을 위해 일하고 있으며, 영국의 비즈니스를 위해 일하고 있다.

---

292 https://www.gov.uk/government/publications/national-security-and-investment-act-2021-annual-report-2023/national-security-and-investment-act-2021-annual-report-2022-23-html

지난 회계연도에서 총 866건의 통지를 받았다. 영국은 추가적인 평가를 위해 검토했던 매수 중 65개에 대해서만 콜인을 행사하였다. 그리고 국가안보를 바탕으로 15 건에 대해 개입을 하였다. 즉 매수에 대해 최종명령을 내린 것이다. 국방 관련 매수가 콜인과 최종명령을 받았다. 그 밖에 통신, 에너지, 첨단소재, 컴퓨팅 하드웨어 등이 최종명령을 받았다.

모든 사안은 법적인 기간 내에 결정되었으며, 기업에게 신뢰와 확실성을 제공했다. 영국은 NSI법에 따라 대부분의 투자가 아무런 제한 없이 진행될 수 있도록 허용하고, 개별적인 국가안보 위험성에 따라 판단할 것이다. NSI법에 따른 안보투자 제도가 영국이 세계에서 가장 매력적인 투자국가로 자리매김하는 데 중추적인 역할을 할 것으로 믿는다. 첫 1년은 매우 긍정적인 성과를 거두었으며, 기업들과 지속적으로 소통하고, 제도가 개선될 수 있도록 방안을 모색하고자 한다.

이 보고서는 「국가안보투자법」 제61조에 따라 의회에 제출된 것이다. 이 보고서는 2022년 4월 1일부터 2023년 3월 31일(보고 기간)까지의 연도를 대상으로 한다. 이 보고서는 NSI법이 요구하는 모든 것과 이해와 투명성을 돕기 위한 추가 정보를 포함하고 있다.

NSI법에 따라 국무부 장관에게 직무를 수행하도록 조언하는 투자보안부(ISU)는 이번 보고기간 동안 옛 기업·에너지·산업전략부에서 국무조정실로 부서가 재편성되어, 부서를 옮겼다.[293] NSI법에 따른 의사결정권자는 국무장관으로 지정되어 있다. 현재 국무조정실에서 국무부장관이 부총리 역할을 하고 있다. 이 보고서는 1년 전체를 대상으로 한 최초의 NSI 연간 보고서이다. NSI법이 시작된 지 3개월 후에 일부가 보고서로 공표된바 있다.

NSI법은 각 연례 보고서에 NSI법의 기능에 대한 특정 세부 사항을 포함하도록 요구하고 있다. 영국 정부는 NSI법의 사용에 대해 가능한 한 많은 투

---

293 Minister of State for the Investment Security Unit(ISU): 투자 보안 부서는 2023년 2월에 비즈니스, 에너지 및 산업전략부에서 국무부로 이전되었다. ISU는 국가안보 및 투자법에 명시된 대로 심사 대상 자산 또는 법인에 대한 통제권을 획득할 때 발생하는 영국의 국가안보 위험을 식별, 해결, 완화할 책임이 있다.

명성을 제공하기 위해 노력하고 있다. 따라서, 이 보고서는 법정 정보 외에도 법정 최소치를 초과하는 정보의 범주를 포함한다. 여기에는 첫 번째 연례 보고서에 포함된 정보(예: 월별로 조직된 총 통지수, 의무 및 자발적 범주별로 조직된 통지 수)와 이전에 공표되지 않은 새로운 범주의 정보(예: 투자 출처별로 조직된 콜인 통지 수, 월별로 승인된 소급 유효 통지 수)를 포함하고 있다.

② 보고서 요약

1) 접수된 통지 및 이를 평가하는 데 소요된 시간

이 보고기간 동안 국무부장관은 866건의 통지를 받았다. 이 중 671건은 의무 통지였고, 180건은 자발적 통지였으며, 15건은 소급효 확인 신청이었다. 의무 통지 중 47%는 국방 부문(하나의 매수가 복수의 부문과 관련될 수 있음)과 관련이 있었다. 의무 통지와 임의 통지 모두 근무일 기준 평균 4일 이내에 접수되었다. 거부 통지 43건 중 의무 통지를 거부하는 데 평균 10일, 자발적 통지를 거부하는 데 평균 7일이 소요됐다.

이 보고 기간 내에 검토된 의무적이고 자발적인 통지와 소급효는 766건이었다. 이 중 7.2%(55명)는 콜인 통지서를, 92.8%(711명)는 추가 조치가 없을 것이라고 통지했다. 모든 통지는 접수된 후 30 근무일의 법정 기한 내에 콜인 되거나 해결되었다. 이들 통지 중 의무 통지는 평균 28일, 자발적 통지는 27일이 소요되었다.

2) 콜인 및 관련 경제 분야

보고기간 동안 65건의 매수가 요청되었다. 이들 65명 중 37명은 의무적 통지에 따라, 17명은 임의 통지에 따라 이뤄졌다. 소급효 확인 신청에 대해 1건의 콜인 통지를 하였고, 고지하지 않은 취득에 대해서는 10건의 콜인 통지를 하였다.

요청된 매수 중 37%는 군사 및 이중 용도 분야, 29%는 국방, 29%는 첨단 재료와 관련이 있었다. 콜인의 42%는 중국과 관련된 매수자, 32%는 영국과 관련된 매수자, 20%는 미국과 관련된 매수자였다. 의무 통지 15건과 임의 통지 10건은 추가 기간을 활용하였고, 취득 10건은 임의 기간을 활용하였다.

3) 최종 통지와 최종명령

보고 기간 동안 국무부장관은 57건의 최종 통지와 15건의 최종명령을 내렸고, 1건의 최종 명령은 취소되었다. 최종 통지 57건 중 42%는 군사 및 이중 용도 분야의 매수, 32%는 첨단소재, 26%는 국방 분야이었다. 최종 통지를 발행하는 데 평균 25일이 걸렸다. 완료되지 않은 매수에 최종 통지 11건이 발행되어 NSI법에 따른 정밀 조사가 중단되었다. 57개의 최종 통지 중 40%는 중국과 관련된 매수자, 30%는 영국과 관련된 매수자, 19%는 미국과 관련된 매수자(한 국가 이상의 국가와 관련될 수 있음)와 관련되어 있다.

최종명령은 15건이었다. 그 가운데 군사 및 이중 용도와 경제의 통신 분야에서 활동을 수행하는 대상이 각 4건, 에너지, 국방, 컴퓨팅 하드웨어 및 첨단 소재 분야에서 활동을 수행하는 대상이 각 3건이었다. 최종 명령 중 8건은 중국 관련 매수자, 4건은 영국 관련, 3건은 미국 관련 매수자였다. 최종 명령을 발급하는 데 평균 81일이 소요되었다. 이 신고 기간 동안 어떠한 재정지원도 주어지지 않았다. 어떠한 처벌도 내려지지 않았고 형사소추도 성립되지 않았다.

Ⅱ | 섹션 1: 통지

① 개요

이 섹션에는 국무장관이 이 보고 기간 동안 받은 통지에 대한 정보가 포함되어 있다. 통지는 NSI법에 규정된 법적 테스트를 충족하고 국가 안보에 위험을 초래할 수 있는 매수에 대해 국무장관에게 통지하는 수단이며, 이는 자산 및 기업 매수를 모두 포함할 수 있으며, 국가안보에 위험을 초래할 수 있다(적격 매수, 법률에서 트리거 이벤트라고 함).

매수 당사자는 NSI법에 따라 다음과 같은 세 가지 유형의 통지를 할 수 있다:

① 의무적인 통지(mandatory notifications)

② 자발적인 통지(voluntary notifications)

③ 소급 유효성 확인 애플리케이션(retrospective validation applications, 애플리케이션이라고도 함)

의무 통지는 'Notifiable Acquisition 2021' 규정에 명시된 영국 경제의 17개 분야에서 특정 활동을 수행하는 기업의 매수인 'Notifiable Acquisitions'와 관련하여 받은 통지이다. 임의 통지는 의무적으로 통지할 수 있는 취득이 아닌 취득과 관련하여 받은 통지이다. 당사자들은 적격 매수가 국가안보에 위험을 초래할 수 있다고 합리적으로 의심되는 경우, 자발적으로 통지를 제출하여 사업의 확실성에 대해 확인을 받을 수 있다. 한편 소급효 인정 신청은 승인 없이 완료된 후 법적으로 소급효가 있는 것으로 인정되는 통지 취득 신청이다.[294]

---

294 아래에서는 자발적 통지, 의무적 통지, 소급 유효성 확인 신청을 통칭하여 '통지'라고 한다.

(2) 통지 수신

보고 기간은 NSI법 제61조에 규정된 2022년 4월 1일부터 2023년 3월 31일까지의 연도이다.

일단 통지가 수신되면 국무장관은 그 통지를 수락(검토할 수 있다는 의미)하거나 거부해야 한다. 통지를 거부하는 이유는 별도로 제시되어 있다. 여기서 '수령'으로 기재된 통지는 보고 기간이 종료되는 시점에 고려 중이었으므로, 보고기간이 종료된 후에 수락 또는 거절될 수 있다. 이는 보고서상의 다른 수치와 다소 차이가 있을 수 있음을 의미한다.

① 총 접수 건수: 866건

② 의무적(Mandatory) 통지 접수 건수: 671건

③ 자진(Voluntary) 신고 접수 건수: 180건

④ 소급효 확인(Retrospective) 신청 접수 건수: 15건

2020년 11월에 발표한 NSI법안의 영향평가를 보면 매년 1,000-1,830 통지를 받을 것이라고 추정했다. 12개월 보고 기간 동안 수신된 것은 866명이다. 의무적 통지는 4배 정도 수신되었다. 매월 다른 유형의 통지는 상당히 일관되었다.

(3) 승인 및 거부

이 섹션은 보고기간 동안 수신된 건 중 수리(Accepted) 또는 거부(Rejected) 통지가 포함되어 있다. 보고 기간의 종료와 거부, 수리 등 기간이 일치하지 않는다. 수리와 거부의 총합계도 일치하지 않는다.

① 승인 또는 각하된 통지의 수: 849건

② 승인 또는 수리된 통지의 수: 806건

③ 거부된 통지의 수: 43건

④ 수리된 필수 통지 수: 642건

⑤ 거부된 필수 통지 수: 22건

⑥ 수리된 자발적 통지 수: 152건

⑦ 거부된 자발적 통지 수: 19건

⑧ 승인된 소급효 애플리케이션 수: 12건

⑨ 거부된 소급효 애플리케이션 수: 2건

⑩ 보고 기간 종료시 수리 또는 거부를 보류한 통지의 수: 17건

매달 대다수의 통지가 수리되었고, 소수만이 거부되었다. NSI법은 통지를 거부할 수 있는 세 가지 이유를 제시하고 있다. 통지를 거부한 가장 흔한 이유는 잘못된 양식(총 43개 중 23개 통지가 거부됨)으로 취득 사실을 알렸기 때문이다. ISU가 통지를 거부할 때 ISU는 당사자들에게 연락하여 통지가 거부된 이유를 설명함으로써 시스템이 최대한 투명하게 유지되도록 돕는다.

① 통지가 NSI법에 규정된 요건을 충족하지 못함

② 통지가 규정에 규정된 요건을 충족하지 못함

③ 통지가 충분한 정보를 포함하지 않음

④ 경제 영역별 신고

정보는 이 보고기간 내에 수락 또는 거절된 통지들에 관한 데이터만을 포함한다. 통지는 수락 또는 거절 시점에서만 경제의 한 영역으로 분류되므로 통지가 수락되기 전에 경제의 어느 영역에 속하는지 말할 수 없기 때문이다. 따라서 보고 기간 동안에 받은 통지의 수와 경제의 한 영역으로 분류된 통지의 수는 작은 차이가 있다.

구체적으로 디펜스 47%, 정부에 중요한 공급업체 22%, 데이터 인프라스트럭처 20%, 인공지능 16%, 군사용 및 이중 용도 16%, 첨단 재료 11%, 에너지 9%, 긴급 서비스 부문에 중요한 공급업체 9%, 커뮤니케이션즈 7%, 위성과 우주 기술 5%, 컴퓨팅 하드웨어 5%, 민간 원자력 4%, 암호화 인증 3%, 합성생물학 3%, 첨단 로보틱스 3% , 양자 테크놀로지스 2%, 운송 2%이다.

Number of Notifications by Sector

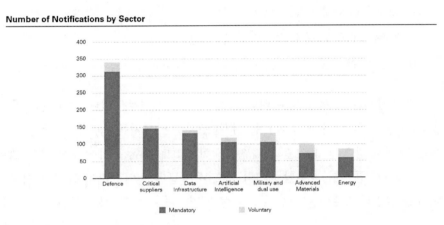

출처: NSI법 Annual Report 2022-23

◑ 의무 통지를 한 경제 분야와 각 분야에서 받은 통지의 수

Sector	%
Defence	47%
Critical Suppliers To The Government	22%
Data Infrastructure	20%
Artificial Intelligence	16%
Military And Dual Use	16%
Advanced Materials	11%
Energy	9%
Critical Suppliers To The Emergency Services Sectors	9%

Communications	7%
Satellite And Space Technology	5%
Computing Hardware	5%
Civil Nuclear	4%
Cryptographic Authentication	3%
Synthetic Biology	3%
Advanced Robotics	3%
Quantum Technologies	2%
Transport	2%

출처: National Security and Investment Act 2021: Annual Report 2022-23

◑ 자발적인 통지가 이루어진 경제의 영역과 각 영역에서 받은 통지의 수

Sector	%
Advanced Materials	18%
Defence	17%
Military And Dual Use	16%
Energy	16%
Academic Research And Development In Higher Education	15%
Real Estate Activities	8%
Artificial Intelligence	8%
Computing Hardware	8%
Manufacturing	7%
Information And Communication (Publishing, Tv, It)	6%
Satellite And Space Technology	6%
Financial And Insurance Activities	6%
Critical Suppliers To The Government	5%
Professional, Scientific, And Technical Activities	5%
Synthetic Biology	5%
Administrative And Support Service Activities	5%

Advanced Robotics	5%
Data Infrastructure	5%
Human Health And Social Work Activities	5%
Other Service Activities (Membership Orgs, Repair, Personal Services Etc.)	5%
Public Administration And Defence; Compulsory Social Security	5%
Transport	5%
Arts, Entertainment And Recreation	4%
Communications	4%
Construction	4%
Critical Suppliers To The Emergency Services Sectors	3%
Transportation And Storage (Logistics)	2%
Water Supply; Sewerage, Waste Management, And Remidation Activities	2%
Civil Nuclear	2%
Cryptographic Authentication	2%
Quantum Technologies	2%
Wholesale And Retail Trade; Ad. Repair Of Motor Vehicles And Motorcycles	1%
Accommodation And Food Service Activities	1%
Mining And Quarrying	1%

출처: NSI법 Annual Report 2022-23

첨단 재료 18%, 디펜스 17%, 군사용 및 이중 용도 16%, 에너지 16%, 고등교육의 학문적 연구와 발전 15%, 부동산업 활동 8%, 인공지능 8%, 컴퓨팅 하드웨어 8%, 제조업 7%, 정보 및 커뮤니케이션(출판, TV, IT) 6%, 위성과 우주 기술 6%, 금융 및 보험 활동 6%, 정부에 중요한 공급업체 5%, 전문적, 과학적, 기술적 활동 5%, 합성생물학 5%, 관리 및 지원 서비스 활동 5%, 어드밴스드 로보틱스 5%, 데이터 인프라스트럭처 5%, 인간의 건강과 사회 사업 활동 5%, 기타 서비스 활동(멤버십, 수리, 개인 서비스 등) 5%, 공공행정과 국방, 의무적 사회보장 5%, 운송 5% 등이다.

매수자와 관련된 투자를 국가별로 제시한다. 이러한 통계의 목적상, 투자의 관련 원천은 직접 취득자의 본사 또는 최종 수익자의 본사의 위치와 같은 몇 가지 요소에 의존한다. 투자의 투자처별로 수락된 통지의 백분율을 나타낸다. 취득자는 둘 이상의 투자의 투자처와 연관될 수 있고, 하나의 취득자는 하나 이상일 수 있으므로 하나의 취득은 둘 이상의 투자의 투자처에 계산될 수 있다. 따라서 도표에서의 백분율은 100% 이상이 된다.

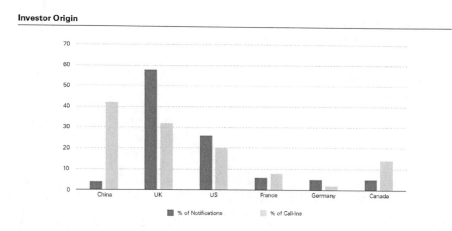

Investor Origin

출처: NSI법 Annual Report 2022-23

영국 58%, 미국 26%, 기타 14%, 프랑스 6%, 캐나다 5%, 독일 5%, 중국 4%, 룩셈부르크 3%, 일본 2%, 스웨덴 2%, 이탈리아 2%, 네덜란드 2%, 조지섬 2%, 노르웨이 2%, 건지 2%, 케이맨 제도 2%, 오스트레일리아 2%, 스위스 1% 등이다.

승인된 통지의 대부분(전체의 58%)이 영국과 관련된 투자와 관련된 것이다. 그 다음은 미국과 프랑스이다. '기타' 범주에 포함된 투자의 출처는 Annex C에 나열되어 있다.

⑥ 기간

● 통지가 수락 또는 거부된 기간

수령한 후의 평균 근무 일수	Median working days [근무 일수 중위]	Mean working days [평균 근무 일수]
W. 국무부 장관에 대한 의무적 신고이며, 당사자에게 그 통지에 대한 허가 결정을 통지	4	5
X. 국무부 장관에 대한 의무적 신고이며, 그 통지를 거부한 이유를 서면으로 통지	10	12
Y. 국무부 장관에 대한 자발적 신고로서, 당사자에게 그 통지에 대한 허가 결정을 통지	4	5
Z. 국무부 장관에 대한 자발적 신고로서, 그 통지를 거부한 이유를 서면으로 통지	7	9

출처: NSI법 Annual Report 2022-23

허가 또는 거부에 상당한 시간이 소요된 통지 건수가 적어 평균 근무 일수가 중위수보다 높다. 이러한 값들은 당사자들이 자신의 통지가 승인(허가)되었는지 또는 거부되었는지에 대한 최종 결정을 받는 것과 관련된다. 당사자들은 통지를 제출한 후 통상적으로 5 근무일 이내에 ISU로부터 통지를 받는다.

일부 통지가 다른 통지보다 오래 걸리는 주된 이유는 ISU가 추가 검토를 위해 추가 정보를 찾아야 했기 때문이다. 정부는 모든 경우에 신속하게 결정을 내리고 의사소통하고자 한다. 가장 오랜 시간이 걸린 것은 의무 통지를 거부하는 것이었다.

Ⅲ | 섹션 2: 콜인

(1) 개요

보고 기간 동안 국무장관이 검토한 통지에 관한 내용이 포함되어 있다. 이는 국무장관이 이전 보고 기간에 통지를 받았으나 이 보고 기간에 검토한 것일 수도 있기 때문에 수신 및 승인 또는 거부되었던 통지와 차이가 있다. 국무부장관이 통지를 검토할 때, 그들은 당사자들에게 더 이상의 조치가 취해지지 않을 것임을 알리거나 콜인 통지서를 발행할 수 있다.

국무부장관은 적격 매수가 국가안보에 위험을 초래할 수 있다고 합리적으로 의심되는 경우에만 매수에 대해 정밀 조사를 위해 콜인을 요청할 수 있다. 이는 특정 연도에 통지된 매수의 대다수가 콜인되지 않는다는 것을 의미한다. 콜인은 취득에 대한 추가적인 조사를 가능하게 하며, 취득이 국가안보에 확실히 위험을 초래하거나 정부가 개입하고자 하는 것을 나타내지 않는다. 통지를 받았든 아니든, 심사 대상 취득과 관련하여 콜인 통지를 할 수 있다.

(2) 검토한 통지 및 콜인 통지

① 심사한 총 매수통지 건수: 766건

② 의무 통지에 따른 매수심사 건수: 617건

③ 자진신고 후 심사한 매수 건수: 137건

④ 소급효 인정 신청에 따른 심사 매수 건수: 12건

⑤ 콜인 통지서 발급 건수: 65건

⑥ 의무 통지 후 발령되는 콜인 통지서 수: 37건

⑦ 자진신고에 따른 콜인 통지 건수: 17건

⑧ 소급효 확인신청에 따른 콜인 통지서 발급 건수: 1건

⑨ 미고지 취득에 대한 콜인 통지서 발급 건수: 10건

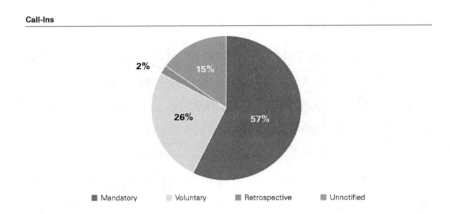

출처: NSI법 Annual Report 2022-23

　　보고 기간에 국무부장관이 검토한 766건의 의무·자발적 통지 및 소급효
에서는 모두 당사자에게 30 근무일 이내의 검토기간에 결과를 통지하였다.
이 중 7.2%(55건)는 콜인 통지를, 92.8%(711건)는 추가 조치가 없을 것이라고
통지하였다. 이는 통지받은 대다수 매수자들이 콜인하지 않고 진행할 수 있음
을 보여준다. 이 기간에 국무부장관이 검토한 추가적인 10건의 통지되지 않
은 거래는 콜인 통지서를 발행했다.

　　2020년 11월에 발표된 NSI법안의 영향평가에서는 ISU가 매년 70-95
건의 콜인 통지를 발행할 것으로 추정하였다. 12개월의 보고기간(65건의 콜인
통지) 동안 발행된 콜인 통지의 총수는 영향평가의 추정치 하단에 약간 못 미
치는 수준이다. 매월 통지 가능한 매수가 콜인되었다. 2022년 10월과 12월
만 자발적인 통지가 콜인되지 않았을 뿐, 2023년 3월에는 어떠한 종류의 콜
인도 없었다.

(3) 경제 분야별 콜인

전체 콜인에서 차지하는 비율을 경제의 영역별로 나누어 나타낸 것이다. 이는 각 부문이 관련된 전체 콜인의 비율이지, 콜인된 해당 부문의 통지 또는 매수에 대한 비율이 아니다. 예를 들어, 전체 콜인의 37%가 경제의 군사 및 이중 사용 부문이었지만, 그렇다고 해서 군사 및 이중 사용 통지의 37%가 콜인된 것은 아니다.

군사용 및 이중 용도 37%, 첨단 재료 29%, 디펜스 29%, 위성과 우주 기술 12%, 인공지능 11%, 컴퓨팅 하드웨어 11%, 커뮤니케이션즈 9%, 정부에 중요한 공급업체 9%, 데이터 인프라스트럭처 9%, 에너지 9%, 고등교육의 학문적 연구와 발전 6%, 퀀텀 테크놀로지스 6%, 어드밴스드 로보틱스 5%, 정보 및 커뮤니케이션(출판, TV, IT) 5%, 부동산업 활동 3%, 합성생물학 3%, 긴급 서비스 부문에 중요한 공급업체 2%, 암호화 인증 2%, 제조업 2%, 전문적, 과학적, 기술적 활동 2%, 운송 2%, 운송 및 저장(물류) 2% 등이다. 콜인 통지 건수가 가장 많은 경제 분야는 군사 및 이중 사용, 국방 및 첨단 소재 분야였다.

(4) 투자 국가별 콜인

중국 42%, 영국 32%, 미국 20%, 캐나다 14%, 프랑스 8%, 이스라엘 6%, 러시아 5%, 네덜란드 5%, 일본 5%, 오스트레일리아 5%, 룩셈부르크 3%, 이탈리아 3%, 홍콩 3%, 케이맨 제도 3%, UAE 3%, 튀르키예 2%, 스페인 2%, 대한민국 2%, 슬로바키아 2%, 싱가포르 2%, 사우디아라비아 2%, 쿠웨이트 2%, 저지도 2%, 독일 2%, 체코 2%, 키프로스 2%, 벨기에 2% 등이다.

가장 많은 콜인과 관련된 투자의 투자처는 중국으로 이 보고 기간 동안 전체 콜인의 42%를 차지하였다. 데이터는 중국과 관련된 매수가 가장 많은 최종 통지를 받았음을 보여준다. 그리고 콜인이 영국이나 미국과 관련된 매수자를 대상으로 이루어졌다.

⑤ 소요 시간

국무부장관은 통지를 수락한 후 30영업일 이내에 매수를 콜인할 것인지 여부를 결정해야 한다. 콜인 후에는 평가 기간이 있게 된다. 이 시간은 트리거 이벤트로 인해 발생하는 위험과 필요하다면 어떤 구제책이 필요하고 비례적인지를 평가하는 데 사용된다. 국무장관은 취득을 평가하기 위하여 처음에 콜인한 날(초기 기간)로부터 30근무일에, 45근무일(추가 기간) 더 연장할 수 있다. 추가 기간은 통상적으로 트리거 이벤트를 더 평가하기 위하여 사용된다. 평가 기간은 취득자의 합의(자발적 기간)로 추가 기간이 종료된 후에 더 연장될 수 있다. 이러한 근무일의 집계는 당사자가 정보 통지 또는 출석 통지에 응답하는 동안 일시 중지될 수 있다. 보고기간에 추가기간이 사용된 경우는 다음과 같다.

① 추가 기간을 콜인 의무 통지에 사용한 횟수: 15
② 콜인자의 통지 또는 소급 통지를 위해 추가 기간을 사용한 횟수: 10
③ 콜인 통지되지 않은 사건에 대해 추가 기간을 사용한 횟수: 4

IV | 섹션 3: 최종 통지

1) 최종 통지와 분야

[최종 통지 건수: 57건]

당사자들에게 보고기간에 최종 통지를 할 것인지 아니면 최종 명령을 할 것인지에 대하여 국무부장관에게 최종 결정을 위하여 제기된 콜인 매수는 72 건이었다. 이는 국무부장관이 이전 보고 기간에 매수의 콜인 결정을 하였을 수도 있지만 이 기간에 최종 결정을 하였기 때문에 이루어진 콜인과는 차이가 있다. 보고 기간에 당사자들에게 최종 통지를 할 것인지 아니면 최종 명령을 할 것인지에 대해 국무부장관에게 최종 결정을 위해 제출된 72건 중 79.2%(57 건)가 최종 통지를 받았다.

군사 및 이중 용도 관련 콜인은 42%가 최종 통지를 받았고 Advanced Materials는 32%를 받았다. 구체적으로 군사용 및 이중 용도 42%, 첨단 재료 32%, 디펜스 26%, 인공지능 14%, 데이터 인프라스트럭처 12%, 컴퓨팅 하드웨어 11%, 정부에 중요한 공급업체 11%, 위성 및 우주 기술 7%, 고등교육의 학문적 연구개발 5%, 어드밴스드 로보틱스 5%, 커뮤니케이션즈 5%, 에너지 5%, 정보통신 5%, 양자기술 5%, 전문적, 과학적, 기술적 활동 4%, 부동산활동 4%, 응급 서비스 공급업체 4%, 시민핵 2%, 암호화 인증 2%, 제조업 2%, 합성생물학 2%, 운송 2%, 운송 및 보관 2% 등이다.

2) 투자 국가별 최종 통지와 철회

피취득자와 관련된 투자 국가별 콜인 횟수를 정하고 있다. NSI법은 모든 피취득자에게 동일하게 적용되며, 특정 투자국가를 대상으로 하지 않는다.

[관련 투자 국가별 최종 통지]

중국 40%, 영국 30%, 미국 19%, 캐나다 12%, 프랑스 9%, 이스라엘 7%, 일본 5%, 오스트레일리아 5%, 러시아 4%, 네덜란드 4%, 이탈리아 4%, 케이맨 제도 4%, UAE 2%, 튀르키예 2%, 스페인 2%, 대한민국 2%, 슬로바키아 2%, 싱가포르 2%, 사우디아라비아 2%, 룩셈부르크 2%, 쿠웨이트 2%, 이스라엘 2%, 홍콩 2%, 건지 2%, 독일 2%, 체코 2%, 키프로스 2%, 영국령 버진 아일랜드 2%, 벨기에 2% 등이다.

이는 중국 관련 취득자가 40%로 가장 많은 최종 통지를 받았음을 보여준다. 영국이 30%로 2위, 미국이 19%로 3위였다. 피취득자는 둘 이상의 투자 국가와 연관될 수 있고, 피취득자 당 하나 이상의 피취득자가 있을 수 있으므로, 하나의 피취득자는 둘 이상의 투자의 원천에 계산될 수 있다. 따라서 백분율은 총 100% 이상이 된다.

[철회]

당사자는 언제든지 매수에서 탈퇴할 수 있으며, 이로 인해 통지가 철회될 수 있다. 그러한 상황에서 국무부 장관은 평가 기간을 종료하기 위한 최종 통지를 한다.

○ 최종 통지가 발행된 평가기간 동안 철회된 통지의 수: 11

V | 섹션 4: 최종 명령

① 최종 명령

① 최종 명령 건수: 15건
② 차단되거나 해제 명령의 대상이 되는 취득건 수(최종 명령 건수 총계에 포함): 5

당사자들에게 이 보고 기간에 최종 통지를 할 것인지 아니면 최종 명령을 할 것인지에 대하여 국무부장관에게 최종 결정을 위하여 제기된 콜인 매수는 72건이었다. 보고 기간에 당사자들에게 최종 통지를 할 것인지 아니면 최종 명령을 할 것인지에 대해 국무부장관에게 최종 결정을 위해 제출된 72건의 콜인 매수 중 20.8%(15건)가 최종 명령을 받았다. 최종 명령 15건 중 최종 명령 1건이 취소되어 신고 기간이 종료된 현재까지 유효한 최종 명령 건수는 총 14건이었다.

② 경제 영역과 국가별

경제의 통신 및 군사 분야와 이중 용도 분야의 매수와 관련된 최종 명령이 가장 많았고, 각각 4건이었다. 구체적으로 밀리터리와 이중용도 4건, 커뮤니케이션즈 4건, 에너지 3건, 디펜스 3건, 컴퓨팅 하드웨어 3건, 첨단 재료 3건, 위성우주기술 2건, 퀀텀 테크놀로지스 1건, 암호화 인증 1건, 정부에 중요한 공급업체 1건, 중요한 공급업체 1건, 학술연구 1건 등이다.

취득자와 관련된 투자 국가별 최종 명령에 대하여 규정한다. NSI법은 모든 취득자에게 동일하게 적용되며, 특정 투자국가를 대상으로 하지 않는다. 이러한 통계의 목적상, 매수자와 관련된 투자의 원천은 직접적인 매수자의 본사 또는 그것의 최종적인 소유자의 본사의 위치와 같은 여러 요소에 의존한다. 구체적으로 중국 8건, 영국 4건, 미국 3건, 룩셈부르크 1건, 저지 1건, UAE 1건, 네덜란드 1건, 러시아 1건 이다.

중국과 관련된 기업들의 매수가 가장 많은 최종 명령을 받았으며, 영국과 관련된 기업들이 두 번째로 많은 최종 명령을, 미국이 세 번째로 많은 최종 명령을 받았다.

Ⅵ | 섹션 5: 재정 지원 등

① 재정지원

국무부장관은 최종명령을 내린 결과 기업에 대해 또는 기업과 관련하여 재정적 지원을 할 수 있다. 이는 대출, 보증 또는 배상을 포함한 모든 형태의 재정적 지원(실제 또는 우발)이 될 수 있다. 이러한 지원은 영국 재무부의 동의를 받아야 한다. 보고 기간 동안에는 어떠한 재정적 지원도 주어지지 않았다. 따라서 재정적 지원과 관련된 부채는 존재하지 않는다.

② 항소, 규정 준수 및 집행

NSI법은 다음과 관련한 범죄를 명시하고 있다.
① 승인 없이 통지 가능한 매수를 완료하는 경우
② 중간 또는 최종 명령을 준수하지 않는 경우
③ 정보 통지 또는 출석 명령 및 각종 관련 범죄를 준수하지 않는 경우
④ 정보 조항의 공개를 위반하여 정보를 이용하거나 공개하는 행위

보고 기간 동안 국무부장관은 어떠한 형벌도 내리지 않았고, 결과적으로 형벌이나 비용에 대한 항소도 없었다. 이 기간 동안에 종결된 형사소추는 없었다.

PART 05

캐나다의 법과 외국의 투자규제

캐나다의 법과
외국의 투자규제

CHAPTER

01

캐나다의 외국인 투자 규제

Ⅰ | 서론

① 개요

2022년 12월 7일, 캐나다 정부는 외국으로부터의 대캐나다 투자를 규정하는 「캐나다 투자법」(Investment Canada Act)의 개정법안(HOUSE OF COMMONS OF CANADA BILL C-34 PROJET[295], 이하 개정법안)을 캐나다 연방 의회 하원에 제출했다. 본 법안은 투자에 관한 국가안전보장심사 현대화법 (National Security Review of Investments Modernization Act)으로, 「캐나다 투자법」에서 외국으로부터 캐나다 사업의 투자에 대한 캐나다 정부의 국가안전 보장 심사 시스템을 업데이트하는 것을 주된 목적으로 하고 있다.

캐나다의 개정법안은 다음과 같은 내용을 담고 있다.

① 특정 분야 투자실행에 관한 사전 신고 요구
② 관계 장관에 의한 국가안전보장 심사의 권한 강화

---

295 https://www.parl.ca/legisinfo/en/bill/44-1/c-34

③ 절차 미준수에 대한 벌칙 강화

④ 국가안전보장 심사 중 잠정조건 부여 권한을 관계 장관에게 부여

⑤ 투자자가 제출하는 국가안전보장 리스크를 경감하기 위한 일정 서약 사항을 관계 장관이 수용할 수 있도록 하는 규정 정비

⑥ 국가 간의 정보 공유 강화

⑦ 사법 심사 절차에서의 기밀 유지 강화

개정법안은 2023년 11월 기준 캐나다 의회에서 심의 중이다. 본 법안이 성립되면 캐나다에 신규 투자를 하는 외국기업의 투자에 있어서 필요한 사전 신고의 범위가 확대될 것으로 전망되고 있다. 캐나다를 투자대상으로 하는 외국기업에도 큰 영향이 있을 것으로 생각된다.

② 외국의 토지 소유 여부

캐나다에서는 원칙적으로 외국기업의 토지 소유가 가능하지만 일부 주에서는 제한된다.[296] 퀘벡주 등에서는 시민권 또는 영주권이 없는 사람의 농지 등 토지 소유가 일부 제한돼 있다.[297] 또 아일랜드 주 등에서는 비캐나다인을 대상으로 한 것은 아니지만 주외 거주자(기업이나 개인 관계없음) 및 거주법인에 의한 토지 소유에는 제한이 있다.[298]

캐나다 내 집값 폭등 문제에 대처하기 위해 연방정부는 2022년 6월 23일 「비캐나다인 주택용 부동산 매입 금지법(the Prohibition on the Purchase of Residential Property by Non-Canadians Act)」[299]을 공포하고 2023년 1월 1일

---

[296] https://laws-lois.justice.gc.ca/eng/regulations/sor-79-416/FullText.html

[297] https://www.alberta.ca/foreign-ownership-land.aspx ; https://www.legisquebec.gouv.qc.ca/en/document/cs/p-41.1

[298] https://www.princeedwardisland.ca/sites/default/files/legislation/l-05-lands_protection_act_p.e.i.pdf

[299] https://laws-lois.justice.gc.ca/eng/acts/P-25.2/page-1.html

부터 2년간 한시적 기간 동안 시행하고 있다. 2024년 2월 캐나다 정부는 캐나다 비거주자 외국인 주택 구매금지 조치를 2년 연장하여 2027년 1월 1일까지 금지한다고 발표하였다. 동법에서는 캐나다인 이외의 자에 의한 캐나다에서의 주택용 부동산 구매를 금지하고 있다. 동시에 법인이나 기타 단체를 이용한 구입금지 회피를 제한하고 위반에 대해 벌칙을 부과한다. 만약 금지사항을 위반해 유죄판결을 받으면 1만 캐나다 달러 이하의 벌금에 처해진다.

Ⅱ 관계 법령 및 제도 설립 경위 · 배경 등

(1) 관계 법령 등

① 「캐나다 투자법」(Investment Canada Act, R.S.C., 1985, c.28 (1st Supp.))

② 캐나다 투자규칙(Investment Canada Regulations (SOR/85-611))

③ 투자에 관한 국가안전보장 심사규칙(National Security Review of Investments Regulations (SOR/2009-271))

④ 경쟁법(Competition Act (R.S.C., 1985, c.C-34))

⑤ 캐나다 운수법(Canada Transportation Act (S.C.1996, c.10))

「캐나다 투자법」(Investment Canada Act: ICA)[300]은 캐나다의 대내 투자에 관해 일반적으로 적용되는 법률로 순이익심사 및 국가 안전 보장 심사에 대해 정하고 있다. 캐나다 투자 규칙[301]은 비캐나다인이 「캐나다 투자법」에 근거해 제출해야 하는 정보, 제출 방법 및 관련된 내용을 규정하고 있다. 투자에 관한

---

300 Investment Canada Act, RSC 1985, c28 (1st Supp) (「캐나다 투자법」) 참조: https://laws-lois. justice. gc. ca/eng/acts/I-21. 8/index. html.

301 Investment Canada Regulations, SOR/85-611(캐나다 투자규칙) 참조: https://laws-lois. justice. gc. ca/eng/regulations/SOR-85-611/index. html.

국가안보 심사규칙은[302] 국가안전보장 심사에 관한 기간을 정하고, 조사에 관여할 수 있는 조사기관을 열거하고 있다.

「캐나다 투자법」 외에 「캐나다 경쟁법」[303]도 외국투자가 및 국내투자가의 투자심사에 대해 규정하고 있다. 또, 경쟁법에 근거한 기업결합 사전 통지의 기준 값를 넘은 일정 운수업에 대한 투자는 「캐나다 운수법」[304]에 근거한 사전 심사의 대상이 될 가능성이 있다.

「캐나다 투자법」의 심사 절차는 이노베이션·과학·경제개발부의 투자심사국(Investment Review Division: IRD), 문화사업의 경우에는 캐나다 문화유산부의 문화부문 투자심사국(Cultural Sector Investment Review: CSIR)이 실시한다. 경쟁국 및 투자심사국(문화부문 투자심사국)이 동일한 거래를 심사할 경우에 상호 연계한다. 예를 들어 투자가 경쟁에 미치는 영향은 「캐나다 투자법」에 근거한 순이익 요인 중 하나이며, 경쟁국의 분석이 완료될 때까지 투자심사국은 원칙적으로 심사를 완료하지 않으며, 또한 관계 장관도 투자의 순이익에 관한 의사결정을 하지 않는 것이 일반적이다. 경쟁법에 근거한 우려 사항이 있는 경우, 「캐나다 투자법」에 근거한 심사를 실시하는 기관은 신청자에게 경쟁법에 근거해 해당 부서인 경쟁국과 직접 교환을 하도록 권고한다.

② 규제 집행 기관

① 이노베이션 과학 산업부 장관(Minister of Innovation, Science and Industry), 이노베이션·과학·경제개발부 투자심사국(IRD)

---

[302] National Security Review of Investments Regulations, SOR/2009-271(투자에 관한 국가안전보장 심사규칙) 참조: https://laws-lois.justice.gc.ca/eng/regulations/SOR-2009-271/index.html.

[303] Competition Act, RSC 1985, cc-34 (경쟁법) 참조: https://laws-lois.justice.gc.ca/eng/acts/C-34/index.html.

[304] Canada Transportation Act, SC 1996, c10 (캐나다운수법) 참조: https://laws-lois.justice.gc.ca/eng/acts/C-10. 4/index.html.

② 캐나다 문화유산부 장관(Minister of Canadian Heritage), 캐나다 문화유산부 문화부문 투자심사국(CSIR)

③ 캐나다 총독(Governor in Council)

④ 캐나다 연방법원(The Federal Courts of Canada)

⑤ 캐나다 의회(Parliament of Canada)

⑥ 투자에 관한 국가안전보장 심사규칙 제7조에 의거한 지정조사기관으로 공안 및 긴급대책부(Department of Public Safety and Emergency Preparedness), 캐나다 안전정보국(Canadian Security Intelligence Service), 캐나다 국경안전청(Canada Border Safety Agency)

③ 제도 설립 경위·배경

1960년대 이후 캐나다에서는 대내직접투자 규모 및 캐나다 경제에 미치는 영향에 대해 우려가 제기되었다. 이러한 우려는 미국기업을 중심으로 한 외국투자가에 의한 캐나다의 산업 및 천연자원에 대한 대내투자 증가가 두드러지기 시작한 데서 비롯된 것이었다. 이에 따라 캐나다에 대한 대내투자 수준과 그 영향을 조사하기 위한 다수의 연구가 연방정부 자금으로 이루어졌다.

이들 연구에 의한 보고서를 토대로 연방의회는 「대내투자심사법」(Foreign Investment Review Act)을 1974년에 통과시켰다. 이 법에 따라 대내직접투자 제안을 실행 전에 심사하는 정부기관인 대내투자심사청이 설치되어 캐나다 총독(Governor in Council)[305]이 최종 승인할 권한을 갖게 되었다. 기존 캐나다 사업의 외국인 매수와 외국인 소유 사업의 캐나다 신규 설립이 모두 심사 대

---

[305] 「대내투자심사법」 및 현행 「캐나다 투자법」에서 캐나다 총독(Governor in Council)이란 캐나다 연방정부의 내각을 가리킨다. 내각은 총리 및 총리에 의해 장관으로 임명된 여당 당원으로 구성된다. 각 장관은 각각 특정 사항에 관해 책임을 지고 있으며, 「캐나다 투자법」에 관해서는 이노베이션·과학·산업부 장관이 일차적인 책임을 진다. 내각은 연방정부의 주요 의사결정기관으로서 정권운영 및 정책입안을 책임진다.

상이며, 승인을 받으려는 외국 투자자의 경우 예정된 거래가 캐나다에 중요한 이익을 가져올 수 있음을 보여줘야 했다. 「대내투자심사법」에 따른 심사의 목적은 외국에 의한 소유를 감소시키는 것이 아니라 대내투자로부터 캐나다가 누리는 편익을 증대시키는 것이었다.

「대내투자심사법」은 1985년 개정되어, 「캐나다 투자법」이 됐다. 「대내투자심사법」과는 대조적으로 「캐나다 투자법」은 '캐나다인 및 비캐나다인에 의한 경제성장 및 고용기회에 공헌하는 캐나다로의 투자를 장려하고, 캐나다에 대한 관련 이익을 확실하게 하기 위해 비캐나다인에 의한 대규모 투자 심사에 대하여 정한다'는 것이 목적이라고 명시했다. 「대내투자심사법」 심사절차 대부분이 승계됐지만 「캐나다 투자법」은 심사 문턱을 높여 심사기간을 단축하고 「대내투자심사법」에 따른 절차에 비해 심사절차를 효율화했다. 「캐나다 투자법」에서 중요한 변경은 투자자의 거래가 캐나다에 있어서 순이익이 될 수 있다고 나타내는 것이 요구된다는 점이다.

1985년 「캐나다 투자법」 제정 후 얼마 지나지 않아 캐나다 문화사업 인수에 대해 특별히 검토하기 위한 일련의 정책이 채택되었다. 이러한 정책에 의해 일반적으로 영화나 비디오 등 일정한 캐나다 문화사업에 대해서는 외국의 매수가 승인되지 않았다. 1990년대 기준값 인상 시에도 캐나다 정부는 문화사업에 대한 기준값를 낮은 기준으로 유지함으로써 중소규모 문화사업이 승인심사 대상이 되도록 하였다. 1999년 문화사업과 관련된 외국투자 심사 및 승인 권한은 산업부 장관(현 이노베이션·과학·산업부 장관)에서 캐나다 문화유산부 장관에게 이관되었다.

2007년 캐나다 기업의 공동화에 관한 국민의 우려가 높아진 것(예를 들면, 캐나다 대기업이 잇따라 외국인에게 매수된 것) 및 야당에 의한 압력으로부터 정부는 경쟁정책심사 패널(이하, '패널')을 설치해 캐나다 경쟁 및 투자정책의 주요 논점을 심사한 후 그 유효성을 판단하고 법 개정에 관해 조언하는 기능을 갖게 했다. 패널은 2008년에 최종보고서 Compete to Win[306]을 발행했다. 보

---

306 캐나다 정부, "Compete to Win – Final Report" (Ottawa – Competition Policy Review Panel, June 2008), 참조:https://publications. gc. ca/collections/collection_2008/ic/Iu173-

고서는 주요 무역 상대국과 비교한 캐나다의 경쟁력에 대해 대체로 비판적이며 대내 투자를 제한한 시대에 맞지 않거나 부적절한 규칙이 그 원인이라고 지적했다.

이에 정부는 「캐나다 투자법」 개정을 주도했고, 2009년 3월 의회가 이를 가결했다. 개정법은 대내직접투자에 대한 일부 규제를 완화하고 명확히 하는 동시에 새로운 국가안보 심사제도를 통한 새로운 규제를 도입했다. 캐나다 정부는 외국투자가 국가안전보장 심사의 계기가 될 수 있는 요소를 이해하도록 돕기 위해 2016년 및 2021년에 가이드 라인을 제·개정하였다.

1-2008E. pdf.

CHAPTER

02

캐나다의 외자 규제 제도

I 개요

1 외자 규제의 목적

「캐나다 투자법」은 '자본증가와 기술개발이 캐나다에 이익을 가져온다는 것을 인식하고, 국가안전보장의 중요성을 인식하며, 비캐나다인에 의한 캐나다에 투자촉진, 경제성장 및 고용창출의 방식 등 캐나다에 대한 중요한 투자의 심사에 대한 것을 규정하고, 비캐나다인이 국가안보에 위해를 줄 수 있는 캐나다에 대한 투자심사에 대해 규정하는 것'을 목적으로 하고 있다.[307]

2 정의 및 해석 기준

「캐나다 투자법」에 정의된 주요 개념은 다음과 같다.[308] 자산이라 함은 유

---

[307] 「캐나다 투자법」 제2조
[308] 「캐나다 투자법」 제3조

형 및 무형의 가치가 있는 재산을 포함한다. 사업이란 수익을 창출할 수 있고 영리를 목적으로 운영되는 사업체 또는 기업을 포함한다. 캐나다에는 캐나다의 배타적 경제수역과 대륙붕을 포함한다.

① 캐나다인: 캐나다인이란 다음 각호의 자를 말한다.

  (a) 캐나다 시민

  (b) 최초로 캐나다 시민권을 신청할 수 있는 자격이 발생한 후 1년 이하의 기간동안 캐나다에 일상적으로 거주한 「이민 및 난민보호법」 제2조 제(1)항의 정의에 해당하는 영주권자

  (c) 캐나다의 연방, 주 또는 지방정부나 그 기관을 불문한 캐나다 정부

  (d) 캐나다의 지배하에 있는 단체 등

② 캐나다 사업: 캐나다 사업이란 다음 각호의 요건을 구비한 캐나다에서 운영되는 사업을 말한다.

  (a) 캐나다에 사업장이 있음

  (b) 캐나다에서 사업과 관련하여 고용된 자 또는 자영업자

  (c) 사업을 수행하기 위하여 사용되는 캐나다에 있는 자산 법인이란 주식 자본의 유무에 관계없이 법인체를 말한다.

③ 비캐나다인: 비캐나다인이란 캐나다인이 아닌 개인 또는 그 개인의 정부나 그 기관 또는 단체를 말한다. 비캐나다인과 관련하여, 새로운 캐나다 사업이란 비캐나다인이 캐나다에서 운영하고 있지 아니하고, 그 설립 당시 다음 각호의 어느 하나에 해당되는 사업을 말한다.

  (a) 해당 비캐나다인이 캐나다에서 운영하고 있는 다른 사업과 관계가 없는 경우

  (b) 해당 비캐나다인이 캐나다에서 운영하고 있는 다른 사업과 관계가 있지만, 총독이 캐나다의 문화유산 또는 국가적 동일성과 관련 있다고 판단하는 사업 활동의 특수유형으로 명시된 것에 속하는 경우

④ 의결권 있는 이익: 의결권 있는 이익이란 다음 각호와 같다.

    (a) 주식 자본을 가진 법인의 경우, 의결권 있는 주식

    (b) 주식 자본이 없는 법인의 경우, 의결권 있는 주식의 소유자가 향유하는 권리와 유사한 권리를 그 소유자에게 부여하는 해당 회사의 자산에 대한 소유권

    (c) 조합, 신탁회사 또는 합작 회사의 경우, 그 소유자에게 이익의 지분을 인수하고 해산시 재산에 대한 지분의 권리를 부여하는 해당 조합 또는 합작 회사의 자산에 대한 소유권

⑤ 금액: 어느 특정 연도의 금액은 다음 공식을 사용하여 얻은 금액에 가장 근접한 백만 달러 단위로 반올림하여 해당 연도 1월에 장관이 정하는 금액으로 한다. 어느 특정 연도에 대한 금액이 결정된 후 가능한 신속하게 장관은 캐나다 관보에 결정액을 공고하여야 한다.[309]

(시장가격 기준 현재 명목 GDP/ 전년도 명목 지수) × 전년도 결정액

"시장가격 기준 현재 명목 GDP"란 최근 4분기 연속 시장가격기준 명목 국내총생산의 평균을 말한다.
"전년도 시장가격 기준 명목 GDP"란 시장가격 기준 현재 명목 GDP를 계산하는 데 사용된 전년 비교 기간 동안의 4분기 연속 시장가격 기준 명목 국내 총생산의 평균을 말한다.

---

⑥ 문화적 사업: 문화적 사업이란 다음 각호의 어느 하나에 해당하는 활동을 수행하는 캐나다 사업을 말한다.

    (a) 서적, 잡지, 정기간행물 또는 신문의 인쇄 또는 조판 활동을 제외한, 인쇄 또는 기계적으로 독해 가능한 형태의 서적, 잡지, 정기간행물 또는 신문의 발간, 배포 또는 판매

---

[309] 「캐나다 투자법」 제14.1조(2)

(b) 영화 또는 비디오 녹화물의 제작, 배포, 판매 또는 전시

(c) 오디오 또는 비디오 음악 녹음의 제작, 배포, 판매 또는 전시

(d) 인쇄 또는 기계로 읽을 수 있는 형태의 음악을 출판, 배포 또는 판매

(e) 일반 대중, 모든 라디오, 텔레비전 및 케이블 TV 방송 사업, 위성 프로그램 및 방송 네트워크 서비스에 의한 직접 수신을 위한 송신용 무선 통신

Ⅱ 심사대상

① 심사대상이 되는 투자자

비캐나다인(non-Canadians)에 의한 기존 캐나다 사업의 지배권 취득 또는 캐나다 사업의 신규 출범은 「캐나다 투자법」의 대상이 되며, 해당 비캐나다인은 통지서 또는 심사신청서를 제출해야 한다. 「캐나다 투자법」상 비캐나다인이란 '캐나다인이 아닌 개인, 정부 또는 정부기관 또는 사업체'를 의미한다.[310] 「캐나다 투자법」에서 정하는 기준 및 조건에 근거하여 어떤 사업체가 캐나다인에게 지배되고 있는지 여부를 판단한다. 예를 들어 캐나다인이 한 사업체 의결권의 과반수를 보유하고 있는 경우에는 그 사업체는 캐나다인이 지배하고 있다고 할 수 있다.

비캐나다인에는 캐나다에서 설립한 사업체로서 최종적으로 캐나다 국외에서 지배되는 것이 포함된다. 어떤 사업체가 정의상 캐나다인에게 지배되고 있다고 할 수 있는 경우에도 외국 국영기업이 관여하는 사례에서는 관련 장관이 그 사업체를 비캐나다인으로 판단할 권한을 가진다.[311]

---

[310] 「캐나다 투자법」 제3조

[311] 「캐나다 투자법」 제26조(2.31)

(ㄹ) 순이익 심사

비캐나다인이 기존 캐나다 사업의 지배권을 취득할 경우 순이익심사 신청 또는 통지가 요구된다.[312] 이하의 어느 하나를 취득하는 경우, 캐나다 사업의 지배권을 취득하게 된다.

① 캐나다 사업의 실질적인 모든 자산

② 캐나다 사업을 운영하거나 지배하는 회사, 파트너십, 합작사업 또는 신탁 등 사업체 의결권의 과반수(법적 지배기준)[313]

캐나다 사업을 운영하거나 지배하는 회사 의결권부 주식의 3분의 1 이상 2분의 1 이하를 취득한 경우 지배권이 취득된 것으로 추정된다(반증 가능). 관련 회사 의결권부 주식의 3분의 1 미만의 취득은 지배권의 취득이 아니라고 간주된다.[314]

문화사업의 경우 캐나다 문화유산부장관은 이들 간주 규정 및 추정 규정과 관계없이 사실상 지배권에 관한 증거를 토대로 지배권 취득이 이루어졌다고 판단할 수 있다.[315] 또한 외국 국영기업이 관여하는 경우에도 위 간주 규정 및 추정 규정과 관계없이 관련 장관은 사실상 지배권에 관한 증거를 바탕으로 지배권 취득이 이루어졌다고 판단할 수 있다.[316]

투자가 「캐나다 투자법」의 규제 대상에 해당하는 경우 적절한 스크리닝 절차를 결정할 필요가 있다. 캐나다 사업의 신규 출범의 경우 또는 기준 값를 밑도는 기존 캐나다 사업의 지배권 취득이 이루어지는 경우에는 통지서를 제출한다.[317] 이에 반해 고액 매수(및 문화사업 인수)에는 복잡한 심사 절차가 필요

---

[312] 통지는 비캐나다인이 지배하는 캐나다 사업의 신규 출범일 경우에도 요구된다.

[313] 「캐나다 투자법」 제28조 (1)

[314] 「캐나다 투자법」 제28조(3)(c)

[315] 「캐나다 투자법」 제28조(4)

[316] 「캐나다 투자법」 제28조(6.1)

[317] 「캐나다 투자법」 제11조

하다. 통지서만으로는 부족하여 심사 신청을 필요로 하는지 판단하기 위해서는 다음과 같은 사항을 검토할 필요가 있다.

① 투자의 규모

② 투자자 또는 매도인이 하나 또는 복수의 WTO 회원국에 지배되고 있는지

③ 투자자 또는 매도인이 민간부문이며, 캐나다와의 자유무역협정 체결국에 지배되고 있는지

④ 투자가가 국영기업에 해당하는지

⑤ 투자는 직간접적으로 이루어지는지

⑥ 대상회사의 사업이 문화사업에 해당하거나 국가안전보장상의 우려를 일으키는지

③ 심사 신청이 필요한 거래

민간부문 상사계약 및 WTO 가맹국 투자가에 관한 완화된 기준값은 다음과 같다. 비캐나다인 투자가 중 WTO 가맹국의 비국영기업 투자가에 의한 캐나다 사업 지배권의 직접적 취득(이하 간접적 매수)에는 대부분 다음 두 기준값(매년 조정된다) 중 하나가 적용된다. 비캐나다인 투자자가 캐나다 사업 거점을 설립하는 경우나 캐나다 사업의 지배권을 직간접적으로 취득하는 경우로서 투자금액이 일정 기준치를 넘는 경우 순이익심사의 대상이 되며 사전 심사를 통해 허가를 받아야 한다.

순이익심사의 결과로서 심사대상의 투자가 캐나다에 순이익을 가져오는 것이 아니라고 판단된 경우에는 투자는 허가되지 않는다. 또 순이익심사는 사전 심사이기 때문에 이 심사를 통과하기 전에 투자를 실행하는 것은 허용되지 않는다.[318]

---

318 「캐나다 투자법」 제16조

◐ 캐나다 사업의 취득 형태

	직접적인 지배권의 취득	간접적인 지배권의 취득
① 문화사업의 취득 ※ 문화심사의 경우	500만 캐나다 달러	5,000만 캐나다 달러
② ①이 아닌 경우로서 투자자가 투자 실행 직전 시점에 투자 대상 캐나다 사업을 지배하는 자도, WTO 회원국에 소재하는 자가 아닌 경우	500만 캐나다 달러	5,000만 캐나다 달러
③ ①도 ②도 아닌 경우	a. 투자자가 국영기업: 4억 5,400만 캐나다 달러 b. 투자자가 아래 c. 이외의 민간 기업: 11억 4,100만 캐나다 달러 c. 투자자가 환태평양 파트너십에 관한 포괄적 및 선진적인 협정(CPTPP) 기타 일정한 경제동반자협정에 가맹하고 있는 국가에 소재한 민간 기업: 17억 1,100만 캐나다 달러	순이익심사 대상 외

　　여기서 말하는 기준치는 캐나다 사업의 취득 형태가 직접적인 지배권의 취득인지 간접적인 지배권의 취득인지, 투자대상 사업이 문화사업인지 여부, 취득 시 판매자·매수자가 WTO 가맹국에 소재하는 자인지, 투자가 국영기업인지 민간기업인지, 환태평양 파트너십에 관한 포괄적이고 선진적인 협정(CPTPP) 및 기타 경제연계협정에 가맹하고 있는 국가에 소재하는 자인지 여부 등 다양한 요소에 따라 기준치가 다르다.[319]

　　예를 들어 CPTPP 가맹국인 한국의 기업이 주식양도 방법에 따라 캐나다 문화사업 이외의 사업 지배권을 매도인으로부터 직접 취득하는 경우라면 직

---

[319] 「캐나다 투자법」 제14조

접적인 지배권 취득이므로 2022년의 기준치(값)는 17억 1,100만 캐나다 달러이다. 또한 기준치 산출식에는 경제지표가 이용되고 있으며 매년 변동한다.[320]

캐나다 투자규칙은 주식(공개인지 비공개인지를 불문) 취득 또는 자산양도에 의해 취득되는 캐나다 사업의 기업가치를 산정하기 위한 복잡한 공식을 정하고 있다.

 직접적 매수

① 세계무역기구 회원국의 국영기업 투자가: WTO 회원국 국영기업 투자자의 직접투자 기준 값은 대상회사의 자산가치 4억 1,500만 캐나다 달러(2021년) 이상이다.

② 비 WTO 회원국 투자자: 직접적 매수에 대해서는 매수인 및 매도인 쌍방이 각각 최종적으로 비WTO 가맹국에서 지배되는 경우 기준값은 대상 회사의 자산 가치 5백만 캐나다 달러 이상이다.

③ 문화사업: 비캐나다인이 문화사업인 캐나다 사업을 직접적으로 인수하는 경우 매수자 또는 매도자가 최종적으로 WTO 회원국에서 지배되는지를 불문하고 기준값(치)은 대상 회사의 자산 가치 5백만 캐나다 달러가 된다.

비캐나다인에 의한 문화사업 인수가 이 기준에 해당하지 않는다고 하더라도 캐나다 총독(Governor in Council)은 해당 매수가 공공의 이익과 관련된다

---

[320] 순이익 심사의 틀에서 투자가 불허된 사안으로는 2008년의 MacDonald, Dettwiler and Associates사(현 MDA사)의 매수 불허 사안을 들 수 있다. 본 사안에서는 미국의 Alliant Techsystems사가 캐나다에서 우주 관련 사업을 전개하는 MacDonald, Dettwiler and Associates사를 인수하려고 했는데 순이익 심사의 틀에 따라 해당 인수는 캐나다에 순이익을 가져오는 것이 아니라는 결론에 따라 불허로 되었다. 캐나다 정부가 해당 결정을 내린 배경으로 해당 인수로 인해 국방상 중요 기술이 유출될 우려가 있었던 것으로 알려졌다.https://www. cbc. ca/news/science/govt-confirms-decisio

고 판단하는 경우 심사를 명할 수 있다.[321]

(5) 간접적 매수

투자가 간접적 매수(캐나다 사업을 운영하는 사업체를 지배하는 캐나다 국외 회사의 지배권 취득)인 경우 다음의 기준값이 적용된다.

① 투자자 또는 대상 회사가 WTO 회원국에서 최종적으로 지배되고 대상 회사가 문화사업이 아닌 경우 캐나다 사업 지배권의 간접 취득은 심사 대상이 되지 않으며,[322] 투자통지를 캐나다 정부에 제출하는 것만을 필요로 한다.

② 대상 회사가 문화사업이거나 투자자 및 대상회사 모두가 최종적으로 비WTO 가맹국(혹은 대상 회사인 경우 캐나다)에서 지배되고 있는 경우, 대상 회사의 캐나다 국내 자산액이 5천만 캐나다 달러 이상이다. 단, 취득되는 전체 자산 중 캐나다 자산이 50% 이상을 구성하는 경우 대상 회사의 캐나다 내 자산액이 5백만 캐나다 달러 이상이다.[323] 캐나다 사업 인수가 간접적이고 심사 대상인 경우 투자자는 거래 실행 후 승인을 신청하는 선택을 할 수도 있다.

비캐나다인이 지배하는 캐나다 사업의 신규 출범 및 해당 기준값을 밑도는 기존 캐나다 사업의 지배권 취득에는 투자실시 전 또는 실시로부터 30일 이내에 통지서 제출이 요구된다.

---

321 「캐나다 투자법」 제14조(1), 14조(3), 14. 1조(5) 및 14. 11조(5)

322 「캐나다 투자법」 제14.1조(4)

323 「캐나다 투자법」 제14조 (1), (2), (3) 및 (4)

6) 분야 업종

「캐나다 투자법」은 캐나다의 모든 산업에 동등하게 적용된다. 단, 문화사업 심사에 관한 기준값은 다른 분야보다 낮으며, 캐나다 문화사업의 지배권을 취득하는 비캐나다 투자자는 캐나다 문화유산부 장관에게 심사신청을 해야 한다. 문화사업이란 다음 각호의 어느 하나의 활동을 하는 사업을 말한다.

① 종이매체나 기계 가독 매체에 의한 서적, 잡지, 계간지 또는 신문의 출판, 전달 또는 판매

② 영화 또는 비디오 녹화의 제작, 배포, 판매 또는 전시

③ 악곡 녹음 또는 녹화 제작, 전달, 판매 또는 전시

④ 종이매체나 기계 가독 매체에 의한 악곡의 출판, 전달 또는 판매

⑤ 일반 대중이 직접 수신하는 것을 상정한 라디오 통신, 라디오, 텔레비전 및 케이블 TV의 방송 사업 및 위성 프로그래밍 및 방송 네트워크 서비스

Ⅲ | 심사 과정

1) 개요

「캐나다 투자법」에 근거한 순이익심사의 대상이 되는 거래에는 심사의 승인이 의무화된다. 심사는 심사신청서 제출 완료로 시작된다. 심사는 해당 투자가 '캐나다에 순이익이 될 가능성이 높다'는 것에 대해 관련 장관의 허가를 받는 것을 목적으로 하고 있다.[324] 심사신청서는 기준값에 미달하는 지배

---

[324] 「캐나다 투자법」 제21조(1)

권 취득 및 간접적 매수의 대부분에 필요한 통지서보다 상당히 상세한 문서이며, 그 작성에 주의가 필요하다.[325] 심사 신청서의 주요 내용은 캐나다 사업에 관한 투자자의 계획이며 고용, 사업에 대한 캐나다인의 참여 및 출자 등이 포함된다.

(2) 신청서의 형식 및 내용

심사신청서의 작성은 다음 4가지 작업을 중심으로 진행된다. 심사신청서에서 특히 요구되는 기술정보로서, 투자자에 대해서는 다음 사항에 관한 정보를 요구한다.

① 이사회, 상위 5명의 고액 보수 임원 및 관련 투자자 기업의 10% 이상을 직접 보유한 사업체 및 개인, 그리고 그 투자가의 최종 지배자
② 외국 정부에 소유되어 있는지 또는 그 영향을 받고 있는지
③ 투자의 자금원

캐나다 사업에 관한 투자자의 계획에는 다음 사항이 요구된다.
① 그 계획에 대한 상세 정보
② 예정된 투자가 캐나다에 순이익이 될 수 있는 이유를 정리한 개요

(3) 캐나다 사업 계획

심사 신청서의 가장 중요한 요소는 인수 후 대상 회사에 관한 투자자의 계획을 명확히 하는 것이다. 이들 계획은 관련 장관이 해당 투자가 캐나다에 순이익이 될 가능성이 높은지를 평가하기 위한 중요한 정보원이며, 승인을 확보

---

325 캐나다 투자 규칙 제6조 및 부칙 II 및 III

하기 위해 통상 투자자가 제출하도록 요구되는 구속력 있는 서약 사항을 검토하기 위한 초기 정보가 된다. 심사신청서에는 캐나다 사업에 관한 투자자의 계획(순이익이 되는 요소에 특히 언급한 것)의 상세한 기재 및 캐나다 사업의 현재 경영에 관한 기재가 요구된다. 투자심사국은 투자자의 계획에 대해 다음 사항을 포함한 내용을 요구한다.

① 고용(고용자 수, 창출 또는 소멸되는 직종)
② 설비투자(운전자금의 증가, 확장)
③ 캐나다인의 관여(경영 간부 및 이사로 취임하는 캐나다인의 수)
④ 생산성 및 효율성(새로운 설비 또는 테크놀로지, 연수)
⑤ 생산의 이노베이션 및 다양성(생산 라인 교체 또는 보관, 최첨단 제품)
⑥ 국제 경쟁력(국제적인 판매 네트워크 이용)

투자자는 캐나다 사업에 관한 계획의 이행에 관한 서약 사항을 서면으로 제출하도록 요구되는 것이 일반적이다. 서약은 전형적으로는 3년간(문화의 제약사항에 관해서는 5년간) 계속되지만, 보다 긴 기간의 서약도 있을 수 있다. 서약 기간 중 정부는 상황보고를 요구할 수 있으며 통상 18개월마다 보고해야 한다. 상황이 변화해 투자자가 서약사항을 준수하지 못할 것이 합리적으로 예상되는 경우 정부는 서약사항 수정에 대해 협의할 수 있다.

④ 심사의 법정 기간

지배권의 취득에 해당하며, 기준값에 달하는 거래는 거래 완료 전에 심사신청을 할 필요가 있다. 단, 캐나다 사업 인수가 간접적이고 심사 대상인 경우 투자자는 거래 실행 후 승인을 신청하는 선택을 할 수도 있다.[326]

관련 장관은 심사신청서 제출이 미비 없이 완료된 것이 인정된 후 당초 45

---

[326] 「캐나다 투자법」 제17조(2)

일 이내에 예정된 매수가 캐나다에 있어서 순이익이 될 가능성이 높은지 판단한다. 심사는 이노베이션·과학·경제개발부의 투자심사국, 문화사업에 관해서는 캐나다 문화유산부의 문화부문 투자심사국 또는 양쪽이 실시하고 관련 장관에게 의견을 제출한다. 심사 과정에서 캐나다 사업이 영업하는 주 등 다른 정부 기관 및 경쟁국 등 행정기관에 자문하기도 한다. 심사 절차에서는 서약사항(고용 수준, 중요한 사업소 및 시설의 설치장소 등)의 교섭이 이루어지는 경우가 많다. 투자자와 정부 간에 집중적인 협상이 필요할 수도 있다. 서약사항이 정해지면 정부는 이를 법적으로 집행할 수 있게 된다.

관련 장관이 당초 45일간 판단할 수 없는 경우, 관련 장관은 심사기간을 최대 30일간 연장할 수 있다. 국가안보상 문제가 불거질 경우에는 이 기간을 더 연장할 수 있다. 심사 기간이 만료되면 관련 장관은 판단을 내리거나 예정된 매수는 캐나다에 순이익이 될 가능성이 높다는 점에 대해 납득할 수 있고 승인된 것으로 간주된다.[327]

심사 기간 말일에 해당 투자가 캐나다에 순이익이 될 가능성이 높다는 것을 확인할 수 없고, 승인할 수 없다는 통지를 관련 장관이 송부한 경우 투자자는 그 후 30일(또는 상호 합의하는 것보다 긴 기간) 이내에 추가 표명을 작성하여 서약 사항을 관련 장관에게 제출할 권리를 가진다. 추가 기간이 만료되면 관련 장관은 추가 서약 사항 또는 표명사항을 검토하여 당초 승인거부 결정을 유지하거나 신청자에게 투자를 승인한다는 내용을 전달한다. 관련 장관이 투자가 캐나다에 있어서 순이익이 될 가능성이 낮다고 판단하여 투자를 승인하지 않을 경우 이의를 제기할 수 없다.

투자자는 「연방법원법(Federal Courts Act)」[328]에 근거해 국가안전보장상의 판단에 대해 사법심사를 청구할 수 있다. 2015년 「캐나다 투자법」에 따라 투자가 국가안보를 해칠 수 있다는 이유로 투자자에게 지분처분을 명령한 캐나다 정부의 명령에 대해 O-Net Communications이 사법심사를 청구했다.

---

327 「캐나다 투자법」 제22조(2)

328 https://laws-lois.justice.gc.ca/eng/acts/f-7/

이 사안에 대해서는 판단이 내려지기 전에 새로 선출된 정부가 이전 정부의 지분 처분 명령 취소에 동의했다.[329] 2021년에는 차이나모바일이 국가안보를 이유로 한 지분 처분 명령에 관해 사법 심사를 청구했다.[330]

⑤ 통지

캐나다 사업의 신규 출범의 경우나 기준치를 밑도는 기존 캐나다 사업의 지배권 취득이 이루어지는 경우에는 투자자는 투자 실시 전 또는 실시로부터 30일 이내에 통지서를 제출해야 한다.[331] 투자자의 이사에 관한 정보 제공, 상위 5명까지의 고액 보수 임원, 투자가 기업의 10% 이상을 직접 보유한 사업체 또는 개인 및 투자가의 최종 지배자, 외국 정부의 영향 유무, 투자 자금원 등을 보고할 필요가 있다.[332]

통지서를 받으면 경쟁국 및 이노베이션 과학 경제개발부 투자심사국, 캐나다 문화유산부 문화부문 투자심사국 또는 해당하는 경우에는 그 양쪽이 형식요건의 충족을 확인하고 수리증을 발급한다. 궁극적으로 투자자, 대상 회사 및 그 사업의 성질에 관한 기본적인 정보가 정부 웹사이트 상에 개시된다.[333]

---

329 House of Commons, Standing Committee on Public Safety and National Security, Evidence, 42-1, No 69 (12 June 2017) at1625: https://www. ourcommons. ca/DocumentViewer/en/42-1/SECU/meeting-69/evidence.

330 Jim Bronskill, Chinese-controlled company fights Ottawa's order to divest Assets on security grounds, The Star(11 September 2021) : https://www.thestar.com/politics/2021/09/11/chinese-controlled-company-fights-ottawas-order-to-divest-assets-on-security-grounds.html.

331 「캐나다 투자법」 제12조

332 캐나다 투자규칙 제5조 및 부칙 I

333 투자심사국의 판단에 대해서는 다음을 참조: https://www.ic.gc.ca/eic/site/ica-lic.nsf/eng/h_lk00014. html. 문화부문 투자심사국의 판단은 다음을 참조: https://www. canada. ca/en/canadian-heritage/services/cultural-sector-investment-review/decisions-notifications. html.

통지서 제출만이 필요한 투자이지 심사신청의 대상이 되지 않는 것도 국가안전보장 심사의 대상이 될 수 있으며, 문화사업에 대해서는 「캐나다 투자법」에 근거한 심사 대상이 되는 상황이 있을 수 있다. 구체적으로 정부는 국가안전보장 심사를 개시할 권한을 갖는 것 외에 기준값에 미달하는 문화사업 인수 및 문화사업 신규 설립에 관해서는 완전한 통지서 수령 후 21일 이내에 순이익심사를 개시할 권한을 갖는다.

현행법에서는 비캐나다인 투자자가 캐나다 사업 거점을 설립하는 경우나 캐나다 사업의 지배권을 직간접적으로 취득하는 경우에는 해당 투자자는 정부에 늦어도 투자 완료로부터 30일 이내에 통지할 필요가 있다.[334] 이 사후통지에는 특별한 기준치가 설정되어 있지 않으며, 상기 조건에 해당하는 모든 투자에 대해 사후통지 의무가 발생한다. 그러나 지배권 취득에 이르지 않는 소수자 투자라면 원칙적으로 통지 의무는 발생하지 않는다.[335] 또한 공표된 연례보고서에 따르면 2021~2022년도(2021년 4월 1일부터 2022년 3월 31일까지)에는 1,247건의 통지가 있었다.[336]

---

334 「캐나다 투자법」 제11조, 제12조

335 마이너리티 투자라도 문화사업에의 투자나 국영기업에 의한 투자 등 일정한 경우에는 출자비율에 관계없이 정부의 재량에 의해서 지배권의 취득이 있다고 인정될 가능성이 있다(「캐나다 투자법」 제28조 4항, 6. 1항).

336 https://ised-isde.canada.ca/site/investment-canada-act/en/annual-report-2021-2022

CHAPTER 03

국가안전보장 심사

I | 개요

국가안보 심사란 무엇인가. 그린필드 및 소수 투자를 포함한 모든 해외 투자는 가치에 관계없이 국가안보 심사를 거쳐 국가안보 피해 위험이 있는지 여부를 결정한다. 「캐나다 투자법」 파트 IV.1에는 국가안보 검토를 위한 다단계 프로세스가 명시되어 있다. 장관은 캐나다 국가안보 기관과 협력하여 Part IV.1을 관리할 책임이 있다. 장관의 권고에 따라, 공공안전부 장관(PS 장관)과 협의한 후, 의회 주지사는 다음을 포함하되 이에 국한되지 않는, 국가안보를 보호하는 데 필요한 모든 조치를 수행하는 권한을 갖는다.

① 투자자에게 투자를 이행하지 말라고 지시하는 것
② 투자자가 특정 서면 약속을 제공하는 조건 또는 총독(GiC)이 상황에 따라 필요하다고 간주하는 조건에 따라 투자를 승인하는 것
③ 투자자에게 투자 지배권을 박탈하도록 요구하는 것

국가안보 심사에 대해 국가안보 지침은 심사가 어떻게 수행되는지에 대해 투자자와 캐나다인에게 투명성을 제공하고 있다. 또한 이 지침은 투자의 국가

안보 피해 가능성을 평가할 때 정부가 고려하는 요소에 대해 예시적인 기준을 제공한다. 이러한 요소의 예로는 민감한 개인 데이터에 대한 접근을 가능하게 하는 투자의 잠재력, 민감한 기술이나 노하우 이전에 대한 투자의 잠재적 영향, 주요 광물 및 주요 광물 공급망에 대한 투자의 잠재적 영향, 국유 또는 국영 투자자의 참여 등이다.

「캐나다 투자법」은 심사 신청 및 통지 의무의 유무에 관계없이 관련 장관에게 '비캐나다인에 의한 투자가 국가안전보장을 해칠 가능성이 있다고 생각하는 합리적인 이유'가 있는 경우, 캐나다 정부는 모든 투자를 심사할 권한을 가진다.[337] 국가안보에 대한 법적 정의는 없다. 국가안보 심사에는 금액에 따른 기준값 적용이 없으며, 소수 주주 지분 투자에도 적용된다. 이는 비캐나다인이 관여하는 캐나다에 대한 투자의 대부분이 국가 안전 보장 심사의 대상이 될 수 있음을 의미한다.[338] 국가안전보장 심사 후 관련 장관은 투자거부, 서약사항 인수요청, 또는 투자조건 부가를 할 수 있다. 투자가 이미 실행된 경우 지분처분을 요구할 수 있다.

거래 실행 전에 「캐나다 투자법」에 따른 승인이 요구되는 경우를 제외하고 국가안전보장 심사는 거래 실행 전후를 불문하고 실시할 수 있다.[339] 심사 신청 또는 통지가 불필요한 투자에 대해 사후적으로 국가안전보장 심사의 대상으로 할 가능성이 있는 경우, 정부는 거래완료 후 45일 이내에 그 취지의 통지를 송부하고, 그 후 45일 이내에 심사대상으로 할지를 결정한다. 이 경우의 국가안전보장 심사 기간은 200일간이지만, 투자자와 장관이 심사 기간 연장에 합의한 경우 더욱 긴 기간으로 할 수 있다. 2019년부터 2020년의 평균 심사기간[340]은 217일이었다. 이와 더불어 일부 산업에 대해서는 국가안전보장

---

[337] 「캐나다 투자법」 제25. 1조 및 제25. 2조(1) 및 제25. 2조(3)

[338] 외국투자 중 은행법(Bank Act), 신용조합법(the Cooperative Credit Associations Act), 보험업법 (the Insurance Companies Act), 신탁·융자업법(the Trust and Loan Companies Act) 등 다른 법령의 심사, 승인 대상이 되는 것에 대해서는 국가안전보장심사 대상에서 제외되는 경우가 있다. 단, 이러한 제외가 적용되는 경우는 드물다.

[339] 투자에 관한 국가안전보장심사규칙 제2조

[340] 심사 신청이나 투자 통지의 수령 또는 심사 신청이나 투자 통지가 불필요한 경우에는 거래 완료부터 기

규정에 근거한 심사를 받을 가능성이 높다.

Ⅱ | 검토 요소 및 심사기준

캐나다 정부는 2016년 말에 '투자에 관한 국가안전보장심사 가이드라인 (Guidelines on the National Security Review of Investments)'(이하 본 가이드라인)을 공표하여 투자자 및 투자에 관여하는 당사자가 국가안전보장심사의 대상이 되는 경우를 명확히 하였다. 본 가이드라인은 2021년에 개정되었다.[341] 본 가이드라인은 투자가 국가안전보장상의 리스크를 발생시킬 가능성이 있는지 평가할 때 캐나다 정부가 검토하는 요소를 열거하고 있다. 이러한 요소는 방위, 기술 및 중요한 인프라스트럭처 및 공급에 초점을 맞춘 내용이다.

① 검토 요소

캐나다 정부는 다음 항목을 고려할 수 있다.

① 캐나다의 방위상 능력 및 이익(방위산업 기반 및 방위시설 포함)에 대해 투자가 미칠 수 있는 효과

② 「국방생산법」(Defence Production Act) 제35조에서 정한 물품 및 기술의 연구, 제조 또는 판매에 관여

산한다.

[341] Innovation, Science and Economic Development Canada, Guidelines, "Guidelines on the National Security Review of Investments"(Ottawa: Innovation, Science and Economic Development Canada, 24 March 2021) : https://www.ic.gc.ca/eic/site/ica-lic.nsf/eng/lk81190.html.

③ 투자가 외국에 의한 감시 또는 첩보를 가능하게 할 가능성

④ 투자가 현재 또는 미래의 인텔리전스 운영 또는 법 집행을 방해할 가능성

⑤ 캐나다 외교 관계를 포함한 국제적 이익에 투자가 미칠 수 있는 영향

⑥ 투자가 테러리스트, 테러 조직 또는 범죄조직 및 기타 위법 행위자에게 관여하거나 이에 편의를 제공할 가능성

⑦ 첨단기술 또는 노하우의 캐나다 국외 이전에 투자가 미칠 수 있는 효과

⑧ 캐나다 주요 인프라스트럭처의 안전보장에 투자가 미칠 수 있는 영향342

⑨ 캐나다인에게 중요한 물품 및 서비스 공급에 투자가 미칠 수 있는 영향

⑩ 캐나다 정부에 대한 중요한 물품 및 서비스 공급에 투자가 미칠 수 있는 영향

⑪ 건강관련 산업에 투자가 미칠 수 있는 영향

⑫ 투자를 통해 민감한 개인정보를 얻을 수 있는 가능성[개인 식별이 가능한 건강 또는 유전자(예: 건강 상태 또는 유전자 검사 결과); 생체 인식(예: 지문); 재무(예: 지출 및 부채를 포함한 기밀 계정 정보); 통신(예: 개인 통신); 지리적 위치; 공무원에 관한 개인정보 군대 또는 정보기관의 구성원 등]

⑬ 중요 광물 및 중요 광물 공급망에 투자가 미칠 수 있는 영향343

---

342 중요 인프라스트럭처란 캐나다인의 건강, 안전, 안전보장 또는 경제 건전성 및 정부의 효율적 기능에 있어서 중요한 절차, 시스템, 시설, 기술, 네트워크, 자산 및 서비스를 말한다. 공안긴급대책부(The Department of Public Safety and Emergency Preparedness)의 National Strategy for Critical Infrastructure and Action Plan for Critical Infrastructure 참조: https://www. publicsafety. gc. ca/cnt/rsrcs/pblctns/srtg-crtcl-nfrstrctr/index-en. aspx.

343 천연자원부(Natural Resources Canada)의 Critical Minerals List 참조: https://www.nrcan.gc.ca/our-natural-resources/minerals-mining/critical-minerals/23414.

② 심사기준

순이익심사에서는 투자가 캐나다에 있어서 순이익이 될 가능성이 있는지에 대해 판단할 때 다음 요소가 고려된다.

① 캐나다의 경제활동 규모 및 성질에 대한 영향(자원가공, 캐나다에서 생산된 부품, 구성재 및 서비스 이용 및 수출 포함)
② 캐나다인의 참여 정도 및 중요성
③ 생산성, 산업효율, 기술개발 및 제품 혁신성 및 다양성에 미치는 영향
④ 경쟁에 미치는 영향
⑤ 산업, 경제 및 문화 정책에 대한 적합성
⑥ 국제시장에서 캐나다의 경쟁력에 대한 기여도[344]

국가안전보장 심사에서는 거래가 '국가안전보장을 해치는지'가 기준이지만, 관련 판단에 있어서는 본 가이드라인의 각 요소가 고려된다. 이러한 고려요소에는 방위, 국가정보, 법 집행, 첨단기술, 민감 개인정보 및 중요 인프라스트럭처 및 공급에 미치는 영향 등이 포함된다.

비캐나다인에 의한 캐나다 사업의 간접적 지배권 취득이라도 투자금액에 관계없이 사후통지 대상이 되고, 또 투자금액이 기준치를 초과하는 경우에는 문화심사 대상이 된다.[345] 또한 국가안전보장 심사에 대해서는 지배권 취득이 발생하지 않는 경우에도 심사대상이 된다. 이러한 점에서 특히 복수국에 걸친 M&A 안건 등에서는 캐나다 사업에 대한 간접적인 투자가 이루어진 결과로서 「캐나다 투자법」상의 대응이 필요한지 검토해야 한다.

---

344 「캐나다 투자법」 제20조

345 엄밀하게는 투자자도, 투자실행 직전 시점의 투자대상 캐나다 사업을 지배하는 자도 모두 WTO 가맹국에 소재하는 자가 아닌 경우에는 순이익 심사의 대상이 될 수 있다.

(3) 15개 첨단기술 분야

어떠한 경우에 국가안전보장상의 우려가 있는 비캐나다인에 의한 투자에 해당하는지에 대해서 법률상으로는 특별한 언급이 되어 있지 않다. 하지만 이노베이션 과학 산업부 장관이 2021년 3월 24일자로 공표한 국가안전보장 심사 가이드라인[346]에 따르면 국방, 첨단기술 및 노하우의 국외 유출, 중요 물자및 서비스 공급, 중요 광물이나 그 공급망, 주요 인프라의 안전성, 인텔리전스나 법 집행에의 영향, 민감한 개인 데이터 접근 등에 대한 잠재적 영향 등이 심사 시 고려되는 15개 분야이다.

① 첨단재료와 제조

② 해양 첨단 기술

③ 첨단 계측·감시 기술

④ 첨단 무기

⑤ 항공우주

⑥ 인공지능(AI)

⑦ 바이오테크놀로지

⑧ 에너지 생성·저장·전송

⑨ 의료기술

⑩ 뉴로테크놀로지와 휴먼머신 인테그레이션

⑪ 차세대 컴퓨팅과 디지털 인프라스트럭처

⑫ 위치 내비게이션 타이밍(PNT)

⑬ 양자 사이언스

⑭ 로보틱스와 자율 시스템

⑮ 우주 기술

---

346 https://ised-isde.canada.ca/site/investment-canada-act/en/guidelines/guide-lines-national-security-review-investments

III | 집행과 벌칙

① 모니터링

캐나다 정부는 오픈 소스 및 기타 정보 소스를 통해 투자 환경을 정기적으로 모니터링한다. 필요한 경우, 정부는 투자자와 제출 의무를 논의하거나 투자 제안에 대한 법의 적용 가능성에 관한 추가 정보를 찾기 위해 연락한다. 정부는 또한 순이익 심사 후 약속을 준수해야 하거나 국가안보 검토 후 의회의 명령에 따라 투자자가 지속적인 보고 요구 사항을 준수해야 하는 경우 모니터링을 한다.

「캐나다 투자법」은 투자자가 법에 따른 의무를 준수하지 않았다고 장관이 판단하는 경우 집행 절차를 명시하고 있다. 예를 들어, 사업이나 조건의 미준수가 발견되면 준수 여부에 대한 조사가 시작될 수 있다. 비캐나다인이 법에 반하는 행위를 했다고 판단하는 경우, 장관은 제39조에 따라 비캐나다인에게 위반을 중단하고, 불이행을 시정하고, 위반이 없다는 이유를 제시하도록 요구하는 통지서를 보낼 수 있다.

② 리스크 경감

국가안전보장 심사에서는 법에 의거한 명령에 따라 투자에 대한 조건으로서 국가안전보장에 대한 손해위험을 경감하기 위한 조치가 부과될 수 있다.[347] 리스크 경감 조치에는 다음과 같은 예가 있다.

① 예정된 사업 거점에 관해 정부의 허가를 취득하는 것(전략적 자산에 대한 근접을 피하기 위해)

---

347 「캐나다 투자법」 제25.4조

② 모든 공급 및 사업 라인의 일부 또는 전부를 캐나다에 설치할 것

③ 정보관리 및 시설 접근 제한을 위해 승인된 조직적인 안전대책을 정하는 것

④ 보안 점검을 거친 컴플라이언스 오피서가 법령 준수 확보에 종사하고 법령 준수에 관한 보고를 할 것

⑤ 준수 상황을 감사하기 위해 시설 출입을 허용할 것

⑥ 민감한 정보에 접근할 수 있는 임직원에게 승인된 안전대책의 준수를 요구할 것

⑦ 기존 고객에게 소유권 이전이 유보되어 있음을 통지하는 것

⑧ 직무의 일환으로 첨단정보 또는 핵심기술에 접근할 수 있는 채용예정자를 장관에게 통지할 것

⑨ 거래에서 첨단사업부문 또는 자산을 제외할 것[348]

③ 벌칙

1) 규정

관련 장관은 다음 각호의 어느 하나의 경우 투자자에 대해 캐나다 사업의 지배 해소, 투자자가 취득한 의결권이나 자산의 처분 또는 투자자가 「캐나다 투자법」을 위반한 기간에 대해 하루당 10,000 캐나다 달러의 상한 벌금 중 하나 또는 이 전부를 명령하는 판결을 구할 수 있다.[349]

① 투자자가 투자에 관한 통지서 또는 심사신청서 제출을 게을리 한 경우

② 승인 취득 전에 심사대상 거래가 실시된 경우

---

[348] Innovation, Science and Economic Development Canada, "Annual Report 2020-21" (Ottawa: Innovation, Science and Economic Development Canada, 8 July 2021): https://www. ic. gc. ca/eic/site/ica-lic. nsf/eng/h_lk81126. html.

[349] 「캐나다 투자법」 제40조

③ 심사신청서 또는 투자와 관련하여 제공된 기타 정보에 기재된 조항과는 실질적으로 다른 조항에 따라 거래가 이루어진 경우

④ 투자자가 서약서를 이행하지 않는 경우

⑤ 투자자가 「캐나다 투자법」의 적용을 회피하는 것을 주목적으로 한 거래 또는 약정을 체결한 경우[350]

2) 사례

캐나다 정부는 2007년 Stelco Inc.인수와 관련하여 고용의 최저수준을 유지한다는 서약사항을 위반했다고 US Steel을 제소했다. US Steel은 「캐나다 투자법」에 근거한 심사 및 승인을 거친 후 2007년 Stelco Inc. 를 인수했다. 심사 과정에서 US Steel은 캐나다 정부에 서약 사항(생산 및 고용에 관한 약속 포함)을 작성하여 이 인수가 캐나다에 순이익이 될 수 있음을 보여주었다. 2009년 3월 US Steel은 상황 악화로 폐쇄 및 해고가 불가피하다며 캐나다의 두 공장을 폐쇄했다. 2009년 7월 캐나다 정부는 US Steel이 서약 사항을 준수하지 않고 있다며 US Steel에게 생산 및 고용에 관한 서약 사항을 준수하라는 판결을 요구했다.

본건은 캐나다 정부가 「캐나다 투자법」에 근거한 서약 사항의 이행을 명하는 판결을 요구한 최초이자 유일한 예이다. 2009년 캐나다 정부에 의한 승인을 둘러싼 본건 소송은 2011년 12월까지 계속되었다. 2011년 12월 당시 산업부 장관인 Christian Paradis는 'US Steel에서 대폭 변경되고 또한 내용적으로 강화된 서약 사항이 제출되었으며, 이를 통해 US Steel과 화해할 근거가 마련되었다.'고 발표하였다. Paradis 전 장관은 US Steel의 새로운 서약사항을 받아들여(그중 상당수는 2015년까지 계속된다) 캐나다 법무부 장관에게 US Steel에 대한 소송절차 취하를 청구했다.[351]

---

[350] 「캐나다 투자법」 제39조

[351] McCarthy Tétrault, U. S. Steel and Canadian Government Reach Settlement in Investment Canada Act Enforcement Proceedings (26 January 2012):
https://www.mccarthy.ca/en/insights/articles/us-steel-and-canadian-govern-

1 국가안보 심사의 특징

국가안전보장 심사는 순이익심사나 문화심사와는 다른 취지 및 구조하에 운용되고 있으며 심사대상이 다르다. 즉, 비캐나다인에 의해 행해지는 지배권 이전을 수반하지 않는 마이너리티 투자를 포함한 일체의 캐나다 사업에의 투자가 대상이 되고 있다.[352] 또한 순이익 심사나 문화 심사와는 달리 특별한 기준치도 설정되어 있지 않다. 정부는 국가안전보장상의 우려가 있는 외국 투자에 관해서는 어떠한 투자에 대해서도 심사를 실시할 수 있다고 되어 있다.[353] 심사 결과로서 정부가 국가안전보장상의 문제가 있다고 결론을 내린 경우 외국투자가에 대해 투자의 실행을 인정하지 않거나 투자가 실시된 경우에는 지분 매각을 명할 수 있다.[354]

국가안전보장 심사의 흐름으로서는 정부가 외국 투자를 파악한 날(순이익 심사나 문화심사 신청을 받은 날이나 사후통지를 받은 날)로부터 원칙적으로 45일 이내에 심사 진행 여부가 판정된다.[355] 심사를 진행할 경우 1차 심사로서 45일 이내에 캐나다 총독(Governor-in-Council: GiC)에 의한 2차 심사로 진행될지 여부를 판정한다.[356] 2차 심사에서는 길면 110일 정도의 심사가 행해진 후 최종적으로 투자의 실행을 인정하지 않는 것이나 투자가 실시된 경우에는 지분 매각을 명할 수 있다.[357] 실무상으로는 사전에 국가안전보장상의 문제가

---

ment-reach-settlement-investment-canada-act-enforcement-proceedings.

[352] 「캐나다 투자법」 제25.1조
[353] 「캐나다 투자법」 제25.2조 1항
[354] 「캐나다 투자법」 제25.4조
[355] 「캐나다 투자법」 제25.2조 1항 및 관련 규칙
[356] 「캐나다 투자법」 제25.3조 1항
[357] 「캐나다 투자법」 제25.4조

없음을 확인한 후 안전하게 투자를 실행하고자 하는 요구가 있었다. 특히, 사후 통지의 대상이 아닌 마이너리티 투자도 국가안전보장 심사의 대상이 될 수 있다는 점에서 이러한 마이너리티 투자를 실시하는 투자가로부터 관련 요구가 있었다.

캐나다 정부는 2022년 8월 2일부터 임의의 사전 신고 제도를 새롭게 도입했다. 새로운 제도에 따라 임의의 사전 신고를 수리한 정부는 45일 이내에 투자자에게 국가안보상 우려가 있는지 통보할 의무를 지게 됐다. 한편, 임의의 사전신고가 이루어지지 않은 경우에는 정부가 투자 실행으로부터 5년간은 국가안전보장상의 문제가 있다고 생각되는 경우에 심사를 개시할 권한을 갖는다.

또한 국가안전보장 심사에 관한 가이드라인 이외에도 캐나다 정부는 잇달아 심사에 관한 지침을 공표하고 있다. 우선 2020년 4월 18일 코로나19 팬데믹에 대응하기 위해 민간기업에 의한 공중위생 관련 사업 및 중요 물품 물류에 관한 사업 투자와 국유기업 및 외국 정부와 긴밀한 연계를 가진 투자자 등의 투자에 대해서는 코로나19 팬데믹으로부터 경제가 회복될 때까지 순이익심사 및 국가안전보장 심사 쌍방의 관점에서 엄격한 심사를 실시할 방침을 공표했다.[358]

2022년 3월 8일에는 러시아의 우크라이나 침공 이후 러시아로부터의 투자에 대해서는 엄격한 심사를 실시할 방침을 공표했다.[359] 캐나다의 국가안전보장에 해를 끼칠 가능성이 있다고 믿는 합리적인 이유가 있다면서 관련 방침을 공표한 바 있다.[360]

---

[358] https://ised-isde.canada.ca/site/investment-canada-act/en/ministerial-statements/policy-statement-foreign-investment- review-and-covid-19

[359] 해당 정부 방침에서는 투자자가 직간접적으로 러시아와 관련되거나 러시아의 영향을 받을 수 있는 개인 또는 사업체와 관련이 있다고 판단되는 경우 해당 투자는 캐나다의 국가안보상 문제가 있다고 믿어야 할 근거가 있다고 보고 있다. https:/ised-isde. canada. ca/site/investment-canada-act/en/policy-statement-foreign-investment-review-and-ukraine-crisis

[360] https://ised-isde. canada. ca/site/investment-canada-act/en/ministerial-statements/policy-regarding-foreign-investments-state-owned-enterprises-critical-minerals-un-

② 국가안보 심사 과정

캐나다는 지난 회계연도의 국가안보 심사 조항(파트 IV.1)의 프로세스 및 관리에 대한 정보를 명시하고 있다. 그 목적은 캐나다 기업과 비캐나다인에 대한 투명성을 높이고 규제 확실성을 향상시키는데 있다. 그러나 특정 사례에 대한 세부 사항은 상업적으로 민감한 정보와 검토 시 기밀정보를 보호하기 위한 법률의 엄격한 기밀 유지 요구 사항에 따라 연례보고서에 포함되지 않는다.

「캐나다 투자법」에 따라 모든 외국인 직접 투자는 투자 가치나 외국인 투자자의 통제 수준에 관계없이 국가 안보 검토의 대상이 된다.[361] 정부는 모든 캐나다 투자관련 서류뿐만 아니라 법이 적용되는 기타 투자도 검토한다. 미신고 투자는 보안 및 정보기관의 추천, 보도 자료, 언론 보도, 상업 데이터베이스 등 다양한 수단을 사용하여 그 대상을 식별한다.

최초 검토 기간은 장관이 투자 사실을 알게 된 사전 제출 기간에 시작될 수 있다. 그러나 법정 기준으로는 인증된 서류 제출부터 시작된다. 서류 제출이 필요하지 않은 경우 투자 실행부터 시작된다. 다양한 검토 단계에 대한 기간은 국가안보 투자 규정 검토에 규정되어 있으며, 최대 기간을 반영한다. 검토 및 심사는 이노베이션 과학경제개발부(ISED)[362], 공공 안전, 캐나다의 보안 및 정보기관, 관련 조사 기관 등 여러 당사자가 참여하여 사례별로 수행된다.[363] 투자는 특히 다음과 관련된 정보 및 인텔리전스를 기반으로 철저히 평가된다.

① 캐나다 자산을 취득하거나 사업을 설립하는 경우

---

der-investment

361 「캐나다 투자법」제25.1항

362 https://ised-isde.canada.ca/site/ised/en

363 법 제36(3.1)항의 목적상, 조사 기관 또는 조사 기관의 종류는 다음과 같다.
(a) 산업부; (b) 캐나다 문화유산부; (c) 공공안전 및 비상대비부; (d) 캐나다 보안 정보국; (e) 왕립 캐나다 기마경찰; (f) 캐나다 국경관리청; (g) 통신 보안 시설; (h) 국방부; (i) 외교통상부; (j) 법무부; (k) 천연자원부; (l) 교통부; (m) 캐나다 국세청; (n) 추밀원 사무소; (o) 공공 사업 및 정부 서비스부; (p) 캐나다 공중보건국; (q) 보건부; (r) 시민권 및 이민부; (s) 재무부; 그리고 (t) 모든 주, 지역 및 시 경찰

② 투자 조건

③ 외국인 투자자 및 제3자의 영향력 가능성

검토 수행의 일환으로 정부는 캐나다의 동맹국과 협의하거나 당사자들에게 거래 이력, 캐나다 내 투자자의 기존 상황 또는 기업의 전체 구조를 포함하여 필요한 정보를 제공하도록 요구할 수 있다.

장관은 국가 안보 조항(법 파트 IV.1에 포함)을 관리할 책임이 있으며, 공공안전부 장관과 협의한 후 총독(GiC)에 권고한다. 국가 안보 검토 과정은 3가지 주요 단계로 구성된다. 각 단계에는 검토가 다음 단계로 진행되기 위해 충족해야 하는 자체 법적 기준이 있다. 이러한 단계의 일정은 아래 그림과 같다.

◑ 국가 안보 검토 프로세스 타임라인

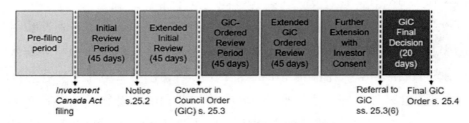

출처: https://www.ised-isde.canada.ca/site/investment-canada-act

③ Part IV.1에 따라 발행된 통지 및 명령

오늘날 경제 및 안보 환경의 복잡성으로 인해 국가안보 침해의 위험을 철저하게 평가하기 위해 검토 기간이 길어지고 있다. 검토된 대부분의 투자는 초기 검토 기간 이후 추가조치가 적용되지 않지만, 확장된 심사는 법 25.2(1)에 따라 통지가 발행되는 것이 특징이다. 2022~2023 회계연도에는 2021~2022년의 24개 투자에 비해, 32개 투자가 심사 및 검토 대상이 되어 33.3% 증가했다. 32개의 투자 제안과 관련하여 3개는 캐나다 총독이 투자자에게 투자 박탈(Divestiture)을 요구하는 최종 명령을 내렸다. 8개는 투자자가 철회(Withdrawal)했으며, 20개는 검토 후 승인되었다. 종결된 프로세스에 대한 평균 검토 기간은 174일이었다.

Outcome of investments subject to section 25.3 orders in 2022-23

국가	산업 부문(NAICS)	투자 유형	검토 결과
중국	2122 – 금속 광석 채굴	소수 투자	철회
중국	2123 – 비금속 광물 채굴 및 채석	통제권 획득	철회
중국	2123 – 비금속 광물 채굴 및 채석	소수 투자	박탈
중국	2123 – 비금속 광물 채굴 및 채석	소수 투자	박탈
중국	2123 – 비금속 광물 채굴 및 채석	소수 투자	박탈
미국	2123 – 비금속 광물 채굴 및 채석	통제권 획득	ICA에 따른 추가 조치 없음
중국	3342 – 통신 장비 제조업	신설	철회
미국	4145 – 의약품, 세면도구, 화장품 및 잡화 도매상	통제권 획득	ICA에 따른 추가 조치 없음
중국	4931 – 창고 및 보관	신설	진행 중
중국	5121 – 영화 및 비디오 산업	통제권 획득	철회
키프로스	5231 – 증권 및 상품 계약 중개 및 중개	신설	ICA에 따른 추가 조치 없음
중국	5413 – 건축, 엔지니어링 및 관련 서비스	통제권 획득	철회
중국	5415 – 컴퓨터 시스템 설계 및 관련 서비스	통제권 획득	철회
중국	5415 – 컴퓨터 시스템 설계 및 관련 서비스	통제권 획득	철회
미국	5415 – 컴퓨터 시스템 설계 및 관련 서비스	신설	ICA에 따른 추가 조치 없음
프랑스	5415 – 컴퓨터 시스템 설계 및 관련 서비스	신설	ICA에 따른 추가 조치 없음
중국	5415 – 컴퓨터 시스템 설계 및 관련 서비스	신설	ICA에 따른 추가 조치 없음
중국	5415 – 컴퓨터 시스템 설계 및 관련 서비스	통제권 획득	ICA에 따른 추가 조치 없음
중국	5415 – 컴퓨터 시스템 설계 및 관련 서비스	간접적인 통제권 획득	ICA에 따른 추가 조치 없음

중국	5417 – 과학 연구 및 개발 서비스	통제권 획득	ICA에 따른 추가 조치 없음
중국	5417 – 과학 연구 및 개발 서비스	신설	ICA에 따른 추가 조치 없음
체코	5616 – 조사 및 보안 서비스	통제권 획득	철회

출처: https://ised-isde.canada.ca/site/investment-canada-act/en/home/annual-report-2022-2023

2022~2023년 캐나다 총독이 명령한 검토 대상 투자의 평균 가치는 5,220만 달러이다. 이러한 투자 중 절반은 캐나다 기업 인수를 위한 것이었다. 나머지 투자는 신규 사업 설립과 소수 투자로 나누어졌다.

◑ Actions under Part IV.1 - 2018-19 to 2022-23

	s.25.2 검토 계속	s.25.2 추가 조치 없음	s.25.2 통지 후 투자철회	s.25.3 명령에 따라 검토 연장	s.25.3 명령에 따른 추가조치 없음	s.25.3 명령에 따라 투자를 철회	s.25.4에 따른 최종 결정
2022-2023	32	10	0	22	10	8	3건 박탈 (1건검토 진행 중)
2021-2022	24	9	3	12	7	4	없음(1건검토진행 중)
2020-2021	23	12	1	11	4	4	2 매각 1 블록
2019-2020	10	3	0	7	1	3	3 매각
2018-2019	9	2	0	7	3	2	2 매각
5년 합계	98	36	4	59	25	21	10 매각, 1 블록, 2 진행

참고: 회계연도는 4월 1일부터 3월 31일까지임.

출처: https://ised-isde.canada.ca/site/investment-canada-act/en/home/annual-report-2022-2023

「캐나다 투자법」 개정 동향

I 「캐나다 투자법」 개정법안 개요

「캐나다 투자법」(ICA)은 캐나다에 대한 외국인 투자에 대한 순이익 및 국가안보 검토를 규정하고 있다. ICA는 특정 상황에서 개별 투자를 차단할 수 있는 캐나다의 능력을 유보하면서 투자자 확실성을 제공하기 위해 제정되었다. 이 법은 투자, 경제 성장 및 고용을 장려하기 위한 목적을 지니고 있으며, 투자가 캐나다에 순이익이 되지 않거나 국가안보에 해를 끼칠 경우에만 개입하고 있다. 캐나다가 직면한 위협이 계속 변화함에 따라 정부는 캐나다의 외국인 투자 검토 제도가 외국인 직접 투자 촉진과 캐나다의 이익 보호 사이에서 계속해서 올바른 균형을 유지하도록 노력하고 있다고 한다.

그동안 캐나다에서 개선된 것은 투명성의 향상이다. 예를 들어 캐나다의 국가안전보장 심사제도가 2009년에 도입되었을 당시에는 캐나다 정부는 국가안전보장심사에 관한 정보(심사의 실체에 관한 정보, 심사된 투자 건수)를 거의 공표하지 않았으나, 현재는 심사제도 운용의 개요를 정기적으로 보고하고 있다.[364] 캐나다의 대내 직접투자 심사제도의 투명성 및 예견 가능성이 캐나다인과 외국투자가 모두에게 도움이 된다고 하고 있다.

캐나다 정부는 「캐나다 투자법」을 현대화하여 국가안보 검토 프로세스를 강화하고, 외국인 투자로 인해 발생하는 경제 안보 위협을 경감시켜, 경제 안보를 증진하고 외국의 간섭에 맞서 싸우겠다고 약속했다. 정부는 2009년 이후 법과 행정의 가장 중요한 업데이트를 총체적으로 나타내는 일련의 정책, 규제 및 입법 조치를 포함하는 포괄적인 「캐나다 투자법」의 현대화 패키지를 진행하고 있다.

캐나다 정부는 「캐나다 투자법」을 개정하는 법안(Government of Canada to modernize the Investment Canada Act)[365]을 추진하고 있으며, 2023년 11월 기준으로 법안이 심의 중이다. 개정법안은 투자에 대한 캐나다의 가시성을 강화하고, 투명성을 높이고, 투자자 확실성을 지원하고, 캐나다가 필요한 경우 신속하게 조치를 할 수 있는 강력한 권한을 갖도록 한다는 목표를 갖고 있다.

"우리 정부가 계속해서 외국인 직접 투자를 환영하지만, 우리는 캐나다의 이익을 경계하고 지킬 필요가 있다. 이 새로운 개정안은 이 법을 오늘날의 현실에 맞추는 동시에 우리가 비즈니스 속도에 맞게 일할 수 있도록 하는 데 도움이 될 것이다. 우리는 캐나다의 지속적인 번영을 보장하는 업데이트된 「캐나다 투자법」 프레임 워크를 위해 계속 노력할 것이며 동시에 투자가 국가안보를 위협할 때 단호하게 행동할 것이다."(François-Philippe Champagne, 혁신과학산업부 장관)[366]

---

364 정부의 연례보고(Annual Report-Investment Canada Act, 2020-2021)는 다음을 참조: https://www. ic. gc. ca/eic/site/ica-lic. nsf/eng/h_lk81126. html

365 https://www.canada.ca/en/innovation-science-economic-development/news/2022/12/an-act-to-amend-the-investment-canada-act.html

366 https://www.canada.ca/en/innovation-science-economic-development/news/2022/12/government-of-canada-to-modernize-the-investment-canada-act.html

Ⅱ | 개정안의 주요 내용과 방향

1) 특정 분야의 투자실행에 관한 사전 신고 요구

개정안에 따르면 국가안전보장 심사의 틀은 다음과 같이 개정된다. 개정안은 외국 투자자가 예를 들어 민감한 자산, 정보, 지적 재산 또는 영업 비밀에 접근할 수 있는 위험이 있는 투자에 대해 정부가 조기에 파악하기 위해 특정 분야의 특정 투자에 대해 사전 신고 의무를 도입한다. 이를 통해 정부는 이러한 복구 불가능한 피해가 발생하지 않도록 한다. 이러한 부문의 투자자는 규정에 명시된 기간에 신고를 해야 한다.

개정안 중 특히 중요한 점으로는 국가안전보장상의 중요성이 있다고 생각되는 특정 분야에 대한 외자에 의한 투자실행과 관련하여 사전신고제도가 신설되는 것이다. 종전에는 캐나다 사업에 대한 지배권을 취득하는 외자에 의한 투자는 사후 통지의 대상이었다. 그 중 일정 금액 기준을 초과하는 투자가 투자실행 전 사전 심사인 순이익심사나 문화심사의 대상이 되고 있었다. 금액기준을 초과하지 않는 투자는 사전 심사의 대상이 아니었고 지배권을 취득하지 않은 투자는 사후 통지의 대상도 아니었다.

이러한 사정을 바탕으로 2022년 8월 2일부터 임의의 사전신고제도가 신설되었다. 하지만, 해당 제도는 임의(자발적)의 것으로 캐나다 정부가 외국 투자를 사전에 파악하는 제도로서 충분한 것은 아니었다. 개정법안에 따르면 특정 분야에 대한 일정한 투자에 관해서는 사전신고가 필요하며, 소관 장관의 승인을 얻지 못하는 한 투자실행을 할 수 없게 된다.

사전 신고의 대상이 되는 것은 구체적으로는 ① 비캐나다인 투자가 특정 분야의 사업을 영위하는 캐나다 사업의 전부 또는 일부 권리를 취득하는 경우로, ② 해당 투자자가 중요한 비공개 기술정보나 중요자산에 대한 접근이 가능해지고, ③ 해당 투자가 이사 선임 또는 지명할 권한 및 그 밖에 일정한 중요권한을 갖게 되는 경우 등이다.

그러므로 특정 분야에 대한 투자임과 더불어 경영에의 일정한 관여가 조건이 되어 있어 경영에 관여하지 않는 패시브 투자는 대상이 되지 않는다.[367] 또한 현 단계에서는 개정법안에 특정 분야, 비공개 기술정보, 중요자산의 구체적인 내용은 명기되어 있지 않다. 향후 제정될 것으로 생각되는 하위 규칙이나 가이드라인에 상세한 내용이 정해질 예정이다. 일부 가이드라인에서 엄격심사 대상이 되는 분야로 언급되는 국방, 핵심기술, 중요광물 등이 사전신고 대상이 되고, 비공개 기술정보, 중요자산에 대해서도 현행 가이드라인과 정합적으로 규정될 것으로 예상되지만 현 단계에서는 아직 명확하지 않다.

 2) 국가안전보장 심사와 벌칙 강화

1) 국가안보 심사의 권한 강화

개정안에 의하면 이노베이션·과학·산업부 장관의 권한이 강화되어, 현행법에서 캐나다 총독에 의한 심사에서 요구되는 절차의 일부를 동 장관의 심사 대상으로 이관하는 것이 상정되고 있다. 이에 따라 장관이 국가안전 보장상의 문제점에 대해 시간을 들여 검토하는 것이 가능해진다.

개정안은 혁신과학산업부 장관이 공안부 장관과 협의하여 검토를 확대할 수 있는 권한을 부여함으로써 국가 보안 검토 프로세스를 보다 효율적으로 만들고 있다. 현행법에서는 검토가 다단계 프로세스이고, 특히 총독(Governor in Council: GiC)의 명령이 필요했다. 만약 GiC에 의한 명령을 받는 추가 단계를 생략하면, 국가안보 및 인텔리전스의 파트너가 점점 더 복잡해지는 인텔리전스 분석을 완료할 수 있는데 더 많은 시간을 가질 수 있다고 본다.

---

367 「캐나다 투자법」 개정법안 제2조

2) 절차 미준수에 대한 벌칙 강화

현행법에서는 사후 통지나 사전 심사를 위한 신청을 하지 않은 경우 등 절차 미준수에 대해 1일 최대 1만 캐나다 달러의 벌금이 상정되어 있다. 개정법안에서는 「캐나다 투자법」 미준수에 대해 1일 최대 2만 5천 캐나다 달러의 벌금으로 인상될 예정이다. 나아가 개정 법안에 의해 도입되는 의무적인 사전 신고를 제출하지 않았을 경우에는 50만 캐나다 달러 또는 규칙으로 정하는 금액을 상한으로 하는 벌금을 부과하는 것도 가능해진다.[368]

③ 조건 부과와 리스크 경감

1) 조건 부과

국가안전보장 심사 중 잠정조건을 부여하는 권한을 관계 장관에게 부여한 개정법안에서는 국가안전보장 심사 중에 안전보장에 미치는 영향을 막기 위해 관계 장관이 국가안전보장의 관점에서 필요하다고 생각되는 경우 심사 대상의 투자에 대해 잠정적인 조건을 부과할 수 있게 된다.

이렇게 하면 검토가 완료되기 전에 자산, 지식 재산권 또는 영업 비밀에 대한 액세스 또는 양도 가능성을 통해 검토 자체 과정에서 발생하는 국가안보 피해 위험이 경감된다. 검토 기간이 끝날 때 투자가 진행되도록 허용되는 경우 잠정적 조건은 영구적인 약속 또는 조건으로 전환되거나 적절한 경우 삭제될 수 있다.

2) 리스크 경감

개정법안에서는 투자자가 제출하는 국가안전보장 리스크를 경감하기 위한 일정 서약사항을 관계 장관이 수용할 수 있도록 하는 규정을 정비하고 있

---

[368] 「캐나다 투자법」 개정법안 제21조 3항

다. 국가안전보장상의 리스크를 경감하기 위해 투자자가 제출하는 서약 사항을 관계 장관이 받아들일 수 있게 된다.

현행법에서는 이 같은 서약사항은 캐나다 총독의 명령에 의해서만 할 수 있다. 서약 사항으로는 ① 투자대상이 되는 캐나다 사업이 보유하고 있는 기술정보나 민감한 개인정보 유출을 막기 위한 정보보안을 위한 사내규칙 제정, ② 캐나다 국적이나 비밀취급 자격을 가진 자에게만 민감한 정보에 대한 접근권 부여, ③ 정부의 감사와 정부에 대한 정기 보고 등의 실시가 요구될 것으로 예상된다.

장관급에서 구속력 있는 서약을 허용한다는 것은 적절한 상황에서 또는 경제 또는 안보 상황이 변하는 경우 수정되거나 심지어 종료될 수 있다는 것을 의미한다. 이러한 방안은 투자로 인해 발생할 국가안보 피해에 대해 충분히 대처하기 위해 공공안전부 장관의 동의와 혁신과학산업부 장관의 판단이 필요하다는 것을 의미한다. 그리고 투자자가 규정을 준수하는지 모니터링을 실시하도록 한다는 것이다.

④ 국가 간의 정보 공유와 기밀 유지 강화

1) 국가 간의 정보 공유 강화

현행법에서는 캐나다 정부에 의한 외국투자 심사에 관한 정보에 대해서는 비밀유지가 요구되고 있으며, 외국 정부와의 정보공유를 가능하게 하는 규정이 존재하지 않는다. 개정법안에서는 관계 장관이 외국 정부나 관련 기관과의 사이에서 투자심사를 실시하는 목적으로 정보를 공유할 수 있게 된다.[369]

개정안 이전에는 특정 투자자에 대한 정보가 특권으로 간주되어 공개될 수 없었다. 이러한 변화는 예를 들어 동일한 기술을 추구하는 여러 관할권에

---

369 예를 들면, 복수의 법역에서 이루어지는 안전보장 문제가 발생할 수 있는 투자 시에 정보를 공유하는 것이 상정된다.

서 투자자가 활동할 수 있고, 공통의 국가안보 이익이 있는 상황을 방어하는 데 도움이 될 것이다. 그러나 캐나다는 기밀 또는 기타 우려 사항이 있는 경우에는 정보를 공유하지 않는다는 입장이다.

2) 기밀 유지 강화

국가안보 검토 프로세스에 따라 내려진 결정이 공개될 경우 국제 관계, 국방 또는 국가안보에 해를 끼칠 수 있다. 또한 개인의 안전을 위협할 수 있는 민감한 정보의 사용으로 이어질 수 있다. 개정안에서는 민감한 정보를 보호하기 위해 기밀 유지 강화 프로세스를 사용할 수 있도록 하고 있다.

개정법안에서는 사법절차에서 법관은 관계 장관의 요구에 따라 기밀정보를 투자자나 그 대리인을 포함하여 비공개로 하는 것이 인정된다. 법관은 정보를 공개하는 것이 국가안전보장의 관점에서 바람직하지 않다고 판단하는 경우에는 비공개로 할 수 있다.

Ⅲ 개정법안의 영향

캐나다의 개정법안은 국가안전보장 관점의 투자심사에 대해 일정 유형의 투자에 대해 의무적인 사전 신고 대상을 확대하고 국가 간 투자심사에 관한 정보공유를 가능하게 하는 것 등을 내용으로 하는 것이다.

개정법안은 2020년 2월 최종 규칙이 시행되어 CFIUS(대미외국투자위원회)의 권한을 강화하는 미국 FIRRMA(외국투자리스크심사현대화법), 영국에서 시행된 「국가안전보장투자법(National Security and Investment Act)」, EU규칙에 의거한 EU회원국 각국의 제도 정비, 일본이 2020년 5월부터 시행한 「외환 및 외국무역법」 개정 등 각국에서 실시되고 있는 외국 자본에 의한 투자에 대한 심사제도 강화와 틀을 같이 한다.

개정법안은 심의 과정에서 수정될 수 있다. 하지만 향후 캐나다로의 직간접 투자에 대해 국가안전보장 심사 관점에서 의무적인 사전신고가 필요한 대상이 확대될 것으로 전망된다. 한국도 캐나다 투자 또는 캐나다가 관련된 투자실행을 검토하고 있는 경우나 투자실행을 위한 거래 스케줄 등에도 영향을 줄 수 있으므로 향후 개정법안 동향을 주시해 나갈 필요가 있다.

PART 06

오스트레일리아의 법과
외국의 취득 규제

오스트레일리아의 법과 외국의 취득 규제

오스트레일리아의 「외자매수법」

I 오스트레일리아의 규제 경과와 배경 등

1 배경과 개요

1) 배경

「외자매수법」[370]에 의해 정부의 대내투자 방침이 공식적으로 설정되기 전까지는 오스트레일리아에 대한 대내투자의 대부분은 외환관리제도를 통해 규제되고 있었다. 오스트레일리아는 당초 제한적인 대내 투자 방침을 취했으며, 오스트레일리아에 대한 대내 투자는 복잡한 순경제 편익기준 등의 제한을 받아 오스트레일리아인이 이사회 또는 고용을 통해 관여 할 경우 우대를 받았다. 그러나 1990년대 중순 이후 대내 투자 규제는 자유화로 가는 한편, 투자

---

[370] 「외국의 특정 대지권 획득, 특정 기업·광업권에 대한 외국의 획득 및 지배에 관한 법률」[이하 외국의 획득 및 취득법(1975), 혹은 FATA, 「외자매수법」]: An Act relating to the foreign acquisition of certain land interests and to the foreign acquisition and foreign control of certain business enterprises and mineral rights [Foreign Acquisitions and Takeovers Act 1975, Foreign Acquisitions and Takeovers Act 1975(Cth)]https://www.dfat.gov.au/trade/investment/australias-foreign-investment-policy

실행 전 단계에서의 심사 절차가 유지되었다.

　　최근의 「외자매수법」 개정은 첨단산업 인수에 있어서 국가안전보장상 심사 강화 및 첨단산업 이외의 투자 정리에 중점을 두고 있다. 최근 급속한 기술변혁과 국제적인 안전보장 환경변화에 대응하기 위해 일본, 미국, 중국, EU를 비롯한 경제대국에서 외국투자 리스크에 관한 정책이 개정되고 있는 것과 흐름이 유사하다. 2020년 6월 오스트레일리아 정부는 「외자매수법」의 개정을 주도했다. 이 개정에 따라 심사 대상이 되는 매수 안건의 기준치(値)를 0달러로 하는 국가안전보장(National Security)의 관점에서 심사가 도입되었고, 외국투자에 대한 심사 기관의 권한이 대폭 확대되었다. 또한 보다 광범위한 심사청구권(Call-in Power), 과거의 결정을 뒤집는 '최후의 수단'으로서의 최종 심사권(Last Resort Power), 보다 엄격한 컴플라이언스와 집행 조치가 도입되었다. 개정된 「외자매수법」은 2021년 1월 1일부터 시행되었다.

2) 개정 「외자매수법」 개요

　　오스트레일리아의 「외자매수법」은 외국투자에 대한 규제를 강화할 목적으로 실시된 것이다. 개정의 핵심은 국가안보 관점에서 심사가 명시적으로 도입되고, 국가안보 통지 의무 행위(Notifiable National Security Action)에 해당하는 외국 투자에 대해 투자금액의 액수에 상관없이 일률적으로 외국투자심사위원회(Foreign Investment Review Board: FIRB)의 승인을 받도록 하는 것이 의무화되었다는 점이다. 그리고 재무부 장관에게 FIRB가 국가안보상의 우려가 있다고 판단한 투자에 대해 심사 청구권과 최종 심사권을 부여하고 있다는 점이다.

　　「외자매수법」은 증권, 자산 또는 오스트레일리아 토지에 대한 권리를 획득하는 특정 행위와 오스트레일리아와 연고가 있는 업체(회사 및 단위형 신탁) 및 기업과 관련된 행위에 관하여 규정하고 있다. 「외자매수법」은 중대한 행위를 규정하면서, 어느 행위가 외국인이 관련된 지배권의 변동이나 외국인에 의한 지배권의 변동을 발생시킨다면 중대한 행위에 해당한다고 본다. 또한 오스트레일리아의 국가안보에 영향을 미치고 있거나 영향을 미칠 수 있는 자의 행위에 관해서도 규정하고 있다. 즉, 국가안보 기업이나 국가안보 토지와 관련된 행위는 통지 대상 국가안보 행위에 해당한다.

어느 행위가 심사 대상 국가안보 행위에 해당하거나 그 행위가 국가안보 문제를 유발할 수 있다고 생각하는 경우, 재무부 장관은 그 행위에 대해 심사할 수 있다. 특정인이 어느 행위를 제안하거나 실행한 경우, 재무부 장관은 조건 부과, 행위 금지, 무효 등의 조치를 할 권한이 있다.

통지 대상행위에 해당하는 중대한 행위와 통지대상 국가안보 행위는 일반적으로 그러한 행위를 하기 전에 재무부 장관에게 통지하여야 한다. 통보하지 아니하고 통지대상 행위를 한 경우에는 위법 행위 및 민사제재금조항이 적용될 수 있다. 중대한 행위에 해당한다는 통지를 한 경우에는 특정 기간이 만료되기 전에 그 행위를 해서는 아니된다.

「외자매수법」에 따른 신청 및 명령과 통보 및 통지에 대해서는 수수료를 납부해야 한다. 행위자는 중대한 행위 및 통지 대상행위에 관련된 기록을 작성·보존하여야 한다. 「외자매수법」의 목적을 위하여 획득한 정보는 특정 목적을 위해서만 공개할 수 있다.

(2) 관계 법령 등

1) 주요한 법령

○ 외국의 특정 대지권 획득, 특정 기업·광업권에 대한 외국의 획득 및 지배에 관한 법률: An Act relating to the foreign acquisition of certain land interests and to the foreign acquisition and foreign control of certain business enterprises and mineral rights [371].

---

371 본 법은 재무부 장관에게 일정한 기준에 해당하는 대내 투자 제안을 심사할 권한을 부여한다. 재무부 장관은 대내 투자 제안을 거부하거나 그들이 국익에 반하지 않도록 하기 위하여 그 실시 방법에 조건을 부과하는 권한을 가진다; https://www.dfat.gov.au/trade/investment/australias-for-

○ 2015년 외자에 의한 취득 및 인수와 관련된 수수료 부과에 관한 법률(Foreign Acquisitions and Takeovers Fees Imposition Act 2015(Cth)(FATFIA)(이하 수수료법)

○ 외국인 투자개혁법(오스트레일리아 국가안보 보호)(Foreign Investment Reform (Protecting Australia's National Security) Bill 2020)[372]

○ 2020년 외자에 의한 취득 및 인수와 관련된 수수료 부과에 관한 법률 (Foreign Acquisitions and Takeovers Fees Imposition Amendment Act 2020)

○ 2020년 외자에 의한 취득 및 인수와 관련된 수수료 부과에 관한 규칙(Foreign Acquisitions and Takeovers Fees Imposition Regulations 2020(FATFIR), 이하 수수료 규칙)

2) 기타 적용 법령

○ 2015년 외자에 의한 취득 및 인수에 관한 규칙(Foreign Acquisitions and Takeovers Regulation 2015(FATR), 외자매수규칙)

○ 오스트레일리아의 대내 투자 방침(Foreign Investment Policy)[373]

○ 가이던스 노트(Guidance Notes)[374]

---

eign-investment-policy

372 해외 인수 및 인수 관련 법률 및 관련 목적을 위해 개정한 법(A Bill for an Act to amend the law relating to foreign acquisitions and takeovers, and for related purposes)이다. https://www.aph.gov.au/Parliamentary_Business/Bills_Legislation/Bills_Search_Results/Result?bId=r6614 ; https://www.legislation.gov.au/Details/C2021C00358

373 본 방침은 국익에 대한 배려를 포함한 대내투자 제도를 관리하는 정부의 방침을 정하고 있다. 본 방침은 제도의 개요를 정하는 것으로 법령과 함께 해석할 필요가 있다. https://www.aph.gov.au/About_Parliament/Parliamentary_departments/Parliamentary_Library/pubs/Briefing-Book44p/AustForeignInvest

374 가이던스 노트에는 개별 매수 및 투자자에 대해 어떻게 대내 투자제도가 적용되는지에 대한 보다 구체적인 정보가 기재되어 있다. 가이던스 노트는 가이던스에 불과하며 법령과 함께 해석할 필요가 있다. https://firb.gov.au/guidance-notes

1) 재무부 장관

오스트레일리아 연방의 재무부 장관은 대내 투자에 관한 판단 및 대내 투자 방침의 운용에 대해 책임을 진다. 「외자매수법」에 따라 재무부 장관 또는 그 수임자는 투자 제안이 오스트레일리아의 국익 또는 국가안전보장에 반하지 않는지 판단할 권한을 가진다. 투자 제안이 국익 또는 국가안전보장에 위배된다고 판단될 경우 재무부 장관은 투자 제안을 각하하거나 국익의 보호를 확보하기 위한 실시조건을 적용할 수 있다. 이러한 권한은 2021년 1월 1일에 실시된 법 개정에 의해 강화되었다.

2) 외국투자심사위원회

재무부 장관은 1976년 4월에 설치된 비법정기관인 외국투자심사위원회(Foreign Investment Review Board, 이하 FIRB)의 조언 및 지원을 받는다. 대내 투자 제안에 관한 재무부 장관의 결정은 FIRB의 분석 및 권고에 따라 뒷받침되고 있다. FIRB는 오스트레일리아에 대한 외국인 투자에 관한 법률의 정부 감독기관으로 해외투자 제안을 사례별로 평가하여 각 안건이 오스트레일리아의 국익과 안전 보장에 부합하는지를 판단한다. 일반적으로 국가의 안전보장, 세입, 경쟁, 오스트레일리아의 경제, 고용, 지역 사회에 미치는 영향 등을 고려한다(이에 한정되는 것은 아니다). 관련 법 규제에 근거한 결정에 관해서는 오스트레일리아 재무부 장관 또는 그 위임기관이 최종적인 책임을 진다.

외국인은 오스트레일리아의 자산, 사업, 주식 또는 오스트레일리아의 토지에 대한 이권 취득을 제안할 때 및 오스트레일리아의 기존 사업을 재편할 때, 그때마다 오스트레일리아로의 외자 투자에 관한 법률을 고려해야 한다. 오스트레일리아에의 외자에 의한 투자에 관한 법률은 다른 수많은 외국의 법역에 의한 것과는 달리, 사업 재편의 경우의 면제 규정이 포함되어 있지 않다. 최종 지분이 같은 경우에도 마찬가지이다. 국가안보위험의 판단의 경우 국가

정보 관련기관의 조언을 받도록 하고 있다.

3) 기타

○ 오스트레일리아 증권투자위원회(Australian Securities & Investments Commission: ASIC)[375]

○ 오스트레일리아 경쟁 · 소비자 위원회(Australian Competition & Consumer Commission: ACCC)[376]

○ 오스트레일리아 금융감독청(Australian Prudential Regulation Authority: APRA)[377]

○ 오스트레일리아 국세청(Australian Taxation Office: ATO)[378]; 주 및 특별 지역은 각각 국세청(Office of State Revenue: OSR)[379]

---

[375] 오스트레일리아 증권투자위원회법(ASIC법)에 근거해 설립된 연방정부기관으로 회사의 등기, 재무보고, 또 M&A, 주식 · 사채 공모에 관한 공개기준 등을 정하는 Corporations Act 2001(회사법)을 집행하고 있다. ASIC법은 오스트레일리아의 기업, 시장, 금융 서비스를 감독하고 오스트레일리아 금융 시장의 공정성과 투명성을 확보함으로써 오스트레일리아 경제 측면의 평가 향상에 기여하는 것을 목적으로 하고 있다. 회사 설립 등기 신청처나 재무제표 제출처는 ASIC이다. https://asic.gov.au/

[376] 경쟁 · 소비자법(The Competition and Consumer Act 2010(CCA))에 근거해 소비자, 기업, 지역사회의 이익을 도모하기 위해서 시장에서의 경쟁과 공정한 거래를 추진하는 감독기관이다. 그 외, 전국의 인프라 · 서비스의 규제도 실시하고 있다. http://www.accc.gov.au

[377] 금융기관에 신중한 경영을 촉구하기 위해 은행 생명보험회사 주택금융조합 신용조합 공제조합 및 퇴직자연금 등에 관한 규제 권한을 인정받은 기관이다. APRA는 예금자, 보험계약자, 조합원 등의 권리를 보호할 목적으로 필요하면 적극적으로 금융기관 경영에 개입할 수도 있다. 예를 들면, 조사, 개입, 공적 관리 등을 실시하는 광범위한 권한을 가지고 있다. http://www.apra.gov.au

[378] http://www.ato.gov.au

[379] https://www.sro.vic.gov.au/land-tax

Ⅱ 오스트레일리아의 외국인 개념과 기준

① 외국인 등

① 「외자매수법」에 규정한 외국인이란 다음 중 어느 하나의 자를 말한다.[380]

(a) 오스트레일리아의 통상적 거주자가 아닌 개인
(b) 오스트레일리아의 통상적 거주자가 아닌 개인, 외국 회사 또는 외국 정부가 지배적 지분을 가진 회사
(c) 오스트레일리아의 통상적 거주자가 아닌 개인, 외국 회사 또는 외국 정부에 해당하는 자 둘 이상이 합산 지배적 지분을 가진 회사
(d) 오스트레일리아의 통상적 거주자가 아닌 개인, 외국 회사 또는 외국 정부가 지배적 지분을 가진 신탁의 수탁자
(e) 오스트레일리아의 통상적 거주자가 아닌 개인, 외국 회사 또는 외국 정부에 해당하는 자 둘 이상이 합산 지배적 지분을 가진 신탁의 수탁자
(f) 외국 정부
(g) 규정에서 정한 그 밖의 자나 규정에서 정한 조건에 부합하는 그 밖의 자

---

② 외국 회사란 헌법 제51조가 적용되는 외국 회사를 말한다.
외국 업체란 오스트레일리아 업체가 아닌 업체를 말한다.
③ 외국 정부란 다음 중 어느 하나의 주체(이 용어의 일반적인 의미에 해당하는 것)를 말한다.

---

380 https://www.austlii.edu.au/cgi-bin/viewdoc/au/legis/cth/consol_act/faata1975355/
s4.html#:~:text=%22foreign%20person%22%20means%3A

(a) 어느 외국의 정치적 통일체

(b) 어느 외국 중 일부 지역의 정치적 통일체

(c) 제(a)호와 제(b)호에 언급된 정치적 통일체의 일부

② 외국 정부 투자가

외국 정부 투자가(foreign government investors: FGIs)에 대해서는 「외자매수법」에 근거해 외국 정부 투자가에 해당하지 않는 외국인 투자가와는 다른 취급이 이루어진다. 종전 규정에 따르면, 외국 정부 투자자란 1개 이상의 외국 정부 투자자가 통합하여 40% 이상의 지분을 소유한 회사, 단위신탁의 수탁자 또는 유한합자회사의 무한책임사원을 의미하는 것으로 정의되어 있었다.

그러나 개정에 의해 신설된 40% 요건에 따르면, 특정 유형의 외국인은 외국 정부 투자자로서 간주되지 않을 수 있다. 1개 이상의 외국 정부 투자자가 통합하여 40% 이상의 펀드 지분을 소유하고 있다고 할지라도, 다음 요건을 충족할 경우 외국 정부 투자자로 간주되지 않을 수 있다.

① 어느 한 국가의 투자자도 펀드 지분의 20% 이상을 소유하고 있지 않을 것

② 펀드의 투자자 중 외국 정부 투자자가 펀드의 재무 상태에 영향을 미칠 수 있는 미공개 중요 정보를 보유한 바 없을 것

③ 외국 정부 기관의 투자가 수동적인 투자(passive investment)에 불과하여 영향력을 행사하는 바가 없을 것

1) 국가안보 기업을 창업한다는 의미

외국인이 국가안보 기업의 운영을 개시하면 그 외국인이 국가안보 기업을 창업한 것으로 본다. 그러나 외국인이 국가안보 기업을 운영하더라도, 그 외국인이 단지 단독적으로 또는 1명 이상의 다른 자와 함께 다음 중 어느 하나의 신설 업체를 설립했다는 이유만으로 국가안보 기업을 창업한 것으로 볼 수 없다.

(a) 동일한 국가안보 기업을 운영하는 신설 업체
(b) 동일한 국가안보 기업의 자산에 대한 권리를 획득할 목적을 위한 신설 업체[381]

2) 오스트레일리아 토지에 대한 권리의 의미

오스트레일리아 토지에 대한 권리란 다음 중 어느 하나를 말한다.[382] 오스트레일리아 토지에 대한 권리가 그 토지나 다른 관련 물건에 존재하는 유일한 권리인 경우에도 그 권리는 오스트레일리아 토지에 대한 권리다. 해당인이 종전에 오스트레일리아 토지에 대한 권리를 획득하거나 권리가 해당인의 오스트레일리아 토지에 대한 기존 권리 금액에 대한 증가분 경우, 특정인이 오스트레일리아 토지에 대한 권리를 획득한 것으로 본다.

(a) 다른 중 어느 하나의 것이 아닌 오스트레일리아 토지에 대한 법률상 또는 형평법상 권리
  (i) 임차권, 사용권 또는 단위형 신탁의 단위에 대한 권리

---

381 FATA 제8A조
382 FATA 제12조

(ii) 다른 자의 토지에서 어떠한 것을 채취할 권리(채취권이라 한다)나 그 토지의 토양에서 어떠한 것을 반출할 수 있는 권리를 부여하는 계약에 대한 권리

(iii) 오스트레일리아 토지의 사용 또는 거래에서 발생하는 이익이나 소득의 분배에 관한 계약에 대한 권리

(b) 오스트레일리아 토지를 소유한 업체의 증권으로서, 그 토지에 있는 주택으로서, 일반적으로 아파트 또는 세대 구분형 공동주택으로 알려진 종류의 주택을 점유할 자격을 보유자에게 부여하는 증권에 대한 권리

(c) 오스트레일리아 토지를 점유할 임차권이나 사용권으로서, 권리를 획득할 당시 임차권이나 사용권의 기간(연장 기간 또는 갱신 기간을 포함한다)이 5년을 초과할 것으로 예상되는 임차권이나 사용권에 대한 임차인이나 사용권자의 권리

(d) 위의 제(a)호 (ii)에 언급된 종류의 권리를 부여하는 계약에 대한 권리로서, 그 계약에 대한 권리를 획득할 당시 계약기간(연장 기간 또는 갱신 기간을 포함한다)이 5년을 초과할 것으로 예상되는 계약에 대한 권리

(e) 오스트레일리아 토지의 사용이나 거래에서 발생하는 이익이나 소득의 분배와 관련된 계약으로서, 그 계약에 대한 권리를 획득할 당시 계약기간(연장 기간 또는 갱신 기간을 포함한다)이 5년을 초과할 것으로 예상되는 계약에 대한 권리

(f) 오스트레일리아 토지 회사의 주식이나 농업용 토지 회사에 대한 권리

(g) 오스트레일리아 토지 신탁의 단위나 농업용 토지 신탁에 대한 권리

(h) 오스트레일리아 토지 신탁이나 농업용 토지 신탁의 수탁자가 회사인 경우 그 회사의 주식에 대한 권리

3) 중대 행위

중대한 행위란 외국인이나 엔티티(법인 및 유닛 트러스트)가 증권, 자산 또는 오스트레일리아 토지(주택용지 포함)의 권익을 취득하기 위해 행하는 행위로 기준값 테스트를 충족하는 경우이다.[383] 중요한 것은 주택용지 기준값이 오스트레일리아 달러 0으로 설정되어 있다는 것이다. 외국인이 관여하는 지배권의 변경을 가져오는 경우, 그 행위는 중대한 행위이다.[384] 일반적으로 엔티티, 비

---

[383] FATA 제43조; http://www.austlii.edu.au/cgi-bin/viewdoc/au/legis/cth/consol_act/faata1975355/s43.html

[384] FATA 제39조; https://www.austlii.edu.au/cgi-bin/viewdoc/au/legis/cth/consol_act/faa-

즈니스 또는 토지가 기준값 테스트를 충족하는 경우에만 중대한 행위가 되며, 농업 비즈니스와 관련해서는 다른 기준값 테스트가 적용된다.

사업의 지분 취득뿐만 아니라 외국인 투자가 오스트레일리아의 사업에 대해 지배적인 영향을 주는 효과가 있는 경우 계약을 체결하거나 정관을 변경하는 행위도 중대 행위(Significant Actions)가 된다. FATA는 기준치를 충족하고 지배권의 변경이 있는 경우를 정하고 있다.[385] 특히 오스트레일리아 기업을 지배하는 외국 지주 기업의 매수도 적용대상이 된다. 중대 행위에 대해서는 FIRB에 대한 임의의 통지제도가 마련되어 있다. 이하의 경우가 이에 해당한다.

① 외국인이 유가증권, 자산 등의 사업이나 오스트레일리아 토지에 대한 권익을 취득하거나 기타 수단으로 오스트레일리아와 관련된 사업체 및 사업과 관련된 행위를 하여 그 결과 지배권의 변경이 발생하는 경우,
② 해당 사업체, 사업 또는 토지가 「외자매수법」에 따른 관련 기준치에 해당하는 경우

중대 행위의 통지는(같은 행위가 동시에 통보 대상 행위 또는 국가안보 통보 대상 행위에도 해당하지 않는 한) 임의이지만, 재무 장관은 그 행위에서 10년간 수시로 심사 청구권(call in power)을 행사할 수 있다. 소환심사권이 행사되고, 재무부 장관이 그 중대 행위가 오스트레일리아의 국익 또는 국가안보에 어긋난다고 판단하고, 외국인이 중대 행위의 시점에서 임의로 FIRB에 대한 통지를 하지 않는 경우 재무부 장관은 그 행위에 관해서 처분 명령이나 금지 명령을 할 수 있다. 보다 경미한 조치로 통지 위반 사실의 발표(해당 위반이 민사 제재금에 관한 조항 위반에 해당하는 경우)및 투자가에 따른 준수를 방지 혹은 시정을 목적으로 집행 가능한 서약의 체결, 또는 해당 내용의 지시를 포함한 광범위한 소급적 명령을 내릴 권한을 갖는다.[386]

---

ta1975355/s39.html

[385] FATA 제40조 등

[386] https://firb.gov.au/compliance-reporting/new-compliance-and-enforcement-powers

4) 국가안보 토지 등

① 국가안보 토지

국가안보 토지(national security land)란 다음을 뜻한다.

(a) 방위시설(1903년 국방법 제71A조의 의미 범위 내에서 그 표현의 정의 (a)(iii)를 제외한다)

(b) 국가정보기관의 기관에 의해 대표되는 것처럼 연방이 다음과 같은 이익을 가진 토지:

　(i) 공개적으로 알려져 있다.

　(ii) 합리적인 조사를 실시함으로써 알 수 있다.

② 방위접근통제 포인트

방위접근통제 포인트란 방위시설 또는 방위시설 일부의 출입 포인트를 의미하며, 출입이 일정한 수단에 의해 제어 또는 제한된다.

(a) 방위보안관에 의한 경비

(b) 보안 스크린, 보안 도어, 게이트 등의 물리적 장벽

③ 방어시설

방어시설(defence accommodation)이란 다음과 같은 건물 또는 기타 건축물 또는 장소를 의미한다.

(a) 오스트레일리아에 있다.

(b) 국방군 일부 단체의 숙박을 위해 또는 숙박과 관련하여 사용된다.

④ 방위시설

방위시설(defence premises)이란 다음을 의미한다.

(a) 오스트레일리아에 있으며 국방군 또는 국방부가 사용하기 위해 연방에 의해 소유되거나 점유되고 있는 다음 중 하나:

　(i) 토지 또는 기타 장소(단절되어 있거나 건축되었는지 관계없이)

(ii) 건물 또는 기타 구조물

(iii) 차량, 선박 또는 항공기(고정 또는 이동 가능한 램프, 계단 또는 기타 차량, 선박 또는 항공기에 대한 접근 또는 출구 수단 포함)

(iv) 1952년 방위(특별사업)법이 의미하는 금지 구역

(b) 제72TA(1)항에 따라 규정된 금지 구역(Woomera Prohibited Area)

⑤ 정보기관 또는 치안 기관

정보기관 또는 치안 기관이란 다음 중 하나를 의미한다.

(a) 오스트레일리아 비밀 정보국

(b) 오스트레일리아 보안 정보 기관

(b-a) 오스트레일리아 신호 총국

(c) 국가 정보국

④ 기준치

1) 의미

어느 행위가 중대한 행위인가를 판단할 때 중요한 2개의 기준은 기준치(값)에 부합하는지 여부와 지배권에 변동이 있었는지 여부이다. 기준치는 어느 행위가 통지대상 행위인지 여부를 판단할 때에도 중요하다.[387] 기준치에 부합하려면, 특정 가치가 규정에서 정한 기준치에 적합해야 한다. 1명 이상의 외국인이 어느 업체나 기업을 지배하기 시작했음을 재무부 장관이 확인하거나 그 업체나 기업을 현재 지배하는 외국인이 바뀌면, 그 업체나 기업에 대한 지배권은 변동된 것이다. 어느 업체에 대하여 지배적 지분을 보유한 사람이 그 업체를 지배하는 것으로 보고, 특정인이 업체나 기업의 정책을 결정할 지위에 있으면, 해당인이 그 업체를 지배하는 것으로 본다. 「외자매수법」은 토지에 대

---

[387] FATA Subdivision B—The threshold test 제50조

한 기준치를 다음과 같이 규정하고 있다.[388]

① 기준치에 대한 기준이 없는 토지: 토지가 이 조항의 목적을 위하여 규정에서 정한 종류인 경우에는 토지에 관한 기준치에 부합하는 것으로 본다.

② 권리의 총액이 기준치(기준값)를 초과하는 농업용 토지

다음 요건이 모두 적용되는 경우 토지에 관한 기준치에 부합하는 것으로 본다.
(a) 해당 토지는 농업용 토지이다.
(b) 다음 가치의 총액이 본 호의 목적을 위하여 정한 가치를 초과한다.
  (i) 단독적으로 또는 1명 이상의 특수관계인과 함께 외국인이 보유하는 모든 권리의 가치
  (ii) 토지에 대한 권리를 획득하기 위한 대가의 가치
---

③ 권리의 총액이 기준치를 초과하는 그 밖의 토지

다음 요건이 모두 적용되는 경우 토지에 관한 기준치에 부합하는 것으로 본다.
(a) 그 토지는 위 ①의 목적을 위하여 정한 토지나 농업용 토지가 아니다.
(b) 토지에 대한 권리의 가치가 본 호의 목적을 위하여 정한 가치를 초과한다.

통보 대상 행위 및 중대 행위의 각 거래는 일정한 금전적 한계에 비추어 평가되지만 그 기준치는 거래의 성질에 따라 다르다. 각 투자 제안에 적용되는 기준치는 해당 투자 제안의 성질 및 투자자의 출신국에 의해 결정된다. 통지 대상 행위 및 중대 행위의 해당성은 거래가격 또는 사업체 또는 자산의 가치가 기준치인 금액을 초과하는지 여부를 기준으로 판단되는 국가안전보장통지 대상 행위 및 국가안전보장 심사대상 행위에는 이들 금전적 기준치가 적용되지 않는다.[389] 금전적 기준치는 매년 1월 1일에 새롭게 정해진다.

---

[388] FATA 제52조
[389] Foreign Acquisitions and Takeovers Regulation 2015 (Cth) Section 50 내지 Section 53; Section 20 및 Section 21 참조.

2) 기준치와 외국 투자자

한국은 오스트레일리아와 자유무역협정을 체결했기 때문에 높은 기준치를 사용할 수 있다.

① 오스트레일리아 기업이나 사업체의 유가증권 지분

한국 투자가(정부 투자가 아님)에 관한 규제 대상의 재무적 기준치는 사업 혹은 기업의 총자산 또는 그 증권의 가치(어느 하나 높은 쪽)를 기반으로 결정되며, 민감(첨단) 섹터 이외로의 투자로 국가안전보장과 관련되지 않는 경우는 13억 3,900만 오스트레일리아 달러이다. 민감한 부문에 대한 투자나 국가 안전 보장과 관련된 경우 재무적 한계(기준)치는 없다.

② 농업 및 농업 관련 사업

투자자는 일반적으로 오스트레일리아 농업 관련 사업에 대한 직접적 지분을 취득할 때 매수의 대가가 되는 가격과 투자자(및 그 공동 출자자)가 보유하는 기존 지분 또는 이전에 그 사업으로부터 취득한 지분의 합계가 6,700만 오스트레일리아 달러를 넘는 경우 FIRB의 사전 승인을 얻어야 한다.

③ 주택 부동산

비거주 투자자는 보통 오스트레일리아에서 중고 주택 구입을 금지하고 있다. 새로운 주거나 개발을 위한 공한지나 국방용지의 구입을 희망하는 투자가는, 그 자산의 가격에 관계없이 외자에 의한 투자에 관한 승인을 신청해야 한다.

④ 상업용 부동산

투자자는 일반적으로 예정된 취득 물건의 가격에 관계없이 상업용 공한지의 지분을 취득하기 전에 승인을 구할 필요가 있다. 개발된 상업 용지(센시티브 상업용지가 아님)의 경우 투자자는 소유권의 가치가 13억 3,390만 오스트레일리아 달러를 초과하는 경우에만 승인을 얻어야 한다.

⑤ 광업권 및 생산권

투자가가 광업권이나 생산권의 취득을 희망하는 경우, 투자액이나 자산액에 관계없이, 외자에 의한 투자에 관한 승인을 신청할 필요가 있다.

⑥ 국가 보안 사업

한국의 투자자가 내셔널 시큐리티 사업의 권익을 취득하려고 하는 경우 투자액에 관계없이 외자에 의한 투자에 관한 신청을 할 필요가 있다.

CHAPTER

02

오스트레일리아의 외자 규제 제도

Ⅰ 통지대상 행위

① 개요

일반적으로 통지행위(Notifiable Action)는 농업 관련 사업에서의 직접적인 권익(Direct Interest) 취득(주로 10% 이상의 취득 또는 경영에 영향을 미칠 수 있게 됨), 사업지분의 20% 이상 취득 또는 토지권익 취득 중 상기 기준치를 충족하는 것으로 한정된다. 중대행위와는 달리 통지행위에는 지배권 변경이 필요 없다. 국가안전보장 신고대상 행위는 FIRB에 의무적 신고를 해야 하고, 외국인이 다음과 같은 행위를 하고자 하는 경우에 해당한다.

① 국가안보 사업(national security business)을 신규로 출범시킬 경우
② 국가안보 사업에 대한 직접 지분(10% 초과)을 취득하는 경우
③ 국가안보 사업을 수행하는 사업체의 직접 지분을 취득하는 경우
④ 국가안보 토지(national security land)에 관한 개발 허가에 대한 권익을 취득하려는 경우

국가안보 사업 및 국가안보 구역의 정의를 포함한 이들의 행위에 대해서는 이하의 새로운 국가안보 기준의 항목도 참고한다. 통지 대상 행위는 다음 중 어느 하나의 외국인의 행위이다.

① 농업기업에 해당하는 오스트레일리아 업체나 오스트레일리아 기업에 대한 직접적 지분을 획득하는 행위
② 오스트레일리아 업체에 대한 지배적 지분을 획득하는 행위

일반적으로 그러한 행위는 업체, 기업 또는 토지가 기준값에 부합하는 경우에만 통지 대상 행위이다. 농업기업과 관련된 특정 통지대상 행위에 대하여는 다른 기준값 기준이 적용된다. 업체 및 기업과 관련된 행위가 통지대상 행위가 되기 위하여 행위에 대한 지배권이 변동될 필요는 없다. 통지대상 행위에 해당하는 행위도 규정으로 정할 수 있다. 「외자규제법」 제5절에 따른 면제 증명서에 명시된 오스트레일리아 토지에 대한 권리 획득은 일반적으로 통지 대상 행위가 아니다.

② 통지대상 행위의 의미[390]

외국인이 이하의 행위를 행하여 소정의 기준값 테스트에서 해당했을 경우 필수 통보행위(notifiable actions)가 되어 FIRB에 신고할 의무가 있다(농업, 주택, 상업용 부동산 등의 자산을 취득하는 경우는 예외 규정이 있다). 투자가 외자 규제 대상이 되는지는 특정 재무적 기준값 테스트가 적용되며 투자의 종류, 투자자의 국적, 투자자가 사적투자자 또는 외국 정부인지에 따라 달라진다. 상당한 지분이란 오스트레일리아에 대한 외국인 투자에 관한 법률에서는 개인이 사업체의 20% 이상의 주식을 보유하고 있는 경우 또는 트러스트(유닛 트러스트 포함)에서는 공동 수익자와 합산하여 트러스트의 소득 또는 재산의 20% 이상

---

[390] FATA 제47조

의 수익권을 가진 개인의 경우 해당 개인은 상당한 지분을 가지고 있다고 간주된다. 다음의 조건을 충족하는 행위는 통지대상 행위이다.

① 첫째 조건: 행위의 유형

행위가 다음 중 어느 하나이어야 한다.
(a) 다음 중 어느 하나에 대한 직접적 지분을 획득하는 행위
    (i) 농업기업에 해당하는 오스트레일리아 업체
    (ii) 농업기업에 해당하는 오스트레일리아 기업
(b) 오스트레일리아 업체에 대한 지배적 지분을 획득하는 행위
(c) 오스트레일리아 토지에 대한 권리를 획득하는 행위

---

② 둘째 조건: 기준치

해당 업체, 기업 또는 토지와 관련하여 기준치(기준값)에 부합하여야 한다.[391]

③ 셋째 조건: 적용 대상 업체의 종류

위 ①(a)(i)이나 (b)가 적용되는 경우 해당 업체가 다음 중 어느 하나에 해당하여야 한다.
(a) 단독적으로나 1명 이상의 다른 사람과 함께 오스트레일리아 기업을 운영하는 오스트레일리아 회사
(b) 오스트레일리아 단위형 신탁
(c) 제(a)호와 제(b)호에 언급된 업체의 지주 업체에 해당하는 오스트레일리아 업체

---

④ 넷째 조건: 외국인의 행위.

조건(위 ①(a), (b) 또는 (c)가 적용되는지 여부와 관계없다)은 외국인이 그러한 행위를 하거나 할 예정이어야 한다.

---

[391] FATA 제4절 제B 하위절 참조

Ⅱ 국가안보 행위

(1) 통지대상

① 어느 외국인이 다음 중 어느 하나의 행위를 실행했거나 실행하려는 경우, 그 행위는 통지대상 국가안보 행위에 해당한다.

(a) 국가안보 기업을 창업하는 행위
(b) 국가안보 기업에 대한 직접적 지분을 획득하는 행위
(c) 국가안보 기업을 운영하는 업체에 대한 직접적 지분을 획득하는 행위
(d) 획득 당시 국가안보 토지에 해당하는 오스트레일리아 토지에 대한 권리를 획득하는 행위
(e) 획득 당시 국가안보 토지에 해당하는 오스트레일리아 토지와 관련하여 탐사광구에 대한 법률상 또는 형평법상 권리를 획득하는 행위

② ①(e)의 목적상, 다음 중 어느 하나의 경우에도 특정인이 탐사광구에 대한 법률상 또는 형평법상 권리를 획득한 것으로 본다.

(a) 해당인이 종전에 탐사광구에 대한 권리를 획득하였다.
(b) 그 권리는 대상자의 탐사광구에 대한 기존 권리 금액에 대한 증가분이다.

③ 제63조의 목적을 위하여 제정된 규정에 따라 유효한 면제증명서와 관련하여 특정 유형의 행위는 통지 대상 국가안보 행위가 아니라고 규정으로 정할 수 있다.[392]

---

[392] FATA 제55B조

② 심사 대상

국가안보 심사대상 행위에 대해서는 FIRB에 대한 임의의 통지제도가 마련됐으며 외국인이 다음 중 하나를 하려는 때 이에 해당한다.

① 오스트레일리아 사업체(Australian entity) 또는 오스트레일리아 사업 (Australian business)의 직접 지분의 취득

② 사업체(entity)의 유가증권 혹은 사업의 지분, 권익을 취득하거나 혹은 그것들의 발행에 있어서 모집을 맡거나 사업체 혹은 사업과 계약을 체결함으로써 해당 사업체 혹은 사업의 경영의 핵심 또는 지배에 영향을 미치거나 참여하는 지위, 또는 사업체 혹은 사업의 방침에 영향을 미치는 참여이거나 결정하는 지위의 취득

다른 유형(중대 행위, 통보 대상 행위 또는 국가안보 보장 통보 대상 행위)에 해당하지 않는 경우에만 국가안보 심사 대상 행위이다. 국가안보 심사 대상 행위에 관한 통지는 임의이지만, 그 범위는 상당히 넓고, 재무부 장관이 그 행위가 오스트레일리아의 국익 또는 안전보장에 어긋난다고 판단했을 경우 그 행위에서 10년간 수시 소환심사권을 행사할 수 있다. 재무부 장관이 그 행위가 오스트레일리아의 국익 또는 안전보장에 어긋난다고 판단할 경우 처분 명령 및 금지 명령을 포함한 광범위한 소급적 명령을 발하는 권한이 있다.

그러므로 국가안보 심사대상 행위에 관한 통지를 할지 검토할 때 외국인이 하고자 하는 국가안보 심사대상 행위가 임의의 통지를 실시하지 않는 경우, 소환심사권의 대상이 될 수 있는 행위에 해당하는지 평가하기 때문에 FIRB 가이던스 노트(FIRB Guidance Note) 및 기타 해설(commentary)을 참조해야 한다. 토지의 경우, 심사 대상 국가안보 행위의 의미는 다음 요건에 부합하는 행위이다.[393] 즉, 어느 외국인이 오스트레일리아 토지에 대한 권리를 획득하는 행위이고, 중대한 행위, 통지 대상행위 또는 통지 대상 국가안보 행위에 해당

---

[393] FATA 제55F조

하는 경우이다.

Ⅲ | 외자심의위원회의 신고

(1) 개요

FIRB에 대한 사전 신고 의무의 유무는 외국투자가의 종류, 투자의 종류나 성질, 투자 금액 등에 의해서 결정된다. 신고 의무에 관한 중요한 개념은 통지 의무행위(notifiable action), 국가안보 통지 의무행위(notifiable national security action), 중대 행위(significant actions), 국가안보 심사 가능 행위(reviewable national security action)의 4가지이다.

통지 의무 행위와 국가안보 통지 의무 행위는 외국인이 사전에 재무부 장관에 대해서 투자 제안에 대해 신고를 실시하여, 투자 실행 전에 허가를 받을 필요가 있는 행위이다. 신고를 게을리하는 경우 민사 제재금이나 형사처벌이 부과될 수 있다. 신고 의무는 투자가 일정 기준을 충족하는 경우에만 발생하는데, 여러 유형이 있다. 지배권 변경이 일어나지 않는 거래에서도 통지의무 행위나 국가안보 통지 의무행위에 해당할 수 있다.

중대 행위와 국가안보 심사 가능 행위는 투자 실행 전에 신고하도록 요구되지 않는 행위이다. 그러나 재무부 장관은 FATA에 근거하여 국익에 반한다는 이유로 중대 행위의 실행을 금지하거나 국가안보에 반한다는 이유로 국가안보심사 가능 행위를 심사하고 금지하는 것을 포함한 폭넓은 권한을 가지고 있다. 따라서 중대 행위를 실행하려고 하는 경우 실무상 재무부 장관에게 임의(자발적)의 신고를 하고, 투자 제안에 반대하지 않는다는 취지의 통지를 취득해 두는 것이 일반적이다.

또한 국가안보 심사 가능 행위를 실행하고자 하는 경우 재무부 장관에게 임의의 신고를 하고 투자 제안에 반대하지 않는 취지의 통지를 취득해 두어야 하는지를 개별적으로 판단할 필요가 있다. 중대 행위 또는 국가안보 심사 가능 행위에 대해 재무부 장관에게 임의로 신고한 경우 투자 제안에 반대하지 않는 다는 통지를 받거나 심사기간이 만료될 때까지 재무부 장관이 결정을 하지 않는 한 투자를 실행할 수 없다. 재무부 장관에 의한 결정이 이루어지기 전이라도 통지의무 행위, 국가안보 통지의무행위, 중대 행위 또는 국가안보 심사가능행위에 관한 계약을 체결하는 것은 가능하다. 하지만 계약상 재무부 장관이 거래를 금지하지 않는 경우를 계약실행을 위한 전제 조건으로 둘 필요가 있다.

외국 투자에 대한 신고는 온라인 양식을 사용하여 이루어진다. 신고가 이루어진 후에도 FIRB의 요청에 따라 일정한 정보를 추가로 제출해야 하는 것이 일반적이다. 오스트레일리아의 사업, 농업 용지, 상업 용지에의 외국 투자와 관련되는 신청은 재무부, 거주용 부동산에의 외국 투자와 관련되는 신청은 국세청(ATO)이 각각 심사하게 되어 있다. 신고를 하는 경우 소정의 신청 수수료를 납부해야 한다. 외국인이 필요한 신고 의무를 게을리 하거나 기타 외국 투자규제를 위반했을 경우, 민사 제재금이나 형사처벌이 부과될 수 있다.

② 토지 거래를 수반하지 않는 투자

대부분의 경우 일정 금액 기준을 충족하는 투자 제안만이 재무부 장관에게 신고 의무의 대상이 된다. 금액 기준은 투자자의 종류나 투자 행위의 종류에 따라 달라진다. 금액 기준은 다음과 같다.[394]

---

[394] 금액 기준에 관한 표는 2023년 1월 1일 기준이다. 금액 기준은 매년 1월 1일로 조정된다(별도의 정함이 있는 경우 제외); https://firb.gov.au/general-guidance/monetary-thresholds

◐ 토지거래를 수반하지 않는 투자금액

투자가	거래내용[395]	기준액: 아래 금액 초과 시 신고 의무 발생
보다 고액의 (완화된) 기준액이 적용되는 자유무역협정(FTA) 상대국의 민간투자자[396]	이하에 대한 상당한 권리[397]의 취득: ○ 오스트레일리아 회사 또는 유닛 트러스트 ○ 오스트레일리아의 자산 또는 오스트레일리아 자회사를 가지고 있는 외국법인으로서 오스트레일리아에서 사업을 영위하는 외국법인(또는 그 외국법인의 모회사) ○ 오스트레일리아 사업에 대한 권리의 취득으로, 그 사업의 지배권의 변경이 생기는 것(또는 이미 사업의 지배권을 가지고 있는 자의 지분이 증가하는 경우)	○ 13억 3,900만 달러(비센시티브 사업) ○ 3억 1,000만 달러(센시티브 사업[398]) ○ 오스트레일리아 회사 또는 유닛 트러스트의 상당한 권리 취득의 경우, 기준액은 대상 회사 또는 유닛 트러스트의 총자산 또는 발행 완료 유가증권(주식 또는 유닛)의 가치 총액 중 하나인 높은 금액에 근거한다.
	○ 오스트레일리아 사업의 전부 또는 일부가 미디어 사업인 기업 또는 이러한 사업의 5% 이상의 지분 취득	○ 0달러
	○ 오스트레일리아의 농업 비즈니스의 직접적 권리 취득	○ 칠레, 뉴질랜드, 미국에 대해서는 13억 3,900만 달러 ○ 기타 국가에 대해서는, 6,700만 달러(누계) (취득 대가 및 해당 대상 사업에 대해 외국인(관계자 포함)이 이미 보유하고 있는 다른 권리의 총액에 근거한다)
	○ 국가안보 관련 사업 또는 국가안보 관련 사업을 영위하는 법인의 직접적 권리의 취득 또는 국가안보 관련 사업의 개시	○ 0달러

---

395 FATA는 모든 외국으로부터의 투자에 대해서 그 구조에 관계없이 적용된다. 예를 들면, 전환사채 등은 외국투자규제상으로는 에퀴티로서 취급된다.

396 2022년 1월 1일 기준 체결국·지역은 캐나다, 칠레, 중국, 홍콩, 일본, 멕시코, 뉴질랜드, 페루, 싱가포르, 한국, 미국, 말레이시아 및 베트남이다. 또, 이 고액의 기준액은, 환태평양 파트너십에 관한 포괄적 및 선진적인 협정(TPP-11)이 발효한 가맹국에 대해서도 적용되게 된다.

397 외국인(및 그 관계자)이 기업의 20% 이상의 지분을 갖게 된 경우, 신탁수익 또는 자산의 20% 이상의 수익권을 갖게 된 경우 또는 이미 20% 이상의 지분이나 수익권을 가진 외국인이 그 지분이나 수익권을 늘리는 경우 '상당한 권리'를 취득한 것으로 간주된다.

398 민감한 사업에는 미디어, 전기통신, 수송, 군사, 암호화 보안 기술, 통신 시스템, 우라늄 플루토늄 추출, 핵 시설 운영이 포함된다.

투자가	거래내용[399]	기준액: 아래 금액 초과 시 신고 의무 발생
기타 민간 투자자	이하에 대한 상당한 권리의 취득 ○ 오스트레일리아 회사 또는 유닛 트러스트 ○ 오스트레일리아의 자산 또는 오스트레일리아 자회사를 가지고 있는 외국 법인으로서 오스트레일리아에서 사업을 영위하는 외국법인(또는 그 외국법인의 모회사) ○ 오스트레일리아 사업에 대한 권리의 취득으로, 그 사업의 지배권 변경이 생기는 것 (또는 이미 사업의 지배권을 가지고 있는 자의 지분이 증가하는 경우)	○ 22억 8,900만 달러(모든 분야) ○ 오스트레일리아 회사 또는 유닛 트러스트의 상당한 권리 취득의 경우, 기준액은 해당 회사 또는 유닛 트러스트의 총자산 또는 발행 완료 유가증권(주식 또는 유닛)의 가치 총액 중 어느 하나 높은 금액에 근거한다.
	○ 오스트레일리아 사업의 전부 또는 일부가 미디어 사업[400]인 기업 또는 이러한 사업의 5% 이상의 지분 취득	○ 0달러
	○ 오스트레일리아의 농업 비즈니스[401]의 직접적 권리[402] 취득	○ 6,700만 달러(누계) (취득 대가 및 해당 사업체에 대하여 외국인(관계자 포함)이 이미 보유하고 있는 다른 권리의 총액에 기초함)
	○ 국가안보 관련 사업 또는 국가안보 관련 사업을 영위하는 법인의 직접적 권리의 취득 또는 국가 안보 관련 사업의 개시	○ 0달러

---

399 FATA는 모든 외국으로부터의 투자에 대해서 그 구조에 관계없이 적용된다. 예를 들면, 전환사채 등은 외국투자규제상으로는 에쿼티로서 취급된다.

400 미디어 사업 투자에 대해서는 5% 이상의 지분을 취득할 경우 투자 금액에 관계없이 신고를 하고 사전 승인을 받아야 한다. 기존의 신문이나 방송 미디어에 더해 특정의 뉴스, 시사 컨텐츠, 오디오나 비디오 컨텐츠 등에의 온라인 액세스를 제공하는 사업도, 외국 투자 규제 법령상의 미디어 사업에 포함된다.

401 농업 비즈니스의 정의는 농업, 임업, 수산업 및 특정 가공 제조업(육류, 가금류, 어패류, 유제품, 과일, 채소 가공, 설탕, 곡물, 유·지방 제조) 등 오스트레일리아·뉴질랜드 표준산업 분류코드 상의 소정 등급으로 분류되는 사업이 포함되며 이들 사업에 대한 금리 세전 수익이 해당 사업체 총 수익의 25%를 초과하는 것이다.

402 '직접적 권리'란 a) 투자처의 10% 이상 지분, b) 취득자의 사업과 투자처의 사업에 관한 법적 합의가 이루어지고 있는 경우에는 투자처의 5% 이상 지분, 또는 c) 투자처의 경영·지배에 참여하거나 영향력을 행사할 수 있거나 투자처의 정책에 참여, 결정 또는 영향력을 행사할 수 있는 경우에는 기준은 0이 된다.

투자가	거래내용[403]	기준액: 아래 금액 초과 시 신고 의무 발생
외국정부 투자가	○ 오스트레일리아 사업 또는 오스트레일리아 기업의 직접적 권리 취득(외국 정부 투자자가 완전 자회사를 신설한 결과 발생하는 직접적 권리 취득 제외)[404]	○ 0달러
	○ 오스트레일리아에서의 신규 사업 개시	○ 0달러
	○ 오스트레일리아 사업의 전부 또는 일부가 미디어 사업인 기업 또는 이러한 사업의 5% 이상의 지분 취득	○ 0달러

출처: https://firb.gov.au/sites/firb.gov.au/files/2022-12/monetarythresholds2023.pdf

 3 토지 거래를 수반하는 투자

◐ 토지거래를 수반하는 투자금액

투자가	거래내용	기준액:아래 금액 초과 시 신고의무 발생
모든 투자자	○ 거주 용지 취득[405]	○ 0달러
	○ 나대지의 상업 용지 취득[406]	○ 0달러
	○ 국가안보 관련 부동산 취득[407]	○ 0달러

---

403 FATA는 모든 외국으로부터의 투자에 대해서 그 구조에 관계없이 적용된다. 예를 들면, 전환사채 등은 외국투자규제상으로는 에퀴티로서 취급된다.

404 오스트레일리아에서 보유하는 자산이 중요하지 않은(오스트레일리아의 자산가치가 전 세계 자산가치의 5% 미만이면서 오스트레일리아의 총자산 가치가 6,000만 달러 미만이며, 어느 자산도 첨단산업 또는 국가안보 관련 사업에 관한 것이 아님) 외국 기업의 지분 취득은 적용 제외된다.

405 거주용지란 최소 1호의 주택이 존재하는 오스트레일리아의 토지와 거주용지 내에 합리적으로 10호 미만의 주거가 건설 가능한 오스트레일리아 토지를 말한다. 오로지 제1차 산업을 위해 사용되는 토지나 상업용 주거는 거주용지로 간주되지 않는다.

406 상업용지란 오로지 1차 산업을 위해 사용되는 토지나 거주용지에 해당하지 않는 오스트레일리아의 토지를 말한다. 상업용지에는 상업용 주거, 즉 호텔, 모텔, 기숙사, 학교 기숙사, 특정 종류의 마리나, 캐러밴 파크, 캠핑 용지 등도 포함된다. 학생용 주거와 돌봄 주택은 상업용지로 취급된다.

407 국가안보관련 부동산이란 오스트레일리아 군대에 의해 소유되거나 점유되고 있는 토지 또는 국가정보 기관이 권리를 가지고 있다고 공개적으로 알려져 있거나 합리적인 조사를 하면 권리를 가지고 있음을

	○ 오스트레일리아 토지법인·신탁의 권리 취득[408]으로 거주 용지, 나대지 상업 용지, 채굴·생산을 위한 광업권[409]의 가치가 해당 사업체 총자산의 10% 이상을 차지하는 경우	○ 0달러
투자가	거래내용	기준액:아래 금액 초과 시 신고의무 발생
기타 민간 투자자	○ 농업용지(농업용지를 소유하고 있는 농업용지 사업법인 신탁의 지분 포함) 취득 ○ 기타 국가에 대해서는 1,500만 달러(누계). 이 기준액은 연차조정 대상에서 제외된다.	○ 태국의 경우: 토지가 오로지 제1차 산업에 사용되는 경우는 5,000만 달러(이에 해당하지 않는 경우, 그 토지는 농업용지로 간주되지 않는다). 이 기준액은 연차 조정 대상에서 제외된다.
		○ 기타 국가에 대해서는 1,500만 달러(누계). 이 기준액은 연차조정 대상에서 제외된다.
	○ 개발 완료 상업 용지(개발 완료 상업 용지를 소유하고 있는 오스트레일리아 토지법인 신탁의 지분 포함) 취득	○ 3억 1,000만 달러
	○ 저기준액 적용지(센시티브 토지)[410] 취득	○ 6,700만 달러 ○ 인도의 경우 서비스 공급을 위한 비민감 토지, 5억 달러

알 수 있는 토지를 말한다.

408 오스트레일리아 토지법인 또는 오스트레일리아 토지신탁은 소유하는(농업용지 이외의) 오스트레일리아 토지의 가치가 자산총액의 50%를 넘는 법인이나 신탁을 말한다.

409 칠레, 뉴질랜드, 미국으로부터의 민간 투자자에 의한 채굴·생산을 위한 광업권의 취득은 여기에 해당하지 않는다.

410 저기준액 적용지에는 광산 및 주요 인프라(예: 공항 및 항구) 등 민감한 토지가 포함된다. 소정의 공간 영역(airspaces)은 저기준액 적용지로 정의되는 분류가 아닌 한 저기준액 적용지의 정의에서 제외되어 있다.

	거래내용	기준액:아래 금액 초과 시 신고의무 발생
	○ 상장된 오스트레일리아 토지법인 신탁의 10% 이상 지분 취득 ○ 상장하지 않은 오스트레일리아 토지법인 신탁의 5% 이상 지분 취득	○ 3억 1,000만 달러
	○ 채굴·생산을 위한 광업권(채굴·생산을 위한 광업권을 소유하고 있는 오스트레일리아 토지법인·신탁의 지분 포함) 취득	○ 0달러

투자가	거래내용	기준액:아래 금액 초과 시 신고의무 발생
보다 고액의 (완화된) 기준액이 적용되는 자유무역협정(FTA) 상대국의 민간투자가	○ 농업용지[411](농업용지를 소유하고 있는 농업용지사업법인 신탁[412]의 지분 포함) 취득	○ 칠레 뉴질랜드 미국에 대해서는 13억 3,900만 달러 ○ 기타 국가에 대해서는 1,500만 달러(누계). 이 기준액은 연차조정 대상에서 제외.
	○ 개발완료 상업용지(개발완료 상업용지를 소유하고 있는 오스트레일리아 토지법인 신탁의 지분 포함) 취득	○ 13억 3,900만 달러
	○ 상장된 오스트레일리아 토지법인 신탁의 10% 이상 지분 취득 ○ 상장하지 않은 오스트레일리아 토지법인 신탁의 5% 이상 지분 취득	○ 13억 3,900만 달러
	○ 채굴·생산을 위한 광업권[413](채굴·생산을 위한 광업권을 소유하고 있는 오스트레일리아 토지법인·신탁의 지분 포함) 취득	○ 칠레, 뉴질랜드, 미국에 대해서는 13억 3,900만 달러 ○ 기타 국가에 대해서는 0달러

---

[411] 농업용지란 1차 산업에 사용되고 있거나 합리적으로 사용 가능한 토지를 말한다. 오로지 제1차 산업에 사용되고 있는 것이 아닌 토지에 대해서는 일부 적용 제외가 있다. 2015년 7월 1일 농업용지등기부가 설립되어 국세청에 의해 기록·관리되고 있다. 한편 풍력 발전 용지는 농업 용지에 해당하지 않고, 풍력 또는 태양광 발전 시설이 설치되어 있는 토지는 나대지가 아니라고 간주된다.

[412] 농업용지법인 또는 농업용지신탁이란 소유한 농업용지의 가치가 자산총액의 50%를 초과하는 법인이나 신탁을 말한다.

[413] 채굴·생산을 위한 광업권이란 오스트레일리아 국내, 배타적 경제수역 또는 대륙붕에 존재하는 광물

투자가	거래내용	기준액:아래 금액 초과 시 신고의무 발생
외국정부 투자가	○ 탐사를 위한 광업권[414] 또는 채굴·생산을 위한 광업권	○ 0달러
	○ 토지 권리의 취득	○ 0달러
	○ 채굴, 생산 또는 탐사에 종사하는 사업체[415]의 10% 이상 지분 취득	○ 0달러
	○ 오스트레일리아 토지법인 신탁의 지분 취득	○ 0달러

출처: https://firb.gov.au/sites/firb.gov.au/files/2022-12/monetarythresholds2023.pdf

---

(석탄이나 철광석 등), 석유 또는 천연가스를 채취하기 위한 오스트레일리아 법률에 근거한 권리를 말한다. 단, 탐사를 위한 광업권을 제외. 또한 다음 (a)나 (b)는 채굴·생산을 위한 광업권으로 간주되지 않는다: (a) 외국 정부투자자가 아닌 외국인이 국가안보관련 부동산이 아닌 토지에 탐사를 위한 광업권을 취득하는 경우; (b) 채굴·생산을 위한 광업권에 대한 직접적인 권리가 아니라 그로부터 발생하는 수익으로부터 일정한 금전을 수령할 권리로서 토지를 점유할 권리나 토지에 대한 접근이나 점유자를 결정할 권리를 수반하지 않는 경우

414 탐사를 위한 광업권이란 광물, 석유 또는 천연가스의 탐사·조사를 목적으로 오스트레일리아 국내, 배타적 경제수역 또는 대륙붕에 존재하는 광물(석탄이나 광석 등), 석유 또는 천연가스를 채취하기 위한 권리를 말한다.

415 채굴, 생산 또는 탐사에 종사하는 사업체란 소유 오스트레일리아 국내 탐사를 위한 광업권 또는 채굴·생산을 위한 광업권의 가치가 자산총액의 50%를 넘는 사업체를 말한다.

국가안전보장 제도

I   새로운 국가안보 기준

① 국가안보의 정의

오스트레일리아에서 '국가 안보'라는 용어는 법안에서 다양한 맥락으로 사용되지만 정의되지는 않는다. 이것은 '국익'의 사용방식과 유사하다. 예를 들어 다음과 같은 방식으로 사용된다.[416]

① 국가안보에 반하는 것
② 오스트레일리아의 국가안보 이익
③ 국가안보 위험
④ 국가안보 우려

---

[416] https://www.aph.gov.au/Parliamentary_Business/Committees/Senate/Economics/ForeignReformAquisiti/Report/section?id=committees%2Freport-sen%2F024583%2F75193#footnote24target, 1.31.

오스트레일리아에서는 국가안보의 정의가 2004년 국가안보정보법(형사 및 민사 소송)[National Security Information(Criminal and Civil Proceedings) Act 2004]과 1979년 오스트레일리아 안보정보기관법(ASIO법)[Australian Security Intelligence Organisation Act 1979 (ASIO Act)]에서 약간 수정되었다.[417] 그러나 이 정의는 '국가안보사업'에 대한 규정에서 정의한 것일 뿐, 「외자매수법」의 국가안보에 대한 정의는 아니다.

2004년 국가 안보정보법(형사 및 민사 소송)은 국가안전보장을 다음과 같이 정의하고 있다. 국가안보란 오스트레일리아의 국방, 안전보장, 국제관계 또는 법 집행기관의 이익을 의미한다. 안보란 ASIO법과 동일한 의미를 갖는다. 국제관계란 외국 정부 및 국제기관과의 정치적, 군사적 및 경제적 관계를 의미한다. 그리고 법 집행기관의 이익이란 법 집행기관의 혼란을 회피하는 것, 법 집행 기술을 보호하는 것, 정보원 보호에 대한 이해가 포함된다.[418]

그런데 「외자매수법」은 국제관계를 외국인 및 국제기관과의 정치적, 군사적, 경제적 관계를 의미한다고 명시함으로써 이 정의를 약간 수정하고 있다. ASIO법은 안보를 사보타주, 정치적 동기의 폭력, 집단 폭력 조장, 오스트레일리아의 방어 시스템에 대한 공격, 또는 외국의 방해와 간섭 행위로부터 국민, 연방, 주 및 준주를 보호하는 것으로 정의하고 있다.[419] 하지만 「외자매수법」은 투자가 국가안보에 위배되는지에 대한 평가를 요구하거나 평가의 기초가 되기 위해 국가안보 테스트가 어떻게 운영되는지에 대한 지침을 제공하지 않는다.

---

417 Exposure Draft, Foreign Investment Reform (Protecting Australia's National Security) (National Security Business) Regulations 2020, Item 1.

418 National Security Information (Criminal and Civil Proceedings) Act 2004, ss. 8-11.

419 Australian Security Intelligence Organisation Act 1979, s. 4.

② 국익에 위배 되는지 심사

오스트레일리아 연방 정부는 외국으로부터의 투자 안건을 심사할 때 국익 (National Interest)에 반하지 않는지를 개별 사안별로 판단해야 하는데, 전형적인 고려사항은 다음과 같다.[420]

① 국가안보: 해당 투자가 오스트레일리아의 전략 및 안전을 유지하는 능력에 어느 정도 영향을 미치는가.

② 경쟁: 해당 투자의 결과, 투자자가 오스트레일리아 국내 상품이나 서비스의 시장 가격이나 생산을 지배하게 될 가능성이 있는가. 투자자가 세계로의 상품이나 서비스 공급에 대해 지배하게 될 가능성이 있는가.

③ 오스트레일리아 정부의 정책: 해당 투자가 오스트레일리아의 세수나 환경 문제와 관련된 목표치 등 오스트레일리아 정책에 영향을 미칠 가능성이 있는가.

④ 오스트레일리아 경제·지역사회에 미치는 영향: 해당 투자(투자 후 예정된 재편 포함)가 오스트레일리아 경제 전반에 영향을 미칠 가능성이 있는가. 오스트레일리아 국민을 위해 공정한 혜택을 가져올 것인가.

⑤ 투자자 특징: 투자자가 투명성이 높은 상업적 기반을 바탕으로 활동하고 있는가. 충분하고 투명성 있는 규제 및 감독의 대상이 되고 있는가 (해당 외국 투자가의 기업 거버넌스 실무도 고려).

오스트레일리아 연방 정부는 농업 분야에 대한 외국의 투자 제안을 심사할 때 보통 다음과 같은 사항에 대한 영향을 고려한다.

① 수자원을 포함한 오스트레일리아 농업자원의 질과 양

② 토지 접근 및 사용, 농업생산 및 생산성

③ 오스트레일리아가 국내 지역사회 및 무역상대국 쌍방에게 신뢰받는 농

---

[420] Treasurer, Australia's Foreign Investment Policy, 24 April 2020, pp.7-11.

산물 공급자로 남을 수 있는 능력

④ 생물다양성

⑤ 오스트레일리아 지역 사회에서 고용 및 번영 등

재무부 장관은 중대 행위가 국익에 반한다고 판단하는 경우 관련 행위를 금지하거나 조건을 부과하거나 과거 중대 행위로 취득한 자산이나 권익을 처분하게 하는 권한을 가진다. '국익'은 법령에는 정의되어 있지 않으며, 재무부 장관의 재량에 근거해 안건별로 판단된다. 관련 요인으로는 국가안보, 경쟁, 다른 오스트레일리아 정부 기관의 정책, 경제 및 지역사회에 미치는 영향, 행위의 투명성, 컴플라이언스 등을 들 수 있다.

③ 국가안보 관점에서 심사

오스트레일리아 연방 정부는 어떤 행위가 국가안보에 위배 되는지와 국가안보상의 우려를 야기하는지를 어떻게 심사할 것인지에 대해 명확히 하지 않고 있다. 그러나 '국가안보 관련 사업'을 특정하는 목적에는 국가안보와 관련하여 오스트레일리아의 방위, 안전, 국제관계 및 법 집행을 포함하고 있다.

개정법에 따라 투자의 가치나 중대행위 여부와 관계없이 재무부 장관에게 통지해야 하는 '국가안보 통지행위'라는 기준이 도입되었다.[421] 국가안보에 관한 통지행위란 국가안보와 관련된 토지(국방시설, 국가 정보와 관련된 토지, 기타 재무부 장관이 정한 토지[422])나 국가안보와 관련된 사업(전기, 가스, 수도, 항만 등의 중요 인프라, 통신서비스, 국방·정보 관련에 의한 사용을 목적으로 한 물품·서비스 제공사업 및 그러한 공급망 등[423])의 권익을 취득하는 것을 의미한다. 관련 통지의무의 적용은 국가정보와 관련된 토지에 관해서는 합리적으로 국가정보와의 관계를

---

421 National Security Bill, items 58 to 62; FATA s. 80 to 82

422 National Security Bill, item 7; FATA s.4

423 Draft National Security Business Regulations, Item 2; FATR s. 10A

인식할 수 있는 경우로 한정되어 있다. 하지만, 국가안보에 관한 정보는 기밀이므로 통상적인 실사에서는 토지나 사업에 대한 국방이나 정보기관의 관여가 밝혀지지 않는 경우도 있다.

「외자매수법」 및 「외자매수규칙」의 국가안전 보장행위 및 국가안전 보장기준의 주된 목적은 국가안전보장상의 이익에 관한 대내투자 심사절차를 강화하는 것이다. 국가안전보장 기준의 내용은 다음과 같다.

① 국가안전보장 구역 또는 국가안전보장 사업 관련 투자에 대해 의무적 통지를 요구할 것
② 재무부 장관의 소환심사권을 도입하여 통지되지 않은 어떠한 투자에 대해서도 국가안전보장상의 이유로 소환심사를 할 수 있도록 할 것
③ 일정한 거래에 대해 투자자가 FIRB에 대해 임의로 통지할 수 있도록 하는 것
④ 재무부 장관에게 최종 심사 권한을 부여함으로써 국가안전보장상의 이유로, 행위와 관련하여 국가안전보장상의 위험이 발생했다는 이유로 조건의 부과, 기존 조건의 변경이나 승인된 투자의 처분 명령을 가능하게 할 것

오스트레일리아가 도입한 새로운 국가안전보장의 기준이 가진 특징은 다음과 같다.

① 취득 가치에 관계없이 FIRB의 승인 취득이 의무화되는 국가안보 통지 의무행위 개념 도입
② 국가안보 통지의무 행위와 관련된 국가안보 관련 사업과 국가안보 관련 부동산 개념 도입
③ 지금까지 FIRB의 심사 대상이 되지 않았던 해외투자를 심사하는 소환 심사권 부여와 절차
④ 이미 FIRB의 심사 대상이 된 투자를 재심사하는 최종 심사권 부여와 절차

국가 보안 테스트의 도입으로 인해 매년 평균 161건의 추가 신청이 발생하고 투자자에게 540만 달러의 규제 부담이 가해질 것으로 예상하고 있다. 오스트레일리아 정부의 추가 자원 조달은 약 340만 달러가 될 것이며, 신청 수수료를 통해 회수할 것을 목표로 하고 있다.[424]

Ⅱ | 심사 대상

① 개요

국가안전 보장기준에 따라 거래가 일정한 기준에 해당하는 경우에는 심사대상이 된다. 재무부 장관의 심사 청구권은 재무부 장관으로 하여금 주요거래(significant action), 국가안보 심사대상 거래(reviewable national security action), 또는 국가안보에 우려가 되는 거래에 대하여, FIRB에 기존 신고된 바 없는 거래라고 할지라도 투자자 등 관련자 call-in을 통해 임의로 거래내용을 검토할 수 있는 권한을 부여하고 있다. 검토 결과 국가안보에 위협이 된다고 판단될 경우, 재무부 장관은 대상 거래에 대해 금지 또는 처분 명령을 내릴 수 있다.

② 소환 심사권(call in power)

재무부 장관은 그 행동이 국가안보상의 리스크를 초래할 가능성이 있다고 판단했을 경우 행위의 실행 전후를 불문하고, 관련하는 외국인 투자가를 소환

---

424 Foreign Investment Reform (Protecting Australia's National Security) Bill 2020, Explanatory Memorandum, p.178.

하여, 해당 행위를 심사하는 권한[425]을 가지게 된다. 중대 행위의 기준을 충족하지 않는 행위도 관련 심사의 대상이 된다.[426] 다만, 10% 미만의 지분의 취득이며, 취득 후에 외국인 투자가 사업의 정책에 영향을 주지 않는 경우 대상이 되지 않는다. 또한 재무부 장관은 이미 통지된 행위 또는 명령, 승인통지(No Objection Notification) 또는 면제증명 발행의 대상이 된 중대행위에 대해 소환심사권을 행사할 수 없다.

소환심사권을 행사할 경우, 투자가에게 통지한 후 30일간의 결정 기간이 적용된다. 재무부 장관에게 새로 결정 기간을 최대 90일간 연장할 권한이 부여되기 때문에 심사기간이 최장 210일이 될 수 있다. 외국투자가는 관련 결정기간 종료 후 10일이 경과하는(또는 승인통지를 수령한 날이 빠른 쪽)까지는 대상행위를 실행할 수 없다. 또한 기간내에 명령이 내려지지 않은 경우 최종심사권을 제외하고 재무부 장관의 권한은 소멸된다. 또한 실행 후 대상행위에 대해서는 실행 후 10년이 경과한 경우 소환심사권의 행사가 불가능하다.[427]

③ 최종 심사권

과거 외국인 투자자의 동의 없이 재무부 장관이 일방적으로 승인통지를 수정할 수 없었다. 하지만 개정으로 국가안보상의 우려가 확인될 경우 새로운 조건을 부과하고 기존 조건을 변경하거나 실행 후 투자 매각을 강제하는 최종 심사권(Last Resort Power)[428]이 재무부 장관에게 부여되었다. 최종 심사권은 승인통지 및 면제 증명(재무부 장관이 소정 기간 내에 결정을 내리지 않은 경우를 포

---

425 https://firb.gov.au/sites/firb.gov.au/files/guidance-notes/GN08_NationalSecurity_1. pdf, p.11.

426 National Security Bill, item 10; FATA s. 37B

427 National Security Bill, Item 10; FATA s. 37C(2); Draft National Security Regulations Bill, Item 18; FATR s. 59A

428 https://firb.gov.au/sites/firb.gov.au/files/guidance-notes/GN08_NationalSecurity_1. pdf, p.12,

함)을 재심사할 권한이 있다.[429]

　따라서 예외적 상황이 발생할 경우 2021년 1월 1일 이후 통보된 행위로 승인통지(no objection notification), 면제증명(exemption certificate)[430], 간주 승인(deemed approval)[431] 또는 조건부 승인통지(notice imposing condition)를 받은 것에 대해 심사할 기회를 부여한다. 최종 심사 권한은 임의통지나 투자 후 10년의 경과에 따라 재무부 장관의 call-in 권한이 소멸한 경우에도 행사가 가능하다. 최종 심사 권한에는 행사 기한이 존재하지 않는다.

　재무부 장관은 국가안전보장상의 이유로, 행위와 관련하여 국가안전보장상의 위험이 발생했음을 이유로 최종심사권에 따라 신규 또는 추가적인 조건을 부과하고 기존의 조건을 변경하거나 승인된 투자의 처분을 명령할 수 있다. 예를 들어 다음과 같은 경우에 최종심사권이 행사된다.

　① 재무부 장관이 외국투자가에 의한 중대한 부실기재, 오해를 불러일으키는 기재 또는 중요사항의 불기재를 인식한 경우
　② 외국투자자(또는 외국투자자의 활동)의 사업, 구조 또는 조직에 중대한 변경이 있는 경우
　③ 상황 또는 시장에 중대한 변경이 있는 경우

　더불어 관련 국가정보기관의 조언에 따라 재무부 장관이 투자와 관련해 국가안전보장상의 위험을 인식한 경우 관련된 권한을 행사할 수 있다.

　한편 대상행위가 국가안보상의 리스크가 된다는 재무부 장관의 결정에 대해서는 외국투자자들이 행정법원(Administrative Appeals Tribunal)에 구제를

---

[429] National Security Bill, item 39; FATA s. 73A(1)(a)

[430] 투자자는 FIRB에 의한 별도의 허가가 필요한 투자 안건(토지, 오스트레일리아 사업의 유가증권 또는 자산의 취득)을 계획하고 있는 경우 면제증명을 신청할 수 있다. 면제증명에 의하여 그 취득행위가 면제증명의 적용범위 및 요건의 범위 이내인 한 투자자는 FIRB에 의한 별도의 허가 없이 관련된 취득행위를 할 수 있다.

[431] 「외자매수법」상 신청수수료가 지급된 지 30일 이내에 신청에 대한 결정이 이뤄지고 이후 10일 이내에 신청자에게 승인통지(NON) 발급에 따른 결정 통지가 이뤄진다. 이 기간 내에 결정이 이루어지지 아니하고 신청자에 대하여 연장신청을 하도록 요청이 이루어지지 아니하는 경우에는 신청에 대하여 이의가 제기되지 아니함으로써 그 신청은 승인된 것으로 본다.

요구할 수 있다.[432]

Ⅲ | 심사기준

(1) 기준

재무부 장관이 (FIRB와 협의한 후) 어떤 매수를 오스트레일리아의 국익 또는 국가안전보장에 반한다고 생각하는 경우 재무부 장관은 그 매수를 금지할 수 있다. 매수금지 판단에 있어서 재무부 장관은 다음 사항을 광범위하게 검토한다.

① 투자의 유형 – 기밀사업에 대한 투자 여부 및 그 효과
② 국가안전보장에 미치는 영향[433]
③ 경쟁에 미치는 영향
④ 기타 오스트레일리아법 및 정책(세법 등)에 대한 영향
⑤ 경제 및 사회에 미치는 영향
⑥ 투자가의 특성

기존 해외 주주의 보유 비율이 회사가 다른 주주로부터 자기주식을 매입하거나 감자함으로써 상대적으로 상승한 경우 해외주주가 회사주식을 취득한 것으로 간주된다. 그리고 기존에 회사와 신탁에만 적용되던 간접보유 규칙이 비법인의 리미티드 파트너십에도 적용된다. 또한 궁극적 모회사가 오스트레일리아 손자회사의 해외 자회사 주식을 추가로 취득한 경우 금액적 기준을 충

---

432 National Security Bill, item 39; FATA s. 73P(1)

433 주요 인프라에 대한 국가안전보장상의 위험에 대해 Critical Infrastructure Centre의 조언을 받는다. https://www.cisc.gov.au/about-us

족하면 FIRB의 승인이 필요하다. 그리고 외국인 부모나 배우자가 오스트레일리아인 자녀나 배우자에게 토지 취득자금을 제공했다면 외국인 부모나 배우자가 토지에 관한 권리를 취득했을 것으로 추정한다. 한편 오스트레일리아는 심사를 위해 정보 수집 능력과 정부 간 협력을 강화하였다.

① 외국인이 소유한 회사·사업, 토지에 대한 정보를 등록하는 비공개 레지스터 설립
② 정보공개가 가능한 정부 기관의 범위 확대
③ 국가안보에 관한 사항에 대해 일정한 해외 정부기관과의 정보 공유

FIRB에 의한 심사 예는 다음과 같다.
① FIRB 신청 제출 후 질문이나 정보 요청을 받는 경우가 많다.
② 질문이나 요청되는 정보는 안건의 내용에 따라 천차만별이다.
③ 신청 시 제공된 정보나 거래내용에 직접 관계없는 정보의 제공을 요구하는 경우도 있다.

질문 및 요청되는 정보의 예는 다음과 같다.
① 세무에 관한 질문(특히 인수 주체가 SPC에서 인수 가격이 해외 모회사에 의해 제공되는 경우)
② 신청자의 주주에 관한 정보(특히 금융기관 펀드에 의한 보유의 경우)
③ 신청자 그룹사 구성도
④ 신청 전 시점에 대상 회사의 주주 구성
⑤ 신청 대상거래가 복잡할 경우 거래에 대한 상세한 정보
⑥ 승인통지에 기재되는 신청 대상거래의 기재 문구 확인

② 정부 펀드에 대한 투자승인 요건

외국정부 투자자(foreign government investor: FGI)란 외국 정부기관(중앙·지방정부를 가리지 않는다. 에이전트 포함), 외국 정부 기관이 일정한 지분을 보유한 회사, 신탁 또는 유한 파트너십을 말한다.[434] 연방정부는 외국 정부 및 외국 정부 투자가에 의한 투자 안건을 심사할 때, 통상의 고려 사항에 한편 다음과 같은 사항에 대해서도 고려한다.

① 외국 정부 투자자가 외국 정부에 완전히 소유되어 있는지 부분적으로 소유되어 있는지, 또 해당 투자자가 완전히 독립 기업 간 거래로, 상업적 기반에 기초하여 운영되고 있는지

② 해당 투자가 상업적 성질의 것인지, 아니면 오스트레일리아의 국익에 위배될 수 있는 정치적 또는 전략적 목적을 추구하려는 것인지

③ 해당 투자의 규모, 중요성 및 잠재적 임팩트

FIRB의 승인이 필요한 FGI에 의한 투자는 다음과 같다.

① 회사/신탁 또는 사업의 직접적 권리(기본 10%) 취득

② 토지 권리의 취득

③ 신규 사업의 설립

④ 광구(탐사를 위한 광구도 포함)에 관한 권리/권익 취득

---

[434] 한 나라의 외국 정부 기관/FGI: 20% 이상; 여러 나라의 외국 정부 기관/FGI의 보유 지분 합계: 40% 이상을 의미. 예를 들어 3개국의 FGI가 각각 15%씩 보유한 펀드는 FGI로 여겨진다.(총 45%의 펀드 지분을 보유하고 있기 때문)

(ㅌ) 담보권 취득 제외 규정 범위 축소

원칙적으로 통상 자산에 설정되는 담보권의 취득 및 행사는 해당 자산의 권리로 간주된다. 자산 자체의 취득에 FIRB의 승인이 필요하며, 담보권 설정 또는 행사에 FIRB의 승인이 필요하다. 예외적으로 융자를 통상 업무로서 영위하는 비정부계 해외투자가(예: 은행)가 통상 업무의 일환으로서 제공하는 융자를 담보하기 위해 설정되는 담보권의 설정 및 행사에 대해서는 상기 원칙에서 제외된다. 즉, FIRB의 승인이 필요 없다. 그러나 다음의 자산에 설정되는 담보권의 설정이나 행사에는 해외투자가의 업종이나 외국 정부기관 등에 관계없이 원칙이 적용된다.

① 국가안보 관련 사업
② 국가안보 관련 부동산
③ 국가안보 관련 부동산의 자원 채굴권

국가안보 관련 사업에는 국방·정보기관에 사물·서비스·기술을 제공·개발하는 사업이나 특정 인프라 관리·소유 사업 등이 포함된다. 국가안보 관련 부동산의 정의는 공개되지 않았지만 군이나 정보기관이 소유 또는 권리를 가진 부동산이라고 생각된다.

(4) 법정 심사 기간

FATA는 임의로 통보된 중대 행위나 국가안보심사가능행위 및 통지하는 것이 의무인 통지의무행위나 국가안보통지의무행위에 대해 정식으로 제출된 승인신청을 심사하여 결정하기 위한 심사 기간에 대하여 정하고 있다. 재무부장관은 법정 심사기간 내에 결정을 하지 않을 경우 투자를 금지하거나 조건을 붙일 수 없게 된다. 이 심사 기간은 오스트레일리아 정부가 신청 수수료를 전액 수령한 시점부터 기산된다. 심사기간은 원칙적으로 30일이지만 기간 만료 전에 아래와 같은 방법으로 연장할 수 있다.

① 신청자에 의한 임의의 요청
② 재무부 장관의 최대 90일 연장 명령

Ⅳ 심사 결정 등

① 승인의 필요성

주택용지의 권익을 취득하고자 하는 외국인은 그 가치에 관계없이 그렇게 하기 전에 외국투자 승인을 얻어야 한다.[435] 이것은 이러한 취득이 중요한 행위이자 통지 가능한 행위이기 때문이다. 이것은 국익 테스트의 대상이다. 정부는 '국익' 고려사항을 포함해 외국 투자의 틀을 어떻게 관리하고 있는지에 대한 정보를 공개하고 있다.

정부 정책은 기존 주거와는 대조적으로 외국 투자를 새로운 주거로 돌리는 것이다. 이를 통해 건설업계에서 추가 일자리가 창출되고, 경제성장이 촉진된다. 또한 인지세 및 기타 세금 형태로 정부 세입을 증가시켜 추가 투자에서 발생하는 전체적인 경제 성장을 높일 수도 있다. 따라서 외국 투자 신청은 제안된 투자가 오스트레일리아의 주택 재고를 증가시켜야 한다는 포괄적인 원칙에 비추어 일반적으로 판단한다.[436]

---

[435] FIRB Guidance Note 6, p.3; https://foreigninvestment.gov.au/sites/firb.gov.au/files/guidance-notes/G06Residentialland_0.pdf].

[436] FIRB Guidance Note 6 p.1.

(2) 이의 없음

신청서는 1976년 설립된 비법정기관인 외국투자심사위원회(FIRB)에 제출한다. FIRB의 역할은 오스트레일리아의 외국 투자 정책과 그 관리에 대해 재무부 장관과 정부에 조언하는 것이다. 신청서는 오스트레일리아 국세청의 외국 투자 신청서를 사용하여 전자적으로 제출된다. 모든 외국 투자 신청에는 수수료가 필요하다. 수수료는 신청 시 지불한다.[437]

중요한 행위가 1개밖에 없는 경우 외국인은 승인 통지(NON)를 요구할 수 있다. 재무부 장관은 투자가 국익에 반하지 않는다고 판단할 경우 승인통지를 발행할 수 있다. 어떤 사람이 액션과 관련하여 승인통지를 발행받았을 때, 그 사람이 승인통지에 따라 부과된 조건을 위반하지 않는 한 그 행위와 관련하여 금지 명령 또는 처분 명령을 내릴 수 없다. 또는 면제 증명서를 통해 외국인은 제안된 투자마다 승인통지를 신청하는 것이 아니라 일정 기간에 걸쳐 리스크가 낮은 투자 프로그램의 사전 승인을 얻을 수 있다.[438]

면제 증명서는 「외자매수법」 제58조 및 제60조에 따라야 하는 조건을 지정한다. 또한 면제 증명서에 지정된 조건을 준수하면 특정 투자를 '심사청구' 하는 재무부 장관의 권한이 소멸될 수 있다.

(3) 조치사항

재무부 장관은 제안이 국익에 위배되는지 검토한 후 다음 조치를 취할 수 있다.

---

[437] FATA 제113조

[438] https://foreigninvestment.gov.au/sites/firb.gov.au/files/guidance-notes/GN9-Residentialrealestate-establisheddwellingEC.pdf

① 제안된 행위을 금지하는 명령을 내린다.[439]

② 신청을 검토하기 위해 최대 90일간의 잠정 명령을 내린다.[440]

③ 처분명령을 내린다. 다만, 처분명령을 내릴 수 있는 상황 및 그러한 명령을 내릴 수 있는 기간에는 제한이 있다.[441]

④ 조건을 부과하지 않는 또는 조건을 부과하는 면제증명서를 발행하고, 나중에 변경 또는 취소할 수 있다.[442]

⑤ 비강제 조건을 발행한다.[443]

⑥ 재무부 장관이 승인 통지(NON) 또는 면제증명서 신청을 뒷받침하기 위하여 외국인이 제공한 서류가 허위 또는 중요한 점에서 오해의 소지가 있다고 합리적으로 믿는 경우 NON 취소하거나 또는 면제증명을 변경하거나 취소한다.[444]

---

439 FATA 제67조

440 FATA 제68조

441 FATA 제69조, 제70조, 제77조

442 NON에 대해서는 FATA 제74조(4) 및 면제증명서에 대해서는 제62조

443 FATA 제75조

444 FATA 제76A조, 제62A조

국가안보와 재무부 장관의 권한

I 승인 절차 등

① 승인 절차

일정한 행위를 실행하려 하거나 이미 실행한 경우에 재무부 장관은 「외자매수법」 제1A절에 제시된 상황에서 실행한 행위를 심사할 수 있다. 그러한 행위는 심사대상 국가안보행위로서, 통지대상 행위나 통지대상 국가안보 행위가 아닌 중대한 행위에 해당한다. 재무부 장관은 심사한 행위와 관련하여 명령이나 결정을 할 수 있다. 일정한 행위를 실행하려는 경우, 재무부 장관은 그 행위를 금지시킬 수 있다. 재무부 장관은 그 행위를 금지하는 명령을 할 것인가 여부를 결정하기 전에 임시 명령을 내릴 수 있다. 또한 일정한 행위를 이미 실행한 경우, 재무부 장관은 그 행위를 무효로 하는 명령(예, 획득한 것을 처분하도록 하는 명령)을 할 수 있다.

「외자매수법」은 오스트레일리아의 연방 재무부 장관에게 일정한 행위와 관련하여 발생하는 국가안보 위험에 대하여 최후의 수단을 행사할 권한도 부여하고 있다. 재무부 장관이 그 행위에 대하여 심사하는 것이 허용되는 경우,

재무부 장관은 그러한 위험을 없애거나 완화하기 위한 명령을 할 수 있다. 안건이 복잡하거나 추가 정보가 필요한 경우 재무부 장관은 심사기간 만료 전에 임시명령을 내릴 수 있다. 임시명령은 Federal Register of Legislation[445]에서 공개되며 최대 90일까지 심사 기간을 연장할 수 있다. 일단 임시명령이 내려지면 신청자는 기간 연장을 임의로 요청할 수 없게 된다.

② 승인 프로세스

다수의 동종 안건이 있는 투자 신청의 경우, 오스트레일리아의 국익이나 국가 안전에 반한다고 판단되지 않는 한, 신청 후 30일 이내에 이의가 없다는 취지의 결정이 내려지는 경우가 많다. 그러나 FIRB나 다른 정부 자문기관이 대량의 신청을 처리하고 있는 경우나 투자가 민감한 분야·사업과 관련된 경우, 오스트레일리아의 국익이나 국가안보에 반할 가능성이 있는 정치적·전략적 목적을 가진 투자가 관여하고 있는 경우 등에는 심사기간이 30일을 넘을 가능성이 높아진다.

재무부 장관은, 연방·주·준주 정부나 관련하는 정부기관(경쟁 소비자 위원회나 ATO를 포함한다), 국가 안전 기관 기타 신청 대상의 투자 행위를 소관하는 기관과 폭넓게 협의한다. 이러한 기관으로부터 제공된 코멘트나 어드바이스는 신청 대상이 되고 있는 투자 안건의 영향, 특히 국익 및 국가 안보에 대한 영향을 심사하는데 중요하다. 중요한 점으로 이들 기관 중 하나가 의문이나 우려를 나타내거나 조건을 부과하려고 할 경우 심사 기간이 30일을 넘을 가능성이 크다. 예를 들면, 경쟁 소비자 위원회가 경쟁의 관점에서 우려를 나타낸 경우, 관련 우려가 해결될 때까지 결정은 행해지지 않는다.

---

445 https://www.legislation.gov.au/

③ 외국 투자에 대한 결정과 조건

외국 투자에 대해 이의를 제기하지 않는다는 취지의 재무부 장관에 의한 통지[446]에는 허가되는 거래, 해당 거래와 관련하는 외국인[447], 해당 거래의 실시 기한 등이 기재된다. 시행 기한은 보통 12개월이지만 재무 장관이 승인하면 이보다 길어질 수도 있다. 중대한 계약 변경(예를 들어 취득하는 대상 사업체의 지분율 증가 등)이 있을 경우, 다시 승인이 필요한 경우가 있다.

외국 투자의 승인에 조건이 붙여지는 경우가 있다.[448] 이 경우에는 이러한 조건의 준수가 법률상 의무화되게 된다. 투자에 대한 조건은 재무부 장관이 국익 또는 국가안보에 위배되지 않는지 확인하기 위해 부과되는 것이다. 국세청이 오스트레일리아의 세수에 영향이 생긴다고 판단하는 거래에 대해서는 사안에 따라 세무에 관한 조건이 붙는다. 세무에 관한 조건은 표준적인 것인 경우가 많기 때문에 그 내용이 공표되어 있다. 무엇보다 특별한 세무 리스크가 발생할 수 있는 투자 안건의 경우 신청자는 투자와 관련된 세무상 문제해결을 위해 국세청과 진지하게 협의해야 하며 납세액 견적을 포함하여 소정의 정보를 제공해야 하다.

투자 대상 사업이 민감한 개인정보를 보유하고 있는 경우, 그 정보의 관리에 관한 조건이 붙는 경우가 있다. 일반적으로 조건에는 컴플라이언스에 대해보고할 의무도 포함되며, 나아가 컴플라이언스를 증명할 감사원을 임명할 의무가 포함되는 경우도 있다. 농업용지가 아닌 경작지에 관한 거래에는 조건이붙는다. 이러한 토지를 취득할 경우 승인 후 5년 이내에 제안한 개발에 착수하고, 건축 완료까지 그 토지를 계속 보유하는 조건이 붙는 것이 일반적이다.

---

446 FATA 제76조

447 향후 설립 예정의 외국 법인이나 신탁의 수탁자인 경우도 있다.

448 FATA 제79H조

Ⅱ | 명령

그러나 투자 전, 투자 중 또는 투자 후 사례별로 재무부 장관이 국가안보 상의 우려를 야기한다고 판단한 경우[449], 재무부 장관의 '최종심사권'은 면제 증명서가 부여된 행위에도 계속 적용할 수 있다.[450] '최종심사권'에 의해 재무 부 장관은 이전 승인 대상이었던 행위와 관련하여 국가안전보장상의 리스크 가 존재한다고 생각하는 경우 그 행위를 재평가할 수 있다.

① 국가안전보장상의 위험과 직접 관련된 신청 프로세스와 관련하여 재 무부 장관에게 제공된 정보에 중대한 허위표시 또는 누락이 있는 경우
② 개인의 비즈니스, 구조 또는 조직 또는 개인의 활동이 크게 변화하여 그 변화가 합리적으로 예견되지 않았거나 거의 일어나지 않았던 경우
③ 행위과 관련된 상황 또는 시장이 대폭 변화하고 국가안보상 위험의 성 질이 변화한 경우

이 권한에 의존하여 행위를 재평가한 후 재무부 장관은 다음 명령을 내 릴 수 있다.

① 제안된 행위을 금지한다
② 취득한 자산 또는 이익의 처분을 명령한다.
③ 승인에 부수되는 기존 조건을 변경하거나 새로운 조건을 부과한다.

재무부 장관은 신청서를 검토하고 NON 또는 면제 증명서에 대해 결정을 내리기 위해 30일이 주어진다. 특정 상황에서 재무부 장관은 신청자에게 서 면으로 통지함으로써 이 기간을 90일 더 연장할 수 있다.[451] 신청자는 재무부

---

449 FATA 제66A조
450 FIRB Guidance Note 9 p.4.
451 FATA 제77조 및 제77A조.

장관의 결정이 내려진 후 10일 이내에 통지된다. 비용이 전액 지불될 때까지 결정을 내리기 위한 시간은 개시되지 않는다.[452] 「외자매수법」의 따라 재무부 장관은 국가안보나 국익에 반하는 행위나 행위의 결과가 국가안보나 국익에 반하게 될 행위에 대해 다음과 같은 명령을 할 수 있다.

① 금지 명령[453]

재무부 장관이 중대한 행위를 하려고 하고, 그 중대한 행위가 국익에 반하는 행위가 될 것이라고 사실을 확인하는 경우 고시를 통하여 금지 명령을 할 수 있다.

❶ 재무부 장관의 금지 권한

제안된 행위를 금지시키는 재무부 장관의 권한		
항목	행위	재무부 장관이 내릴 수 있는 명령
1	○ 다음 중 어느 하나를 획득하는 행위 (a) 어느 업체나 오스트레일리아 기업에 대한 직접적 지분 (b) 농업기업에 해당하는 오스트레일리아 업체나 오스트레일리아 기업에 대한 직접적 지분 (c) 어느 업체의 증권에 대한 지분 (d) 어느 업체나 오스트레일리아 기업에 대한 어느 비율의 지분 (e) 오스트레일리아 업체의 자산에 대한 지분 (f) 국가안보 기업에 대한 직접적 지분 (g) 탐사광구에 대한 법률상 또는 형평법상 권리. 그 획득행위는 외국 정부 투자자가 아닌 외국인이 실행하는 행위여야 한다.	○ 실행하려는 획득행위를 전부 또는 일부 금지하는 명령

---

452 FATA 제114조

453 FATA 제67조

2	○ 증권을 발행하는 행위	○ 실행하려는 증권 발행행위를 전부 또는 일부 금지하는 명령
3	○ 제40조(2)(d)나 제55D조(2)(a)(ii)의 계약을 체결하는 행위	○ 실행하려는 계약의 체결을 금지하는 명령
4	○ 제40조(2)(e)나 제55D조(2)(a)(iii)과 같이 어느 업체의 설립문서를 변경하는 행위	○ 실행하려는 변경을 금지하는 명령
5	○ 오스트레일리아 기업을 창업하는 행위. 그 행위는 외국 정부 투자자가 아닌 외국인이 실행하는 행위여야 한다.	○ 해당 오스트레일리아 기업 전부 또는 일부의 창업을 금지하는 명령
5A	○ 국가안보 기업을 창업하는 행위	○ 해당 국가안보 기업 전부 또는 일부의 창업을 금지하는 명령
6	○ 오스트레일리아 기업과 중대한 계약을 체결하는 행위	○ 실행하려는 계약의 체결을 금지하는 명령
7	○ 오스트레일리아 기업과 체결한 중대한 계약을 해지하는 행위	○ 기존 계약의 해지를 금지하는 명령
8	○ 오스트레일리아 토지에 대한 권리를 획득하는 행위	○ 실행하려는 획득을 금지하는 명령
9	○ 제44조의 목적을 위하여 규정에서 정한 중대한 행위의 실행	○ 이 항목의 목적을 위하여 제정된 규정에서 정한 것을 금지하는 명령

출처: FATA [별표3]

② 추가적 명령

　행위가 국가안보에 반하는 행위가 된다고 판단하는 경우 재무부 장관은 [별표3]에 따라 명령을 할 수 있다. 또한 재무부 장관은 [별표4]에 따라 추가적 명령을 할 수 있다.

● 추가적 명령

추가적 명령		
항목	행위	재무부 장관이 내릴 수 있는 명령
1	○ 다음 중 어느 하나를 획득하는 행위 (a) 어느 업체에 대한 직접적 지분 (b) 농업기업인 오스트레일리아 업체에 대한 직접적 지분 (c) 어느 업체에 대한 어느 비율의 권리 (d) 어느 업체의 증권에 대한 지분을 획득하는 행위	○ 특정 외국인에게 (단독적으로 또는 특정 특수관계인이나 특정 유형의 특수관계인과 함께) 다음 중 어느 행위를 하지 말라고 지시하는 명령 (a) 해당인이 지배하는 업체에 대한 총의결권이나 총 잠재적 의결권의 비율을 늘리는 행위 (b) 해당인이 보유하는 그 업체의 발행증권에 대한 지분의 비율을 늘리는 행위(또는 특정 비율을 초과한다. 그 비율을 늘리는 행위)
2	○ 다음 중 어느 하나를 획득하는 행위 (a) 농업기업에 해당하는 오스트레일리아 기업에 대한 직접적 지분 (b) 국가안보 기업에 대한 직접적 지분 (c) 오스트레일리아 기업의 자산에 대한 지분 (d) 오스트레일리아 기업에 대한 어느 비율의 지분	○ 특정 외국인에게 (단독적으로 또는 특수관계인이나 특정 유형의 특수관계인과 함께) 다음 중 어느 하나를 지시하는 명령 (a) 그 기업이나 그 기업의 자산에 대한 권리를 획득하지 아니할 것 (b) 그 권리를 특정 범위까지만 획득할것
3	○ 오스트레일리아 토지에 대한 권리를 획득하는 행위	○ 특정 외국인에게 (단독적으로 또는 특정 특수관계인이나 특정 유형의 특수관계인과 함께) 다음 중 어느 하나를 지시하는 명령 (a) 그 토지나 다른 관련 물건에 대한 권리를 획득하지 아니할 것 (b) 그 권리를 특정 범위까지만 획득할 것

출처: FATA [별표4]

３ 처분 명령[454]

재무부 장관은 중대한 행위(제1A항(a)(ii)에 해당하는 중대한 행위는 제외)이 실행되었거나 그 중대한 행위의 결과가 국익에 반하는 경우 처분명령을 할 수 있다. 재무부 장관에게 통지된 심사 대상 국가안보 행위의 결과가 국가안보에 반하는 경우 [별표5]에 따라 처분 명령을 할 수 있다.

● 처분 명령

권리의 처분을 지시할 재무부 장관의 권한		
항목	행위	재무부 장관이 내릴 수 있는 명령
1	○ 다음 중 어느 하나를 획득하는 행위 (a) 어느 업체나 오스트레일리아 기업에 대한 직접적 지분 (b) 농업기업에 해당하는 오스트레일리아 업체나 오스트레일리아 기업에 대한 직접적 지분 (c) 어느 업체의 증권에 대한 지분 (d) 어느 업체나 오스트레일리아 기업에 대한 어느 비율의 지분 (e) 오스트레일리아 업체의 자산에 대한 지분 (f) 국가안보 기업에 대한 직접적 지분 (g) 탐사광구에 대한 법률상 또는 형평법상 권리. 그 획득행위는 외국 정부 투자자가 아닌 외국인이 실행하는 행위여야 한다.	○ 지분을 획득한 자에게 자신의 특수관계인이 아닌 1명 이상의 사람에게 특정 기간 내에 지분을 처분하도록 지시하는 명령
1A	○ 다음 중 어느 하나를 획득하는 행위 (a) 어느 업체나 오스트레일리아 기업에 대한 어느 비율의 지분 (b) 오스트레일리아 업체의 자산에 대한 지분	○ 특정인에게 특정 행위나 특정 유형의 행위를 특정 기간 내에 하거나 하지 말라고 지시하는 명령
2	○ 제40조(2)(d)나 제55D조(2)(a)(ii)의 계약을 체결하는 행위	○ 특정인에게 특정 행위나 특정 유형의 행위를 특정 기간 내에 하거나 하지 말라고 지시하는 명령

---

[454] FATA 제69조

3	○ 제40조(2)(e)나 제55D조(2)(a)(iii)과 같이 어느 업체의 설립문서를 변경하는 행위	○ 특정인에게 특정 행위나 특정 유형의 행위를 특정 기간 내에 하거나 하지 말라고 지시하는 명령
4	○ 오스트레일리아 기업을 창업하는 행위. 그 행위는 외국 정부 투자자가 아닌 외국인이 실행하는 행위여야 한다.	○ 특정인에게 특정 행위나 특정 유형의 행위를 특정 기간 내에 하거나 하지 말라고 지시하는 명령
4A	○ 국가안보 기업을 창업하는 행위	○ 특정인에게 특정 행위나 특정 유형의 행위를 특정 기간 내에 하거나 하지 말라고 지시하는 명령
5	○ 오스트레일리아 기업과 중대한 계약을 체결하는 행위	○ 특정인에게 특정 행위나 특정 유형의 행위를 특정 기간 내에 하거나 하지 말라고 지시하는 명령
6	○ 오스트레일리아 기업과 체결한 중대한 계약을 해지하는 행위	○ 특정인에게 특정 행위나 특정 유형의 행위를 특정 기간 내에 하거나 하지 말라고 지시하는 명령
7	○ 오스트레일리아 토지에 대한 권리를 획득하는 행위	○ 권리를 획득한 자에게 자신의 특수관계인이 아닌 1명 이상의 사람에게 특정 기간 내에 권리를 처분하라고 지시하는 명령
8	○ 제44조의 목적을 위하여 규정에서 정한 중대한 행위의 실행	○ 특정인에게 이 항목의 목적을 위하여 규정에서 정한 중대한 행위의 실행을 지시하는 명령

출처: FATA [별표5]

Ⅲ 대응 명령

1 요건

「외자매수법」제3절에서는 최후 수단에 대한 권한 및 최초 평가 이후에 발생하는 국가안보 위험에 대한 대응 명령을 규정하고 있다. 재무부 장관이 다음과 같은 사실을 확인하는 경우, 재무부 장관은 해당 행위를 심사할 수 있다.[455]

① 해당인이 재무부 장관에게 그 행위를 통지할 때 구두나 그 통지에서 중대한 사항에 관하여 허위 진술이나 오해의 소지가 있는 진술을 하였거나 중대한 사항과 관련된 진술에 누락되면 오해에 소지가 있는 사안이나 사항을 생략하였다.

② 요건이 확인된 시점 이후에 해당인의 사업, 구조 또는 조직이나 대상자의 활동이 현저하게 변화하였다.

③ 요건이 확인된 시점 이후에 그 행위를 실행했거나 실행하려는 상황이나 시장이 현저하게 변화하였다.

2 국가정보기관의 자문

국가안보 위험의 존재 여부에 대해 심사할 때 재무부 장관은 그 행위와 관련된 국가안보 위험이 있는지 여부를 결정하여야 한다. 그러한 경우, 재무부 장관은 그 행위와 관련된 국가안보 위험에 관하여 국가정보 관련 부처소속 기관으로부터 자문을 구하고, 그 조언을 참작하여야 한다.[456]

오스트레일리아에서 국가정보공동체(national intelligence community)란

---

455 FATA 제79A조

456 FATA 제79A조(2)

국가정보원법과 동일한 의미를 갖는다고 한다. 그런데 국가정보공동체란 다음 기관을 말한다.[457]

① ONI
② 각 정보기관
③ 정보 역할 또는 기능을 가진 각 기관

재무부 장관은 사전통지가 국익에 해가 될 것으로 우려는 경우를 제외하고, 재무부 장관은 대상자에게 서면으로 심사에 관하여 통보하여야 한다. 통보할 때 국가안보 위험을 해소하는 데 필요하다고 재무부 장관이 생각하는 행위나 관련 행위에 관하여 대상자에게 지시한다. 심사를 완료하기 전에 서면으로 국가안보 위험을 해소하는 데 필요하다고 재무부 장관이 확인하는 행위나 관련 행위에 관하여 대상자에게 추가로 지시한다.[458]

(3) 금지 명령 및 처분명령

재무부 장관은 어느 행위를 하려 하고, 그 행위의 결과가 국가안보에 반하는 것으로 사실을 확인한 경우, 고시를 통하여 금지 명령을 별표7에 따라 할 수 있다. 재무부 장관은 어느 행위가 실행되었고, 그 행위의 결과가 국가안보에 반하는 것으로 사실을 확인한 경우, 고시를 통하여 처분 명령을 할 수 있다.[459]

---

457 Office of National Intelligence Act 2018, s. 4.

458 FATA 제79A조(3)(c)(ⅱ)

459 FATA 제79E조. 별표7은 별표3, 별표9는 별표5와 유사한 명령을 규정하고 있다.

CHAPTER 05

집행 및 벌칙

I 신청 수수료

1 수수료 유형

2021년 1월 1일부터 「수수료법」(FATFIA) 개정 및 「수수료 규칙」(FATFIR) 도입으로 FIRB에 대한 신청 수수료 계산 방법이 변경되었다. 2021년 이후 발생하는 수수료는 실행되는 행위의 가격 및 유형, 대가 금액 및 특별 수수료 규칙의 적용 여부에 따라 결정된다. 수수료는 신청 시 지불하도록 되어 있으며, 단일 행위에 대해 500,000달러가 상한으로 되어 있다.[460]

수수료는 실행되는 행위의 종류에 따라 다르다. 행위의 유형은 다음과 같다.

① **토지 관련 행위**(택지, 농지 및 상용지, 개발권, 채굴 또는 생산을 위한 광업권의 취득으로 분류된다.)

② **사업**(business) **및 사업체**(entity) **취득과 관련된 행위**(부동산회사의 취득 제외)

---

[460] Foreign Investment Review Board, Guidance Note 10, pg 4.

③ 오스트레일리아 사업(Australian Business) 설립

④ 계약 체결 및 관련 문서 변경

⑤ 내부 조직 변경

② 신청 비용 체계의 개정

개정에 따라 인수 행위의 대가를 기반으로 한 새로운 신청 비용 체계가 도입되었다. 비용은 투자자가 자발적으로 승인 신청한 경우 뿐만 아니라, 재무부 장관으로부터 심사 실시의 통지를 받았을 경우에도 지불해야 한다.

① 「외자매수법」 제81조에 따른 통지대상 수수료 금액은 다음 표에 따라 산정

○ 통지 수수료

통지 대상 조치 통지 수수료		
항목	통지대상 행위가 다음과 같은 경우	수수료 금액
1	(a) 기업식 농업인 오스트레일리아 사업체 또는 오스트레일리아 기업의 직접적인 지분을 취득하기 위한 것 (b) 오스트레일리아 사업체에 대한 상당한 지분을 취득하는 것	(a) 인수 대가가 $1천만 달러 이하인 경우: $2,000 달러 (b) 대가가 $1,000만 달러 초과 $10억 이하인 경우: $25,300 달러 (c) 대가가 $10억 달러 이상인 경우: $101,500 달러
2	농지에 대한 권익(지분)을 취득하기 위한 것	(a) 인수 대가가 $2백만 달러 이하인 경우: $2,000 달러 (b) 인수 대가가 $200만 초과 $1000만 달러 이하인 경우: $25,300 달러 (c) 대가가 $1000만 달러 이상인 경우: $101,500 달러

3	주거용 토지에 대한 권익(지분)을 취득하기 위한 것	(a) 인수 대가가 100만 달러 이하인 경우: 5,500 달러
		(b) 인수 대가가 $100만 달러 초과 $1,000만 달러 이하인 경우: 섹션(2)에 따라 산정된 금액
		(c) 인수 대가가 $1,000만 달러 이상인 경우: 섹션 (3)에 따라 산정된 금액.
4	상업용 토지에 대한 권익(지분)을 취득하기 위한 것(토지가 비어 있는지 관계 없음)	(a) 인수 대가가 $1,000만 달러 이하인 경우: $2,000 달러
		(b) 대가가 $1,000만 달러 초과 $10억 이하인 경우: 25,300 달러
		(c) 대가가 $10억 달러 이상인 경우 : $101,500 달러
5	광업 또는 생산시설의 권익을 취득하기 위한 것	$25,300 달러
6	「외자매수법」 제48조의 목적을 위해 제정된 규정에 명시된 통지가능한 조치를 취하기 위한 것	이 항목의 목적을 위해 만들어진 것으로, 규정에 의해 규정된 금액 또는 규정된 방법을 사용하여 계산된 $101,500를 초과하지 않는 금액.

참고 1: 대가는 「외자매수법」(제4조)의 목적을 위해 제정된 규정에 의해 정의된다.

참고 2: 「외자매수법」 제10조(내부 개편 수수료), 제11조(규제에 따라 수수료 인하 가능) 및 제12조(수수료 연동)도 참조.

[주거용 토지에 대한 지분 취득 수수료—100만 달러 이상 1,000만 달러 이하]

② 위 ①의 항목 3(b)의 목적을 위한 수수료 금액은 다음과 같이 산정

1단계. 다음 수식을 적용한다.

consideration for the acquisition ÷ 1,000,000

필요한 경우 결과 금액을 가장 가까운 정수로 절삭한다.

2단계. 1단계 금액에 $10,000 달러를 곱한다.

3단계. 2단계 금액에 1.015를 곱한다. 필요한 경우 결과 금액을 $100달러의 가장 가까운 배수로 절삭한다.

4단계. 3단계 금액에 3단계 금액의 10% 금액을 더한다. 필요한 경우 결과 금액을 $100의 가장 가까운 배수로 절삭한다.

5단계. 4단계 금액이 수수료 금액이다.

[주거용 토지에 대한 지분 취득 수수료—1,000만 달러 이상]

③ 항목 3(c)항의 목적을 위한 수수료 금액은 다음과 같이 산정

1단계. 다음 수식을 적용한다.

consideration for the acquisition ÷1,000,000

필요한 경우 결과 금액을 가장 가까운 정수로 절삭한다.

2단계. 1단계 금액에 $10,000 달러를 곱한다.

3단계. 2단계 금액에 1.030을 곱한다. 필요한 경우 결과 금액을 $100 달러의 가장 가까운 배수로 절삭한다.

4단계. 3단계 금액이 수수료 금액이다.

출처: https://www.legislation.gov.au/Details/C2020C00024

Ⅱ 면제(제외)증명

① 개요

외국인이 제1차 산업 또는 주거 개발을 위해 농업 용지를 취득하고자 하는 경우 오스트레일리아 국내 투자자가 해당 토지를 취득할 기회가 있었음을 증명해야 한다. 이 요건은 이러한 거래와 관련된 제외 증명을 신청하는 경우 요구된다. 어떠한 절차가 개방적이고 투명한 것이라고 할 수 있는지는 사안에 따라 다르다. 하지만 폭넓게 광고하여 입찰의 기회를 평등하게 부여해야 한다. 취득 대상 사업이 이미 외국인에 해당하는 경우나, 오스트레일리아 국내의 투자가 취득의 과정에 충분히 참가할 수 있는 경우에는, 재량에 의해, 본 요건의 적용이 면제될 수 있다. 일정 오스트레일리아 토지 권리 취득과 오스트레일리아 사업 또는 오스트레일리아 기업의 증권 중 어느 하나 또는 양쪽의 권리 취득에 대해서는 제외 증명을 신청할 수 있다.

② 부동산

다음의 사람은 제외 증명을 신청할 수 있다.

① 오스트레일리아의 토지 권리 취득 횟수가 많은 외국인: 취득 가능한 금액의 상한과 기간의 한정이 정해진다.

② 디벨로퍼 기타 벤더: 하나의 개발 물건에 대해 50호 이상의 신축 주거(집합주택 등)를 외국인에게 판매하는 경우, 외국인 전용 판매 호수가 전체의 50%를 넘지 않는 한, 개개의 외국인 매수자가 각각 외국 투자의 승인을 취득할 필요가 없다.

③ 일시 거주자인 외국인: 하나의 중고 주거를 취득하기 위한 시도를 여러 번 실시하려고 하는 경우(예를 들어 상대에서의 오퍼, 입찰, 옥션), 개별적으로 외국 투자의 승인을 취득하는 것은 불필요하다. 이 경우 제외 증명은 6개월 유효한 것이 일반적이며, 취득한 물건을 오스트레일리아의 주된 주거로 사용하도록 요구된다.

④ 오스트레일리아 땅을 취득하여 신축 주거를 건설하려는 자: 주거에 관한 권리의 전부 또는 일부가 외국인에게 판매되는 준 신축주거(near-new dwelling)의 권리로서 재무부 장관이 외국인에 대한 매매가 국익에 반하지 않는다고 판단한 경우, 적용 제외 증명을 부여할 수 있다[461].

다음 중 하나를 취득하려는 외국인
① 신축 주거에 관한 권리
② 준신축 주거에 관한 권리
③ 토지의 거주용 부동산에 관한 권리

재무부 장관은 외국인에 의한 상기 권리의 취득이 국익에 반하지 않는다

---

[461] https://www.ato.gov.au/General/Foreign-investment-in-Australia/New-or-near-new-dwelling-exemption-certificates/

고 판단하는 경우 제외증명을 부여할 수 있다.[462] 제외 증명의 유효 기간 동안 이루어진 취득은 보고를 해야 한다.

③ 비즈니스와 기업

오스트레일리아 사업이나 오스트레일리아 기업의 증권(인수업자에 의해서 취득되는 것을 포함한다) 중 어느 하나 또는 양쪽의 권리를 복수로 취득하려고 하는 외국인은, 제외 증명을 신청할 수 있다. 이것에 의해 외국인(정부계의 연금 펀드 등의 외국 정부 투자가를 포함한다)은 개개의 취득행위에 대해 일일이 신고하는 것이 아니라, 1회의 신고를 실시하는 것만으로, 제외 증명으로 지정된 기간 중에 복수의 저위험 투자를 실시할 수 있게 된다.

한편 이 제외 증명 부여의 가부에 대한 심사에서는 신청자가 과거에 오스트레일리아의 법령을 준수하고 있었는지 여부를 고려한다. 따라서 처음으로 오스트레일리아에 투자하는 외국인에게 이 제외 증명이 부여될 가능성은 낮다.

④ 국가안전과 관련된 행위

국가안보 통지 의무 행위, 국가안보 심사 가능 행위, 또는 이러한 행위를 여러 번 실시하려고 하는 외국인은, 제외 증명을 신청할 수 있다. 제외 증명은 부관이 준수되지 않는 경우 실효된다.

외국법인 관리자가 증권, 자산, 신탁, 오스트레일리아 토지 또는 광업권에 대한 권리를 통상 업무의 일환으로 취득하여 다른 관리자나 관리자의 서비스를 받는 증권, 자산, 신탁, 토지 또는 광업권 수익자의 지시에 따라 의결권을 형식적으로 행사하기만 하는 경우에는 적용제외가 된다. 본 예외는 국가안보

---

[462] FATR 43B조

심사가능행위에는 적용되지 않는다.

⑤ 사업 또는 토지

연방정부, 주, 준주, 지방자치단체 또는 이들이 100% 소유한 기관으로부터 오스트레일리아 토지 또는 오스트레일리아 사업의 권리를 취득하는 경우에는 적용이 제외된다. 단, 이 적용 제외는 다음의 경우에는 적용되지 않는다.

① 외국 정부 투자자에 의한 취득
② 국가안보에 관한 인프라를 갖춘 오스트레일리아 토지에 대한 권리
③ 국가안보 관련 부동산(또는 국가안전관련 부동산에 관한 탐광권)의 권리
④ 국가안보 관련 사업의 권리

⑥ 담보권

증권, 자산, 신탁, 오스트레일리아의 토지 또는 광업권에 관한 권리의 취득에 대하여 대상이 되는 권리가 대부계약을 담보하는 것만을 목적으로 한 담보권이거나 대부계약을 담보하는 것만을 목적으로 한 담보권을 실행함으로써 취득된 경우로서 대상이 되는 권리를 보유하거나 취득하는 사업체가 대부계약을 체결한 사업체(혹은 그 자회사, 모회사 또는 담보수탁자)이거나 대부계약을 체결한 사업체가 임명한 파산 관재인(또는 파산관재인 겸 관리자)인 경우에는 FATA의 적용이 제외된다.

또한 관련 적용 제외는 국가안보 관련 부동산(또는 국가안보 관련 부동산으로 설정되는 탐사를 위한 광업권) 또는 국가안보 관련 사업에 설정된 담보권 실행의 결과 취득한 권리에 대해서는 담보권이 파산 관재인(또는 파산 관재인 겸 관리자)에 의해 실행된 경우가 아닌 한 적용되지 않는다. 취득할 권리가 거주 용지에

관한 것인 경우나, 외국 정부 투자가가 담보권 실행에 의해 권리를 취득하는 경우 추가의 조건이 충족되지 않는 한, 적용제외가 되지 않는다.[463]

Ⅲ 준수 확인 등

① 방법

재무부 장관에 의한 법령 준수를 위한 활동은 다방면에 걸쳐 있다.

① 감사 등을 통한 법령 준수 확인
② 집행 – 「외자매수법」에 규정된 집행 실시
③ 이해관계자 대응 – 외국 투자자 및 그 조언자에 대한 법령 준수 의무에 관한 교육
④ 시장정보 수집 – 시장에 대한 이해를 높이고 법령 위반에 대처하기 위한 데이터 및 정보 활용

재무부 장관은 외국 투자가가 법령 준수 의무를 다할 수 있도록 지원한다.

① 현장 조사 등 법령 준수 모니터링·위반 조사 권한 강화
② 지도 권한 부여
③ 허위 정보 제공 등 대응 조치(승인 취소 등)의 권한 부여
④ 형사처벌과 민사 제재금의 대폭적인 증가
⑤ 위반 통지 적용 확대

---

[463] https://www.claytonutz.com/dbia-japanese/foreign-investment-japanese

재무부 장관은 신청에 대해 이의를 제기하지 않고 승인할지, 신청을 승인하기 위해 충족해야 하는 조건을 부과할지, 또는 전체적으로 승인을 거부할지를 결정한다. 재무부 장관은 거래가 국익 또는 국가안전보장에 반하지 않도록 하기 위해 하나 또는 복수의 조건을 붙여 신청을 승인하는 것이 일반적이다. 외국투자심사위원회(FIRB)는 '조건은 외국투자의 실행을 정부가 허가할 수 있도록 하는 동시에 그에 따른 국익 또는 국가안전보장상의 리스크를 관리하기 위한 규제 조치이다.'라고 말하고 있다. 조건부로 승인을 취득한 신청자는 해당 조건의 준수를 나타내는 보고서를 정기적으로 제출해야 한다. 「가이던스 노트13」은 준수보고 작성 및 제출에 관한 가이드라인을 정하고 있다.[464]

「외자매수법」은 또 외국 투자자가 기존 투자승인의 변경을 신청할 수 있도록 허용하고 있다. 어떠한 변경 신청에 관한 심사에도 국익 및 안보 기준이 적용된다. 변경신청은 승인에 부과된 조건에 대해서도 제출할 수 있다.

② 법령 준수

개정 규정에 의해 재무부 장관의 권한은 위법행위 통지 및 벌금 부과 등을 넘어 한층 더 강화되었다. 타 정부기관과 공조하여 감찰권 및 조사권을 행사할 수 있으며, 동의를 얻거나 압수수색 영장을 발부 받아 정보를 수집할 목적으로 특정 장소에 접근할 수 있는 권한이 있다. 또한 재무부 장관은 외국인으로부터 집행력 있는 서약을 수취, 수락하거나, 외국투자심사위원회 규정 위반이 의심되는 행위를 방지 또는 시정하기 위하여 특정인에게 FIRB의 거래 승인 조건을 준수할 것을 지시할 수 있다. 재무부 장관은 거짓 또는 허위 신고에 의해 거래가 승인된 것이 입증될 경우 동 승인을 취소할 수 있다.

「외자매수법」에는 위반에 관여한 법인 및 개인 양쪽에 관한 형사 및 민사

---

[464] https://foreigninvestment.gov.au/sites/firb.gov.au/files/guidance-notes/G13-Compli-ancereporting.pdf

의 벌칙을 두고 있다.[465] 위반행위는 기준에 해당하는 외국투자의 승인신청의 불이행 및 대내투자 제안에 부과된 조건의 불이행을 포함한다. 재무부 장관은 또 외국투자자가 위반한 경우 그에 대하여 자산, 사업 또는 토지에 관한 지분의 처분을 명령할 수 있다. 「가이던스 노트」는 관련된 명령의 일례로서 재무부 장관이 외국인 투자가에게 그 자가 취득한 오스트레일리아의 사업체의 주식을 특정 기한까지 처분하도록 명령할 수 있다고 규정하고 있다.

외국투자심사위원회에 의무적 통지가 필요한 거래임에도 불구하고 FIRB의 승인 없이 실행된 것은 불법이지만, 그 행위가 자동적으로 무효가 되는 것은 아니다. FIRB에 대한 임의의 통지의 대상이 되는 행위에 대해 외국투자심사위원회에 임의의 통지를 한 경우에는 해당 통지 후 심사 기간이 종료되기 전 또는 승인이 이루어지기 전에 해당 거래를 실행하는 것은 「외자매수법」 위반으로 벌칙의 대상이 된다.

③ 벌칙의 강화

과거 제도에서도 형사벌과 민사벌 모두 벌칙이 있으며, 원칙적으로 법인의 경우 개인의 5배의 벌금이 부과된다. 또한 FATA를 위반하는 것을 허가한 법인의 임원도 처벌받을 수 있다.

법령 개정으로 벌칙이 엄격해지고 법인 벌금은 원칙적으로 개인의 10배가 되었다. 아래 표는 일부 위반행위에 대한 벌칙 상한을 개정 전후로 비교한 것이다.[466]

---

465 Foreign Investment Review Board, 'FOREIGN INVESTMENT COMPLIANCE FRAME-WORK POLICY STATEMENT', pg. 3,

466 1 Penalty Unit = 313 오스트레일리아 달러 (2023년 7월 1일 기준). 일반적으로 오스트레일리아의 패널티 기준을 산정하면 다음과 같다. 250 패널티×313 오스트레일리아 달러=78,250 오스트레일리아 달러×840원(2023.11.12.기준)= 65,730,000원. 법인의 경우 10배인 6억 5천 7백 3십만원이다.

● 형사적 처벌과 민사적 제재

형사 위반	기존	개정
○ 통지행위 또는 국가안보에 관한 통지행위 미신고 ○ 소정의 기간 경과 전에 매수를 실행 ○ 재무부 장관의 명령 불준수	○ 징역 3년 ○ 750 penalty units 또는 병과	○ 징역 10년 ○ 15,000 penalty units 또는 병과
민사위반	기존	개정
○ 통지행위 또는 국가안보에 관한 통지행위 미신고 ○ 소정의 기간 경과 전에 매수를 실행 ○ 재무부 장관의 명령 불준수	○ 개인: 250 penalty units ○ 법인 1,250 penalty units	○ 이하 중 소액인 쪽: (a) 2,500,000 penalty units (b) 5,000 (50,000) penalty units 또는 대가 or 시장가치의 75%

출처: https://www.legislation.gov.au/Details/F2020N00061

위반행위 시 1 패널티 단위는 2023년 1월 1일부터 2023년 6월 30일까지는 275 오스트레일리아 달러였다. 하지만 2023년 7월 1일 또는 그 이후에는 313 오스트레일리아 달러이다. 또한 승인통지 또는 면제증명과 관련하여 실행한 행위 및 상황의 변화에 대해 그 변화 또는 행위로부터 30일 이내에 재무부 장관에게 통지하는 것이 새롭게 의무화되었고, 이에 관한 벌칙이 신설되었다.[467] 개정에 따라 신설된 외국인 투자가 보유자산의 등기제도(등기내용은 비공개)의 투자자에 의한 신고 의무에 따른 것이다.

④ 기록 관리

외국 투자에 대한 통지나 신청에 관한 기록은 소정의 기간 보관되어야 한다. 이 의무는 FATA에 근거해 재무부 장관이 실시한 명령·결정과 관련된 신

---

467 Compliance Bill, item 9; FATA ss. 98B, 98C, 98D

청 대상거래에 대한 기록(거래 실시로 부터 5년간), 제외 증명에서 지정되는 행위(행위 실시로부터 5년간), 승인 또는 제외 증명에 부쳐진 조건의 준수에 대한 기록(조건이 적용되지 않게 된 후 2년간), 그리고 일정 거주 용지 권리의 처분에 대한 기록(처분으로부터 5년간)에 적용된다.

오스트레일리아 정부는 2024년 말까지 오스트레일리아 자산의 외국인 소유 등록부를 작성할 것을 법률로 정했다. 등록이 개시되면 외국인 투자가는 토지, 수자원, 오스트레일리아의 기업이나 사업에 대한 광범위한 권리에 대해 등록기관에 통지할 의무를 지게 된다. 권리가 없어진 경우에도 등록기관에 통지할 의무를 진다. 등록은 공개되지 않지만 정부 내부에서 정보가 공유된다.

CHAPTER

06

오스트레일리아의
외국 자본규제의 특징

Ⅰ   외국 자본과 국가안보 기준 강화

①   개요

오스트레일리아 정부는 외자의 필요성을 인식하고 오스트레일리아 경제의 발전으로 이어지는 외국 자본을 기본적으로 환영한다는 방침을 취하고 있다. 연방정부는 2020년 6월 5일 외국투자에 대해 국가안전보장 관점에 기초한 새로운 심사 방법, 감시·조사체제 정비, 벌칙 강화 등을 위해 「외자에 의한 취득 및 매수에 관한 법률(Foreign Acquisitions and Takeovers Act 1975, 「외자매수법」)」을 대폭 개정하였다.[468] 개정법은 2021년 1월 1일 시행됐다.

또한 「핵심 인프라 안전보장법(Security of Critical Infrastructure Act 2018)」[469]이 2021년 12월 3일 시행되면서 「외자매수법」에서 규정한 국가안보에 관한 사업의 정의가 확대되었다. 또한 기존 대상인 물, 전기, 항만, 가스 등에서 금융, 에너지, 헬스케어 등으로 확대되었다. 외자 가이드라인에서 지

---

[468] https://www.legislation.gov.au/Details/C2020C00023

[469] https://www.legislation.gov.au/Details/C2022C00160

정된 중요 분야에 대해서는 외자 비율의 상한 등이 특정되어 있다.

② 사전인가와 요건

1) 사전인가

오스트레일리아에서는 지금까지 대부분의 산업에서 소규모 외자 인수는 보고 의무가 면제되었고, 고액 투자의 경우에도 국익에 반하지 않는 한 인가되었다. 그러나 법 개정에 따라 투자액의 크고 작음에 관계없이 국가안전 보장 통지 의무 행위(Notifiable national security action) 및 국가안전보장 재심사 의무 행위(Reviewable national security action)의 2가지 새로운 개념이 도입되어[470], 외국인 투자자가 이에 해당하는 행위를 할 경우 외국투자심사위원회(FIRB)[471]의 승인 취득이 의무화되었다.[472]

2) 사전 인가가 필요한 주요 요건

외국인 투자자가 투자할 때 FIRB의 사전인가 대상이 되는지는 투자자의 종류, 투자의 종류, 투자금액, 국가안보와 관련된 사업인지 여부, 투자예정 사업에 사전 인가 예외가 해당하는지 등의 항목에 대해 확인해야 한다. 주요 요건으로서 연방정부가 규정하는 외국 투자 안건의 기준값에 해당하는 경우 FIRB의 사전 인가가 필요하다. 오스트레일리아와 자유무역협정을 체결했기 때문에 한국의 투자자는 특정 FTA 체결 상대국·지역 민간투자자에 해당한다. 그러나 국가 안전 보장에 관한 사업에의 투자, 외국 정부에 의한 투자는 금액에 관계없이 사전 인가의 대상이다.

---

470 https://foreigninvestment.gov.au/sites/firb.gov.au/files/guidance-notes/G08-National-security.pdf

471 https://foreigninvestment.gov.au/

472 https://foreigninvestment.gov.au/guidance/general/key-concepts

또한 국가안전보장에 관한 사업(National Security Business)[473]에 대한 투자에는 금융 서비스, 통신, 미디어, 방위, 군사용 중요기술, 에너지, 식품, 헬스 케어, 고등교육 시설, IT, 항만, 항공, 화물, 대중 교통기관 및 상하수도 등으로 분류되는 사업 경영에의 관여 등 직접적 권리의 취득(기본 10% 이상) 및 신규 개업이 포함된다. 외국인 투자자가 농지를 새로 취득하거나 이미 소유하고 있는 경우 토지 가격에 관계없이 오스트레일리아 국세청(ATO)에 농지를 신고해야 한다.

③ 외국기업의 토지 소유 여부

외국인 투자가 및 거주자 등 외자에 의한 토지 소유는 대부분 권리를 취득하기 전에 외국투자심사위원회(FIRB)의 인가가 필요하다. 외국인 투자자가 토지에 투자할 때 FIRB의 사전인가 대상이 되는지는 투자자의 종류, 투자의 종류, 투자금액, 국가안보와 관련된 토지에 해당하는지, 사전인가 예외가 투자 예정 토지에 해당하는지 등을 확인해야 한다.

또, 국가 안전 보장에 관한 토지에의 투자, 외국 정부에 의한 투자는 금액에 관계없이 사전 인가의 대상이다. 국가안전보장에 관한 토지(National Security Land)란 군의 시설, 첩보기관과 관련된 토지 등이다.[474]

---

473 https://treasury.gov.au/sites/default/files/2020-07/c2020-99761-ed_regulations_definition_national_security_business.pdf

474 https://foreigninvestment.gov.au/sites/foreigninvestment.gov.au/files/2023-07/guidance_note_8_national_security.pdf

Ⅱ | 코로나19 영향의 교훈과 외자 규제 강화

① 코로나19와 오스트레일리아 자산 보호조치

지난 2020년 3월 29일, 오스트레일리아 정부는 코로나19로 인한 여파로 외국인투자 심사기준을 한시적으로 강화할 것을 발표했다. 이에 따라 투자금액의 기준이 0달러 이상으로 임시 변경됐다. 만일 투자대상 기업의 20% 이상 지분을 외국인 투자자가 소유하게 될 시 외국인투자심의위원회에 투자심사 신청을 하고 승인을 받아야 한다.

또한 투자심사 지원서 검토 과정은 기존 30일에서 최대 6개월까지로 연장 됐다. 코로나19에 대응하기 위한 오스트레일리아의 외자 규제 강화 조치는 일시적 조치로 2021년 1월 1일 종료되었다. 따라서 외자규제 강화조치는 2021년 1월 1일 이후에는 적용되지 않는다. 다만 2021년 1월 1일부터는 오스트레일리아의 외자 규제에 새로운 National Security Test가 도입되고 있다.

그러나 코로나 19 당시의 오스트레일리아의 외자 규제 강화 조치는 시사 하는 바가 크다. 당시 외국 기업의 대오스트레일리아 투자에 대해 FIRB의 허가가 필요한 금액 기준(monetary threshold)이 제로가 되었고, FIRB의 허가 판단 기간이 30일에서 6개월로 늘어나게 되었다. 당시 이 규제는 2020년 3월 29일 오후 10시 30분에 효력이 발생했으므로 이 시점 이후 체결되는 계약에 적용되었다.[475]

이에 따라 기업의 오스트레일리아 M&A 및 부동산 투자는 원래 금액 기준을 충족하지 못해 허가가 면제되던 작은 안건이라도 FIRB 허가신청이 필요해 허가 취득에 최장 6개월이 소요된다. 예를 들어, 한국기업이 작은 오스트레일리아 기업의 100% 매수를 하는 경우 또는 한국기업이 오스트레일리아

---

475 https://ministers.treasury.gov.au/ministers/josh-frydenberg-2018/media-releases/ changes-foreign-investment-framework

오피스 부동산을 취득하려고 하는 경우, 지금까지라면 매수 금액이 금액 기준을 충족하지 못해 FIRB 허가가 필요 없었다.

그러나 당시 변경으로 FIRB 허가 취득 절차가 필요하게 되어 신청료와 변호사 비용을 합쳐 수만 오스트레일리아 달러가 소요되고 인수 일정도 크게 늦어지게 된다. 다만, FIRB는 오스트레일리아의 기업이나 고용을 직접적으로 보호하고 지원하기 위한 투자라면 FIRB 신청이 우선적으로 심사되어 신속하게 승인을 내준다고 했다.

이러한 오스트레일리아 연방 정부의 조치는 코로나19로 인해 취약해진 오스트레일리아 회사나 자산이 외자에 헐값에 투매되는 것을 막기 위한 조치였다고 한다.[476] 당시 변경에서는 금액 기준 요건은 변경되었지만, 그 외 FIRB 요건은 변경되지 않았다. 따라서 외국 기업(외국 정부 투자자 제외)이 단독으로 오스트레일리아 기업의 주식을 20% 미만 취득하는 거래는 FIRB의 허가가 필요하지 않다.

외국투자심사위원회(FIRB) 규제 대상이 되는 오스트레일리아 부동산 취득에는 오스트레일리아 부동산의 기간 5년(옵션에 의한 연장기간 포함)을 초과하는 임차권을 취득하는 것도 포함되므로, 새롭게 기간이 5년을 초과하는 사무실 임대차 계약을 체결하려고 하는 기업(또는 외국 자본이 20% 이상 들어가 있는 오스트레일리아 기업)은 FIRB 허가 취득 절차가 필요하다. 이미 오스트레일리아에 진출해 오피스 리스 계약을 갱신해야 하는 기업에게 리스 계약 갱신을 위한 FIRB 허가 취득에 6개월이나 걸린다는 것은 비현실적이라는 비판도 많았다.

문제가 되자 2020년 11월 9일 추가로 법 개정이 이루어져 2020년 9월 4일부터는 기존 상업 물건(사무실이나 점포)의 임대차 계약 갱신에 대해서는 기준 금액이 원래대로 반환되게 되며 금액 기준을 충족하지 못하면 기간이 5년을 초과하더라도 FIRB의 승인은 필요 없게 되었다. 기존 상업 물건의 임대차 계약 갱신에 대해서만 예외적으로 금액 기준이 원래대로 되돌아간 것이며, 그 외 행위에 대해서는 금액 기준은 제로인 상태이다.

---

[476] https://www.afr.com/politics/federal/china-spree-sparks-firb-crackdown-20200329-p54exo

　　오스트레일리아의 외국인투자법 전면 개편 계획이 발표되자 그것이 사실상 중국을 겨냥한 조치라는 분석도 있었다.[477] 코로나19 확산 초기 때부터 오스트레일리아 정부의 코로나19 발병 원인 공식 촉구, 중국의 오스트레일리아산 쇠고기 수입 중단조치, 보리와 와인에 반덤핑 관세 부과 등으로 양국의 관계가 악화했으며, 최근에는 중국 외교부 대변인이 합성된 사진을 트위터에 공유하면서 호-중 간 관계가 악화되었다.

　　실제로 오스트레일리아 정부는 4월 말에 두 개의 중국 기업들이 오스트레일리아의 리튬, 희토류 업체에 투자하는 것에 반대 입장을 밝히거나 계획을 불허해 투자 규모가 축소되고 무산됐다. 이에 더해 오스트레일리아 정부는 지난 8월 중국 유제품 업체 멍뉴(Mengniu)의 오스트레일리아 유제품 업체 라이언 데어리 앤드 드링크(Lion Dairy and Drink)를 인수하려고 하던 계획을 국익에 반한다는 이유로 반대해 무산됐다.

　　오스트레일리아 정부는 2019년에 동일한 업체 Mengniu가 오스트레일리아 분유생산업체 Bellamy's를 인수하는 것을 승인했다. 그러나 이사진 대부분을 오스트레일리아인으로 구성하고 본사를 최소 10년 동안 오스트레일리아에 두고 빅토리아주의 분유가공시설에 최소 1,200만 오스트레일리아 달러를 투자하는 조건으로 승인을 하였다. 앞으로도 국익에 부합하다고 판단되는 투자 위주로 선별할 것으로 전망된다.

　　오스트레일리아 정부가 외국인 투자 규제를 대폭 강화해 중국의 대오스트레일리아 투자가 감소하기도 했지만, 중국 또한 2016년부터 자본의 해외유출을 막기 위한 통제를 강화했고 투자를 개발도상국에 집중했다. 2016년 이후 중국의 대오스트레일리아 직접투자(FDI)가 감소하는 추세이며, 2019년에는 2018년 대비 직접투자 액수가 50% 이상 감소했다.

---

[477] https://dream.kotra.or.kr/kotranews/cms/news/actionKotraBoardDetail.do?SITE_NO=3&MENU_ID=130&CONTENTS_NO=1&bbsGbn=246&bbsSn=246&pNttSn=186343

오스트레일리아 정부가 외국인 투자 규제를 강화하면 오히려 오스트레일리아 경제에 더 큰 타격을 입을 것으로 예상하는 전문가들도 있지만, 오스트레일리아의 FDI 유입액은 지속적으로 증가 추세를 유지하고 있다. UNCTAD Stat 데이터에 따르면, 2019년 기준 오스트레일리아는 전 세계 14위의 외국인 직접투자 유치국이었으며 7,142억 미 달러의 FDI유입액을 기록했다.[478] 오스트레일리아 재무부 장관은 2020년에 투자 심사과정을 강화했음에도 불구하고 오스트레일리아는 여전히 매력적인 투자처로 인식되고 있다고 말하면서 팬데믹 기간에도 외국인 투자 유입액이 오스트레일리아의 경기회복을 뒷받침할 수 있는 견고한 수준을 유지했다고 밝혔다.

---

[478] https://unctad.org/

PART 07
일본의 경제안보추진법과 기술보호

07

일본의 경제안보추진법과
기술보호

CHAPTER 01

일본의 경제안보추진법

Ⅰ 제정의 배경과 경과

① 제정의 배경

　일본의 「경제 정책을 일체적으로 강구함에 의한 안전보장의 확보 추진에 관한 법률」(経済施策を一体的に講ずることによる安全保障の確保の推進に関する法律, 이하 「경제안보추진법」)[479]은 경제 안보, 투자규제, 기술 보호, 기술육성, 특허 비공개 등을 목적으로 제정된 것이다.

　「경제안보추진법」[480] 제정 이전의 일본은 경제 안전보장에 대한 대응이 구체적인 정책이라기보다는 하나의 관점에 불과했었다. 그러나 2018년 이후 무역 면에서 미·중 간 갈등이 부상되는 가운데 갈등의 당사자가 아닌 제3국

---

479 https://www.sangiin.go.jp/japanese/joho1/kousei/gian/208/pdf/s0802080372080.pdf

480 経済施策を一体的に講ずることによる安全保障の確保の推進に関する法律　제1조; 김민배 외(2023) 보고서, pp.40-41; 김규판 외(2022), "일본과학기술·경제안전보장전략- 주요내용과 시사점-', KISTEP 브리프11, pp.1-5.

362

PART 07
일본의 경제안보추진법과 기술보호

과의 대응 즉, 미·중 디커플링에 어떻게 대처할지에 관심이 집중되었다.[481] 미·중 간의 갈등이 상시화하고 각국에서 중요한 산업 기반과 서플라이 체인 확보를 위한 새로운 차원의 산업 정책이 전개되면서, 경제 안보에 대한 대응을 일관된 정책으로 재구축하여야 한다는 요구가 반영되었다.[482]

이를 바탕으로 일본의 경제 성장의 원동력[483]을 지지하는 기반의 하나로 경제 안전보장의 확보가 정책으로 등장하였다. 그리고 안전보장의 토대가 경제·기술 분야로 급속히 확대되었다. 정책 방향이 기본적 가치와 규범에 근거하여 국제질서에서 동맹국과 협력 확대·심화를 도모하면서, 일본의 자율성확보·우위성 획득의 실현을 우선시하였다. 그 때문에 핵심기술을 파악하고보호·육성하려는 대응 정책이 나왔다.[484] 일본의 성장 전략 실행 계획은 기술우월성 확보, 기반 인프라·서플라이 체인과 관련된 위협의 저감·자율성 향상, 경제 안전보장 강화 추진을 위한 중장기적인 자금 마련 등을 확보하는 시스템 등 3가지 사항을 제시하고 있다.[485]

일본은 국제정세의 복잡화, 사회경제 구조의 변화 등에 의해 안전보장의저변이 경제 분야로 급속히 확대되는 가운데, 국가·국민의 안전을 경제적 시점에서 확보하기 위한 대응을 강화·추진하고 있다. 2021년 10월 기시다 내각에서 경제안전보장담당 장관이 임명되고, 기시다 총리는 일본의 경제안전

---

481 사공목(2022), "일본의 경제안보법 제정 경위와 함의", KIET 산업경제, pp.73-75.

482 経済産業省, 『令和3年版 通商白書』, 第Ⅰ部 第1章 第2節 「各国における経済安全保障の強化」참고.

483 핵심 방침 2021에서는 일본의 향후 경제 성장의 원동력으로서 ① 그린, ② 디지털, ③ 활력 있는 지방 만들기, ④ 저출산 대책이라는 4개 항목에 대한 대응의 필요성이 제시되었음.

484 2020년 12월에 일본 자유민주당의 신국제질서창조전략본부가 발표한 제언 '경제안전보장전략 책정을 향하여'에서 언급한 전략적 불가결성 및 전략적 자율성이라는 개념에 대응하고 있는 것으로 생각됨. 自由民主党 政務調査会 新国際秩序創造戦略本部, 「新国際秩序創造戦略本部中間取りまとめ-「経済財政運営と改革の基本方針2021」に向けた提言-」, 令和3年5月27日 ; https://jimin.jp-east-2.storage.api.nifcloud.com/pdf/news/policy/201648_1.pdf

485 中村 直貴, "論題 経済安全保障政策の再構築 - 急務となる優位性の獲得と自律性の確保 -", 立法と調査 通号 439号, 参議院事務局企画調整室, 2021.10, pp.65-78; https://www.sangiin.go.jp/japanese/annai/chousa/rippou_chousa/backnumber/20211001.html

보장을 추진하기 위한 법안의 제정을 표명했다. 11월에는 제1회 경제안전보장추진회의가 개최되고 내각관방에 경제안전보장법제준비실이 설치됨과 동시에 같은 달부터 2021년 2월에 걸쳐 동 추진회의에서 발족하기로 한 '경제안전보장법제에 관한 지식인 회의'가 개최되었다. 분야별 검토회의를 포함하여 총 16회의 회의에서 논의가 거듭된 후 경제안전보장법제에 관한 제언이 제출되었다. 이를 바탕으로 정부는 '경제정책을 일체적으로 강구함에 의한 안전보장 확보 추진에 관한 법률안(経済施策を一体的に講ずることによる安全保障の確保の推進に#する法律(経済安全保障推進法, 令和4年 法律 第43号)'[486]을 제208회 일본 국회에 제출했고, 이 법률은 2021년 5월 11일에 제정되고, 5월 18일에 공포되었다.

② 법률의 취지

일본의 「경제안보추진법」은 국제정세의 복잡화, 사회경제구조의 변화 등에 따라 안전보장을 확보하기 위해서는 경제활동에 관해 행해지는 국가 및 국민의 안전을 해치는 행위를 사전에 방지하는 중요성이 증대되고 있는 것을 감안하고 있다. 또한 안전보장 확보에 관한 경제정책을 종합적이고 효과적으로 추진하기 위해 경제정책을 일체적으로 강구함으로써 안전보장 확보 추진에 관한 기본방침을 책정하는 동시에 안전보장 확보에 관한 경제정책으로서 필요한 제도를 창설하고 있다.

구체적으로는 법제상 필요한 과제에 대응하기 위해 4개의 제도를 창설하고 있다.

① 중요 물자의 안정적인 공급확보
② 기반 인프라 서비스의 안정적인 제공 확보
③ 첨단적인 중요 기술의 개발지원

---

[486] https://elaws.e-gov.go.jp/document?lawid=504AC0000000043_20250616_504AC0000000068

④ 특허 출원의 비공개

「경제안전보장추진법」은 필요한 정책을 6개월에서 2년 내에 단계적으로 시행하도록 하고 있다. 2021년 9월에는 전체 기본방침, 중요 물자의 안정적인 공급 확보, 첨단적인 중요기술의 개발지원 등에 관한 기본지침을 결정했다. 그 후, 중요 물자의 안정적인 공급 확보에 대해서는 특정 중요 물자의 지정 등을 실시하고, 첨단적인 중요기술의 개발지원에 대해서는 연구개발 비전의 책정 등을 실시하는 등 제도의 운용을 개시하였다. 2023년 4월에는 기반 인프라 서비스의 안정적인 제공 확보, 특허출원 비공개 두 제도에 관한 기본지침을 결정하였다.

「경제안전보장추진법」의 관련 법령은 다음과 같다.

① 「경제안전보장추진법」

② 경제 정책을 일체적으로 강구함에 의한 안전 보장 확보 추진에 관한 법률 시행령

③ 경제 정책을 일체적으로 강구함에 의한 안전 보장 확보 추진에 관한 기본방침

④ 특정 중요 물자의 안정적인 공급 확보에 관한 기본지침

⑤ 특정 방해 행위 방지를 통한 특정 사회기반 서비스의 안정적 제공 확보에 관한 기본 지침(특정 사회기반 서비스 기본지침)

⑥ 특정중요기술의 연구개발 촉진 및 그 성과의 적절한 활용에 관한 기본지침(특정 중요기술연구개발 기본지침)

⑦ 특허법 출원공개 특례에 관한 조치, 동법 제36조 제1항의 규정에 의한 특허출원에 관한 명세서, 특허청구 범위 또는 도면에 기재된 발명과 관련된 정보의 적정 관리 및 그 밖에 공개적으로 함으로써 외부로부터 행해지는 행위에 의해 국가 및 국민의 안전을 해치는 사태를 초래할 우려가 큰 발명과 관련된 정보의 유출을 방지하기 위한 조치에 관한 기본지침(특허출원 비공개 기본지침)

③ 제도 설계

1) 조사 영역

일본의 「경제안보추진법」은 내각부에 '경제안전보장에 관한 조사연구기관'을 운영하도록 하였다. 이러한 일본 정부의 싱크 탱크 설립 구상은 미국 국방부의 DARPA(Defense Advanced Research Projects Agency)[487]를 벤치마킹한 것으로 알려졌다. 일본 정부는 싱크 탱크를 바탕으로 과학기술·경제안전보장에 관한 신규 연구개발 프로그램을 추진하겠다는 것이다. 정부가 민생과 군용 분야 모두 활용할 수 있는 이중 용도의 첨단기술에 관한 연구개발을 주도하겠다는 기본방향을 제시하고, 명확한 실용화 목표를 설정하고 적절한 기술 유출 방지대책까지 마련한다는 구상을 포함하고 있다.

현재 일본은 미국과 마찬가지로 핵심기술(Critical Technology) 혹은 신흥기술(Emerging Technology)을 특정하는 것이 가장 시급하다고 인식하고 있다. 신흥기술의 특정 문제는 2018년 8월 미국의 수출규제 주무국인 상무부 산업안전국(Bureau of Industry and Security, 이하 BIS)[488]이 ECRA 제정[489]을 계기로 수출규제의 사각지대에 있는 신흥기술과 기반 기술(Foundational Technology)의 수출, 재수출 국내 이전에 관한 통제시스템을 마련하겠다는 것이다.

2) 육성 영역

「경제안보추진법」은 경제안전 보장 강화를 도모하기 위한 첨단기술 육성책의 핵심 과제로서 국가 예산 배분과 연구주제 설정 등 컨트롤타워 기능을 수

---

[487] https://www.darpa.mil/about-us/about-darpa

[488] https://www.bis.doc.gov/

[489] 미국 의회는 2018년 8월, 「2018년 수출관리개혁법(ECRA)」을 제정하고, 그 후, 동법에 근거해 수출관리 권한을 부여받은 미 상무부는 동법에서 규정한 기본적인 수출관리 정책이나 방침을 구체적으로 시행하기 위해 「수출관리규칙(EAR)」에 필요한 개정을 수시로 실시해, 다양한 측면에서 수출관리를 강화해 왔다. 그 중에는 신흥기술을 새롭게 규제 대상에 추가하는 것이나, 안전보장상 리스크가 있다고 여겨지는 특정 외국기업에 대한 수출관리를 엄격화하는 등의 조치가 포함된다.

행하는 조직 신설을 제시하였다. 일본 정부는 법안 제정시 '중요기술연구개발협의회'(가칭) 신설 계획을 발표한바 있다. 상기 협의회는 경제안전보장에 관한 조사연구기관이 특정하는 중요기술 분야 중에서 개별 중요 연구과제를 선정하고, 연구개발에서 실용화까지의 로드맵을 작성하는 것이 주된 업무이다. 협의회에서 다루게 될 연구주제는 국방 분야에 국한하지 않고 국민 생활이나 경제발전에 불가결한 기술 분야 전반을 대상으로 상정하고 있다. 협의회의 연구개발 자금은 경제안전 보장기금에서 조달한다는 방침이다.

일본의 성장 전략 실행 계획은 '우주, 양자, AI, 슈퍼컴퓨터·반도체, 원자력, 첨단소재, 바이오, 해양 등 분야의 경제 안전보장 강화의 관점에서 중요한 첨단기술에 대해서 관계부처 등이 제휴하여 실용화를 향한 강력한 지원을 실시하는 새로운 프로젝트를 창출'한다고 되어 있다.[490] 양자 컴퓨터나 인공 지능(AI) 등 이중용도 기술의 실용화를 추진하는 경제 안보 중요기술 육성 프로그램 신설을 추진하고 있다.

3) 보호 영역

일본 정부는 기술정보의 절취 방법이 다양하다는 점을 들고 있다. 예를 들어 대학 유학생·연구자의 파견, 기업 퇴직자의 초빙, 대내 직접투자에 따른 기업 인수, 사이버 정보 절취 등이다. 또 최근의 디지털화와 사이버 공격 기술의 비약적인 진전에 따라 서버에 축적된 데이터나 기술 등이 공급망에서 제품에 내장된 침입 경로 등에 의해 유출했을 가능성도 지적하고 있다.[491]

종래의 기술 정보 관리에 관한 국제적인 시스템 즉, 안전보장 무역관리 등에 대해 재검토의 필요성이 제기되었다. 기존 시스템을 초월한 첨단기술 관리와 인재 관리를 위한 대응책도 요구되고 있다. 일본 기술의 보호와 관련된 정

---

490 中村 直貴, "論題 経済安全保障政策の再構築 – 急務となる優位性の獲得と自律性の確保 – ", 立法と調査 通号 439 号, 参議院事務局企画調整室, 2021.10, pp.65-78; https://www.sangiin.go.jp/japanese/annai/chousa/rippou_chousa/backnumber/20211001.html

491 統合イノベーション戦略推進会議 「安全・安心の実現に向けた科学技術・イノベーションの方向性」, 令和 2 年 1 月 21 日, 9 頁.

책은 성장 전략 실행 계획에서 수출관리 재검토, 대내 직접투자 심사, 기술 정보의 국경 관리 강화, 간주 수출관리 대상의 명확화, 활동 능력의 강화, 연구의 건전성, 공정성 확보, 특허 공개제도 방식의 검토 등 7항목이 제시되었다. 이를 학술연구 분야에서의 기술 보호, 경제·산업 분야에서의 기술 보호, 기타 분야에서 기술 보호로 분류할 수도 있다.[492]

◑ 일본 정부의 과학기술경제 안전보장 정책

주요 과제	개요	제도 도입(예정)
(1) 경제 안전보장 추진 체제 정비	공안조사청 등의 경제 안보 인원 증원	2022년도 이후의 예산에 순차적으로 반영
(2) 연구 안전성 확보	일본 국내 연구자의 이해충돌 문제 해소	2021년 12월 「경쟁적 연구비의 적정한 집행에 관한 지침」개정
(3) 간주 수출규제 강화	일본 대학에 장기유학하는 외국인에게 민감 기술을 제공(이전)하는 경우 경제 산업성 장관의 허가를 받도록 의무화	「외환 및 외국무역법」 개정. 2022년 5월 운용 개시
(4) 특허 공개 제한	군용 전용이 가능한 기술(이중 용도 기술)의 특허를 출원 후 일정 기간이 지나더라도 비공개	「경제안보추진법」에 반영. 2024년 6월 시행 예정
(5) 정부 조달금지	중국산 5G 통신 장비와 드론의 정부조달 금지	중국산 5G 통신 장비는 2018년 12월, 드론은 2020년 10월 시행
(6) 방위장비품의 조달처 심사	계약 후에 기밀정보 누설 리스크가 발각될 경우 계획 변경 가능	2023년도 시행
(7) 비밀취급인가(SC) 제도 도입	기밀정보를 취급할 수 있는 민간인을 심사 지정	2024년 2월 관련 법안 제출
(8) 특정 중요기술의 민관 개발협력	20개 분야 설정	2022년 9월 30일 내각 결정

출처: 일본 「경제안보추진법」

---

492 中村 直貴, "論題 経済安全保障政策の再構築 – 急務となる優位性の獲得と自律性の確保 – ", 立法と調査 通号 439 号, 参議院事務局企画調整室, 2021.10, pp.65-78; https://www.sangiin.go.jp/japanese/annai/chousa/rippou_chousa/backnum-ber/20211001.html

일본 정부가 과학기술에 대한 경제 안전보장 정책에서 가장 고심하고 있는 분야는 보호 영역이라 할 수 있다. 지금까지 일본 정부가 시행했거나 검토 중인 보호 영역에서 과학기술·경제 안전보장 정책은 정보기관의 경제 안전보장 체제 정비, 연구 integrity 확보, 간주 수출규제 강화, 특허 비공개, 5G 통신 장비의 정부조달 금지, 방위 장비의 조달처 조사, 비밀취급 인가(SC) 제도 도입, 특정 중요기술의 민관 개발 협력 등이다.

4) 각 제도의 세부 사항

① 중요 물자의 안정적인 공급 확보에 관한 제도
  ○ 특정 중요 물자의 지정에 대하여
  ○ 「공급확보 촉진 원활화 업무 등 실시 기본지침」 및 「주식회사 일본 정책 금융금고의 공급확보 촉진원활화업무 실시에 관하여 필요한 사항을 정하는 명령」 제정에 대하여
  ○ 안정공급확보지원법인 지정 및 공급확보지원 실시기준 공표에 대하여

② 기반 인프라 역무의 안정적인 제공 확보에 관한 제도
  ○ 상담창구 및 정보 제공에 대하여

③ 첨단적인 중요 기술 개발 지원에 관한 제도
  ○ 첨단적인 중요기술 개발지원에 대하여
  ○ 협의회 모델 규약에 대하여
  ○ 「경제안전보장추진법」에 의거한 지정기금으로 운영되는 경제안전보장 중요기술 육성 프로그램(K Program)에 대해서

④ 특허 출원의 비공개에 관한 제도
  ○ 특허출원의 비공개에 대하여
  ○ 보전심사의 대상이 되는 기술분야에 대하여

⑤ 경제 안전 보장 추진 회의

⑥ 경제 안보 법제에 관한 지식인 회의

⑦ 문의처
　ㅇ 내각부 정책총괄관(경제안전보장담당)
　〒100-8918 도쿄도 지요다구 나가타초 1-6-1
　전화번호 03-5253-2111 (대표)

Ⅱ ｜ 경제안전보장추진회의

(1) 취지 등

① 취지: 사회경제구조의 변화, 국제정세의 복잡화 등에 의해 안전보장의 저변이 경제 분야로 급속히 확대되는 가운데, 경제안전보장의 대응을 강화·추진하기 위해 경제안전보장추진회의(이하 회의)를 개최한다.

② 구성: 회의의 구성은 다음과 같다. 다만, 의장은 필요하다고 인정하는 때에는 구성원의 추가 또는 관계자의 출석을 요구할 수 있다. 의장은 내각 총리, 부의장은 경제안보담당장관과 내각관방장관, 구성원은 내각 총리가 지명하는 국무위원

③ 운영 등: 회의의 서무는 내각관방에서 처리한다. 그 외 회의 운영에 관한 사항 및 그 밖에 필요한 사항은 의장이 정한다.

ㄹ) 구성원

① 의장: 키시다 후미오 내각총리
② 부의장: 코바야시 타카유키 경제안전보장담당장관, 내각부 특명담당장관(과학기술정책 우주정책), 마쓰노 히로카즈 내각관방장관
③ 구성원(15인)

카네코 쿄유키 총무장관, 후루카와사다히사 법무장관, 하야시 요시마사 외무장관, 스즈키 슌이치 재무부 장관 겸 내각부 특명담당장관(금융), 스에마츠 신스케 문부과학장관, 고토오시게유키 후생 노동장관, 카네코하라지로 농림수산장관, 하기우다 고이치 경제산업장관 겸 산업경쟁력담당장관, 사이토오테츠오 국토교통장관, 야마구치쇼우 환경장관, 키시노부오 방위장관, 마키시마 카렌 디지털 장관, 니노유우지 국가공안위원회 위원장 겸 국토강화 담당장관 겸 영토 문제 담당 장관 겸 내각부 특명 담당 장관(방재 해양 정책), 야마기리 다이시로 경제재생담당장관 겸 새로운 자본주의 담당장관 겸 신종 코로나 대책·건강 위기 관리 담당 장관 겸 내각부 특명 담당 장관(경제 재정 정책), 와카미야켄지 내각부 특명담당장관(지적재산전략)

ㅌ) 경제안전보장추진회의 운영 규정

① 회의에서 배포된 자료는 원칙적으로 공표한다. 다만, 의장이 필요하다고 인정하는 때에는 비공개로 할 수 있다.
② 회의 내용에 대해서는 회의 종료 후 기자 브리프를 실시한다.
③ 회의의 의사 개요를 공표한다. 다만, 의장이 필요하다고 인정하는 때에는 의사 개요의 일부 또는 전부를 공개하지 아니하는 것으로 할 수 있다.

④ 이 운영규정에서 정하는 사항 외에 회의 운영에 관하여 필요한 사항은
   의장이 정한다.

○ 연락처
내각관방 국가안전보장국
〒100-0014 도쿄도 지요다구 나가타초 2-4-12
전화번호 03-5253-2111

CHAPTER 02

특정 중요기술 개발지원에 관한 제도

I 개요

① 첨단적인 중요기술 개발 지원

　일본의 「경제안전보장추진법」에서는 장래의 국민 생활·경제활동 유지에 있어서 중요한 것이 될 수 있는 첨단적인 기술 중, 그 기술이 외부에 부당하게 이용되었을 경우에 국가·국민의 안전을 해치는 사태를 발생시킬 우려가 있는 것 등을 '특정 중요기술'로 정의하고 있다. 그리고 이러한 기술에 관해 관민 제휴를 통한 동반 지원을 위한 협의회 설치, 지정기금협의회 설치 등을 통한 강력한 지원, 조사연구업무 위탁 등의 틀을 통해서 특정 중요기술의 연구개발 촉진과 그 성과의 적절한 활용을 도모하도록 하고 있다.

② 협의회 모델 규약

　일본의 「경제안전보장추진법」에 규정하는 협의회의 조직·운영에 관한 구체적인 사항에 대해서는, 각 협의회가 규약에 대해 정하도록 하고 있다. 특정 중요 기술 연구 개발 기본 지침에 근거해, 각 협의회가 규약을 정할 때 참고로 하기 위한 협의회 모델 규약을, 이하와 같이 작성하고 있다. 각 협의회에 대해 협의회에 관한 규약 등을 작성할 때 본 협의회 모델 규약을 참고로, 개별의 협의회나 연구 개발의 특성에 따라서, 필요한 규정의 신설이나 개폐를 실시하는 것이 가능하다. 참고로 협의회에 관한 협의회 모델 규약이 있다.[493]

③ 경제안전보장 중요기술 육성 프로그램(K Program)

1) 개요

일본의 「경제안전보장추진법」에서 말하는 경제안전보장 중요기술 육성프로그램은 통칭 K Program[Key and Advanced Technology R&D through Cross Community Collaboration Program]을 말한다.[494] 본 프로그램은 중장기적으로 일본이 국제사회에 있어서 확고한 지위를 계속 확보하는데 불가결한 요소가 되는 첨단적인 중요기술에 대해서, 과학기술의 다의성을 근거로 해 민생 이용뿐만 아니라 공적 이용으로 이어지는 연구 개발 및 그 성과의 활용을 추진하는 것이다. 구체적으로는 경제안전 보장상의 일본의 요구를 근거로 개별 기술의 특성이나 기술 성숙도 등에 따라서 적절한 기술 유출 대책을 취하면서, 연구개발로부터 기술 실증까지를 신속하고 유연하게 추진하겠다는 것이다.

본 프로그램의 기금은 과학기술·이노베이션 창출 활성화에 관한 법률에 근거한 기금으로, 「경제안전보장추진법」의 지정기금으로서 지정되어 있다. 일본 정부는 향후 K Program에의 제안이나 참가자를 위해 K Program에 관한 연구 개발 매니지먼트와 협의회의 관계 등에 관한 Q&A를 작성하여, 이해

---

493 https://www.cao.go.jp/keizai_anzen_hosho/doc/3_kyogikai_mkiyaku.pdf

494 https://www8.cao.go.jp/cstp/anzen_anshin/kprogram.html

를 확산시키고 있다.[495]

2) 기금 등

① 「경제안전보장추진법」에 따른 지정기금 지정

「경제안전보장추진법」에서는 과학기술·이노베이션 창출 활성화에 관한 법률에 근거한 기금 중 특정 중요기술의 연구개발 촉진과 그 성과의 적절한 활용을 목적으로 하는 것에 대해 보다 강력한 지원을 실시하기 위해 지정기금으로 지정할 수 있도록 하고 있다. K Program을 운영하는 기금[496]를 지정기금으로 지정하고 있다. 「경제안보추진법」 제63조 제1항에 규정된 지정기금 지정에 따른 것이다.

② K Program에서 설치되는 지정기금협의회

일본의 K Program에서는 연구개발을 동반 지원하는 핵심으로 연구개발 실시자와 관계부처를 포함한 정부 관계 기관 등이 의견 교환을 위해 지정기금 협의회를 설치하고 있다.

◑ 설치 상황

지정기금 협의회 명칭	설치한 행정기관명	본 지정기금협의회가 대상으로 하는 연구개발 프로젝트(K Program의 연구개발 구상)
제1호 특정 중요기술 연구개발지정기금협의회	내각부 및 경제산업성	고감도 소형 다파장 적외선 센서 기술 개발
제2호 특정 중요기술 연구개발지정기금협의회	내각부 및 경제산업성	선박용 통신위성컨스텔레이션을 통한 해양상황 파악기술 개발·실증
제3호 특정 중요기술 연구개발지정기금협의회	내각부 및 경제산업성	광통신 등 위성컨스텔레이션 기반기술 개발·실증

출처: 일본 내각부 자료

---

495 https://www8.cao.go.jp/cstp/anzen_anshin/20230414_qa.pdf

496 국립연구개발법인 과학기술진흥기구(JST)와 국립연구개발법인 신에너지 산업기술종합개발기구(NEDO)에 조성된 기금을 말한다.

2) 지정기금협의회에 참가가 상정되는 관계 행정기관 등

- 연구개발구상(2023년 10월 결정)과 관련된 지정기금협의회에 참가할 것으로 예상되는 관계 행정기관 등에 대하여
- 연구개발구상(2023년 3월 결정)과 관련된 지정기금협의회에 참가할 것으로 예상되는 관계 행정기관 등에 대하여
- 연구개발구상(2022년 12월 결정)과 관련된 지정기금협의회에 참가할 것으로 예상되는 관계 행정기관 등에 대하여
- 연구개발구상(2022년 10월 결정)과 관련된 지정기금협의회에 참가할 것으로 예상되는 관계 행정기관 등에 대해서

3) 제도 운용

일본의 「경제안보추진법」상 프로그램은 경제안전보장추진회의 및 통합 이노베이션 전략추진회의 아래 내각부, 문부과학성, 경제산업성이 중심이 되어 부처 횡단적으로 경제안전보장상 중요한 첨단기술의 연구개발을 추진하도록 하고 있다. 구체적으로는 전문가 등으로 구성되는 프로그램 회의의 검토를 거친 후에 국가의 요구(연구 개발 비전)를 상기 2개의 장관급 회의에서 결정하고, 이를 실현하기 위한 연구 개발을 공모에 의해 추진하고 있다. 또, 연구 성과를 사회 현장에 연결해 나가기 위해, 연구 실시 단계에서 경제 안전 보장 추진법에 근거하는 협의회 등에 의한 동반 지원을 하고 있다.

- 경제안전보장 중요기술육성프로그램 운용과 관련된 기본적 생각에 대하여(2021년 6월 17일 총리 결재)[497]
- 경제안전보장 중요기술 육성 프로그램의 운용·평가 지침[498]

---

[497] https://www8.cao.go.jp/cstp/anzen_anshin/20220617_kihonteki.pdf

[498] https://www8.cao.go.jp/cstp/anzen_anshin/unyo-hyouka.pdf

Ⅱ 특정 중요기술의 연구개발 촉진 등

① 기본원칙

일본의 「경제안보추진법」은 특정 중요기술의 연구개발 촉진 및 그 성과의 적절한 활용을 도모하기 위해 특정 중요 기술연구개발 기본지침에 따라 필요한 정보의 제공, 자금 확보, 인재 양성 및 자질 향상, 기타 조치를 하도록 하고 있다. 장래의 국민 생활 및 경제활동 유지에 중요한 것이 될 수 있는 첨단기술 정보가 외부에 부당하게 이용된 경우나 해당 기술을 이용한 물자 또는 역무가 외부 요인에 의해 안정적으로 이용할 수 없게 되면 국가 및 국민의 안전을 해치는 사태가 발생할 우려가 있다는 것이다.[499]

일본은 「과학기술 이노베이션 창출의 활성화에 관한 법률」[500]에 의해 국가의 자금에 의해 행해진 연구개발 등에 관해서 해당 자금을 교부하는 각 장관은 해당 연구개발 등에 의한 행하여진 특정 핵심 기술 연구개발의 촉진 및 그 성과의 적절한 활용을 위하여, 해당자 및 해당 연구개발 장관으로 구성되는 협의회를 조직할 수 있다. 협의회의 업무에 종사하는 자 또는 종사하던 자는 정당한 이유 없이 해당 사무에 관하여 알게 된 비밀을 누설하거나 도용해서는 안 된다.[501]

일본 총리는 특정 중요기술 연구개발 기본지침에 근거하여 특정 중요기술의 연구개발의 촉진 및 그 성과의 적절한 활용을 도모하기 위해 필요한 조사와 연구를 하도록 하고 있다. 특정 중요기술조사연구기관의 임원이나 직원 또는 이러한 직에 있었던 자는 정당한 이유 없이 해당 위탁과 관련된 사무에 관

---

499 星野大輔, 張翠萍, 陳致遠, "経済安全保障推進法の内容と外国企業への影響", 西村あさひ 法律事務所, 2022年5月20日号"; https://www.nishimura.com/sites/default/files/news-letter_pdf/ja/newsletter_220520_china_corporate.pdf

500 https://elaws.e-gov.go.jp/document?lawid=420AC0100000063

501 経済施策を一体的に講ずることによる安全保障の確保の推進に関する法律 제62조

하여 알게 된 비밀을 누설하거나 도용하여서는 아니된다.[502]

그러나 「경제안보추진법」이 경제 안보의 전부를 다루고 있는 것은 아니며, 경제안보 정책의 완료가 아니라 시작이라는 입장을 견지하고 있다. 경제안전보장에 관한 구체적인 방침이나 지침은 별도로 제정되고 있다. 「경제안보추진법」 이외에 수출 관리의 엄격화, 연구윤리, 출자규제, 중요 시설 주변의 토지법 정비 등이 실시되고 있다.[503] 향후 과제로는 데이터, 인권, 기밀정보를 취급하는 적격성 심사(보안 클리어런스) 등을 들고 있다. 현재 일본 기업들은 경영이나 리스크 관리 활동에 경제안전보장 요소를 포함시키고, 일부 기업들은 관련 보안조직을 강화하고 있다.[504]

한편 특정 중요 기술에 대해 「경제안보추진법」은 미래의 국민 생활 및 경제활동 유지에 있어서 중요한 것이 될 수 있는 기술을 첨단기술로 정의하고 있다. 「경제안보추진법」에 따른 특정 중요기술은 첨단적 기술이며, 일본은 20여개 분야의 기술을 선정하고 있다. 그리고 「특정 중요기술 연구개발 촉진 및 그 성과의 적절한 활용에 관한 기본지침」[505]에서는 구체적으로 특정 중요기술을 정하고 있다.

② 특정 중요기술의 유형

「경제안보추진법」 제61조는 장래의 국민 생활 및 경제활동의 유지에 있어서 중요한 것이 될 수 있는 첨단적인 기술을 '첨단기술'로 정의하고 있다. 첨단기술은 현재가 아닌 미래의 국민 생활 및 경제활동 유지에 있어서 중요할

---

502 経済施策を一体的に講ずることによる安全保障の確保の推進に関する法律 제64조

503 김민배, "일본의 중요토지조사규제법 제정과 쟁점", 「토지공법연구」, 2022, vol.99, pp.1-31.

504 川口 貴久, "経済安全保障推進法案の概要と今後の争点", Tokio Marine dR Co., Ltd, 2022; https://www.tokio-dr.jp/publication/report/riskmanagement/pdf/pdf-riskmanage-ment-367.pdf

505 特定重要技術の研究開発の促進及びその成果の適切な活用に関する基本指針; https://www.cao.go.jp/keizai_anzen_hosho/doc/kihonshishin3.pdf

수 있는 첨단기술이므로 현재 단계에서 이미 기술성숙도가 구체적 제품의 개발단계에 이른 것은 해당하지 않는다. 연구개발 성과에 대해서는 관민의 다양한 사회실현 담당자가 스스로 판단에 따라 구체적 제품 개발 등에 응용할 것으로 예상하고 있다. 컴퓨팅과 같이 이미 구체적 제품이 개발되고 있는 분야에서도 첨단기술에 포함될 수 있다는 것이다. 특정 중요기술은 첨단적 기술 중 다음의 어느 하나의 유형에 해당하는 것으로 정의하고 있다. 관련 기술이 복수의 유형에 동시에 해당할 수도 있다.

[유형1] 해당 기술이 외부에 부당하게 이용되는 경우 국가 및 국민의 안전을 해치는 사태가 발생할 우려가 있는 것

[유형 2] 해당 기술의 연구개발에 이용되는 정보가 외부에 부당하게 이용되는 경우 국가 및 국민의 안전을 해치는 사태가 발생할 우려가 있는 것

[유형 3] 해당 기술을 이용한 물자 또는 서비스를 외부에 의존함으로써 외부에서 이루어지는 행위에 따라 이들을 안정적으로 이용할 수 없게 된 경우 국가 및 국민의 안전을 해치는 사태가 발생할 우려가 있는 것

[유형 1]의 '해당 기술이 외부에 부당하게 이용된 경우'에는 예를 들어 기술정보가 절취되어 그 기술이 이용되는 경우가 해당하며, 그 방지를 위해서는 해당 기술의 적정한 관리가 필요하다.

[유형 2]의 '해당 기술의 연구개발에 이용되는 정보가 외부에 부당하게 이용된 경우'란 관계 행정기관으로부터 제공된 정보 등이 절취되어 그 정보가 이용되는 경우가 해당한다. 이를 방지하기 위해서는 연구개발에 관한 정보의 적정한 관리와 비밀 준수 의무를 요구할 필요가 있다.

[유형 3]의 '해당 기술을 이용한 물자 또는 서비스를 외부에 의존함으로써 외부에서 행해지는 행위에 따라 이들을 안정적으로 이용할 수 없게 된 경우'란 첨단기술을 이용한 물건이나 서비스에 대해 외부에 의존하고, 일정한 외부의 행위에 의해 이용에 지장이 발생하는 경우가 해당한다. 이를 방지하기 위

해서는 해당 기술에 대해 일본이 국제사회에서 자율성, 우위성, 불가결성을 확보·유지할 필요가 있다.

③ 조사대상 기술 영역

특정 중요기술의 대상을 판별하는데 디지털화 등에 의한 기술개발의 가속화와 갑자기 새로운 중요기술이 탄생하는 기술혁신의 가능성을 고려하면 사전에 구체적인 기술을 개별적으로 지정하는 것은 적절하지 않다고 한다. 따라서 특정 중요기술이 포함될 수 있는 기술영역을 폭넓게 대상으로 검토하는 것이 중요하다고 본다.

일본은 다음의 기술 영역을 참고하면서, 최신 국내외의 연구개발 및 정책동향, 경제사회 상황 등을 토대로 유연하게 조사연구를 하도록 하고 있다. 「경제안보추진법」의 관련 법령 등에서 일본이 특정 중요기술로 정한 것은 다음과 같다.[506]

① 바이오 기술

② 의료·공중위생 기술(게놈학 포함)

③ 인공 지능·기계 학습 기술

④ 첨단 컴퓨팅 기술

⑤ 마이크로프로세서·반도체 기술

⑥ 데이터 과학·분석·축적·운용 기술

⑦ 첨단 엔지니어링·제조 기술

⑧ 로봇 공학

⑨ 양자 정보 과학

---

[506] https://www.cao.go.jp/keizai_anzen_hosho/doc/kihonshishin3.pdf; 김민배(2022) 보고서, pp.43-44.

⑩ 첨단 감시 · 측위 · 센서 기술

⑪ 뇌 컴퓨터 · 인터페이스 기술

⑫ 첨단 에너지 · 축에너지 기술

⑬ 고도 정보통신 · 네트워크 기술

⑭ 사이버 보안 기술

⑮ 우주 관련 기술

⑯ 해양 관련 기술

⑰ 수송 기술

⑱ 극초음속

⑲ 화학 · 생물 · 방사성 물질 및 핵(CBRN)

⑳ 첨단 재료 과학

일본의 「경제안보추진법」과 기본방침 그리고 지침 등을 종합해 보면, 특정 중요기술로 정한 20여 개의 첨단기술과 분야가 향후 투자규제 및 기술 보호의 구체적인 대상이 될 것으로 예상하고 있다.

④ 특정 중요 기술 조사연구기관

「경제안보추진법」 제64조에서 일본 총리는 본 기본지침에 따라 특정 중요기술의 연구개발 촉진 및 그 성과의 적절한 활용을 도모하기 위해 필요한 조사 및 연구(이하 조사연구)를 실시하도록 되어 있다. 구체적으로는 ① 특정 중요기술이나 지정기금에 의해 연구개발을 촉진해야 할 기술의 압축 ② 특정 중요기술의 육성방침 검토 ③ 특정 중요기술의 활용방침 검토에 기여하기 위해 국내외 사회적경제 정세나 최신 과학 · 기술에 관한 지식을 규합하여 특정 중요기술이 포함될 수 있는 기술 영역에 대해 조사 연구를 실시하는 것이다.

조사 연구는 「경제안보추진법」 제64조 제1항에 따라 일본 총리가 실시하도록 하고 있다. 장래의 국민생활 및 경제활동의 유지에 있어서 중요할 수 있는 첨단 기술에 관한 조사연구를 효과적으로 실시하기 위해서는 변화하는 기술 등의 동향을 중장기적인 시점에서 계속적으로 조사·분석을 실시할 필요가 있다고 본다. 그리고 정부 내부의 폐쇄된 대응으로는 한계가 있으므로 동조 제2항에 따라 일정한 기준에 적합한 자에게 위탁을 하도록 하고 있다.

위탁을 받은 자(특정 중요기술조사연구기관)는 국내외 기술 동향, 사회경제 동향, 안전보장 등 다양한 관점에서 특정 중요기술의 연구개발 촉진 등을 위한 조사연구를 실시하도록 하고 있다. 특정 중요기술조사연구기관은 협의회 및 지정기금협의회에 관해 구성원으로 요청받은 경우나 자료의 제공이나 설명, 그리고 의견 표명 등의 협력을 요구받은 경우 적극적으로 대응하도록 하고 있다.

일본 정부는 관련 싱크 탱크가 단순히 정보 제공 기관이 아니라 첨단기술의 전문성을 가진 산업계·학술계의 인재를 확보하는 동시에 기관이나 그 활동을 가시적으로 거점화한 후 산업계·학술계에 필요한 정보의 제공이나 정부의 정책 의사 결정에 기여·기여를 해 나가는 기관이 될 것으로 기대하고 있다. 이를 위해 싱크탱크에는 필요한 기관과의 연계체제나 정보공유 네트워크를 구축하기 위해 노력해야 하며, 관계 행정기관은 이를 실현하기 위해 필요한 지원을 할 필요가 있다고 본다.

이러한 싱크 탱크의 육성은 하루아침에 가능한 것이 아니라 우선 경제안전보장 중요기술 육성 프로그램의 실시에 기여하는 조사·분석을 중심으로 기능을 발휘할 것으로 예상하고 있다. 그 후 변화가 빠른 첨단기술 분야에서 최신의 지견을 받아들이면서 계속적으로 일정 이상의 수준의 조사·분석을 실시한다는 것이다. 이를 위해 새로운 조사·분석기법의 확립이나 관계 기관과의 네트워크 확대 등 싱크탱크 기능의 발전이 필요하다고 보고 있다.

「경제안보추진법」 제64조 제2항에 근거한 위탁에 대해서는 특정 중요기술조사연구기관이 동조 제3항에 근거해 관계 행정기관으로부터 정보·자료를 제공받을 수 있는 자이며, 「경제안보추진법」 제62조 제6항에 근거해 협의회 및 지정기금협의회에의 협력을 요구받는 자라는 점 등을 근거로 법에서 위탁

처에 요구하는 능력은 다음과 같다.[507]

1) 전문적인 조사연구에 관한 능력

조사연구에서는 장래의 국민 생활 및 경제활동의 유지에 있어서 중요한 것이 될 수 있는 첨단기술에 관해서 기술뿐만 아니라 사회제도나 사회시스템까지 포함한 국내외 정세나 연구개발 동향 등을 적절히 조사·분석할 수 있는 능력을 갖추어야 한다.

2) 정보 수집·정리·보관에 관한 능력

국가정책에 조사연구를 활용해 나가기 위해서는 최신 트렌드를 추적할 뿐만 아니라 과거의 실적이나 지견의 축적을 감안한 지속적인 조사·분석이 불가결하며, 스스로 관련 정보를 수집·정리하고 이를 보관함으로써 조사연구에 도움이 될 필요가 있다.

3) 국내외 관계 기관과의 연계에 관한 능력

1)의 조사·분석 기능을 담보하기 위해서는 스스로 보유해야 할 정보와 국내외의 다양한 기관이 각각의 특징에 따라 가진 정보를 집약하고 연계하는 것이 중요하다. 이를 위해 특정 중요기술조사연구기관은 스스로 정보 집약의 허브가 되어 국내외의 다양한 기관과 연계하여 네트워크를 구축하는 능력이 요구되고 있다.

4) 정보관리체제

관계 행정기관이나 해외 연구기관 등과의 긴밀한 커뮤니케이션을 확보하고 정보관리를 도모할 필요가 있는 정보를 취급할 수 있도록 하기 위해 적절한 정보관리 체제를 확보해야 한다. 특히 위탁사업의 조사·분석에 있어서 다

---

507 법 제64조 제2항 제1호-4호

양한 주체로부터 제공되는 정보 중에는 비밀 준수의무의 대상이 될 수 있는 정보 등 공표에 익숙하지 않은 것도 포함될 수 있으므로 그 취급에 대해서는 충분한 검토가 필요하다.

Ⅲ 일본의 중요기술 육성 프로그램

① 배경

일본의 「경제안보추진법」은 특정 중요기술의 연구개발 촉진과 그 성과의 적절한 활용을 추진하고 있다.[508] 「경제안전보장 중요기술육성 프로그램」(이하, 프로그램)은 법의 취지를 바탕으로 첨단적인 중요기술의 연구개발 추진을 목적으로 해당 중요기술의 연구개발에서 기술 실증까지 신속하고 기동적으로 실시하는 것이다. 프로그램은 과학기술력과 이노베이션이 국력을 좌우하는 시대에 일본이 지닌 강점을 연마해, 타국에 대한 우위성 확보를 목표로 하고 있다. 일본의 우위성을 더욱 연마해, 국제사회에서 일본의 강점 분야를 전략적으로 확대하는 것을 목표로 한다는 것이다.

경제 안보의 관점에서 일본이 지원 대상으로 삼아야 할 중요기술의 연구개발을 진행하고 있다. 연구개발 비전은 '경제안전보장 중요기술육성프로그램의 운용과 관련한 기본적 사고방식'에 기초하여 프로그램에서 지원 대상으로 하는 중요기술을 정하는 것이다. 프로그램 책정은 전문 지식인을 구성원으로 하여, 관계부처 등이 옵서버로서 참가한 프로그램 회의 등에서 검토하도록 하고 있다.

---

508 経済安全保障推進会議 統合イノベーション戦略推進会議, 経済安全保障重要技術育成プログラム研究開発ビジョン(第一次)令和 4年 9月 16日; https://www8.cao.go.jp/cstp/anzen_anshin/2_vision.pdf

1) 정부 전체의 전략·각 정책과의 제휴

일본 정부는 과학 기술 이노베이션 추진의 관점에서 '과학 기술 및 이노베이션 기본 계획(科学技術·イノベーション基本計画)'[509]과 '통합 혁신 전략 2022'에 기초한 정책을 실시하는 동시에 각 분야에 대해서는 '우주 기본 계획(宇宙基本計画)'[510]과 '해양 기본 계획(海洋基本計画)'[511], '양자 기술 이노베이션 전략(量子技術イノベーション戦略)'[512], 'AI전략 2022(AI 戦略 2022)'[513], '바이오 전략 2020(バイオ戦略 2020)'[514], '사이버 보안 전략(サイバーセキュリティ戦略)'[515]등을 책정하고, 구체적인 대응 전략을 수립하여 추진 중이다.

2) 인재의 양성 및 자질 향상

일본 정부도 특정 중요기술의 연구개발의 촉진 및 그 성과의 적절한 활용을 도모하기 위해서는 인재의 양성 및 확보를 도모하는 것이 불가결하다고 본다. 이를 위해 법 제61조에는 인재 양성 및 자질 향상을 규정하고 있다. 그 인재로서는 관련 연구 개발을 담당하는 인재나 각 연구기관에서 연구개발을 지원하는 인재 조사 연구를 실시하는 인재 등이 상정되고 있다.

특정 중요기술의 연구개발을 담당하는 인재에 대해서는 협의회 및 지정기금 협의회의 조직이나 지정기금을 사용하여 이루어지는 연구개발 등에 참여 등을 통해서 인재 양성과 자질의 향상을 도모하도록 한다. 이들의 활동을 추

---

509 https://www8.cao.go.jp/cstp/kihonkeikaku/index6.html

510 https://www8.cao.go.jp/space/plan/keikaku.html

511 https://www8.cao.go.jp/ocean/policies/plan/plan04/plan04.html

512 https://www8.cao.go.jp/cstp/ryoshigijutsu/ryoshigijutsu.html

513 https://www8.cao.go.jp/cstp/ai/index.html

514 https://www8.cao.go.jp/cstp/bio/bio2020_honbun.pdf

515 https://www.nisc.go.jp/pdf/policy/kihon-s/cs-senryaku-c.pdf

진할 때는, 차세대의 사회 변혁을 이끄는 젊은 연구자·기술자 등이 참여할 수 있도록 유의하는 동시에 이러한 협의회 및 지정기금 협의회에 참가하는 젊은 연구자·기술자 등이 경력의 일환으로서 학계 등에서 평가되는 환경을 양성하는 것 등이 필요하다고 보고 있다.

특정 중요기술의 연구개발을 국제 연구 협력의 관점에서 전략적으로 실시하기 위해서는 각 연구기관 등에서 안전보장 무역관리 및 영업 비밀 보호에 관한 법률상 대응이 필요하다. 또 조사연구를 높은 수준에서 실시하기 위해서는 첨단적인 중요기술에 대한 국내외 정세와 연구개발 동향 등에 관해서 고도의 지식을 갖춘 인재를 중장기적으로 양성·확보해야 한다는 것이다.

싱크 탱크 및 대학 등의 능력을 활용하여 관계 행정기관은 그 실현을 위해서 필요한 조치가 요구된다. 특히 새로운 재능을 새로운 분야에서 양성한다는 관점에서 싱크 탱크들이 우수한 과학자와 기업 관계자의 경력의 하나로서의 입지를 확립하는 것이 중요하다고 본다. 예컨대 미국의 싱크 탱크들은 학위 수여 등이 인센티브가 되고 있다는 점을 감안하여 관과 민간 기술 협력에 종사하는 인재 양성을 위한 더 많은 대책이 중장기 과제로 중요하다고 지적한다. 이런 인재 확보를 위해서는, 예를 들어 소속 대학에 적을 둔 채로 크로스와 계약 제도 등을 활용하여 조사·분석에 종사하는 등 각각의 사정과 상황에 따른 유연한 대응책의 전개를 기대하고 있다.

③ 경제 안전보장 중요기술육성 프로그램 추진

1) 프로그램 추진에 있어서 주요 시점

경제 안전보장 중요기술육성 프로그램은 「경제안보추진법」 제63조에서 정한 지정기금을 이용해 실시하는 것을 염두에 두고 있다. 그리고 장래의 국민 생활 및 경제활동 유지에 중요한 첨단기술 중 해당 기술이 외부에 부당하게 이용되는 경우 국가 및 국민의 안전을 해치는 사태가 발생할 우려가 있는 특정 중요기술을 선정, 특히 우선해야 할 기술에 대해 육성하고, 지원하도록 하고 있다.

지원 대상이 되는 중요기술은 다음과 같은 기준으로 판단한다.

① 기술의 우위성·불가결성의 확보·유지, 확보·유지에 관한 자율성의 확보

② 시장경제의 메커니즘에만 맡겨서는 투자가 불충분해지기 쉬운 첨단기술을 대상으로 함

③ 과학기술의 다의성도 반영하여 민생 이용뿐만 아니라 공적 이용과 관련된 요구를 연구개발에 적절히 반영해 나가는 것을 지향

연구개발 추진에서는 최첨단 기술에 지견을 가진 과학자·연구자의 자주성을 존중한다. 협의회(법 제62조)의 틀을 활용해 관계부처와 연구자·기술자 간에 정중한 의견을 교환하고, 산·학·관이 일체가 되어 지원하도록 한다. 프로그램이나 향후 시작하는 싱크 탱크의 운용에서 과학자·연구자 스스로가 다양한 형태로 관련될 수 있는 생태계나 구조를 중장기적으로 형성해 나가는 것을 염두에 두고 시행한다.

프로그램은 중장기적인 시점(10년 정도)에서 기술의 사회발전과 실천을 보면서 대략 5년 정도의 기간을 기본으로 연구개발을 실시하도록 한다. 구체적인 연구과제는 공모에 의해 선정하고, 그 대응 내용에 따라 연구개발 기간을 설정하는 등 유연하게 연구개발을 추진한다. 이들 연구개발의 성과를 사회 구현으로 이어가기 위해서는 공적 이용·민생 이용을 포함한 국내외의 다양한 이용 분야 개척을 포함한 출구전략을 예측하도록 한다. 특히 유연하고 기동적인 연구개발을 추진해 나가는 시각이 필요하며, 협의회의 틀을 활용한 동반 지원은 물론 관계부처는 필요한 협력을 하도록 한다.

2) 기존 정책과의 관계

경제 안전보장의 특정 중요기술의 확보·유지를 위한 연구개발을 지원 대상으로 한다는 점, 또 그 추진에 있어서는 필요한 기밀정보의 공유를 실시하

도록 한다. 공적 이용에 관한 요구의 반영을 포함해 협의회의 틀을 활용하면서 산·학·관이 일체가 되어 임하는 등 프로그램의 특징은 취지, 운용 양면에서 기존의 과학기술정책에서의 대응이나 각 부처 사업 등의 기존 정책과는 다른 새로운 대응 전략이라고 한다.

한편, 프로그램에 의한 육성에 적합한 기술 중에는 기존 정책에서 지금까지 개발이 진행되고 있는 것이나 기술적인 관련성이 깊은 것도 존재한다. 이를 위해 기존 분야별 전략과의 정합성이나 기존 연구개발 사업과의 중복 배제 등을 배려해 프로그램은 신규 보완적인 역할을 실시하도록 한다. 그 후에 중장기적으로는 다른 정책과의 상승효과를 의도한 적극적인 역할을 하는 것을 목표로 하고 있다.

Ⅳ 제1차 지원 대상으로 삼아야 할 중요기술

① 중요기술 검토 시점

일본 정부는 프로그램에서 지원 대상이 될 수 있는 기술로는 인공지능(AI), 양자, 신흥기술이나 시시각각 변화하는 국내외 위협이나 안전·안심에 대한 과제나 요구 등에 대처할 수 있는 기술, 그리고 기존에 국가가 주도적 역할을 해온 우주나 해양 등의 영역에서 공적 이용·민생 이용에서의 사회 구현으로 연결하는 시스템 기술 등을 생각하고 있다.

이때 기술에만 주목하는 것이 아니라 해당 기술의 과학자·연구자도 포함한 국내 산·학·관 네트워크의 존재 등 종합적으로 검토해 나가는 것이 중요하다고 본다. 싱크 탱크에서 축적되는 지식·경험·노하우나 인적 네트워크의 활용은 국내뿐만 아니라 관계국 등을 비롯한 국제적인 제휴나 네트워크와의 접속에 의해, 글로벌한 시점으로부터 위협이나 안전·안심에 이바지하는 기술을 확보·유지해 나간다는 것이다.

지원 대상으로 해야 할 중요기술 검토에 있어서는 첨단적인 중요기술과 사회나 사람의 활동 등이 관련된 장소로서의 영역의 정합성 등을 고려하여 항상 전체를 조감하는 시점에서 일본에 중요한 기술을 채택해야 한다고 강조한다. 첨단적인 중요기술에 대해서는 예를 들면 내각부 위탁 사업 '안전·안심에 관한 싱크 탱크 기능의 구축'의 광범위 조사에서 제시된 기술 분야를 참고하도록 하고 있다. 현재의 과학기술·이노베이션을 둘러싼 상황을 바탕으로 연구개발 비전은 여러 나라에서 연구개발 등 대응이 급속히 확대하는 AI 기술, 양자 기술[516] 등에 초점을 두고 있다. 그 이외에 영역을 불문하고 무인화와 자율화에 대한 수요가 가시화되고 있는 것 등에 비추어, 로봇 공학, 첨단 센서 기술, 첨단 에너지 기술에 주목하고 있다. 한편 과학기술과 이노베이션 기본 계획 등[517]을 바탕으로 사회나 사람의 활동 등에 불가결한 영역으로서 해양, 우주 항공, 영역 횡단·사이버 공간, 바이오의 4개로 분류하여 추진하고 있다.

② 해양 영역

① 대책의 방향성

일본은 해양 경제 안보 관점에서 중요한 해양 상황 파악(MDA)의 능력을 강화하도록 한다. 해양에서 위협·리스크의 조기 감지할 수 있는 기술, IT분야 등에서 기술 혁신의 가속화, 첨단기술의 혁신 등을 바탕으로 고정밀·효과적인 광역 관측, 실시간이고 상시 지속적인 모니터링 등으로 이어지는 기술을 확

---

516 혁신적인 양자 센서에 관한 연구개발은 주로 문부 과학성 Q-LEAP에서 맹아적 연구개발을 하고 있다. 양자 컴퓨터의 연구개발은 moon shot 목표 6(2050년까지 경제·산업·안전 보장을 비약적으로 발전시키는 양자 컴퓨터를 실현)에서 연구개발을 하고 있다. 양자 암호 통신에 관한 연구개발은 주로 SIP(광·양자를 활용한 Society 5. 0구현화 기술) 및 총무성(글로벌 양자 암호 통신망 구축을 위한 연구개발)에서 연구개발을 하고 있다.

517 2021년 12월 6일, 제207회 국회에서 기시다 총리 소신 표명 연설: '국가가 5천억엔 규모를 위한 기금을 마련해 인공지능·양자·라이프 사이언스·우주·해양과 같은 세계의 미래에 있어서 불가결한 분야의 연구개발 투자를 뒷받침'.

보하는 것이 중요하다고 한다. 해양 영역에서는 반드시 최첨단 기술의 활용뿐만 아니라 첨단기술에 의한 시스템화나 모델 베이스 개발이 중요하다고 본다.

해양을 둘러싼 안보 환경의 어려움은 더욱 증대하고 해양에 관한 정책 과제는 복잡화·광역화되면서 해양을 둘러싼 안보 정세, 해양 산업 이용·해양 환경의 유지 및 보전을 둘러싼 정세 및 해양 권익의 확산을 바탕으로 종합적인 해양 안전보장의 확보를 위해서 일본 정부가 일체가 되어 대책을 추진해야 한다는 것이다.

사방이 바다로 둘러싸인 해양 국가인 일본의 자원을 포함한 해양 개발·이용 등의 해양 권익 확보 및 영해 등의 평화와 안정을 유지하고 국민의 생명·신체·재산의 안전 확보, 나아가서는 일본 국민의 안심의 확보라는 국익을 장기적이고 안정적으로 확보하기 위해서 해양에 관한 정보 수집·분석·공유 체제를 구축하는 동시에 주로 일본 자신의 노력으로 필요한 억지력, 대처력을 강화해야 한다는 것이다.[518]

② 제1차 지원 대상 기술

[해양관측·조사·모니터링 능력 확대(보다 광범위·기동적)]

o 자율형 무인탐사기(AUV)의 무인·자원 절약에 의한 운반·투입·회수 기술

o 자율형 무인탐사기(AUV) 기체 성능 향상 기술(소형화 경량화)

o 양자기술 등 최첨단 기술을 이용한 바다 속에서의 고정밀도 항법기술 (비GPS 환경)

[해양관측·조사·모니터링 능력 확대(상시 지속적)]

o 첨단 센싱 기술을 이용한 해수면에서 해저에 이르는 공간 관측 기술

o 관측 데이터에서 유용한 정보를 추출·해석하고 통합 처리하는 기술

o 양자 기술 등의 최첨단 기술을 이용한 바다 속 혁신적 센싱 기술

---

518 第3期海洋基本計画(平成30年5月15日閣議決定)

[일반 선박의 미활용 정보를 해양 상황 파악에 활용]

ㅇ 현행 자동선박식별시스템(AIS)을 고도화한 차세대 데이터 공유시스템 기술

③ 우주 및 항공 영역

① 대책의 방향성

프로그램에 있어서는 우주·항공 시스템의 지속적이고 안정적인 이용의 확보 및 그 유지·발전을 계속적으로 지탱하는 것이 필요하다고 본다. 우주·항공의 경제 안보의 관점에서도 중요한 위성 등을 이용한 정보 수집이나 통신 등의 능력 향상 필요하다는 것이다. 우주공간 및 우주를 활용한 일본을 둘러싼 상황 파악을 추진하는 기술, 항공의 안전성·편리성에의 대응 추구, 항공 산업의 확대, 일본의 우위 기술의 유지, 새로운 요구나 사회의 변화에 대응한 기술을 확보하는 것이 중요하다는 것이 일본의 입장이다. 이미 실시되고 있는 각종 대응[519]의 관계에서 신규 보완성을 고려하여 연구개발 비전으로서 지원 대상으로 하는 기술을 제시하도록 하고 있다.

일본의 안전보장이나 경제사회에서의 우주·항공 시스템의 역할은 증대하고 있어 재해 시에도 사회를 지탱하는 인프라로서 그 중요성은 한층 높아지고 있다. 국민의 안전과 안심을 확보하는 지속 가능하고 강인한 사회로의 변혁 등의 사회 요구를 바탕으로 자립적인 우주 이용 대국의 실현, 항공 수송·항공기 이용 발전을 위한 정부의 대응을 추진할 필요가 있다고 한다.

우주 영역에서는 우주공간을 활용한 정보 수집, 통신, 측위 등 각종 능력을 향상시킴과 동시에 이들 기능 보증을 위한 능력이나 상대방의 지휘통제·정보통신을 방해하는 능력을 포함해 평시부터 유사시까지의 모든 단계에

---

[519] 기상, 재해 관련 연구개발은 문샷 목표8(2050년까지 극심한 태풍과 호우를 제어해 극단적인 풍수해의 위협으로부터 해방된 안전 안심 사회실현), SIP 제2기 국가 레지리언스(방재 등 강화)에서 연구개발 실시

서 우주 이용 우위를 확보하기 위한 능력의 강화가 필요하다고 한다. 항공은 일본의 경제산업 활동이나 국민생활을 뒷받침하는 기반이며, 안전하고 편리성이 높은 교통 인프라를 제공해 사람이나 사물의 이동을 원활화하는 역할을 수행하도록 해야 한다는 것이다.

② 제1차 지원 대상 기술

[위성 통신·센싱 능력의 근본적인 강화]
○ 저궤도 위성 간 광통신 기술
○ 자동 및 자율 운용 가능한 위성 컨스텔레이션 네트워크 시스템 기술
○ 고성능 소형 위성 기술
○ 작고 고감도인 다파장 적외선 센서 기술

[민생 이용뿐만 아니라 공적 이용의 무인 항공기의 활용 확대]
○ 재해·긴급시 등에 활용 가능한 장시간·장거리 등의 비행을 가능하게 하는 소형 무인기 기술
○ 소형 무인기를 포함한 운항 안전관리 기술
○ 소형 무인기와의 신뢰성 높은 정보통신 기술

[우위성으로 이어질 수 있는 무인 항공기 기술 개척]
○ 소형 무인기의 자율 제어 및 분산 제어 기술
○ 공역의 안전성을 높이는 소형 무인기 등의 검지 기술
○ 소형 무인기의 비행경로에서의 풍황 관측 기술

[항공 분야에서의 첨단 우위 기술 확보]
○ 디지털 기술을 이용한 항공기 개발 제조 프로세스 고도화 기술
○ 항공기 엔진용 첨단 재료 기술
○ 초음속 요소 기술 (저소음 기체 설계 기술)
○ 극초음속 요소 기술(폭넓은 작동 영역을 가진 엔진 설계 기술)

4 영역 횡단, 사이버 공간 영역, 바이오 영역

① 대책의 방향성

현시점에서는 프로그램에서 타국에 과도하게 의존하지 않는 일본발 제품·서비스 육성, 사이버 공격 등의 검지·조사·분석, 사이버 보안과 관련된 우수한 인재를 끌어들일 수 있는 선순환 형성[520], 데이터센터나 컴퓨터 등 시설·기기에서의 보안이나 취약성의 시점, 감염증 확대와 같은 향후 예상치 못한 사태에 대응할 가능성을 고려한 바이오 데이터 기반 정비[521] 등에 대응하는 것이 중요하다고 본다. 이미 실시되고 있는 각종 대응[522]의 관계에서의 신규 보완성을 고려하여 연구개발 비전 제1차의 지원 대상 기술을 제시하고 있다.

사이버 공간에서는 공공 공간화가 진행되는 한편, 사이버 공격의 복잡화·교묘화 및 사이버 공간에 관한 기술적 기반이나 데이터를 둘러싼 국가 간의 다툼이 격화하고 있다. 바이오 영역에서는 감염병의 세계적 유행과 그에 따른 백신·치료제 등의 개발 경쟁 심화, 게놈 편집, 합성생물학 등의 데이터 구동형 연구개발의 발전, 국가 주도 게놈 프로젝트가 활성화하고 있다. 반도체, 에너지 등의 공급 두절 불안 등 기타 경제 안전 보장과 관련되는 과제도 많이 존재한다. 일본을 둘러싼 불확실성의 변용·증대에 대응하기 위해 '국민의 안전과 안심을 확보하는 지속 가능하고 강인한 사회'로의 변혁을 향해서

---

[520] サイバーセキュリティ戦略(令和 3 年 9 月 28 日閣議決定)

[521] バイオ戦略フォローアップ(令和 3 年 6 月 11 日統合イノベーション戦略推進会議決定)

[522] 領域横断や供給安全保障に関連する研究開発としては,ムーンショット目標 4(2050 年までに,地球環境再生に向けた持続可能な資源循環を実現), ムーンショット目標5(2050 年までに,未利用の生物機能等のフル活用により,地球規模でムリ·ムダのない持続的な食糧供給産業を創出), ムーンショット目標 7(2040 年までに,主要な疾患を予防·克服し 100 歳まで健康不安なく人生を楽しむためのサステイナブルな医療·介護システムを実現), ムーンショット目標9(2050 年までに,こころの安らぎや活力を増大することで,精神的に豊かで躍動的な社会を実現), SIP 第 2 期スマートバイオ産業·農業基盤技術及びスマート物流サービスにて研究開発を実施中. 축전지와 관련된 연구개발은 그린 이노베이션 기금 사업에서 자동차 산업의 경쟁력 강화와 공급망·밸류체인의 강화를 목표로 하는 관점에서 차세대 축전지·차세대 모터의 개발을 하고 있다.

사이버 공간과 현실 공간의 융합 시스템에 의해 안전·안심을 확보하는 기반, 감염증이나 테러 등 유사시의 위기관리 기반의 구축을 향한 대응을 추진할 필요가 있다는 것이다.

일본은 분야별 전략을 책정해 대응을 진행하고 있다. 하지만, 예를 들면 사이버 공간은 눈부시게 변화·발전하고 있는 기술군도 많이 포함되는 영역이라는 점, 영역 횡단에 있어서는 공급 안전 보장으로서 예를 들면 지속가능성의 관점에서의 에너지 절약, 효율적인 에너지 이용 시점도 필요하다는 점, 바이오 영역에서는 인위적인 바이오 보안 리스크나 바이오 테러 등 국민의 안전과 안심 확보라는 관점에서 국가에 대한 요구가 망라적으로 정리되어 있다고는 반드시 말할 수 없는 상황[523]이라고 진단하고 있다. 일본 정부는 향후 이들 영역에서의 지원 대상으로 해야 할 기술에 대해서는 경제 안보 차원의 보장이 필요하다고 한다.

② 제1차 지원 대상 기술

○ 하이 파워를 요하는 모빌리티 등에 탑재 가능한 차세대 축전지 기술

○ 우주선 뮤온(ミュオン)을 이용한 혁신적 측위·구조물 이미징 등 응용기술

○ AI 보안에 관한 지식·기술 체계

○ 부정 기능 검증 기술 (펌웨어 소프트웨어/하드웨어)

○ 하이브리드 클라우드 이용 기반 기술

○ 생체분자 시퀀서 등의 첨단 연구 분석 기기·기술

⑤ 연구개발 비전에 기초한 연구개발 구상

[제1차 연구개발 비전에 기초한 연구개발 구상, 2022.10.21., 2022.12.27., 2023.3.10.]

---

[523] 「ワクチン開発·生産体制強化戦略」(令和 3 年 6 月 1 日閣議決定)

영역	연구개발구상	연구추진법인
해양	무인기 기술을 이용한 효율적이고 기동적인 자율형 무인탐사기(AUV)에 의한 해양관측 및 조사시스템 구축	과학기술진흥기구(JST)
해양	양자기술 등 최첨단 기술을 이용한 바닷속(비GPS 환경)에서의 고정밀 항법기술·양자기술 등 최첨단 기술을 이용한 바닷속에서의 혁신적 센싱기술	과학기술진흥기구(JST)
해양	첨단 센싱 기술을 이용한 해수면에서 해저에 이르는 해양 연직단면의 상시 지속적인 관측·조사·모니터링 시스템 개발	과학기술진흥기구(JST))
해양	선박용 통신위성컨스텔레이션을 통한 해양 상황 파악기술 개발 실증	신에너지·산업기술종합개발기구(NEDO)
우주·항공	광통신 등 위성컨스텔레이션 기반기술의 개발·실증	신에너지·산업기술종합개발기구(NEDO)
우주·항공	고감도 소형 다파장 적외선 센서 기술 개발	신에너지·산업기술종합개발기구(NEDO)
우주·항공	재해, 긴급 시 등에 활용 가능한 소형 무인기를 포함한 운항 안전 관리 기술	과학기술진흥기구(JST)
우주·항공	공역 이용의 안전성을 높이는 복수의 소형 무인기 등의 자율제어·분산제어기술 및 검지기술	과학기술진흥기구(JST)
우주·항공	소형 무인기의 자율제어 분산제어 기술	신에너지·산업기술종합개발기구(NEDO)
우주·항공	항공 안전 등에 이바지하는 소형 무인기의 비행 경로 풍황 관측 기술	신에너지·산업기술종합개발기구(NEDO)
우주·항공	항공기의 설계·제조·인증 등의 디지털 기술을 이용한 개발 제조 프로세스 고도화 기술의 개발·실증	신에너지·산업기술종합개발기구(NEDO)
우주·항공	항공기 엔진용 선진 재료 기술 개발 실증	신에너지·산업기술종합개발기구(NEDO)
우주·항공	초음속·극초음속 수송기 시스템의 고도화와 관련된 요소 기술 개발	과학기술진흥기구(JST)

영역횡단· 사이버공 간·바이오	하이파워를 요하는 모빌리티 등에 탑재 가 능한 차세대 축전지 기술의 개발·실증	신에너지·산업기술종합개발기구 (NEDO)
영역횡단· 사이버공 간·바이오	인공지능(AI)이 침투하는 데이터 구동형 경 제사회에 필요한 AI 보안기술 확립	과학기술진흥기구(JST)
영역횡단· 사이버공 간·바이오	하이브리드 클라우드 이용기반기술 개발	신에너지·산업기술종합개발기구 (NEDO)
영역횡단· 사이버공 간·바이오	하이브리드 클라우드 이용 기반 기술 개발 (개정)	신에너지·산업기술종합개발기구 (NEDO)
영역횡단· 사이버공 간·바이오	생체분자 시퀀스 등 첨단연구분석 기기, 기술	과학기술진흥기구(JST)
영역횡단· 사이버공 간·바이오	우주선 뮤온을 이용한 혁신적 측위, 구조물 이미징 등 응용기술	과학기술진흥기구(JST)
영역횡단· 사이버공 간·바이오	공급망 보안에 관한 부정 기능 검증 기술 확 립(펌웨어 소프트웨어)	과학기술진흥기구(JST)

출처: 일본 내각부, 경제안전보장 중요기술 육성 프로그램

CHAPTER

03

경제안전보장과 중요기술 육성 프로그램

I │ 제2차 비전

1 │ 개요

일본은 「경제안보추진법」의 취지를 바탕으로 2021년도부터 '경제안전보장 중요기술육성프로그램(이하 프로그램)'을 추진하고 있다. 제2차 연구개발비전은 「경제정책을 일체적으로 강구함에 대한 안전보장 확보 추진에 관한 기본적인 방침」(2022년 9월 30일 각의 결정) 및 「특정중요기술의 연구개발 촉진 및 그성과의 적절한 활용에 관한 기본지침」(9월 30일 각의 결정), 「경제안전보장 중요기술 육성프로그램 운용에 관한 기본적 생각」(2022년 6월 17일 일본 총리 결재)에 근거하여 프로그램에서 지원대상으로 하는 중요기술을 정하는 것이다.[524]

연구개발 비전의 책정에 있어서는 일본의 중요한 연구개발 영역의 시행

---

[524] 経済安全保障推進会議, "経済安全保障重要技術育成プログラム研究開発ビジョン(第二次)", 令和 5 年 8 月 28 日, 統合イノベーション戦略推進会議.; https://www8.cao.go.jp/cstp/anzen_anshin/siryo1.pdf

분석525을 실시하고, 그 결과를 참고로 하면서, 연구개발 비전(제1차)(2022년 9월 16일 경제안전보장추진회의·통합 이노베이션 전략추진회의 결정) 책정 때와 마찬가지로 각종 국가전략 등을 토대로 하여 지식인을 구성원으로 하여 관계부처 등이 옵서버로서 참가한 프로그램 회의 및 동 회의에서 전문가의 참여를 얻어 개최된 연구개발 비전 검토 워킹그룹에서 검토를 실시했다. 한편 제2차 연구개발 비전은 별첨의 연구개발 비전(제1차)에 새롭게 지원 대상으로 하는 기술의 추가 등을 실시한 것을 두 번째로 정하는 것이다. 향후, 상황 전개에 따라 필요한 재검토를 하도록 하고 있다.

② 연구개발 비전(2차) 수립 취지

경제안전보장 중요기술 육성 프로그램은 법 제63조 제1항에서 정하는 지정기금으로 지정된 경제안전보장 중요기술 육성기금을 활용하여 첨단적인 중요기술의 연구개발 추진을 도모하는 것을 목적으로 특정 중요기술의 실용화를 위한 강력한 지원을 다년간 운용하는 것으로서 연구개발 비전(제1차)을 책정하고 착실하게 프로그램을 추진하고 있다.

한편, 과학기술·이노베이션이 핵심이 되는 국가간 패권 다툼은 격렬해지고 있어 새로운 기술의 시즈·니즈 출현이나 국제정세 등을 토대로 시시각각 변화하는 첨단기술의 특성을 고려하면서 기동적이고 유연한 지원을 하는 것이 강하게 요구되고 있다고 한다. 따라서 경제안전보장의 확보·강화라는 관점에서 연구개발 비전(제1차)에서 제시한 기술에 그치지 않고 첨단적인 중요기술의 육성을 추진하는 연구개발을 시급히 강화하여 강력하고 신속한 지원을 실현하기 위해 연구개발 비전(제1차)에 새롭게 지원대상으로 하는 기술의 추가 등을 연구개발 비전(제2차)으로 정하고 있다.

---

525 「我が国における先端·重要な研究開発領域の特定に関する試行分析」(科学技術振興機構 研究開発戦略センター)(令和5年4月26日 第5回経済安全保障重要技術育成プログラム に係るプログラム会議資料)

연구개발 비전(제2차)에서는 연구개발 비전(제1차)에서 앞으로 더욱 검토를 진행할 필요가 있다고 했던 변화·발전하고 있는 기술군도 포함하고 있다. 사이버 공간 영역, 에너지·재료·제조기술 등의 영역 횡단, 바이오 영역에서의 대응을 특히 강화하고 연구개발 비전(제1차)을 보강·보완하고 있다.

Ⅱ 영역

1 해양 영역

1) 대책의 방향성

현재 일본 주변 해역을 둘러싼 정세는 더욱 엄중해지고 있다고 한다. 중국 해경선에 의한 영해 침입, 외국 어선 등에 의한 불법조업 외에 일본의 동의를 얻지 않은 해양조사 활동 등 일본 해양에 관한 국익은 지금까지보다 심각한 위협·리스크에 직면하고 있다고 한다. 이러한 상황을 근거로 종합적인 해양의 안전보장 확보를 향해서 정부 전체적으로 일체가 된 대응을 추진할 필요가 있다는 것이다. 일본 영해 등에서의 평화와 안정을 유지하고, 또 국민의 생활·신체·재산의 안전 및 국민의 안심 확보나 어업, 해양개발 등 해양 권익 확보와 같은 국익을 장기적이고 안정적으로 확보하기 위해 해양과 관련된 정보 수집·분석·공유체제 구축은 계속 중요하며, 그 강화를 도모할 필요가 있다고 한다.

또한 해운은 사방이 바다로 둘러싸인 일본의 경제·국민 생활을 지탱하는 중요한 기반이며 해양 상황 파악 능력 강화와 더불어 안정적인 해상 수송 확보가 중요하다고 판단하고 있다. 이를 위해 선박의 DX화 추진이나 해난 등의 미연 방지를 포함한 해상의 안전·안심 확보에 관한 정책에 대해서도 최근 그

중요성이 높아지고 있다고 한다.[526]

　프로그램에서는 효율적인 해양정보 수집체제 강화 및 안전하고 확실한 해양 통신망 확보로 이어지는 기술과 디지털 기술을 활용하여 선박의 설계·개발 효율 및 성능의 비약적인 향상 및 운행관리의 최적화를 도모함으로써 해상운송의 안전성으로 이어지는 기술을 확보하는 것이 중요하다는 것을 강조하고 있다.

2) 지원 대상으로 하는 제2차 기술

　위의 방향성을 바탕으로 현재 이미 실시되고 있는 각종 대응과의 관계에서의 신규 보완성을 고려하여 새롭게 지원 대상으로 하는 기술로서 다음을 제시하고 있다.

【해양 관측·조사·모니터링 능력 확대】
　○ 바닷속 작업의 비약적인 무인화·효율화를 가능하게 하는 바닷속 무선 통신 기술

【안정적인 해상 수송 확보】
　○ 디지털 기술을 이용한 고성능 차세대 선박 개발 기술
　○ 선박의 안정운항 등에 이바지하는 고해상도·고정밀도 환경변동 예측 기술

② 우주 및 항공 영역

1) 대책의 방향성

　우주·항공 시스템은 일본의 안전보장이나 경제·사회활동의 중요한 기반 중 하나가 되어 왔으며, 재해 시에도 재해 상황 파악이나 긴급 시 연락 수단으

---

526 「第 4 期海洋基本計画」(令和 5 年 4 月 28 日閣議決定)

로서 큰 역할을 하고 있다. 그러므로 국민의 안전과 안심을 확보하는 지속 가능하고 강인한 사회로의 변혁 등의 사회 요구를 바탕으로 자립적인 우주 이용 대국의 실현, 항공 수송·항공기 이용의 발전을 향한 정부의 대응을 추진할 필요가 있다는 것이다.

우주영역에서는 우주시스템으로부터 얻을 수 있는 광역, 고정밀도의 정보를 고주파, 고속으로 유기적이고 효율적으로 활용하여 안전보장을 위한 우주시스템 이용의 근본적 확대를 도모하는 동시에 우주공간에서의 위협·리스크에 대응하기 위해 우주시스템 전체의 기능보증을 강화하고 우주시스템의 안전하고 안정적인 이용 확보[527]가 요구되고 있다.

또, 항공은 일본의 경제 산업 활동이나 국민 생활을 지탱하는 기반이다. 앞으로 더욱 다양한 주체가 많은 무인항공기(드론 등) 등을 활용하게 될 것으로 예상되며, 안전하고 편리한 교통 인프라를 제공하고 사람이나 물건의 이동을 원활하게 하는 역할을 해야 한다는 것이다.[528]

프로그램에 대해서는, 일본의 상황 파악 능력을 한층 더 높이기 위해, 상시성·계속성을 확보해, 보다 고정밀한 화상 취득을 가능하게 하는 센싱 능력의 근본적인 강화로 이어지는 기술이나, 우주 시스템의 안전하고 안정적인 이용의 계속 확보에 이바지하는 적절한 위성의 라이프 사이클 관리로 이어지는 기술, 그리고, 첨단적인 기술을 활용해, 민생 이용 뿐만 아니라 공적 이용에서의 무인 항공기의 이용·활용 확대로 이어지는 기술을 확보하는 것이 중요하다고 판단하고 있다.

2) 지원 대상으로 하는 기술

위의 방향성을 바탕으로 현재 이미 실시되고 있는 각종 대응과의 관계에서의 신규 보완성을 고려하여 새롭게 지원 대상으로 하는 기술로서 다음을 제

---

[527] 「宇宙基本計画」(令和 5 年 6 月 13 日閣議決定)

[528] 「新時代の航空システムのあり方」(平成 26 年 6 月 交通政策審議会航空分科会基本政策部会とりまとめ)

시하고 있다.

【센싱 능력의 근본적인 강화】
○ 고고도 무인기를 활용한 고해상도의 지속성 있는 원격 탐사 기술
○ 초고분해능 상시 관측을 실현하는 광학 안테나 기술

【기능 보증을 위한 능력 강화】
○ 위성의 수명연장에 이바지하는 연료 보급 기술

【무인항공기 활용 확대】
○ 장거리 물자 수송용 무인 항공기 기술

영역 횡단 및 사이버 공간 영역

1) 사이버 공간 영역

가. 대책의 방향성

모든 정보가 사이버 공간에 집적되는 가운데 인공지능(AI)을 활용한 공격으로 대표되는 새로운 사이버 공격의 위험이나 양자 계산기 활용의 확산에 따른 기존 암호의 위태화에 의한 데이터 유출의 위험, 인터넷상의 가짜 정보 유포 등 개인의 의사결정이나 사회의 합의 형성에 부적절한 영향을 미치는 위험 등이 표면화되고 있다. 고도의 사이버 방어를 도모하기 위해 사이버 공간의 적절한 상황 파악이나 공격기술에 대한 지견 축적, 가짜 정보의 판별이나 대책 능력의 고도화, 나아가 AI나 양자 계산기에 대응 가능한 방어 능력의 고도화를 향한 대응이 요구되고 있다고 한다.

심각해지는 사이버 공격이나 사이버공간을 이용한 영향공작의 위협을 억제해 나가기 위해서는 대응력 강화와 더불어 사이버 공격 등을 인지·조사·분석하는 충분한 능력이 필요하다고 본다. 또한 데이터 유출 위험에 대해 보안

을 확보하는 수단으로서 데이터의 목적 외 이용이나 의도하지 않은 제3자 이용 등을 제어하기 위한 새로운 기술적 접근이 요구된다는 것이다.

이러한 일본을 둘러싼 불확실성의 변용·증대에 대응하기 위해, 국민의 안전과 안심을 확보하는 지속 가능하고 강인한 사회로의 변혁을 향해서 사이버 공간과 현실 공간의 융합 시스템에 의해 안전·안심을 확보하는 기반의 구축을 향한 대처를 계속 진행할 필요가 있다. 프로그램에서는 선진적인 기술을 활용하여 사이버 방어 기능이나 분석 능력의 강화로 이어지는 기술이나 가짜 정보 분석으로 이어지는 기술을 확보하는 것이 중요하다고 진단하고 있다.

또 저출산 고령화에 따른 노동인구가 감소하는 가운데 숙련자의 경험과 노하우의 전승이 모든 영역에서 과제가 되고 있어, 그 전승을 효율적으로 실시할 수 있도록 과제 해결을 위한 대응이 요구되고 있다. 일본의 제조 현장의 강점을 유지, 강화하기 위해 디지털 기술의 활용 등에 의한 인재 육성이나 숙련 기능의 계승을 포함한 노동 생산성의 향상과 고부가가치화[529]로 이어지는 기술을 확보하는 것도 중요하다고 보고 있다.

나. 지원 대상으로 하는 기술

위의 방향성을 바탕으로 현재 이미 실시되고 있는 각종 대응과의 관계에서의 신규 보완성을 고려하여 새롭게 지원대상으로 하는 기술로서 다음을 제시하고 있다.

○ 선진 사이버 방어 기능 및 분석 능력 강화
○ 사이버 공간의 상황 파악 및 방어 기술
○ 안전한 데이터 유통을 지원하는 암호 관련 기술
○ 가짜 정보 분석과 관련된 기술
○ 노하우의 효과적인 전승으로 이어지는 사람 작업 전달 등의 연구 디지털 기반 기술

---

[529] 「マテリアル革新力強化戦略」(令和 3 年 4 月 27 日統合イノベーション戦略推進会議決定)

2) 영역 횡단

가. 대책의 방향성

일본 정부는 세계적으로 고부가가치 제품의 개발 경쟁이 격화하는 가운데, 제품·소재에 요구되는 다양하고 복잡한 요구에 유연하게 대응할 수 있는 첨단 제조기기·기술의 획득은 산업의 국제 경쟁력 강화로 직결된다고 진단하고 있다. 그 중에서도 카본 뉴트럴이나 이용 니즈의 다양화를 배경으로 항공·우주, 자동차, 산업기계, 선박 등 폭넓은 분야에 있어서의 제품·소재에는 보다 한층 경량화, 고성능·고기능화가 요구되고 있어 기존의 생산 프로세스를 자동화·효율화하는 새로운 기술에 대해서도 국제적으로도 개발 경쟁이 진행되고 있다.

재료는 일본의 과학기술·이노베이션을 지지하는 기반 기술인 동시에, 지금까지 수많은 이노베이션을 만들어내, 세계의 경제·사회를 지탱해왔다. 일본은 기능성 재료에서는 세계적으로 높은 점유율을 가져 혁신적 재료에 있어서 우위성을 확보해 왔지만, 최근에는 세계적으로 고부가가치 제품의 개발 경쟁이 격화하는 가운데, 세계정세의 급속한 변화에 따라 원재료의 확보를 둘러싼 리스크가 표면화하고 있다.

또, 정보 처리나 통신의 고도화에 의해, 디지털 기술이 안전보장의 확보와 직결되는 시대가 되고 있다. 특히 반도체는 모든 제품에 내장되어 국민 생활이나 산업에 불가결한 존재인 동시에 디지털 사회 및 녹색사회를 지탱하는 중요한 기반이며, 국내 반도체의 안정적인 공급체제 구축은 경제안전보장 관점에서도 매우 중요한 과제라고 진단한다.

제2차 프로그램에서는 제품·소재에 요구되는 다양하고 복잡한 요구에 유연하게 대응할 수 있는 차세대 제조기술이나 타국에 의존하지 않고 안정적인 자원공급을 가능하게 하는 고기능 재료 기술, 그리고 제조기반의 키 테크놀로지가 될 수 있는 혁신적인 차세대 반도체 기술을 확보하는 것이 중요하다고 보았다.

또, 에너지 안전보장의 관점에서는 다양한 제품에 편입되어 향후의 전기화·디지털화 사회의 기반 유지에 불가결한 물자가 될 차세대 축전지 기술이나, 장래적으로 모터, 발전기, 전력 케이블과 같은 기간 부품이나 전력 저장과 같은 주요 인프라 등에 혁신을 일으킬 것으로 기대되고 있는 초전도 기반 기술과 같은 첨단 에너지 기술에 대해서도 확보하는 것이 중요하다고 판단하고 있다.

나. 지원 대상으로 하는 기술

위의 방향성을 바탕으로 현재 이미 실시되고 있는 각종 대응과의 관계에서의 신규 보완성을 고려하여 법에 근거한 특정 중요 물자의 안정적 공급 확보를 위한 각종 정책의 대응 상황도 감안하면서 새롭게 지원 대상으로 하는 기술로서 다음을 제시하고 있다.

- 다양한 요구에 대응한 복잡한 형상, 고기능 제품의 첨단 제조기술
  - 고급 금속 적층 조형 시스템 기술
  - 고효율, 고품질 레이저 가공 기술

- 레어 메탈 고기능 금속 재료
  - 내열 초합금의 고성능화·절약 메탈화 기술
  - 중희토 프리 자석의 고내열·고자력화 기술

- 수송기 등의 혁신적인 구조를 실현하는 복합재료 등의 접착기술

- 차세대 반도체 재료 및 제조기술
  - 차세대 반도체 미세 가공 공정기술
  - 고출력 고효율 파워디바이스, 고주파 디바이스용 재료 기술

- 고립 및 극한환경에 적용 가능한 차세대 축전지 기술

- 다양한 기기 시스템에 응용할 수 있는 초전도 기반 기술

3) 바이오 영역

가. 대책의 방향성

바이오 영역에서는 감염증의 세계적 유행과 그에 따른 백신·치료제 등의 개발 경쟁 심화, 국가 주도 게놈 프로젝트 등이 활성화되고 있다. 일본을 둘러싼 불확실성의 변용·증대에 대응하기 위해, 감염증이나 테러 등 유사시의 위기 관리 기반의 구축을 향한 대처를 진행시킬 필요가 있다고 본다. 안전하고 안심할 수 있는 국민 생활이나 경제활동의 유지를 위해서는 일상생활이나 경제활동에서의 환경을 계속적으로 모니터링하면서, 특히 많은 사람이 모이는 환경이나 재해 현장 등에서 신속하고 고정밀도로 이상을 인지·식별하고 적절한 대응으로 연결해 나갈 필요가 있다.

또한 감염증의 유행이나 지진·분화와 같은 자연재해 등 돌발적으로 발생하는 유사시에 대해 특히 의약품은 이재민 등의 구명·구급의료에 필수불가결하기 때문에 평상시부터 유사시에 대비해 자율적으로 확보·비축하는 공급체제 구축을 추진하는 것이 중요하다. 더욱이 초고령화와 사회문제의 복잡화가 진행되는 현대에 뇌가 관련된 치매나 우울증 등 정신·신경질환 등의 대책은 중요한 과제다. 이러한 질환 등의 진단·치료 등에 대한 응용이 기대되어 각국에서도 큰 투자가 이루어지고 있는 브레인테크(뇌과학기술)는 일본에서도 생명과학 분야에서의 우위성·자율성 확보에서 필요한 대응이라고 한다.

현시점에서 인위적인 바이오 시큐리티 리스크나 바이오텔로 등 국민의 안전·안심의 확보라고 하는 관점에서, 미량의 복수의 물질의 신속하고 고정밀도의 검사·식별로 이어지는 기술이나 인간 혈액 유래의 혈소판 제제에 과도하게 의존하지 않는 지혈제의 제조기술, 그리고, 일본이 뇌파 해독 등을 실시하는 비침습형 기술에 일정한 강점을 가지고 있는 뇌파 등을 활용한 고정밀 브레인테크에 관한 첨단 기술을 확보하는 것이 중요하다고 진단한다. 다만, 윤리적·법적·사회적 과제(ELSI)나 프라이버시 보호 관점도 고려해 적절히 연구를 추진한다는 점에 유의하도록 하고 있다.

또 식량 공급 두절 불안 등 기타 문제도 많이 존재해 필요하고 시급한 과제가 되고 있다. 향후 식량안전보장 등의 관점도 고려해 지원대상으로 해야할 기술에 대해서도 지속적으로 요구나 과제를 정리하면서 더욱 검토를 진행할 필요가 있다는 것이다.

나. 지원 대상으로 하는 기술

위의 방향성을 바탕으로 현재 이미 실시되고 있는 각종 대응과의 관계에서의 신규 보완성을 고려하여 새롭게 지원 대상으로 하는 기술로서 다음을 제시하고 있다.

- 다양한 물질의 검사·식별을 가능하게 하는 신속·고정밀 멀티가스 센싱 시스템 기술
- 유사시에 대비한 지혈제 제조기술
- 뇌파 등을 활용한 고정밀 브레인테크에 관한 첨단기술

다. 고려할 사항

지원 대상으로 하는 기술의 연구개발이나 육성 지원에 관해서는 각각의 기술개발을 실시하는 것 외에 요소 기술의 조합에 의한 시스템화나 출구전략을 응시한 연구개발의 추진, 동맹국 등과의 전략적인 국제제휴의 검토, 표준화를 목표로 한 지원, 중장기적인 국내 인재 육성 등 연구개발 비전(제1차)에서 정한 배려해야 할 사항은 연구개발 비전(제2차)에서도 계속 관심을 가져야 할 것으로 보고 있다.

4 **제2차 연구개발 비전에 기초한 연구개발 구상**

....

● **제2차 연구개발 비전에 기초한 연구개발 구상 (2023.10.20.)**

영역	연구개발구상	연구추진법인
우주·항공	고고도 무인기에 의한 해양상황 파악 기술의 개발·실증	신에너지·산업기술 종합개발기구 (NEDO)
우주·항공	초고분해능 상시관측을 실현하는 광학안테나 기술	과학기술진흥기구(JST)
우주·항공	장거리 물자 수송용 무인항공기 기술의 개발·실증	신에너지·산업기술 종합개발기구 (NEDO)
우주·항공	우주항공위성의 수명연장에 이바지하는 연료보급기술	과학기술진흥기구(JST)
영역횡단·사이버 공간	선진적 사이버 방어 기능·분석 능력 강화	신에너지·산업기술 종합개발기구 (NEDO)
영역횡단·사이버 공간	가짜정보분석 관련 기술개발	신에너지·산업기술 종합개발기구 (NEDO)
영역횡단·사이버 공간	고도의 금속 적층 조형 시스템 기술의 개발·실증	신에너지·산업기술 종합개발기구 (NEDO)
영역횡단·사이버 공간	고효율 고품질 레이저 가공기술 개발	신에너지·산업기술 종합개발기구 (NEDO)
영역횡단·사이버 공간	중희토 프리 자석의 고내열·고자력화 기술	신에너지·산업기술 종합개발기구 (NEDO)
영역횡단·사이버 공간	차세대 반도체 미세가공 공정기술	과학기술진흥기구(JST)
영역횡단·사이버 공간	고출력 고효율 파워 디바이스/고주파 디바이스용 재료 기술 개발	신에너지·산업기술 종합개발기구 (NEDO)
영역횡단·사이버 공간	고립, 극한환경에 적용 가능한 차세대 축전지 기술	과학기술진흥기구(JST)
바이오	유사시에 대비한 지혈제제 제조기술의 개발·실증	신에너지·산업기술 종합개발기구 (NEDO)

출처: 일본 내각부, 경제안전보장 중요기술 육성 프로그램

일본의 외환 및 외국무역법과 대내직접투자

Ⅰ 서론

① 개론

일본의 외환 및 외국 무역법(外国為替及び外国貿易法 이하, 「외환법」)[530]은 외국투자자가 일본 국내 회사의 주식 취득 등과 같은 대내 직접 투자에 해당하는 행위를 하는 경우, 그 행위가 일본의 안전 보장을 위협할 우려가 없는지를 심사하기 위해 사전 신고 또는 사후 보고의 제출을 의무화하고 있다. 투자처의 사업목적이 사전 신고 해당 업종인 경우 외에도 외국투자자의 국적 또는 소재지가 '일본 및 대내직접투자 등에 관한 명령'에 제시된 약 160개 국가와 지역 이외의 국가인 경우나 이란 관계자에 의해 행해지는 특정 업종의 주식 취득 등에 대해서는 사전신고가 필요하다.

사전 신고 업종에 해당하는지를 확인하거나 신고서 작성에 실무상 시간이

---

[530] https://elaws.e-gov.go.jp/document?lawid=324AC0000000228. 일본의 외환법과 대내 직접 투자에 관련된 내용은 별도의 인용이 없는 한 '일본은행 국제국과 일본 재무성'의 공식자료를 사용한것이다. https://www.boj.or.jp; https://mof.go.jp/policy 참조.

필요하거나 금지 기간 중에는 투자를 실행할 수 없기 때문에 신속한 자금 조달이 불가능한 문제가 발생할 수도 있다. 따라서 투자나 실사 초기 단계부터 사전 신고 준비에 대해 고려하는 것이 중요하다.

대내직접투자라도 사전 또는 사후신고가 필요 없는 거래도 있다. 예를 들면, 상속·유증·주식 무상할당·취득조항부 주식의 취득 사유의 발생에 의한 주식 등의 취득, 비상장회사의 주식 또는 지분을 소유하는 법인의 합병에 따라 합병 후 존속하는 법인 또는 새롭게 설립되는 법인이 해당 주식이나 지분 또는 해당 주식이나 지분과 관련된 의결권을 취득하는 경우의 해당 취득, 주식의 분할 또는 병합에 따라 발행되는 신주나 해당 신주와 관련된 의결권의 취득 또는 해당 신주와 관련된 주식의 운용 등이 있다.[531]

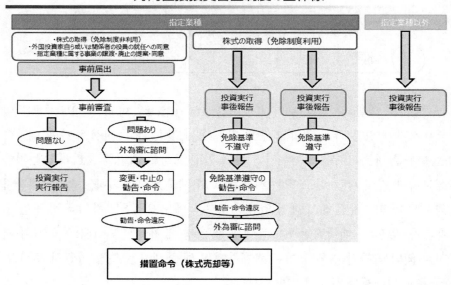

出処: 일본 재무성

---

531 https://kslaw. jp/column/detail/4466/

② 대내 직접투자 관리제도 개요[532]

일본의 대내 직접투자는 다음과 같다.

① 1단계: 사전 신고

② 2단계: 심사 및 모니터링

③ 3단계: 행정조치 및 벌칙

사전 신고는 다음과 같다. 외국 투자가에 의한 지정 업종을 영업하는 일본 기업의 주식 취득 등에 대해서, 투자 실행 전의 사전 심사(30일 이내)를 실시한다. 국가의 안보 등에 문제가 있는 경우는 중지 등의 명령이 내려진다. 사전 신고 없이 투자 실행한 경우나 조치 명령에 따르지 않는 경우 등에 대해서는 벌칙이 부가된다.

그러나 경영 비관여 등 일정 기준 준수를 전제로 사전 신고를 면제한다. 지정업종 이외의 영업을 하는 기업에 대한 일정한 대내 직접 투자는 투자 후, 사후 보고가 요구된다.

③ 정의 등

1) 외국투자가

외국인 투자가란 「외환법」으로,

① 비거주자인 개인

② 외국 법령에 근거해 설립된 법인 기타 단체 또는 외국에 주된 사무소를 가지는 법인 기타 단체

③ ① 또는 ②에 열거하는 자의 자회사

---

[532] 経済産業省貿易経済協力局 国際投資管理室, 外国投資家から投資を受ける上での留意点について, 2023年1月.

④ 비거주자인 개인이, 임원 또는 대표 권한을 가지는 임원의 어느 하나의 과반수를 차지하는 일본의 법인 기타 단체로 정의되어 있다.[533]

①의 비거주자인 개인이나 ②의 외국 법인이 외국인 투자가에 해당하는 것은 비교적 알기 쉽다. 일본에서 설립된 일본 법인이라도, 비거주자인 개인이나 외국 법인이 의결권의 50% 이상을 보유하고 있는 경우 ③에 의해 외국인이나 외국 법인의 자회사가 되므로 '외국인 투자가'에 해당한다.

또, 비거주자가 임원이나 대표이사의 과반수를 차지하고 있는 경우 ④에 의해 '외국인 투자가'에 해당하게 된다. 따라서, 일본을 설립 준거법으로서 설립된 회사라도 ③이나 ④에 해당하는 경우, 외국인 투자가로서 「외환법」의 신고나 보고가 필요한 경우가 있다. 그러나 일본에 거주하고 있는 외국인이 회사를 설립하려고 할 때에는 「외환법」의 신고가 필요 없다.

2) 대내 직접투자

대내 직접투자란 외국인 투자가 일본 국내기업의 경영에 실질적으로 영향력을 가지는 투자를 말한다. 구체적으로는 아래의 것이 대내 직접투자에 해당한다.[534]

① 국내 상장사의 주식 또는 의결권 취득으로 출자 비율 또는 의결권 비율이 1% 이상인 것
② 국내 비상장회사의 주식 또는 지분을 취득하는 것. 다만, 발행완료 주식 또는 지분을 다른 외국투자가로부터의 양수에 의해 취득하는 경우는 제외된다.
③ 개인이 거주자일 때 취득한 국내 비상장 주식 또는 지분을 비거주자가 된 후에 외국 투자자에게 양도할 것

---

533 外国為替及び外国貿易法 26조 1항
534 外国為替及び外国貿易法 26조 2항

④ 외국투자가 (i) 국내 회사의 사업목적의 실질적인 변경[535] 또는 (ii) 이사 또는 감사 선임에 관한 의안 (iii) 사업의 전부 양도 등의 의안[536]에 대하여 동의할 것.

⑤ 비거주자 개인 또는 외국 법인인 외국투자자가 국내에 지점, 공장 및 기타 주재원 사무소를 제외한 사업소를 설치하거나 그 종류나 사업목적을 실질적으로 변경할 것

⑥ 국내 법인에 대한 1년을 초과하는 금전의 대부로서, 해당 대출 후의 해당 외국투자자로부터 해당 국내 법인에 대한 금전의 대부 잔액이 1억 엔에 상당하는 금액을 초과하는 것 및 해당 대출 후의 해당 외국투자자로부터 해당 국내 법인에 대한 금전의 대부 잔액과 해당 외국투자자가 소유한 해당 국내 법인이 발행한 회사채와의 잔액의 합계액이 당해 대출 후의 당해 국내 법인 부채액으로 정하는 금액의 50%에 상당하는 금액을 초과하더라도 조건을 모두 충족하는 대출

⑦ 거주자(법인만)로부터의 사업의 양수, 흡수분할 및 합병에 의해 사업을 승계할 것

⑧ 국내 회사가 발행한 회사채로서 취득일부터 원본의 상환일까지의 기간이 1년 이상이고, 그 모집이 특정 외국 투자자에 대하여 이루어지는 것을 취득하는 경우로서,

　(i) 해당 회사채의 취득 후에 해당 외국 투자자가 소유한 해당 국내 기업의 회사채 잔액이 1억 엔에 상당하는 금액을 초과하고,

　(ii) 해당 회사채의 취득 후에 해당 외국 투자자가 소유한 해당 국내 회사의 회사채 잔액과 해당 외국 투자자로부터 해당 국내 회사로의 금전 대부 잔액 합계액이 해당 회사채의 취득 후에 해당하는 금액의 50%에 상당하는 금액

---

535 상장회사 등의 경우, 외국투자가가 총 의결권의 3분의 1 이상을 보유하고 있는 경우에 한한다.

536 ii, iii에 대해서는 상장회사의 경우에는 외국투자가 총 의결권의 1% 이상을 보유하고 있는 경우에 한한다.

⑨ 일본 은행 등 특별한 법률에 따라 설립된 일본인이 발행하는 출자증권
의 취득

⑩ 상장회사 등의 주식에 대한 일임 운용에서 실질 주식 베이스의 출자 비
율 또는 실질 보유 등 의결권 베이스의 의결권 비율이 1% 이상인 것
(출자 비율 및 의결권 비율에는 해당 일임 운용자의 밀접 관계자인 외국 투자가 소
유하는 것을 포함한다)

⑪ 의결권 대리행사 수임(다른 사람이 직접 보유하는 국내 회사의 의결권 행사에
대해 해당 다른 것을 대리하는 권한을 수임한다)으로 아래 a 또는 b에 해당
하는 것.

    a. 상장회사 등의 의결권과 관련된 의결권 대리행사 수임으로서, 해당
       의결권 대리행사 수임 후에 수임자의 실질적 보유 등 의결권 기반
       의결권 비율이 10% 이상인 것(해당 수임자의 밀접관계자인 외국투자가의
       실질 보유 등 의결권을 포함한다)

    b. 비상장회사의 의결권과 관련된 의결권 대리행사 수임으로서, 다른
       외국투자가 이외로부터 수임하는 것. (가) (다) (다) 모두에 해당한다.

    (가) 수임을 하는 자가 해당 회사 또는 그 임원 이외의 것인 경우.

    (나) 수임으로써 얻은 권한을 이용하여 의결권 행사를 하고자 하는 의
       안이 다음 각 호의 어느 하나에 해당하는 경우.

       가. 이사 선임 또는 해임

       나. 이사의 임기 단축

       다. 정관의 변경(목적의 변경에 관한 것)

       라. 정관의 변경(거부권부 주식의 발행에 관한 것)

       마. 사업 양도 등

       바. 회사의 해산

       사. 흡수 합병 계약 등

       아. 신설 합병 계약 등

(다) 수임하는 자가 자기에게 의결권 행사를 대리하게 할 것의 권유를 수반하는 것.

⑫ 의결권 행사 등 권한의 취득으로, 해당 취득 후의 취득자의 실질적 보유 등 의결권 베이스의 의결권 비율이 1% 이상이 되는 것(해당 취득자의 밀접 관계자인 외국 투자가의 실질적 보유 등 의결권을 포함한다).

⑬ 개인이 거주자일 때 취득한 국내 비상장회사의 의결권을 비거주자가 된 후에 외국투자가에게 해당 의결권 행사에 대해 대리할 권한을 위임하는 것(의결권 대리행사 수임)으로, ⑪의 (가) (나)의 모두에 해당하는 것.

⑭ 공동으로 상장회사 등의 실질 보유 등 의결권을 행사하는 것에 대하여 해당 상장회사 등의 실질 보유 등 의결권을 보유하는 다른 비거주자인 개인 또는 법인 등의 동의 취득(공동의결권 행사 동의 취득)으로서, 동의 취득자가 보유하는 실질 보유 등 의결권의 수와 해당 동의 취득 상대방이 보유하는 실질 보유 등 의결권의 수를 더한 실질 보유 등 의결권 베이스의 의결권 비율이 10% 이상이 되는 것(해당 동의취득자의 밀접 관계자인 외국투자자와 해당 동의 취득 상대방의 밀접 관계자인 외국투자자인 의결권을 포함한다).

일본에서는 위에 해당하는 투자가 대내직접투자로 정의되며 「외환법」에 따른 사전 신고 또는 사후 보고가 필요하다. 외국인이나 외국 법인이 1% 이상 출자해 회사를 설립하는 경우도 대내 직접 투자에 해당한다. 사전신고가 필요한지 사후 보고가 가능한지는 투자처가 운영하고 있는 사업의 종류에 따라 달라진다. 비상장회사의 주식 취득에 관해서는 1주라도 대내 직접 투자에 해당하기 때문에 많은 경우에 대내 직접 투자에 해당하게 된다.

Ⅱ | 사전 신고 등

① 신고 대상

1) 사전 신고 대상

사전 신고 대상은 핵심 업종으로 국가의 안전 등을 해칠 우려가 큰 업종을 말한다.

- 무기, 항공기, 우주, 원자력
- 원유·천연가스광업, 석유정제업
- 희토류
- 의약품·고도 의료기기
- 군사전용 가능한 범용화물 제조업

핵심 업종 이외에도 국가의 안전 등을 해칠 우려가 있는 다음과 같은 업종도 사전신고 대상이다.

- 농림수산업
- 피혁·피혁 제조업
- 연료 소매업
- 창고업(석유비축업에 한함)
- 방송사업

2) 사후 보고 대상

- 음식업, 식료품제조업
- 도매업, 소매업

○ 미용업, 이용업

○ 출판업

○ 건설업 등

(2) 업종 확대

　사전 신고 대상인지 사후 보고 대상인지는 투자처가 운영하는 업종에 의해서 결정된다. 투자처가 운영하는 사업에 사전 신고 업종에 해당하는 사업이 포함되는 경우 사전 신고서의 제출이 필요하다. 2019년 개정 전 「외환법」에서 사전신고가 필요한 국가안전과 관련한 업종은 다음과 같다.

① 무기, 항공기, 원자력, 우주관련, 군사 전용 가능한 범용품 제조업

② 전기·가스, 열공급, 통신사업, 방송 사업 등 수도·철도·여객운송

③ 생물학적 제재 제조업·경비업

④ 농림수산·석유·피혁 관련·항공운수·해운업

　그러나 최근 사이버 보안 확보 필요성이나 안전보장상 중요한 기술 유출 등 일본 안보에 중대한 영향을 미치는 사태를 적절히 방지한다는 관점에서 정보 처리 관련 및 정보통신 분야에서도 사전 신고 해당 업종이 확대되었다.

① 집적회로제조업

② 반도체 메모리 미디어제조업

③ 광디스크·자기디스크·자기테이프제조업

④ 전자회로 실장기판제조업

⑤ 유선통신 기계기구 제조업

⑥ 휴대전화기·PHS 전화기제조업

⑦ 무선통신 기계기구제조업

⑧ 컴퓨터제조업

⑨ 외부기억장치 제조업체

⑩ 수탁개발 소프트웨어산업

⑪ 임베디드 소프트웨어산업

⑫ 패키지 소프트웨어산업·유선방송전화산업·정보처리서비스업종

지역 전기통신산업·장거리 전기통신산업·기타 고정전기통신산업·이동 전기통신사업과 인터넷 이용지원업종에 대해서는 대상 업종의 범위가 확대 되었다. 법률 개정의 취지는 반도체나 IT 기술의 유출을 방지하는 데 있다. 반도체 메모리, 휴대전화, PC 등의 업종이 사전 신고 해당 업종으로 지정되 어 있다.

또한 수탁 개발 소프트웨어업, 임베디드 소프트웨어업, 패키지 소프트웨 어업, 정보처리서비스업, 인터넷 이용지원업이 사전신고 해당 업종에 추가되 어 있다. IT업계 이외의 회사라도 소프트웨어 개발을 하고 있는 경우에는 해 당될 수 있으므로 주의가 필요하다. 구체적으로 어떤 업종이 이들에 해당하 는지에 대해서는 일본표준산업분류에 기재된 업종의 설명 등에 의해 판단하 게 된다.

- 수탁개발 소프트웨어업: 고객의 위탁에 의해 컴퓨터 프로그램 작성 및 그 작성에 관하여 조사, 분석, 조언 등과 이를 일괄적으로 실시하는 사 업소를 말한다.
- 임베디드 소프트웨어업: 정보통신기계기구, 수송용 기계기구, 가정용 전기제품 등에 내장되어 기기의 기능을 실현하기 위한 소프트웨어를 작 성하는 사업소를 말한다.
- 패키지 소프트웨어업: 컴퓨터의 패키지 프로그램 작성 및 그 작성에 관 하여 조사, 분석, 조언 등을 실시하는 사업소를 말한다.
- 정보처리 서비스업: 컴퓨터 등을 이용하여 위탁된 정보처리 서비스(고 객이 스스로 운전하는 경우를 포함한다), 데이터 엔트리 서비스 등을 실시하

는 사업소를 말한다.

- 인터넷 이용 지원업: 인터넷을 통해 인터넷을 이용하는데 필요한 지원 서비스를 제공하는 사업소를 말한다.

(3) 분류 변경 등

사전 신고를 필요로 하는 업종의 분류 방법도 변경되었다. 「외환법」 개정 전 사전신고가 필요한 업종으로 지정됐던 155개 지정 업종에 대해, 개정 후 에는 ① 지정 업종 중 국가안전을 해칠 우려가 높은 업종으로 중점 심사가 요 구되는 핵심 업종, ② 155개 지정 업종에서 핵심 업종을 제외한 업종, ③ 155 개 지정 업종 이외의 업종으로 분류해 핵심 업종에 대해서는 보다 엄격한 사 전 심사를 받게 되었다.

핵심 업종에는 무기, 항공기, 우주, 원자력, 군사 전용 가능한 범용품 제 조업 전 분야와 사이버 보안 관련, 전력업, 가스업, 통신업, 상수도업, 철도업 및 석유업 중 일부 분야가 해당된다. 대내 직접투자에 해당하는 투자 중 대내 직접투자 등에 해당하는 상장회사 등의 주식·의결권 취득 기준치를 1%로의 인하(종래는 10%)하였고, 임원 취임 및 중요사업 양도·폐지에 관한 동의행위 의 대내 직접투자 등에의 추가, 거주자로부터의 사업 양수 등의 대내 직접투 자 등을 개정하였다.

2020년 6월에는 코로나19 감염 확대에 따라 국민의 생명·건강과 관련된 중요한 의료산업의 국내 제조기반을 유지할 목적으로 감염증에 대한 의약품 관련 제조업(의약품 중간물 포함)과 고도 관리 의료기기 관련 제조업(부속품·부분 품 포함)도 핵심 업종에 추가되었다. 지정업종 중 핵심 업종 이외의 업종에는 열공급업, 방송업, 여객운송업, 생물학적 제제 제조업, 경비업, 농림수산업, 피혁 관련, 항공운수, 해운업 등이 포함된다.

④ 사전 신고 면제제도

1) 제도 개요

○ 사전 신고 제외: 핵심 업종 등 국가의 안전을 해치는 등의 우려가 큰 것 이외의 투자로서, 일정한 기준(면제 기준) 준수를 전제로 주식 등의 취득 시 사전신고를 할 의무를 해제하는 것이다.

외국 투자의 촉진이나 외국투자자의 부담 경감의 관점에서 사전 신고 면제제도가 도입되고 있다. 사전 신고 면제제도는 2020년 개정에 따라 새롭게 시작하게 되었다. 내용으로는 예를 들어 해외 금융기관이 투자자인 경우 일정 면제 기준을 충족하면 포괄적으로 사전신고가 면제된다.

외국의 일반 투자가 가운데, 과거에 「외환법」을 위반한 사람 기타 시행령으로 정하는 일정한 사람에 해당하지 않는 외국투자가에 의한 주식 또는 의결권의 취득 등 일정한 대내 직접투자 등의 경우로 코어 업종 이외의 지정 업종의 경우, 면제 기준을 클리어하면 사전신고가 면제되고, 코어 업종의 경우 10% 미만의 주식의 취득에 대해 사전신고가 면제된다. 면제를 받는 투자가가 클리어해야 하는 면제 기준은 아래와 같다.

① 외국투자가 스스로 또는 그 밀접 관계자가 임원에 취임하지 않는다.
② 지정업종에 속하는 사업의 양도·폐지를 주주 총회에 스스로 제안하지 않는다.
③ 지정업종에 속하는 사업과 관련된 비공개의 기술 정보에 액세스하지 않는다.

코어 업종이 사전 신고를 면제받기 위한 추가 기준은 다음과 같다.

① 코어 업종에 속하는 사업에 관해 중요한 의사결정 권한을 가지는 위원회에 스스로 참가하지 않는다.

② 코어 업종에 속하는 사업에 관해, 이사회 등에 기한을 붙여 회답·행동을 요구하거나 서면으로 제안을 하지 않는다.

○ 행위를 한 날로부터 45일 이내 보고서 제출: 만일 면제기준을 준수하지 않거나 면제제도를 이용할 수 없는 투자자(과거에 위반이 있거나 인증을 취득하지 않은 국가운영펀드:SWF)일 경우 국가안전 등을 해칠 우려가 발생할 가능성이 있다.

○ 재무부 및 경제산업성 등 사업 소관 부처에서 확인: 만약 면제 기준 위반 등이 판명된 경우 기준 준수 권고·명령을 한다

2) 사전 신고 작성

사전 신고에 해당하는 업종에 대해서 투자할 때에는 해당 거래를 실시하기 전 6개월 이내에 일본 은행을 통해서 재무부 장관 및 사업 소관 장관에 대해 사전 신고서를 제출한다. 신고는 별지 양식 제1의 '주식 지분(및 의결권)의 취득 등에 관한 신고서'에 의해서 행해진다. 제출할 부수는 관계 장관의 수에 2통을 추가한 것이다. 신고서에는 신고자의 명칭·주소·사업의 내용·신고자가 되는 법적 근거를 기재한다. 또, 주식이나 지분의 발행 회사의 명칭·본점 소재지·정관상의 사업 목적·자본금·외자 비율·사전 신고 업종에 해당하는 이유 등을 기재한다. 또, 취득 또는 일임 운용을 하려고 하는 주식의 대상, 주식의 종류, 수량, 취득 가격, 시기, 취득의 상대방(주식을 양도하는 사람), 취득의 목적 등을 기재할 필요가 있다.

3) 사전 신고서 제출

사전 신고서가 제출되면 수리일을 명확히 하기 위해서 수리일과 '재무부 장관 및 사업소 소관 장관 수리'라고 기재된 스탬프를 찍어 준다. 이 스탬프에는 「JD 제 00 호」라고 기재된 수리 번호가 기재되어 있다. 신고가 접수된 후의 일본 은행 국제국과의 연락은 이 수리 번호를 바탕으로 이루어지게 된다. 사전 신고의 신고자는 외국인 투자가 자신이며, 외국인 투자가 비거주자인 경

우나 외국 법인인 경우, 거주자인 대리인이 실시하지 않으면 안 된다고 규정되어 있다. 대리인의 성명, 주소, 연락처에 대해서는 신고서에 기재가 필요하지만 위임장 첨부는 요구되지 않는다.

사전신고서 제출처인 사업소관 부처는 투자처 회사의 등기부나 정관의 사업목적에 기재가 있는 사업을 관할하는 모든 부처이지만 사전신고 해당 업종은 정관이나 등기의 기재에 관계없이 실제로 투자처 기업이 하고 있는 사업을 조사하여 정확하게 기재해야 한다. 예를 들어 정관의 사업목적에 소프트웨어의 제조개발이라고 기재되어 있었다고 해도 실제로 이러한 사업을 실시하고 있지 않은 경우에는 사전신고를 제출할 필요가 없다.

Ⅲ 심사 절차 등

① 심사 절차

일본 은행에 사전 신고서를 제출한 후, 사업 소관 부처에서의 심사가 개시된다. 심사 내용은 다방면에 걸쳐 신청인 투자가의 사업 내용이나 주요 거래처, 매출 규모, 종업원 수, 주주 구성, 투자처 발행회사와의 관계성, 투자처 투자 목적, 발행회사의 사업 규모나 내용 등에 대해 관할 부처로부터의 질문표에 회답하기도 한다.

신청인의 주주 구성이 어떻게 되어 있는지 체크되는 경우가 많으며, 신청인의 주요 주주가 법인인 경우에는 나아가 그 법인의 주주가 누구인지 묻거나 신청인의 주요 주주 속성에 대해 묻는 경우도 많다. 또한 안전보장상의 확인으로서 발행회사의 정보처리 서비스업의 제품·서비스가 정부조달[537]인지, 발행

---

537 IT調達に係る国の物品等又は役務の調達方針及び調達手続に関する申し合わせ(平成30年 関係省庁申合せ)에 한한다.

회사의 정보처리 서비스업의 제품·서비스는 안전보장상 중요한 제품에 관한 사업[538]을 실시하는 회사에 납품되고 있는지 여부를 확인할 수 있다.

또한 발행회사의 정보관리체제로서 발행회사가 백도어·부정 프로그램에 대한 대책으로서 정보보안 관리시스템(ISMS) 적합성 평가제도의 인증을 받았는지, 백도어·부정 프로그램에 대한 대책으로서 ISO9001을 취득했는지 여부가 확인된다.

② 거래 금지 및 기간 단축

신고 접수일로부터 원칙적으로 30일간 외국인 투자자는 해당 거래를 하는 것이 금지되지만 통상 금지 기간은 2주로 단축된다.[539] 금지기간을 거쳐 해당 거래를 하는 것이 허가되면 실제로 주식 취득 등을 할 수 있게 된다.

① 그린필드 투자 안건: 신고자가 100% 출자해 일본에 설립한 완전 자회사의 신규 설립에 관한 것

② 롤 오버 안건: 과거 신고를 한 안건으로 신고서에 기재한 주식 등의 취득시기 경과 후에도 계속 같은 취득목적·경영관여 방법 하에 같은 발행회사의 주식 등을 취득할 예정이 있어 과거 신고일로부터 6개월 이내에 그 신고와 같은 신고를 하는 것

③ 패시브 인베스트먼트 안건: 「외환법」 제27조 제1항에 근거한 신고 내용의 일부로서 해당 투자가 중요 제안행위 등의 실시를 수반하지 않음을 명기하는 안건

---

538 業種告示別表第一中の業種,業種告示別表第二の電気業(原子力発電所を所有するものに限る), 情報通信サービス関連業種を言う。

539 外国為替及び外国貿易法 27조 2항

③ 심사 결과 및 실행 보고서

심사가 완료되면, 일본 은행 국제국장 이름으로, '본 신고와 관련된 행위는 00년 0월 0일부터 실시할 수 있다.'라고 쓴 서류가 교부된다. 주식 및 지분 취득은 신고서 접수일로부터 6개월 이내에 이루어져야 한다.

외국 투자가가 실제로 주식을 취득하는 등의 경우에는 45일 이내에 일본 은행을 경유하여, 재무부 장관 및 사업 관할 대신(장관)에게 실행 보고서를 제출해야 한다.

④ 주식 등 검토

1) 상장회사의 주식 취득에 대한 검토

상장회사의 주식 취득의 경우 우선 검토할 것은 1% 이상의 주식 취득 여부이다. 1% 이상의 주식을 취득하지 않는 경우 사전신고가 필요 없다. 사후 보고도 불필요하다. 한편, 1% 이상의 주식을 취득하는 경우, 검토하는 것은 투자처의 회사가 사전 신고 해당 업종을 영위하고 있는지이다. 투자처의 사업에 사전 신고 해당 업종이 없는 경우에는 사전신고가 필요 없다. 사후 보고에 대해서는 10% 이상의 주식을 취득하는 경우 필요하고 10% 미만의 경우에는 필요하지 않다.

투자처가 사전 신고 해당 업종을 영위하고 있는 경우에는 사전 신고 면제의 준수 기준을 준수할지를 검토한다.[540] 이 기준을 준수하지 않을 경우 사전 신고가 필요하다. 또한 실제로 거래를 실행한 후에는 실행 보고를 제출해야 한다. 한편, 이 기준을 준수하는 경우 다음으로 외국 투자가 외국 금융기관인

---

[540] ① 외국 투자가 스스로 또는 그 밀접 관계자가 임원에 취임하지 않는다. ② 지정 업종에 속하는 사업의 양도·폐지를 주주 총회에 스스로 제안하지 않는다. ③ 지정 업종에 속하는 사업과 관련된 비공개의 기술 정보에 액세스하지 않는다.

지 아닌지를 검토하게 된다. 외국 금융기관인 경우 사전신고가 필요하지 않다. 또한 10% 이상의 주식을 취득하는 경우에는 사후 보고 제출이 필요하지만 10% 미만의 경우에는 사후 보고가 필요하지 않다. 외국 투자가가 외국 금융기관이 아닌 경우, 다음으로 코어 업종에의 투자인지 아닌지를 검토한다. 핵심 업종에 대한 투자가 아닌 경우에는 사전신고가 필요하지 않지만 사후 보고를 해야 한다.

한편 코어 업종에 대한 투자인 경우에는 추가 기준을 준수할지 검토한다. 추가 기준을 준수하지 않을 경우에는 사전 신고가 필요하다. 이 경우 거래실행 후 실행 보고도 해야 한다. 상향 기준을 준수하는 경우 10% 이상의 주식 취득의 경우에는 사전 신고와 거래 후 실행 보고가 필요하다. 10% 미만의 경우에는 사전 신고는 면제되고 거래 후 사후 보고를 하면 된다.

2) 비상장 회사의 주식 취득에 대한 검토 항목

비상장회사의 주식 취득의 경우에는 우선 투자처의 회사가 지정 업종의 사업을 영위하고 있는지를 검토한다. 투자처가 지정 업종의 사업을 영위하고 있지 않은 경우, 사전 신고는 불필요하다. 또 취득하는 주식의 비율이 10% 미만인 경우 사후 보고도 불필요하다. 하지만, 10% 이상이 되는 경우 지정 업종 이외의 주식 취득과 관련된 사후 보고를 제출할 필요가 있다.

투자처의 회사가 지정 업종의 사업을 영위하고 있는 경우, 코어 업종에의 투자인지를 검토한다. 핵심 업종에 대한 투자인 경우 사전신고가 필요하다. 또한 거래 후 실행 보고도 필요하다. 코어 업종에의 투자가 아닐 경우, 사전 신고 면제의 준수 기준을 준수할지를 검토한다. 사전 신고 면제 기준을 준수하는 경우 사전신고가 면제되지만 사후신고를 해야 한다. 사전 신고 면제 기준을 준수하지 않을 경우에는 사전신고가 필요하며 거래 후 실행 보고도 해야 한다.

⑤　사후 보고

외국 투자가의 국적 및 소재국이 일본 또는 「외환법」 상 별표 게재국가인 경우이다. 투자처가 영위하는 사업에 지정 업종에 속하는 사업이 포함되지 않거나 사전 신고 면제 제도를 이용하고 있어야 한다. 이란의 관계자에 의해 행해지는 행위 이외라는 모든 조건도 충족하는 경우이며, 또한 외국 투자가 주식 인수를 실시한 다음 날 해당 외국 투자가의 실질 주식 베이스 출자 비율 또는 실질 보유 등 의결권 베이스의 의결권 비율이 밀접 관계자와 합하여 10% 이상이 되었을 경우 등에는 사후 보고서의 제출이 필요하다.

사후 보고가 필요한 업종은 다방면에 걸치기 때문에 외국인 투자가에 의한 투자나 외국인이나 외국 법인이 출자한 회사 설립 등에 대해서는 대부분의 경우 사후 보고서의 제출이 의무화되게 된다. 사후 보고는 행위를 실시한 날로부터 45일 이내에 일본 은행을 경유하여 재무부 장관 및 사업 소관 장관에 대해 실시할 필요가 있다.

⑥　대내 직접투자 심사 시 고려하는 요소[541]

1) 투자처 기업의 사업 내용에 관한 심사기준

① 국가안전의 확보, 공공질서의 유지 또는 공중 안전의 보호와 관련된 산업생산기반 및 해당 산업이 가진 기술기반의 유지에 미치는 영향 정도

② 국가의 안전 확보, 공공질서 유지 또는 공중 안전 보호와 관련된 기술이나 정보가 유출되거나 이러한 목적에 반하여 이용될 가능성

③ 국가안전의 확보, 공공질서의 유지 또는 공중 안전의 보호를 위하여 필

541　外為法に基づく対内直接投資等の事前届出について財務省及び事業所管省庁が審査に際して考慮する要素, 令和 2 年 5 月 8 日; https://www.mof.go.jp/policy/international_policy/gaitame_kawase/gaitame/recent_revised/gaitamehou_20200508.htm

요한 재화나 서비스의 평시 및 유사시 공급조건, 안정적인 공급 또는 공급되는 재화나 서비스의 질에 미치는 영향 정도

2) 외국 투자자의 속성에 관한 심사기준

① 해당 외국 투자가 등의 자본구성, 실질적 지배자, 거래관계 및 기타 속성과 투자와 관련된 계획 및 과거의 행동·실적(외국 정부 등에 의한 직접적 또는 간접적인 영향의 정도를 포함)

② 해당 외국 투자가 등이 따르는 조약, 법령 및 그 밖의 규범이 국가안전 확보, 공공질서 유지, 공중 안전 보호 또는 일본경제의 원활한 운영에 미치는 영향 정도

③ 해당 외국 투자자 등의 외환 및 외국무역법 또는 동 법에 상당하는 외국 법령 준수상황

3) 투자·관여

① 해당 외국 투자가 등이 이미 취득했거나 취득하고자 하는 주식, 지분, 의결권, 출자증권 또는 회사채의 수·비율이나 금액, 금전을 대부하는 경우 대출 누계액이나 조건이 발행회사·대출처 회사에 미치는 영향 정도(해당 외국 투자가 및 합산대상이 되는 관계자가 취득하거나 운용하게 되는 주식의 수·비율, 보유 또는 행사·지도하게 되는 의결권의 수·비율을 포함한다.)

② 해당 외국 투자자가 다음의 행위를 하는 경우 심사대상이 된다.

ⅰ) 발행회사 등의 이사나 감사역에 취임하거나 자신의 밀접 관계자를 발행회사 등의 이사나 감사역에 취임시키는 것

ⅱ) 지정 업종에 속하는 사업의 양도·폐지와 관련된 의안을 발행회사의 주주 총회에 제안하는 것

ⅲ) 비밀기술 관련 정보를 취득하거나 공개할 것을 제안하거나 비밀기술 관련 정보의 관리에 관한 발행회사 등의 사내 규칙 등의 변경을 제안

할 가능성 및 해당 행위가 행해진 경우 국가안전 등 확보에 미치는 영향 정도

⑦ 대처 방법

1) 조건부 심사

국가의 안전 등의 우려가 있는 투자에 대한 대처 방법으로 서약을 조건으로 하는 심사를 들 수 있다. 심사 결과 국가안전 등의 우려가 있는 투자에 대해서는 일정한 사항을 외국 투자자가 준수할 것을 서약하고 해당 서약의 내용도 감안하여 심사를 마치는 경우도 있다. 예를 들면, 국가의 안전 등의 우려에 대처하기 위한 서약으로서 다음을 생각할 수 있다.

- 방위 관련 부품 등의 공급 두절 위험이 있는 경우에 대한 서약의 예
  ⇒ 주주총회에서 사업의 양도나 폐지 등 공급 두절로 이어지는 제안을 하지 않을 것

- 기술·데이터 유출 위험이 있는 경우에 대한 서약의 예
  ⇒ 비밀 정보에 접근하지 말 것

- 외국 정부 관여의 위험이 있는 경우에 대한 서약의 예
  ⇒ 외국 정부 등의 영향을 배제할 것

2) 국가의 안전 등의 우려나 위반 사례에 대한 대처 방법(모니터링)

사전 신고 안건 심사 외에도 국가안전 등의 우려에 대한 대처와 무신고 사안 등 위반 사례 파악을 위해 각종 모니터링을 필요에 따라 실시하고 있다.

① 서약을 준수하고 있는지 여부를 확인한다.
② 면제 기준 사항에 대해 준수 여부를 확인한다.

③ 보고 내용에서 업종이나 사업 내용을 확인하여 사전신고 대상이 되는 사안이 아닌지, 국가 안전 등에 문제가 없는지 확인한다.

3) 국가 안전 등의 우려나 위반 사례에 대한 대처 방법(집행)

국가안전 등의 문제가 있는 투자나 위반 사례에 대해 필요하고 충분한 조치를 강구하여 우려 사항을 불식시키고 있다. 대처해야 하는 케이스는 다음과 같다. 의문 등이 있는 투자나 위반 사안이 있어 사안의 상세를 조사할 필요가 있는 경우, 국가의 안전 등에 문제가 있는 투자, 위 권고·명령에 따르지 않거나 기타 위반 사례에 해당하는 경우 등이다.

취할 수 있는 조치의 예로는 조사(보고 징구·출입검사), 권고 명령(투자의 중지·변경, 주식매각 등), 벌칙(징역·벌금) 등이다.

CHAPTER

05

「경제안보추진법」의 추진과 운용 성과

I 경제안보와 국제환경

　일본을 비롯한 각국에서 경제안전보장에 관한 전략·정책이 책정되어 양자간·다자간의 틀에서도 경제안전보장 협력이 진전되고 있다. 일본에서는 2022년 5월에 성립한 「경제안전보장추진법」 제도의 구체화나 운용이 진행되었다. 2022년 12월, 10년 만에 개정된 국가안보전략은 경제안전보장 정책을 더욱 추진해 나갈 것을 분명히 하고 있다. 국가안전 보장 전략에서는 경제안전 보장을 '일본의 평화와 안전이나 경제적 번영 등 국익을 경제상의 조치를 강구해 확보하는 것'이라고 폭넓게 정의하고 있다. 실제로 경제안전보장상의 정책과제는 「경제안전보장추진법」에 국한되지 않고 확대되고 있다.[542]

　2023년 5월 히로시마시에서 개최된 제49차 선진국 정상회의, 이른바 G7에서는 경제적 강인성 및 경제안보에 관한 G7 정상 성명이 채택되었다.

---

[542] https://www.tokio-dr.jp/publication/report/riskmanagement/pdf/pdf-riskmanage-ment-384.pdf

① 서플라이 체인 강화

② 기반 인프라의 강화

③ 비시장적 정책, 관행에 대한 대응

④ 경제적 위압(economic coercion)에 대한 대처

⑤ 디지털 영역에서의 유해한 관행에 대한 대응

⑥ 국제표준화에서의 협력

⑦ 중요·첨단기술의 유출 방지를 통한 국제적 평화 및 안전보호와 같은 경제안전보장상의 정책과제와 대응방침 등이다.

경제안보에 관한 G7 정상성명은 특정국을 언급한 것은 아니지만, G7 전체의 성과문서를 보면 경제안보상 정책과제의 대부분은 중국을 염두에 둔 것이다. G7 각국은 중국과의 디커플링을 요구하지 않고 내향 지향을 회피한 뒤 경제적 강인성을 위한 디리스킹(de-risking, 위험 저감)과 경제관계의 다양화가 필요하다고 강조했다.

미·일·유럽 등에서 디리스킹이 강조되는 한편, 실제로는 국가 안전 보장에 가까운 산업이나 첨단기술 분야에서의 한정적인 미·중 디커플링이 점점 진행되고 있다. 이 같은 움직임은 영역을 좁게 한정해 높은 벽을 구축한다는 뜻으로 스몰야드, 하이펜스(small yard, high fence)[543]라고도 불린다. 전형적인 예는 첨단반도체 분야이다.

2022년 10월 바이든 행정부는 기존 대중 반도체 수출규제를 확대하고 미

---

[543] 바이든 행정부는 중국이 기술적 역량을 활용하여 권위주의적 통치 모델을 촉진하고, 군대를 현대화하며, 국제 체제에서 자국의 이익과 가치를 특권화하고 있다고 주장한다. 이러한 문제를 해결하기 위한 노력의 일환으로 미 행정부는 미국과 동맹국의 안보를 훼손할 수 있는 특정 기술을 선정했다. 이러한 중국에 대한 경제제재를 '작은 마당, 높은 울타리' 접근 방식이라고 한다. 다른 분야에서는 정상적인 경제 교류를 유지하면서 중국의 군사적 잠재력을 높이는 소수의 기술에 대해 엄격한 제한을 가한다는 것이다. 그러나 중국 정부는 미국의 경제 제한을 중국의 부상을 억제하고 미국의 패권을 보호하기 위한 경제적 봉쇄로 간주하고 있다. 미국 동맹국 중에는 중국에 대한 미국의 경제 제한에 대해 회의적이며, 이는 단순히 국가안보를 보호하기보다는 보호주의적 목표를 달성하는 것으로 보고 있다. https://georgetownsecuritystudiesreview.org/2023/12/26/u-s-economic-restrictions-on-china-small-yard-high-fence/

국인이 관련 중국 기업에 근무하는 것 등도 제한했다. 2023년 8월의 미 대통령의 행정명령은 우려국(중국)이 군, 인텔리전스, 감시, 사이버 능력에 불가결한 첨단기술이나 제품의 진보를 직접적으로 지휘, 촉진, 기타 방법으로 지원하는 포괄적·조기적 전략을 수행하고 있다는 인식 하에 미국에서 중국 슈퍼컴퓨터 등의 개발에 공헌하는 반도체 등에 대한 신규 투자를 제한하고 있다. 이에 따라 첨단반도체 분야에서는 물건, 사람, 돈의 디커플링이 진행되고 있다.

중국 또한 맞대응 조치를 강구하고 있다. 중국의 핵심 정보 인프라 사업자들이 미국 마이크론사의 제품을 조달하는 것을 금지하고 반도체 소재에 필수적인 희귀금속인 갈륨과 게르마늄의 수출 관리를 강화했다. 드론 관련 제품 수출 제한도 대항 조치의 일환일 수 있다. 중국은 2015년 경부터 수출규제, 데이터, 대외제재, 국가안전 관련 법률을 제정·개정해 경제안보상 도구를 정비해왔는데, 최근 움직임은 도구의 실제 운용 단계라고도 평가할 수 있다.

이런 디커플링 내지 스몰야드, 하이펜스는 반도체 산업을 넘어 확대될 위험이 있다. 실제로 8월 미 대통령의 행정명령은 양자 관련 기술, 인공지능(AI)도 대상으로 하고 있어 바이든 행정부 내에서는 재생 에너지 관련이나 바이오관련 기술도 포위해야 한다는 의견이 있다. 이 밖에도 각국이나 다양한 양자간·다국간 틀에서 경제안전보장에 관한 전략이나 협력의 형성이 진행된다. 다자간 틀이라는 점에서는 미 EU 무역기술평의회(TTC), 미일호인(QUAD), 파이브 아이즈 등의 대응을 주시해야 한다.

EU가 중시하는 경제안전보장상의 리스크로서 ① 에너지 안전보장을 포함한 서플라이 체인의 강인성에 대한 리스크 ② 중요 인프라의 물리적 및 사이버 리스크 ③ 기술에 관한 안전보장이나 기술유출에 관한 리스크 ④ 경제적 의존관계의 무기화 또는 경제적 위압의 리스크가 지적되었다.

Ⅱ 「경제안전보장추진법」의 제도 설계와 운용

일본의 「경제안전보장추진법」은 각각 단계를 나누어 시행 또는 시행 예정이며 내각부가 공개한 2023년 9월 시점에서의 시행·운용 상황을 정리하면 다음과 같다. 민간기업에 대한 지원의 성격이 강한 서플라이체인 강화 및 민관 기술협력에서는 각각의 기본 지침이 선행하여 내각에서 결정되어 제도의 대상이 되는 물자나 기술이 지정되어 있다. 한편, 민간기업에 대한 규제 색깔이 강한 기반 인프라의 서플라이 체인·사이버 시큐리티 및 특허출원의 비공개에 대해서는 구체적인 제도 설계나 정책이 추진되고 있다. 이들 제도에 대해서도 향후 대상이 되는 물자·기술·업계가 재검토·추가될 가능성이 있다. 「경제안전보장추진법」의 시행·운용 상황(2023년 9월 기준)의 개요는 다음과 같다.

(1) 특정 중요 물자의 안정적인 공급 확보

본 제도는 국민의 생존이나 국민 생활·경제활동에 심대한 영향이 있는 물자(=특정 중요물자)의 공급망 강화를 목적으로 하여 이에 이바지하는 공급확보계획을 제출하고 소관 장관으로부터 인정을 받은 사업자에 대해 조성금이나 투스텝 론을 통한 지원을 실시하는 것이다. 법 제7조의 규정에 따라 다음에 열거하는 물자를 특정중요물자로서 지정한다.[544]

① 항균성 물질 제제
② 비료

---

[544] 令和四年政令第三百九十四号. 経済施策を一体的に講ずることによる安全保障の確保の推進に関する法律施行令; 내각은 「경제정책을 일체적으로 강구함에 의한 안전보장의 확보 추진에 관한 법률」(2021년 법률 제43호) 제7조, 제16조 제1항제1호 및 제4항 제1호, 제26조 제5호 및 제8호, 제28조 제5항, 제30조 제1항부터 제3항까지, 그리고 같은 법을 실시하기 위하여 이 정령을 제정한다.

③ 영구자석

④ 공작기계 및 산업용 로봇

⑤ 항공기의 부품(항공기용 원동기 및 항공기의 기체를 구성하는 것에 한한다.)

⑥ 반도체 소자 및 집적 회로

⑦ 축전지

⑧ 인터넷 및 기타 고도 정보 통신 네트워크를 통해 컴퓨터(입출력 장치를 포함)를 타인의 정보 처리용으로 제공하는 시스템에 이용하는 프로그램

⑨ 가연성 천연가스

⑩ 금속광산물(망간, 니켈, 크롬, 텅스텐, 몰리브덴, 코발트, 니오브, 탄탈, 안티몬, 리튬, 붕소, 티타늄, 바나듐, 스트론튬, 희토류금속, 백금족, 베릴륨, 갈륨, 게르마늄, 셀렌, 루비듐, 지르코늄, 인듐, 텔루루, 세슘, 바륨, 하프늄,레늄, 탈륨, 비스무트, 그래파이트, 붕소, 마그네슘, 실리콘 및 인에 한함)

⑪ 선박의 부품(선박용 기관, 항해용구 및 추진기에 한한다.)

그 후, 각 특정 중요 물자에 관한 안정 공급 확보를 도모하기 위한 대응 방침에서 지원 대상의 상세한 요건 등이 제시되어 사업자로부터의 신청 접수가 수시로 개시되었다. 2023년 이후 각 특정 중요 물자에 대한 인정 공급 확보 계획의 개요가 수시로 공개되고 있다. 예를 들어 경제산업성 웹 사이트에 따르면 특정 중요 물자의 하나인 반도체에서는 2023년 4월 이후 총 16건의 공급 확보 계획이 인정되었으며, 최대 조성액은 반도체 분야에서 총 1,700억 엔이 넘는다.

(2) 특정 사회기반 서비스의 안정적인 제공 확보

본 제도는 특정 사회기반 사업자, 이른바 기반 인프라 사업자의 서비스 안정 제공에 대한 외국의 공격(특정 방해 행위)을 방지하기 위해 각 사업자의 특정 중요 설비(소프트웨어, 클라우드 서비스, 위탁처 포함)의 도입이나 유지 관리 시

정부에 의한 사전 심사를 의무화하는 것이다. 2023년 8월 1일 내각에서 결정된 추진법 시행령을 개정하여, 총 14개 분야를 기반인프라 사업으로 지정됐다. 단, 거의 같은 시기에 항만 의료 업종의 추가 지정 검토가 시작되고 있다. 한국에서도 일본의 동향에 대해 지속적인 추적과 이에 대한 대책의 마련이 필요하다.

① 전기

② 가스

③ 석유

④ 수도

⑤ 철도

⑥ 화물자동차운송

⑦ 외항화물

⑧ 항공

⑨ 공항

⑩ 전기통신

⑪ 방송

⑫ 우편

⑬ 금융

⑭ 신용카드

기반 인프라 사업의 지정 이후 주무 부처의 규칙에 의해 각 기반 인프라 사업자의 구체적인 지정 기준이나 대상이 되는 특정 중요 설비가 공표되기 시작했다(예를 들면, 2023년 8월 9일에는 후생노동성이 수도 사업에 관한 성령을 공포). 심사에 있어서는 대상 설비의 공급자가 국외 주체로부터 강한 영향을 받고 있는지, 대상 설비에 관한 리스크 평가·대책을 강구하고 있는지 등의 관점에서 특정 방해 행위의 리스크 정도를 판정하고 있다.

③ 특정 중요 기술개발 지원

본 제도는 일본의 안전보장에서 중요한 첨단기술의 연구개발을 촉진하고 그 성과를 적절히 활용하기 위해 지정기금(총액 약 5,000억 엔)을 통한 사업자 지원 및 관민 제휴를 위한 협의회 설치 등을 실시하는 것이다. 추진법 및 기본지침에서는 육성해야 할 기술영역을 정하고 있으며, 2022년 7월에 조사연구 실시의 기술 영역에 해당하는 20개 분야가 '특정 중요 기술'의 후보 분야로서 제시되었다. 이러한 기술이 경제안전보장 중요기술 육성 프로그램(K Program) 대상 기술로 지정됐다.

연구개발촉진을 위한 지정기금은 국립연구개발법인 과학기술진흥기구(JST) 및 국립연구개발법인 신에너지·산업기술 종합개발기구(NEDO)에 조성되어 이들 2개 기구가 상기 지정을 받은 각 기술에 관한 연구개발 과제의 공모를 순차적으로 실시하고 있다. 응모 내용이 채택되면 원칙적으로 다년간의 조성금 교부가 이루어지고 관민 협의회 설치를 통한 연구개발 성과를 적정하게 한다는 것이다.

④ 특허출원의 비공개

본 제도는 안전보장상의 첨단도가 높은 발명의 특허출원을 보전지정(및 지정 시의 보전심사)의 대상으로 하여 극히 한정된 기술영역에서 발명내용의 개시를 제한함으로써 기술유출 방지를 도모하는 것이다.

보전지정 대상은 안전보장상 특히 첨단 또는 대량살상무기 개발에 이용될 수 있는 25개의 「특정 기술 분야」로부터 지정되었다. 하지만, 25개 분야의 발명 전체를 특허출원 비공개 대상으로 하면 민간기업의 연구개발 활동을 과도하게 제약하게 된다고 보았다. 그래서 3개의 부가요건을 25개 분야 중 10개 분야에 적용하여 해당 분야 중에서 첨단성이 높은 발명만을 특허 비공개

대상으로 하고 있다.545

1) 일본의 안전보장에 지대한 영향을 줄 수 있는 첨단기술 분야

① 항공기 등의 위장·은폐 기술

② 무기 등과 관련된 무인 항공기·자율 제어 등의 기술

③ 유도무기 등에 관한 기술

④ 발사체·비상체 탄도에 관한 기술

⑤ 전자기식 발사 장치를 이용한 무기에 관한 기술

⑥ 레이저 무기, 전자기 펄스(EMP)탄과 같은 새로운 공격 또는 방어 기술

⑦ 항공기·유도 미사일에 대한 방어 기술

⑧ 잠수선에 배치되는 공격 방호장치에 관한 기술

⑨ 음파를 이용한 위치 측정 등의 기술로 무기에 관한 것

2) 보전지정을 한 경우 영향이 큰 기술 분야[부가 요건 적용]

⑩ 극초음속기 제트 엔진 등에 관한 기술

⑪ 고체 연료 로켓 엔진에 관한 기술

⑫ 잠수선에 관한 기술

⑬ 무인 수중 항주체 등에 관한 기술

⑭ 음파를 이용한 위치측정 등의 기술로 잠수선 등에 관한 것

⑮ 우주 항행체의 열 보호, 재돌입, 결합·분리, 운석 검지에 관한 기술

⑯ 우주 항행체 관측 및 추적기술

⑰ 양자점·초격자 구조를 갖는 반도체 수광 장치 등에 관한 기술

⑱ 내탬퍼성 하우징에 의해 계산기의 부품 등을 보호하는 기술

⑲ 통신 방해 등에 관한 기술

---

545 https://www.cao.go.jp/keizai_anzen_hosho/doc/tokutei_gijutsu_bunya.pdf

3) 국민 생활이나 경제활동에 막대한 피해를 주는 수단이 될 수 있는 기술 분야

① 우라늄 플루토늄 동위원소 분리 기술

② 사용후핵연료의 분해 · 재처리 등에 관한 기술

③ 중수에 관한 기술

④ 핵폭발 장치에 관한 기술

⑤ 가스탄용 조성물에 관한 기술

⑥ 가스, 분말 등을 살포하는 탄약 등에 관한 기술

Ⅲ 경제안보 테마와 주요 추진 과제

 18개의 경제안전보장 테마

일본에서는 「경제안보추진법」의 시행 · 운용에 따라 4개 과제에 대한 대응이 추진되고 있다. 그러나 기업이 대응해야 할 경제안전보장상의 리스크나 과제는 추진법에서 명시된 것이 전부는 아니다. 「경제안보추진법」 심의 시의 일본 국회의 부대 결의, '국가 안전 보장 전략', 여당이나 재계의 제언, G7 히로시마 서밋에서는 다양한 테마나 과제가 지적되었다. 분류나 특정 방법에 따라 다르지만 적어도 18개의 경제안전보장상 테마가 존재한다.[546]

① 공급망 강화

② 기반 인프라의 공급망 · 사이버 보안 강화

---

[546] G7: 「経済的強靱性及び経済安全保障に関する G7 首脳声明(仮訳)」(2023年 5月 20日); 『国家安全保障戦略』(2022年 12月 16日閣議決定); 国会: 参議院内閣委員会 附帯決議(2022年 5月 10日); 自由民主党政務調査会および経済安全保障推進本部『『経済財政運営と改革の基本方針 2023』に向けた提言」(2023年 5月 23日); 一般社団法人日本経済団体連合会「経済安全保障法制に関する意見:有識者会議提言を踏まえて」(2022年 2月 9日)

③ 첨단기술개발에 관한 민관협력

④ 특허출원의 비공개

⑤ 보안 클리어런스

⑥ 공급망의 인권 리스크 대응

⑦ 산업스파이 사이버 보안 대책

⑧ 데이터를 둘러싼 안전 보장

⑨ 가짜 정보·디스 인포메이션 대책

⑩ 연구 인테그리티의 재검토

⑪ 안전보장 무역관리 강화

⑫ 중요·첨단기술 관리

⑬ 국제 표준화

⑭ 투자심사의 대응·체제 강화

⑮ 비시장적 정책, 관행에 대한 대응

⑯ 경제적 위압에 대처

⑰ 업계별 리스크 점검

⑱ 경제 인텔리전스 강화

2 주요 추진 과제

앞에서 설명한 ①~④의 4개 주요 과제를 제외한 경제안보 테마의 주요 내용은 다음과 같다.

⑤ 보안 클리어런스

보안 클리어런스란 정부가 지정한 기밀정보를 취급하는 적격성 심사를 말한다. 주요국에서는 제도가 정비되어 있지만, 일본에서는 정비되지 않았다. 내각관방에 설치된 경제안전보장 분야의 보안·처분제도 등에 관한 전문가 회의가 2023년 6월 중간논점 정리를 공표하였다. 논점 정리에 따르면 특정비밀보호법의 4개 분야에 더해 경제안전보장상 중요한 정보를 보전대상으로 지정한다. 구체적으로는 경제제재 관련 정보, 경제안보 규제 심사에 관한 정보, 사이버 위협 정보, 우주·사이버 분야에서의 정부 공동개발과 관련된 중요 기술정보 등이다. 보안 클리어런스 제도는 민간인에게도 적용할 수 있다. 현 기시다 정권은 2024년 2월 정기국회에 개정「경제안보추진법」을 제출하였고, 보안·클리어런스 제도를 구축하고 있다.

⑥ 공급망의 인권 리스크 대응

서플라이 체인상의 인권 리스크 대응이란 서플라이 체인상의 인권 침해 리스크 유무의 조사를 포함한 필요한 대응을 강구하는 것이다. 일본에서는 법제화 논의도 있었으며, 기업용 가이드라인이 공개되었다. 일본 경제산업성이 '책임 있는 공급망에서의 인권 존중을 위한 가이드 라인'을 공개하였다. 순수한 인권 문제 대응 측면에 더해, 중국 신장 위구르 자치구의 인권 상황을 비롯해 미·중 대립의 측면도 부정할 수 없다.

⑦ 산업스파이 사이버 보안 대책

산업 스파이 사이버 보안 대책이란 외국 정부를 배경으로 하는 해당 국가의 산업 진흥이나 강제적인 기술 이전을 위한 스파이 활동에 대한 대처를 가리킨다. 특히 국가기관의 관여가 의심되는 고도로 지속적인 위협(APT)에 의한 사이버 공격과 정보 절취에 대한 대처를 포함한다.

⑧ 데이터를 둘러싼 안전 보장

데이터를 둘러싼 안전보장이란 민간기업이 보유한 데이터가 국가안전보장 등의 명목으로 정부에 부당하게 접근되지 않는 것이다. G7 히로시마 서밋 등에서는 부당한 정부 차원의 액세스(민간기업이 보유한 데이터에 대한 정부의 강제적인 접근)에 대한 우려가 표명되었다. 종래부터 범죄 수사의 일환으로 정부 차원의 접근은 행해져 왔지만, 최근에는 첩보활동이나 산업 진흥·기술 이전이 의심되는 영역에서 정부 차원의 접근이 우려되고 있다. 거버넌스 접근을 담보하는 수단으로서 각국 정부가 외국 기업 등에 대해 생성된 개인·산업 데이터를 자국에서 보존하는 것을 의무화하거나 제3국으로의 이전을 금지·제한하는 규제, 이른바 데이터 현지화 규제가 진전되고 있다.

⑨ 가짜 정보·디스 인포메이션 대책

가짜 정보·디스 인포메이션 대책이란 악의적인 가짜 정보(disinformation)에 대한 대응 방안이다. 엄밀하게는 올바른 정보라도 악의적인 활용(malinformation, influence operation 등)에 대한 대처를 포함한다. 자민당이나 EU 미국 무역 기술 평의회(TTC)의 경제 안보 관련 제언·성과 문서에서 언급되었다. 일반적으로 민간기업의 대책 필요성은 크지 않지만 광물 분야나 제약·의료 분야에서는 국가가 관여하는 대규모 디스인포메이션이 확인되고 있다.

⑩ 연구 인테그리티의 재검토

연구인테그리티의 재검토란 종래의 연구윤리(연구부정, 이익상반 등) 외에 새로운 연구윤리(외국영향의 방지, 기술유출 방지)를 포함한 연구태세를 구축하는 것이다. 2021년 12월 내각부가 체크리스트 등을 재검토하고 연구자나 연구기관·기업에 새로운 연구 인테그리티에 근거한 대응을 요구하고 있다.

⑪ 안전보장 무역관리 강화

안전보장 무역관리의 강화란, 국제 체제에서 규제되는 물자·기술 규제에의 대응이다. 일본에서는 「외환법」 및 관련 법규에 근거한 대응을 가리킨다. 최근에는 「외환법」 제25조 제1항의 해석운용을 변경하고 간주 수출을 재검토함으로써 군사적으로 전용될 수 있는 첨단기술에 대한 관리를 엄격화하고 있다.

⑫ 중요·첨단기술 관리

중요·첨단 기술관리란 기존의 안전보장 무역관리에서 규제되지 않는 신흥기술·기반 기술에 관한 관리·조정. 특히 동맹국에 의한 것이다. 자민당은 기존의 국제 수출 관리 체제와 이에 근거한 「외환법」 등의 안전보장 무역관리에 더한 새로운 신흥기술 관리의 틀을 주장하였다. 바이든 정권은 반도체와 마찬가지로 AI, 양자, 바이오 테크놀로지·바이오 제조, 재생 에너지 관련 기술을 기술관리의 강화 대상으로 하는 것을 검토하고 있다.

⑬ 국제 표준화

국제표준화란 차세대 기술의 개발·실장 등에 관한 개방적이고 자주적이며 컨센서스에 기초한 표준을 책정하는 것이다.

⑭ 투자심사의 대응·체제 강화

투자심사의 대응·체제 강화란 외국에 의한 소유·지배·영향(FOCI)을 통한 첨단기술의 누설·기밀정보에의 액세스나 기타 악영향을 예방하는 것이다. 일본에서는 「외환법」 등에 근거해 상장기업의 약 56.5%(2,159사)가 지정업종(핵심 업종 포함)으로 지정되어 일정한 외자 규제(사전신고제도 등)가 있다. 미국, 영국, 중국 등에서도 안전보장상의 이유로 외자 규제가 강화되는 경향이 있다. 인바운드 투자뿐만 아니라 아웃바운드 투자 규제(예: 미국의 대중 투자 규제)에도 유의해야 한다.

⑮ 비시장적 정책, 관행에 대한 대응

비시장적 정책, 관행에 대한 대응이란 룰 베이스의 경제활동이나 예견 가능성을 해치는 자의적인 정책이나 관행에 대한 대응이다. 구체적인 정책이나 관행으로서 불투명하고 유해한 산업 보조금, 국유기업에 의한 시장 왜곡적 관행, 강제 기술 이전이다.

⑯ 경제적 위압에 대처

경제적 위압 대처란 정치적 영향력 행사를 위해 자국에 대한 경제적 의존 관계를 무기로 부당한 경제적 조치를 강구하는 것에 대한 대처이다. 경제적 위압의 구체적인 예로서 부당한 수출입 규제(예: 중국에 의한 희토류의 대일 수출 규제, 일본 후쿠시마 원자력 발전소 관련 오염수(일본에서는 '처리수'라고 표현함) 방출에 관한 수산물의 대중 수입 규제 등), 인허가 재검토, 대상국으로의 자국민 여행객 제한 등이다. 중국에 의한 경제적 위압을 염두에 두고, 일·미·유럽에서 정책 협조를 강조하는 테마이다. EU에서는 경제적 위압에 대처하기 위한 대외 툴을 정비 중이다.

⑰ 업계별 리스크 점검

업계별 리스크 점검이란 중요한 산업분야의 리스크나 과제를 밝혀내는 것이다. 과거(2021년), 여당·자민당에서 실시한 리스크 점검을 행정측에서 계속·정식화하는 것이다. 국가안전보장전략에서는 각 산업 등이 안고 있는 리스크의 지속적 점검이 포함되었다. 자민당이 실시한 리스크 점검은 에너지, 정보통신, 교통·운수, 의료(의약 포함), 금융의 5개 분야를 전략기반산업으로 대상으로 했다.

⑱ 경제 인텔리전스 강화

경제 인텔리전스의 강화란 관민 각각이 경제안전 보장에 관한 정보를 수집하고 특정 목적을 위해 평가·해석하여 의사결정이나 판단에 활용할 수 있는 인텔리전스로 승화시킬 태세의 구축·강화를 가리킨다.

법 제정의 방향과
입법적 시사점

PART 08
상호주의의 쟁점과 시사점

상호주의의 쟁점과
시사점

CHAPTER

01

국제경제 질서에서 상호주의 논리와 현실

> **I** **상호주의의 기본 개념과 동향**

① 개념

국제관계에서 상호주의(reciprocity, réciprocité)란 둘 또는 그 이상의 국가들 사이에서 서로 동일 내지 동등한 권리·이익을 공여하거나 의무·부담을 떠맡음으로써 상호 간에 대우의 균형을 유지하는 관계에 서는 것을 의미한다.[547] 그리고 자국이 상대국에 주는 대우와 동등한 대우를 스스로 부과받을 것이라는 기대나 우려가 국가의 행위를 동기화한다는 의미에서 행위의 사회적 기반을 이루는 것이다.

본래 상호주의는 사회학자 마르셀 모스(Marcel Mauss)가 '증여론'[548]에서

---

[547] 제7부의 상호주의는 김민배 외, 「외국인 부동산 취득규제 해외사례조사」, 인하대학교 산학협력단, 2023의 내용 중 해당 부분을 인용하였음을 밝힌다.

[548] Mauss의 원본 작품 제목은 Essai sur le don: Forme et raison de l'échange dans les so-ciétés archaïques(선물에 관한 에세이: 고대 사회에서 교환의 형식과 이유). 1925년 L'Année Sociologique에 출판되었다. 1954년 Ian Cunnison, 1990년 WD Halls, 2016년 Jane I. Guyer가 영어로 번역했다. Marcel Mauss. The Gift: The Form and Reason for Exchange in Archaic

밝힌 바와 같이 미개사회에 널리 인식되는 집단 상호관계 구축 메커니즘, 즉 어떠한 반대급부가 기대되는 증여 관행에 그 원초적 발현이 인정되어 나중에는 기독교 등 종교상의 교의에 도입되었다. 그리고 로마법상 원칙으로 계승되는 등 인간 간 관계성 구축을 뒷받침하는 자생적·보편적 개념으로서 오래전부터 기능해 왔다.[549]

일반적으로 상호주의는 조건성(contingency)과 동등성(equivaálence)이라는 2가지 불가결한 요소로 이루어진다. 조건성이란 어떤 행위가 단순한 일방적인 것이 아니라 상대방의 행위에 조건을 붙인 것으로서 존재하는 것을 의미한다. 그러므로 이익에는 이익으로 응하고, 불이익에는 불이익으로 보답하는 행위 간의 상관관계가 생겨나며, 법 분야에서는 권리의무관계의 쌍무성으로 나타나게 된다. 따라서 상호주의에 충실하다는 것은 행위에 따라 다른 쪽의 행위에 부단히 조건과 부담을 주며, 내용의 옳고 그름을 막론하고 행위의 연쇄로 이어진다.[550]

동등성이란 주는 것과 얻는 것 사이에 동일성 내지 동등성이 존재하는 것을 의미한다. 특히 대등하거나 평등한 입장에 있는 자끼리는 서로 주는 대우가 동등하기 때문에 한쪽 행위가 다른 쪽 행위의 동기부여로서 기능하게 된다. 다만 이 동등성에 대해서는 평가의 주관성 문제도 맞물려 동등성 평가의 시비가 분쟁의 씨앗이 되어 왔다.

상호주의란 협조 관계를 구축하는 계기가 될 수 있는 한편, 그것이 부정적인 방향으로 작용하면 대립을 초래하는 계기가 될 수도 있는 원리이다. 그리고 두 계기가 경우에 따라 어떻게든 발현되고 그 귀결이 반드시 정의로 이루어진 것은 아니다. 상호주의는 선험적으로 특정한 가치와 결부시켜 파악되어야 할

Societies(Routledge, 2002).

549 상호주의에 대한 부분은 平見健太의 논지를 기초로 하고 있다. 平見健太, 国際経済法秩序の動態, 早稲田大学審査学位論文(博士), 早稲田大学大学院法学研究科; https://core.ac.uk/download/pdf/161813175.pdf 참고.

550 萬歳寛之, 『国際違法行為責任の研究－国家責任論の基本問題－』, 成文堂, 2015, pp.41-46.

개념이 아니며, 그 도덕적 위상도 모호할 수밖에 없다.[551] 그런데도 합의법 규범으로서의 국제법의 본질과 깊이 연결되어 상호주의가 국제규범의 형성·적용·이행 확보의 각 단계에서 촉진하거나 안정화하는 역할을 담당해 왔다.

상호주의는 상대국의 행위에 대응하는 차원에서 해당 국가에 대한 의무이행을 보류하거나 부여한 권리이익을 철회하는 원리로서의 측면도 함께 갖고 있다. 그러나 국가의 특성상 대항조치와 관련된 판단은 기본적으로 각 국가의 주관적 기준에 의하지 않을 수 없다. 그 과정에서 상호 과잉반응을 일으켜 국제법 질서의 안정성을 해칠 가능성도 있다. 그러나 상호주의는 국제관계에서 극단적인 파워폴리틱스의 발현을 억제하고 국가간 공존 혹은 협조를 법적으로 실현하는 원리로서의 위치를 차지해 왔다.[552]

② 국제경제 질서의 흐름

제2차 세계대전 이후 국제통상의 규제가 양자주의(bilateralism)에서 다자주의(multilateralism)로 옮겨갔다. GATT에서 WTO 체제로의 이행에 따라 다수국간 법질서는 강화되어 갔다. 현대에 있어서는 전 세계적으로 자유무역협정(FTA)이 체결되었다. 그리고 환태평양경제동반자협정(Trans-Pacific Partnership:TPP), 미 EU 간의 환대서양 무역 투자 동반자협정(Transatlantic Trade and Investment Partnership: TTIP), 동아시아 지역 포괄적 경제동반자협정(Regional Comprehensive Economic Partnership: RCEP)과 같은 이른바 메가 FTA에 의한 대규모 경제권 구축 시도가 이루어졌다.

GATT/WTO 체제는 조약 당사국의 공통이익에 깊이 뿌리를 둔 조약이자 제도이다. GATT/WTO 체제는 조약 목적을 실현하기 위한 수단으로서 최혜

---

551 R. O. Keohane, "Reciprocity in International Relations", International Organization Vol. 40, No. 1, 1986, p.10.

552 B. Simma, "Reciprocity" in R. Wolfrum(ed.), The Max Planck Encyclopedia of Public International Law, Vol. VIII(2012), p.655

국 대우 원칙 등과 함께 상호주의를 채용하고 있다.

상호주의 원리야말로 국가 간 경제적 장벽 해소, 즉 조약에 기초한 공통이익 실현에 있어서 필수불가결한 역할을 해 왔다. 상호주의는 국가 간 상대적 관계성 속에서 공통이익과 대치되기 쉬운 각국의 개별이익을 조정하고 실현하기 위한 원리로서의 측면을 겸비하고 있다.[553] 그러나 상호주의는 다자주의에 대한 질곡이 심해져 공통이익 실현을 막을 가능성도 부정할 수 없다.[554] 야마모토는 '실력지배 또는 공존을 기초로 하는 국가 간 관계'에 있어서 상호주의는 소극적 기능을 발휘하고, '연대·협력이 강조되는 국제관계'에서 상호주의는 적극적 기능을 갖게 된다고 했다.[555]

③ 생산자 상호주의

그렇다면 왜 국가는 자유화에 있어서 상호주의에 의거할 필요가 있는 것일까. 고전파 경제학의 무역이론에서는 타국의 통상정책 여하에 관계없이 국가는 자유무역정책을 추구함으로써 저렴한 수입이 가능해지고 나아가 무역으로부터 최대의 이익을 얻게 된다고 보았다.[556] 정부는 경제 효율이나 국민 복지를 극대화하는 경제 이론에 의해 인도되지 않고, 오히려 여러 압력에 따라 행동할 것이며, 따라서 가장 강력한 정치적 압력을 발휘하는 집단의 이익을 극대화하도록 행동하지 않을 수 없다고 한다.

통상정책의 결정 과정에서 큰 정치력을 발휘하는 것은 통상 소비자가 아

---

553 Andreas Paulus, "Whether Universal Values Can Prevail over Bilateralism and Reciprocity", in Antonio Cassese (ed.), Realizing Utopia: The Future of International Law (Oxford University Press, 2012), pp.89-91, 95-97.

554 Bruno Simma, "From Bilateralism to Community Interest in International Law", Recueil des cours de l'Académie de droit international de La Haye, Tome 250 (1994-VI), p.233.

555 山本草二,「国際経済法における相互主義の機能変化」, 高野雄一編『国際関係法の課題(横田先生鳩寿祝賀)』,有斐閣,1988, 262-263頁

556 Jagdish Bhagwati, Protectionism (MIT Press, 1988), p.24.

니라 생산자라는 것이다.[557] 통상정책 결정 과정에서의 국내 정치상의 요청으로부터 자유화를 위해서는 상호주의가 불가결하게 여겨져 온 것이다. 말하자면 생산자 위주의 상호주의인 것이다.[558]

상호주의 다음과 같은 의미를 지니고 있다. 첫째, 상호주의에 근거한 자유화에는 무역의 이익 즉, 수출의 확대·무역흑자의 확대라고 하는 중상주의적 사고가 연계되어 있다.[559] 둘째, 국제경제 질서에서 상호주의는 추상적 권리의무관계의 상호성을 설정하는 것보다 그 전제를 이루는 경제적 이익교환의 상호성·균형성 확보라는 지극히 현실적·즉물적인 요청에 뿌리를 두고 있다. 따라서 상호적 이익교환의 경제적 의의도 유동적인 경제의 긴장 관계가 첨예화될 경우 경시될 가능성도 부정할 수 없다. 상호주의가 국제 경제의 불안정성의 요소라는 것을 시사하는 것이다. 셋째, 자전거 이론(bicycle theory)과 상호주의적 자유화의 관계에 주목해야 한다. 자전거 이론이란 국내 정치 과정에서 보호주의 세력의 본래적 우위 하에서는 각국이 자유무역 정책을 실현하고 견지하기 위해서는 끊임없이 자유화를 계속해야 하며, 일단 자유화를 정지하면 보호주의 압력이 증대되어 새로운 수입 제한 요청에 굴복할 수밖에 없게 된다는 이론이다.[560]

자전거 이론에서는 자유무역정책을 견지하려는 국가의 경우 상호주의적 자유화를 계속 추구해야 하며, 이는 상호주의 발현과 거기에 규정되는 국제경제 질서에 영향을 미칠 수밖에 없다. 본래 수단이어야 할 상호주의가 언젠가는 국가나 법을 지배하고 휘두르는 전도된 관계가 생길 수 있음을 시사하고 있다.

---

557 F. Roessler, "The Rationale for Reciprocity in Trade Negotiations under Floating Currencies", KYKLOS, Vol. 31, No. 2(1978), pp.264-265.

558 平見健太, 国際経済法秩序の動態, 26頁

559 柳赫秀, 『ガット19条と国際通商法の機能』, 東京大学出版会, 1994, 51-52頁

560 I. M. Destler & M. Noland, "Constant Ends, Flexible Means: C. Fred Bergsten and the Quest for Open Trade", in M. Mussa (ed.), C. Fred Bergsten and the World Economy (2006), pp.17-20

Ⅱ 상호주의 악용과 배후

(1) 법질서의 불안정화와 미국 통상법 301조

미국의 1974년 통상법 301조에 근거한 일방적 조치는 법의 지배를 무시하는 것이다. 그것은 다수국간 법질서의 약화·정치화를 초래하였고, 이 실천의 배후에 상호주의 논리가 존재했음은 널리 알려진 것이다. 통상법 301조의 배경에는 1960년대 후반부터 가시화되기 시작한 미국의 경제 패권 후퇴와 그에 호응한 국내에서의 보호주의 대두가 있었다. 전후 장기간에 걸쳐 경기확장을 지속한 미국이 베트남전쟁(1955년-1975년)과 제1차 석유위기(1973년) 등의 영향으로 높은 인플레이션과 불황에 빠지는 한편 유럽은 경제통합을 통해 성장세를 이어갔다.

외국의 경제적 추격으로 미국 섬유산업, 철강산업, 전자기기 산업, 자동차산업 등은 차례로 국제 경쟁력을 잃어갔다.[561] 이 상황을 반영해 미 의회에도 보호주의 압력이 침투해 자국 경제적 곤경의 원인을 외국의 불공정무역관행(unfair trade practice)으로 돌렸다.[562] 통상법 301조의 취지는 외국의 불공정무역관행을 토대로 개선 전망이 없는 경우에는 왜곡 효과와 동등한 대항조치 내지 보복을 포함한 모든 조치를 발동하여 미국 산업을 보호한다는 것이었다.

실제로 미국은 대일관계에서 통상법 301조를 빈번하게 발동해 일본 행정관청의 산업정책 관여·개입·지도를 불공정 관행으로 문제 삼았다. 철강 마찰, 반도체 마찰, 자동차 마찰 등을 둘러싼 미일 경제분쟁은 그 전형적인 예로 미국의 강압적 요구에 대치하게 된 일본 정부와 일본 산업계는 수출자율규제

---

[561] 猪木武德, 『戰後世界経済史―自由と平等の視点から―』, 中央公論新社, 2009, pp.100-115.

[562] 山本草二, 「日米経済摩擦問題の転換点」, 『ジュリスト』900号(1988), 265 頁

협정⁵⁶³을 체결하도록 강요당하였다.⁵⁶⁴

<h2>(2) 상호주의 논리의 배후</h2>

통상법 301조는 불공정 무역관행의 유무를 판단하는 기준으로서 기존 조약상 권리침해 여부와 함께 외국의 행위, 정책 또는 관행이 불공정, 불합리 또는 차별적이며 미국 상업에 대한 부담 혹은 제한이 되고 있는가 하는 점이었다. 그것은 불명확하고 자의적인 기준이었다. 1974년 통상법의 기초 과정에서 미국 상원 재무위원회는 본법의 필요성을 미국과 여러 나라 사이의 '상호주의 결여와 그 회복'에서 요구하는 동시에 이를 위한 수단인 301조의 보복권한이 적극적으로 행사되어야 함을 강조하였다.⁵⁶⁵ 그리고 동조의 발동요건인 미국 상업에 대한 부정적 영향에 대해서는 외국에 의한 국제법 위반 유무에 관계없이 그 존재 여부를 판단해야 한다는 인식을 나타내고 있었다.

통상법 301조는 기존의 국제법상 법률관계를 넘어, 국제경제 관계에서 상호주의 결여를 문제 삼아 그 시정을 도모하려는 것이었다. 미일간 자동차 문제를 배경으로 한 1995년 미일 자동차협의에서 미국이 문제 삼은 것은 일본 시장의 폐쇄성이었고, 이것은 당초 WTO협정의 범위 밖의 문제이었다. 그러나 미국은 보복관세 위협을 배경으로 시장환경 시정을 압박했고, 일본은 미국의 일방적인 수법을 문제 삼아 WTO 분쟁처리 절차에 근거한 협의 요청을 하는 등 맞섰다. 그러나 결국 WTO 테두리 밖에서 미국의 요구를 일부 받아들여 타협적으로 문제해결을 도모할 수밖에 없었다.⁵⁶⁶ 상호주의의 압력에 의

---

563 Voluntary Export Restraints: VER; https://corporatefinanceinstitute.com/resources/economics/voluntary-export-restraint-ver/

564 松下満雄,『日米通商摩擦の法的争点—紛争事例分析—』, 有斐閣, 1983.

565 S. Rep. No. 93-1298 (1974), reprinted in 1974 United States Code Congressional and Administrative News 7197, 7302; https://www.finance.senate.gov/imo/media/doc/trade10.pdf

566 松下,『国際経済法』, 180-182 頁. 일반적으로 이런 종류의 보복관세 발동은 GATT 1조 위반(특정

해 다수국간 법질서가 편의적인 양자관계로 분해되고 정치적으로 문제가 처리된 것이다.

미국은 상호주의를 강압적 보호주의 수단으로 변질시켰다. 자유화를 목적으로 한 상호주의 채택→중상주의적 사고 유입→보호주의 수단으로서의 상호주의로의 전환 가능성이라는 도식을 현실 속에서 강요하였다. 국가의 판단과 정책에 따라 상호주의의 기능이 자의적으로 사용될 수도 있다는 상호주의의 양면성이나 그 발현의 불안정성의 문제가 나타났다.[567] 법 제도의 테두리 밖에서의 상호주의 원용은 힘의 지배에 기초한 국제경제 관계 처리로 이어져 분쟁요인의 정치화나 다수국간 조약 체제의 약화를 초래하는 등 법질서 불안정의 계기가 된다는 것을 부인할 수 없다. 301조는 GATT/WTO 체제와 같이 법적·제도적 기반이 갖추어져 있다고 하더라도 어떤 형태로든 언제든지 표면화될 수 있다는 것을 보여주고 있다.

Ⅲ 다자주의와 지역주의

① 지역주의 전개와 FTA

2003년 칸쿤 각료회의의 실패에 대해 졸릭 미국 통상대표는 지역주의를 향해 나아가겠다는 미국의 단호한 자세를 다음과 같이 표명했다.

국만을 대상으로 한 차별적 조치), GATT 2조 위반(양허세율을 초과한 관세 부과), DSU 23조 위반(일방적 조치) 등을 구성할 수 있다. US - Section 301 Trade Act 사건에서 패널은 301조에 근거한 일방적인 대항조치의 발동이 WTO 협정 위반이 될 수 있다는 취지로 판시하고 있다. Panel Report, United States - Sections 301-310 of the Trade Act of 1974, WT/DS152/R, adopted on 27 January 2000.

567 山本, 前揭論文, 274 頁

'칸쿤에서는 의욕 있는 자(the can-do)와 없는 자(the won't-do) 사이에 기본적인 대립이 있다. … WTO 회원국들은 장래를 숙고하고 있는 것 같지만 미국은 그것을 기다릴 생각이 없다. 우리는 의지가 있는 나라들과 함께 자유무역을 향해 전진한다.'[568]

지역주의 확대의 배경에 도하라운드 협상의 정체가 있다. 동질성이 결여된 160개 이상의 회원국에 의한 법 형성이 현실적이지 않은 이상 101개 회원국들이 다자주의 틀과 최혜국 대우 원칙을 우회하여 각각 독자적으로 상호주의적 자유화에 분주하다. FTA의 탄생으로 인해 상대적으로 불리한 경쟁도 발생하였고, WTO의 테두리 밖에서의 자유화의 움직임은 한층 더 확산되어 갔다.[569]

즉, WTO의 법형성 기능이 정체되는 한 지역주의의 확대는 불가피하다고는 하지만, 개별 FTA가 상호주의적 자유화의 무대로서 기능할 수밖에 없는 것이 현실이다. 개별 FTA의 법 구조나 규정 내용을 보면 FTA가 '무차별 다자주의'의 예외임을 반영하며, 거기에는 최혜국 대우원칙에 얽매이지 않는 편의적 상호주의 추구의 장으로서의 성격이 현저하게 나타나고 있다.

FTA의 대부분을 차지하는 양자간 FTA는 이분법적 이익교환 상호성 확보야말로 지상 명제이고, 또 그것만 실현할 수 있으면 충분하기 때문에 당사국 사정에 따른 유연한 자유화와 규율 형성이 이루어지기 쉽다. 자유화 대상의 유연성, 자유화 형식의 유연성, 자유화 타임프레임의 유연성, 혹은 WTO 협정이 커버하지 않은 사항·수준의 규율 책정을 시도하는 이른바 WTO 플러스 도입 등 상호주의 실현 형태는 당사국의 창의력에 따라 다양하다.

또 이렇게 확보되는 FTA 당사국간 이익교환의 상호성을 유지하기 위해 역외에 대한 차별을 견지하는 것을 목적으로 한 여러 규정이 FTA에 도입된다.

---

[568] United States Trade Representative Robert B. Zoellick, "America Will Not Wait for the Won't-Do Countries", The Financial Times, 22 September 2003, p.23.

[569] Richard E. Baldwin, "Multilateralising Regionalism: Spaghetti Bowls as Building Blocs on the Path to Global Free Trade", The World Economy, Vol. 29, No. 11(2006), pp.1466-1471.

예를 들어 FTA 운용에는 필수적인 원산지 규칙은 FTA 역내국에서 생산된 제품인지 여부(해당 FTA상의 이익을 누리기 위한 자격요건)를 판단하기 위한 기준을 정하는 것으로, 그 기준이 엄격할수록 역외에 대한 차별성이 강해진다. 또 이른바 이익 부인 조항도 활용된다.[570] 이것은 형식적으로는 FTA 역내국의 서비스 또는 서비스 제공자에 해당하는 경우라도 실질적으로는 역외국인 제3국의 서비스 또는 제3국의 소유·지배하에 있는 법인에 대해서는 해당 FTA상의 이익을 부인할 수 있다.

② 다자주의 재고

다자주의란 일반화된 행동 원칙에 따라 3개국 이상 사이의 관계를 조정하는 제도적 형태다. 이 일반화된 행동 원칙이란 즉, 각 당사국의 개별주의적 이익이나 개개의 상황에서 발생할 수 있는 전략적 요청을 고려하지 않고 어떤 부류의 사항에 있어서 적절한 행동을 명시하고 특정하는 원칙을 말한다.[571] 국제경제활동은 각국 고유의 이익·가치 체계에 따라 이기적으로 전개되기 쉽다. 이러한 상황에 객관적 질서와 법의 지배를 도입할 수 있는 것은 다자주의를 제외하고는 WTO 체제가 법 형성·적용·이행 확보의 각 단계에서 조직적으로 대응함으로써 그 역할을 수행해 왔다.[572]

---

[570] 이익 부인 조항의 대부분은 북미자유무역협정(NAFTA) 규정을 답습하고 있다 이익 부인의 대상이 되는 것은 타방 체약국의 서비스 또는 서비스 제공자이지만, ① 일방 체약국이 외교 관계가 없는 제3국에 소유 또는 지배되고 있는 다른 체약국의 법인, ② 제3국에 소유 또는 지배되고 있는 법인이며, 한쪽 체약국이 경제 제재 등에 의해 거래를 금지하고 있는 다른 체약국의 법인인 점 또는 협정에 의한 이익을 줌으로써 해당 조치에 대해 위반 또는 저해된다고 인정되는 경우, ③ 제3국 문제가 되는 서비스 또는 서비스 제공자가 상기 요건에 해당하는 경우에 이익의 부인이 가능해지지만, 실제로 부인할지는 수입국의 재량에 맡겨져 있다. 經濟産業省通商政策局編, 『不公正貿易報告書 2016 年版』, (2016), 698 頁.

[571] John Gerard Ruggie, "Multilateralism: The Anatomy of an Institution", in John Gerard Ruggie (ed.), Multilateralism Matters: The Theory and Praxis of an Institutional Form (Columbia University Press, 1993), p.11.

[572] FTA와의 비교에 있어서 다수국간 법질서인 WTO의 이점을 6가지 들고 있다. 즉, ① 무차별 원칙, ②

그러나 FTA를 무대로 법과 경제의 조화가 진행되고, WTO법과 경제 실태와의 괴리가 커지면, 자연스럽게 WTO 자체의 존재 의의나 그 법체계에 대한 신뢰·존중도 저하되어 가치나 규범의식까지도 후퇴할 우려가 있다.

국제경제 질서에서 이기주의적 상호주의의 발현은 다수국간 조약이어야만 제어할 수 있었다. 이러한 다수국간 조약의 기반이 약화될 경우에는 힘의 지배에 기초한 문제처리의 방식을 부정할 수 없다. 상호주의는 국제 경제 질서에서 필요한 것이지만, 한편으로는 그 악용을 제어하는 것이 중요한 과제가 되고 있다. 이러한 딜레마는 상호주의에 의존하는 한 피할 수 없다.

Ⅳ 국제 질서의 현실과 상호주의의 현실

① 트럼프 행정부 이후의 상호주의와 공정성

최근에는 자국 제일주의를 내세우는 미국이 양자주의로의 회귀 자세를 분명히 하고, 다른 나라와의 충돌을 일으키고 있다. 국제사회에서 다자주의 이념은 주요국의 할거주의와 그에 따른 국제경제 질서의 불안정화로 나타나고 있다.[573]

트럼프 행정부가 자국의 통상정책을 설명하는 과정에서 자주 사용하는 용어인 상호주의와 공정성은 미국의 주요 교역상대국에 대하여 자국의 통상 이

취급되는 문제의 포괄성, ③ 룰 간소화에 의한 무역 촉진, ④ 예견 가능성, ⑤ 가맹국간의 공평성, ⑥ 법에 준거한 실효적인 분쟁 해결이다. William J. Davey, Non-Discrimination in the World Trade Organization: The Rules and Exceptions (AIL-Pocket, 2012), p.136.

[573] E.g., Adrian M. Johnston & Michael J. Trebilcock, "Fragmentation in International Trade Law: Insights from the Global Investment Regime", World Trade Review, Vol. 12, No. 4 (2013), pp.621-652; Ruth L. Okediji, "Back to Bilateralism?: Pendulum Swings in International Intellectual Property Protection", University of Ottawa Law & Technology Journal, Vol. 1, Nos. 1 & 2 (2003-2004), pp.125-147.

익을 관철시키기 위한 목적으로 남용되고 있다. 상호주의는 '일반적으로 다수의 국가가 동일 또는 등가의 대우를 하는 것'을 의미하며, 국제 경제 관계에서 상호주의는 '일방 정부가 수입을 저해하는 관세나 기타 무역장벽을 낮출 경우 타방 정부는 일방 상대국에 대해 이와 유사한 수준으로 양허해야 하는 WTO 관행'을 의미하는 것이다.[574] 즉, WTO 관행상 무역장벽을 낮추는 행위의 상호주의를 의미하는 것이지 무역의 결과로서 상호주의를 의미하는 것은 아니다.

그러나 트럼프 행정부는 미국과의 무역관계에서 자국에게 결과적으로 무역적자를 초래하는 무역상대국의 불공정무역행위를 비판하고 있다. 이에 대한 해결책으로서 수입품에 대한 고율의 관세 부과, 환율조작국 지정 등을 통한 무역 불균형의 해소를 일방적으로 주장하고 있다.[575]

트럼프 대통령은 G7 정상회의 참석 계기에 다른 G7 정상들에게 그가 생각하는 상호주의적 무역에 대한 개념을 설명한 것으로 알려졌다. 트럼프 대통령은 미국의 무역상대국이 30%의 수입 관세를 부과하면 미국도 30% 수입관세를 부과할 것이며, 미국산 자동차에 대하여 무역상대국의 시장에서 엄격한 안전성 평가 기준이 적용된다면 미국 또한 수입품에 대하여 동일한 높은 수준의 평가 기준을 적용하겠다고 했다.[576] 트럼프는 무역상대국이 미국 시장 진출을 위한 낮은 수출장벽을 원한다면 미국산 제품에 대해서도 자국의 수입장벽을 철폐할 것을 주문하였다. 결국 무역상대국과의 일대일 양자무역협정(FTA) 협상을 통해 이와 같은 상호주의적 무역 관계가 구축될 수 있도록 기존의 FTA 재협상 또는 새로운 FTA 협상을 요구하고 있다.

또한 공정성이라는 개념은 WTO 시스템하에서 제품에 대한 덤핑 및 보조금 지원 등 불공정한 무역행위를 시정하기 위하여 반덤핑 및 상계관세 등 무

---

[574] 이효영, "미국 우선주의(America First) 통상정책의 국제통상질서에 대한 함의", 국제법평론회 국제법평론 제47호, 2017, 57-79.

[575] Dan Ikenson, "41 Straight Years of Trade Deficits Yet America Still Stands Strong", Forbes(Aug. 23, 2016)

[576] Inside U.S. Trade, "White House: Trade dominates G7 meeting as Trump clarifies reciprocity"(May 26, 2017).

역구제조치를 활용하여 불공정 무역행위의 부정적 효과를 부분적으로 상쇄할 수 있도록 하는 규범의 근간을 이루고 있다. 반덤핑 및 상계관세와 같은 무역 구제조치를 사용하는 목표는 공정한 경쟁여건을 조성하기 위한 것인데, 이의 전제조건은 모든 회원국들이 합의하는 일단의 규범에 의한 것일 때 허용하고 있는 것이다. 따라서 트럼프 정부가 강조하는 공정성과는 전제조건이 다르다는 것을 알 수 있다. 결국 트럼프 행정부는 미국 통상법에 따라 자국이 일방적으로 정한 경쟁 조건을 무역상대국에 강요하고 있기 때문이다.

② 미국의 예외주의와 일방주의가 주는 시사점

자국이 우월하고 특별하다는 예외주의는 미국만의 전유물이 아니다. 대부분 국가는 강대국이 되었을 때, 타 국가에 대한 우월의식을 가지기 마련이다. 단지, 미국 예외주의는 그들이 왜 우월하다고 생각하는지에 대한 설명을 제공한다는 데에 의의가 있을지도 모른다. 미국은 아직 국가의 형태를 가지지 못했던 식민지 시대에서부터 종교적 확신과 사명 의식으로 무장되어 있었고, 구세계인 유럽과 비교하여 더 도덕적으로 우월하고 특별하다는 사고를 하고 있었다. 그리고 미국 대통령들은 예외주의 수사학을 계속 원용했다. 물론 그들의 예외주의는 같지 않고, 시대에 따라 다르게 재해석된 부분이 없지 않다.

그러나 큰 흐름 속에서 보았을 때, 미국 역사 속에서는 예외주의 흐름이 크게 두 가지였다. 어떠한 형태의 예외주의이든, 수백 년 동안 형성된 미국 예외주의 시각은 국제법 체제와의 관계를 고려하여 보자면 중요하다. 인권법, 환경법, 인도법, 해양법 등 법체제를 구축하는 데에 미국이 큰 역할을 한 사실은 널리 알려진 사실이다. 그럼에도 불구하고 미국 스스로 이와 같은 법이 적용되지 않는다고 주장하는 것은 상당히 위협적이고, 위험스러운 행태다. 다른 국가들이 지킬 국제법이 별도로 있고, 미국만의 별도의 규범체제가 있다는 것인지 의문이다.[577]

---

[577] 오시진, "미국 우선주의에 대한 소고 미국 우선주의에 대한 소고 – 미국 예외주의 전통에서 본 Trump

트럼프는 미국 역사상 특이한 정책을 펼친 대통령이다.[578] 그의 비유형적이고 비정상적인 행보는 미국 국내뿐 아니라 국제사회에 충격을 주었다. 트럼프주의는 미국 예외주의의 죽음을 의미한다는 주장도 있었다.[579] 사실 미국 저널리스트들도 미국은 더 이상 모방해야 할 모범국가가 아니고 비난의 대상이 되었다고 인식하고 있다.[580] Peter Beinart는 미국 예외주의는 미국의 국가적 성격과 관련이 있는 것이기 때문에, 어느 대통령이 예외주의를 없앨 수 없다고 한다. 그는 트럼프가 '짜증나게'(disturbing) 예외주의를 재해석했을 뿐이라고 주장하였다.[581]

그런데 트럼프의 주장에서도 전통적인 예외주의적 요소들을 파악할 수도 있다. 트럼프는 유럽의 국가들이 EU를 형성하여 국가성을 상실했다고 주장하였다. 또 그 결과로 이슬람교도들이 유럽에 쉽게 들어오게 되었다고 한다. 트럼프는 "우리나라는 지금 강력한 국경과 신원조회가 있어야 한다"고 하며, "유럽 전역, 그리고 세계에서 벌어지는 일을 보라, 끔찍한 난장판이다."라고 주장하였다.[582] 이러한 모습은 사실 19세기 예외주의와 유사한 부분이 없지 않다. 미국이 유럽과 다르다는 점을 강조하면서, 유럽에서 벌어지는 것을 악으로 취급하고 고립주의를 택하는 것이다. Beinart는 트럼프가 미국이 예외적이라고 하는 이유가 미국이 압도적으로 유대인들과 기독교인들로 구성되어 있기 때문이라고 주장하였다.[583]

미국 예외주의 전통에서 본 Trump 행정부의 국제법관-", 국제법평론(통권 제47호), 2017, 1-36.

[578] Jesse Byrnes, "Trimp in 2015 on American exceptionalism: I never liked term", The Hill, Jun. 7, 2016.

[579] Jelani Cobb, "Donald Trump and the Death of American Exceptionalism", The New Yorker, Nov. 4, 2016.

[580] Nick Bryant, "Donald Trump and the end of American exceptionalism?", BBC, March 2, 2017.

[581] Peter Beinart, "How Trump Wants to Make America Exceptional Again", The Atlantic, Feb. 2, 2017.

[582] Ibid.

[583] Ibid.

트럼프가 미국 우선주의를 주장하는 이유는 Obama의 다자주의가 미국에 손해라고 보았기 때문이다. Obama가 다자주의를 취한 것에 대한 반동적 성격도 강하다. 트럼프 행정부는 모든 다자조약에 대해 모라토리엄을 선언할 행정명령 초안을 작성한 바 있다. 일방주의적 접근을 선호한다고 할 수 있다. 즉, 미국이 다자주의를 버리고 다시 일방주의를 취하여서 미국을 "다시 위대하게 만들겠다"는 것이다. 이러한 모습은 Bush가 취한 일방주의와 유사하면서도, 19세기 미국의 팽창주의적 예외주의와 같은 흐름에서 이해될 수 있다. 트럼프가 미국을 "다시 위대하게 만들겠다"고 할 때는 미국을 다시 예외적인 나라로 만들겠다는 것을 의미한다. 요컨대, 트럼프는 Obama의 다자주의적이고 비우월적 예외주의를 부정하면서, 일방주의적이고 우월주의적 예외주의를 부활시켰다. 예외주의라는 시각을 통해서 미국 대통령들은 다양한 형태의 예외주의를 취하고 있다. 이러한 모습은 변화하는 국제사회 속에서 미국의 이익을 우선하는 모습이다.

트럼프 대통령 당시 TPP 탈퇴와 개별국별 공정한 양자협정 체결을 주장하는 등 국제경제 실천에서 미국 제일주의 · 양자주의로의 전환을 꾀하는 자세를 분명히 했다. 이후 이 같은 주장에 따라 미국의 행동에도 변화가 생겼고 통상 구제조치 남발과 강압적 FTA 재협상 등으로 각국과의 국제경제분쟁이 발생하였다. [584] 트럼프의 이러한 주장은 역사적으로는 전혀 새로운 것이 아니다. 그 본질은 국제경제 관계에 있어서 엄밀한 상호주의 추구와 다름이 없다. 미국 국내의 유동적인 정치 상황 때문에 향후 정책이 더욱 구체화될 경우에는 상호주의 논리에 기초한 국제경제법 질서의 새로운 불안정화 · 분극화가 불가피할 것이다.

---

[584] 미국의 트럼프 행정부가 기존의 국제경제법질서를 비판할 때 상호주의 개념에 의거하고 있음을 단적으로 보여주는 것으로서 "Trump Directs a Review of Trade Agreement Violations: WTO Is a Target", Inside U. S. Trade, 5May 2017, pp.16-17. 또한 2017년 12월에 발표된 미국의 국가안전보장전략에서는 상호주의 원리에 입각한 국제경제관계의 재구축을 지향해 나간다는 내용이 문서 내 곳곳에서 분명히 밝혀져 있다. National Security Strategy of the United States of America, December 2017. (https://www. whitehouse. gov/wp-content/uploads/2017/12/NSS-Final-12-18-2017-0905-2. pdf).

CHAPTER 02

WTO의 국가 안전보장과 예외

----

1 개요

최근 국제사회에서는 국가안전보장을 이유로 규제조치를 하는 국가들이 많아지고 있다. 특히 트럼프 행정부 이후 미국에서는 이러한 경향이 현저하다. 일반적으로 국가 안전보장이란 국가의 영역이나 국민의 보호, 영역 내에서의 법질서 유지 등 국가의 존립과 관련된 것을 염두에 두며, 관련된 이익의 보호가 국가에 있어서 사활적으로 중요하다는 것은 말할 필요도 없다. 따라서 국가 안보상의 목적으로 국가가 어떤 조치를 취하는 것 자체를 부정할 수 없다. 다른 한편으로 경제 분야에서는 국제경제 활동을 자유화·원활화하기 위한 다종다양한 조약이 전 세계에 걸쳐져 있기 때문에 어떤 나라가 안전보장상의 목적으로 경제 규제를 시도하는 경우, 해당 조치가 동국을 당사국으로 하는 경제조약상 의무에 저촉될 가능성은 크다.

문제는 국가안전보장이라는 국가의 중대한 이익의 보호와 국제법 규범의 실현을 얼마나 균형있게 달성할 것인가 하는 점이다.[585] 국가안전보장이라는 목적을 주장하면서 국가가 무엇을 해도 좋다고 하면 국제법 규범의 실효성이 무너질 우려가 있다. 한편, 국제법규범의 엄격한 실시에 의해 자국의 국가안전보장이 위협받는 사태를 국가가 용인할 수 있는 것도 아니다.

II **GATT 제21조 국가안전보장을 위한 예외**

① GATT 제21조

WTO 협정은 무역의 자유화와 평등한 경쟁 조건의 실현을 주된 목적으로 한 다수국간 경제 조약으로, 물품 무역에 관한 룰을 정한 GATT나 서비스 무역에 관한 룰을 정한 GATS 등의 복수 협정에 따라 구성되어 있다. 그리고 이들 2개의 협정에는 국가안전보장 예외 조항이 설치되어 있다(GATT 제21조, GATS 제14조의2). GATT 제21조는 다음과 같다.

GATT 제21조 안전보장을 위한 예외

이 협정의 어떠한 규정도 다음으로 해석되지 아니한다.
(a) 공개 시 자신의 필수적인 안보 이익에 반한다고 체약 당사자가 간주하는 정보를 제공하도록 체약 당사자에게 요구하는 것 또는
(b) 자신의 필수적인 안보 이익의 보호를 위하여 필요하다고 체약 당사자가 간주하는 다음의 조치를 체약 당사자가 취하는 것을 방해하는 것
　(i) 핵분열성 물질 또는 그 원료가 되는 물질에 관련된 조치

---

585 平見 健太, "国家安全保障を理由とした経済規制とWTOの安全保障例外", 国際法学会エキスパート・コメント No.2019-6.

(ii) 무기, 탄약 및 전쟁 도구의 거래에 관한 조치와 군사시설에 공급하기 위하여 직접적 또는 간접적으로 행하여지는 그 밖의 재화 및 물질의 거래에 관련된 조치
(iii) 전시 및 기타 국제관계의 긴급 시에 취하는 조치
(c) 국제 평화 및 안보의 유지를 위하여 국제연합헌장 하의 자신의 의무에 따라 체약 당사자가 행하는 조치를 방해하는 것

안전보장상의 이유로 국가가 GATT상의 의무에 반하는 무역 제한 조치를 했다고 하더라도 상기 (a)~(c) 중 하나의 요건을 충족하는 경우 의무위반이 면제되어 해당 조치는 정당화되게 된다. 즉, GATT 제21조의 운용을 통해서, 국가안전보장이라는 국가의 중대한 이익의 보호와 국제 법규범의 실현과의 균형이 도모되게 되는 것이다. 또한 이러한 종류의 국가안전보장 예외 조항은 FTA나 투자 협정 혹은 전통적인 2국간 통상 항해 조약 등에도 설치되는 경우가 많아, 각 조약에 대해 같은 기능을 하게 된다.

국가안보 예외와 관련한 GATT 제21조 조항은 GATS 제14조의2, TRIPS 73조에도 동일 또는 유사하게 반영되어 있으며, WTO 복수국간 협정인 정부조달협정 제3조 제1항에도 변형된 형태로 반영되어 있다. WTO 체제에서 국가안보 예외 조항이 상품교역을 규율하는 GATT, 서비스교역을 규율하는 GATS, 지식재산 관련 사항을 규율하는 TRIPS에는 반영되어 있으나 모든 WTO 분야별 협정에 일률적으로 반영된 것은 아니며, WTO 체제에서 국가안보 예외 조항의 적용 범위에 대한 문제와 해석의 문제가 있다.[586]

2 제21조 (a)항

국가안보 예외와 관련하여 제21조 (b)항 및 (c)항이 WTO 협정 의무위반에 대한 예외적 상황을 규정한 데 반해, 제21조 (a)항은 핵심 안보 이익과 관련된 사안에 대해서는 체약국의 자기 판단에 근거하여 관련 정보의 제공 거부

---

[586] 장성길, "국가안보 예외 관련 재판관할권과 판단의 기준 검토", 통상법률 2021-1, p.36.

를 규정하고 있다. 제21조 (a)항의 정보는 '개인정보를 포함한 모든 형태의 정보'를 포함하고 있으며, (b)항과 (c)항에 따라 취해진 WTO 회원국의 국가안보 관련 조치에 대한 정보를 제공함에 있어서도 (a)항이 적용되는 것으로 해석된다. 동 조항은 미국, 중국을 포함한 상당수 국가들이 개인정보 보호 문제를 국가안보 측면에서 접근하고 있으므로, 제21조 (a)항의 해석과 적용 범위에 대한 관심이 제고되고 있다.

③ 제21조 (b)항

GATT 제21조의 국가안보 예외 조항과 관련하여, 그간 제21조 (b)항의 해석과 적용에 대한 회원국 간 입장 차이가 나타났다. 일부 사안은 GATT 및 WTO 분쟁해결절차로 회부되었다. 제21조 (b)항의 해석과 적용에 관한 논란은 크게 핵심 안보 이익의 범위, 자기결정의 의미와 재판관할권과의 관계, 필요성 판단 기준, (b)항 (iii)호의 '전시 또는 국제 관계에서 그 밖의 비상시에 취하는 조치'와 관련한 '비상시'의 판단 주체와 범위 등으로 압축된다.

GATT 체제하에서 GATT 제21조 (b)항과 관련한 분쟁에서는 대체로 국가안보에 근거하여 취해진 무역 제한조치가 GATT 제21조의 정당화 요건을 충족하였는지 여부에 대한 판단은 무역 제한조치를 택한 회원국의 전속적 재량사항이라는 입장이 다수였으며, 대다수 국가안보 예외와 관련한 다툼은 GATT 분쟁해결절차로 회부되지 않거나 분쟁해결절차로 회부되더라도 외교적 합의에 따라 패널 절차가 중단되었다.[587]

---

587 이지수, "무역제한조치와 안보: WTO 안보상 예외에 관한 해결되지 않은 문제들", 국제경제법연구 15(3), (2017) p.189.

UN 헌장 제24조는 국제평화와 안전의 유지를 위한 일차적인 책임을 UN 안전보장이사회에 부여한다. GATT 제21조 (c)항 규정은 UN 헌장 제7장에 근거한 안전보장이사회의 결의안에 대해 WTO 회원국들이 동 결의안의 범위 내에서 WTO 협정상의 약속과 의무 이행을 면제토록 하여, 경제 제제나 수출통제 등의 방식으로 동 결의안을 이행토록 할 수 있도록 하는 법적 근거를 제공한다.

이처럼 중요한 역할을 담당하는 것이 국가안전보장 예외 조항인데, 이 조항의 실효성을 크게 좌우하는 문제로서 지적된 것이 누가 그 요건의 해당성을 판단하는가의 문제이다. 제21조(b)에 있는 것처럼 자국의 안전보장상의 중대한 이익의 보호를 위하여 필요하면 '체결국이 인정'한다고 규정되면서, 그 요건 해당성을 원용국의 자기 판단에만 의존하는 경우 남용에 대한 우려가 제기되었다.

Ⅲ 러시아 · 화물 통과 사건 패널 보고서와 국가안보 예외

1 사안

2019년 4월 5일 러시아 · 화물 통과 사건 패널 보고서는 패널이 처음 GATT 제21조의 해석을 한 사안이다. 본 건에서는 다음이 주된 쟁점이 되었다. ① GATT 제21조의 적용에 관한 문제에 대해서 패널이 심리를 위한 관할권을 갖는지 ② 패널이 관할권을 갖는다면 러시아의 조치는 GATT 제21조의 요건을 충족하여 정당화될 수 있는지 등이다.

우선 ①의 문제에 대해서, 패널은 GATT 제21조(b) 규정이나, GATT 및

WTO 설립 협정의 취지나 목적, 또 기초 과정의 상세한 분석을 통하여, 그 관할권을 긍정했다.[588] ②의 문제, 즉 러시아의 본건 조치가 GATT 제21조의 요건을 충족하여 이를 정당화할 수 있는지. 러시아의 조치가 GATT 제21조 (b)(iii)에 규정된 상황에서 이뤄진 조치인지에 대해 객관적으로 평가되었다. 그 결과 패널은 2014년 크림 위기 이후 생기고 있는 상황이 '국제 관계의 긴급 사태'에 해당한다며, 본건 러시아의 조치는 관련된 긴급시에 취해진 조치임을 인정했다.[589]

패널은 무엇이 '안전보장상의 중대한 이익'에 해당하는지 대해서 일반적으로 GATT 제21조 원용국의 판단에 맡겨진다고 했다. 그러나 동시에 패널은 빈 조약법 조약 제31조 제1항 및 제26조를 참조함으로써 GATT 제21조 (b)(iii)를 신의칙에 의거해 해석 적용하는 회원국의 의무가 존재함을 제시하였다. 그리고, 이를 이유로 원용국의 재량도 결코 무제약이 아님을 강조하고 있다. 그리고 이와 같은 일반적인 신의칙 의무를 근거로 무엇이 안전보장상의 중대한 이익에 해당하는지를 명확히 하는 설명 책임이 원용국 측에 있다는 것을 도출했다. 본건에서 러시아는 자신이 생각하는 안전보장상의 중대한 이익이 무엇인지 명시하지 않았지만, 패널은 2014년 '크림 위기'의 성질에 비추어 볼 때 본 건에서 러시아가 보호하는 이익이 안전보장상의 중대한 이익이라고 인정했다.[590]

마지막으로 안전보장상의 이익 보호를 위해 조치가 '필요'한가에 대해서는 관련 필요성 요건에도 신의칙 의무가 적용되므로, 조치와 안전보장상의 이익 사이에는 밀접한 관계라는 최저한도의 요건은 필요하다고 했다. 즉 필요성 판단의 맥락에서도 일정한 제약에 따른다고는 하지만 원용국에는 대폭적

---

[588] Russia–Measures concerning Traffic in Transit, Report of the Panel, WT/DS512/R, 5 April 2019, paras 7.62–82.

[589] Russia–Measures concerning Traffic in Transit, Report of the Panel, WT/DS512/R, 5 April 2019, paras 7.124–125.

[590] Russia–Measures concerning Traffic in Transit, Report of the Panel, WT/DS512/R, 5 April 2019, paras 7.135–137.

인 재량이 인정되게 된다.[591] 그 결과 러시아의 GATT 위반은 없다고 결론내렸다.

(2) 의미

러시아·화물 통과 사건 패널 보고서에서 주목할 점은 다음과 같다. 즉, 협정 위반에 대한 정당화 사유로 GATT 제21조가 원용될 경우 ① 그 적용 여부는 오로지 원용국의 자기 판단에 의존하는 것이 아니라 패널의 심사에 따를 것, 그 후 ② GATT 제21조(b)(iii)의 요건 해당성을 평가할 때에는 (i)-(iii)의 요건 해당성에 관해서는 패널이 객관적이고 엄격한 심사를 하고 (b)의 요건 해당성에 관해서는 신의칙에 근거한 제약이 존재하면서도 기본적으로 광범위한 재량이 원용국 측에 인정되어, 패널의 심리 밀도가 매우 낮다는 것이다.

이러한 패널의 GATT 제21조 해석은 어떻게 평가되는가. 대체로 사법 심사를 긍정하면서도 기본적으로는 원용국의 재량을 어느 정도 인정한다는 패널의 기본자세는 안전보장이라는 국가의 중대 이익의 보호와 국제법 규범의 실현과 사이에 균형점을 찾으려는 시도로서 긍정적으로 평가되어야 한다.

그러나 문제점도 있다. 가령 제21조(b)의 요건에 관해서, 패널은 예외 조항의 남용을 방지할 수 있도록, 신의칙을 기반으로 원용국 측의 설명 책임을 도출해야 하는데도 불구하고, 본건에서 러시아는 스스로 규정하는 안전 보장 상의 중대한 이익이 무엇인지를 명확히 설명하지 않았다. 그런데도 러시아가 '크림 위기'에 언급한 것만을 가지고 설명 책임은 다한 것으로 패널은 인정하고 있다. 여기에서 설명 책임과 같은 절차적 요건을 부과하는 것 자체는 원용국의 실체적 판단에 대한 재량을 침해하는 것은 아니다. 그러나 이런 종류의 요건 해당성 평가에 대해서까지 원용국의 재량에 배려하고 현저하게 낮은 심리 밀도로 대응한다면 GATT 제21조의 남용을 방지할 수 있도록 한 설명 책

---

591 Russia-Measures concerning Traffic in Transit, Report of the Panel, WT/DS512/R, 5 April 2019, paras 7.138, 146

임의 요건에 존재 의의가 있을지 의문의 여지가 생긴다.

미국은 GATT 제21조를 원용국의 자기판단 규정으로 해석하는 입장을 바꾸지 않고 이 회합에서 패널의 해석을 엄격하게 비판하고 있다. 같은 분쟁을 많이 떠안는 미국이 향후 어떤 대응을 모색할지 주목된다. 본건 패널의 GATT 제21조 해석은 WTO에서 현재 진행 중인 다른 안전 보장 예외 관련 분쟁의 향배에 영향을 미칠 것이다. 또 다른 조약 중의 안전 보장 예외 조항의 운용에 영향을 끼칠 가능성이 있다. 국가 안전 보장을 이유로 한 무역 제한 조치가 향후도 계속 문제가 될 것이다. 본 사건에서 패널이 정립한 해석론적 구조가 GATT 제21조의 정당한 활용 사례와 남용 사례를 어떻게 선별할 수 있는가, 그리고 장래 남용을 얼마나 억제할 수 있는지. 계속하여 주시할 필요가 있다.

③ 평가

GATT 제21조 국가안보 예외나 GATT 제20조 일반예외 모두 '예외'와 관련이 있는 만큼, 국제법상 '예외'의 성격과 의미에 대한 검토가 필요하다. Henckels는 협정의 적용 제외를 의도하는 조약상 예외 조항이 협정의 적용을 전제로 하는 관습국제법상 국가책임 면제조항에 대해 특별법적 지위를 가지는 데 대해 비판하고 있다.[592] 그러나 GATT 제21조 국가안보 예외는 GATT 제20조 일반 예외에 비해 조치 원용 당사국에 대해 폭넓은 재량권을 부여하고 있다.

러시아-통과운송 관련 WTO 패널 판정[593]에서 필수적(핵심적) 안보 이익 판단의 기준을 다음과 같이 제시하고 있다. 패널은 '핵심적 안보이익'과 관련한 회원국의 재량적 판단 권한을 확인하면서도, 이와 관련한 회원국의 재량적

---

[592] Caroline Henckels, "Scope Limitation or Affirmative Defence?: The Purpose and role of Investment Treaty Exception Clauses: Society of International Economic Law, Fifth Biennial Global Conference (2016), p.5, p.11.

[593] Russia-Measures concerning Traffic in Transit, Report of the Panel, WT/DS512/R, 5 April 2019.

판단은 GATT 제21조 (b)(iii)항을 신의칙에 따라 해석하고 적용하는 범위 내에서만 허용되며, 이러한 신의칙 조건은 회원국이 GATT 제21조를 WTO 협정상 의무를 회피하기 위한 수단으로 이용하지 않을 것을 요구한다. 이를 위하여 제21조 (b)(iii)항을 원용하는 조치를 하는 국가가 국제관계에서의 비상상황에서 취하는 조치라는 것의 진실성을 증명할 수 있을 정도로 명확히 설명하는 것이 필요하다고 판시하였다.

패널은 '충분한 수준의 명확한 설명'은 문제가 되는 '국제관계에서의 비상상황'에 달려 있는데, 군사적 충돌과 같은 상황이 아니라면 조치의 원용국이 보다 구체적으로 자국의 필수적 안보이익에 대해 명확히 설명하는 것이 필요하다고 판시하였다. 또한 패널은 신의칙이 조치 원용국이 '핵심적 안보이익'을 결정하는데 뿐만 아니라, 이에 따른 조치를 결정하는 데도 적용되며, 이러한 측면에서 해당 조치가 필수적 안보이익을 보호하는 데 있어서 최소한의 타당성 요건을 충족해야 한다고 판시하였다.[594]

Heath는 동 패널 판정이 GATT 제21조 국가안보 예외를 원용하는 분쟁에서의 신의칙 고려가 핵심적 안보 이익 여부를 판단하는 데 뿐만 아니라 조치의 합리성과 비례성을 판단하도록 함에 따라, 국가안보 예외 조치에 대한 실질적 심사를 가능토록 한 것으로 평가하고 있다.

또한 Heath는 동 패널 판정에서 무력 분쟁과 같은 전통적 이슈가 아닌 새로운 이슈에 대해서는 조치의 원용국에 대해 보다 구체적으로 자국의 필수적 안보이익에 대해 명확히 설명하는 것이 필요하다고 판시한 것과 관련하여, 이는 국가안보 관련 이슈에 대한 절차적 심사를 도입함에 따라, 국가안보 예외를 원용하는 조치에 대한 절차적 통제를 강화할 수 있을 것으로 평가한다.[595]

---

594 Russia-Measures concerning Traffic in Transit, Report of the Panel, pp.1074-1080.

595 Benton Heath, "The New National Security Challenges to the Economic Order" Yale Law Journal (2020), pp.1074-1080.

④ 시사점

미국의 트럼프와 바이든 행정부 행태는 보호무역주의를 배격하면서 WTO를 중심으로 하는 자유무역 체제를 중시해온 기존의 미국 입장과 배치된다. 특히 국가안보를 이유로 하는 국가의 시장 개입과 적극적인 권한 행사는 2차 세계대전 이후 미국 주도하에 국제통상 분야에서의 GATT, WTO와 국제금융 분야에서의 IMF를 중심으로 시장의 역할과 기능을 중시하면서 무역 자유화를 촉진하고 규제를 완화해온 그간의 흐름에 역행한다는 비판이 크다.

특히 중국의 급격한 부상에 따른 선진국들의 산업 경쟁력 약화는 미국을 중심으로 현재의 국제통상 질서에 대한 문제 제기와 대응 방안 모색을 본격화하는 계기가 되었다. 미국은 GATT 제21조 국가안보 예외 조항을 근거로 미국내법을 적용하여[596], 국가안보에의 위협이라는 명분으로 중국기업의 미국 내 활동을 규제하고 있다. 나아가 기후변화, 사이버안보와 같이 새로운 이슈가 부각되는 상황이 전개되고 있다.

WTO 러시아-통과운송 패널 판정은 GATT 제21조에 따른 국가안보를 원용할 수 있는 상황과 조치에 대해서는 원용하는 국가에 대해 상당한 수준의 재량권이 부여됨을 확인하였다. WTO 러시아-통과운송 패널은 자기결정의 대상을 명확히 하거나 국가안보 예외를 원용한 조치의 적절성 자체에 대한 판단을 회피하였다. 하지만 GATT 제21조 (b)(iii)항이 신의칙에 따라 해석되고 적용되는 범위 내에서만 국가안보 조치를 원용하는 국가의 재량적 판단이 허용되며, '핵심적 안보이익'을 보호하는 데 있어서 해당 조치가 '최소한의 타당성 요건'을 충족해야 한다고 판시하였다.

향후 국가안보 예외와 관련한 WTO 분쟁뿐만 아니라 양자 조약 상 국가안보 예외와 관련된 분쟁에 있어서도 '신의칙'과 '최소한의 타당성 요건'이 주요한 판단의 기준이 될 것으로 보인다. GATT 제21조 국가안보 예외를 원용

---

[596] International Emergency Economic Powers Act (50 U.S.C. 1701 et seq.), National Emergencies Act (50 U.S.C. 1601 et seq.)

하는 조치의 범위가 기존의 무기 또는 군사 관련 분야와 전시 상황이라는 전통적 분야 또는 상황에서 확대되어 사이버안보, 기후변화와 같은 새로운 이슈와 팬데믹과 같은 비상 상황으로도 적용될 가능성에 대비하고 대응할 필요가 있다.[597] 국내적으로는 국가안보 예외 원용이 가능할 수 있는 이슈와 상황에 대비하면서 「외국인투자촉진법」, 「대외무역법」 등 교역 및 투자와 직접적인 관계가 있는 국내 법령 뿐만 아니라 「개인정보보호법」 등 국가안보 예외가 적용될 수 있는 국내 법령을 정비하는 것이 필요해 보인다. 국내 법령 정비에 있어서 국가안보 예외를 원용하는 조치를 검토하고, 이와 관련한 절차적 심사와 통제 방식을 제도적으로 보완할 필요가 있다.

---

597 장성길, "국가안보 예외 관련 재판관할권과 판단의 기준 검토", 통상법률 2021-1, p.52.

일본 참의원 질의서를
통해 본 상호주의 쟁점

I 동문서답

　일본 정부는 일본 「국회법」(1947년 법률 제79호)의 규정에 근거하여 참의원
의장 명의로 전송된 참의원의 질문주의서에 대해 일본 정부가 성실하게 답변
할 것이 요구되고 있다. 그러나 답변서를 보면 법률과는 동떨어져 있다. 카미
야무네츠구 의원은 '일본의 외국인에 의한 토지 취득에 관한 질문주의서'[598]
에 대한 답변서[599]에 질문한 13개 질문 중 11개 질문에 관하여 답변을 받지
못했다고 지적하고 있다. 일본 정부는 의원의 질문내용을 이해할 수 없다는
이유로 구체적인 답변을 하지 않고 있다. 일본 정부 답변서를 보면 민망하기
짝이 없다.[600]

　일본 정부는 의원들의 질의에 답변에서 '질문의 취지가 반드시 명확하지

----

[598]　令和五年三月二十三日提出,質問第四二号.

[599]　令和五年四月四日付,内閣参質二一一第四二号

[600]　질문주의서를 국회법 제74조에 따라 제출한다. 2023년 5월 19일, 参議院議員 神谷宗幣, 第211
　　　回国会(常会)質問主意書　質問第八〇号,　我が国における外国人による土地取得に関する
　　　再質問主意書,令和五年五月十九日; https://www.sangiin.go.jp/japanese/joho1/kousei/
　　　syuisyo/211/syuh/s211080.htm

않다', '의미하는 바가 반드시 명확하지 않다' 등의 표현을 한 후 답변을 유보하거나 거부하거나 혹은 질문의 취지와 떨어진 일반적인 답변을 하는 경우가 많다. 일본 내에서도 이에 대한 문제가 지적되고 있다.[601] 또 답변이 엉터리이며, 불성실하다는 보도가 다수의 신문에서 다루어지고 있다.[602]

그러나 답변의 내용과 달리 의원들의 질문들을 보면 토지규제와 상호주의에 대해 매우 중요한 쟁점들을 담고 있다. 질의서를 보면 일본에서의 외국인에 의한 토지 취득을 규제하는 방안을 검토하면서, 토지 취득과 관련된 국제적 조약 등과의 저촉 가능성을 확인하고 있다. 하지만 일본 정부의 답변은 없다. 우리나라의 경우 같은 질문이 가능할 것이다. 그러나 명확한 답변을 하는 것은 한계가 있다. 토지나 부동산의 취득 규제에 대한 다른 국가들의 사례를 참고하고, WTO 등이 국가안보 예외 조항을 통해 국내 법령을 제·개정할 필요가 있다. 다음에서는 일본 참의원 질의서에서 제기된 주요 내용을 보기로 한다.

---

601 예를 들어平成二十九年五月十日提出質問第二九四号,令和二年六月十七日質問第一九三号, 令和三年一月十八日質問第三号,   令和三年三月十七日衆議院法務委員会,平成三十年五月三十一日参議院総務委員会,   平成二十七年七月二十九日参議院我が国及び国際社会の平和安全法制に関する特別委員会,平成三十一年三月七日衆議院総務委員会

602 「質問主意書の提出最多野党活用,おざなり答弁も増」 朝日新聞平成二十一年七月十八日,「アクセス 逃げの答弁書３割質問「意味するところ不明」現政権ゼロ回答·一般論急増」毎日新聞平成二十九年五月九日,「チェック 質問主意書 野党の武器 威力低下「ゼロ回答」頻発／提出増加も影響」毎日新聞平成三十一年二月十三日夕刊,「政界Zoom質問主意書その威力は７日で政府統一見解」日本経済新聞平成三十一年一月十八日夕刊

일본에서는 「외국 자본에 의한 국토 매수 실태 파악에 관한 질문 주의서」 (제209회 국회 질문 제16호) 및 「중요 시설 주변 및 국경 낙도 등에서의 토지 등 이용 상황의 조사 및 이용 규제 등에 관한 법률」(제210회 국회 질문 제22호)을 제출하는 등 외국 자본에 의한 국토 매수에 큰 우려를 제기하고 있다.[603]

이런 가운데 중국 매체 '홍성독가(紅星独家)'는 일본의 작은 섬을 구입한 중국 여성에 대한 인터뷰 기사를 게재했다. '화제 쇄도, 70만 평방미터의 일본 작은 섬을 산 중국인: 바다의 아름다움을 모두와 공유하고 싶을 뿐'이라는 제목의 해당 기사에 따르면 일본 섬을 구입한 여성은 장(張) 씨로 산둥성 칭다오 출신 34세, 여성의 친정은 부동산과 금융업을 주로 하며 2014년 이후 음식점을 창업했다고 보도했다. 또, 섬의 구입은 '회사에서 구입한 것으로, 용도는 비즈니스에 한정되어 있지 않다. 섬 전체의 소유권증은 917필지, 회사가 구입한 것은 720필지이고 나머지는 이웃 마을이나 민간의 것이다. 계약일은 2020년 12월 24일, 2021년 2월 2일에 720필지 모든 권리증의 이전등기가 완료되었다'고 보도하고 있다.

또 중국 매체 환구망(環球網)은 2023년 2월 6일 일본 뉴스매체의 기사를 인용해 해당 섬이 오키나와현 최대 무인도 야나하섬이 아니냐는 관측이 확산되고 있으며, 일본에서는 중국인들의 토지매수 경계론을 배경으로 문제를 제기하는 의견이 나오고 있다고 보도했다.

이 같은 토지매수 경계론의 배경으로 중국에는 '공민은 평화시에도 법률에 따라 국방동원 준비공작을 수행하도록 해야 한다(중국 국방동원법 제5조)' 또는 '어떤 조직, 공민도 법률에 따라 국가정보공작에 협력하고 알게 된 국가정

---

[603] 参議院議員 神谷 幣, 第211回国会(常会)質問主意書 質問第九号 "外国人による我が国の島嶼買収の実態に関する質問主意書", 令和 五年 二月 九日.; https://www.sangiin.go.jp/japanese/joho1/kousei/syuisyo/211/syuh/s211009.htm

보 비밀은 보호해야 한다(중국 국가정보법 제7조)' 등 일본에는 존재하지 않는 법률이 있고, 중국 공민(국민)은 이러한 의무 수행을 거부할 수 없다는 것이다.

참의원은 이러한 배경을 근거로 다음과 같이 질문을 하고 있다.

① 정부는 위 기사의 내용에 대해, 내용을 어떻게 파악하고 어떤 문제점이 있다고 평가하는가.

② 기사에 의하면, 매수된 섬은, 오키나와현 무인도 야나하섬(屋那覇島)으로 보여진다. 이와 같이 외국인이 일본 특히 오키나와현 등 난세이 제도에 소재하는 낙도, 무인도의 섬 전체 혹은 그 일부에 대해서 소유 또는 임차, 점유하고 있는 경우가 또 있는가.

③ 오키나와 주변의 무인도가 중국의 「국방동원법」상의 의무를 지게 된 중국 국민에게 매수됨으로써 대만 유사시 등 안보상 상정되는 문제에 대해 밝혀 주기 바란다. 또 이번 사안을 포함해 비슷한 사안에 대해 정부는 어떤 대응을 해 나갈 것인지 구체적으로 설명하여 주기 바란다. [이상]

그러나 참의원의 '외국인의 일본 도서 매입 실태에 관한 질문에 대한 답변서'에는 답변다운 내용이 없다. 일본 정부는 질문의 의미가 불분명하여, 답변하기 어렵다는 식으로 일관하고 있다.[604]

---

604 ①에 대하여: 개별 보도의 내용에 관한 질문 및 개별 보도의 내용을 전제로 하는 질문으로 정부 차원에서 답변하는 것은 삼가고 싶다. ②에 대하여: 질문에 대해서는, 정부로서 일본의 모든 낙도를 대상으로 현시점에서 외국인에 의한 토지 취득 등의 실태를 망라적으로 파악하고 있는 것은 아니기 때문에, 대답하는 것은 곤란하다. ③에 대하여: 질문에 대해서는 지적한 '오키나와 주변 무인도'의 구체적인 범위가 명확하지 않고, 또한 지적한 '안전보장상 상정되는 문제'가 구체적으로 의미하는 바가 분명하지 않기 때문에 일률적으로 대답하기는 어렵다. 또, 후단의 질문에 대해서는, 지적하신 '이번 사안을 포함해 동일한 사안'의 구체적인 내용이 명확하지 않기 때문에, 대답하는 것은 곤란하다. 内閣総理大臣 岸田文雄, 第211回国会(常会)答弁書, 内閣参質二一一第九号, 令和五年二月二十一日; https://www.sangiin.go.jp/japanese/joho1/kousei/syuisyo/211/touh/t211009.htm

Ⅲ 일본의 외국인 토지 취득에 관한 질문 주의서

외국인에 의한 일본 도서 매수 실태에 관한 질문주의서(2020년 2월 9일 제출, 질문 제9호)에 대하여 답변서의 송부가 있었다. 질문주의서를 제출한 배경에는 "일본에서 외국인에 의한 토지 취득에 관한, 특히 국가안전보장의 관점에서의 제반 염려가 있다. 향후 본건에 관한 논의나 정책을 추진하기 위해서 법적인 정리를 할 필요가 있다고 생각한다. 구체적으로는 본건 질문주의서 및 동 답변서와 관련하여 본건 토지취득을 적정하게 관리하는 취지에서 서비스무역에 관한 일반협정(General Agreement on Trade in Services, 이하 GATS) 및 기타 관련된 국제조약에 관해 법적인 현황이나 과제를 명확히 하는 것이 중요하다." 이를 근거로 하여 다음에 대하여, 확인을 요구하고 있다.[605]

① 본건 토지 취득 규제

1) 본건 토지 취득 규제

GATS 및 기타 관련 다자간 협정(지역적 포괄적 경제동반자협정을 포함한다. 이하 동일)에 비추어 본건 토지 취득을 규제하는 것은 현재 상태에서 가능한가. 가부의 어느 경우에도 그 법령상 근거를 설명하여 주기 바란다.

---

[605] 参議院議員神谷宗幣,第211回国会(常会)質問主意書質問第四二号,我が国における外国人による土地取得に関する質問主意書. 質問主意書を国会法第七十四条によって提出する. 令和五年三月二十三日; https://www.sangiin.go.jp/japanese/joho1/kousei/syuisyo/211/syuh/s211042.htm

2) 국가가 조약 비준 시에 그 조약의 특정 조항을 자국에는 적용하지 않거나 변경하여 적용한다는 의사표시를 하는 것(이하 유보)에 대하여

① GATS 및 기타 관련 다자간 협정의 조약상 유보를 실시함으로써 본건 토지 취득을 규제하는 구조에 대해 설명하기 바란다.

② 현시점에서, 일본이 GATS 및 기타 관련하는 다자간 협정상 유보를 원용해 본건 토지 취득과 관련된 규제가 가능한가. 가부의 어느 경우에도 법령상 근거를 설명하여 주기 바란다.

③ 현재로서는 할 수 없는 경우, 향후 일본이 본건 토지 취득과 관련된 규제를 실시하기 위해, GATS 및 기타 관련하는 다자간 협정에서 유보를 실시하기 위해서 필요한 절차를 제시하기 바란다.

④ 특히 안전보장의 관점에서 GATS 및 기타 관련 다자간 협정의 유보를 원용용함으로써 일본에서의 외국인에 의한 토지 취득을 규제해야 한다는 생각에 대해 정부의 견해를 제시하기 바란다.

3) 상대국의 자국에 대한 대우와 동일한 대우를 상대국에 부여하려는 생각(이하 상호주의)에 대하여

① 국내에서의 외국인에 의한 토지 취득을 규제하고 있는 국가에 관하여 정부가 파악하고 있는 국가명, 규제 내용, 규제의 법적 근거를 제시하여 주기 바란다. 그 중 특히 중국, 한국, 러시아 G7 회원국에 관해 규제 여부, 규제 내용, 규제의 법적 근거를 밝혀 주기 바란다.

② 자국 내에서 외국인에 의한 토지 취득 규제를 실시하고 있는 해당 국가의 국민이 다른 나라에서 토지 취득을 실시하는 것을 규제하기 위해 해당 타국이 GATS 및 기타 관련 다자간 협정상 상호주의를 주장할 수 있도록 하는 구조에 대해 설명하여 주기 바란다.

③ 현상으로 일본이 GATS 및 기타 관련된 다자간 협정상에서 상호주의에 의해 본건 토지 취득과 관련된 규제를 실시하는 것은 가능한가. 가부의 어느 경우에도 그 법령상 근거를 설명하여 주기 바란다.

4) 현 상태에서 일본은 GATS 및 기타 관련 다자간 협정상의 상호주의에 근거해 본건 토지 취득과 관련된 규제를 할 수 없다고 하는 경우, 자국에서 본건 토지 취득에 관한 규제를 실시하고 있는 나라와의 관계에서는 불균형하고 불공평한 상태이다. 이와 관련하여, 이하에 대해 회답하여 주기 바란다.

① GATS 및 기타 관련 다자간 협정상, 일본이 본건 토지 취득에 관해 상호주의를 원용할 수 없는 불균형한 상태에 있는 나라는 있는가. 그 국가 이름을 밝혀 주기 바란다.

② 일본에서 본건 토지취득과 관련된 규제를 실시하기 위해 GATS 및 기타 관련 다자간 협정상에서의 상호주의를 주장하는 것이 가능하기 위해서는 일본이 새롭게 어떤 절차가 필요한지 밝혀 주기 바란다.

③ 불공평한 상태에 있는 상대국과의 사이에서, 일본이 GATS 및 기타 관련된 다자간 협정과 관련된 상호주의를 도입해 본건 토지 취득에서의 공평을 도모하는 것을 생각할 수 있는지. 정부의 견해를 제시하기 바란다.

② 양자 협정에 대하여

① 현재 일본이 체결하고 있는 두 국가 간의 협정에 근거해, 본건 토지 취득을 규제하는 것은 가능한가. 가능한 경우, 그 상대국과 규제 내용을 제시하여 주기 바란다. 그 중에서 일본이 체결하고 있는 양국 간 투자협정 또는 경제동반자협정에 해당 양자 간 경제 관계에 관한 상호주의 규정이 있는지. 토지 취득은 상호주의의 대상이 되고 있는지를 분명히 하기 바란다.

② 일본이 본건 토지 취득에 관하여 GATS상의 상호주의를 원용할 수 없는 불균형한 상태에 있는 국가에 관하여 해당 국가와의 양자간 협정에 의해 불균형의 시정을 도모해야 한다는 생각에 대하여 정부의 견해를

제시하여 주기 바란다. (이상)

그러나 참의원의 '일본의 외국인 토지 취득에 관한 질문에 대한 답변서 606'에는 마찬가지로 답변다운 내용이 없다.

Ⅳ 일본의 외국인 토지 취득에 관한 재질문 주의서

본건 질문주의서는 일본의 외국인에 의한 토지 취득이 규제 없이 이루어지고 안전보장상 중요하다고 생각되는 토지가 외국인 소유가 되는 것에 우려가 있으므로, 일본에서의 외국인에 의한 토지 취득을 규제하는 방안을 검토함에 있어서 토지 취득과 관련된 국제 약속에 관해 법적인 확인을 실시하는 것을 목적으로 하는 것이다. 이상을 염두에 두고 본건 질문주의서의 각 질문사항에 대해 다음과 같이 재차 질문한다.607

---

606 1.에 대하여: 문의하신 'GATS 및 기타 관련 다자간 협정에 비추어 본건 토지 취득을 규제하는 것은 현재 상황에서 가능하다'는 의미가 분명하지 않아 답변드리기 어렵다. 2의 1에 대하여: 문의하신 'GATS 및 기타 관련 다자간 협정의 조약상 유보를 실시함으로써 본건 토지 취득을 규제하는 구조가 의미'하는 바가 분명하지 않아 답변드리기 어렵다 등등. 3의 1에 대하여: 질문에 대해서는 다른 나라의 제도에 관한 것으로, 정부로서 대답할 입장이 아니다. 또한 미국, 영국, 오스트레일리아, 한국 및 프랑스에 대해서는 2020년 11월 9일에 내각관방에서 개최한 제1회 국토이용 실태파악 등에 관한 유식자회의 자료 3의 18페이지부터 20페이지까지 그 시점에서 정부가 파악하고 있던 규제 내용 등을 기재하고 있다. 5의 1에 대하여: 문의하신 '현재 일본이 체결하고 있는 양국간 협정에 기초하여 본건 토지취득을 규제한다' 및 '양국간 경제관계에 관한 상호주의' 규정의 의미하는 바가 반드시 명확한 것은 아니지만, 투자의 자유화, 촉진 및 보호에 관한 일본과 우즈베키스탄 공화국 간의 협정(2009년 조약 제7호) 등 일본이 최근 체결한 많은 투자협정 또는 경제연계협정에서는 상대국에서 일본 국민 또는 법인이 토지의 취득 또는 임대를 금지하거나 제한하고 있는 경우에는 일본의 상대국 국민 또는 법인에 의한 토지의 취득 또는 임대차에 대하여 동일 또는 유사한 금지 또는 제한을 부과할 수 있다고 되어 있다. 内閣総理大臣 岸田 文雄, 第211回国会(常会) 答弁書, 内閣参質二一一第四二号, 令和五年四月四日; https://wwwsangiingojp/japanese/joho1/kousei/syuisyo/211/touh/t211042htm

607 参議院議員 神谷宗幣, 第211回国会(常会)質問主意書 質問第八〇号, 我が国における外国人による土地取得に関する再質問主意書,令和五年五月十九日; https://www.sangiin.go.

1) 토지 취득 규제에 대하여

서비스무역에 관한 일반협정(GATS) 및 기타 관련 다자간 협정(RCEP)을 원용함으로써, GATS 및 기타 관련 다자간 협정 체결국은 자국에서 외국인에 의한 토지 취득(이하 본건 토지 취득)을 규제하는 것은 현재 상황에서 가능한가. 가부의 어느 경우에도 그 법령상 근거를 설명하여 주기 바란다. 또한 안전보장상이나 자국민의 여러 권리를 지키기 위한 목적으로 이루어지는 각국의 외국인에 의한 토지 취득 규제 현황에 대해 정부가 속속들이 알고 있는 내용을 밝혀 주기 바란다.

2) 국가가 조약 비준 시에 특정 조항을 자국에는 적용하지 않거나 변경하여 적용한다는 의사표시를 하는 것(이하 유보)에 대하여

① GATS 및 기타 관련 다자간 협정의 체결국은 조약상의 유보를 함으로써 본건 토지 취득을 규제하는 것을 가능하게 하기 위해서는 조약상의 절차를 포함하여 어떤 법적인 절차를 실시하는 것이 필요한지 설명하여 주기 바란다. 이 질문은 GATS 및 기타 관련 다자간 협정이 유보 조건을 붙이는 것을 허용하고 있으며, 관련된 유보에 따라 본건 토지 취득 규제를 할 수 있는 경우 체약국은 어떠한 절차에 의해 관련된 유보를 할 수 있는지 묻는 취지이다.

② 현시점에서, 일본은 GATS 및 기타 관련하는 다자간 협정상의 유보를 원용해 본건 토지 취득과 관련된 규제를 실시하는 것이 가능한가. 가부의 어느 경우에도 법령상 근거를 설명하여 주기 바란다. 이 질문은 일본이 GATS 및 기타 관련 다자간 협정에 유보를 이미 붙이고 있어, 본건 토지 취득 규제를 현재 할 수 있는 상태에 있는지를 묻는 취지이다.

---

jp/japanese/joho1/kousei/syuisyo/211/syuh/s211080.htm

③ 상기 2)의 ②에 대해 현재로서는 일본이 본건 토지 취득 규제를 할 수 없는 경우에는 향후 일본이 본건 토지 취득 규제를 실시하기 위해 GATS 및 기타 관련 다자간 협정상의 유보를 실시하려면 어떠한 절차가 필요한지 설명하여 주기 바란다. 이 질문은 현재 일본이 GATS 및 기타 관련 다자간 협정에 유보를 붙이지 않아 본건 토지 취득 규제를 할 수 없는 상태에 있는 경우라면, 향후 일본이 GATS 및 기타 관련 다자간 협정에 새롭게 유보를 붙여 본건 토지 취득 규제를 하기 위해 필요한 절차의 내용을 묻는 취지이다.

④ 일본에서 외국인이 아무런 규제 없이 토지를 취득하는 것은 안전보장의 관점에서 문제가 아닌가 하는 우려가 있어 GATS 및 기타 관련 다자간 협정에 붙인 유보를 원용함으로써(만약 현재는 일본이 관련 유보를 붙이지 않는다면 향후 관련 유보를 붙임으로써) 일본에서의 외국인에 의한 본건 토지 취득을 규제해야 한다는 생각이 있다. 이 생각에 대해 정부의 견해를 설명해 주기 바란다.

3) 상대국의 자국에 대한 대우와 동일한 대우를 상대국에 부여하려는 생각(이하 상호주의)에 대하여

이하 각 질문에서 A국, B국 등의 기호를 이용하여 국가를 예시하도록 한다. 예시이지 특정 국가를 나타내는 것은 아니다.

① 국내에서의 외국인에 의한 토지 취득을 규제하고 있는 국가에 관하여 본건 답변서에 의하면 2020년 11월 9일 시점에서 미국, 영국, 오스트레일리아, 한국 및 프랑스에 대해서는 정부가 규제 내용 등을 파악하고 있었다고 한다.

한편, 일본에서 외국인에 의한 토지 취득이 규제 없이 행해져 안전 보장상 중요하다고 생각되는 토지가 외국인 소유가 되는 것에 우려가 표명되고 있지만, 특히 일본에서 중국인에 의한 토지 취득의 사례에 관해서 문제시되고 있다. 이에 대해서는 정부가 본건 토지 취득에 관한 대응을 검토함에 있어서, 정부는 중국에서 외국인에 의한 토지 취득이 어떤 규제를 받고 있는지 파악해두어야 하는 것이 아닌가.

현시점에서 정부가 파악하고 있는 중국의 외국인에 의한 토지 취득에 대한 규제 내용을 제시하기 바란다. 파악하고 있지 않으면, 중국의 외국인에 의한 토지 취득에 대한 규제 내용을 조사할 의사와 예정이 있는지를 제시하여 주기 바란다.

② A국 내에서 외국인(B국인 포함)에 의한 토지 취득 규제를 실시하고 있는 경우, B국 내에서 외국인(A국인 포함)에 의한 토지 취득을 규제할 때, B국은 GATS 및 기타 관련 다자간 협정상 상호주의를 A국에 대해 주장함으로써 토지 취득 규제를 A국인에게 실시하는 것이 가능한지 설명하여 주기 바란다.

이 질문은 GATS 및 기타 관련된 다자간 협정에 관해 상호주의를 주장함으로써 본건 토지 취득의 취급을 자국과 상대국에서 균형이 잡힌 상태로 하는 것(상대국에서 본건 토지 취득이 규제되고 있는 경우에는 자국에서도 본건 토지 취득을 상대국 국민에 대해 규제하는 것)이 가능한지를 묻는 취지이다.

③ 현재 상황으로, 일본은 GATS 및 기타 관련하는 다자간 협정의 적용에 관해서 상호주의를 주장함으로써 본건 토지 취득과 관련된 규제를 실시하는 것은 가능한가. 가부의 어느 경우에도 그 법령상 근거를 설명하여 주기 바란다.

이 질문은 C국 내에서 일본인을 포함한 외국인에 의한 토지 취득을 규제하고 있는 경우, 일본이 GATS 및 기타 관련 다자간 협정의 적용에 관해 상호주의를 근거로 일본 내 C국민에 의한 본건 토지 취득을 규제할 수 있는 상태에 현재 있는지를 묻는 취지이다.

4) 현재 상황으로, 일본은 GATS 및 기타 관련 다자간 협정상의 상호주의에 근거해 본건 토지 취득과 관련된 규제를 할 수 있는 상태가 아니라고 했을 경우, 자국에서 본건 토지 취득과 관련된 규제를 하고 있는 나라와의 관계에서는 불균형하고 불공평하며, 좋아하지 않는 상태이다. 즉, D국민은 일본에서 본건 토지 취득을 규제 없이 할 수 있지만, 일본 국민은 D국에서 본건 토지 취득이 규제되어 대우가 균형을 이루고 있지 않다. 이와 관련하여, 이하에 대해 회답하여 주기 바란다.

① GATS 및 기타 관련 다자간 협정상 일본이 상호주의를 원용할 수 없음으로써 본건 토지 취득 규제를 할 수 없고, 일본과 상대국에서 본건 토지 취득의 취급이 달라 불균형한 상태에 있는 국가가 있는가. 그 국가명을 제시하여 주기 바란다.

여기서 말하는 불균형한 상태란 E국은 자국 내에서 본건 토지 취득을 제한하고, 일본 국민도 E국에서는 본건 토지 취득이 제한되어 있지만, 일본은 E국민이 본건 토지 취득을 규제하고 있지 않는 상태, 즉, 일본과 E국 양국에서 조치가 다른 상태를 말한다.

② 일본에서 본건 토지 취득과 관련된 규제를 실시하는 경우, GATS 및 기타 관련 다자간 협정상에서의 상호주의를 주장함으로써 관련된 규제를 실시하기 위해서는 일본은 새롭게 어떤 절차를 실시할 필요가 있는지 설명해 주기 바란다.

이 질문은, 지금은 일본이 상호주의를 주장하여 본건 토지 취득을 규제할 수 없다고 여겨진 경우에도, 향후 일본이 상호주의를 주장함으로써 F국은 자국 내에서 일본 국민에 의한 본건 토지 취득을 제한하고 있지만, 일본은 F국민이 일본에서 본건 토지 취득을 하는 것을 규제하고 있지 않다고 하는 조치가 다른 상태를, 일본과 F국 양국 모두 상대 국민에 의한 본건 토지 취득을 제한하는 상태(양측의 본건 토지 취득과 관련된 조치와 대우가 같아지는 상태)로 만들기 위해 필요한 절차를 묻는 취지이다.

③ 상기 4)의 ②의 불공정한 상태(G국가는 자국 내에서 일본 국민에 의한 본건 토지 취득을 제한하고 있지만, 일본은 G국민이 일본에서 본건 토지 취득을 실시하는 것을 규제하고 있지 않아 대우와 조치가 다르고 불공평한 상태)에 있는 상대국과의 사이에서 일본은 GATS 및 기타 관련된 다자간 협정과 관련된 상호주의를 주장하여 본건 토지 취득 규제를 실시하고, 본건 토지 취득의 취급에 관해 공평을 도모한다(일본과 G국 양국이 상대 국민에 의한 본건 토지 취득을 제한하고 있는 상태, 즉 쌍방의 취급이 동일하게 된다)고 생각할 수 있다. 이에 대한 정부의 견해를 밝혀 주기 바란다.

② 양자 협정에 대하여

일본이 본건 토지 취득에 관해 GATS상의 상호주의를 원용할 수 없는 불균형한 상태(H국가는 자국 내에서 일본 국민에 의한 본건 토지 취득을 규제하고 있지만, 일본은 H국민이 일본에서 본건 토지취득을 실시하는 것을 규제하고 있지 않고, 조치와 대우가 달라 불균형한 상태)에 있는 H국에 관해, H국과 새롭게 양자간 협정을 체결하거나 이미 양자간 협정을 체결한 경우 같은 2국간 협정을 개정하는 등의 조치로 불균형의 시정을 도모(일본과 H국 모두 상대 국민에 의한 본건 토지 취득을 규제하는 상태, 즉 일본과 H국 쌍방의 본건 토지 취득에 관한 취급이 같아지는 상태로 한다)해야 한다는 생각에 대해 정부의 견해를 제시하여 주기 바란다. (이상)

참의원이 제출한 '일본의 외국인 토지 취득에 관한 재질문에 대한 답변서'[608] 역시 답변이라고 할 수 없다. 일본 정부는 중요한 쟁점에 대한 답변을

---

[608] 1.에 대하여: 문의하신 '서비스의 무역에 관한 일반협정(General Agreement on Trade in Services)(이하 GATS라 한다.) 및 기타 관련 다자간 협정(지역적 포괄적 경제동반자협정(RCEP)을 포함)을 원용함으로써 GATS 및 기타 관련 다자간 협정의 체결국은 자국에서의 외국인에 의한 토지 취득(이하 본건 토지 취득이라 한다.)을 규제하는 것은 현재 상황에서 가능하다'가 의미하는 바가 분명하지 않아 답변하기 어렵다. 5에 대하여 지적하신 일본이 본건 토지 취득에 관해 GATS상의 상호주의를 원용할 수 없는 불균형한 상태가 의미하는 바가 분명하지 않아 답변드리는 것은 곤란하다. 参議院議員 神谷宗幣君提出我が国における外国人による土地取得に関する再質問に対,別紙答弁書を送付する. 内閣総理大臣 岸田 文雄, 第211回国会(常会) 答弁書 内閣参質二一一第八〇号,

회피하고, 질의한 내용에 취지를 반복하고 있다. 답변으로서의 가치가 없다.

V 관련 사항

① 일본 정부의 답변과 관련한 외국의 토지 취득 규제 제도

참고로 일본 정부가 다른 국가의 제도에 대해 검토한 내용은 다음과 같다.[609] 미국은 연방·주 차원에서 군 기지·시설 주변의 토지 이용을 규제(국민·외국인을 불문하고)하고 있다. 미국은 「외국 투자위험심사 현대화법(FIRRMA)」의 심사대상에 부동산 투자를 추가하였다. 그 대상은 군사·안전 보장 관련 시설 근접지·주변(약 200개 시설), 대규모 허브 공항, 전략적 항만 등이다. 심사방법은 외국투자위원회(CFIUS)가 다음 프로세스로 심사한다.

① 투자자에 의한 사전 신고(외국투자자의 개인정보, 부동산정보, 자금흐름, 외국정부의 관여 등을 제출. 리스크가 존재하지 않는 경우 심사 불필요.)

② 해당 투자의 위협·취약성·영향 등의 리스크 평가.

③ ②에서 우려가 해소되지 않을 경우의 추가 심사·투자 조건 변경 명령.

만약 우려가 여전히 해소되지 않을 경우 대통령은 CFIUS의 권고에 따라 거래의 정지·금지를 명할 수 있다.

오스트레일리아는 방위구역, 방위항공구역을 지정함으로써 동 지역 내 출입제한, 동산 철거, 건물 높이 제한 등이 가능하다. 또 방위목적 토지수용이 가능하다(국민·외국인 불문하고). 근거 법률은 「국방법」과 「토지수용법」이다. 외

令和五年五月三十日.; https://www.sangiin.go.jp/japanese/joho1/kousei/syuisyo/211/touh/t211080.htm

609 内閣官房 土地調査検討室, 国土利用の実態把握等に関する有識者会議, 令和2年11月9日; https://www.cas.go.jp/jp/seisaku/kokudoriyou_jittai/dai1/siryou3.pdf

국인 등이 토지의 권리를 취득함에 있어 일정액 이상의 경우에는 정부에 대한 통지·승인이 필요하다. 대상은 농지, 상업지, 거주지 등이며, 근거 법률은 「외국에 의한 취득 및 매수에 관한 법률」이다.

최근에는 안전보장상의 리스크가 있는 대내 직접투자 심사 강화 차원에서 국가안전보장상 민감한 사업에 대한 투자 등은 투자액과 관계없이 사전 승인을 의무화하도록 「외국에 의한 취득 및 매수에 관한 법률」를 개정하였다. 부동산에서 대상은 오스트레일리아 국방부가 국가 안전 보장 시설 주변과 같이 국가 안전 보장의 관점에서 중요하다고 판단한 토지이다.

프랑스에서는 안전보장상의 토지규제는 존재하지 않는다. 단, 국방의 용도를 이유로 사인의 토지소유권을 제한하는 공역 지역의 설정이 가능하다(국민·외국인 불문). 근거 법률은 도시계획법전, 국방법전이다. 정부는 외국 또는 외국기관에의 증여·유증에 대하여 이의 신청이 가능하다. 비거주자에 의한 일정액 이상 부동산의 취득·양도는 프랑스 중앙은행에 신고가 필요하다. 2018년 의회가 '외국 투자자의 농지 매수를 방지하기 위한 법률안'을 제출하였다. 내용은 외국 투자가에게 민감한 분야에 대한 투자에 대하여 정부의 사전 승인을 요구하는 시행령의 대상 분야에 농업을 추가하는 것이었다.

한국에서는 군사기지 및 군사시설보호구역 내 건축물의 신축·증축 또는 공작물의 설치 등에 있어서는 관계 행정기관의 장이 허가 등을 할 때에는 국방부 장관 또는 관할 부대장 등과의 협의가 필요하다(국민·외국인 불문). 근거 법률은 「군사기지 및 군사시설보호법」이다. 외국인 등에 의한 군사기지·군사시설보호구역이나 기타 국방 목적으로 제한하는 구역 등의 토지 취득에 대해서는 소재지를 관할하는 시장 등 신고관청의 허가가 필요하다. 근거 법률은 「부동산 거래신고 등에 관한 법률」이다.

한국에서 외국인 등이 토지취득의 허가를 받아야 하는 지역은 국방목적상 필요한 섬 지역, 「국방·군사 시설 사업에 관한 법률」에 따른 군부대주둔지와 그 인근지역, 「통합방위법」에 따른 국가중요 시설과 그 인근지역이다. 이들 지역에 대해서는 국방부장관 또는 국가정보원장의 요청이 있는 경우에 국토교통부장관이 관계 중앙행정기관의 장과 협의한 후 「국토의 계획 및 이용에 관한 법률」에 따라 중앙도시계획위원회의 심의를 거쳐 고시한다. 신고관청이 토지취득의 허가 여부 를 결정하기 위해서 국방부장관 또는 국가정보원장 등과 협의하려는 경우에는 신청서 등을 해 당 관계 행정기관의 장에게 보내도록 하고 있다.

② 상호주의와 여론조사 사례

1) 개요

중국 여성이 오키나와현에 있는 무인도 야나하 섬을 구입한 사실이 화제가 되었다. 외국 자본이 일본 내에서 인수한 산림 면적은 2021년까지 누계 2,376헥타르라고 한다. 일본 임야청에 따르면 홋카이도가 대부분을 차지한다. 그러나 실제로는 임야청의 조사 데이터보다 많다고 주장한다. 일본에서는 해외 투자자본 사이에 일본 땅의 전매가 진행돼, 권리자 파악이 어려워질 것이라는 우려도 제기된다. 그리고 중국이 외국인의 토지 소유를 인정하지 않는 점 등을 들어, 외국인의 토지 취득에는 국제법상 상호주의가 적용돼야 한다는 주장도 있다.

2) 여론조사

토지 취득에 있어서 상호주의란 일본인에 의한 토지나 건물의 구매가 금지된 국가의 사람은 일본 토지나 건물을 자유롭게 구입할 수 없도록 해야 한다는 것이다. 일본은 「외국인토지법」에서 토지 취득에 있어서 상호주의 이념을 표방하고 있으며, 외국 자본에 의한 일본 토지 취득 제한을 정령(시행령)에 의해 할 수 있다. 그러나 시행령에 의한 규제는 헌법 위반의 혐의가 있다는 등의 지적 때문에 전후 일본 헌법에서 시행령을 제정하지 않았다. 또 WTO 협정에서도 외국인이라는 이유로 토지 취득을 일률적으로 제한하기 어렵다는 주장도 제기되고 있다.

외국인의 토지 취득에는 상호주의가 적용되어야 하는가. 일본인에 의한 토지나 건물의 구매가 금지된 국가의 사람에게 일본 땅이나 건물을 자유롭게 구입하는 것을 인정해야 하는가. 일본에서는 토지 취득과 관련한 여론조사가 있었다. 외국 자본에 의한 일본 토지 취득에 상호주의가 적용되어야 하는가. 외국 자본에 의한 일본 토지 취득에 상호주의가 적용되어야 하는가. 1차 투표 결과는(2021년 11월 ~ 2022년 2월) 상호주의가 적용돼서는 안 된다고 하는 답이 과반수인 57%이었다. 상호주의가 적용돼야 한다는 43%였다.

　　1차 투표 이후 1년이 넘은 시점에서 다시 여론조사를 했다. 2차 투표 결과(2023년 2월 17일~2023년 4월 30일)는 제1차 투표와 반대 결과가 나왔다. 외국 자본에 의한 일본 땅 취득에 대해서는 상호주의를 적용해 제한해야 한다는 의견이 51. 7%로 가장 많았다. 1년 전에는 상호주의를 적용해 제한해서는 안된다가 57%였다.[610] 물론 통계적 의미나 학문적 차원에서 보면 그 유효성을 인정하기에는 한계가 있다. 하지만, 상호주의와 부동산 취득 규제와 관련한 국민의 의식을 조사하는 데는 참고할 만한 자료라고 생각된다.

---

610 SNS와 테크놀로지로 사회 과제의 발견·해결을 서포트하는 ICT 스타트업의 Polimill 주식회사(폴리밀, 본사: 도쿄도 미나토구, 대표이사: 요코타 에리, 이하 Polimill사)가 운영하는 SNS, Surfvote에서 2023년 2월 17일부터 2023년 4월 30일까지의 기간 중 「외국 자본에 의한 일본 토지 취득에는 상호주의가 적용되어야 하는가?」라는 주제로 의견 투표를 모집해, 이번 결과를 공표했다. 투표 기간: 2023년 2월 17일~2023년 4월 30일, 유효 표수: 58표. https://japanzdnetcom/release/30858237/

외국의 투자관리제도 특징과 국내 입법 시 참고사항

PART 09
외국의 투자관리 제도 특징과 시사점

PART

09

외국의 투자관리 제도
특징과 시사점

미국

Ⅰ　FIRRMA

① FIRRMA의 특징

「외국투자위험심사현대화법」(FIRRMA)은 대미외국인투자위원회(CFIUS)의 핵심을 이루는 각 심사대상 거래의 위험에 기초한 분석기법 즉, 외국투자가에 의해 발생하는 위협, 미국 사업이 직면하는 취약성, 그리고 관련 위협 및 취약성이 복합되어 국가안전보장에 미치는 효과 등을 판단하고 있다. FIRRMA 제정이 주는 시사점과 특징은 다음과 같다.

① 지배권 취득을 수반하지 않는 일정한 투자 및 부동산거래에 대한 권한 확대
② 일정 종류의 외국투자자에 관한 심사에서 제외
③ 새로운 간이 통지서에 의한 신고 및 심사 절차
④ 핵심기술 또는 외국 정부의 권익이 관여하는 일정한 거래에 관한 신고 의무의 발생

FIRRMA는 심사대상 지배권 거래에 대한 CFIUS의 권한을 유지하면서, CFIUS에 새롭게 두 개의 심사대상을 설정하고 있다.

① 핵심기술, 중요한 인프라 스트럭처 또는 민감한 개인정보에 관여하는 미국 비즈니스에 대한 지배권 획득을 수반하는 일정한 투자
② 일정한 부동산거래

FIRRMA는 중요한 인프라에 대한 대상 투자(covered investments)에 대한 CFIUS의 권한을 미국의 국가안보 보장에 있어서 특별히 중요하다고 될 수 있는 중요한 인프라의 세목에 한정하도록 규정하고 있다. 규칙은 28종의 인프라 스트럭처를 지정하고 있다. 이 부속서는 또 이들 28종류의 인프라 스트럭쳐의 각각에 대해, 5개의 특정 기능(소유, 운영, 공급, 제공, 제조) 중 하나 또는 여러 개의 항목을 규정하고 있다. CFIUS의 심사대상이 되는 거래(covered transaction, 이하 심사 대상 거래)는 아래와 같다.

① 심사대상 지배거래(covered control transaction)
② 심사대상 투자(covered investment)
③ 심사대상 부동산거래(covered realestate transaction)

② 주요 개념과 기준

FIRRMA는 법령의 주요 개념으로 다음과 같이 정의하고 있다. 우리나라도 관련 안보투자 법령을 제정하는 경우 참조해야 할 정의와 개념들이다.

① 외국 정부
② 외국인
③ 엔티티(entity)
④ 지배

⑤ 모기업

⑥ 재산권

⑦ 임대차

Ⅱ | CFIUS

① CFIUS 심사제도

CFIUS에 의한 심사는 거래 당사자로부터의 신고를 단서로 하여 개시되지만, 일부 예외를 제외하고 당사자에 의한 CFIUS에의 신고는 의무가 아니다. 즉, 신고 여부는 원칙적으로 당사자의 자주적인 판단에 맡겨져 있다. 그러나 CFIUS는 신고 유무에 관계없이 이미 완료된 거래에 대해서도 심사를 개시할 수 있다. 또 신고 의무가 없는 경우에도 국가안전보장상의 검토사항이 있다고 CFIUS가 판단한 경우에는 당사자에게 신고를 요구할 수 있다. CFIUS의 심사대상이 되는 거래는 다음과 같다.

① 외국인이 미국 사업을 지배하게 되는 투자(심사 대상 지배 거래)

② 핵심기술 등을 취급하는 미국 사업에의 일정한 투자(심사 대상 투자)

③ 일정한 부동산에의 투자(심사 대상 부동산 거래)

② 심사대상과 19개 산업 분야

① 첨단 컴퓨팅

② 첨단 엔지니어링 재료

③ 첨단 가스터빈 엔진 기술

④ 첨단 제조

⑤ 첨단 원자력 기술

⑥ 인공지능

⑦ 자율 시스템과 로봇 공학

⑧ 생명공학

⑨ 통신 및 네트워킹 기술

⑩ 방향 에너지

⑪ 금융 기술

⑫ 휴먼-머신 인터페이스

⑬ 극초음속

⑭ 네트워크 센서 및 감지

⑮ 양자정보기술

⑯ 재생 에너지 발전 및 저장

⑰ 반도체 및 마이크로일렉트로닉스

⑱ 우주 기술 및 시스템

⑲ 첨단 네트워크 감지 및 서명 관리 등

(3) 심사 요소

CFIUS는 독자적으로 심사를 개시하는 권한을 가지고 있다. CFIUS 및 대통령이 거래를 승인할지 여부에 대한 기준이 되는 것은 어디까지나 해당 거래가 미국의 국가안전보장을 해칠 우려가 있는지이다. 그 이상의 구체적인 하위 기준은 제시되지 않았으며, 또한 국가안전보장의 의의에 대해서도 특별히 정의되어 있지 않다. 최근의 대통령령(Executive Order 14083)에 따라 심사에서 중점적으로 고려해야 할 요소는 다음과 같다. 이러한 기준과 요소들은 우리나라가 안보투자 관련 법을 제정하는 경우 참고해야 할 사항이다.

① 미국 내 중요한 공급망의 강인성 등에 대한 영향
② 미국의 안전보장에 영향을 미치는 분야가 미국의 기술적 리더십에 미치는 영향
③ 특정 분야에서의 투자 경향
④ 사이버 보안상 위험
⑤ 미국인의 민감한 데이터에 대한 리스크

Ⅲ │ 심사대상이 되는 거래 범위

① 심사대상 지배거래

심사 대상지배거래란 외국인(foreign person)에 의한 미국사업(US Business)의 지배(control)를 가져오는 일체의 거래를 말한다. 우리나라가 안보투자 관련 법을 제정하는 경우 심사대상 범주와 관련하여 참고할 사항이다.

○ 외국인(Foreign Person)
○ 미국 사업(US Business)
○ 지배(Control)

② 심사대상 투자

심사대상 투자란 외국인에 의한 대상지배거래에 해당하지 않는 거래로,

외국인에게 이하의 행위를 허용하게 되는 'TID 미국사업(TID U. S. Business)'에 대한 직간접 투자를 말한다. TID U. S. Business는 CFIUS에서 매우 중요한 정의이다. 우리나라가 안보투자 관련 법을 제정하는 경우 이를 어떻게 반영할 것인지 검토해야 한다.

① TID 미국사업이 보유한 중요한 비공개 기술 정보 접근
② TID 미국 사업의 이사회 또는 동등한 통치기관의 구성원 혹은 옵서버가 될 것, 또는 이들 지명
③ 이하 중 하나에 관한 TID 미국 사업의 실질적인 의사결정 관여(주식 의결권 행사에 의한 관여는 제외)
  (a) TID 미국 사업에 의해 보유 또는 수집된 미국 시민의 민감 개인 데이터(sensitive personal date)의 사용, 개발, 보관, 취득 또는 공표
  (b) 핵심기술(critical technologies)의 사용, 개발, 취득 또는 공표
  (c) 핵심 인프라(critical infrastructure)의 관리, 운영, 제조 또는 공급

③ TID 미국 사업

TID 미국 사업(TID U. S. Business)이란 다음과 같다.

① 핵심기술을 생산, 설계, 시험, 제조, 조립 또는 개발하는 사업
② 핵심 인프라를 소유, 운영, 제조, 공급 또는 제공하는 사업
③ 미국 시민의 민감한 개인 데이터를 직간접으로 보유 또는 수집하는 사업의 총칭

④ 심사 대상부동산 거래

심사 대상 부동산 거래란 외국인에 의한 미국 내 소재 대상 부동산(covered real estate)의 구입, 리스 또는 사용권의 취득으로, 이하 4개의 재산권(property right) 중 3개 이상을 외국인에게 주게 되는 거래를 말한다.

① 부동산에 물리적으로 접근할 권리
② 다른 사람이 부동산에 물리적으로 접근하는 것을 배제할 권리
③ 부동산을 개량하거나 개발할 권리
④ 고정되거나 움직일 수 없는 구조 또는 물체를 부동산에 부가할 권리

Ⅳ | CFIUS 신고 및 심사 등

① 신고 등

CFIUS는 신고 의무 및 심사 등에 대해 규정하고 있다. 신고 의무의 대상이 되는 거래, 신고 의무가 없는 거래, 심사 면제(적용제외) 등에 대해 규정하고 있다. 그리고 통지, 신고 방법 및 시기 등을 규정하고 있다.

② 심사 절차

CFIUS는 간이 신고를 심사한 후에 다음의 4개의 조치 중 1개의 조치를 취할 수 있다.

① 당사자에게 서면에 의한 완전한 통지를 요구하는 것

② CFIUS는 신고에 근거하여 대응조치를 강구할 수 없으며, CFIUS가 조치를 완료하기 위해 당사자는 통지서를 제출할 수 있다는 취지를 당사자에게 조언하는 것

③ 거래 심사를 일방적으로 개시하는 것

④ 당사자에게 서면으로 CFIUS가 거래에 관한 모든 조치를 완료한 것(즉, 거래의 승인)을 통지하는 것

CFIUS는 신고자가 거래에 관하여 제공한 정보를 대외로 공개하지 않으며, 신고자가 심사를 위해 거래를 CFIUS로 제출했다는 사실 또한 공개하지 않는다. CFIUS는 외국인투자자에 의해 신고된 세부 건수를 공개하고 신고 평가 후 내릴 수 있는 조치 권한을 명시하고 있다.

(ㅋ) 심사의 특별 고려 요소

CFIUS 및 대통령이 심사에서 고려해야 할 요소는 법령에 열거되어 있다. 행정명령은 CFIUS가 미국 내 외국인 투자 거래와 관련하여 다음 5가지 특정 위험 범주를 고려하도록 지시하고 있다.

① 공급망 회복력과 국가안보

② 미국의 기술 리더십에 대한 위협

③ 산업 투자의 증가에 따른 위험

④ 사이버 보안에 대한 위험

⑤ 중요한 데이터에 대한 위험

④ CFIUS의 판단자료와 권한

CFIUS는 위반 발생 여부를 판단할 때 미국 정부 전반의 정보, 공개적으로 이용 가능한 정보, 제3자 서비스 제공자(예: 감사 및 모니터), 거래 당사자 및 제출 당사자를 포함한 다양한 출처의 정보를 고려해야 한다.

① 정보 요청
② 자체 공개
③ 자료를 추가 제출
④ 정보 수집 등

CFIUS는 심사 과정이나 심사를 통해 다음의 사항을 결정할 수 있다.

① 리스크 경감 조치
② 거래 정지
③ 거래 승인
④ 대통령에 의한 결정

⑤ CFIUS의 집행 및 벌칙 지침

위법 행위의 유형은 다음과 같다.
① 미신고 등
② CFIUS 완화 규정을 준수하지 않음
③ 중대한 허위표시, 누락 또는 허위 인증

CFIUS가 벌칙을 결정하는 경우에는 다음과 같은 요소 등을 고려해야 한다.

① 설명 책임과 미래 법령 준수

② 손해의 정도

③ 당사자 인식

④ 빈도 및 타이밍

⑤ 대응 및 시정조치

⑥ 법령 준수 체제

⑥ 연차 보고서

CFIUS는 매년 전년의 심사상황 등에 관한 정보를 연차보고서(annual report)로서 의회 등에 제출하는 것이 법령상 의무화되어 있으며, 웹사이트상에서 해당 보고서를 공표하고 있다. 2022년판 보고서에서 나타난 또 다른 특징은 CFIUS 미신고 거래의 사후 수사 강화다. FIRRMA에 의해 해당 수사를 담당하는 재무부 투자안전보장국(OIS)의 예산·인원이 확충된 것도 수사강화를 위한 조치라고 생각된다.

CFIUS가 제시하는 경감조치는 다양하지만 2022년 보고서에서는 총 52건에서 경감조치가 합의되었다고 밝히고 있다. CFIUS와 투자기업이 합의한 리스크 경감 대책의 예를 주목할 필요가 있다.

⑦ NCCDA와 OITA 그리고 대통령의 행정명령

NCCDA를 추진하는 미국의 의원들은 대외투자 심사제도의 창설을 포기하지 않고 있다. 「NCCDA 수정법안(2023년 NCCDA)」, 「대외투자투명성법안(OITA)」 등과 대통령령에 근거한 규제를 비교하면, 대상이 되는 분야나 거래에 공통되는 부분이 있는 반면, 규제의 범위나 방법에는 차이가 있다. 대상 분야에 대해서는 2023년 NCCDA와 OITA는 대통령령으로 지정된 반도체, 양자정보기술, AI보다 폭넓은 분야를 대상으로 하고 있다. 규제 방법에 관해서는 2023년 NCCDA가 투자 안건별 심사(이른바 '역CFIUS')를 규정하고 있다.

그러나 대통령령에 근거한 규제에서는 그러한 심사는 상정되어 있지 않다. OITA는 거래 금지 규정을 포함하지 않고 신고 요건만을 정한다. 향후 법 제정 논의가 계속될 것이다. 대중국 비즈니스와 관련하여 대통령의 행정명령에 의해 제정될 규칙의 내용과 함께 미국 의회의 입법 움직임도 주시할 필요가 있다.

영국

Ⅰ │ 심사대상과 거래의 범위

① 엔티티 취득의 경우

1) 대상 엔티티

심사대상 엔티티(entity)란 법인격 유무를 불문한 모든 엔티티를 말하며, 회사, LLP, 조합, 신탁 등이 포함된다. 또한 영국 외의 엔티티라도 영국 내에서 사업 활동을 하고 있거나 영국 내에 소재하는 자에게 상품·서비스를 제공하고 있는 엔티티는 대상 엔티티에 포함된다. 엔티티 개념은 우리나라의 안보투자 관련 법률의 제정 시 검토하여 반영해야 할 사항이다.

2) 지배의 취득

지배와 취득에 대한 정의는 우리나라의 안보 투자 관련 법률의 제정 시 검토하여 반영해야 할 사항이다.

① 취득자가 보유한 대상 주체의 주식 또는 의결권 비율이 다음 각호의 어느 하나로 증가하는 경우
② 취득자가 대상 주체의 의결권을 취득함으로써 대상 주체의 사업에 관한 모든 종류의 결의를 가결 또는 부결시킬 수 있게 되는 경우
③ 취득자가 대상 주체의 경영방침에 중대한 영향을 갖게 되는 경우

② 자산 취득의 경우

1) 심사 대상 자산

심사 대상 자산은 다음과 같다.
① 토지
② 동산
③ 산업상, 상업상 또는 기타 경제적 가치를 갖는 아이디어, 정보 또는 기술

2) 심사 대상 자사산의 지배 취득

심사 대상 자산의 '지배의 취득'은 다음 경우에 인정된다.
① 취득자가 대상 자산을 이용할 수 있게 되거나 취득 전보다 취득자가 이용할 수 있는 범위가 확대되는 경우
② 취득자가 대상 자산의 이용 방법을 지시 또는 통제할 수 있게 되거나 취득 전보다 취득자가 이용 방법을 지시 또는 통제할 수 있는 범위가 확대되는 경우

(3) 기타

① 내부 엔티티 개편
② 중대한 재정적 상황과 인수(재정 문제, 증거 등)
③ 간접적인 통제권 취득
④ 주식에 대한 담보 부여

Ⅱ | 의무적 신고 및 임의 신고

(1) 신고 의무의 대상이 되는 거래

신고의 대상이 되는 업종, 분야, 기술을 어떻게 정의하고 범주를 설정할 것인가. 우리나라의 안보 투자 관련 법률의 제정 시 검토하여 반영해야 할 사항이다.

구체적으로는 심사 대상 거래 중 ① 영국에서 지정 업종을 영위하고 있는 경우나 ② 대상 엔티티의 지배를 취득하는 경우에는 신고 의무의 대상이 된다. 이러한 거래는 그 실행 전에 신고해야 하며 나아가 국무부 장관으로부터 클리어런스를 취득하지 않으면, 만일 거래를 실행했다고 해도 해당 거래는 무효가 된다.

심사 대상 거래의 요건과는 달리 대상 엔티티가 영국에서 지정 업종을 영위하고 있는 경우가 아니면 신고 의무의 대상이 되지 않는다. 신고 의무의 대상이 되는 17개 지정 업종은 다음과 같다.

● 신고 의무의 대상이 되는 지정 업종

a. 첨단 재료 b. 첨단 로봇 공학 c. 인공 지능 d. 민간 원자력 e. 통신/커뮤니케이션 f. 컴퓨팅 하드웨어 g. 정부에 대한 중요 공급업체 h. 암호 인증 i. 데이터 인프라 j. 방위/국방 k. 에너지 l. 군용 및 이중 용도 m. 양자 기술 n. 위성 및 우주 기술 o. 응급에 서비스에 대한 공급업체 p. 합성생물학 q. 수송

② 신고 시기 결정과 신고서 제출

신고의 접수, 수락, 거부, 승인 기준 등에 대해서 어떻게 정할 것인가. 우리나라의 안보 투자 관련 법률의 제정 시 검토하여 반영해야 할 사항이다.

영국은 다음과 같은 경우 정부는 통지를 거부할 수 있다.
① NSI법의 요구 사항을 충족하지 않는다.
② 규정에서 정한 요구 사항을 충족하지 않는다.
③ 정부가 콜인 통지 제공 여부를 결정할 수 있는 충분한 정보가 포함되어 있지 않다.

인수에 대해 정부에 알리는 데 사용할 수 있는 3가지 양식이 있다.
① 필수 신고 양식: 경제의 17개 민감한 분야에서 신고 대상 인수에 대해 정부에 알려야 할 법적 의무가 있다.
② 자발적 신고 양식: 의무 신고 대상이 아닌 완료 또는 계획된 적격 취득의 당사자인 경우 자발적 신고를 제출할 수 있다.
③ 소급 검증 신청서: 정부에 신고하고 승인을 받지 않고 신고 대상 취득(의무 신고 대상)을 완료하면 취득이 무효화 된다. 통지 없이 신고 대상 취득을 완료한 경우 소급적 검증을 신청할 수 있다.

(ㅋ) 검토 기간

1) 정보 공유

2) 평가 기간: 평가 기간 동안 정부는 다음을 수행할 수 있다.

    ① 정부가 시행하려고 하는 조건을 훼손할 수 있는 조치를 취하는 것을 방지하기 위해 즉각적이고 임시적인 통제 조치를 한다(임시 명령).

    ② 평가를 완료하는 데 도움이 되는 추가 정보를 제공하도록 요구한다(정보 통지).

    ③ 당사자 또는 인수에 관련된 사람들에게 회의에 참석하도록 요구한다(출석 통지).

3) 임시 명령

4) 정보 공지: 정보 통지에는 다음 사항이 설명되어 있다.

    ① 통지가 제공되는 목적

    ② 어떤 구체적인 정보가 요청되고 있는가.

    ③ 요청된 정보 제공에 대한 시간 제한

    ④ 정보가 제공되어야 하는 방식과 형식

    ⑤ 정보 통지를 준수하지 않을 경우 발생하는 결과

(4) 출석통지서 등

1) 통지서: 출석 통지서는 다음 사항을 설명한다.

    ① 통지가 행해지는 목적

    ② 당사자가 출석하는 시간과 장소

    ③ 세션 중에 논의될 영역의 개요

    ③ 출석 통지를 준수하지 않은 결과

2) 최초 기간: 최초 기간이 끝날 때까지 당사자에게는 다음 중 하나에 대한 정보가 전달된다.

　① 귀하의 취득이 승인되었으며 계속 진행할 수 있다(최종 통지).

　② 특정 조건(최종 명령)에 따라 인수가 진행될 수 있다.

　③ 귀하의 취득이 저지되어 계속 진행할 수 없다(최종 명령).

　④ 평가 기간을 영업일 기준 45일 더 연장해야 한다.

3) 임의기간

⑤ 최종 명령

1) 고지 방법

2) 당사자에게 결정 전달

3) 콜인 후 인수 철회

4) 인수와 기밀 유지

5) 최종 명령의 결과와 재정 지원

6) NSI 법과 관련된 정보를 공개하는 방법과 시기

Ⅲ | 국가안보 심사

① 심사 분야

영국 국가안보투자법은 국가안보에 대한 위험을 초래할 가능성이 높은 17개 영역에서 대상 사업체는 특정 기밀성으로 인해 의무적으로 신고해야 한다. 의무적 신고대상은 아니지만 인수대상 사업체에 대해 지배권을 획득하는 경우 콜인될 가능성이 크다.

심사의 대상을 업종으로 할지, 분야로 할지, 기술이나 제품으로 할지. 이들을 어떻게 정의하고 범주를 설정할 것인가. 우리나라의 안보 투자 관련 법률의 제정 시 검토하여 반영해야 할 사항이다.

② 국가안보 위협의 판단 기준

1) 목표 위험

인수의 대상은 취득되었거나 인수될 심사대상 엔티티 또는 자산이다. 목표 위험을 평가할 때 국무장관은 목표가 무엇을 하는지, 무엇을 위해 사용되는지 또는 사용될 수 있는지, 그리고 그것이 국가안보에 위험을 초래했는지 또는 초래할 수 있는지 여부를 고려하게 된다.

2) 인수자 위험

인수자를 평가할 때 국무장관은 다음을 포함한 여러 요소를 고려할 수 있다.
① 인수자의 최종 통제자 또는 인수자가 쉽게 악용할 수 있는가.
② 인수자가 기존 보유 자산으로 인해 국가안보에 위험을 초래할 수 있는가.
③ 취득자 또는 최종 통제자가 국가안보와 관련된 범죄 또는 불법 활동을 저질렀거나 이와 연관되어 있는지, 또는 국가안보에 위험을 초래했거나 초래할 수 있는 활동과 연계되어 있는가.

3) 지배 위험

통제(지배) 위험은 기업의 활동이나 전략에 대해 취득자가 얻는 통제의 정도를 말한다. 또한 자산의 사용을 통제하거나 지시하고 사용하는 것을 포함하여 자산에 대한 통제의 정도와도 관련이 있다. 통제 수준이 높을수록 목표물이 국가안보에 해를 끼치는 데 사용될 가능성이 높아질 수 있다.

Ⅳ | 보고서 요약

① 개요

2022년 4월 1일부터 2023년 3월 31일까지의 보고기간 동안 국무부장관은 866건의 통지를 받았다. 그중 671건은 의무통지, 180건은 자발적통지, 15건은 소급효확인신청이었다. 거부 통지 43건 중 의무 통지를 거부하는 데 평균 10일, 자발적 통지를 거부하는 데 평균 7일이 소요됐다.

보고기간 동안 65건의 매수가 요청되었다. 요청된 매수 중 37%는 군사 및 이중 용도 분야, 29%는 국방, 29%는 첨단 재료와 관련이 있었다. 콜인의 42%는 중국과 관련된 매수자, 32%는 영국과 관련된 매수자, 20%는 미국과 관련된 매수자였다.

② 최종 통지와 최종명령

보고기간 동안 국무부장관은 57건의 최종 통지와 15건의 최종 명령을 내렸고, 1건의 최종 명령은 취소되었다. 최종 통지 57건 중 42%는 군사 및 이중 용도 분야의 매수, 32%는 첨단소재, 26%는 국방 분야이었다. 57개의 최종 통지 중 40%는 중국과 관련된 매수자, 30%는 영국과 관련된 매수자, 19%는 미국과 관련된 매수자(한 국가 이상의 국가와 관련될 수 있음)와 관련되어 있다.

최종 명령은 15건이었다. 그 가운데 군사 및 이중 용도와 경제의 통신 분야가 각 4건, 에너지, 국방, 컴퓨팅 하드웨어 및 첨단 소재 분야가 각 3건이었다. 최종 명령 중 8건은 중국 관련 매수자, 4건은 영국 관련, 3건은 미국 관련 매수자였다. 최종 명령을 발급하는 데 평균 81일이 소요되었다. 신고기간 동안 어떠한 재정 지원도 주어지지 않았다. 어떠한 처벌도 내려지지 않았고 형사소추도 성립되지 않았다.

영국의 연례 보고서는 「국가안보투자법」이 실제로 어떻게 작동되는가. 이를 판단하는 데 중요한 보고서이다. 연례 보고서를 토대로 어떤 내용과 기준 그리고 절차를 통해 법률을 운용할 것인가를 가늠할 수 있다. 우리나라의 안보 투자 관련 법률의 제정 시 보고서의 결과를 토대로 구체적인 운용방안을 비교하고, 이를 법률에 반영해야 할 필요가 있다.

CHAPTER

03

캐나다

- -

I 정의 및 해석 기준

1 정의 등

① 캐나다인

② 캐나다 사업

③ 비캐나다인

④ 의결권 있는 이익

⑤ 금액

⑥ 문화적 사업

캐나다의 비캐나다인 개념과 대상, 외국인, 난민 등에 대한 기준은 우리나라의 안보 투자 관련 법률의 제정 시 검토하여 반영해야 할 사항이다.

(2) 심사대상이 되는 투자자와 순이익 심사

비캐나다인(non-Canadians)에 의한 기존 캐나다 사업의 지배권 취득 또는 캐나다 사업의 신규 출범은 「캐나다 투자법」의 대상이 되며, 해당 비캐나다인은 통지서 또는 심사신청서를 제출해야 한다.

비캐나다인이 기존 캐나다 사업의 지배권을 취득할 경우 순이익심사 신청 또는 통지가 요구된다. 이하의 어느 하나를 취득하는 경우, 캐나다 사업의 지배권을 취득하게 된다.

① 캐나다 사업의 실질적인 모든 자산

② 캐나다 사업을 운영하거나 지배하는 회사, 파트너십, 합작사업 또는 신탁 등 사업체 의결권의 과반수(법적 지배기준)

비캐나다인 투자자가 캐나다 사업 거점을 설립하는 경우나 캐나다 사업의 지배권을 직간접적으로 취득하는 경우로서 투자금액이 일정 기준치를 넘는 경우 순이익심사의 대상이 되며 사전 심사를 통해 허가를 받아야 한다.

(3) 매수와 업종

1) 직접적 매수

① 세계무역기구 회원국의 국영기업 투자가

② 비 WTO 회원국 투자자

③ 문화사업

2) 간접적 매수

투자가 간접적 매수(캐나다 사업을 운영하는 사업체를 지배하는 캐나다 국외 회사의 지배권 취득)인 경우 다음의 기준값이 적용된다.

3) 분야 업종

「캐나다 투자법」은 캐나다의 모든 산업에 동등하게 적용된다. 단, 문화사업 심사에 관한 기준값은 다른 분야보다 낮으며, 캐나다 문화사업의 지배권을 취득하는 비캐나다 투자자는 캐나다 문화유산부 장관에게 심사 신청을 해야 한다.

Ⅱ | 신청과 제출 등

① 신청서의 형식 및 내용

심사신청서의 작성은 다음 4가지 작업을 중심으로 진행된다. 심사신청서에서 특히 요구되는 기술정보로서, 투자자에 대해서는 다음 사항에 관한 정보를 요구한다.

① 이사회, 상위 5명의 고액 보수 임원 및 관련 투자자 기업의 10% 이상을 직접 보유한 사업체 및 개인, 그리고 그 투자가의 최종 지배자
② 외국 정부에 소유되어 있는지 또는 그 영향을 받고 있는지
③ 투자의 자금원

캐나다 사업에 관한 투자자의 계획에는 다음 사항이 요구된다.
① 그 계획에 대한 상세 정보
② 예정된 투자가 캐나다에 순이익이 될 수 있는 이유를 정리한 개요

② 캐나다 사업 계획

심사신청서의 가장 중요한 요소는 인수 후 대상 회사에 관한 투자자의 계획을 명확히 하는 것이다. 이들 계획은 관련 장관이 해당 투자가 캐나다에 순이익이 될 가능성이 높은지를 평가하기 위한 중요한 정보원이며, 승인을 확보하기 위해 통상 투자자가 제출하도록 요구되는 구속력 있는 서약 사항을 검토하기 위한 초기 정보가 된다. 심사신청서에는 캐나다 사업에 관한 투자자의 계획(순이익이 되는 요소에 특히 언급한 것)의 상세한 기재 및 캐나다 사업의 현재 경영에 관한 기재가 요구된다. 투자심사국은 투자자의 계획에 대해 다음 사항을 포함한 내용을 요구한다.

① 고용(고용자 수, 창출 또는 소멸되는 직종)

② 설비투자(운전자금의 증가, 확장)

③ 캐나다인의 관여(경영 간부 및 이사로 취임하는 캐나다인의 수)

④ 생산성 및 효율성(새로운 설비 또는 테크놀로지, 연수)

⑤ 생산의 이노베이션 및 다양성(생산 라인 교체 또는 보관, 최첨단 제품)

⑥ 국제 경쟁력(국제적인 판매 네트워크 이용)

③ 심사의 법정 기간과 통지

① 45일 이내에 판단

② 최대 30일 심사기간 연장 가능. 단, 국가안보심사의 경우 기간 연장 가능

③ 캐나다 사업의 지배권 취득시 30일 이내에 통지서 제출

④ 지배권 취득과 무관한 소수투자는 통지의무 없음

Ⅲ | 국가안전보장 심사

(1) 개요

국가안보 심사란 무엇인가. 그린필드 및 소수 투자를 포함한 모든 해외투자는 가치에 관계없이 국가안보 심사를 거쳐 국가안보 피해 위험이 있는지 여부를 결정한다. 「캐나다 투자법」 파트 Ⅳ.1에는 국가안보 검토를 위한 다단계 프로세스가 명시되어 있다. 장관은 캐나다 국가안보 기관과 협력하여 Part Ⅳ.1을 관리할 책임이 있다. 장관의 권고에 따라, 공공안전부 장관(PS 장관)과 협의한 후, 의회 주지사는 다음을 포함하되 이에 국한되지 않는, 국가안보를 보호하는 데 필요한 모든 조치를 수행하는 권한을 갖는다.

① 투자자에게 투자를 이행하지 말라고 지시하는 것
② 투자자가 특정 서면 약속을 제공하는 조건 또는 총독(GiC)이 상황에 따라 필요하다고 간주하는 조건에 따라 투자를 승인하는 것
③ 투자자에게 투자 지배권을 박탈하도록 요구하는 것

(2) 검토 요소

캐나다 정부는 다음 항목을 고려할 수 있다.
① 캐나다의 방위상 능력 및 이익(방위산업 기반 및 방위시설 포함)에 대해 투자자가 미칠 수 있는 효과
② 방위제조법 (Defence Production Act) 제35조에서 정한 물품 및 기술의 연구, 제조 또는 판매에 관여
③ 투자가 외국에 의한 감시 또는 첩보를 가능하게 할 가능성
④ 투자가 현재 또는 미래의 인텔리전스 운영 또는 법 집행을 방해할 가능성

⑤ 캐나다 외교 관계를 포함한 국제적 이익에 투자가 미칠 수 있는 영향

⑥ 투자가 테러리스트, 테러 조직 또는 범죄조직 및 기타 위법 행위자에게 관여하거나 이에 편의를 제공할 가능성

⑦ 첨단기술 또는 노하우의 캐나다 국외 이전에 투자가 미칠 수 있는 효과

⑧ 캐나다 주요 인프라스트럭처의 안전보장에 투자가 미칠 수 있는 영향

⑨ 캐나다인에게 중요한 물품 및 서비스 공급에 투자가 미칠 수 있는 영향

⑩ 캐나다 정부에 대한 중요한 물품 및 서비스 공급에 투자가 미칠 수 있는 영향

⑪ 건강관련 산업에 투자가 미칠 수 있는 영향

⑫ 투자를 통해 민감한 개인정보를 얻을 수 있는 가능성[개인 식별이 가능한 건강 또는 유전자(예: 건강 상태 또는 유전자 검사 결과); 생체 인식(예: 지문); 재무(예: 지출 및 부채를 포함한 기밀 계정 정보); 통신(예: 개인 통신); 지리적 위치; 공무원에 관한 개인정보 군대 또는 정보기관의 구성원 등]

⑬ 중요 광물 및 중요 광물 공급망에 투자가 미칠 수 있는 영향

③ 심사기준

순이익심사에서는 투자가 캐나다에 있어서 순이익이 될 가능성이 있는지에 대해 판단할 때 다음 요소가 고려된다.

① 캐나다의 경제활동 규모 및 성질에 대한 영향

② 캐나다인의 참여 정도 및 중요성

③ 생산성, 산업효율, 기술개발 및 제품 혁신성 및 다양성에 미치는 영향

④ 경쟁에 미치는 영향

⑤ 산업, 경제 및 문화 정책에 대한 적합성

⑥ 국제시장에서 캐나다의 경쟁력에 대한 기여도

15개 첨단기술 분야

① 첨단재료와 제조

② 해양 첨단기술

③ 첨단 계측·감시 기술

④ 첨단 무기

⑤ 항공우주

⑥ 인공지능(AI)

⑦ 바이오테크놀로지

⑧ 에너지 생성·저장·전송

⑨ 의료기술

⑩ 뉴로테크놀로지와 휴먼머신 인테그레이션

⑪ 차세대 컴퓨팅과 디지털 인프라스트럭처

⑫ 위치 내비게이션 타이밍(PNT)

⑬ 양자 사이언스

⑭ 로보틱스와 자율 시스템

⑮ 우주 기술

5 모니터링과 리스크 경감

국가안전보장 심사에서는 「캐나다 투자법」 제25.4조에 의거한 명령에 따라 투자에 대한 조건으로서 국가안전보장에 대한 손해위험을 경감하기 위한 조치가 부과될 수 있다. 리스크 경감 조치에는 다음과 같은 예가 있다.

① 예정된 사업 거점에 관해 정부의 허가를 취득하는 것(전략적 자산에 대한 근접을 피하기 위해)

② 모든 공급 및 사업 라인의 일부 또는 전부를 캐나다에 설치할 것

③ 정보관리 및 시설 접근 제한을 위해 승인된 조직적인 안전대책을 정하는 것

④ 보안 점검을 거친 컴플라이언스 오피서가 법령 준수 확보에 종사하고 법령 준수에 관한 보고를 할 것

⑤ 준수 상황을 감사하기 위해 시설 출입을 허용할 것

⑥ 민감한 정보에 접근할 수 있는 임직원에게 승인된 안전대책의 준수를 요구할 것

⑦ 기존 고객에게 소유권 이전이 유보되어 있음을 통지하는 것

⑧ 직무의 일환으로 첨단정보 또는 핵심기술에 접근할 수 있는 채용예정자를 장관에게 통지할 것

⑨ 거래에서 첨단 사업부문 또는 자산을 제외할 것

캐나다의 리스크 경감조치 사례는 우리나라의 안보 투자 관련 법률의 제정 시 검토하여 반영해야 할 사항이다.

Ⅳ 2023년 연례 보고서와 법 개정 방향

① 평가기준

「캐나다 투자법」 25.1항에 따라 모든 외국인 직접 투자는 투자 가치나 외국인 투자자의 통제 수준에 관계없이 국가안보 검토의 대상이 된다. 검토 및 심사는 ISED, 공공 안전, 캐나다의 보안 및 정보기관, 관련 조사 기관 등 여러 당사자가 참여하여 사례별로 수행된다. 투자는 특히 다음과 관련된 정보 및 인텔리전스를 기반으로 철저히 평가된다.

① 캐나다 자산을 취득하거나 사업을 설립하는 경우

② 투자 조건

③ 외국인 투자자 및 제3자의 영향력 가능성

② 통지 및 명령

2022~2023 회계연도에는 2021~2022년의 24개 투자에 비해, 32개 투자가 심사 및 검토 대상이 되어 33.3% 증가했다.

32개의 투자 제안과 관련하여 3개는 GiC가 투자자에게 투자철회(박탈, Divestiture)를 요구하는 최종 명령을 내렸다. 8개는 투자자가 철회(Withdrawal)했으며, 20개는 검토 후 승인되었다. 종결된 프로세스에 대한 평균 검토 기간은 174일이었다.

③ 「캐나다 투자법」 개정법안

① 특정 분야의 투자실행에 관한 사전 신고 요구

② 국가안보 심사의 권한 강화

③ 절차 미준수에 대한 벌칙 강화

④ 조건 부과와 리스크 경감

⑤ 국가 간의 정보 공유와 기밀 유지 강화

「캐나다 투자법」 개정법안은 우리나라의 안보 투자 관련 법률의 제정 시 반영해야 할 사항들을 담고 있다. 최종적으로 법안이 어떤 내용을 담아 성립될지 주목할 필요가 있다.

오스트레일리아

I 오스트레일리아의 「외자매수법」

「외자매수법」은 우리나라의 안보 투자 관련 법률의 제정 시 반영해야 할 사항들을 담고 있다. 특히 개념과 해석 기준에 대한 예를 참고할 만하다. 그리고 국익과 국가안보 기준도 구별하여 적용하고 있다. 국가안보와 경제 안보 그리고 국익의 범주를 어떻게 설정하고, 적용할 것인지. 면밀하게 검토해야 할 내용이다.

1 개념과 기준

① 외국인
② 외국 회사
③ 외국 정부
④ 외국 정부 투자가

ㄹ 해석 기준

1) 국가안보 기업을 창업한다는 의미

2) 오스트레일리아 토지에 대한 권리의 의미

3) 중대 행위

① 국가안보 토지

② 방위접근통제 포인트

③ 방어시설

④ 방위시설

⑤ 정보기관 또는 치안기관

ㅋ 기준치

① 기준치에 대한 기준이 없는 토지

② 권리의 총액이 기준치(기준값)를 초과하는 농업용 토지

③ 권리의 총액이 기준치를 초과하는 그 밖의 토지

Ⅱ 오스트레일리아의 외자 규제 제도

① 통지대상

1) 행위

① 국가안전보장사업을 신규로 출범시킬 경우

② 국가안전보장사업에 대한 직접 지분(10% 초과)을 취득하는 경우

③ 국가안보 보장 사업을 수행하는 사업체의 직접 지분을 취득하는 경우

④ 국가안보 보장 구역인 토지에 관한 개발허가에 대한 권익을 취득하려는 경우

2) 통지대상 행위의 의미

① 첫째 조건: 행위의 유형

② 둘째 조건: 기준치

③ 셋째 조건: 적용 대상 업체의 종류

④ 넷째 조건: 외국인의 행위

② 국가안보 행위

1) 통지 대상

① 어느 외국인이 다음 중 어느 하나의 행위를 실행했거나 실행하려는 경우, 그 행위는 통지대상 국가안보 행위에 해당한다.

(a) 국가안보 기업을 창업하는 행위

(b) 국가안보 기업에 대한 직접적 지분을 획득하는 행위

(c) 국가안보 기업을 운영하는 업체에 대한 직접적 지분을 획득하는 행위

(d) 획득 당시 국가안보 토지에 해당하는 오스트레일리아 토지에 대한 권리를 획득하는 행위

(e) 획득 당시 국가안보 토지에 해당하는 오스트레일리아 토지와 관련하여 탐사광구에 대한 법률상 또는 형평법상 권리를 획득하는 행위

2) 심사 대상

① 오스트레일리아 엔티티 또는 오스트레일리아 사업(business)의 직접 지분의 취득

② 사업체(entity)의 유가증권 혹은 사업의 지분, 권익을 취득하거나 혹은 그것들의 발행에 있어서 모집을 맡거나 사업체 혹은 사업과 계약을 체결함으로써 해당 사업체 혹은 사업의 경영의 핵심 또는 지배에 영향을 미치거나 참여하는 지위, 또는 사업체 혹은 사업의 방침에 영향을 미치는 참여이거나 결정하는 지위의 취득

Ⅲ | 국익과 국가안보의 심사기준

① 국가안보의 정의

오스트레일리아에서 '국가 안보'라는 용어는 법안에서 다양한 맥락에서 사용되지만 정의되지는 않는다. 이것은 '국익'의 사용방식과 유사하다.

① 국가안보에 반하는 것

② 오스트레일리아의 국가안보 이익

③ 국가안보 위험

④ 국가안보 우려

(2) 국익에 위배 되는지 심사

① 국가안보: 해당 투자가 오스트레일리아의 전략 및 안전을 유지하는 능력에 어느 정도 영향을 미치는가.

② 경쟁: 해당 투자의 결과, 투자자가 오스트레일리아 국내 상품이나 서비스의 시장가격이나 생산을 지배하게 될 가능성이 있는가. 투자자가 세계로의 상품이나 서비스 공급에 대해 지배하게 될 가능성이 있는가.

③ 오스트레일리아 정부의 정책: 해당 투자가 오스트레일리아의 세수나 환경 문제와 관련된 목표치 등 오스트레일리아 정책에 영향을 미칠 가능성이 있는가.

④ 오스트레일리아 경제 · 지역사회에 미치는 영향: 해당 투자(투자 후 예정된 재편 포함)가 오스트레일리아 경제 전반에 영향을 미칠 가능성이 있는가. 오스트레일리아 국민을 위해 공정한 혜택을 가져올 것인가.

⑤ 투자자 특징: 투자자가 투명성이 높은 상업적 기반을 바탕으로 활동하고 있는가. 충분하고 투명성 있는 규제 및 감독의 대상이 되고 있는가 (해당 외국 투자가의 기업 거버넌스 실무도 고려).

오스트레일리아 연방정부는 농업 분야에 대한 외국의 투자 제안을 심사할 때 보통 다음과 같은 사항에 대한 영향을 고려한다.

① 수자원을 포함한 오스트레일리아 농업자원의 질과 양

② 토지 접근 및 사용, 농업생산 및 생산성

③ 오스트레일리아가 국내 지역사회 및 무역상대국 쌍방에게 신뢰받는 농산물 공급자로 남을 수 있는 능력

④ 생물다양성

⑤ 오스트레일리아 지역사회에서 고용 및 번영 등

③ 국가안보 관점에서 심사

「외자매수법」 및 「외자매수규칙」의 국가안전 보장행위 및 국가안전 보장 기준의 주된 목적은 국가안전보장상의 이익에 관한 대내투자 심사절차를 강화하는 것이다. 국가안전보장 기준의 내용은 다음과 같다.

① 국가안전보장 구역 또는 국가안전보장 사업 관련 투자에 대해 의무적 통지를 요구할 것

② 재무부 장관의 소환심사권을 도입하여 통지되지 않은 어떠한 투자에 대해서도 국가안전보장상의 이유로 호출할 수 있도록 할 것

③ 일정한 거래에 대해 투자자가 FIRB에 대해 임의로 통지할 수 있도록 하는 것

④ 재무부 장관에게 최종 심사권을 부여함으로써 국가안전보장상의 이유로, 행위와 관련하여 국가안전보장상의 위험이 발생했다는 이유로 조건의 부과, 기존 조건의 변경이나 승인된 투자의 처분 명령을 가능하게 할 것

오스트레일리아가 도입한 새로운 국가안전보장의 기준이 가진 특징은 다음과 같다.

① 취득 가치에 관계없이 FIRB의 승인이 의무화되는 국가안보 통지 의무 행위 개념 도입

② 국가안보 통지 의무 행위와 관련된 국가안보 관련 사업과 부동산 개념 도입

③ 지금까지 FIRB의 심사대상이 되지 않았던 해외투자를 심사하는 소환 심사권 부여와 절차

④ 이미 FIRB의 심사대상이 된 투자를 재심사하는 최종 심사권 부여와
절차

④ 심사기준

재무부 장관이 어떤 매수를 오스트레일리아의 국익 또는 국가안전보장에 반한다고 생각하는 경우 재무부 장관은 그 매수를 금지할 수 있다. 매수금지 판단에 있어서 재무부 장관은 이하의 사항을 광범위하게 검토한다.

① 투자의 유형 - 기밀사업에 대한 투자 여부 및 그 효과

② 국가안전보장에 미치는 영향

③ 경쟁에 미치는 영향

④ 기타 오스트레일리아법 및 정책에 대한 영향

⑤ 경제 및 사회에 미치는 영향

⑥ 투자가의 특성

오스트레일리아는 심사를 위해 정보 수집 능력과 정부 간 협력을 강화하였다.

① 외국인이 소유한 회사·사업, 토지에 대한 정보를 등록하는 비공개 레지스터 설립

② 정보공개가 가능한 정부 기관의 범위 확대

③ 국가안보에 관한 사항에 대해 일정한 해외 정부기관과의 정보 공유

⑤ 정부 펀드에 대한 투자승인 요건

외국정부 투자자(foreign government investor: FGI)란 외국 정부기관(중앙·지방정부를 가리지 않는다. 에이전트 포함), 외국 정부 기관이 일정한 지분을 보유한 회사, 신탁 또는 유한 파트너십을 말한다. 연방정부는 외국 정부 및 외국 정부 투자가에 의한 투자 안건을 심사할 때, 통상의 고려 사항에 한편 다음과 같은 사항에 대해서도 고려한다.

① 외국 정부 투자자가 외국 정부에 완전히 소유되어 있는지 부분적으로 소유되어 있는지, 또 해당 투자자가 완전히 독립 기업간 거래로, 상업적 기반에 기초하여 운영되고 있는지
② 해당 투자가 상업적 성질의 것인지, 아니면 오스트레일리아의 국익에 위배될 수 있는 정치적 또는 전략적 목적을 추구하려는 것인지
③ 해당 투자의 규모, 중요성 및 잠재적 임팩트

FIRB의 승인이 필요한 FGI에 의한 투자는 다음과 같다.
① 회사/신탁 또는 사업의 직접적 권리(기본 10%) 취득
② 토지 권리의 취득
③ 신규사업의 설립
④ 광구(탐사를 위한 광구도 포함)에 관한 권리/권익 취득

⑥ 담보권 취득 제외 규정 범위 축소

다음의 자산에 설정되는 담보권의 설정이나 행사에는 해외투자가의 업종이나 외국정부기관 여부에 관계없이 원칙이 적용된다.

① 국가안보 관련 사업

② 국가안보 관련 부동산

③ 국가안보 관련 부동산의 자원 채굴권

Ⅳ 국가안보와 재무부 장관의 권한

1 권한

「외자매수법」은 오스트레일리아의 연방 재무부 장관에게 일정한 행위와 관련하여 발생하는 국가안보 위험에 대하여 최후의 수단을 행사할 권한도 부여하고 있다. 재무부 장관은 그 행동이 국가안보상의 리스크를 초래할 가능성이 있다고 판단했을 경우 행위의 실행 전후를 불문하고, 관련하는 외국인 투자가를 콜인하여, 해당 행위를 심사하는 권한을 가지게 된다. 중대 행위의 기준을 충족하지 않는 행위도 관련 심사의 대상이 된다.

재무부 장관은 국가안전보장상의 이유로, 행위와 관련하여 국가안전보장상의 위험이 발생했음을 이유로 최종심사권에 따라 신규 또는 추가적인 조건을 부과하고 기존의 조건을 변경하거나 승인된 투자의 처분을 명령할 수 있다. 예를 들어 다음과 같은 경우에 최종심사권이 행사된다.

① 재무부 장관이 외국투자자에 의한 중대한 부실기재, 오해를 불러일으키는 기재 또는 중요사항의 불기재를 인식한 경우

② 외국 투자자(또는 외국 투자자의 활동)의 사업, 구조 또는 조직에 중대한 변경이 있는 경우

③ 상황 또는 시장에 중대한 변경이 있는 경우

(2) 명령

재무부 장관은 금지 명령, 추가적 명령, 처분 명령, 대응 명령을 내릴 수 있다. 장관이 국가안보상의 우려를 발생시킨다고 판단한 경우, 재무부 장관의 '최종 심사권'은 면제증명서가 부여된 행위에도 적용할 수 있다 '최종 심사권'에 의해 재무부 장관은 이전 승인 대상이었던 행위와 관련하여 국가안전보장상의 리스크가 존재한다고 생각하는 경우 그 행위를 재평가할 수 있다.

① 국가안전보장상의 위험과 직접 관련된 신청 프로세스와 관련하여 재무부 장관에게 제공된 정보에 중대한 허위표시 또는 누락이 있는 경우
② 개인의 비즈니스, 구조 또는 조직 또는 개인의 활동이 크게 변화하여 그 변화가 합리적으로 예견되지 않았거나 거의 일어나지 않았던 경우
③ 행위와 관련된 상황 또는 시장이 대폭 변화하고 국가안보상 위험의 성질이 변화한 경우

이 권한에 의존하여 행위를 재평가한 후 재무부 장관은 다음 명령을 내릴 수 있다.
① 제안된 행위를 금지한다.
② 취득한 자산 또는 이익의 처분을 명령한다.
③ 승인에 부수되는 기존 조건을 변경하거나 새로운 조건을 부과한다.

(3) 국가정보기관의 자문

국가안보 위험의 존재 여부에 대해 심사할 때 재무부 장관은 그 행위와 관련된 국가안보 위험이 있는지를 결정하여야 한다. 그러한 경우, 재무부 장관은 그 행위와 관련된 국가안보 위험에 관하여 국가정보 관련 부처소속 기관으로부터 자문을 구하고, 그 조언을 참작하여야 한다.

오스트레일리아에서 국가정보공동체(national intelligence community)란 국가정보원법과 같은 의미를 지닌다. 그리고 국가정보공동체란 다음 기관을 말한다.

① ONI
② 각 정보기관
③ 정보 역할 또는 기능을 가진 각 기관

(4) 조치사항

재무부 장관은 제안이 국익에 위배되는지 여부를 검토한 후 다음 조치를 취할 수 있다.

① 제안된 행위를 금지하는 명령을 내린다.
② 신청을 검토하기 위해 최대 90일간의 잠정명령을 내린다.
③ 처분 명령을 내린다. 다만, 처분 명령을 내릴 수 있는 상황 및 그러한 명령을 내릴 수 있는 기간에는 제한이 있다.
④ 조건을 부과하지 않는 또는 조건을 부과하는 면제 증명서를 발행하고, 나중에 변경 또는 취소할 수 있다.
⑤ 비강제 조건을 발행한다.
⑥ 재무부 장관이 NON 또는 면제증명서 신청을 뒷받침하기 위하여 외국인이 제공한 서류가 허위 또는 중요한 점에서 오해의 소지가 있다고 합리적으로 믿는 경우 NON 취소하거나 면제증명을 변경하거나 취소한다.

V | 집행 및 벌칙 등

① 수수료 유형

2021년 1월 1일부터 「수수료법」(FATFIA) 개정 및 「수수료 규칙」(FATFIR) 도입으로 FIRB에 대한 신청 수수료 계산 방법이 변경되었다. 수수료는 신청 시 지불하도록 되어 있으며, 단일 행위에 대해 500,000달러가 상한으로 되어 있다.

② 준수 확인 등

재무부 장관에 의한 법령 준수를 위한 활동은 다방면에 걸쳐 있다.
① 감사: 법령 준수 확인
② 집행: 「외자매수법」에 규정된 집행 실시
③ 이해관계자 대응: 외국 투자자나 조언자에 대한 법령 준수 의무에 관한 교육
④ 시장정보 수집: 시장에 대한 이해를 높이고 법령 위반에 대처하기 위한 데이터 및 정보 활용

재무부 장관은 외국 투자가가 법령 준수 의무를 다할 수 있도록 지원한다.
① 현장 조사 등 법령 준수 모니터링·위반 조사 권한 강화
② 지도 권한 부여
③ 허위 정보제공 등 대응조치(승인 취소 등)의 권한 부여
④ 형사처벌과 민사 제재금의 대폭적인 증가
⑤ 위반 통지 적용 확대

(3) 시사점

오스트레일리아의 「외자매수법」에서 주목해야 할 것은 국익에 위배 되는 지를 심사하는 것이다. 주요국은 외국 투자에 대해 국가안보를 기준으로 한 판단을 하고 있다. 그러나 오스트레일리아에 대한 투자가 상품이나 서비스의 시장가격이나 생산을 지배하게 될 가능성이 있는가. 투자가 오스트레일리아의 세수나 환경 정책에 영향을 미칠 가능성이 있는가. 경제 전반에 영향을 미칠 가능성이 있는가. 또한 오스트레일리아 국민을 위해 공정한 혜택을 가져올 것인가. 오스트레일리아 지역사회에서 고용 및 발전에 기여하는가. 투명성 있는 규제 및 감독의 대상이 되고 있는가 등에 대해 국익의 관점과 기준에서 그 판단을 하고 있다.

우리나라의 현행 법령 등은 국가핵심기술, 첨단기술, 전략기술 등의 보호에 집중되어 있다. 해당 법령에서 국민 생활이나 국민경제에 영향을 주는 기술이나 산업 분야는 그 대상이 아니다. 현실을 보면 중국 등 일부의 외국 투자가 기술 이전, 시설 이전, 감원, 파산 등으로 이어지고 있지만 기술 보호의 대상이 아니라서 사각지대로 남아 있다. 우리나라의 안보 투자 관련 법률의 제정 시 외국 투자가 국민경제와 고용 등에 미치는 영향에 대해 검토하고 판단할 필요가 있다. 국가안보와 경제 안보 그리고 국익의 범주를 어떻게 설정하고, 적용할 것인지 검토해야 할 내용이다.

「외자매수법」은 주요국과 달리 심사대상에 펀드, 담보권 등을 규정하고 있다. 미국의 지배 개념보다 확장되고 구체화된 개념이다. 우리나라의 안보 투자 관련 법률의 제정 시 반영해야 할 사항들이다. 특히 「외자매수법」의 재무부 장관의 권한과 관련하여, 위원회의 권한을 어떻게 할 것인지. 비교 검토해야 할 내용이다.

CHAPTER 05 일본

Ⅰ | 경제안보추진법

1. 특징

「경제안보추진법」은 구체적으로는 법제상 필요한 과제에 대응하기 위해 ① 중요 물자의 안정적인 공급확보, ② 기반 인프라 역무의 안정적인 제공 확보, ③ 첨단적인 중요 기술의 개발지원, ④ 특허 출원의 비공개에 관한 4개의 제도를 창설하고 있다. 「경제안보추진법」의 제도 설계를 조사 영역, 육성 영역, 보호 영역 등으로 나누어 추진하고 있다. 구체적인 제도는 다음과 같다.

① 중요 물자의 안정적인 공급 확보에 관한 제도
② 기반 인프라 서비스의 안정적인 제공 확보에 관한 제도
③ 첨단적인 중요 기술 개발 지원에 관한 제도
④ 특허 출원의 비공개에 관한 제도
⑤ 경제 안전 보장 추진 회의
⑥ 경제 안보 법제에 관한 지식인 회의

② 경제안전보장 중요기술 육성 프로그램(K Program)

1) 개요

경제안전보장 중요기술 육성프로그램은 통칭 K Program[Key and Advanced Technology R&D through Cross Community Collaboration Program]을 말한다. 본 프로그램은 중장기적으로 일본이 국제사회에 있어서 확고한 지위를 계속 확보하는 데 불가결한 요소가 되는 첨단적인 중요 기술에 대해서, 과학기술의 다의성을 근거로 해 민생 이용뿐만 아니라 공적 이용으로 이어지는 연구 개발 및 그 성과의 활용을 추진하는 것이다. 구체적으로는 경제안전보장상의 일본의 요구를 근거로 개별 기술의 특성이나 기술 성숙도 등에 따라서 적절한 기술 유출 대책을 취하면서, 연구 개발로부터 기술 실증까지를 신속하고 유연한 추진을 목표로 하고 있다.

2) 특정 중요기술의 유형

① [유형1] 해당 기술이 외부에 부당하게 이용되는 경우 국가 및 국민의 안전을 해치는 사태가 발생할 우려가 있는 것
② [유형 2] 해당 기술의 연구개발에 이용되는 정보가 외부에 부당하게 이용되는 경우 국가 및 국민의 안전을 해치는 사태가 발생할 우려가 있는 것
③ [유형 3] 해당 기술을 이용한 물자 또는 서비스를 외부에 의존함으로써 외부에서 이루어지는 행위에 따라 이들을 안정적으로 이용할 수 없게 된 경우 국가 및 국민의 안전을 해치는 사태가 발생할 우려가 있는 것

3) 조사대상 기술 영역

「경제안보추진법」의 관련 법령 등에서 일본이 특정 중요기술로 정한 것은 다음과 같다.

① 바이오 기술

② 의료·공중위생 기술(계놈학 포함)

③ 인공 지능·기계 학습 기술

④ 첨단 컴퓨팅 기술

⑤ 마이크로프로세서·반도체 기술

⑥ 데이터 과학·분석·축적·운용 기술

⑦ 첨단 엔지니어링·제조 기술

⑧ 로봇 공학

⑨ 양자 정보 과학

⑩ 첨단 감시·측위·센서 기술

⑪ 뇌 컴퓨터·인터페이스 기술

⑫ 첨단 에너지·축에너지 기술

⑬ 고도 정보통신·네트워크 기술

⑭ 사이버 보안 기술

⑮ 우주 관련 기술

⑯ 해양 관련 기술

⑰ 수송 기술

⑱ 극초음속

⑲ 화학·생물·방사성 물질 및 핵(CBRN)

⑳ 첨단 재료 과학

 프로그램 추진과 주요 관점

지원 대상이 되는 중요기술은 다음과 같은 기준으로 판단한다.

① 기술의 우위성·불가결성의 확보·유지, 확보·유지에 관한 자율성의
확보

② 시장경제의 메커니즘에만 맡겨서는 투자가 불충분해지기 쉬운 첨단기
   술을 대상으로 함
③ 과학기술의 다의성도 반영하여 민생 이용뿐만 아니라 공적 이용과 관
   련된 요구를 연구개발에 적절히 반영해 나가는 것을 지향

현재의 과학기술·이노베이션을 둘러싼 상황을 바탕으로 연구개발 비전
은 여러 나라에서 연구개발 등 대응이 급속히 확대하는 AI 기술, 양자 기술등
에 초점을 두고 있다. 그 이외에 영역을 불문하고 무인화와 자율화에 대한 수
요가 가시화되고 있는 것 등에 비추어, 로봇 공학, 첨단 센서 기술, 첨단 에너
지 기술에 주목하고 있다. 한편 과학기술과 이노베이션 기본 계획 등을 바탕
으로 사회나 사람의 활동 등에 불가결한 영역으로서 해양, 우주 항공, 영역 횡
단·사이버 공간, 바이오의 4개로 분류하여 추진하고 있다.

경제안전보장의 확보·강화라는 관점에서 첨단적인 중요기술의 육성을
추진하는 연구개발을 시급히 강화하여 강력하고 신속한 지원을 실현하기 위
해 연구개발비전(제2차)으로 정하고 있다. 연구개발비전(제2차)에서는 변화·발
전하고 있는 기술군을 포함시켜 사이버 공간 영역, 에너지·재료·제조기술 등
의 영역 횡단, 바이오 영역에서의 대응을 특히 보강·보완하고 있다.

Ⅱ | 일본의 외환 및 외국무역법과 대내직접투자

(1) 정의 등

1) 외국투자가
2) 대내 직접투자
3) 신고 대상

① 사전 신고 대상

사전 신고 대상은 핵심 업종으로 국가의 안전 등을 해칠 우려가 큰 업종을 말한다.

- 무기, 항공기, 우주, 원자력
- 원유·천연가스광업, 석유정제업
- 희토류
- 의약품·고도 의료기기
- 군사전용 가능한 범용화물 제조업

핵심 업종 이외에도 국가의 안전 등을 해칠 우려가 있는 다음과 같은 업종도 사전신고 대상이다.

- 농림수산업
- 피혁·피혁 제조업
- 연료 소매업
- 창고업(석유비축업에 한함)
- 방송사업

② 사후 보고 대상

- 음식업, 식료품제조업
- 도매업, 소매업
- 미용업, 이용업
- 출판업
- 건설업 등

2 업종 확대

2019년 개정 전 「외환법」에서 사전신고가 필요한 국가안전과 관련한 업종은 다음과 같다.

① 무기, 항공기, 원자력, 우주관련, 군사전용 가능한 범용품 제조업
② 전기·가스, 열공급, 통신사업, 방송사업 등 수도·철도·여객운송
③ 생물학적 제재 제조업·경비업
④ 농림수산·석유·피혁관련·항공운수·해운업

최근 사이버 보안 확보 필요성이나 안전보장상 중요한 기술 유출 등 일본 안보에 중대한 영향을 미치는 사태를 적절히 방지한다는 관점에서 정보처리 관련 및 정보통신 분야에서도 사전 신고 해당 업종이 확대되었다.

① 집적회로제조업
② 반도체 메모리 미디어제조업
③ 광디스크·자기디스크·자기테이프제조업
④ 전자회로 실장기판제조업
⑤ 유선통신 기계기구 제조업
⑥ 휴대전화기·PHS 전화기제조업
⑦ 무선통신 기계기구제조업
⑧ 컴퓨터제조업
⑨ 외부기억장치 제조업체
⑩ 수탁개발 소프트웨어산업
⑪ 임베디드 소프트웨어산업
⑫ 패키지 소프트웨어산업·유선방송전화산업·정보처리서비스업종

③ 사전 신고 면제제도

사전 신고 면제는 외국투자의 촉진이나 외국 투자자의 부담경감을 위한 것이다. 핵심 업종 등 국가의 안전을 해치는 등의 우려가 큰 것이 아닌 투자로서, 일정한 기준(면제 기준) 준수를 전제로 주식 등의 취득 시 사전신고를 할 의무를 해제하는 것이다.

사후 보고 대상은 외국 투자가의 국적 및 소재국이 일본 또는 「외환법」상 별표 게재국가인 경우이다.

Ⅲ 대내 직접투자 심사 시 고려하는 요소

① 투자처 기업의 사업 내용에 관한 심사기준

① 국가안전의 확보, 공공질서의 유지 또는 공중 안전의 보호와 관련된 산업생산기반 및 해당 산업이 가진 기술기반의 유지에 미치는 영향 정도
② 국가의 안전 확보, 공공질서 유지 또는 공중 안전 보호와 관련된 기술이나 정보가 유출되거나 이러한 목적에 반하여 이용될 가능성
③ 국가 안전의 확보, 공공질서의 유지 또는 공중안전의 보호를 위하여 필요한 재화나 서비스의 평시 및 유사시 공급조건, 안정적인 공급 또는 공급되는 재화나 서비스의 질에 미치는 영향 정도

② 외국 투자자의 속성에 관한 심사기준

① 해당 외국 투자가 등의 자본구성, 실질적 지배자, 거래관계 및 기타 속

성과 투자와 관련된 계획 및 과거의 행동·실적(외국 정부 등에 의한 직접적 또는 간접적인 영향의 정도를 포함)

② 해당 외국 투자가 등이 따르는 조약, 법령 및 그 밖의 규범이 국가 안전 확보, 공공질서 유지, 공중 안전 보호 또는 일본경제의 원활한 운영에 미치는 영향 정도

③ 해당 외국 투자자 등의 「외환 및 외국무역법」 또는 동 법에 상당하는 외국 법령 준수상황

③ 투자·관여 내용

① 해당 외국 투자가 등이 이미 취득했거나 취득하고자 하는 주식, 지분, 의결권, 출자증권 또는 회사채의 수·비율이나 금액, 금전을 대부하는 경우 대출 누계액이나 조건이 발행회사·대출처 회사에 미치는 영향 정도(해당 외국 투자가 및 합산대상이 되는 관계자가 취득하거나 운용하게 되는 주식의 수·비율, 보유 또는 행사·지도하게 되는 의결권의 수·비율을 포함)

② 해당 외국 투자자가

ⅰ) 발행회사 등의 이사나 감사역에 취임하거나 자신의 밀접관계자를 발행회사 등의 이사나 감사역에 취임시키는 것

ⅱ) 지정 업종에 속하는 사업의 양도·폐지와 관련된 의안을 발행회사의 주주총회에 제안하는 것

ⅲ) 비밀기술 관련 정보를 취득하거나 공개할 것을 제안하거나 비밀기술 관련 정보의 관리에 관한 발행회사 등의 사내 규칙 등의 변경을 제안할 가능성 및 해당 행위가 행해진 경우 국가 안전 등 확보에 미치는 영향 정도

Ⅳ 「경제안보추진법」의 추진과 운용 성과

1 특정 중요 물자의 안정적인 공급 확보

일본이 특정 중요 물자의 안정적인 공급 확보가 필요한 분야로 지정한 것이다.

① 항균성 물질 제제
② 비료
③ 영구자석
④ 공작기계 및 산업용 로봇
⑤ 항공기의 부품(항공기용 원동기 및 항공기의 기체를 구성하는 것에 한한다.)
⑥ 반도체 소자 및 집적 회로
⑦ 축전지
⑧ 인터넷 및 기타 고도 정보 통신 네트워크를 통해 컴퓨터(입출력 장치를 포함)를 타인의 정보 처리용으로 제공하는 시스템에 이용하는 프로그램
⑨ 가연성 천연가스
⑩ 금속광산물(망간, 니켈, 크롬, 텅스텐, 몰리브덴, 코발트, 니오브, 탄탈, 안티몬, 리튬, 붕소, 티타늄, 바나듐, 스트론튬, 희토류금속, 백금족, 베릴륨, 갈륨, 게르마늄, 셀렌, 루비듐, 지르코늄, 인듐, 테룰루, 세슘, 바륨, 하프늄,레늄, 탈륨, 비스무트, 그래파이트, 붕소, 마그네슘, 실리콘 및 인에 한함)
⑪ 선박의 부품(선박용 기관, 항해용구 및 추진기에 한한다.)

ㄹ) 특정 사회기반 서비스의 안정적인 제공 확보

2023년 8월 1일 내각에서 결정된 추진법 시행령을 개정하여, 총 14개 분야를 기반인프라 사업으로 지정하였다.

① 전기
② 가스
③ 석유
④ 수도
⑤ 철도
⑥ 화물자동차운송
⑦ 외항화물
⑧ 항공
⑨ 공항
⑩ 전기통신
⑪ 방송
⑫ 우편
⑬ 금융
⑭ 신용카드

ㅋ) 특정 중요 기술개발 지원

「경제안보추진법」과 기본지침에서는 육성해야 할 기술영역을 정하고 있다. 2022년 7월에 조사 연구 실시의 기술 영역에 해당하는 20개 분야가 '특정 중요 기술'의 후보로서 제시되었다. 이러한 기술이 경제안전보장 중요기술 육성 프로그램(K Program) 대상 기술로 지정됐다.

④ 특허출원의 비공개

보전지정 대상은 안전보장상 특히 첨단 또는 대량살상무기 개발에 이용될 수 있는 25개의 「특정 기술 분야」이다. 그러나 25개 분야의 발명 전체를 비공개 대상으로 하면 민간기업의 연구개발 활동을 과도하게 제약하게 된다고 보았다. 그래서 3개의 부가요건을 25개 분야 중 10개 분야에 적용하여 해당 분야 중에서 첨단성이 높은 발명만을 특허 비공개 대상으로 하고 있다.

1) 일본의 안전보장에 지대한 영향을 줄 수 있는 첨단기술 분야

① 항공기 등의 위장·은폐 기술

② 무기 등과 관련된 무인 항공기·자율 제어 등의 기술

③ 유도무기 등에 관한 기술

④ 발사체·비상체 탄도에 관한 기술

⑤ 전자기식 발사장치를 이용한 무기에 관한 기술

⑥ 레이저 무기, 전자기 펄스(EMP)탄과 같은 새로운 공격 또는 방어 기술

⑦ 항공기·유도 미사일에 대한 방어 기술

⑧ 잠수선에 배치되는 공격 방호장치에 관한 기술

⑨ 음파를 이용한 위치 측정 등의 기술로 무기에 관한 것

2) 보전지정을 한 경우 영향이 큰 기술 분야[부가 요건 적용]

⑩ 극초음속기 제트 엔진 등에 관한 기술

⑪ 고체 연료 로켓 엔진에 관한 기술

⑫ 잠수선에 관한 기술

⑬ 무인 수중 항주체 등에 관한 기술

⑭ 음파를 이용한 위치측정 등의 기술로 잠수선 등에 관한 것

⑮ 우주 항행체의 열 보호, 재돌입, 결합·분리, 운석 검지에 관한 기술

⑯ 우주 항행체 관측 및 추적기술

⑰ 양자점·초격자 구조를 갖는 반도체 수광 장치 등에 관한 기술

⑱ 내탬퍼성 하우징에 의해 계산기의 부품 등을 보호하는 기술

⑲ 통신 방해 등에 관한 기술

3) 국민 생활이나 경제활동에 막대한 피해를 주는 수단이 될 수 있는 기술 분야

① 우라늄 플루토늄 동위원소 분리 기술

② 사용후핵연료의 분해·재처리 등에 관한 기술

③ 중수에 관한 기술

④ 핵폭발 장치에 관한 기술

⑤ 가스탄용 조성물에 관한 기술

⑥ 가스, 분말 등을 살포하는 탄약 등에 관한 기술

⑤ 18개의 경제안전보장 테마

일본에서는 「경제안전보장추진법」의 시행·운용에 따라 4개 과제에 대한 대응이 진전되고 있다. 분류나 특정 방법에 따라 다르지만 적어도 18개의 경제안전보장상 테마가 존재한다.

① 공급망 강화

② 기반 인프라의 공급망·사이버 보안 강화

③ 첨단기술개발에 관한 민관협력

④ 특허출원의 비공개

⑤ 보안 클리어런스

⑥ 공급망의 인권 리스크 대응

⑦ 산업 스파이 사이버 보안 대책

⑧ 데이터를 둘러싼 안전 보장

⑨ 가짜 정보·디스 인포메이션 대책

⑩ 연구 인테그리티의 재검토

⑪ 안전보장 무역관리 강화

⑫ 중요·첨단기술 관리

⑬ 국제 표준화

⑭ 투자심사의 대응·체제 강화

⑮ 비시장적 정책, 관행에 대한 대응

⑯ 경제적 위압에 대처

⑰ 업계별 리스크 점검

⑱ 경제 인텔리전스 강화

일본의 「경제안보추진법」은 첨단기술의 육성과 보호를 동시에 추진하고 있다. 또한 첨단산업에 대해 기술, 분야, 업종 등을 연계하여 운영하고 있다. 「경제안전보장추진법」의 시행·운용에 따라 4개 과제에 대한 대응이 실행되고 있다. 18개의 경제안전보장상 테마에 대한 추진도 주목해야 한다. 1차로 20개 특정 중요 기술이, 2차로 13개 분야의 특정중요기술이 경제안전보장 중요기술 육성 프로그램(K Program) 대상 기술로 지정됐다.

우리나라의 안보 투자 관련 법률의 제정 시 규제와 함께 첨단기술이나 산업을 어떻게 육성할 것인지 검토해야 한다. 우리나라의 안보 투자 관련 법률의 제정 시 「경제안보추진법」의 추진 경과와 단계별 성과를 면밀하게 비교 검토할 필요가 있다.

CHAPTER 06

상호주의와 국가안보 예외조항

I 상호주의와 시사점

① 상호주의 논리와 현실

국제관계에서 상호주의란 둘 또는 그 이상의 국가들 사이에서 서로 동일 내지 동등한 권리·이익을 공여하거나 의무·부담을 떠맡음으로써 상호간에 대우의 균형을 유지하는 관계에 서는 것을 의미한다. 그리고 자국이 상대국에 주는 대우와 동등한 대우를 스스로 부과받을 것이라는 기대나 우려가 국가의 행위를 동기화한다는 의미에서 행위의 사회적 기반을 이루는 것이다.

일반적으로 상호주의는 조건성과 동등성이라는 2가지 불가결한 요소로 이루어진다. 상호주의란 협조 관계를 구축하는 계기가 될 수 있는 한편, 그것이 부정적인 방향으로 작용하면 대립을 초래하는 계기가 될 수도 있는 원리이다. 그리고 두 계기가 경우에 따라 어떻게든 발현되고 그 귀결이 반드시 정의로 이루어진 것은 아니다. 상호주의는 선험적으로 특정한 가치와 결부시켜 파악되어야 할 개념이 아니며, 그 도덕적 위상도 모호할 수밖에 없다. 그런데도 합의법 규범으로서의 국제법의 본질과 깊이 연결되어 상호주의가 국제규범의 형성·적용·이행 확보의 각 단계에서 촉진하거나 안정화하는 역할을 담당해 왔다.

최근에는 자국 제일주의를 내세우는 미국이 양자주의로의 회귀 자세를 분명히 하고, 다른 국가와 충돌을 일으키고 있다. 국제사회에서 다자주의 이념은 주요국의 할거주의와 그에 따른 국제경제 질서의 불안정화로 나타나고 있다. 트럼프 행정부가 자국의 통상정책을 설명하는 과정에서 자주 사용하는 용어인 상호주의와 공정성은 미국의 주요 교역상대국에 대하여 자국의 통상 이익을 관철시키기 위한 목적으로 남용되고 있다.

② 미국의 예외주의와 일방주의가 주는 시사점

트럼프 행정부는 미국과의 무역 관계에서 자국에게 결과적으로 무역적자를 초래하는 무역상대국의 불공정무역행위를 비난하였다. 이에 대한 해결책으로서 수입품에 대한 고율의 관세 부과, 환율조작국 지정 등을 통한 무역 불균형의 해소를 일방적으로 주장하였다. 미국은 무역상대국과의 일대일 양자무역협정(FTA) 협상을 통해 상호주의적 무역 관계가 구축될 수 있도록 기존의 FTA 재협상 또는 새로운 FTA 협상을 요구하였다. 트럼프 행정부는 미국 통상법에 따라 자국이 일방적으로 정한 경쟁 조건을 무역상대국에 강요하였다.

물론 자국이 우월하고 특별하다는 예외주의는 미국만의 전유물이 아니다. 역사적으로 볼 때 대부분 국가는 강대국이 되었을 때, 타 국가에 대한 우월의식을 갖고, 행동을 하였다. 단지, 미국 예외주의는 그들이 왜 우월하다고 생각하는지에 대한 설명을 제공한다는 데에 의의가 있다. 미국 스스로 예외주의에 입각하여, 관련 법이 적용되지 않는다고 주장하는 것은 상당히 위협적이고, 위험스러운 행태다. 다른 국가들이 지킬 국제법이 별도로 있고, 미국만의 별도의 규범체제가 있다는 것인지 의문이기 때문이다.

트럼프가 미국 우선주의를 주장하는 이유는 Obama의 다자주의가 미국에 손해라고 보았기 때문이다. Obama가 다자주의를 취한 것에 대한 반동적 성격도 강하다. 트럼프 행정부는 모든 다자조약에 대해 모라토리엄을 선언할 행정명령 초안을 작성한 바 있다. 미국이 다자주의를 버리고 다시 일방주의를 취하여서 미국을 "다시 위대하게 만들겠다"는 것이다. 트럼프가 미국을 "다시 위대하게 만들겠다."고 할 때는 미국을 다시 예외적인 나라로 만들겠다는 것을 의미한다. 트럼프는 Obama의 다자주의적이고 비우월적 예외주의를 부정하면서, 일방주의적이고 우월주의적 예외주의를 부활시켰다. 그것은 변화하는 국제사회 속에서 미국의 이익만을 우선하는 것이다.

Ⅱ 국가안보 예외 조항과 시사점

① 국가안전보장과 예외 조항

일반적으로 국가 안전보장이란 국가의 영역이나 국민의 보호, 영역 내에서의 법질서 유지 등 국가의 존립과 관련된 것을 염두에 두며, 관련된 이익의 보호가 국가에 있어서 사활적으로 중요하다는 것은 말할 필요도 없다. 따라서 국가 안보상의 목적으로 국가가 어떤 조치를 취하는 것 자체를 부정할 수 없다.

다른 한편으로 경제 분야에서는 국제경제 활동을 자유화·원활화하기 위한 다종다양한 조약이 전 세계에 걸쳐져 있기 때문에 어떤 나라가 안전보장상의 목적으로 경제 규제를 시도하는 경우, 해당 조치가 동국을 당사국으로 하는 경제조약상 의무에 저촉될 가능성은 크다. 문제는 국가안전보장이라는 국가의 중대한 이익의 보호와 국제법 규범의 실현을 얼마나 균형있게 달성할 것인가 하는 점이다.

GATT 제21조는 국가안전보장을 위한 예외를 규정하고 있다. 문제는 국가안전보장 예외 조항과 관련하여, 누가 그 요건의 해당성을 판단하느냐는 문제이다. 2019년 4월 5일 러시아·화물 통과 사건 패널 보고서는 GATT 제21조의 해석을 한 사안이다. 본 건에서는 다음이 주된 쟁점이 되었다.

① GATT 제21조의 적용에 관한 문제에 대해서 패널이 심리를 위한 관할권을 갖는지
② 패널이 관할권을 갖는다면 러시아의 조치는 GATT 제21조의 요건을 충족하여 정당화될 수 있는지였다.

①의 문제에 대해서 패널은 GATT 제21조(b) 등 분석을 통하여, 관할권을 긍정했다. ②의 문제에 대해 '국제 관계의 긴급 사태'에 해당한다고 인정했다. 패널은 무엇이 '안전보장상의 중대한 이익'에 해당하는지 대해서 일반적으로 GATT 제21조 원용국의 판단에 맡겨진다고 했다.

2) 시사점

미국의 트럼프와 바이든 행정부 행태는 보호무역주의를 배격하면서 WTO를 중심으로 하는 자유무역 체제를 중시해온 기존의 미국 입장과 배치된다. 특히 국가안보를 이유로 하는 국가의 시장 개입과 적극적인 권한 행사는 2차 세계대전 이후 미국 주도하에 국제통상 분야에서의 GATT, WTO와 국제금융 분야에서의 IMF를 중심으로 시장의 역할과 기능을 중시하면서 무역 자유화를 촉진하고 규제를 완화해온 그간의 흐름에 역행한다는 비판이 크다.

특히 중국의 급격한 부상에 따른 선진국들의 산업 경쟁력 약화는 미국을 중심으로 현재의 국제통상 질서에 대한 문제 제기와 대응 방안 모색을 본격화하는 계기가 되었다. 미국은 GATT 제21조 국가안보 예외 조항을 근거로 미국 국내법을 적용하여, 국가안보에의 위협이라는 명분으로 중국기업의 미국 내 활동을 규제하고 있다.

WTO 러시아-통과운송 패널 판정은 GATT 제21조에 따른 국가안보를 원용할 수 있는 상황과 조치에 대해서는 원용하는 국가에 대해 상당한 수준

의 재량권이 부여됨을 확인하였다. 향후 국가안보 예외와 관련한 WTO 분쟁뿐만 아니라 양자 조약 상 국가안보 예외와 관련된 분쟁에 있어서도 '신의칙'과 '최소한의 타당성 요건'이 주요한 판단의 기준이 될 것으로 보인다. GATT 제21조 국가안보 예외를 원용하는 조치의 범위가 기존의 무기 또는 군사 관련 분야와 전시 상황이라는 전통적 분야 확대되어 사이버안보, 기후변화와 같은 새로운 이슈와 팬데믹과 같은 비상상황에 적용될 가능성에 대비해야 할 필요가 있다.

국내적으로는 국가안보 예외 원용이 가능할 수 있는 이슈와 상황에 대비하여야 한다. 「외국인투자촉진법」, 「대외무역법」 등 교역 및 투자와 직접적인 관계가 있는 국내법령 뿐만 아니라 「개인정보보호법」 등 국가안보 예외가 적용될 수 있는 국내법령을 정비하는 것이 필요해 보인다. 미국은 GATT 제21조 국가안보 예외 조항을 근거로 미국 국내법을 적용하여, 국가안보에의 위협이라는 명분으로 중국기업의 미국내 활동을 규제하고 있다. 우리나라도 새로운 외국투자안보법을 제정하는 경우 미국처럼 국가안보 예외를 원용하는 조치를 검토하고, 이와 관련한 절차적 심사와 통제 방식을 제도적으로 보완할 필요가 있다

Ⅲ | 일본 참의원 질의서와 상호주의 시사점

① 질의서와 주요쟁점

일본 정부는 일본 「국회법」의 규정에 근거하여 참의원 의장 명의로 전송된 참의원의 질문주의서에 대해 일본 정부가 성실하게 답변할 것이 요구되고 있다. 그러나 답변서를 보면 법률의 취지와는 동떨어져 있다. 하지만 답변의 내용과 달리 의원들의 질문들을 보면 토지규제와 상호주의에 대해 매우 중요

한 쟁점과 시사점들을 담고 있다.

① 서비스무역에 관한 일반협정(GATS) 및 기타 관련 다자간 협정을 원용함으로써, GATS 및 기타 관련 다자간 협정 체결국은 자국에서 외국인에 의한 토지 취득을 규제하는 것은 현재 상황에서 가능한가. 또한 안전보장상이나 자국민의 여러 권리를 지키기 위한 목적으로 이루어지는 각국의 외국인에 의한 토지 취득 규제 현황에 대해 그 내용을 밝혀 주기 바란다.

② GATS 및 기타 관련 다자간 협정의 체결국은 조약상의 유보를 함으로써 토지 취득을 규제하는 것을 가능하게 하기 위해서는 조약상의 절차를 포함하여 어떤 법적인 절차를 실시하는 것이 필요한가. 현시점에서, GATS 및 기타 관련하는 다자간 협정상의 유보를 원용해 토지 취득과 관련된 규제를 실시하는 것이 가능한가.

③ 외국인이 아무런 규제 없이 토지를 취득하는 것은 안전보장의 관점에서 문제가 아닌가 하는 우려가 있어 GATS 및 기타 관련 다자간 협정에 붙인 유보를 원용함으로써 외국인에 의한 토지 취득을 규제해야 한다는 데 대한 정부의 견해를 설명해 주기 바란다.

④ GATS 및 기타 관련된 다자간 협정에 관해 상호주의를 주장함으로써 토지 취득의 취급을 자국과 상대국에서 균형이 잡힌 상태로 하는 것 즉, 상대국에서 토지 취득이 규제되고 있는 경우에는 자국에서도 토지 취득을 상대국에 대해 규제하는 것이 가능한가.

⑤ GATS 및 기타 관련하는 다자간 협정의 적용에 관해서 상호주의를 주장함으로써 토지 취득과 관련된 규제를 실시하는 것이 가능한가. 즉, C국에서 외국인에 의한 토지 취득을 규제하고 있는 경우, GATS 및 기타 관련 다자간 협정의 적용에 관해 상호주의를 근거로 국내 C국민에 의한 토지 취득을 규제할 수 있는가.

② 상호주의와 시사점

질의서를 보면 일본에서의 외국인에 의한 토지 취득을 규제하는 방안을 검토하면서, 토지 취득과 관련된 국제적 조약 등과의 저촉 가능성을 확인하고 있다. 다자간 협정 체결국은 자국에서 외국인에 의한 토지 취득을 규제하는 것은 현재 상황에서 가능한가. 토지 취득을 규제하는 것을 가능하게 하기 위해서는 조약상의 절차를 포함하여 어떤 법적인 절차를 실시하는 것이 필요한가. 상대국에서 토지 취득이 규제되고 있는 경우에는 자국에서도 토지 취득을 상대국에 대해 규제하는 것이 가능한가.

하지만 일본 정부의 답변은 없다. 우리나라의 경우 같은 질문이 가능할 것이다. 그러나 명확한 답변을 하는 것은 한계가 있다. 토지나 부동산의 취득 규제에 대한 다른 국가들의 사례를 참고하고, WTO 등이 국가안보 예외 조항을 원용하는 것을 검토하여, 반영할 필요가 있다. 우리나라도 새로운 안보투자법을 제정하는 경우 미국처럼 국가안보 예외를 원용하는 조치를 검토하고, 외국의 부동산 취득 규제에 대해서 절차적 심사와 통제 방식 등을 제도적으로 보완할 필요가 있다

「(가칭) 외국의 투자와 국가안보에 관한 법률」관련 사항의 검토

I | 시사점

1 경제 안보 컨트롤 타워의 재정립

2006년 「산업기술보호법」이 제정된 이후 2015년 개정되기 이전까지 '산업기술보호위원회'는 국무총리 소속이었다. 위원장은 국무총리, 위원은 관계 부처의 장관 및 전문가인 민간위원들로 구성되어 있었다. 또한, 주무 부처의 차관이 실무위원장이고, 관계 행정기관의 1급 고위공무원 등이 참석하는 '실무위원회'와 관계 행정기관의 과장 등이 참석하여 전문적인 검토를 전담하는 '전문위원회'가 있었다. 기술 보호를 위한 행정조직체계가 '산업기술 보호위원회', '실무위원회', '전문 위원회'의 3단계 검토를 거치도록 규정되어 있었다. 그런데 2015년 1월 법을 개정하면서, 실무위원회를 없애고, 위원장을 국무총리에서 산업통상자원부 장관으로 격하시키면서 소속도 산업통상자원부로 이관하였다. 현재는 산업통상자원부 기술안보과에서 주무를 맡고 있다.

법률 개정으로 인하여 산업통상자원부가 주무부처가 되면서, 신속하고 간결한 심의 등이 이뤄졌지만 산업기술보호위원회는 기술유출에 대응하는 컨트롤 타워로서의 지위와 역할이 약화되었다. 소관 부서가 국무총리에서 산업통상자원부로 바뀌면서 과학기술정통부, 국방부, 교육부 등 관련 다른 부처를 통할하고 지휘할 수 있는 조직법적 근거를 상실하였다. 기술 보호와 육성을 위해 필요한 정책 부서와 연계나 관련 정책을 실현할 추진력도 크게 약화 되었다. 최근 일본은 「경제안보추진법」을 제정하면서 경제안보담당 장관을 별도로 설치하였다.

한편 부처별로 첨단기술 보호, 공급망 확보, 자원 확보 등에 나서고 있지만 부처별 대응은 한계가 있다. 첨단기술의 보호 과제는 정부 부처 간 경쟁의 문제가 아니라 국가 차원으로 대처해야 할 현안이다. 첨단기술 등에 대한 보호 정책의 추진은 대통령실이나 국무총리 소속으로 하는 것이 바람직하다. 미국의 CFIUS나 영국의 ISU와 같이 상설 조직화하여, 우리나라의 국가 핵심기술, 방위산업기술, 첨단전략기술 등에 대한 관리와 통제를 할 필요가 있다. 미국의 CFIUS처럼 사령탑에 경제 안보에 대한 강력한 권한을 부여하거나 일본의 「경제안보추진법」처럼 총리(우리나라의 대통령, 혹은 국무총리) 직속으로 하여 직접 관리할 필요가 있다. 우리나라의 경우 「산업기술보호법」 제정 당시보다 강화된 시스템으로 만들어 경제 안보의 컨트롤 타워로서 기능하도록 할 필요가 있다.

국가안보나 국익에 대한 심사와 관련하여 상설조직이 필요하며, 미국의 CFIUS를 참고할 필요가 있다. 특히 CFIUS가 국가안보 위험 요소를 판단하는 경우 DNI의 외국인 투자 위협 요소에 대한 분석과 자료 등을 참고하여 판단하도록 하는 절차 등을 도입할 필요가 있다. 국익에 대한 판단을 위해서는 오스트레일리아의 국익 심사기준과 절차를 도입할 필요가 있다. 국가안보 위험심사의 실질적 주체와 관련하여, 외국의 기관들을 참고하여 국내정보(또는 방첩) 기관에 투자안보 관련 전담 조직, 인원, 전문성 등을 보강할 필요가 있다. 산하 협력 기관으로 한국산업기술보호협회, 전략물자관리원 등 관련 기관을 재조직하여 상설조직을 확대하는 방안도 검토 추진해야 한다. 이러한 점을 종합적으로 해결하기 위해서는 「(가칭) 외국의 투자와 국가안보에 관한 법률」의 제정이 필요하다.

② 수사 등 컨트롤 타워 재정립

국가마다 기업비밀이나 영업 비밀의 개념이 광범위하고 포괄적이다. 기업비밀이나 영업 비밀에 대한 형사법적 보호는 국가마다 다르다. 그러나 기술 유출을 당한 국가나 기업의 피해와 손해는 막대하다. 기술 유출에 대한 구제나 보호는 민사적 구제가 우선해야 하고, 영업 비밀의 차원에서는 형벌에 의한 형사적 제재는 최후의 수단이 되어야 한다는 입장이다.

그러나 기술 보호는 정책적 차원뿐만 아니라 기술침해나 유출행위에 대한 처벌이 있어야 가능하다. 국내적 차원의 수사는 경찰이나 검찰 차원에서 가능하다. 그러나 해외로의 유출에 대한 수사는 국가정보원 등이 연계되어야 가능하다. 현재와 같이 수사기관이나 조직과 인원이 분리되어 각각 운용되는 상황에서는 기관 간 유기적인 협조를 기대하기 어렵고, 한계가 분명하다. 지금처럼 정부 부처, 수사기관, 정보부서가 각각 별개로 활동을 하는 형태로서는 기술 유출을 방지하는데 한계가 있다. 정책, 정보, 수사, 기소, 공판에 일관되게 관여하는 경제 안보 컨트롤 타워가 필요하다.

특히 해외로의 기술 유출에 대처하기 위해서는 정책은 부·처·청, 정보는 국가정보원, 수사는 경찰과 검찰, 공판은 검찰을 중심으로 협동하는 '경제안보수사협의체'의 재구축이 필요하다. 기술 유출이 해외로 행하여진 경우 그에 대한 수사 등은 주권 침해의 문제가 될 수 있다. 국내 수사 기관들은 접근에 한계가 있다. 국가정보원 등의 역할이 중요한 이유이다. 국가 핵심기술이나 방위산업기술 등의 유출은 사실상 외국 등과의 싸움이라는 점을 감안할 때 대통령실의 국가안보실을 중심으로 한 경제 안보 컨트롤 타워가 중요하다.

③ 공인된 기술평가기관의 설치

법률로써 보호되는 기술 정보는 영업 비밀에서 부터 첨단과학 기술을 기반으로 하는 국가 핵심기술까지 그 범주가 다양하다. 그리고 기술의 진보성, 개발의 난이도, 희소성도 기술마다 상이하다. 실제 국가 핵심기술이 해외로 유출된 사례에서 업계는 피해액을 수십조 원으로 추산하고 있지만 법원이 이를 그대로 인정하지 않고 있다. 기술 유출로 인한 피해액 산정은 형량뿐만 아니라 징벌적 손해배상과도 관련이 있으므로 피해액 산정을 위한 모델 개발이 필요하다.

기술 유출과 침해에 따른 손해배상 금액을 산정하기 위해 가치평가 등을 공신력 있는 기관에서 하도록 제도를 정비할 필요가 있다. 이미 토지보상법상 토지와 부동산 등의 손실보상을 위해, 이를 감정하는 한국감정원과 관련 민간 전문기관 등이 있다. 산업기술보호법상 국가 핵심기술과 산업기술의 지정과 해제를 위해서는 다양한 평가가 선행되고 있다. 관련 기술의 지정 시에는 국가안보 및 국민경제에 미치는 파급효과, 관련 제품의 국내외 시장 점유율, 해당 분야의 연구 동향 및 기술 확산과의 조화, 국가 연구비 지원 여부, 기술의 세계적 순위 등을 검토해야 한다.

국가 핵심기술과 산업기술 그리고 방위산업기술 등 지정에서 검토된 자료를 기초로 하여, 기술 가치를 전문적인 평가할 필요가 있다. 기술 유출로 인한 피해액 산정을 위한 전문기관 설치를 통해 법원의 양형기준과 배상액의 합리화를 도모하는 것이 필요하다.

④ 국가안보와 직권심사 제도 도입

주요국의 경우 기술 수출 통제와 투자규제의 대상 그리고 그 기준이 각각 다르다. 미국의 경우 TID 미국 비즈니스에 대한 투자에 대해서는 매우 엄격하다. 특히 국가안보에 미치는 영향 이외에도 지배권이 누구에게 귀속되는가에 따라 심사를 강화하고 있다. 영국의 경우 국가안보를 투자규제의 주요한 기준으로 삼고 있다. 일본의 경우 「경제안보추진법」을 통해 특정 핵심기술에 대한 개발을 추진하고 있다. 국가에 따라 신고도 의무적 신고와 간이 신고를 병행하고 있다. 중요한 것은 신고 여부와 관계없이 국가안보 등에 위해가 있다고 판단되는 경우 직권심사가 가능하도록 하고 있다.

우리나라의 경우 심사대상의 탄력성과 외국에 대한 대응력을 확보하기 위해 직권 심사제도를 도입해야 한다. 또한 국가안보 차원에서 심사를 할 수 있도록 외국의 국가안보 심사기준 등을 참고하여, 안보 심사가 항상 가능하도록 법령 개정과 함께 상설적인 조직을 설치하는 것이 필요하다. 주요국의 인바운드 및 아웃바운드 투자 규제에도 대비해야 한다. 각국이 국가안보를 이유로 외국의 투자 제한을 하고 있어, 첨단기술 등을 유치하기 위한 M&A에 한계가 있다. 이를 극복하기 위해서는 세계적 기업이나 첨단 R&D 센터의 유치를 위한 파격적 정책 추진이 필요하다. 한편 국가 차원에서는 미국 중심의 세계적인 동맹 가입은 피할 수 없다고 해도, 기업 차원에서는 다른 판단을 할 수 있도록 해야 한다. 국민 경제와 기업 그리고 국민의 시각에서 동맹과 경제 질서 등에 대한 유연한 정책을 추진하는 것이 필요하다.

⑤ 기술안보 대상의 탄력성 확보

2022년 2월 미국 과학기술위원회는 미국 국가안보에 중요한 영향을 미치는 Critical and Emerging Technologies에 해당하는 19개 산업 분야를 공표하였다. 또한 최근의 행정명령은 ① 마이크로일렉트로닉스 ② 인공 지능 ③ 생명공학 및 바이오제조 ④ 양자 컴퓨팅 ⑤ 첨단 청정에너지 ⑥ 기후 적응 기술 ⑦ 핵심 소재인 리튬 및 희토류 원소 등 ⑧ 식량 안보에 영향을 미치는 농업 산업 기반의 요소 등에 대한 심사를 강화하도록 하고 있다. 영국은 2021년 「국가안보투자법」에서 17개 첨단산업 범위를 정하였다. 일본은 「경제안보추진법」은 특정 중요기술로 20개를 지정하였다.

우리나라의 「산업기술보호법」에 따른 산업기술은 4,134개이며 국가 핵심기술은 2024년 3월 기준으로 13개 분야에 75개를 지정하고 있다. 한편 「방위산업기술보호법」은 방위산업기술로서 8대 분야 45개 분류 128개 기술을 지정 고시하고 있다. 국가첨단전략기술을 반도체, 이차전지, 디스플레이, 바이오 등 전 4개 분야 17개 기술이 지정되었다. 12대 국가전략 기술로 혁신선도, 미래 도전, 필수기반 3개 분야를 설정하였다. 혁신선도에는 반도체와 디스플레이, 이차전지, 첨단 모빌리티, 차세대 원자력이, 미래 도전에는 첨단 바이오와 우주항공 해양, 수소, 사이버 보안, 그리고 필수기반에는 인공지능(AI)과 첨단 로봇제조, 차세대 통신, 양자정보 기술이 중요하다.

그러나 최첨단 기술과 분야가 고정된 것은 아니다. 주요국은 일종의 예시라는 점을 밝히고 있으며, 기술의 발전 속도, 완성도, 경쟁상대국의 동향 등을 고려하여 투자규제 대상과 기술 수출 통제의 대상이 유동적이라는 점을 규정하고 있다. 우리나라도 투자규제와 기술 보호 대상을 선정할 때 세계적 흐름을 주시할 필요가 있다. 국가 핵심기술의 경우 개별 기술 단위의 지정과 함께 첨단 핵심기술 영역이나 분야별로 지정하는 것이 필요하다.

구체적으로 최첨단 분야 및 국민 생활에 중요한 영역이나 분야를 선정하여 관리할 필요가 있다. 에너지, 식량, 교통, 의약품, 통신, 광물 등 타 국가와 첨단기술 및 인프라 분야에 대한 대응이 필요하다. 그리고 일본의 「경제안보추진법」처럼 비밀 연구와 비밀 특허제도를 연구과제의 선정에서부터 도입 운영할 필요가 있다. 이를 통해 전략적 의도 및 최첨단 기술 개발을 담당하는 기업과 대학 등이 보유한 최첨단 기술을 비공개하고, 각종 첨단무기, 생물화학무기 등 방위산업기술에 대한 보안을 강화해야 한다. 동시에 첨단기술 연구를 수행할 수 있는 환경을 정부와 협력하여 정비하고, 중소기업, 스타트업, 연구기관 연계 강화와 지원이 필요하다. 희토류 등 광물자원을 취득하기 위한 조치를 추진하기 위해 대규모 자금 지원 방안 마련되어야 한다. 현재도 중요하지만 기술 속도와 대상에 따라 예견되는 미래의 흐름을 선취하여 희토류 등 자원확보를 위한 경제 안보와 기술 보호 정책을 추진해야 한다.

Ⅱ 「(가칭) 외국의 투자와 국가안보에 관한 법률」 제정 방안

미국의 경우 「국방수권법」을 바탕으로 기술통제와 투자규제에 관한 법령들이 제·개정되고 있다. 최근 「수출관리개혁법(ECRA)」, FIRRMA 등은 미국의 첨단기술 분야에 대한 통제와 수출규제를 하고 있다. 미국은 외국인 투자심사에 대해서 CFIUS를 중심으로 운영하고 있다. 영국의 경우에는 「국가안보투자법」을 축으로 첨단사업에 대한 통제와 투자규제를 하고 있다. 일본은 「경제안보추진법」과 「외환법」을 중심으로 특정 중요기술에 대한 통제와 투자규제를 실시하고 있다.

우리나라는 「산업기술의 유출방지 및 보호에 관한 법률」, 「외국인투자촉진법」, 「방산기술보호법, 「대외무역법」, 「국가첨단전략산업 경쟁력 강화 및 보호에 관한 특별조치법」 등을 통해 여러 부처와 기관에서 기술 수출 통제와 투자규제를 한다. 그러나 기술 수출에 대한 관리와 통제, 외국의 투자에 대한 합리적인 규제를 위해서는 「(가칭) 외국의 투자와 국가안보에 관한 법률」을 제정하는 것이 필요하다. 「(가칭) 외국의 투자와 국가안보에 관한 법률」을 통해 국가 핵심기술과 방위산업기술 등의 지정과 해제, 보호를 위한 육성프로그램과 지원대책, 기술 유출에 대한 컨트롤 타워의 재정립, 수사와 기소 등에 대한 합리적 대응, 기술 보호 동향 조사와 대책, 동맹국과 적성국과의 대책 등을 종합적으로 수립하고 운영할 필요가 있다.

한편 외국인의 국내 부동산 취득 관련 법률은 1961년 「외국인토지법」에서 허가제 위주로 운영되었다. 그러나 선진국들의 토지시장 개방과 IMF 이후 외국자본 유치 필요성 때문에 1998년 6월 이후에는 부동산 취득을 신고제로 전환하였다. 그리고 「외국인토지법」은 2016년 1월 부동산 거래 관련 인·허가 제도의 근거 법률을 일원화한 「부동산거래신고법」이 2017년 시행되면서 폐지되었다.

그러나 「부동산거래신고법」은 주로 일반 국민을 대상으로 하는 법률이다.

「외국인토지법」을 폐지하여, 「부동산거래신고법」으로 일원화한 것은 외국 자본의 유치 이외에도 상호주의와 WTO 등 국제법 준수 입장에서 추진한 것이다. 그러나 국가안보나 경제안보 차원에서는 외국인 투자 유치나 상호주의를 그대로 적용할 수 없다.

우리나라 「헌법」이 보장하는 경제적 자유권이나 국제법상의 상호주의 등에 의해 외국인에 의한 토지나 부동산의 거래를 전면 금지하기는 어렵다. 그렇지만 국가안전보장상의 이유로 특정한 국경지대와 일부 섬, 공공복리 차원에서 천연자원 매장지나 상수원과 같은 특정 토지에 대해서는 외국인에 의한 토지의 취득을 금지할 수밖에 없다. 국가의 안전보장과 공공의 이익 차원에서 일부 토지와 부동산에 대한 외국인이나 외국 법인 등의 투자나 거래 규제는 불가피하다고 생각된다.

최근 미국에서 외국인의 부동산에 대한 투자나 거래의 규제가 국가안보의 차원에서 행해지고 있다. 국가안보 논리에 기초한 논리와 기준은 국제법적 규범이나 WTO 규정 등을 우회하면서도 외국인에 대한 부동산 규제의 목적을 달성할 수 있기 때문이다. 우리나라는 주변 국가들과 국경분쟁의 요소들도 많고, 국가안보상의 문제도 있다. 미국의 「부동산 규정」이 군사시설뿐만 아니라 항만, 공항 등에 대해서도 광범위하게 규제하고 있다는 점을 주목할 필요가 있다.

우리나라도 국가안보의 차원에서 미국의 「부동산 규정」처럼 외국인에 의한 주요 군사시설, 공항, 항만, 원전 주변 등에 대한 부동산의 거래를 구체화하여 규제할 필요가 있다. 또한 국경은 물론 해양과 관련한 유인도서와 무인도서 등에 대해 외국인의 토지거래를 규제할 필요가 있다. 국가안보 차원에서 국경 지역인 섬, 그리고 천연자원 지역 등에 대한 외국인의 부동산 투자와 거래를 제한할 필요가 있다. 외국인에 의한 국내 부동산에 대한 투자와 거래를 모두 제한하는 것이 아니라 미국의 「부동산 규정」과 같이 국가안보 차원에서 구체적으로 그 대상을 설정하고, 심사와 판단 절차 등을 거쳐 규제할 필요가 있다. 이를 위해서는 「부동산거래 신고법」, 「외국인투자 촉진법」, 「군사기지 및 군사시설 보호법」, 「군사시설사업법」, 「외국환거래법」, 「세법」 등 관련 법령을 토대로 새로운 법률을 제정할 필요가 있다.

모든 것을 우선하는 것이 국가안보와 경제안보라는 점을 고려할 때 우리나라도 「(가칭) 외국의 투자와 국가안보에 관한 법률」을 제정하여, 당면한 국가안보와 경제 안보 과제를 해결하는 것이 필요하다. 특히, 국가안보를 목적으로 「(가칭) 외국의 투자와 국가안보에 관한 법률」을 제정하는 경우 미국의 CFIUS가 주도하는 모델, 일본의 총리(내각부)가 주도하는 모델 등을 검토할 필요가 있다. 또한 관계 중앙행정기관의 장으로 구성하는 심의위원회와 국정원의 국가안보 조사 및 의견 제출(미국 ODNI 모델, 오스트레일리아의 재무부 장관에 대한 조언)도 도입할 필요가 있다. 주무 부처의 경우 일본의 경우에는 총리(주무 부처 내각부)가 집행하고 있다. 미국은 외국 투자에 대해 대외적으로 상설기구인 CFIUS가 맡고 있다. 우리나라의 경우 주무 부처를 중앙행정기관 중에서 특정할지 아니면 대통령(주무: 국가안보실), 총리(주무: 국무조정실 등)로 할 것인지 행정조직법 차원의 검토가 필요하다. 첨단기술과 핵심 업종 그리고 토지를 외국인 투자 유치의 대상으로만 볼 것이 아니라 국가안보와 경제 안보의 문제로 다뤄야 한다.

우리나라도 「(가칭) 외국의 투자와 국가안보에 관한 법률」의 제정하여 첨단기술과 신흥기술, 핵심 업종과 산업, 토지와 부동산, 핵심인프라와 R&D에 대한 투자규제와 투자유치 그리고 최첨단 기술의 획득과 우수 인재 유치 정책을 국제적인 흐름에 맞춰 강화할 필요가 있다.

(가칭) 외국의 투자와 국가안보에 관한 법률(안)

PART 10
외국의 투자와 국가안보에
관한 법률(안)

PART

10

외국의 투자와
국가안보에 관한 법률(안)

「(가칭) 외국의 투자와 국가안보에 관한 법률(안)」과 주요국 법률의 비교

Ⅰ 법률명

> ○ 이 법률은 「외국의 투자와 국가안보에 관한 법률」(Foreign Investment and National Security Act)로 한다.
> ○ 이 법률의 약칭은 「외국투자안보법」으로 한다.

[미국]

○ 외국투자위험심사현대화법[Foreign Investment Risk Review Modernization Act (FIRRMA) (50 U.S.C. §4565)]

○ 31 C.F.R. Parts 800-802[부동산의 경우 802]

[영국]

○ 2021년 국가안전보장투자법(National Security and Investment Act 202)

[캐나다]

○ 캐나다 투자법(Investment Canada Act)

[오스트레일리아]

◦ 1975년 외자에 의한 취득 및 인수에 관한 법률(외자매수법) (Foreign Acquisitions and Takeovers Act 1975: FATA)

◦ 2015년 외국인의 취득 및 인수에 관한 규칙(외자매수법 규칙) (Foreign Acquisitions and Takeovers Regulation 2015: FATR)

[일본]

◦ 외국환 및 외국무역법(外国為替及び外国貿易法, 「외환법」)

◦ 경제안전보장추진법(経済施策を一体的に講ずることによる安全保障の確保の推進に関する法律, 経済安全保障推進法)

◦ 중요 시설 주변 및 국경 도서 지역에서의 토지 등의 이용 상황 조사 및 이용 규제 등에 관한 법률(重要施設周辺及び国境離島等における土地等の利用状況の調査及び利用の規制等に関する法律)

[한국]

◦ 외국인투자촉진법(Foreign Investment Promotion Act: FIPA)

◦ 외환거래법(Foreign Exchange Transactions Act: FETA)

◦ 방위산업기술 보호법(「방산기술보호법」)

◦ 부동산 거래신고 등에 관한 법률 (「부동산거래신고법」)

◦ 국가 첨단전략산업 경쟁력 강화 및 보호에 관한 특별조치법(「첨단전략산업법」)

◦ 산업기술의 유출방지 및 보호에 관한 법률(「산업기술보호법」)

Ⅱ | 목적

○ 이 법은 외국의 투자가 산업의 성장기반과 기술 경쟁력을 강화하도록 하고, 국가안보와 국민경제에 위협이 되는 경우 이를 방지하도록 하여 국가의 안전보장과 국민경제의 발전에 이바지함을 목적으로 한다.

[미국]

○ 국가안전보장

[영국]

○ 국가안전보장: 특정 유형의 법인과 자산의 지배권 취득에 따른 국가 안보 위험과 관련하여 명령을 하는 조항을 정하고, 이와 관련된 다른 목적을 위한 법률

[캐나다]

○ 캐나다의 순이익: 캐나다의 투자, 경제성장 및 고용기회를 촉진하는 방법으로 중요한 투자 안건 심사

○ 국가안보

[오스트레일리아]

○ 국가안전보장 및 국익

[일본]

○ 국가안전의 확보, 공공질서의 유지, 공중 안전의 보호 및 국가 경제의 원활한 운영

○ 국민 생활 기반 유지, 일본 영해 등의 보전, 국가안전보장

[한국]

[외국인투자촉진법]: 외국인 투자를 지원하고 외국인 투자에 편의를 제공하여 외국인 투자 유치를 촉진함으로써 국민경제의 건전한 발전에 이바지함을 목적

[국가첨단전략산업 경쟁력 강화 및 보호에 관한 특별조치법]: 국가첨단전략산업의 혁신생태계 조성과 기술 역량 강화를 통하여 산업의 지속 가능한 성장기반을 구축함으로써 국가·경제 안보와 국민경제 발전에 이바지함을 목적

[산업기술보호법]: 산업기술의 부정한 유출을 방지하고 산업기술을 보호함으로써 국내 산업의 경쟁력을 강화하고 국가의 안전보장과 국민경제의 발전에 이바지함을 목적

[부동산거래신고법]: 부동산 거래 등의 신고 및 허가에 관한 사항을 정하여 건전하고 투명한 부동산 거래질서를 확립하고 국민경제에 이바지함을 목적

Ⅲ 다른 법률과 국제조약과의 관계

- 외국의 투자와 국가안보에 관하여는 이 법이 정하는 바에 따르며 다른 법률에 우선하여 적용한다.
- 이 법의 시행에 있어서는 대한민국이 체결한 조약 및 국제 약속의 성실한 이행을 방해하지 않도록 유의하여야 한다.
- 이 법에서 규정한 사항을 제외하고, 대한민국이 체결·공포한 국제조약의 내용을 수정하거나 제한하는 것으로 해석되지 아니한다.

[미국]

[§ 800.103; 802.103 다른 법률에 대한 영향]: 파트 800과 802의 어떤 것도 국제긴급경제권한법을 포함한 연방법의 다른 규정에 의해 제공되거나 제정된 다른 권한, 과정, 규제, 조사, 집행 조치 또는 검토를 변경하거나 영향을 미치는 것으로 해석되어서는 안 된다.

[일본]

[외환법]: 제5조 (적용범위) 이 법률은 일본 내에 주된 사무소를 가진 법인의 대표자, 대리인, 사용인 및 그 밖의 종업원이 외국에서 그 법인의 재산 또는 업무에 관하여 한 행위에도 적용한다. 일본 내에 주소를 가진 사람 또는 그 대리인, 사용인 및 그 밖의 종업원이 외국에서 그 사람의 재산 또는 업무에 관하여 한 행위에 대해서도 같다.

[외환법]: 제55조의13 (행정절차법 적용 제외) 제25조 제1항, 동조 제2항 또는 제3항의 규정에 기초한 명령이나 동조 제4항 또는 제48조 제1항 또는 동조 제2항의 규정에 따른 명령의 규정에 의한 허가 또는 그 취소에 대해서는 「행정절차법」(1993년 법률 제88호)제2장 및 제3장의 규정은 적용하지 않는다.

[경제안보추진법]: 제5조 (이 법률의 규정에 의한 규제 조치의 실시에 있어서 유의사항) 이 법률의 규정에 따른 규제조치는 경제활동에 미치는 영향을 고려하여 안전보장을 확보하기 위하여 합리적으로 필요하다고 인정되는 한도에서 하여야 한다.

[중요토지조사법]: 제3조 (이 법률의 규정에 의한 조치의 실시에 있어서 유의사항) 내각총리대신은 이 법률의 규정에 따른 조치를 실시할 때에는 개인정보 보호를 충분히 배려하면서 주시구역 내에 있는 토지 등이 중요시설의 시설기능 또는 국경도서 등의 낙도기능을 저해하는 행위의 용도로 제공되는 것을 방지하기 위하여 필요한 최소한도의 것이 되도록 하여야 한다.

[경제안보추진법]: 제90조 (국제약속의 성실한 이행) 이 법률의 시행에 있어

서는 일본이 체결한 조약 및 그 밖의 국제약속의 성실한 이행을 방해하지 않도록 유의하여야 한다.

[한국]

[외국환거래법]: 제26조(다른 법률과의 관계) 제11조의3 제5항, 제20조, 제23조, 제24조 및 제25조 제2항은 「금융실명거래 및 비밀보장에 관한 법률」 제4조에 우선하여 적용된다.

[외국인투자촉진법]: 제20조(다른 법률에 대한 특례) ① 외국인 투자지역에서 토지를 분할하는 경우에는 「국토의 계획 및 이용에 관한 법률」 제56조 제1항 제4호를 적용하지 아니한다.

② 외국인 투자지역에 입주하는 외국인 투자기업에 대하여는 「대외무역법 제11조에도 불구하고 산업통상자원부 장관이 정하는 바에 따라 수출 또는 수입에 관한 제한을 완화할 수 있다.

③ 외국인 투자지역에 입주하는 외국인 투자기업에 대하여는 다음 각 호의 법률을 적용하지 아니한다.

  2. 「국가유공자 등 예우 및 지원에 관한 법률」 제33조의2 제1항, 「보훈보상대상자 지원에 관한 법률」 제39조 제1항, 「5·18민주유공자예우 및 단체설립에 관한 법률」 제24조의2 제1항, 「특수임무유공자 예우 및 단체설립에 관한 법률」 제21조 제2항

[외국인투자촉진법]: 제30조(다른 법률 및 국제조약과의 관계) ① 이 법 중 외국환 및 대외거래에 관한 사항에 관하여는 이 법에 특별한 규정이 없으면 「외국환거래법」에서 정하는 바에 따른다.

② - ⑧ 생략

⑨ 이 법은 대한민국이 체결·공포한 국제조약의 내용을 수정하거나 제한하는 것으로 해석되지 아니한다.

[부동산거래신고법]: 제7조(상호주의) 국토교통부 장관은 대한민국국민, 대

한민국의 법령에 따라 설립된 법인 또는 단체나 대한민국 정부에 대하여 자국 안의 토지의 취득 또는 양도를 금지하거나 제한하는 국가의 개인·법인·단체 또는 정부에 대하여 대통령령으로 정하는 바에 따라 대한민국 안의 토지의 취득 또는 양도를 금지하거나 제한할 수 있다. 다만, 헌법과 법률에 따라 체결된 조약의 이행에 필요한 경우에는 그러하지 아니하다

[국가첨단전략산업법]: 제4조(다른 법률과의 관계) ① 이 법은 전략산업 등의 육성에 관하여 다른 법률에 우선하여 적용한다. 다만, 다른 법률을 적용하는 것이 전략산업등을 영위하는 사업자에게 유리한 경우에는 그 법률을 적용한다.

② 전략기술의 보호조치에 관하여 이 법에 특별한 규정이 있는 경우를 제외하고는 「산업기술의 유출방지 및 보호에 관한 법률」에서 정하는 바에 따른다.

[산업기술보호법]:제4조(다른 법률과의 관계) 산업기술의 유출방지 및 보호에 관하여는 다른 법률에 특별한 규정이 있는 경우를 제외하고는 이 법이 정하는 바에 따른다.

Ⅳ | 인·허가 의제 제도

○ 외국의 투자와 국가안보에 현저한 지장을 초래할 우려가 있는 경우 국가안보실장 (혹은 국무조정실장)에게 해당 행정절차 등의 신속한 처리를 신청할 수 있다.
○ 국가안보실장(혹은 국무조정실장)은 신청을 받은 경우 위원회의 심의·의결을 거쳐 해당 권한을 가진 행정기관의 장에게 처리를 요청할 수 있다. 이 경우 해당 행정기관의 장의 의견을 들은 후 위원회의 심의를 거쳐야 하며, 해당 행정기관의 장은 대통령령으로 정하는 특별한 사유가 없으면 지체 없이 처리하여야 한다.

○ 15일 이내에 처리 계획을 제출한 행정기관의 장은 제출일로 부터 15일 이내에 그 처리 결과를 국가안보실장(혹은 국무조정실장)에게 통보하여야 한다. 다만, 처리 과정에서 불가피한 연장 사유가 발생하는 경우에는 15일 이내의 범위에서 한 차례 기간 연장을 요청할 수 있다.

○ 처리 기간 내에 처리 계획을 국가안보실장(혹은 국무조정실장)에게 회신하지 아니하거나, 처리 기간 내에 처리 결과를 국가안보실장(혹은 국무조정실장)에게 통보하지 아니한 경우에는 요청이 있은 날부터 60일이 지난날에 처리가 완료된 것으로 본다.

○ 그 밖에 인·허가 등의 신속 처리의 심의·의결에 필요한 사항은 시행령으로 정한다.

[일본]

[외환법]: 제65조(공정거래위원회 권한) 이 법률의 어떠한 조항도 「사적독점의 금지 및 공정거래의 확보에 관한 법률」(1947년 법률 제54호)의 적용 또는 동법에 기초하여 공정거래위원회가 어떠한 입장에서 행사할 권한도 배제, 변경하거나 이에 영향을 미치는 것으로 해석하여서는 아니 된다.

[외환법]: 제66조 (정부 기관의 행위) 이 법률 또는 이 법률에 기초한 명령의 규정 중 주무대신의 허가, 승인 및 그 밖의 처분을 요하는 취지를 정하는 것은 정부 기관이 해당 허가, 승인 및 그 밖의 처분을 요하는 행위를 하는 경우에는 정령으로 정하는 바에 따라 이를 적용하지 아니한다.

[한국]

[부동산 거래신고법]: 제20조(다른 법률에 따른 인가·허가 등의 의제) ① 농지에 대하여 제11조에 따라 토지거래계약 허가를 받은 경우에는 「농지법」 제8조에 따른 농지취득자격증명을 받은 것으로 본다. 이 경우 시장·군수 또는 구청장은 「농업·농촌 및 식품산업 기본법」 제3조 제5호에 따른 농촌(「국토의 계획 및 이용에 관한 법률」에 따른 도시지역의 경우에는 같은 법에 따른 녹지지역만 해당한다)의 농지에 대하여 토지거래계약을 허가하는 경우에는 농지취득자격증명의 발급 요건에 적합한지를 확인하여야 하며, 허가한 내용을 농림축산식품부 장

관에게 통보하여야 한다.

② 제11조 제4항 및 제5항에 따라 허가증을 발급받은 경우에는 「부동산
등기 특별조치법」 제3조에 따른 검인을 받은 것으로 본다.

[첨단전략산업법]: 제19조(다른 법률에 따른 인·허가 등의 신속처리 특례) ① 제
16조제2항에 따라 특화단지를 조성하는 사업시행자(이하 "사업시행자"라 한다)
는 다음 각 호의 협의·승인·인가·허가 등(이하 "인·허가등"이라 한다)이 지연되
어 특화단지의 조성·운영에 현저한 지장을 초래할 우려가 있는 경우 산업통
상자원부장관에게 해당 인·허가등의 신속한 처리를 신청할 수 있다.

1. 「산업입지 및 개발에 관한 법률」 제21조에 따른 인·허가 등이 의제되
   는 사항에 관한 관계 행정기관의 장과의 협의 또는 승인
2. 「산업집적활성화 및 공장설립에 관한 법률」 제13조의2에 따른 인
   가·허가 등이 의제되는 사항에 관한 관계 행정기관의 장과의 협의
3. 「농어촌도로 정비법」 제18조에 따른 도로 점용 허가
4. 「매장문화재 보호 및 조사에 관한 법률」 제8조에 따른 개발사업 협의
5. 그 밖에 특화단지의 조성을 위하여 대통령령으로 정하는 사항

② 산업통상자원부장관은 제1항에 따른 신청을 받은 경우 위원회의 심
의·의결을 거쳐 해당 인·허가등의 권한을 가진 행정기관의 장(이하 "인·허가
권자"라 한다)에게 인·허가 등의 신속한 처리를 요청할 수 있다. 이 경우 해당
인·허가권자의 의견을 들은 후 위원회의 심의를 거쳐야 하며, 해당 인·허가
권자는 대통령령으로 정하는 특별한 사유가 없으면 인·허가 등을 지체 없이
처리하여야 한다.

⑥ 그 밖에 인·허가 등의 신속처리의 심의·의결에 필요한 사항은 대통령
령으로 정한다.

[산업기술보호법]: 제11조(국가핵심기술의 수출 등) ③제1항의 규정에 따라
승인을 얻은 국가핵심기술이 「대외무역법」 제19조 제1항의 기술인 경우에

는 같은 조 제2항에 따라 허가를 받은 것으로 보며, 「국방과학기술혁신 촉진법」 제2조 제2호에 따른 국방과학기술 및 「방위사업법」 제34조에 따른 방산물자인 경우에는 「방위사업법」 제57조 제2항에 따라 허가를 받은 것으로 본다. 이 경우 산업통상자원부장관은 사전에 관계 중앙행정기관의 장과 협의를 하여야 한다.

V 심사 주체

○ 이 법에 따른 외국의 투자와 관련된 주요 정책 및 계획 등에 관한 사항을 심의·의결하기 위하여 대통령(혹은 국무총리) 소속으로 외국투자안보심사위원회를 둔다.

[미국]

○ 대미외국인투자위원회(CFIUS)

[영국]

○ 투자안전보장국(Investment Security Unit: ISU)

○ 국무부 장관(Secretary of State)

[캐나다]

○ 이노베이션·과학·경제개발부의 투자심사국(IRD) 및 문화사업에 관한 심사주체로서 캐나다 문화유산부의 문화부문 투자심사국

○ 국가안전보장 심사가 개시될 경우에는 추가적으로 정부기관(캐나다 공안부, 캐나다 국경서비스청, 캐나다 안전정보국, 국방부 등)에 자문 실시

[오스트레일리아]

○ 재무부 장관

○ 외국투자심사위원회(Foreign Investment Review Board: FIRB) 등

[일본]

○ 재무부 장관, 소관부처 장관, 내각부

○ 토지등이용상황심의회

[한국]

[외국인투자촉진법]

○ 산업통상자원부, 외국인투자위원회

　- 외국인 투자유치에 관한 중요사항을 심의하기 위하여 산업통상자원
　　부에 외국인투자위원회를 설치 운영

[산업기술보호법]

○ 산업통상자원부 장관, 산업기술보호위원회

　- 산업기술의 유출방지 및 보호에 관한 주요 사항을 심의하기 위하여 산
　　업통상자원부 장관 소속으로 산업기술보호위원회를 설치 운영

[국가첨단전략산업 경쟁력 강화 및 보호에 관한 특별조치법]

○ 국무총리, 산업통상자원부, 국가첨단전략산업위원회

　- 전략산업 등의 육성 및 보호와 관련된 주요 정책 및 계획에 관한 사
　　항을 심의·의결하기 위하여 국무총리 소속으로 국가첨단전략산업위
　　원회 설치 운영

VI 심사 주체의 구성

- 외국투자안보심사위원회는 위원장 1명을 포함한 20명 이내의 위원으로 구성하되, 위원장은 대통령(혹은 국무총리)가 되며, 간사위원은 국가안보실장(혹은 국무조정 실장)이 된다.
- 외국투자안보심사위원회 위원은 다음과 같다.
① 대통령령으로 정하는 관계 중앙행정기관의 장, 국가정보원장, 부문 정보기관의 장 (또는 국가정보원장, 정보활동을 수행하는 기관의 장)
② 외국인 투자와 국가안보 그리고 경제 안보에 관한 전문성과 경험이 풍부한 사람으 로서 산업계·학계·연구기관 등에 종사하는 사람 중에서 위원장이 위촉하는 사람
- 위원회에서 심의·의결하는 사항을 미리 검토·조정하고 대통령령으로 정하는 바에 따라 위원회로부터 위임된 사항을 다루기 위하여 위원회에 전문위원회를 두며, 전 문위원회 위원장은 위원장이 지명하는 자가 된다.
- 이 법률에서 별도의 정함이 있는 경우를 제외하고, 국가안보실(혹은 국무조정실)이 주무 부처가 된다.
- 이 법률에서 별도의 정함이 있는 경우를 제외하고, 심사대상 거래, 자산 등에 대한 관련 소관 부처는 시행령으로 정한다.

[미국]

- CFIUS의 구성은 8개 부처, 대통령자문위원회, 기타 부서로 구성

8개 중앙부처 장관(급) 및 대통령자문위원회(1)	재무부(의장), 법무부, 국토안보부, 상무부, 국방 부, 국무부, 에너지부, 미국통상대표부(USTR), 과학기술정책국(OSTP)	정회원
대통령자문위원회(5)	예산관리국(OMB), 경제자문위원회(CEA), 국 가안전보장회의(NSC), 국가경제위원회(NEC), 국토안보위원회(HSC)	참관 자격
기타 부서장(3)	운수부, 보건복지부, 농무부	직무상 참가 의결권 없음

[영국]

○ 책임자: Rt Hon Oliver Dowden CBE MP: 부총리 겸 랭커스터 공국 총리, 국무부 장관[611], Nusrat Ghani: 상무부 장관, 투자 보안 부서 담당 국무부 장관

○ 주요 역할: 모든 내각의 정책 감독, 과학, 기술, 혁신에 관한 내각 업무 감독, 사이버 보안을 포함한 국가안보, 국가안보 및 투자

○ 부서: Minister of State for the Investment Security Unit(ISU): 투자 보안 부서는 2023년 2월에 비즈니스, 에너지 및 산업전략부에서 국무부로 이전되었다. ISU는 국가안보 및 투자법에 명시된 대로 심사대상 자산 또는 법인에 대한 통제권을 획득할 때 발생하는 영국의 국가안보 위험을 식별, 해결, 완화할 책임이 있다.

[오스트레일리아]

○ 오스트레일리아 외국인투자심의위원회[Australia's Foreign Investment Review Board]

○ 이사회 구성원:

 - Mr Bruce Miller AO (Chair): FIRB의 의장, 주일 오스트레일리아 대사[612]

 - The Hon Nick Minchin AO: 비상임위원, 산업과학자원부 장관, 재정행정부 장관

 - Ms Margaret (Meg) McDonald: 비상임위원, 워싱턴DC 주재 미국 부대사

 - Mr Steven Skala AO: 비상임위원, 기업 및 은행 업무 분야, 법률가로 40년간 근무

---

611   https://www.gov.uk/government/people/dowden

612   https://foreigninvestment.gov.au/

- Ms Carolyn Kay: 비상임위원, 모건스탠리, JP모건 등에서 은행원과 변호사로 근무
- Mr Chris Tinning: 집행위원, 현재 재무부 대외투자 제1차관보. 집행위원은 오스트레일리아의 대외투자 규제 프레임 워크를 관리, 이사회의 업무를 지원하는 이사회와 부서를 연결하는 책임자임

∘ 지위: 외국인 투자 심사 위원회(이하 이사회)는 오스트레일리아의 외국인 투자 정책(정책)과 행정에 대해 재무부 장관과 정부에 조언하기 위해 1976년에 설립된 비법정기관이다. 이사회의 기능은 자문이다. 정책과 제안에 대한 결정을 내리는 책임은 재무부 장관[Treasurer]에게 있다. 재무부의 외국인 투자 부서는 오스트레일리아의 외국인 투자 규제 체제를 관리하고 이사회의 업무를 지원한다.

∘ 역할: 이사회는 「1975년 외국인 인수 및 인수에 관한 법률」의 적용을 받고, 정책이 적용되는 제안된 투자를 검토한다. 오스트레일리아에 대한 투자 제안에 대해 재무부 장관 및 기타 관련 장관에게 권고한다. 이사회는 정책 및 법률의 운영에 관해 재무부 장관에게 조언을 제시한다. 오스트레일리아와 해외에서 정책과 법률에 대한 인식과 이해를 증진시킨다.

[일본]

[중요토지조사법]

제14조 (토지등이용상황심의회의 설치) 내각부에 토지 등 이용상황심의회(이하 심의회)를 둔다.

제15조(조직) ① 심의회는 위원 10명 이내에서 조직한다.

② 심의회에 전문사항을 조사하게 하기 위하여 필요한 때에는 전문위원을 둘 수 있다.

제16조 (위원 등의 임명) ①위원은 법률, 국제정세, 내외의 사회경제정세, 토지 등의 이용 및 관리동향 등에 관하여 뛰어난 식견을 가진 자 중에서

내각총리대신이 임명한다.

② 전문위원은 전조 제2항의 전문사항에 관하여 우수한 식견을 가진 자 중에서 내각총리대신이 임명한다.

제17조(위원의 임기 등) ① 위원의 임기는 2년으로 한다.다만, 보궐위원의 임기는 전임자의 잔임기간으로 한다.

② 위원은 연임될 수 있다. 전문위원은 그 자의 임명과 관련된 제15조제2항의 전문사항에 관한 조사가 종료된 때에는 해임된다. 위원 및 전문위원은 비상근으로 한다.

제18조 (회장) 심의회에 회장을 두고 위원의 호선으로 선임한다. 회장은 회무를 총리하고 심의회를 대표한다. 회장에게 사고가 있는 때에는 미리 그 지명하는 위원이 그 직무를 대리한다.

[한국]

[외국인투자촉진법]

○ 산업통상자원부 장관

○ 외국인투자위원회는 산업통상자원부 장관이 위원장이 되고, 다음의 위원으로 구성. 기획재정부 차관, 교육부 차관, 과학기술정보통신부 차관, 외교부 차관, 국방부 차관, 행정안전부 차관, 문화체육관광부 차관, 농림축산식품부 차관, 환경부 차관, 고용노동부 차관, 국토교통부 차관, 해양수산부 차관, 방위사업청장, 금융위원회 부위원장. 국가정보원장이 지명하는 국가정보원 차장. 외국인투자위원회의 회의에 부치는 안건과 관련된 중앙행정기관의 차관·부위원장 또는 차장, 서울특별시 부시장, 시·도지사(서울특별시장은 제외) 또는 대한무역투자진흥공사의 장

○ 외국인투자위원회에서 심의할 안건을 검토·조정하고 대통령령으로 정하는 바에 따라 외국인투자위원회가 위임한 안건을 심의하기 위하여 외국인 투자실무위원회를 설치 운영

○ 외국인 투자와 관련된 상담·안내·홍보·조사·연구와 민원사무의 처

리 및 대행, 창업보육, 그 밖에 외국 투자자 및 외국인 투자기업에 대한 지원 업무를 종합적으로 수행하기 위하여 대한무역투자진흥공사에 외국인 투자지원센터를 설치 운영

[국가첨단전략산업법]

○ 국무총리, 국가 첨단전략산업위원회

- 위원회는 위원장 1명을 포함한 20명 이내의 위원으로 구성하되, 위원장은 국무총리가 되며, 간사위원은 산업통상자원부 장관, 위원은 다음과 같음

  1. 대통령령으로 정하는 관계 중앙행정기관의 장

  2. 전략산업 등의 육성·보호에 관한 전문성과 경험이 풍부한 사람으로서 산업계·학계·연구기관 등에 종사하는 사람 중에서 위원장이 위촉하는 사람

- 위원회에서 심의·의결하는 사항을 미리 검토·조정하고 대통령령으로 정하는 바에 따라 위원회로부터 위임된 사항을 다루기 위하여 위원회에 첨단전략산업조정위원회를 두며, 조정위원회의 위원장은 산업통상자원부 장관이 지명하는 산업통상자원부 차관이 됨

- 조정위원회의 심의를 효율적으로 운영하기 위하여 대통령령으로 정하는 바에 따라 소위원회를 설치 운영

- 위원회는 업무를 수행하기 위하여 필요한 경우에는 전문적인 지식과 경험이 있는 관계 전문가의 의견을 듣거나 관계 중앙행정기관 및 지방자치단체, 공공기관·연구기관 또는 그 밖의 기관·단체 등에 자료 제출 또는 의견 제시 등의 협조를 요청할 수 있음

[산업기술보호법]

○ 산업통상자원부 장관, 산업기술보호위원회

- 위원회는 위원장 1인을 포함한 25인 이내의 위원으로 구성. 위원 중

에는 산업기술의 유출방지 및 보호에 관한 학식과 경험이 풍부한 자로서 위원장이 성별을 고려하여 위촉하는 자가 5인 이상 포함
- 위원장은 산업통상자원부 장관이 되고, 위원은 다음의 자 : 관계 중앙행정기관의 차관·차장 또는 이에 상당하는 공무원 중 대통령령으로 정하는 자, 산업기술의 유출 방지 업무를 수행하는 정보수사기관의 장이 지명하는 자, 산업기술의 유출 방지 및 보호에 관한 학식과 경험이 풍부한 자로서 위원장이 성별을 고려하여 위촉하는 자
- 위원회에 간사 1명을 두되, 간사는 산업통상자원부 소속 공무원 중에서 위원장이 지명하는 자.
- 산업기술의 유출 방지 및 보호에 관한 사전검토, 위임받은 사항을 사전에 전문적으로 검토하기 위하여 위원회에 분야별 전문위원회를 설치 운영
- 대상기관은 산업기술의 유출 방지 및 보호에 관한 정책을 효율적으로 추진하기 위하여 산업통상자원부 장관의 인가를 받아 산업기술보호협회를 설립 운영, 협회는 법인으로 함

[부동산거래 신고법]
○ 국토교통부장관
- 이 법에 따른 국토교통부장관의 권한은 그 일부를 대통령령으로 정하는 바에 따라 시·도지사, 시장·군수 또는 구청장에게 위임할 수 있음
- 국토교통부 장관은 제5조의 부동산거래가격 검증체계 구축·운영, 제6조 제3항에 따른 신고내용조사 및 제25조의 부동산정보체계의 구축·운영 업무를 대통령령으로 정하는 바에 따라 부동산시장 관련 전문성이 있는 공공기관[한국부동산원]에 위탁할 수 있음

Ⅶ │ 소관 부처 및 관계 기관의 업무 협조 등

> ○ 외국투자안보심사위원회가 국가안보에 관한 심사를 하는 경우 국가정보원장이나 관련 정보기관 장의 검토의견을 들어야 한다.
> ○ 위원장이나 외국투자안보심사위원회가 필요하다고 인정하는 때에는 국가행정기관 및 관계 행정기관의 장 등에게 자료 또는 정보의 제공, 의견의 표명, 그 밖에 필요한 협력을 요구할 수 있다.
> ○ 위원장은 대한민국의 국익과 국가안보에 관련된 경우 외국 정부와 관련 정보를 제공하거나 제공받을 수 있다.
> ○ 이 법에서 규정하는 국가행정기관 및 관계 행정기관의 장의 권한은 시행령으로 정하는 바에 따라 그 일부를 위임할 수 있다.

[일본]

[외환법]: 제69조의2 (주무대신 등) ① 이 법률의 주무대신은 정령으로 정한다.

② 이 법률에서 사업소관대신은 별도의 정함이 있는 경우를 제외하고, 대내직접투자 등 특정취득 또는 기술도입계약의 체결 등과 관련된 사업의 소관대신으로서 정령으로 정한다.

[경제안보추진법]: 제86조(주무대신 등) ① 제2장의 주무대신은 특정중요물자의 생산, 수입 또는 판매사업을 소관하는 대신으로 한다. 단, 다음 각 호에 열거하는 규정에서의 주무대신은 해당 각 호에서 정하는 대신으로 한다.

(1) 제2장 제3절 및 제48조 제5항의 규정 내각총리대신 및 재무대신

(2) 제30조 및 제48조 제2항의 규정 특정중요물자 등의 생산, 수입 또는 판매사업을 소관하는 대신

(3) 제2장 제6절(제34조 제6항 제외) 및 제48조 제6항의 규정 내각총리대신 및 특정중요물자의 생산, 수입 또는 판매사업을 소관하는 대신

(4) 제2장 제7절의 규정 별표에서 정하는 독립행정법인을 소관하는 대신

(특정중요물자의 생산, 수입 또는 판매사업을 소관하는 대신에 한한다.)

(5) 제46조 및 제48조 제1항의 규정 물자의 생산, 수입 또는 판매사업을 소관하는 대신

② 제3장의 주무대신은 특정사회기반사업을 소관하는 대신으로 한다.

③ 제2장 및 제3장의 주무성령은 전2항에서 정하는 주무대신이 발하는 명령으로 한다.

[외환법]: 제69조의3 ① 다음 각 호에 열거하는 대신은 해당 각 호에서 정하는 규정의 운용에 관하여 특히 필요하다고 인정하는 때에는 외무대신 및 그 밖의 관계 행정기관의 장에게 자료 또는 정보의 제공, 의견의 표명 및 그 밖에 필요한 협력을 요구할 수 있다.

(1) 주무대신 제16조 제1항 또는 제25조 제6항

(2) 재무대신 제21조 제1항

(3) 경제산업대신 제24조 제1항, 제25조 제1항부터 제4항까지, 제48조 또는 제52조

(4) 재무대신 및 사업소관대신 제27조 제3항, 제27조의2 제3항, 제28조 제3항 또는 제28조의2 제3항

② 외무대신 및 그 밖의 관계 행정기관의 장은 일본이 체결한 조약 및 그 밖의 국제약속을 성실히 이행하기 위하여 또는 국제평화를 위한 국제적인 노력에 일본으로서 기여하기 위하여 특히 필요하다고 인정되는 때에는 제1호부터 제3호까지에서 정하는 규정의 운용에 관하여 각각 제1호부터 제3호까지에서 정하는 대신에게, 국제적인 평화 및 안전의 유지를 위하여 특히 필요하다고 인정하는 때에는 제4호에서 정하는 규정의 운용에 관하여 같은 호에서 정하는 대신에게, 국가안전을 해하고,공공질서의 유지를 방해하거나 공중안전보호에 지장을 초래하게 되는 사태가 발생할 우려가 있거나 일본경제의 원활한 운영에 현저한 악영향을 미치게 되는 사태가 발생할 우려가 있으므로 특히 필요하다고 인정하는 때에는 제5호에 열거하는 규정의 운용에 관하여 같은

호에서 정하는 대신에게, 국가안전을 해하는 사태가 발생할 우려가 크기 때문에 특히 필요하다고 인정하는 때에는 제6호에 열거하는 규정의 운용에 관하여 같은 호에서 정하는 대신에게 의견을 진술할 수 있다.

1. 제16조 제1항 또는 제25조 제6항 주무대신
2. 제21조 제1항 재무대신
3. 제24조 제1항, 제48조 제3항 또는 제52조 경제산업대신
4.. 제25조 제1항부터 제4항까지 또는 제48조 제1항 또는 제2항 경제산업대신
5. 제27조 제3항 또는 제27조의2 제3항 재무대신 및 사업소관대신
6. 제28조 제3항 또는 제28조의2 제3항 재무대신 및 사업소관대신

[경제안보추진법]: 제19조 (자료의 제출 등의 요구) 심의회는 그 소관 사무를 수행하기 위하여 필요하다고 인정하는 때에는 관계 행정기관의 장에게 자료의 제출, 의견의 표명, 설명 및 그 밖에 필요한 협력을 요구할 수 있다.

[중요토지조사법]: 제21조 (다른 법률의 규정에 기초한 조치의 실시에 관한 요구 등) ① 내각총리대신은 주시구역 내에서 중요시설의 시설기능 또는 국경낙도 등의 낙도기능을 저해하는 토지 등의 이용을 방지하기 위하여 필요하다고 인정되는 때에는 관계 행정기관의 장에게 해당 시설기능 또는 낙도기능의 저해 방지에 이바지하는 정보를 제공할 수 있다.

② 내각총리대신은 주시구역 내에서 중요시설의 시설기능 또는 국경도서 등의 낙도기능을 저해하는 토지 등의 이용방지를 도모하기 위하여 실시할 수 있는 다른 법률의 규정에 기초한 조치가 있고, 그 방지를 도모하기 위하여 해당 조치가 신속히 실시될 필요가 있다고 인정되는 때에는 해당 조치의 실시에 관한 사무를 소관하는 대신에 대하여 해당 조치의 신속한 실시를 요구할 수 있다.

③ 내각총리대신은 전항의 규정에 따라 같은 항의 조치의 신속한 실시를 요구한 때에는 같은 항의 대신에 대하여 해당 조치의 실시상황에 관하여 보

고를 요구할 수 있다.

[중요토지조사법]: 제22조 (관계행정기관 등의 협력) 내각총리대신은 이 법률의 목적을 달성하기 위하여 필요하다고 인정하는 때에는 관계행정기관의 장 및 관계지방공공단체의 장 및 그 밖의 집행기관에 대하여 자료의 제공, 의견의 개진 및 그 밖의 협력을 요구할 수 있다.

[외환법]: 제69조의4 (외국 집행 당국에 대한 정보 제공)

① 재무대신 및 사업소관대신은 이 법률(제27조 및 제28조와 관련된 부분에 한한다.)에 상당하는 외국 법령을 집행하는 외국 당국(이하 이 조에서 "외국집행당국"이라 한다.)에 대하여 그 직무(이 법률 제27조 및 제28조에서 규정하는 직무에 상당하는 것에 한한다. 다음 항에서 같다.)의 수행에 이바지한다고 인정되는 정보를 제공할 수 있다. 다만, 해당 정보를 제공하는 것이 이 법률의 적정한 집행에 지장을 미치고, 그 밖에 일본의 이익을 침해할 우려가 있다고 인정되는 경우에는 그러하지 아니하다.

② 재무대신 및 사업소관대신은 외국집행당국에 대하여 전항에서 규정하는 정보를 제공할 때, 다음에 열거하는 사항을 확인하여야 한다.

(1) 해당 외국집행당국이 재무대신 및 사업소관대신에 대하여 전항에서 규정하는 정보의 제공에 상당하는 정보를 제공할 수 있다.

(2) 해당 외국에서 전항의 규정에 따라 제공하는 정보 중 비밀로서 제공하는 것에 대하여 해당 외국 법령에 따라 일본과 같은 정도의 비밀유지가 담보되어 있는 것.

(3) 해당 외국집행당국에서 전항의 규정에 따라 제공하는 정보가 그 직무수행에 이바지하는 목적 이외의 목적으로 사용되지 아니하는 것.

③ 제1항의 규정에 따라 제공되는 정보에 대해서는 다음 항의 규정에 의한 동의가 없으면 외국에서의 재판소 또는 재판관이 실시하는 형사절차(동항에서 단순히 "형사절차"라 한다.)에 사용되지 않도록 적절한 조치가 취해져야 한다.

④ 재무대신 및 사업소관대신은 외국집행당국의 요청이 있는 때에는 다

음 각 호의 어느 하나에 해당하는 경우를 제외하고, 제1항의 규정에 따라 제공한 정보를 해당 요청과 관련된 형사절차에 사용하는 것에 대하여 동의를 할 수 있다.

　(1) 해당 요청과 관련된 형사절차의 대상이 되고 있는 범죄가 정치범죄인 때 또는 해당 요청이 정치범죄에 대하여 형사절차를 밟을 목적으로 이루어진 것으로 인정되는 때이다.

　(2) 해당 요청과 관련된 형사절차의 대상이 되고 있는 범죄와 관련된 행위가 일본 내에서 행하여졌다고 한 경우, 그 행위가 일본 법령에 따르면 죄에 해당하지 아니하는 때이다.

　(3) 일본이 실시하는 동종의 요청에 응하는 취지의 요청국의 보증이 없는 때.

　⑤ 재무대신 및 사업소관대신은 전항의 동의를 하는 경우에는 미리 같은 항 제1호 및 제2호에 해당하지 아니하는 것에 대하여 법무대신의 확인을, 같은 항 제3호에 해당하지 아니하는 것에 대하여 외무대신의 확인을 각각 받아야 한다.

　[경제안보추진법]: 제87조 (권한의 위임) ① 이 법률에서 규정하는 주무대신, 연구개발대신 및 지정기금 소관대신의 권한은 정령으로 정하는 바에 따라 그 일부를 지방지분부국 및 그 밖의 정령으로 정하는 부국 또는 기관의 장에게 위임할 수 있다.

　② 내각총리대신은 이 법률의 규정에 따른 권한(금융청의 소관과 관련된 것에 한하여, 정령으로 정하는 것은 제외한다.)을 금융청장관에게 위임한다.

　③ 금융청장관은 정령으로 정하는 바에 따라 전항의 규정에 의하여 위임된 권한의 일부를 재무국장 또는 재무지국장에게 위임할 수 있다.

　[한국]

　[부동산 거래신고법 시행령]: 제6조(외국인 등의 토지거래 허가) ① 법 제9조 제1항에 따라 토지취득의 허가를 받으려는 외국인등은 신청서에 국토교통부

령으로 정하는 서류를 첨부하여 신고관청에 제출하여야 한다.

② 법 제9조제1항 제1호에서 "대통령령으로 정하는 지역"이란 국방목적상 필요한 다음 각 호의 어느 하나에 해당하는 지역으로서 국방부장관 또는 국가정보원장의 요청이 있는 경우에 국토교통부장관이 관계 중앙행정기관의 장과 협의한 후 「국토의 계획 및 이용에 관한 법률」 제106조에 따른 중앙도시계획위원회의 심의를 거쳐 고시하는 지역을 말한다.

1. 섬 지역
2. 「국방·군사시설 사업에 관한 법률」에 따른 군부대주둔지와 그 인근 지역
3. 「통합방위법」에 따른 국가중요시설과 그 인근지역

③ 제1항에 따른 신청서를 받은 신고관청은 신청서를 받은 날부터 다음 각 호의 구분에 따른 기간 안에 허가 또는 불허가 처분을 해야 한다. 다만, 부득이한 사유로 제1호에 따른 기간 안에 허가 또는 불허가 처분을 할 수 없는 경우에는 30일의 범위에서 그 기간을 연장할 수 있으며, 기간을 연장하는 경우에는 연장 사유와 처리예정일을 지체 없이 신청인에게 알려야 한다. 〈개정 2023. 10. 4.〉

1. 법 제9조 제1항 제1호에 따른 구역·지역의 경우: 30일
2. 제1호 외의 구역·지역의 경우: 15일

④ 신고관청은 법 제9조 제1항 제1호에 따른 구역·지역에 대한 토지취득의 허가 여부를 결정하기 위해 같은 조 제2항에 따라 국방부장관 또는 국가정보원장 등 관계 행정기관의 장과 협의하려는 경우에는 제1항에 따른 신청서 등 국토교통부령으로 정하는 서류를 해당 관계 행정기관의 장에게 보내야 한다.

Ⅷ │ 신고자

○ 심사대상이 되는 거래가 첨단산업에 해당하고, 그 지배권 취득을 하고자 하는 경우 국가안전보장심사를 위해 의무적으로 신고해야 한다.
○ 심사 대상거래의 당사자가 외국인 등에게 매각·이전, 해외 인수·합병, 합작투자 등을 하고자 하는 경우 위원회의 승인을 얻어야 한다.
○ 법에 따른 승인신청에 대하여 국가안보 및 국민경제적 파급효과 등을 검토하여 관계 중앙행정기관의 장과 협의한 후 위원회의 심의를 거쳐 승인할 수 있다.
○ 심사 대상거래의 당사자가 외국인 등에 매각·이전, 해외 인수·합병, 합작투자 등을 하고자 하는 경우에는 위원회에 사전 신고를 하여야 한다.
○ 대통령령으로 정하는 외국인에 의하여 매각·이전, 해외 인수·합병, 합작투자 등이 진행되는 것을 알게 된 경우 지체없이 위원회 신고하여야 한다.
○ 심사 대상거래가 국가안보와 관련되는지 여부에 대한 사전검토의 신청에 관하여 필요한 사항은 시행령으로 정한다.

[미국]
○ 심사 대상거래의 당사자가 공동으로 제출

[영국]
○ 투자가

[캐나다]
○ 비캐나인 투자가

[오스트레일리아]
○ 다음에 해당하는 외국인 투자자:
   – 오스트레일리아의 통상 거주자가 아닌 개인
   – 외국 정부 또는 외국 정부 투자자

회사, 신탁 수탁자 또는 리미티드 파트너십의 제너럴 파트너로서 오스트레일리아의 통상 거주자가 아닌 개인, 외국 회사 또는 외국 정부가 그 20% 이상의 실질적 지분을 보유하는 것
- 회사, 신탁 수탁자, 리미티드 파트너십의 제너럴 파트너로서 2인 이상의 외국인이 합산하여 그 40% 이상의 실질적 지분을 보유하는 자

[일본]

◦ 다음에 해당하는 외국 투자자 :
- 비거주자인 개인
- 외국 법령에 따라 설립된 법인, 기타 단체 또는 외국에 주된 사무소가 있는 법인, 기타 단체
- 비거주자 개인, 외국법인 등이 직간접으로 50% 이상의 의결권을 보유한 회사
- 조합 등으로 외국인 출자금액 총액에서 차지하는 비율이 50% 이상인 것 또는 외국인이 업무집행조합원의 과반수를 차지하는 것(특정 조합 등)
- 법인 및 기타 단체로서 외국인이 임원 또는 임원으로 대표하는 권한이 있는 자 중 과반수를 차지하는 자

[한국]

[국가첨단전략산업법]

◦ 전략기술(국가첨단전략기술)을 보유한 자

◦ 국가첨단전략기술이란 공급망 안정화 등 국가·경제 안보에 미치는 영향 및 수출·고용 등 국민경제적 효과가 크고 연관산업에 미치는 파급효과가 현저한 기술로서 제11조에 따라 지정된 기술을 말함

[부동산거래 신고법]

◦ 거래당사자란 부동산 등의 매수인과 매도인을 말하며, 제4호에 따른 외국인 등을 포함

[방산기술보호법]

◦ 대상기관이란 방위산업기술을 보유하거나 방위산업기술과 관련된 연구개발사업을 수행하고 있는 기관으로서 다음 각 호의 어느 하나에 해당하는 기관을 말함.

　가. 「국방과학연구소법」에 따른 국방과학연구소

　나. 「방위사업법」에 따른 방위사업청·각군·국방기술품질원·방위산업체 및 전문연구기관

　다. 그 밖에 기업·연구기관·전문기관 및 대학 등

[산업기술보호법]

◦ 대상기관이란 산업기술을 보유한 기업·연구기관·전문기관·대학 등을 말함. 국가로부터 연구개발비를 지원받아 개발한 국가핵심기술을 보유하고 있으며 국제인수, 합병, 조인트벤처 등을 예정하는 기관

Ⅸ │ 심사대상

○ 심사대상이 되는 엔티티, 거래, 국가 핵심기술·첨단기술, 핵심 인프라 스트럭처 또는 민감한 개인정보의 범주와 대상은 정의와 연계하여 법률로 정한다.
○ 심사대상 거래가 지배권의 취득에 해당하는 경우 주식 취득 비율에 관계없이 위원회의 심사대상이며, 국가안보 심사대상이 된다.
○ 외국인 투자가 국가 핵심기술·첨단기술, 핵심 인프라 스트럭처 또는 한국 국민의 민감한 개인정보와 관련된 사업의 경우에는 위원회의 심사대상이다.
○ 외국인 투자가 자산 또는 토지에 대한 권익을 취득하여, 그 결과로 지배권의 변경이 발생하거나 일정한 금전적 투자 기준에 해당하는 경우 심사대상이 된다.
○ 외국인 투자자가 국가안전보장 관련 사업에 투자하거나 직접 지분(00% 초과)을 취득하는 경우, 국가안전보장 관련 지역의 토지를 취득하거나 토지에 관한 개발허가를 하고자 하는 경우 심사대상이 된다.
○ 심사대상이 되는 첨단산업 분야와 신흥기술 등에 대해서는 시행령으로 정한다.

[미국]

① 심사대상 지배권거래: 직간접을 막론하고 주식 취득 비율에 관계없이 기업에 대한 외국의 지배로 이어지는 모든 거래

② 대상 투자: TID 사업(TID businesses)에 대한 지배권 획득을 수반하지 않는 외국 투자(중요한 테크놀로지, 중요한 인프라스트럭처 또는 국민의 민감한 개인정보와 관련된 특정 사업)로 투자자에게 다음 중 하나를 부여하는 것,

(a) TID 사업이 보유한 비공개 기술 정보 접근

(b) TID 사업에서의 이사회 등의 구성원 또는 옵서버로서의 지위(혹은 그와 동등한 권리)

(c) TID 사업의 중요한 테크놀로지, 중요한 인프라스트럭처 또는 민감한 개인정보와 관련된 중요한 의사결정과 관련된 관여

③ 대상 지배거래 또는 대상투자에 의한 권리변경

④ 외국인 투자 심사를 회피하기 위한 의도로 설계된 거래

⑤ 대상 부동산 거래: 특정 군사시설, 항만 또는 기타 민감한 지역 인근의 부동산 구입, 사용권 취득 또는 리스 등

[영국]

○ 대상이 되는 첨단산업의 지배권 취득에는 국가안전보장 심사와 관련된 의무적 통지가 필요함.

○ 지배권이란 다음과 같은 취득이라고 정의

- 투자자가 보유한 주식 또는 의결권의 25%, 50% 또는 75%를 초과하는 증가

- 대상 회사의 지배에 관한 결의사항의 가결이나 방지에 충분한 의결권

- 대상 회사의 정책에 중대한 영향을 미치는 지위

○ 다음과 같은 첨단산업이 대상임

① 첨단 소재 ② 인공 지능 ③ 선진 로봇 공학 ④ 민생용 원자력 ⑤ 통신 ⑥ 컴퓨터 하드웨어 ⑦ 정부의 핵심 공급업체 ⑧ 구급 업무의 중요 공급업체 ⑨ 암호 인증 ⑩ 데이터 인프라스트럭처 ⑪ 방위 ⑫ 에너지 ⑬ 생물 공학 ⑭ 군사 및 민군 양용 품목 ⑮ 양자 기술 ⑯ 인공위성 및 우주기술 ⑰ 운수

[오스트레일리아]

① 통지대상행위

○ 외국인 투자자가 오스트레일리아 농업에 대한 지분, 오스트레일리아 사업체의 실질적 지분(20% 초과) 또는 오스트레일리아 토지의 권익을 취득하고자 하는 경우 또는 외국 정부 투자자가 오스트레일리아 사업체의 직접 지분(일반적으로는 10% 초과). 통지 대상 행위에는 FIRB에 신고 의무가 발생

② 중대행위

○ 외국인 투자가 오스트레일리아 사업의 유가증권, 자산 또는 오스트레일리아 토지에 대한 권익을 취득하거나 기타 수단으로 오스트레일리아와 관련된 사업체 및 사업과 관련된 행위를 하고, 그 결과 지배권의 변경이 발생하는 경우. 어느 경우든 해당 사업체, 사업 또는 토지가 「외자매수법」에 따른 관련 금전적 기준에 해당하는 경우에만 중대행위로서 심사 대상이 됨. 신고는 임의이지만 재무부 장관은 소환권한에 따라 거래 완료 후 10년간 소급적으로 콜인할 권한이 있음

③ 국가안전보장 통지대상 행위

○ 외국인 투자자가 국가안전보장 사업의 신규 출범을 하고자 하는 경우, 국가안전보장사업에 대한 직접 지분(10% 초과)을 취득하는 경우, 국가안전보장 사업을 수행하는 기업의 직접 지분을 취득하는 경우, 국가안전보장 구역인 오스트레일리아 토지 지분을 취득하는 경우 또는 국가안전보장 구역인 오스트레일리아 토지에 관한 개발허가에 대한 권익을 취득하고자 하는 경우

○ 국가안전보장 사업이란 주요 인프라, 통신, 방위 또는 일정한 데이터 및 개인정보에 관여하는 것을 말함. 국가안전보장 구역이란 방위시설에 관여하는 것 또는 국가기밀정보기관, 국가정보국, 오스트레일리아 비밀첩보부, 오스트레일리아 안전보장 정보기관 등이 공지의 권익을 가진 구역을 말함. 국가안전보장 통지대상 행위에는 FIRB에 신고 의무가 발생함

④ 국가안전보장 심사대상 행위

○ 외국인이 오스트레일리아 사업체의 설립 또는 (10% 초과의) 직접적인 지분 취득(지분 비율을 불문)을 하는 경우로서, 해당 행위가 통지 대상 행위가 아닌 경우 또는 관련 외국인 투자가 해당 사업체의 지배권, 경영참가권 또는 의사결정에 대한 영향력을 가지는 경우. 신고는 임의이지만 재무부 장관은 콜인 권한에 따라 거래 완료 후 10년간 소급하여 콜인할 권한이 있음

[일본]

① 방위관계 시설

② 해상보안청 시설

③ 생활관련 시설(원전, 공항)

④ 국경 낙도(영해기선, 영해경비 활동 거점)

[한국]

[국가첨단전략산업법]

○ 전략기술의 수출 승인 등

  - 전략기술 보유자가 해당 전략기술을 외국기업 등에 매각 또는 이전 등의 방법으로 수출하고자 하는 경우에는 산업통상자원부 장관의 승인을 받아야 함

○ 전략기술 보유자의 해외 인수·합병 등

  - 전략기술 보유자가 대통령령으로 정하는 해외 인수·합병, 합작투자 등 외국인투자를 진행하려는 경우에는 미리 산업통상자원부 장관의 승인을 받아야 함

[산업기술보호법]

○ 국가핵심기술의 수출 등

  - 국가로부터 연구개발비를 지원받아 개발한 국가핵심기술을 보유한 대상기관이 국가핵심기술을 외국기업 등에 매각 또는 이전 등의 방법으로 수출하고자 하는 경우에는 산업통상자원부장관의 승인을 얻어야 함

○ 국가핵심기술을 보유하는 대상기관의 해외인수·합병 등

  - 국가로부터 연구개발비를 지원받아 개발한 국가핵심기술을 보유한 대상기관이 대통령령으로 정하는 해외 인수·합병, 합작투자 등 외국인투자를 진행하려는 경우에는 미리 산업통상자원부장관의 승인을 받아야 함

X | 심사기준

- 심사의 일반적 고려 요소: 국가안보를 해하는가. 핵심기술에 미치는 잠재적인 국가안보 관련 영향, 심사대상 거래가 외국 정부 지배거래인지 여부
- 심사의 특별한 고려 요소: ① 공급망과 국가안보 ② 기술 리더십에 대한 위협. ③ 산업 투자의 증가에 따른 위험 ④ 사이버 보안에 대한 위험 ⑤ 중요한 데이터에 대한 위험
- 국가안전보장상의 리스크를 발생시킬 것인가: 지배권 리스크, 대상 회사 리스크, 매수자 리스크
- 한국에 순이익이 되는가: 경제활동의 규모와 성격, 생산성, 산업효율, 기술개발, 제품 혁신성 및 다양성, 경쟁에 미치는 영향
- 예정된 투자가 국가안보를 포함한 국익에 위배되는가.
- 투자처 기업의 사업 내용에 관한 심사기준: 국가안전의 확보, 공공질서의 유지 또는 공중 안전의 보호와 관련된 산업생산기반 및 해당 산업이 가진 기술기반의 유지에 미치는 영향 정도
- 외국 투자자의 속성에 관한 심사기준: 해당 외국 투자가 등의 자본구성, 실질적 지배자, 거래관계 및 기타 속성과 투자와 관련된 계획 및 과거의 행동·실적(외국 정부 등에 의한 직접적 또는 간접적인 영향의 정도를 포함)
- 투자·관여 내용: 해당 외국 투자가 등이 이미 취득했거나 취득하고자 하는 주식, 지분, 의결권, 출자증권 또는 회사채의 수·비율이나 금액, 금전을 대부하는 경우 대출누계액이나 조건이 발행회사·대출처 회사에 미치는 영향 정도
- 외국 투자가 국가안보를 포함하여, 국익에 위배되는가. 상품이나 서비스의 시장가격이나 생산을 지배하게 될 가능성이 있는가. 세수나 환경 정책에 영향을 미칠 가능성이 있는가. 국민경제 전반에 영향을 미칠 가능성이 있는가. 고용 및 발전에 기여하는가. 투명성 있는 규제 및 감독의 대상이 되고 있는가.

[미국]

CFIUS 및 대통령이 심사에서 고려해야 할 요소는 법령에 열거. 법령상 고려해야 하는 요소는 다음과 같다.

- 예상 국방 요건에 필요한 국내 생산
- 인력, 제품, 기술, 재료 및 기타 공급품 및 서비스의 가용성을 포함한 국 방 요건을 충족하기 위한 국내 산업의 능력 및 생산력
- 국가안보 요건을 충족하는 데 필요한 미국의 능력 및 생산력에 영향을 미치는 외국인의 국내 산업 및 상업 활동 통제
- 해당 거래가 테러지원, 미사일·생물무기 등의 확산, 잠재적인 지역적 군사적 위협이 우려되는 국가로 인정된 국가에 대한 군사품, 장비 또는 기술 판매에 미치는 잠재적 영향
- 해당 거래가 미국의 국가안보에 영향을 미치는 분야에서 미국의 국제적 기술 리더십에 미치는 잠재적 영향
- 주요 에너지 자산을 포함한 미국의 주요 인프라에 미치는 잠재적인 국 가 안보 관련 영향
- 미국의 핵심기술에 미치는 잠재적인 국가안보 관련 영향
- 심사 대상 거래가 외국 정부 지배거래 인지 여부
- 특히 외국 정부 지배 거래와 관련하여 ① 해당 외국 조약 및 다자간 공급 지침을 포함한 핵 비확산 관리 체제에 대한 준수 ② 해당 외국과 미국의 관계, 특히 테러 대책에 대한 협력 실적 ③ 수출 관리법 및 규제 분석을 포함한 군사 용도의 기술 이전 또는 전용 가능성에 관한 현재 평가 심사
- 미국의 에너지원 및 기타 중요한 자원·재료의 필요성과 관련된 장기 적인 예측
- 대통령 또는 CFIUS가 일반적으로 또는 특정 심사나 조사와 관련하여 적절하다고 판단하는 기타 요인
- 미국은 심사의 특별한 고려 요소로서 공급망 회복력과 국가안보, 미국 의 기술 리더십에 대한 위협, 산업 투자의 증가에 따른 위험, 사이버 보 안에 대한 위험, 중요한 데이터에 대한 위험을 들고 있다.

[영국]

국가안전보장상의 리스크를 발생시키는가와 관련한 요소는 다음과 같다.

○ 지배권 리스크: 투자자가 대상 회사의 활동에 대해 취득하는 지배권의 정도

○ 심사 대상 회사 리스크: 해당 사업체 또는 자산이 국가안전보장에 위험을 초래하기 위해 사용될 가능성이 있는가. BEIS는 예로서 대상회사가 첨단시설에 근접해 있는 경우를 들지만, 최종적으로는 첨단산업에 해당하는 사업을 실시하고 있는 경우는 대상회사 리스크가 증가한다고 생각할 가능성이 높음

○ 매수자 리스크: 투자자가 국가 안보상의 우려를 발생시키는 특성을 갖는가. 관련 특성에는 투자자가 활동하는 산업, 투자자의 기술적 능력 및 영국에 대한 리스크라고 생각되는 사업체와의 연결이 포함. 리스크 평가에서는 투자가의 최종적인 지배자도 고려 요소. 투자자의 과거 투자가 수동적이거나 장기적이라는 특성은 매수자 리스크가 낮다는 것을 나타내는 고려사항임

[캐나다]

① 캐나다의 순이익이 되는가.

○ 캐나다 경제활동의 규모와 성격에 미치는 영향

○ 캐나다인의 참여 정도 및 중요성

○ 생산성, 산업효율, 기술개발, 제품 혁신성 및 다양성에 미치는 영향

○ 경쟁에 미치는 영향

○ 산업, 경제 및 문화 정책에 대한 적합성

○ 국제시장에서 캐나다의 경쟁력에 대한 기여도

② 국가안보를 해하는가는 고려할 때 기준은 다음과 같다.

○ 방위

○ 국가정보 활동

○ 법 집행

○ 첨단기술 및 데이터

○ 중요 광물

○ 중요 인프라스트럭처

○ 중요 제품 및 서비스에 미치는 영향 등

[오스트레일리아]

○ 예정된 외국 투자가 국가안보를 포함한 오스트레일리아의 국익에 위배되는가.

　① 오스트레일리아에 대한 투자가 상품이나 서비스의 시장가격이나 생산을 지배하게 될 가능성이 있는가.

　② 투자가 오스트레일리아의 세수나 환경 정책에 영향을 미칠 가능성이 있는가.

　③ 외국 투자가 오스트레일리아의 경제 전반에 영향을 미칠 가능성이 있는가.

　④ 오스트레일리아 국민을 위해 공정한 혜택을 가져올 것인가.

　⑤ 오스트레일리아 지역사회에서 고용 및 발전에 기여하는가.

　⑥ 투명성 있는 규제 및 감독의 대상이 되고 있는가.

[일본]

○ 국가안보

○ 영해보전

○ 국민생활 기반 유지

[한국]

[국가첨단전략산업법]

○ 전략기술의 지정·변경 및 해제 등

　1. 해당 기술이 산업 공급망 및 국가·경제 안보에 미치는 영향

　2. 해당 기술의 성장잠재력과 기술난이도

　3. 해당 기술이 다른 산업에 미치는 파급효과

　4. 해당 기술이 가지는 산업적 중요성

　5. 해당 기술이 수출·고용 등 국민경제에 미치는 영향

　6. 그 밖에 대통령령으로 정하는 사항

○ 해외인수·합병 등의 사전검토

　1. 해당 전략기술이 국가·경제 안보와 관련되는지 여부

　2. 해당 해외인수·합병 등이 승인 대상인지 여부

　3. 그 밖에 해당 해외인수·합병 등과 관련하여 의문이 있는 사항

[외국인투자촉진법]

○ 법 제5조 제3항, 법 제6조 제1항 후단 및 법 제21조 제3항 제4호에서 "산업통상자원부령으로 정하는 사항"이란 다음 각 호의 사항을 말함

　1. 외국인 투자비율, 외국인 투자금액

　2. 외국 투자가의 상호 또는 명칭 및 국적

　3. 외국인 투자기업의 상호 또는 명칭 및 주소

　4. 외국인 투자기업이 경영하고 있는 사업 또는 경영하려는 사업

　5. 주식 또는 지분의 양도자

　6. 차관제공자, 차관 금액 및 차관 조건

　7. 출연금액 및 출연 조건

　8. 그 밖의 외국인 투자 신고서 또는 허가신청서, 외국인 투자기업 등록 신청서 기재 사항의 변경

[산업기술보호법]

○ 산업통상자원부 장관은 규정에 따른 승인신청에 대하여 국가핵심기술의 수출에 따른 국가안보 및 국민경제적 파급효과 등을 검토하여 관계 중앙행정기관의 장과 협의한 후 위원회의 심의를 거쳐 승인할 수 있음

○ 국가핵심기술을 보유하는 대상기관의 해외인수·합병 등. 산업통상자원부 장관은 승인신청을 받은 경우 해외인수·합병등이 국가안보에 미치는 영향을 검토하여 관계 중앙행정기관의 장과 협의한 후 위원회의 심의를 거쳐 승인할 수 있음. 이 경우 산업통상자원부 장관은 승인을 할 때 필요하다고 인정되는 조건을 달 수 있음

XI 심사 절차

○ 의무적 신고의 대상이 되는 거래에 대하여 신고요건은 거래완료 30일 전까지 충족되어야 한다.
○ 신고는 통지 또는 자발적인 신고에 의해 가능하다.
○ 자발적인 신고의 경우 위원회는 30일 이내에 수리 여부를 결정한다.
○ 신고 절차와 완료의 기간을 정할 수 있다. 통지에 대한 심사는 90일 이내, 위원회의 판단에 따라 예외적으로 심사 기간의 연장이 가능하다.
○ 위원회가 경감조치로 해결할 수 없는 국가안보상 위험이 발생할 수 있다고 판단할 경우 위원회는 그 거래를 중지 또는 금지하거나 거래가 완료된 경우에는 처분을 명하는 결정을 기간 내에 할 수 있다.
○ 법률에서 위임된 구체적인 심사의 절차와 기간 등에 대해서는 시행령과 규칙으로 정한다.

[미국]

∘ 거래 당사자는 거래 완료 전 또는 후에 국가안전보장심사 임의통지를 제출할 수 있음

∘ 의무적 신고는 다음의 경우에 적용한다. ① 외국투자가에 의한 중요기술과 관련된 TID 미국사업의 대상거래로서, 관련된 미국사업의 하나 이상의 중요기술을 외국투자가 또는 실질적인 소유자에게 수출, 재수출 또는 재이전을 하는 경우에 하나 이상의 미국 규제에 의한 승인을 요하는 것 ② 외국 정부가 실질적으로 (49% 이상의 의결권) 소유한 외국 투자자에 의한 대상 투자로, TID 미국 사업의 25% 이상의 의결권을 취득하게 되는 것

∘ 의무적 신고의 대상이 되는 거래에 대하여 신고요건은 거래완료 30일 전까지 충족되어야 함. 신고는 통지(full notice) 또는 신고(short-form declaration)에 의해 가능

∘ 신고의 경우 CFIUS에 의한 수리에서 30일 이내에 ① 완전한 통지 요구, ② 신고에 근거한 종국적 판단 불능. 단 정식 승인을 요구하는 경우에는 통지를 할 수 있다는 취지로 조언, ③ 심사 개시, ④ 거래 승인 중 하나를 당사자에게 통지

∘ 신고 프로세스는 보통 제출에서 5-6주 안에 완료

∘ 통지 프로세스에 필요한 기간은 보통 3- 4개월. 이 기간에는 CFIUS가 통지 드래프트를 심사하고 여기에 코멘트를 하는 신고 전 기간, 당초 45일간의 심사 기간 및 조사의 45일이 포함. CFIUS의 판단에 따라 예외적으로 15일간 조사기간 연장이 가능

∘ CFIUS가 경감조치로 해결할 수 없는 국가안보상 위험이 발생할 수 있다고 판단할 경우 당사자가 거래를 파기하지 않는 한 거래는 대통령에게 회부. 대통령은 15일 이내에 그 거래를 중지 또는 금지하거나 거래가 완료된 경우에는 지분의 처분을 명령하는 결정을 할 수 있음. 일반적으로 대통령의 명령이 내려지는 것보다 자발적인 거래를 파기하는 경

우가 더 많음

○ CFIUS의 심사에 시간이 더 필요한 경우(경감조치의 교섭을 실시하는 경우 등)에는 CFIUS는 당사자가 신고를 취하한 후 재신고를 실시하는 절차를 취하는 것을 인정할 수 있으며, 이 경우 당초의 45일간의 심사기간이 새롭게 개시

[영국]

○ 의무적 통지의 대상이 되는 당사자에 대해서는 거래 완료 전에 통지를 제출해야 하며, 여기에는 거래 실행 금지의 효과가 있음

○ BEIS가 통지 제출 완료를 확인한 후 영업일 기준 30일간 초기 심사를 실시(BEIS가 통지를 수령한 후 제출 완료를 확인할 때까지는 통상 2~3영업일이 소요)

○ 초기 심사에 의해 거래가 국가안전보장상 위험을 초래할 가능성이 있어 상세한 심사를 받을 만하다고 국무부 장관이 판단할 경우 국무부 장관은 이 시점에서 call-in 통지를 발행. call-in 통지는 당사자에 의한 거래 통지가 없는 거래에 관해서도 발행할 수 있음(단, 완료된 거래에 대해 실행일로부터 5년 이내 또는 국무부 장관이 거래를 인식한 후 6개월 이내라는 기간 제한)

○ call-in 통지가 발부되면 해당 통지일로부터 30 영업일간의 평가기간이 있으며, 이 기간은 추가로 45영업일까지 연장할 수 있음. 투자자의 동의가 있으면 리스크 경감 조치 협의 등을 위해 추가 연장이 가능. 이 기간은 모두 BEIS에 의한 정보 청구가 있을 경우 일시적으로 정지

[오스트레일리아]

○ 통지대상 행위 또는 국가안전보장 통지대상행위는 그 행위가 실행되기 전에 의무적 통지(및 승인 취득)를 요함

○ 중대행위 또는 국가안전보장 심사대상행위의 신고는 임의이나 신고를 하는 경우에는 행위를 실행하기 전에 하여야 함. 투자자는 지분취득에

관한 계약을 체결할 수 있는데, 해당 지분취득은 FIRB의 승인을 조건으로 함

○ 재무부 장관은 신청서를 30일 이내에 검토하고 결정을 내림. 이 결정까지의 기한은 신청 수수료 전액이 지불된 때부터 기산. FIRB 또는 재무부 장관이 투자자에게 추가 정보를 청구한 경우에는 추가 정보 제출까지의 기간 동안 30일의 심사 기간은 정지. FIRB는 법정 30일 경과 후에 추가적인 30일간의 정식 연장을 요청하도록 당사자를 재촉하는 것이 통상적임. FIRB 또는 재무부 장관은 잠정명령을 발령함으로써 법정의 당초 30일을 90일까지 연장할 수도 있음

○ 재무부 장관의 결정은 이의를 진술하지 않는 결정, 승인, 조건부 승인 또는 승인 거부 중 하나가 됨

[일본]

○ 사전신고 대상이 되는 직접 대내투자 등(지정 업종과 관련된 회사에 대한 투자 등)은 투자 등에 앞서 재무대신 및 사업관할 대신에게 신고할 필요가 있음

○ 외국 투자자는 재무대신 및 사업소관 대신이 해당 신고를 수리한 날부터 기산하여 30일이 경과하는 날까지는 해당 신고와 관련된 대내 직접투자 등을 하여서는 아니됨(금지기간). 재무대신 및 사업소관 대신은 국가의 안전 등과 관련된 대내직접투자 등에 해당하지 아니하는 때에는 금지기간을 단축할 수 있으며, 심사가 필요하다고 인정하는 때에는 최대 5개월까지 연장할 수 있음

○ 재무대신 및 사업소관 대신은 금지기간을 연장하여 심사를 실시한 경우로서, 대내직접투자 등이 국가안전 등과 관련된 대내직접투자 등에 해당한다고 인정하는 때에는 관세·외국환 등 심의회의 의견을 듣고 내용의 변경 또는 중지를 권고할 수 있음. 외국투자가는 해당 권고에 응하는 통지를 한 경우에는 권고에 따라 직접 대내투자를 실시할 수 있음

○ 외국 투자자가 해당 권고로부터 10일 이내에 해당 권고에 응하는 취지

의 통지를 하지 아니한 경우 또는 해당 권고를 수락하지 아니하는 취지의 통지를 한 경우에는 주무대신 및 사업소관 대신은 해당 권고를 받은 자에 대하여 해당 대내직접투자 등과 관련된 내용의 변경 또는 중지를 명할 수 있음

° 재무대신 및 사업소관 대신은 외국투자가가 사전신고 없이 대내 직접투자를 한 경우, 금지기간 중에 대내 직접투자를 한 경우, 내용변경권고에 응낙통지를 했음에도 불구하고 이에 따르지 아니하고 대내직접투자를 한 경우, 사전신고에 허위기재를 한 경우(사전 신고에 기재한 사실상의 준수사항을 위반한 경우를 포함한다) 등으로 해당 대내 직접투자가 국가안전 등과 관련된다고 인정하는 때에는 관세·외환 등 심의회의 의견을 듣고 취득주식, 지분 등의 전부 또는 그 밖에 필요한 조치를 명할 수 있음

[일본]

° 특별 주시구역 내에 있는 일정 면적 이상의 토지 및 건물에 관한 소유권(또는 그 취득)을 목적으로 하는 권리를 이전 또는 설정하는 계약을 체결하는 경우 계약 당사자(매도인 및 매수인 쌍방)는 법령에서 정한 사항을 총리에게 신고할 필요가 있음

° 특별 주시 구역 내에 있는 토지 등으로 그 면적이 200평방 미터 이상인 것이 대상. 신고 대상이 되는 권리는 소유권 또는 그 취득을 목적으로 하는 권리

° 사전 신고: 토지 등 매매 등 계약을 체결하고자 하는 경우에는 계약체결 전에 미리 총리에게 신고하여야 함. 우송하는 경우 계약 예정일 전날까지 내각부에 도달하도록 해야 함

° 사후 신고: 토지 등 매매 등 계약을 체결한 날부터 기산하여 2주 이내에 총리에게 신고하여야 함. 우송하는 경우는, 계약일로부터 기산해(첫날 산입) 2주 이내에 내각부에 도달하도록 함

[한국]

[외국인투자촉진법]

○ 법 제6조 제2항에 따른 허가 여부의 처리기간은 허가 신청을 받은 날부
  터 15일로 함. 다만, 부득이한 경우에는 15일의 범위에서 한 차례만 처
  리기간을 연장할 수 있음.

○ 산업통상자원부 장관은 법 제6조 제1항에 따른 외국인투자의 허가 신
  청에 대하여 보완이나 보정이 필요하다고 인정되는 경우에는 기간을 정
  하여 그 보완이나 보정을 요구할 수 있으며, 처리기간에 그 보완이나 보
  정에 소요된 기간은 산입하지 아니함

○ 산업통상자원부 장관은 법 제6조 제1항에 따른 외국인투자 허가 신청
  에 대하여 국방부장관에게 협의를 요청하여야 하며, 협의 요청을 받은
  국방부장관은 그 요청을 받은 날부터 10일 이내에 그에 대한 의견을 산
  업통상자원부 장관에게 통보하여야 함

○ 요청을 받은 국방부 장관은 허가 신청 대상인 방위산업체가 생산하는
  방위산업 물자가 국내의 다른 기업으로부터 대체 공급이 가능하거나 허
  가로 인하여 국가안보에 중대한 영향을 미치지 아니한다고 판단하는 경
  우에는 그 허가에 동의하여야 함

○ 국방부 장관이 의견을 통보하려는 경우에는 다음 각 호의 어느 하나에
  해당하는 조건을 붙여서 허가할 것을 산업통상자원부 장관에게 요청
  할 수 있음

  1. 방위산업 물자의 지속적인 생산 및 보안 유지를 위하여 필요한 조건
  2. 「방위사업법」 제3조 제11호에 따른 방위산업시설을 대한민국국민
     이나 대한민국법인에 분리하여 매각하는 조건

○ 조건이 붙어 허가된 경우 해당 방위산업시설의 매각이 완료되기 전에
  주식 등을 취득한 외국인은 해당 기업의 경영에 참여하지 못함

○ 산업통상자원부 장관은 법을 위반하여 주식 등을 취득한 자에 대하여

그 위반사실을 안 날부터 1개월 이내에 그 주식등을 대한민국 국민이나 대한민국 법인에 양도할 것을 명해야 함. 이 경우 그 양도기간은 6개월의 범위에서 산업통상자원부 장관이 정하는 기간으로 하되, 부득이한 사유가 있다고 인정되는 경우에는 6개월의 범위에서 그 양도 기간을 연장할 수 있음

[외국환거래법]

○ 자본거래의 신고 등

○ 법 제18조 제1항에 따라 자본거래의 신고를 하려는 자는 기획재정부장관이 정하여 고시하는 신고 서류를 기획재정부장관에게 제출하여야 함. 이 경우 신고의 절차 및 방법 등에 관한 세부 사항은 기획재정부장관이 정하여 고시

○ 기획재정부장관은 법 제18조 제3항에 따라 신고수리 여부를 결정할 때에는 제7항에 따른 처리기간에 신고수리, 거부 또는 거래 내용의 변경 권고 여부를 정하여 신고인에게 통지하여야 함. 이 경우 투자 업종, 투자 유형, 투자 규모 등을 고려하여 정형화된 해외직접투자로 인정되는 것으로 미리 고시한 경우에 해당하면 요건심사를 생략할 수 있음

○ 기획재정부 장관은 심사를 할 때 신고 내용이 불명확하여 심사가 곤란하다고 인정되는 경우에는 지체 없이 상당한 기간을 정하여 보완을 요구할 수 있으며, 신고인이 이 기간에 보완을 하지 아니하면 신고 서류를 반려할 수 있음

○ 거래 내용의 변경 권고를 받은 자는 변경 권고를 받은 날부터 10일 이내에 해당 변경 권고에 대한 수락 여부를 기획재정부장관에게 알려야 하며, 그 기간에 수락 여부를 알리지 아니하면 수락하지 아니한 것으로 봄

○ 기획재정부장관은 수락하지 아니한다는 통지를 받은 때에는 통지를 받은 날(통지가 없는 경우에는 신고인이 변경 권고를 받은 날부터 10일이 지난 날)부터 10일 이내에 해당 자본거래의 변경 또는 중지를 명할 것인지의 여부를 결정하여 신고인에게 알려야 함

○ 대통령령으로 정하는 처리기간이란 30일을 말함. 보완에 걸리는 기간은 처리기간에 산입하지 아니함

XII │ 모니터링과 집행

○ 위원회는 심사대상 거래가 국가안전보장상의 리스크를 초래한다고 판단한 경우, 그러한 리스크에 대처하기 위해 경감 조치의 실시를 요구할 수 있다.
○ 위원회는 외국인 투자자가 일정한 서약 사항을 제시하고 이를 준수하는 것을 조건으로 승인을 부여할 수 있다.
○ 조건부 승인을 취득한 외국인 투자가에게 관련 조건의 준수를 나타내는 정기 보고서를 제출하도록 한다.
○ 위원회는 경감 합의 준수상황 등에 대해 이를 확인하는 모니터링을 실시한다.
○ 위원회가 조건의 준수위반이 있다고 판단한 경우 조사 또는 거래중지명령 등을 할 수 있다.
○ 위원회는 법을 위반한 외국인 투자가에 대하여 자산, 사업 또는 토지에 대한 처분을 명령할 수 있다.

[미국]

○ CFIUS는 거래가 국가안전보장상의 리스크를 초래한다고 판단한 경우, 그러한 리스크에 대처하기 위해 경감조치의 실시를 요구할 수 있음. 경감조치는 통상 거래 당사자와 공동으로 심사를 주도

○ (복수의) CFIUS 담당기관 간에 교섭하는 경감 합의 체결 형식으로 실시. (복수의) CFIUS 담당기관은 경감합의 준수상황 등에 대해 확인하는 모니터링을 실시

○ 경감합의를 위반했을 경우, CFIUS는 제재금을 부과하는 것도 가능

○ CFUS는 조치를 결정하면 거래에 세이프 하버를 부여하는데, 이는 원래

신고내용에 중대한 허위기재 또는 누락이 없는 한 거래가 다시 CFIUS 의 심사 대상이 되지 않는다는 것을 의미

[오스트레일리아]

o 재무부 장관은 외국투자가 일정한 서약사항을 제시하고 이를 준수하는 것을 조건으로 승인을 부여할 수 있음. 이러한 조건은 거래가 국익 또는 국가안전보장에 반하지 않도록 확보하는 것을 목적으로 함

o 조건부 승인을 취득한 신청자는 관련 조건의 준수를 나타내는 정기보고를 제출할 필요가 있음. 부과된 조건을 준수하지 않는 것은 위법하며 재무부 장관은 위반에 대해 자산 처분 요청을 포함한 광범위한 권한을 가짐

o 재무부 장관은 심사를 위한 광범위한 정보수집 권한을 가짐. 「외자매수법」은 재무부 장관이 정보의 제공을 당사자에게 요구하는 통지를 발행할 수 있다고 정하고 있음. 또한 권한을 가진 직원은 FATA 규정 준수 여부를 판단하고 FATA 위반 및 민사규정에 관한 자료를 수집하기 위해 법원발부 영장에 따라 집행할 수 있음

o 재무부 장관은 조건의 준수위반 이외에도 기준치에 해당하는 투자의 통지를 게을리하는 등 「외자매수법」을 위반한 외국인 투자가에 대하여 자산, 사업 또는 토지에 대한 지분처분을 명령할 수 있음

[국가첨단전략산업법]

o 자료 제출 및 검사 등. 산업통상자원부 장관 또는 관계 행정기관의 장은 감독을 위하여 필요한 경우에는 특화단지 관리기관 및 전략산업등 관련 기관·법인·단체에 대하여 그 업무에 관한 보고 또는 자료의 제출을 명할 수 있음

o 산업통상자원부장관 또는 관계 행정기관의 장은 소속 공무원으로 하여금 특화단지 관리기관 및 전략산업등 관련 기관·법인·단체의 사무소, 사업장 및 그 밖의 장소에 출입하여 관련 서류를 검사하게 하거나 관계

인에게 질문을 하게 하는 등 필요한 조치를 할 수 있음

○ 청문. 산업통상자원부장관은 다음 각 호의 처분을 하려는 경우에는 청문을 하여야 함

  1. 제12조 제4항에 따른 전략기술의 수출중지·수출금지·원상회복

  2. 제13조 제5항 및 제7항에 따른 해외인수·합병 등에 대한 중지·금지·원상회복

○ 적극행정 면책 특례. 제19조, 제22조, 제23조 및 제29조에 따른 업무를 적극적으로 처리한 결과에 대하여 그의 행위에 고의나 중대한 과실이 없는 경우에는 「공공 감사에 관한 법률」에 따른 징계 요구 또는 문책 요구 등 책임을 묻지 아니함

[산업기술보호법]

○ 개선권고. 산업통상자원부 장관은 제10조의 규정에 따른 국가핵심기술의 보호조치 및 제12조의 규정에 따른 국가연구개발사업의 보호관리와 관련하여 필요하다고 인정되는 경우 대상기관의 장에 대하여 개선을 권고할 수 있음

○ 산업기술보호를 위한 실태조사. 산업통상자원부장관은 필요한 경우 대상기관의 산업기술의 보호 및 관리 현황에 대한 실태조사를 실시할 수 있음. 산업통상자원부 장관은 실태조사를 위하여 산업기술을 보유하고 있는 대상기관 및 관련 단체에 대하여 관련 자료의 제출이나 조사업무의 수행에 필요한 협조를 요청할 수 있음

○ 자료의 제출. 법원은 산업기술의 유출 및 침해에 관한 소송에서 당사자의 신청에 의하여 상대방 당사자에게 해당 침해의 증명 또는 침해로 인한 손해액의 산정에 필요한 자료의 제출을 명할 수 있음. 다만, 그 자료의 소지자가 그 자료의 제출을 거절할 정당한 이유가 있으면 그러하지 아니함.

○ 비밀유지명령. 법원은 산업기술의 유출 및 침해에 관한 소송에서 그 당사자가 보유한 산업기술에 대하여 다음 각 호의 사유를 모두 소명한 경

우에는 그 당사자의 신청에 따라 결정으로 다른 당사자(법인인 경우에는 그 대표자를 말한다), 당사자를 위하여 소송을 대리하는 자, 그 밖에 해당 소송으로 인하여 산업기술을 알게 된 자에게 그 산업기술을 해당 소송의 계속적인 수행 외의 목적으로 사용하거나 그 산업기술에 관계된 이 항에 따른 명령을 받은 자 외의 자에게 공개하지 아니할 것을 명할 수 있음. 다만, 그 신청 시점까지 다른 당사자(법인인 경우에는 그 대표자를 말한다), 당사자를 위하여 소송을 대리하는 자, 그 밖에 해당 소송으로 인하여 산업기술을 알게 된 자가 제1호에 규정된 준비서면의 열람이나 증거 조사 외의 방법으로 그 산업기술을 이미 취득하고 있는 경우에는 그러하지 아니함

1. 이미 제출하였거나 제출하여야 할 준비서면 또는 이미 조사하였거나 조사하여야 할 증거에 산업기술이 포함되어 있다는 것
2. 제1호의 산업기술이 해당 소송 수행 외의 목적으로 사용되거나 공개되면 당사자의 경영에 지장을 줄 우려가 있어 이를 방지하기 위하여 산업기술의 사용 또는 공개를 제한할 필요가 있다는 것

XIII 벌칙

- ○ 행정벌로 과징금이나 과태료 등을 부과한다.
- ○ 형사벌로 징역형과 벌금형을 부과한다.
- ○ 민사벌로 배상을 명할 수 있다.
- ○ 범죄행위로 인하여 얻은 재산은 이를 몰수한다
- ○ 미수범은 처벌한다.
- ○ 양벌규정을 적용한다.
- ○ 예비 또는 음모한 자도 처벌한다.

[미국]

ㅇ CFIUS 제재금

- 중대한 허위 기재나 누락에 대해 위반 시마다 25만 달러 이하의 제재금. 경감 합의/명령의 중요 조항 위반 등에 대해 위반 시마다 25만 달러 또는 거래 가격 중 높은 금액을 초과하지 않는 금액의 제재금

- 신고의무 위반은 위반 시마다 25만 달러 또는 거래가액 중 높은 금액을 초과하지 않는 금액의 제재금

ㅇ 형사처벌: 없음

[영국]

ㅇ 행정벌

- 통지 불이행에 관하여 그 사업의 전 세계 총매출액의 5퍼센트 이하 또는 1,000만 파운드 중 어느 하나의 높은 금액의 제재금. 명령 위반에 대하여 하루 전 세계 총 매출의 0.1% 이하 또는 200,000파운드 중 하나 이상의 제재금

ㅇ 형사벌

- 해당 거래의 통지 불이행, 명령 위반, 허위 정보 제공, 보호 대상 정보의 다른 사람과의 공유는 NSIB의 위반이 되며 법인에 대한 벌금 상한액은 위와 같음. 자연인에게는 유죄판결에 근거하여 위반의 성질로 1,000만 파운드 이하의 벌금, 5년 이하의 수감 또는 병과

[오스트레일리아]

ㅇ 민사벌

- 「외자매수법」 위반(통지 불이행, 승인조건 미준수 등)에 대해 자연인에게 5,000 penalty units/법인에 대해 50,000 penalty units 또는 투자액의 75%(상한 2,500,000 penalty units) 중 하나인 높은 금액의 제재금

ㅇ 형사벌

- 「외자매수법」 위반(통지 불이행, 승인조건 미준수 등)에 대해 10년 이하의

징역, 자연인에 대해 15,000 penalty units/법인에 대해 150,000 penalty units 이하의 벌금 또는 이들 병과

[일본]

○ 명령 위반: 2년 이하의 징역 또는 2백만엔 이하의 벌금에 처하거나 이를 병과

○ 신고 위반: 위반행위를 한 자는 6개월 이하의 징역 또는 백만엔 이하의 벌금

○ 허위 보고 등: 보고나 자료의 제출에 대하여 허위 보고를 하거나 허위 자료를 제출한 때에는 해당 위반행위를 한 자는 30만엔 이하의 벌금

[한국]

[국가첨단전략산업법]

제50조(벌칙) ① 전략기술을 외국에서 사용하거나 사용되게 할 목적으로 제15조 제1호부터 제3호까지의 어느 하나에 해당하는 행위를 한 자는 5년 이상의 유기징역에 처한다. 이 경우 20억원 이하의 벌금을 병과한다.

② 전략기술을 외국에서 사용하거나 사용되게 할 목적으로 제15조 제5호부터 제8호까지의 어느 하나에 해당하는 행위를 한 자는 20년 이하의 징역 또는 20억원 이하의 벌금에 처한다.

③ 제15조 각 호(제4호·제6호 및 제8호는 제외한다)의 어느 하나에 해당하는 행위를 한 자는 15년 이하의 징역 또는 15억원 이하의 벌금에 처한다.

④ 제15조 제4호 또는 제8호에 해당하는 행위를 한 자는 5년 이하의 징역 또는 5억원 이하의 벌금에 처한다.

⑤ 제10조 제5항 각 호의 어느 하나에 해당하는 행위를 한 자는 1년 이하의 징역 또는 1천만원 이하의 벌금에 처한다.

제51조(과태료) ① 제45조 제1항을 위반하여 관련 자료를 제출하지 아니하거나 허위로 제출한 자 또는 같은 조 제2항의 출입·검사 등을 거

부·기피 또는 방해한 자는 1천만원 이하의 과태료에 처한다.

② 제1항에 따른 과태료는 대통령령으로 정하는 바에 따라 산업통상자
원부장관이 부과·징수한다.

[산업기술보호법]

제22조의2(산업기술의 유출 및 침해행위에 대한 손해배상책임) ① 제14조에 따
른 산업기술의 유출 및 침해행위를 함으로써 대상기관에 손해를 입힌 자
는 그 손해를 배상할 책임을 진다.

제36조(벌칙) ① 국가핵심기술을 외국에서 사용하거나 사용되게 할 목적
으로 제14조제1호부터 제3호까지의 어느 하나에 해당하는 행위를 한
자는 3년 이상의 유기징역에 처한다. 이 경우 15억원 이하의 벌금을 병
과한다.

② 산업기술을 외국에서 사용하거나 사용되게 할 목적으로 제14조 각
호(제4호를 제외한다)의 어느 하나에 해당하는 행위를 한 자(제1항에 해
당하는 행위를 한 자는 제외한다)는 15년 이하의 징역 또는 15억원 이하
의 벌금에 처한다.

③ - ④ 생략

⑤ 제1항부터 제4항까지의 죄를 범한 자가 그 범죄행위로 인하여 얻은
재산은 이를 몰수한다. 다만, 그 전부 또는 일부를 몰수할 수 없는 때
에는 그 가액을 추징한다.

⑥ 제34조의 규정을 위반하여 비밀을 누설하거나 도용한 자는 5년 이
하의 징역이나 10년 이하의 자격정지 또는 5천만원 이하의 벌금에
처한다.

⑦ 제1항부터 제3항까지의 미수범은 처벌한다.

⑧ 제2항부터 제4항까지의 규정에 따른 징역형과 벌금형은 이를 병과
할 수 있다.

제36조의2(비밀유지명령 위반죄) ① 국내외에서 정당한 사유 없이 비밀유지명령을 위반한 자는 5년 이하의 징역 또는 5천만원 이하의 벌금에 처한다.

② 제1항의 죄는 비밀유지명령을 신청한 자의 고소가 없으면 공소를 제기할 수 없다.

제37조(예비·음모) ① 제36조 제1항 또는 제2항의 죄를 범할 목적으로 예비 또는 음모한 자는 3년 이하의 징역 또는 3천만원 이하의 벌금에 처한다.

② 제36조 제3항의 죄를 범할 목적으로 예비 또는 음모한 자는 2년 이하의 징역 또는 2천만원 이하의 벌금에 처한다.

제38조(양벌규정)

제39조(과태료) ① 다음 각 호의 어느 하나에 해당하는 자는 1천만원 이하의 과태료에 처한다.

② 제1항의 규정에 따른 과태료는 대통령령이 정하는 바에 따라 산업통상자원부장관이 부과·징수한다.

CHAPTER 02

「(가칭) 외국의 투자와 국가안보에 관한 법률(안)」의 주요 내용

I | 법률명

- 이 법률은 「외국의 투자와 국가안보에 관한 법률」(Foreign Investment and National Security Act)로 한다.
- 이 법률의 약칭은 「외국투자안보법」으로 한다.

II | 목적

- 이 법은 외국의 투자가 산업의 성장기반과 기술 경쟁력을 강화하도록 하고, 국가안보와 국민경제에 위협이 되는 경우 이를 방지하도록 하여 국가의 안전보장과 국민경제의 발전에 이바지함을 목적으로 한다.

Ⅲ 다른 법률과 국제조약과의 관계

- 외국의 투자와 국가안보에 관하여는 이 법이 정하는 바에 따르며 다른 법률에 우선하여 적용한다.
- 이 법의 시행에 있어서는 대한민국이 체결한 조약 및 국제 약속의 성실한 이행을 방해하지 않도록 유의하여야 한다.
- 이 법에서 규정한 사항을 제외하고, 대한민국이 체결·공포한 국제조약의 내용을 수정하거나 제한하는 것으로 해석되지 아니한다.

Ⅳ 인·허가 의제

- 외국의 투자와 국가안보에 현저한 지장을 초래할 우려가 있는 경우 국가안보실장 (혹은 국무조정실장)에게 해당 행정절차 등의 신속한 처리를 신청할 수 있다.
- 국가안보실장(혹은 국무조정실장)은 신청을 받은 경우 위원회의 심의·의결을 거쳐 해당 권한을 가진 행정기관의 장에게 처리를 요청할 수 있다. 이 경우 해당 행정기관의 장의 의견을 들은 후 위원회의 심의를 거쳐야 하며, 해당 행정기관의 장은 대통령령으로 정하는 특별한 사유가 없으면 지체 없이 처리하여야 한다.
- 15일 이내에 처리 계획을 제출한 행정기관의 장은 제출일로 부터 15일 이내에 그 처리 결과를 국가안보실장(혹은 국무조정실장)에게 통보하여야 한다. 다만, 처리 과정에서 불가피한 연장 사유가 발생하는 경우에는 15일 이내의 범위에서 한 차례 기간 연장을 요청할 수 있다.
- 처리기간 내에 처리 계획을 국가안보실장(혹은 국무조정실장)에게 회신하지 아니하거나, 처리기간 내에 처리 결과를 국가안보실장(혹은 국무조정실장)에게 통보하지 아니한 경우에는 요청이 있은 날부터 60일이 지난날에 처리가 완료된 것으로 본다.
- 그 밖에 인·허가 등의 신속처리의 심의·의결에 필요한 사항은 시행령으로 정한다.

V | 심사 주체

○ 이 법에 따른 외국의 투자와 관련된 주요 정책 및 계획 등에 관한 사항을 심의·의결하기 위하여 대통령(혹은 국무총리) 소속으로 외국투자안보심사위원회를 둔다.

VI | 심사 주체의 구성

○ 외국투자안보심사위원회는 위원장 1명을 포함한 20명 이내의 위원으로 구성하되, 위원장은 대통령(혹은 국무총리)가 되며, 간사위원은 국가안보실장(혹은 국무조정실장)이 된다.
○ 외국투자안보심사위원회 위원은 다음과 같다.
 ① 대통령령으로 정하는 관계 중앙행정기관의 장과 국가정보원장, 부문정보기관의 장(또는 국가정보원장, 정보활동을 수행하는 기관의 장)
 ② 외국인 투자와 국가안보 그리고 경제 안보에 관한 전문성과 경험이 풍부한 사람으로서 산업계·학계·연구기관 등에 종사하는 사람 중에서 위원장이 위촉하는 사람
○ 위원회에서 심의·의결하는 사항을 미리 검토·조정하고 대통령령으로 정하는 바에 따라 위원회로부터 위임된 사항을 다루기 위하여 위원회에 전문위원회를 두며, 전문위원회 위원장은 위원장이 지명하는 자가 된다.
○ 이 법률에서 별도의 정함이 있는 경우를 제외하고, 국가안보실(혹은 국무조정실)이 주무 부처가 된다.
○ 이 법률에서 별도의 정함이 있는 경우를 제외하고, 심사대상 거래, 자산 등에 대한 관련 소관 부처는 시행령으로 정한다.

VII | 소관 부처 및 관계 기관의 업무 협조 등

- 외국투자안보심사위원회가 국가안보에 관한 심사를 하는 경우 국가정보원장이나 관련 정보기관의 장의 검토의견을 들어야 한다.
- 위원장이나 외국투자안보심사위원회가 필요하다고 인정하는 때에는 국가행정기관 및 관계 행정기관의 장 등에게 자료 또는 정보의 제공, 의견의 표명, 그 밖에 필요한 협력을 요구할 수 있다.
- 위원장은 대한민국의 국익과 국가안보에 관련된 경우 관련 정보를 외국 정부에게 제공하거나 외국정부로부터 제공받을 수 있다.
- 이 법에서 규정하는 국가행정기관 및 관계 행정기관의 장의 권한은 시행령으로 정하는 바에 따라 그 일부를 위임할 수 있다.

VIII | 신고자

- 심사대상이 되는 거래가 첨단산업 등에 해당하고, 그 지배권 취득을 하고자 하는 경우 국가안전보장심사를 위해 의무적으로 신고해야 한다.
- 심사 대상거래의 당사자가 외국인 등에게 매각·이전, 해외 인수·합병, 합작투자 등을 하고자 하는 경우 위원회의 승인을 얻어야 한다.
- 법에 따른 승인신청에 대하여 국가안보 및 국민경제적 파급효과 등을 검토하여 관계 중앙행정기관의 장과 협의한 후 위원회의 심의를 거쳐 승인할 수 있다.
- 심사 대상거래의 당사자가 외국인 등에 매각·이전, 해외 인수·합병, 합작투자 등을 하고자 하는 경우에는 위원회에 사전 신고를 하여야 한다.
- 대통령령으로 정하는 외국인에 의하여 매각·이전, 해외 인수·합병, 합작투자 등이 진행되는 것을 알게 된 경우 지체없이 위원회 신고하여야 한다.
- 심사 대상거래가 국가안보와 관련되는지 여부에 대한 사전검토의 신청에 관하여 필요한 사항은 시행령으로 정한다.

Ⅸ | 심사대상

- 심사대상이 되는 엔티티, 거래, 국가 핵심기술·첨단기술, 핵심 인프라 스트럭처 또는 민감한 개인정보의 범주와 대상은 정의와 연계하여 법률로 정한다.
- 심사대상 거래가 지배권의 취득에 해당하는 경우 주식 취득 비율에 관계없이 위원회의 심사대상이며, 국가안보 심사대상이 된다.
- 외국인 투자가 국가 핵심기술·첨단기술, 핵심 인프라 스트럭처 또는 한국 국민의 민감한 개인정보와 관련된 사업의 경우에는 위원회의 심사대상이다.
- 외국인 투자가 자산 또는 토지에 대한 권익을 취득하여, 그 결과로 지배권의 변경이 발생하거나 일정한 금전적 투자 기준에 해당하는 경우 심사대상이 된다.
- 외국인 투자자가 국가안전보장 관련 사업에 투자하거나 직접 지분(00% 초과)을 취득하는 경우, 국가안전보장 관련 지역의 토지를 취득하거나 토지에 관한 개발허가를 하고자 하는 경우 심사대상이 된다.
- 심사대상이 되는 첨단산업 분야와 신흥기술 등에 대해서는 시행령으로 정한다.

Ⅹ | 심사기준

- 심사의 일반적 고려 요소: 국가안보를 해하는가. 핵심기술에 미치는 잠재적인 국가안보 관련 영향, 심사대상 거래가 외국 정부 지배거래인지 여부
- 심사의 특별한 고려 요소: ① 공급망과 국가안보 ② 기술 리더십에 대한 위협. ③ 산업 투자의 증가에 따른 위험 ④ 사이버 보안에 대한 위험 ⑤ 중요한 데이터에 대한 위험
- 국가안전보장상의 리스크를 발생시킬 것인가: 지배권 리스크, 대상 회사 리스크, 매수자 리스크
- 한국에 순이익이 되는가: 경제활동의 규모와 성격, 생산성, 산업효율, 기술개발, 제품 혁신성 및 다양성, 경쟁에 미치는 영향

- 예정된 투자가 국가안보를 포함한 국익에 위배되는가.
- 투자처 기업의 사업 내용에 관한 심사기준: 국가안전의 확보, 공공질서의 유지 또는 공중 안전의 보호와 관련된 산업생산기반 및 해당 산업이 가진 기술기반의 유지에 미치는 영향 정도
- 외국 투자자의 속성에 관한 심사기준: 해당 외국 투자가 등의 자본구성, 실질적 지배자, 거래관계 및 기타 속성과 투자와 관련된 계획 및 과거의 행동·실적(외국 정부 등에 의한 직접적 또는 간접적인 영향의 정도를 포함)
- 투자·관여 내용: 해당 외국 투자가 등이 이미 취득했거나 취득하고자 하는 주식, 지분, 의결권, 출자증권 또는 회사채의 수·비율이나 금액, 금전을 대부하는 경우 대출 누계액이나 조건이 발행회사·대출처 회사에 미치는 영향 정도
- 외국 투자가 국가안보를 포함하여, 국익에 위배되는가. 상품이나 서비스의 시장가격이나 생산을 지배하게 될 가능성이 있는가. 세수나 환경 정책에 영향을 미칠 가능성이 있는가. 국민경제 전반에 영향을 미칠 가능성이 있는가. 고용 및 발전에 기여하는가. 투명성 있는 규제 및 감독의 대상이 되고 있는가.

XI 심사 절차

- 의무적 신고의 대상이 되는 거래에 대하여 신고요건은 거래완료 30일 전까지 충족되어야 한다.
- 신고는 통지 또는 자발적인 신고에 의해 가능하다.
- 자발적인 신고의 경우 위원회는 30일 이내에 수리여부를 결정한다.
- 신고 절차와 완료의 기간을 정할 수 있다. 통지에 대한 심사는 90일 이내, 위원회의 판단에 따라 예외적으로 심사 기간의 연장이 가능하다.
- 위원회가 경감조치로 해결할 수 없는 국가안보상 위험이 발생할 수 있다고 판단할 경우 위원회는 그 거래를 중지 또는 금지하거나 거래가 완료된 경우에는 지분의 처분을 명하는 결정을 기간 내에 할 수 있다.
- 법률에서 위임된 구체적인 심사의 절차와 기간 등에 대해서는 시행령과 규칙으로 정한다.

XII | 모니터링과 집행

- 위원회는 심사대상 거래가 국가안전보장상의 리스크를 초래한다고 판단한 경우, 그러한 리스크에 대처하기 위해 경감 조치의 실시를 요구할 수 있다.
- 위원회는 외국인 투자자가 일정한 서약 사항을 제시하고 이를 준수하는 것을 조건으로 승인을 부여할 수 있다.
- 조건부 승인을 취득한 외국인 투자가에게 관련 조건의 준수를 나타내는 정기 보고서를 제출하도록 한다.
- 위원회는 경감 합의 준수상황 등에 대해 이를 확인하는 모니터링을 실시한다.
- 위원회가 조건의 준수위반이 있다고 판단한 경우 조사 또는 거래중지명령을 할 수 있다.
- 위원회는 법을 위반한 외국인 투자가에 대하여 자산, 사업 또는 토지에 대한 처분을 명령할 수 있다.

XIII | 벌칙

- 행정벌로 과징금이나 과태료 등을 부과한다.
- 형사벌로 징역형과 벌금형을 부과한다.
- 민사벌로 배상을 명할 수 있다.
- 범죄행위로 인하여 얻은 재산은 이를 몰수한다
- 미수범은 처벌한다.
- 양벌규정을 적용한다.
- 예비 또는 음모한 자도 처벌한다.

XIV | 참고사항

 본 법률(안)과 관련하여, 규정해야 할 정의 등 [예시]

- 지배권
- 심사 대상 투자
- 심사 대상 핵심 인프라
- 심사 대상 거래
- 첨단기술
- 엔티티
- 외국인
- 사람
- 의결권
- 필수 신고
- 자발적 신고
- 통지
- 조사 개시
- 수수료
- 소환
- 임시 명령
- 최종 명령

본 법률(안)과 관련하여, 규정해야 할 심사대상 분야 및 기술 [예시]

미국	일본
① 첨단 컴퓨팅	① 바이오 기술
② 첨단 엔지니어링 재료	② 의료·공중위생 기술(게놈학 포함)
③ 첨단 가스터빈 엔진 기술	③ 인공 지능·기계 학습 기술
④ 첨단 제조	④ 첨단 컴퓨팅 기술
⑤ 첨단 원자력 기술	⑤ 마이크로프로세서·반도체 기술
⑥ 인공지능	⑥ 데이터 과학·분석·축적·운용 기술
⑦ 자율 시스템과 로봇 공학	⑦ 첨단 엔지니어링·제조 기술
⑧ 생명공학	⑧ 로봇 공학
⑨ 통신 및 네트워킹 기술	⑨ 양자 정보 과학
⑩ 방향 에너지	⑩ 첨단 감시·측위·센서 기술
⑪ 금융 기술	⑪ 뇌 컴퓨터·인터페이스 기술
⑫ 휴먼–머신 인터페이스	⑫ 첨단 에너지·축에너지 기술
⑬ 극초음속	⑬ 고도 정보통신·네트워크 기술
⑭ 네트워크 센서 및 감지	⑭ 사이버 보안 기술
⑮ 양자정보기술	⑮ 우주 관련 기술
⑯ 재생 에너지 발전 및 저장	⑯ 해양 관련 기술
⑰ 반도체 및 마이크로일렉트로닉스	⑰ 수송 기술
⑱ 우주 기술 및 시스템	⑱ 극초음속
⑲ 첨단 네트워크 감지, 서명 관리	⑲ 화학·생물·방사성 물질 및 핵
	⑳ 첨단 재료 과학

CHAPTER 03

외국투자안보심사위원회 설치(안)

I 조직의 개요

○ 행정조직 설치 법적 근거: 「(가칭) 외국의 투자와 국가안보에 관한 법률」

○ 외국투자안보심사위원회 설치: 대통령(혹은 국무총리) 소속으로 외국투자안보심사위원회를 설치한다. 전문위원회 등을 둘 수 있다.

○ 주무 부처: 국가안보실(혹은 국무조정실)로 한다. 위원회의 효율적인 운영 및 지원을 위하여 국가안보실장(혹은 국무조정실장)이 간사를 맡는다.

○ 외국투자안보심사위원회 지원단 설치: 국가안보실(혹은 국무조정실)에 외국투자안보심사위원회를 지원하는 외국투자안보심사위원회 지원단 등을 설치한다.

Ⅱ | 주요 내용

○ 기본계획의 수립 등: 대통령(혹은 국무총리)은 외국투자안보심사위원회를 위하여 기본계획을 수립하여야 한다. 외국투자안보심사위원회는 제0조의 기본계획에 관한 사항, 외국투자안보심사위원회에 관련된 중요한 사항, 그 밖에 위원장이 필요하다고 인정하여 회의에 부치는 사항 등을 심의한다.

○ 위원회의 설치: 외국투자안보심사위원회에 관한 중요 사항을 심의하기 위하여 대통령(혹은 국무총리) 소속으로 외국투자안보심사위원회를 둔다. 외국투자안보심사위원회 위원장은 대통령(혹은 국무총리)이 되며, 당연직과 위촉직을 포함하여 20명 이내의 위원으로 구성한다. 당연직 위원은 관련 부처 국무위원으로, 민간위원은 대통령(혹은 국무총리)이 위촉한 사람으로 한다.

○ 위원회의 운영: 외국투자안보심사위원회의 효율적인 운영 및 지원을 위하여 국가안보실(혹은 국무조정실)이 간사를 맡도록 한다.

○ 국가안보 사항의 자문 등: 국가안보와 경제안보에 관련 사항을 심의하기 위해서는 사전에 국가정보원과 정보 관련 기관장 등의 심사 및 의견을 들어야 한다.

○ 지원단 설치 등: 위원회의 효율적인 지원을 위하여 국가안보실(혹은 국무조정실) 소속으로 지원단을 설치한다. 지원단은 외국투자안보심사위원회 사업과 관련된 정책의 통합·조정 및 외국투자안보심사위원회 운영 등에 관한 업무를 수행한다.

○ 관계 기관 등에의 협조 요청: 외국투자안보심사위원회 위원장과 국가안보실장(혹은 국무조정실장)은 그 업무 수행을 위하여 필요하다고 인정하는 경우에는 관계 행정기관의 장 및 관계 기관·단체의 장에게 자료·자문 등의 지원을 요청할 수 있다. 이 경우 자료·자문을 요청받은

기관·단체의 장은 특별한 사유가 없으면 그 요청에 따라야 한다.

○ 임직원의 파견 요청 등: 위원장은 그 업무 수행을 위하여 필요한 때에는 관계 행정기관 소속의 공무원 및 관계 기관·법인·단체 등의 임직원 파견 또는 겸임을 요청할 수 있다.

○ 위임사항 등: 위원회는 그 효율적 운영을 위하여 필요한 사항 등에 대해서는 시행령과 규칙으로 정한다.

Ⅲ 지원단 개요

○ 목적: 「(가칭) 외국의 투자와 국가안보에 관한 법률 시행령과 규칙 등」에서 규정한 외국투자안보심사위원회 지원단의 구성 및 운영에 필요한 사항을 규정함을 목적으로 한다.

○ 기능: 외국투자안보심사위원회 지원단은 외국투자안보심사위원회와 관련된 정책의 통합·조정 및 위원회 운영과 관련하여 대통령(혹은 국무총리)와 국가안보실장(혹은 국무조정실장)이 지시하는 사항을 수행한다.

○ 단장: 지원단에 단장 1명을 둔다. 단장은 국가안보실 제0차장(혹은 국무조정실 00실장)이 겸임하고, 부단장은 일반직공무원 중에서 대통령(혹은 국무총리)이 지명하는 사람이 된다.

○ 단원: 지원단의 단원은 관계 행정기관에서 파견된 공무원 및 관계 기관·단체 등에서 파견된 임직원으로 한다. 지원단은 업무 수행을 위하여 필요한 때에는 예산의 범위에서 관련 분야 전문가를 직원으로 둘 수 있다.

○ 관계 기관 등에의 협조 요청: 지원단은 업무 수행을 위하여 필요한 때에는 전문지식과 경험이 있는 관계 공무원 또는 관계 전문가의 의견을

듣거나 관계 기관·단체 등에 대하여 필요한 자료 및 의견 제출 등 협조를 요청할 수 있다.

○ 실무위원: 단장은 업무 수행과 관련하여 필요하다고 인정할 때에는 행정기관·정부투자기관 또는 정부출연연구기관 등 관련 전문가를 실무위원으로 위촉할 수 있다.

참고자료

부 록

CHAPTER 01

정부 조직과 외국투자안보 심사위원회 설치(안)

----

① 정부 조직

1) 개요

정부 조직 또는 행정조직(administrative organization)은 국가 또는 행정부의 행정사무를 수행하기 위하여 설치된 행정기관의 체계적인 기구를 의미한다. 넓은 의미로는 입법 및 사법기관의 조직을 포함하기도 하나 일반적으로 행정부의 조직을 의미하며, 「정부조직법」상으로는 지방자치단체를 제외한 중앙정부의 조직이 해당된다. 정부조직법상 정부 조직은 (국가)행정기관이라는 용어로 사용한다.[613]

정부 조직은 공익의 실현을 목표로 하고 있는 점에서 경영의 효율화를 통한 이윤 극대화를 추구하는 민간 경영조직과 구별한다. 민간 경영조직과 행정조직의 중간적 성격을 지닌 정부 출연기관, 공사, 공단 등과 같이 "공공조직"은 「공공기관의 운영에 관한 법률」을 통해 별도로 규정되어 관리되고 있으며 「정부조직법」상의 조직에 포함되지 않는다.

---

613 행정안전부, 2023년 행정기관 위원회 현황, 2023.; 정부조직에 대한 부분의 설명은 별도의 인용이 없는 한 '정부조직관리정보시스템'의 내용을 인용한 것이다. https://www.org.go.kr/intrcn/orgnzt/viewAsign.do

출처: 정부조직관리정보시스템

　　정부의 행정조직은 법령에 근거하여 설치하도록 하고 있으며, 이를 정부조직 법정주의라고 한다. 헌법은 국회, 행정부, 감사원, 법원, 선거관리위원회 설치 및 국무위원 등 행정부 기본사항을 규정하고 있다. 법률로는 중앙행정기관의 설치 근거를 규정하는 「정부조직법」 및 개별 법률이 있다. 대통령령으로는 조직설치기준을 규정하는 「행정기관의 조직과 정권에 관한 통칙」 및 각급 기관의 실·국, 부속기관 및 소속기관의 기능을 규정하는 「직제」 등이 있다. 총리령·부령으로는 각급기관 하부조직에 대한 보임 사항, 과 단위 하부조직에 대한 기능, 직급별 정원을 규정하는 「직제시행규칙」이 있다.

　　정부조직법은 국가행정기관의 설치 및 조직과 직무범위를 규정하고 있다. 중앙행정기관은 정부조직법 제2조에 따르지 않고는 설치할 수 없다. 정부조직법 제2조 제2항 각 호의 행정기관은 아래와 같다.

- 「방송통신위원회의 설치 및 운영에 관한 법률」제3조에 따른 방송통신위원회
- 「독점규제 및 공정거래에 관한 법률」제54조에 따른 공정거래위원회
- 「부패방지 및 국민권익위원회의 설치와 운영에 관한 법률」제11조에 따른 국민권익위원회
- 「금융위원회의 설치 등에 관한 법률」제3조에 따른 금융위원회
- 「개인정보 보호법」제7조에 따른 개인정보 보호위원회
- 「원자력안전위원회의 설치 및 운영에 관한 법률」제3조에 따른 원자력

안전위원회

○「신행정수도 후속대책을 위한 연기·공주지역 행정중심복합도시 건설을 위한 특별법」제38조에 따른 행정중심복합도시건설청

○「새만금사업 추진 및 지원에 관한 특별법」제34조에 따른 새만금개발청

② 직제와 구성

1) 직제

행정기관 정원 및 조직에 관한 통칙은 국가행정기관의 조직 및 정원의 합리적인 책정과 관리 기준을 정하고 있는 정부조직법의 시행령 성격인 대통령령이다. 즉, 행정기관별 실·국 및 소속기관의 기능과 행정기관의 총정원에 관한 내용을 규정하는 대통령이다. [법령명칭 예시: ○○○와 그 소속기관 직제, ○○○ 직제]. 기타「정부조직법」외 다른 법률에 설치근거가 규정된 경우 해당 법률의 시행령이다. 정부조직법에 의한 행정기관의 직제 시행규칙을 통해 규정되는 사항을 대통령령에서 규정한다.

「직제시행규칙」은 대통령령으로 정한 각급기관의 직제범위 내에서 과 단위 하부조직의 설치와 업무기능, 각 직위에 부여되는 직급, 직급별 공무원현황 등을 구체화 하여 규정하는 총리령·부령 성격의 규정이다.

「정부조직관리지침」은「행정기관의 조직과 정원에 관한 통칙」제8조에 따라「정부조직관리지침」을 매년 3월말일까지 국무총리의 승인을 통해 수립·시행하고 있다.「정부조직법」및「행정기관의 조직과 정원에 관한 통칙」범위 내에서 다음연도의 정부행정조직 관리 및 운영을 위한 운영방침과 세부 운영기준 등을 규정하고 있다.

2) 구성

국가행정기관 (정부조직법상 정부조직)은 중앙행정기관, 특별지방행정기관,

부속기관, 합의제행정기관 등으로 구성한다. 중앙행정기관은 정부조직법에 의해 설치된 부·처·청을 말하며, 국가행정사무를 담당하기 위하여 설치된 행정기관으로서 그 관할권의 범위가 전국에 미치는 기관을 말한다. (기획재정부, 교육부, 외교부, 국세청 등). 다만, 관할권의 범위가 전국에 미치더라도 다른 행정기관에 부속하여 이를 지원하는 행정기관은 제외한다.

● 윤석열 정부 조직도

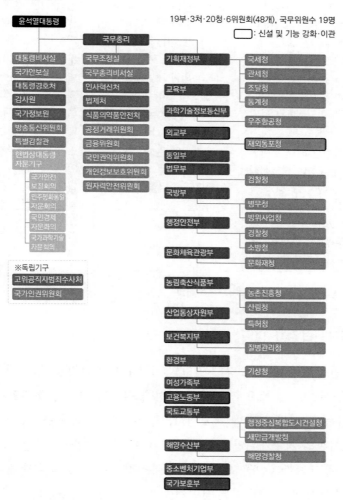

출처: 정부24(https://www.gov.kr/portal/orgInfo)

3) 부·처·청 비교

부	처	청
○ 행정 각부는 대통령 및 국무총리의 통할 하에 고유의 국가행정사무를 수행하기 위해 기능별 또는 대상별로 설치한 기관임 ○ 행정 각부의 장(장관)은 국무위원 중에서 국무총리의 제청으로 대통령이 임명하며, 각부 장관은 소관 사무 통할권, 소속 공무원에 대한 지휘·감독권, 부령 제정권, 법률안 또는 대통령령안 국무회의제출권 등의 권한을 가짐 ○ 정부조직법상 각부 장관은 소속청에 대하여 중요정책 수립에 관하여 그 청의 장을 직접 지휘할 수 있도록 하고 있으나, 구체적인 지휘·감독 범위는 부처별 훈령 등 부처별로 구체화	○ 처는 국무총리 소속으로 설치하는 중앙행정기관으로서 여러 부에 관련되는 기능을 통합하는 참모적 업무를 수행하는 기관임 ○ 처의 장은 소관 사무 통할권과 소속 공무원에 대한 지휘·감독권을 가지며, 국무위원이 아닌 처는 의안제출권이 없으므로 국무총리에게 의안 제출을 건의할 수 있으며, 국무회의 구성원은 아니지만 국무회의 출석·발언권을 가짐 ○ 소관 사무에 관하여 직접적인 법규명령을 제정할 수 없으므로 국무총리를 통해 총리령을 제정할 수 있음	○ 청은 행정 각부의 소관 사무 중 업무의 독자성이 높고 집행적인 사무를 독자적으로 관장하기 위하여 행정 각부 소속으로 설치되는 중앙행정기관임 ○ 청의 장은 소관 사무 통할권과 소속 공무원에 대한 지휘·감독권을 가지고, 국무회의에 직접 의안을 제출할 수 없어 소속 장관에게 의안 제출을 건의하여야 하며, 국무회의 구성원은 아니지만 출석 발언권을 가짐 ○ 소관 사무에 관하여 직접적인 법규명령을 제청할 수 없으므로 소속 장관을 통해 부령을 제청할 수 있음

출처: 정부조직관리정보시스템 '정부조직이란'

4) 직제 관리 절차

행정안전부는 매년 초 당해 연도의 정부조직의 관리·운영방침과 다음 연도의 기구개편안 및 소요 정원안의 작성에 필요한 기준을 정부조직 관리 지침으로 수립하여 각 부처에 통보한다. 각 부처는 통보된 조직관리지침에 따라 당해 기관의 기구개편안, 소요인력 및 사유와 근거자료 등을 작성하여 행정안전부에 제출한다. 행정안전부는 정부조직 관리 방향과 부합하는지, 정부가 직접 수행할 필요성이 있는 것인지(민간 위탁, 지방이양 등), 타 부처와 기능중

복은 없는지, 외국의 사례는 어떠한지 등을 심사하여 적정기구 및 인력을 산정한다. 기구신설 및 인력증원은 예산이 수반되는 사항으로 기획재정부와 예산 협의를 거친다.

행정안전부는 예산협의가 완료되면 기구 신설 및 인력증원과 관련된 법령(직제개정령안)을 만들어 법제처에 송부, 법제처는 법령안이 현행 법체계와 부합하는지 등을 심사한다. 직제개정령안에 대한 법제처 심사가 완료되면 차관회의와 국무회의에 상정하며 심의 의결을 거치게 된다. 국무회의에 의결을 거쳐 대통령의 재가를 받은 직제개정령안은 관보에 게재·공포한다.

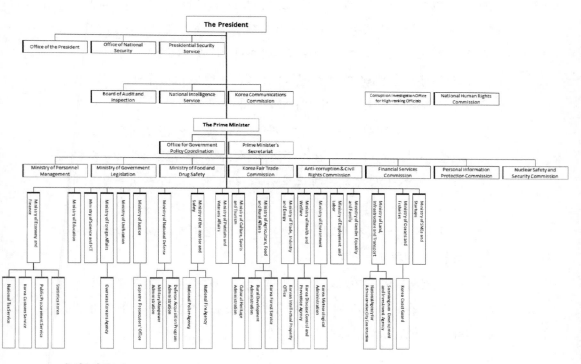

출처: 정부24

5) 하부 조직

각 행정기관의 의사결정 또는 판단을 보조하거나 보좌하기 위해 하부조직을 두며 실·국·과·본부·관·단 등이 그 예이다. 하부조직은 수행기능의 성격에 따라 의사결정 등에 직접 보조하는 보조기관(실·국·과 등)과 행정기관의 기능을 원활하게 수행하도록 지원하는 보좌기관(담당관 등)으로 분류한다. 전형적인 하부조직 구성은 보조기관의 경우 [실·국-과], 보좌기관의 경우 [관·담당관] 체제로 되어 있다.

하부조직의 설치기준은 다음과 같다. 중앙행정기관의 소관 사무를 업무의 성질이나 양에 따라 수개로 분담하여 설치할 필요가 있으며, 그 업무의 한계가 분명하고 업무의 독자성과 계속성이 있어야 한다.

모든 부처 간의 최소한의 일관성을 유지할 수 있도록 세부 설치기준을 「조직관리지침」에서 정의하고 있다. 2022년 조직관리지침에 따른 본부의 정책·사업부서 신설 시 기준은 다음과 같다.(소속기관의 하부조직도 동 기준을 준용하여 설치하되, 업무 성격과 기관 여건 등에 따라 달리 설치할 수 있다.)

① 과의 정원은 10명 이상을 원칙으로 하며, 업무 성격에 따라 일부조정은 가능하나 최소 7명 이상이어야 한다.

② 국은 4개 과 이상일 경우 설치 가능하며, 국 밑에는 원칙적으로 심의관을 두지 않는다. 심의관은 인력·기구 규모가 일반국의 2배 수준(최소 6과 이상)이고, 별도의 국으로 분리 설치하기 어려운 경우에 한하여 둘 수 있다.

③ 실밑에는 업무 특성에 따라 정책관을 두되, 소관하는 과의 수가 3개 이상일 때 설치 가능하다.

④ 실은 정책관의 수가 2개 이상일 때 설치 가능하며, 그 규모는 특별한 사정이 없는 한 3개 가능하며, 3개의 관 또는 12개의 과가 넘지 않음을 원칙으로 한다.

의사결정의 신속성·효율성 확보를 위해 차관까지의 결재단계는 최대 4단계 이하로 한다. 3·4급으로 국단위 기구를 설치할 수 없으며, 국밑에 3·4급 관(단)도 설치할 수 없다.

③ 특별지방행정기관과 부속기관

1) 종류

특별지방행정기관이란 특정한 중앙행정기관의 업무중 지역적 업무를 당해 관할 구역 내에서 처리할 수 있도록 해당 지역에 설치한 행정기관을 말한다[예:지방국세청·지방관세청, 지방경찰청·지방검찰청, 우체국, 출입국관리사무소, 교도소 등].

특별지방행정기관은 당해 중앙행정기관의 소속하에 설치되며, 대통령령 (각부처 직제)으로 설치할 수 있다.

특별지방행정기관은 국가 사무를 해당 지역에서 처리한다는 측면에서 지방자치 사무를 수행하는 지방자치단체와는 구별된다.

2) 설치기준

중앙행정기관의 업무를 지역적으로 분담하여 수행할 필요가 있고, 당해 업무의 전문성과 특수성으로 인하여 지방자치 단체 또는 그 기관에 위임하여 처리하는 것이 적합하지 아니한 경우 설치한다. 지역적인 특수성, 행정수요, 다른 기관과의 관계 및 적정한 관할구역 여부를 판단한다. 중앙행정기관의 지시를 받아 일선행정기관을 지휘·감독함을 주된 기능으로 하는 중간 감독기관인 특별지방행정 기관은 특별한 경우를 제외하고는 이를 둘 수 없다. 특별지방행정기관의 장의 직급은 그 기관의 규모와 소관업무의 성질 등에 비추어 적정하게 배정한다. 기관장의 근무교대제의 운영이 필요한 기관의 경우를 제외하고는 부기관장을 둘 수 없다.

3) 부속 기관

(중앙)행정기관에 부속하여 그 업무를 지원하는 기관을 말하며 시험연구·교육훈련 / 문화 / 의료 / 제조 / 자문 등의 기능을 수행하는 기관들이다.

국립과학수사연구원, 국가공무원인재개발원, 국립현대미술관 등이 그 예이며, 해당 행정기관의 직제(대통령령)에 의해 설치할 수 있다.

특별지방행정기관과 부속기관을 합하여 소속기관이라고 정의하며, 부속기관의 유형은 아래와 같다.

- 시험연구기관:국립보건원, 국립과학수사연구원, 국립재난안전연구원 등
- 교육훈련기관: 국가공무원인재개발원, 지방자치인재개발원, 한국예술종합학교 등
- 문화기관: 국립중앙극장, 국립현대미술관, 국립중앙박물관 등
- 의료기관: 경찰병원, 국립정신건강센터, 국립재활원 등
- 제조기관: 현재 해당 기관 없음(종전 철도청 산하 공장 등)
- 자문기관: (자문·심의) 위원회, 심의회 등

④ 공무원

1) 정원

행정기관에서 실제 업무를 수행하는 인력의 수를 말하며, 국가공무원법상 신분이 공무원인 경우에 해당되므로, 행정기관에서 근무하나 공무원 신분이 아닌 비정규직은 공무원 정원에 포함되지 않는다. 정원은 당해 행정기관에 배정된 인력의 수를 의미하며, 인사운영상 결원 또는 초과 현원이 발생할 수 있으므로 실제로 근무하고 있는 현원과는 차이가 날 수 있다.

공무원 정원은 공무원의 종류별·직급별로 구별되어 관리한다. 공무원은 경력직(일반직, 특정직), 특수경력직(정무직, 별정직)으로 구분한다. 공무원의 직급은 고위공무원(직무등급), 3~9급(일반직) 등 직종별로 다양하다. 각 부처의 정원은 행정기관의 업무의 양·성질 등을 고려하여 책정되며, 각 부처는 정원 범위 내에서 실국별 정원 배정 등을 통해 합리적으로 정원을 관리하다.

공무원의 정원은 계급별·직급별 또는 고위공무원단에 속하는 공무원의

경우 종류별로 배정한다. 정원은 행정기관의 업무의 양·성질에 따라 배정, 직급 또는 직무등급은 해당업무의 성질·난이도·책임도 및 다른 행정기관과의 균형 등을 고려하여 책정한다. 1개의 직위에는 1개의 직급 또는 직무등급을 부여한다. 다만, 업무의 성격이 특수하거나 1개의 직위에 2개 이상의 이질적인 업무가 복합되어 있는 경우에 한하여 복수직급 설정이 가능하다.

1개의 직위에 일반직과 별정직의 복수직을 부여할 수 없으나, 실장·국장 또는 비서 직위에는 부여가 가능하다. 2007년부터 총액인건비제도를 실시하여 행정 환경 및 수요변화에 즉시 대응 할 수 있도록 정원 운영의 탄력성을 부여하고 있다. 즉 직제에서는 기존의 계급별 정원 규정을 총정원으로 규정하고, 각 부처는 직제시행 규칙을 통해 총액 인건비 범위 내에서 자율적으로 정원을 조정·운영할 수 있다(증원은 직제상 총정원의 3% 범위 내 가능, 협업과제 수행에 필요한 경우에는 2% 범위 내 추가 증원할 수 있음).

행정안전부는 국가공무원 인력의 전략적·중장기적·효율적 운영을 위해 2005년부터 중기 인력 운영 계획을 수립하여 5개년 단위의 총정원 변동(증감) 예측 및 방향을 설정하고 이에 따라 매년 정부인력 관리 시 이를 참고하고 있다.

2) 국가공무원 총정원령

정부 인력의 무분별한 증원을 방지하고 효율적인 인력관리를 위해 '98년에 국가공무원 총정원령을 제정하여, 인력 규모 상한을 규정(293,982명)으로 제한하고 있다. 총정원령상의 정원은 국가공무원 정원 중 국회·법원·헌법재판소·선관위·감사원의 국가공무원, 전직 대통령 비서관, 정무직공무원, 검사, 지방자치단체에 두는 국가공무원, 교원을 제외한 숫자이다.

총정원령 제정 이후 현재까지 정부 인력은 총정원 한도 내에서 관리되고 있으며, 매년 새로운 행정수요 발생으로 정부 인력은 늘 수밖에 없기 때문에 필요성이 덜해진 분야의 인력을 상계·감축해 총 규모를 유지하도록 하고 있다.

3) 총액 인건비제와 직제

총액 인건비 내에서 조직·정원, 보수, 예산을 각 기관 특성에 맞게 자율적으로 운영하되 그 결과에 책임을 지는 제도이다. 각 기관은 총액 인건비 내에서 조직·보수 제도를 성과향상을 위한 효율적 인센티브로 활용, 성과 중심의 정부 조직 운영이 가능하다.

각 부처는 매년도 정기적인 기구·인력 소요(소요 정원) 심사를 통하여 다음 연도 기구 및 정원 증감 규모를 결정한다. 당해 연도 중 긴급히 기구와 정원을 조정할 필요가 있는 경우 소요 정원과는 별도로 수시 직제 개정을 통해 기구 개편, 인력조정을 할 수 있다.

(5) 위원회

1) 합의제 행정기관(위원회)

행정기관에는 그 소관 사무의 일부를 독립하여 수행할 필요가 있는 경우에 법률이 정하는 바에 의하여 행정위원회 등 합의제 행정 기관을 둘 수 있으며, 규제개혁위원회, 사행산업통합감독위원회, 고용보험심사위원회 등이 그 예이다. 합의제 행정 기관은 소속에 따라 헌법상 설치기관, 대통령·총리소속기관, 각 부처 소속기관으로 분류한다.

2) 정부위원회

합의제행정기관인 행정위원회와 자문위원회를 통틀어 정부위원회라고 한다. 행정위원회는 법률에 근거하여 설치하며 사무국 등 하부조직을 설치할 수 있으나, 자문위원회는 대통령령에 근거하여 설치할 수 있으며, 원칙적으로 하부조직을 설치할 수 없다.

3) 행정기관위원회

행정기관 소관 사무에 대한 자문, 조정, 협의 심의 또는 의결 등을 하기 위해 복수의 구성원으로 이루어진 합의제 기관이다.[614] 행정기관위원회는 행정기능 및 행정수요의 증대에 대응하여 국민을 행정에 참여시킴으로써 전문적 지식의 도입, 공정성 확보, 이해관계의 조정과 각종 행정·정책의 통합·조정 기능을 수행함으로써 행정의 공정성·민주성·투명성을 제고한다. 행정기관위원회는 행정위원회와 자문위원회로 구분한다.

행정기관위원회의 설치·운영의 기본 원칙으로 적용되며, 위원회 설치·운영 관련 법률 제·개정은 동법의 목적과 기본 원칙에 맞도록 하여야 한다. 「행정기관 소속 위원회의 설치·운영에 관한 법률」 제4조(다른 법률과의 관계) 위원회의 설치·운영 등에 관한 다른 법률을 제정하거나 개정하는 경우에는 이 법의 목적과 기본원칙에 맞도록 하여야 한다. 행정안전부장관은 위원회 설치·운영, 위원 구성, 현황 관리 및 정비 등에 관한 지침을 수립하고 각 기관은 소관 위원회 설치·운영에 이를 적용한다.

각 행정기관의 장은 신규로 위원회를 설치할 경우 해당 위원회의 설치법령 입안 주무 부서에서는 사전에 설치 근거 법령안과 함께 위원회 설치계획을 행정안전부장관에게 제출하여 사전협의하여야 한다(위원회법 제6조).

....
◑ 행정위원회와 자문위원회

구분	행정위원회	자문위원회
개념	행정기관 소관 사무의 일부를 독립하여 수행할 필요가 있을 때 법률이 정하는 바에 따라 설치되는 합의제 행정 기관	행정위원회를 제외한 위원회
권한	행정기관 의사를 결정하고 대외적으로 표명하는 권한이 있음(행정, 준입법 및 준사법 기능 보유하며, 행정권한을 위원회 명의로 직접 행사할 수 있음). 행정기관의 조직과 정원에 관한 통칙(제 21조)	행정기관 의사결정을 지원하지만, 대외적으로 표명하는 권한은 없음

---

614 https://www.org.go.kr/intrcn/system/viewCmit.do

		① 업무 내용이 전문가 의견 등을 들어 결정할 필요가 있을 것
설치요건	① 업무 내용이 전문가 의견 등을 들어 결정할 필요가 있을 것 ② 업무 성질이 신중한 절차를 거쳐 처리할 필요가 있을 것 ③ 기존 행정기관의 업무와 중복되지 않고 독자성이 있을 것 ④ 업무가 계속성·상시성이 있을 것 [행정기관 소속 위원회의 설치·운영에 관한 법률(제10조)]	② 업무 성질이 신중한 절차를 거쳐 처리할 필요가 있을 것
세부유형	–	위원회 결정의 행정기관 기속 여부에 따라 기속되는 ①의결위원회, 불기속되는 ② 심의위원회로 구분되며, ③ 심의의결위원회도 있음
사무기구	설치 가능	여러 행정기관의 소관 기능을 조정 종합하는 위원회를 제외하고 설치 불가능

출처: e-나라지표 '행정기관 위원회' 등

(6) 외국투자안보심사위원회 관련 행정조직 설치(안)

'외국투자안보심사위원회를 위한 정부(행정)조직의 설치 방안'은 향후 제정될 「외국의 투자와 국가안보에 관한 법률(안)」에 따르게 된다. 일반적으로 정부조직법을 개정하는 방식, 특별법을 제정하는 방식, 기존의 법령을 개폐하는 방식 등을 검토할 수 있다. 외국투자안보심사위원회를 위한 행정조직의 구체적인 설치 방안은 다음과 같다. 대통령 소속 위원회로 설치하는 방안, 국무총리 소속 위원회로 설치하는 방안, 중앙부처에 설치하는 방안 등이다.

1) 대통령 소속 위원회[예시: 지방시대위원회]

대통령 소속 위원회는 정부마다 다르게 운영하고 있다. 윤석열 정부에서 새롭게 출범한 지방시대위원회의 개요와 특징은 다음과 같다.

- 명칭: 지방시대위원회(지방자치 분권 및 지역 균형발전에 관한 특별법 제62조 및 제63조)

- 설치 목적: 지역 간 불균형 해소, 지역 특성에 맞는 자립적 발전 및 지방 자치분권을 통해 대한민국 어디서든 살기 좋은 지방시대를 구현하기 위해 대통령 소속으로 지방시대위원회 설치(제62조)

- 주요 기능: 지방자치 분권 및 지역 균형발전의 기본방향과 관련 정책의 조정 등 다음 주요 사항을 심의·의결(제63조)

  1. 지방자치 분권 및 지역 균형발전 기본방향과 관련 정책 조정, 국정과 제의 총괄·조정·점검 및 지원

  2. 지방시대 종합계획 수립

  3. 지역 균형 발전정책 및 사업, 지방자치 분권 과제 등 추진·조사·분 석·평가·조정

  4. 기회 발전 특구 지정 및 지원

  5. 공공 기관 등 지방 이전, 혁신도시 활성화 및 신설 공공 기관의 입 지 결정

  6. 지역 혁신 융복합 단지 지정·육성, 지역 발전 투자 협약 체결 및 운영 등

- 구성·운영: 지방시대위원회는 위원장 및 부위원장 각 1명을 포함하여 39명 이내의 위원으로 구성(제64조)

- (당연직 위원) 기획재정부 장관, 교육부 장관, 과학기술정보통신부 장 관, 행정안전부 장관, 문화체육관광부 장관, 농림축산식품부 장관, 산 업통상자원부 장관, 보건복지부 장관, 환경부 장관, 고용노동부 장관, 국토교통부 장관, 해양수산부 장관, 중소벤처기업부 장관, 국무조정 실장 및 「지방자치법」 제182조 제1항 제1호부터 제4호까지에 따른

협의체의 대표자

- (위촉 위원) 지방 자치분권과 지역 균형발전에 관한 학식과 경험이 풍부하고 국민의 신망이 두터운 사람 중에서 국회의장이 추천하는 4명과 대통령이 위촉하는 17명 이내로 구성
- ㅇ 전문위원회(시행령 제62조): 지방시대위원회의 심의사항을 분야별로 사전에 연구·검토하기 위하여 지방시대위원회에 전문위원회 설치
- ㅇ 자문위원(시행령 제63조): 지방시대위원회는 업무와 관련된 사항에 대하여 자문하기 위하여 300명 이내의 자문위원을 둘 수 있음
- ㅇ 지방시대기획단(시행령 제68조): (설치 목적) 지방시대위원회의 사무를 효율적으로 처리하기 위하여 지방시대위원회 소속으로 지방시대기획단을 설치

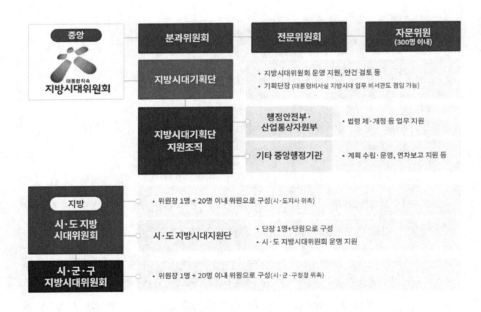

출처: 대통령 직속 지방시대위원회

2) 대통령 소속 외국투자안보심사위원회의 신설

가칭 '외국투자안보심사위원회'를 대통령 소속 위원회로 설치하는 경우 다음과 같은 점들이 검토되어야 한다. 가칭 '외국투자안보심사위원회'를 대통령 소속 위원회로 하는 경우 대통령의 경제안보와 국가안보에 대한 의지를 강하게 표현할 수 있다. 대통령 소속 위원회로 가칭 '외국투자안보심사위원회'를 설치하여, 국제적인 위기 대응, 국가핵심기술과 첨단기술, 국가 R&D 정책, 외국인 투자관리, 경제안보에 대한 대통령의 정책 의지와 방향을 제시할 수 있다.

대통령 소속 위원회로 가칭 '외국투자안보심사위원회'를 설치하는 경우 기존의 지방시대위원회 등의 모델을 따를 수 있다. 행정조직과 관련하여 지방시대위원회와 같이 관련 전문위원회, 사무조직, 지원단 등을 설치할 필요가 있다. 대통령 소속으로 위원회를 설치한 경우 주무는 국가안보실이 담당할 것이 바람직하다.

3) 국무총리 소속 외국투자안보심사위원회의 신설

국무총리 소속 위원회로 가칭 '외국투자안보심사위원회'를 설치하는 경우 주무 부처를 어느 부처로 할 것인가. 「외환거래법」은 기획재정부, 「방산기술보호법」은 국방부, 「외국인투자촉진법」은 산업통상자원부, 「부동산거래신고에 관한 법률」은 국토교통부, 「산업기술보호법」은 산업통산자원부가 주무 부처이다.

그러나 현행 법령과 정부 조직의 구조로 볼 때 한 부처가 외국투자안보심사위원회와 관련한 업무와 역할을 관장할 수 없는 현실적인 한계가 있다. 외국투자안보심사위원회와 관련한 중앙부처를 통할한다는 차원에서 보면 국무조정실을 주무 부처로 하는 것이 바람직하다.

1) 조직의 개요

○ 행정조직 설치 법적 근거: 가칭 '외국의 투자와 국가안보에 관한 법률'

○ 외국투자안보심사위원회 설치: 대통령(혹은 국무총리) 소속으로 외국투자안보심사위원회를 설치한다. 전문위원회 등을 둘 수 있다.

○ 주무부처: 국가안보실(혹은 국무조정실)로 한다.

○ 외국투자안보심사위원회 지원단 설치: 국가안보실(혹은 국무조정실)에 외국투자안보심사위원회를 지원하는 외국투자안보심사위원회 지원단 등을 설치한다.

2) 주요 내용

○ 기본계획의 수립 등: 대통령(혹은 국무총리)을 외국투자안보심사위원회를 위하여 기본계획을 수립하여야 한다.

○ 위원회의 설치: 외국투자안보심사위원회에 관한 중요 사항을 심의하기 위하여 대통령(혹은 국무총리) 소속으로 외국투자안보심사위원회를 둔다. 외국투자안보심사위원회 위원장은 대통령(혹은 국무총리)이 되며, 당연직과 위촉직을 포함하여 20명 이내의 위원으로 구성한다. 당연직 위원은 관련 부처 국무위원으로, 민간위원은 대통령(혹은 국무총리)이 위촉한 사람으로 한다.

○ 위원회의 운영: 외국투자안보심사위원회의 효율적인 운영 및 지원을 위하여 국가안보실장(혹은 국무조정실장)이 간사를 맡도록 한다.

○ 국가안보 사항의 자문 등: 국가안보와 경제안보에 관련 사항을 심의하기 위해서는 사전에 국가정보원과 정보 관련 기관장 등의 심사 및 의견을 들어야 한다.

○ 지원단 설치 등: 위원회의 효율적인 지원을 위하여 국가안보실(혹은 국무

조정실) 소속으로 지원단을 설치한다. 지원단은 외국투자안보심사위원회 사업과 관련된 정책의 통합·조정 및 외국투자안보심사위원회 운영 등에 관한 업무를 수행한다.

○ 관계 기관 등에의 협조 요청: 외국투자안보심사위원회 위원장과 국가안보실장(혹은 국무조정실장)은 그 업무 수행을 위하여 필요하다고 인정하는 경우에는 관계 행정기관의 장 및 관계 기관·단체의 장에게 자료·자문 등의 지원을 요청할 수 있다. 이 경우 자료·자문을 요청 받은 기관·단체의 장은 특별한 사유가 없으면 그 요청에 따라야 한다.

○ 임직원의 파견 요청 등: 위원장은 그 업무 수행을 위하여 필요한 때에는 관계 행정기관 소속의 공무원 및 관계 기관·법인·단체 등의 임직원의 파견 또는 겸임을 요청할 수 있다.

3) 위원회 개요

○ 외국투자안보심사위원회의 설치 및 운영: 외국투자안보심사위원회에 관한 중요 사항을 심의하기 위하여 대통령(혹은 국무총리) 소속으로 외국투자안보심사위원회를 둔다.

○ 외국투자안보심사위원회는 제0조의 기본계획에 관한 사항, 외국투자안보심사위원회에 관련된 중요한 사항, 그 밖에 위원장이 필요하다고 인정하여 회의에 부치는 사항 등을 심의한다.

○ 외국투자안보심사위원회의 위원장은 대통령(혹은 국무총리)이 되며, 20명 이내의 위원으로 구성한다.

○ 국가안보와 경제안보 관련한 사항에 대해서는 국가정보원장과 관련 정보기관의 검토와 심사의견을 들어야 한다.

○ 위원회의 효율적인 운영 및 지원을 위하여 국가안보실장(혹은 국무조정실장)이 간사를 맡는다.

○ 위원회는 그 효율적 운영을 위하여 필요한 경우에는 대통령령으로 정한다.

4) 지원단 개요

○ 목적: 「(가칭) 외국의 투자와 국가안보에 관한 법률」 시행령과 규칙 등에서 규정한 외국투자안보심사위원회 지원단의 구성 및 운영에 필요한 사항을 규정함을 목적으로 한다.

○ 기능: 외국투자안보심사위원회 지원단은 외국투자안보심사위원회와 관련된 정책의 통합·조정 및 위원회 운영과 관련하여 대통령과 국가안보실장(혹은 국무총리와 국무조정실장)이 지시하는 사항을 수행한다.

○ 단장: 지원단에 단장 1명을 둔다. 단장은 국가안보실 제0차장(혹은 국무조정실 00실장)이 겸임하고, 부단장은 일반직공무원 중에서 위원장이 지명하는 사람이 된다.

○ 단원: 지원단의 단원은 관계 행정기관에서 파견된 공무원 및 관계 기관·단체 등에서 파견된 임직원으로 한다. 지원단은 업무 수행을 위하여 필요한 때에는 예산의 범위에서 관련 분야 전문가를 직원으로 둘 수 있다.

○ 관계 기관 등에의 협조 요청: 지원단은 업무 수행을 위하여 필요한 때에는 전문지식과 경험이 있는 관계 공무원 또는 관계 전문가의 의견을 듣거나 관계 기관·단체 등에 대하여 필요한 자료 및 의견 제출 등 협조를 요청할 수 있다.

○ 실무위원: 단장은 업무수행과 관련하여 필요하다고 인정할 때에는 행정기관·정부투자기관 또는 정부출연연구기관 등 관련 전문가를 실무위원으로 위촉할 수 있다.

※[참고] 위원회 현황[기준일자 : 2023년 9월 기준]

1) 소속별 현황

대통령: 19 (3.1%)

국무총리: 62 (10.1%)

각 부처: 532 (86.8%)

◑ 소속별 현황

계	대통령	국무총리	각 부처
613	19	62	532

2) 설치 근거별 현황

구분	계	법률	대통령령
계	613	577	36
행정위원회	42	42	–
자문위원회	571	535	36

3) 부처별 · 유형별 현황

국무총리: 62 (10.0%)

국토부: 60 (9.7%)

복지부: 53 (8.6%)

행안부: 32 (5.2%)

산자부: 28 (4.5%)

교육부: 27 (4.4%)

농림축산식품부: 26 (4.2%)

문체부: 24 (3.9%)

기재부: 24 (3.9%)

환경부: 24 (3.9%)

기타: 258 (41.7%)

● 유형별

계	행정위원회	자문위원회
613	42	571

● 소속별 · 유형별 현황

소속	소계	행정위	자문위
대통령	19	2	17
국무총리	62	10	52
고용노동부	15	3	12
과학기술정보통신부	24	0	24
교육부	27	2	25
국무조정실	1	0	1
국방부	21	1	20
국토교통부	60	3	57
기획재정부	24	1	23
농림축산식품부	26	2	24
문화체육관광부	24	2	22
법무부	20	1	19
보건복지부	53	1	52
산업통상자원부	28	2	26
여성가족부	8	0	8
외교부	3	0	3
중소벤처기업부	14	0	14
통일부	4	1	3

해양수산부	23	0	23
행정안전부	32	4	28
환경부	24	1	23
국가보훈부	3	1	2
법제처	2	0	2
식품의약품안전처	15	0	15
인사혁신처	7	2	5
관세청	4	0	4
검찰청	0	0	0
경찰청	0	0	0

소속	소계	행정위	자문위
국세청	4	0	4
기상청	1	0	1
농촌진흥청	3	0	3
문화재청	7	0	7
방위사업청	1	0	1
병무청	1	1	0
산림청	6	0	6
새만금개발청	0	0	0
소방청	6	0	6
조달청	0	0	0
질병관리청	2	0	2
통계청	0	0	0
특허청	3	0	3
해양경찰청	2	0	2
행복도시건설청	0	0	0
개인정보보호위원회	1	0	1
공정거래위원회	1	0	1

국민권익위원회	2	1	1
금융위원회	12	1	11
방송통신위원회	10	0	10
원자력안전위원회	2	0	2
기재부 · 산업부	1	0	1
교육부 · 문체부	2	0	2
산업부 · 국토부	1	0	1
해수부 · 환경부	1	0	1
경찰청 · 해양경찰청	1	0	1
총계	613	42	571

출처: e-나라지표 '행정기관 위원회' 등

● 대통령 소속 위원회 19개(2023년 9월 기준)

위원회명	주관부처	성격	근거법령	위원장		법령상 위원수
				유형	직위	
경제사회노동 위원회	고용노동부	자문	경제사회노동위원회법 제1조	위촉직	–	18
국가우주위 원회	과학기술정보통신부	자문	우주개발진흥법 제6조	당연직	국무총리	16
국가지식재산 위원회	과학기술정보통신부	자문	지식재산기본법 제6조	공동	국무총리	40명 이내
국가인적자원 위원회	교육부	자문	인적자원개발기본법 제7조	당연직	대통령	30명 이내
국가교육위 원회	국가교육위원회	행정	국가교육위원회 설치 및 운영에 관한 법률	임명직	국가교육위원회위원장	21
규제개혁위 원회	국무조정실	행정	행정규제기본법 제23조	공동	국무총리	20 이상~ 25 이하
2050 탄소중립 녹색성장위원회	국무조정실	자문	기후위기 대응을 위한 탄소중립 · 녹색성장 기본법 제15조	위촉직	국무총리, 임명직(대통령)	50명 이상 100명 이내
지속가능발전 국가위원회	국무조정실	자문	지속가능발전 기본법 제17조	위촉직	–	60 이내

국가건축정책위원회	국토교통부	자문	건축기본법 제13조	지명직	–	30
농어업 · 농어촌특별위원회	농림축산식품부	자문	농어업농어촌특별위원회 설치 및 운영에 관한 법률 제2조	위촉직	–	30명 이내
국가도서관위원회	문화체육관광부	자문	도서관법 제11조	위촉직	–	30명 이내
아시아문화중심도시조성위원회	문화체육관광부	자문	아시아문화중심도시조성에 관한 특별법 제29조	위촉직	–	30명 이내
국가생명윤리심의위원회	보건복지부	자문	생명윤리 및 안전에 관한 법률 제7조	위촉직	대통령	20
저출산 · 고령사회위원회	보건복지부	자문	저출산 · 고령회기본법 제23조	당연직	대통령	25
소재 · 부품 · 장비 경쟁력강화위원회	산업통상자원부	자문	소재 · 부품 · 장비산업 경쟁력강화를 위한 특별조치법 제8조	당연직	기획재정부 장관	30명 이내
지방시대위원회	산업통상자원부, 행정안전부	자문	지방자치분권 및 지역균형발전에 관한 특별법 제62조	위촉직	–	39명 이내
국민통합위원회	행정안전부	자문	국민통합위원회 설치 및 운영에 관한 규정	위촉직	–	39명 이내
국가물관리위원회	환경부	자문	물관리기본법 제20조	공동	국무총리, 임명직(대통령)	50
디지털플랫폼정부위원회	행정안전부	자문	디지털플랫폼정부위원회의 설치 및 운영에 관한 규정	위촉직	–	30명 이내

출처: 정부24 '행정위원회'

◑ 국무총리 소속 위원회 62개(2023년 9월 기준)

위원회명	주관부처	성격	근거법령	위원장 유형	위원장 직위	법령상 위원수
디엔에이신원확인정보데이터베이스관리위원회	검찰청, 경찰청	자문	디엔에이신원확인정보의 이용 및 보호에 관한 법률 제14조	위촉직	–	7명 이상 9명 이하
동의대 사건 희생자 명예회복 및 보상심의위원회	경찰청	행정	동의대 사건 희생자의 명예회복 및 보상에 관한 법률 제3조	당연직	국무총리	10명 이내
소비자정책위원회	공정거래위원회	자문	소비자기본법 제23조	공동	국무총리, 위촉직	25명
원자력진흥위원회	과학기술정보통신부	자문	원자력진흥법 제3조	당연직	국무총리	9명 이상 11명 이하
정보통신전략위원회	과학기술정보통신부	자문	정보통신 진흥 및 융합 활성화 등에 관한 특별법 제7조	당연직	국무총리	25명
국가데이터정책위원회	과학기술정보통신부	자문	데이터 산업진흥 및 이용촉진에 관한 기본법 제6조	당연직	국무총리	30명 이내
국가산학연협력위원회	교육부	자문	산업교육진흥 및 산학연협력촉진에 관한 법률 제14조	당연직	국무총리, 위촉직	25명 이내
유아교육보육위원회	교육부	자문	유아교육법 제4조	당연직	국무조정실장	11명
학교폭력대책위원회	교육부	자문	학교폭력예방 및 대책에 관한 법률 제7조	공동	국무총리	20명 이내
국가보훈위원회	국가보훈부	자문	국가보훈기본법 제11조	당연직	국무총리	35명 이내
4·16세월호참사 피해자 지원 및 희생자 추모위원회	국무조정실	자문	4·16세월호참사 피해구제 및 지원 등을 위한 특별법 제37조	당연직	국무조정실장	20명 이내
국제개발협력위원회	국무조정실	자문	국제개발협력기본법 제7조	당연직	국무총리	30명 이내

위원회명	주관부처	성격	근거법령	위원장		법령상 위원수
				유형	직위	
미세먼지특별 대책위원회	국무조정실	자문	미세먼지 저감 및 관리에 관한 특별법 제10조	공동	국무총리	40명 이내
새만금위원회	국무조정실	자문	새만금사업 추진 및 지원에 관한 특별법 제33조	공동	국무총리	30명 이내
세종특별자치 시지원위원회	국무조정실	자문	세종특별자치시 설치 등에 관한 특별법 제9조	당연직	국무총리	25명 이상 30명 이하
식품안전정책 위원회	국무조정실	자문	식품안전기본법 제7조	당연직	국무총리	20명 이내
정보통신기반 보호위원회	국무조정실	자문	정보통신기반 보호법 제3조	당연직	국무조정실장	25명 이내
정부업무평가 위원회	국무조정실	자문	정부업무평가기본법 제9조	공동	국무총리	15명 이내
제주특별자치 도지원위원회	국무조정실	자문	제주특별자치도 설치 및 국제자유도시 조성을 위한 특별법 제17조	당연직	국무총리	30명 이내
청년정책조정 위원회	국무조정실	자문	청년기본법 제13조	당연직	국무총리	40명이내
포항지진피해 구제심의위 원회	국무조정실	행정	포항지진의 진상조사 및 피해구제 등을 위한 특별 법 제13조	호선	–	9명
강원특별자치 도지원위원회	국무조정실	자문	강원특별자치도 설치 등에 관한 특별법 제10조의	당연직	국무총리	25명 이상 30명 이하
전북특별자치 도지원위원회	국무조정실	자문	전북특별자치도 설치 등에 관한 특별법 제11조	당연직	국무총리	25명 이상 30명 이하
군공항이전사 업지원위원회	국방부	자문	군 공항 이전 및 지원에 관한 특별법 제20조	당연직	국무조정실장	30명 이내
국토정책위 원회	국토교통부	자문	국토기본법 제26조	당연직	국무총리	42명
기반시설관리 위원회	국토교통부	자문	지속가능한 기반시설 관리 기본법 제18조	당연직	국무총리	30명 이내
도시재생특별 위원회	국토교통부	자문	도시재생 활성화 및 지원에 관한 특별법 제7조	당연직	국무총리	30명
용산공원조성 추진위원회	국토교통부	자문	용산공원 조성 특별법 제7조	공동	국무총리, 위촉직	30명

| 위원회명 | 주관부처 | 성격 | 근거법령 | 위원장 | | 법령상 위원수 |
				유형	직위	
농어업인 삶의 질 향상 및 농어촌 지역개발 위원회	농림축산식품부	자문	농어업인 삶의 질 향상 및 농어촌지역 개발촉진에 관한 특별법 제10조	당연직	국무총리	25명 이내
사행산업통합 감독위원회	문화체육관광부	행정	사행산업통합감독위원회법 제4조	위촉직	–	15명
콘텐츠산업진흥위원회	문화체육관광부	자문	콘텐츠산업진흥법 제7조	당연직	국무총리	20명
국가스포츠정책위원회	문화체육관광부	자문	스포츠기본법 제9조	공동	국무총리, 위촉직	25명 이내
동계올림픽특구위원회	문화체육관광부	자문	2018평창동계올림픽대회 및 동계패럴림픽대회 지원 등에 관한 특별법 제42조	위촉직	국무총리	24명
외국인정책위원회	법무부	자문	재한외국인 처우 기본법 제8조	당연직	국무총리	30명 이내
사회보장위원회	보건복지부	자문	사회보장기본법 제20조	당연직	국무총리	30명
아동정책조정위원회	보건복지부	자문	아동복지법 제10조	당연직	국무총리	25명
자살예방정책위원회	보건복지부	자문	자살예방 및 생명존중문화 조성을 위한 법률 제10조의2	당연직	국무총리	25명
장애인정책조정위원회	보건복지부	자문	장애인복지법 제11조	당연직	국무총리	30명
중·저준위방사성폐기물처분시설유치지역지원위원회	산업통상자원부	자문	중·저준위 방사성폐기물 처분시설의 유치지역지원에 관한 특별법 제3조	당연직	국무총리	20명
수소경제위원회	산업통상자원부	자문	수소경제 육성 및 수소 안전관리에 관한 법률 제6조	당연직	국무총리	20명 이내
국가첨단전략산업위원회	산업통상자원부	자문	국가첨단전략산업 경쟁력 강화 및 보호에 관한 특별조치법 제9조	당연직	국무총리	20명 이내

위 원 회 명	주관부처	성격	근거법령	위원장		법령상 위원수
				유형	직위	
2023 새만금 세계스카우트 잼버리정부지원위원회	여성가족부	자문	2023 새만금 세계스카우트잼버리 지원 특별법 제22조	당연직	국무총리	30명 이내
다문화가족정책위원회	여성가족부	자문	다문화가족지원법 제3조의4	당연직	국무총리	20명 이내
양 성 평 등 위 원회	여성가족부	자문	양성평등기본법 제11조	당연직	국무총리	30명 이내
공무원재해보상연금위원회	인사혁신처	행정	공무원재해보상법 제52조	위촉 또는 임명	–	50명 이내
중 앙 징 계 위 원회	인사혁신처	자문	공무원징계령 제3조	당연직	인사혁신처장	17명 이상 33명 이하
4·16세월호참사 배상 및 보상 심의위원회	해양수산부	자문	4·16세월호참사 피해구제 및 지원 등을 위한 특별법 제5조	위촉직	–	15명
독도지속가능이용위원회	해양수산부	자문	독도의 지속가능한 이용에 관한 법률 제7조	당연직	국무총리	20명
거창사건등관련자명예회복심의위원회	행정안전부	행정	거창사건등 관련자의 명예회복에 관한 특별조치법 제3조	당연직	국무총리	15명
노근리사건희생자심사및명예회복위원회	행정안전부	행정	노근리사건 희생자 심사 및 명예회복에 관한 특별법 제4조	당연직	국무총리	20명
민주화운동관련자명예회복및보상심의위원회	행정안전부	행정	민주화운동 관련자 명예회복 및 보상 등에 관한 법률 제4조	호선	–	9명
부마민주항쟁진상규명및관련자명예회복심의위원회	행정안전부	행정	부마민주항쟁 관련자의 명예회복 및 보상 등에 관한 법률 제4조	호선	–	15명
제주4·3사건진상규명및희생자명예회복위원회	행정안전부	행정	제주4·3사건 진상규명 및 희생자 명예회복에 관한 특별법 제3조	당연직	국무총리	25명

위원회명	주관부처	성격	근거법령	위원장		법령상 위원수
				유형	직위	
5·18민주화운동관련자보상지원위원회	행정안전부	자문	5·18민주화운동 관련자 보상 등에 관한 법률 제3조	당연직	국무총리	15명 이내
공공데이터전략위원회	행정안전부	자문	공공데이터의 제공 및 이용 활성화에 관한 법률 제5조	지명직 공동	국무총리	35명
국가기록관리위원회	행정안전부	자문	공공기록물 관리에 관한 법률 제15조	위촉직	–	20명 이내
자원봉사진흥위원회	행정안전부	자문	자원봉사활동 기본법 제8조	당연직	국무총리	30명 이내
정보공개위원회	행정안전부	자문	공공기관의 정보 공개에 관한 법률 제22조	위촉직	–	11명
중앙안전관리위원회	행정안전부	자문	재난 및 안전관리 기본법 제9조	당연직	국무총리	32명
지방재정부담심의위원회	행정안전부	자문	지방재정법 제27조의2	당연직	국무총리	15명
행정협의조정위원회	행정안전부	자문	지방자치법 제187조	위촉직	국무총리	13명 이내
여수·순천10·19사건진상규명및희생자명예회복위원회	행정안전부	행정	여수·순천10·19사건진상규명및희생자명예회복에관한 특별법 제3조	당연직	국무총리	15명
개인정보 분쟁조정위원회	개인정보보호위원회	자문	개인정보 보호법 제40조	위촉직	개인정보분쟁조정위원회위원장	20명 이내

출처: 정부24 '행정위원회'

비교법적 고찰: 주요국의 외국 투자안보 관련 법령

----

① 외국인에 의한 미국 내 특정 투자와 관련된 규정

파트 800 — 외국인에 의한 미국 내 특정 투자와 관련된 규정[PART 800—REGULATIONS PERTAINING TO CERTAIN INVESTMENTS IN THE UNITED STATES BY FOREIGN PERSONS]

서브 파트 A—일반

§ 800.101 범주.

§ 800.102 위험 기반 분석.

§ 800.103 다른 법률에 미치는 영향.

§ 800.104 적용 규칙.

§ 800.105 구성 및 해석 규칙.

서브 파트 B—정의

§ 800.201 집계된 데이터.

§ 800.202 익명화된 데이터.

§ 800.203 영업일.

§ 800.204 인증.

② 미국 부동산과 관련된 외국인에 의한 특정 거래에 관한 규정

파트 802—미국 부동산과 관련된 외국인에 의한 특정 거래에 관한 규정 [PART 802—REGULATIONS PERTAINING TO CERTAIN TRANSACTIONS BY FOREIGN PERSONS INVOLVING REAL ESTATE IN THE UNITED STATES]

§802.602 노동부 장관의 역할.

§802.603 중요성.

§802.604 기간의 마감일 통지.

Subpart G—최종 조치

§802.701 섹션 721에 따른 최종 조치.

Subpart H—정보 제공 및 처리

§802.801 정보 제공에 대한 당사자의 의무.

§802.802 비밀의무

Subpart I— 벌칙 및 손해배상

§802.901 벌금 및 손해.

§802.902 미준수의 영향.

Subpart J—외국의 국가안보 투자 심사제도

§802.1001 결정 사항.

§802.1002 결정의 효과.

Subpart K—신고 수수료

§802.1101 수수료.

§802.1102 지불 시기.

§802.1103 평가.

§802.1104 지불 방법.

§802.1105 환불.

§802.1106 포기.

§802.1107 리필.

§802.1108 자발적 통지 거부.

부록 A-Part 802—군사시설 및 기타 미국 정부 사이트 목록

[85 FR 3166, Jan. 17, 2020, as amended at 88 FR 57350, Aug. 23, 2023]

제1부 국가 안보를 위한 소환

제1장 소환 권한

제1조(국가 안보 목적의 소환 통지)

제2조(소환 통지에 대한 추가 조항)

제3조(소환 권한 행사에 대한 성명서)

제4조(협의와 의회 절차)

제2장 해석

제5조("발동 사유"와 "취득자"의 의미)

제6조(신고 대상 취득)

제7조(적격 주체와 적격 자산)

제8조(주체의 지배권)

제9조(자산의 지배권)

제10조(지분과 권리의 보유와 취득, 보충조항)

제11조(자산의 지배권에 관한 예외)

제12조(발동 사유, 보충 조항)

제3장 신고 대상 취득의 승인

제13조(신고 대상 취득의 승인)

제4장 절차

제14조(의무적 통지 절차)

제15조(신청 없이 소급 확인을 검토하기 위한 요건)

제16조(신고 대상 취득의 소급 확인 신청)

제17조(소환 이후 신고 대상 취득의 소급확인)

제18조(임의적 통지)

제19조(정보를 요구하는 권한)

제20조(증인 출석)

제21조(정보 통지서와 출석 통지서, 영국역외의 자)

제22조(허위이거나 혼동되는 정보)

제2부 구제 방법

제23조("평가 기간"의 의미)

제24조(정보 통지서와 출석 통지서의 효력)

제25조(임시 명령)

제26조(최종 명령과 최종 통지)

제27조(명령의 검토, 변경 및 취소)

제28조(명령, 보충 조항)

제29조(최종 명령 통지의 공표)

제30조(재정 지원)

제31조(「기업법(2002)」 제3부에 따른 경쟁시장국 직무와의 관계)

제3부 집행과 항고

제32조(승인 없이 신고 대상 취득을 완료하는 범죄)

제33조(명령을 불이행하는 범죄)

제34조(범죄, 정보와 증인 출석)

제35조(정보 공유에 관한 범죄)

제36조(법인 등의 범죄)

제37조(기소)

제38조(조합 등에 대한 절차)

제39조(범죄, 형벌)

제40조(민사제재금을 부과하는 권한)

제41조(벌금 최고액의 한도)

제42조(민사제재금의 검토, 변경 및 취소)

제5부 종결조항

④ 「캐나다 투자법」[Investment Canada Act (R.S.C., 1985, c. 28 (1st Supp.)) 2023.10.31. 기준]

오스트레일리아의 외국의 획득 및 취득법(1975) [Foreign Acquisitions and Takeovers Act 1975 No. 92, 1975; 외국의 특정 대지권 획득, 특정 기업·광업권에 대한 외국의 획득 및 지배에 관한 법률]

제1부 서두

제1절 서두

　제1조(약칭)

　제2조(시행일)

　제3조(이 법의 요지)

제2절 용어의 정의

제A하위절 용어 사전

　제4조(용어 사전)

제B하위절 정의된 일부 용어 및 해석규칙

　제5조(통상적 거주자의 뜻)

　제6조(특수관계인의 뜻)

　제7조(독립이사의 뜻)

　제8조(오스트레일리아 기업의 뜻)

제3부 재무부 장관의 권한

제7부 행정조항

[Table1-19] [표1-19]

6 **일본 「경제안보추진법」**[令和四年法律第四十三号 経済施策を一体的に講ずる ことによる安全保障の確保の推進に関する法律]

본칙

제1장 총칙

제1조 (목적)

제2조 (기본방침)

제3조 (내각총리대신의 권고 등)

제4조 (국가의 책무)

제5조 (이 법률의 규정에 의한 규제 조치의 실시에 있어서 유의사항)

제2장 특정 중요 물자의 안정적인 공급 확보

제1절 안정공급 확보 기본지침 등

제6조 (안정공급확보 기본지침)

제7조 (특정 중요 물자의 지정)

제8조 (안정공급확보 대응 방침)

제2절 공급확보계획

제9조 (공급확보계획의 인정)

제10조 (공급확보계획의 변경)

제11조 (공급확보계획 인정 취소)

제12조 (정기 보고)

제3절 주식회사 일본 정책금융공고법 특례

제13조 (공급 확보 촉진 원활화 업무 등 실시 기본지침)

제14조 (공급 확보 촉진 원활화 업무)

제15조 (공급 확보 촉진 원활화 업무 실시방침)

제16조 (지정금융기관의 지정)

제17조 (지정금융기관의 지정 공시 등)

7 일본 외환 및 외국 무역법 [外国為替及び外国貿易法 昭和二十四年法律第二百二十八号]

본칙

제1장 총칙

제1조 (목적)

제2조부터 제4조까지[삭제]

제5조 (적용범위)

CHAPTER 03

각국의 투자 관리 제도 비교표

----

① 법률명

법률명	
미국	○ 외국투자위험심사현대화법[Foreign Investment Risk Review Modernization Act (FIRRMA) (50 U.S.C. §4565)] ○ 31 C.F.R. Parts 800–802[부동산의 경우 802]
영국	○ 2021년 국가안전보장투자법(National Security and Investment Act 2021 (NSI법))
캐나다	○ 「캐나다 투자법」(Investment Canada Act)
오스트레일리아	○ 1975년 외자에 의한 취득 및 인수에 관한 법률(외국인 매수법)(Foreign Acquisitions and Takeovers Act 1975 (FATA)) ○ 2015년 외국인의 취득 및 인수에 관한 규칙(외자매수규칙)(Foreign Acquisitions and Takeovers Regulation 2015(FATR)) ○ 2020년 외자에 의한 취득 및 인수와 관련된 수수료 부과에 관한 법률(Foreign Acquisitions and Takeovers Fees Imposition Amendment Act 2020) 등
일본	○ 외국환 및 외국무역법(外国為替及び外国貿易法) ○ 「경제안보추진법」(経済施策を一体的に講ずることによる安全保障の確保の推進に関する法律, 経済安全保障推進法) ○ 중요토지조사법(重要施設周辺及び国境離島等における土地等の利用状況の調査及び利用の規制等に関する法律)

한국	○「외국인투자촉진법」(Foreign Investment Promotion Act, FIPA)
	○「외환거래법」(Foreign Exchange Transactions Act, FETA)
	○ 방위산업기술 보호법(「방산기술보호법」)
	○ 부동산 거래신고 등에 관한 법률 (「부동산거래신고법」)
	○ 국가첨단전략산업 경쟁력 강화 및 보호에 관한 특별조치법(「첨단전략산업법」)
	○ 산업기술의 유출방지 및 보호에 관한 법률(「산업기술보호법」)

② 목적

목적	
미국	○ 국가안전보장
영국	○ 국가안전보장
캐나다	○ 캐나다의 순이익: 캐나다의 투자, 경제성장 및 고용기회를 촉진하는 방법으로 중요한 투자 안건 심사 ○ 국가 안보
오스트레일리아	○ 국가안전보장 및 국익
일본	○ 국가안전의 확보, 공공질서의 유지, 공중안전의 보호 및 국가경제의 원활한 운영 ○ 국민생활기반 유지, 일본 영해 등의 보전, 국가안전보장
한국	○ FIPA 및 FETA 　－ 외국거래 촉진 　－ 국제수지 균형유지 　－ 통화 가치의 안정 ○ 산업기술보호법 　－ 산업기술의 부정한 유출을 방지하고 산업기술을 보호함으로써 국내 산업의 경쟁력 강화를 도모함으로써 국가안전보장과 국민경제 발전에 기여할 것 ○ 부동산거래신고법 　－ 건전하고 투명한 부동산 거래질서를 확립하고 국민경제에 이바지함

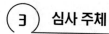

3 심사 주체

심사 주체	
미국	◦ 대미외국인투자위원회(CFIUS)
영국	◦ 투자안전보장국 (Investment Security Unit, ISU) ◦ 국무부 장관(Secretary of State)
캐나다	◦ 이노베이션·과학·경제개발부의 투자심사국(IRD) 및 문화사업에 관한 심사 주체로서 캐나다 문화유산부의 문화부문 투자심사국 ◦ 국가안전보장심사가 개시될 경우에는 추가적으로 정부기관(캐나다 공안부, 캐나다 국경서비스청, 캐나다 안전정보국, 국방부 등)에 자문 실시
오스트레 일리아	◦ 재무부 장관 ◦ 외국투자심사위원회(Foreign Investment Review Board(FIRB) 등
일본	◦ 재무부 장관, 소관부처 장관 ◦ 내각부 ◦ 토지등이용상황심의회(土地等利用状況審議会)
한국	◦ 「외국인투자촉진법」에 근거한 보고: 산업통상자원부(MOTIE) ◦ 「외환거래법」에 따른 보고 또는 허가: 기획재정부(MOEF) ◦ 「방위산업기술 보호법」: 국방부 장관, 방위산업기술보호위원회 ◦ 「부동산거래신고법」: 신고관청(국토부 장관) ◦ 「첨단전략산업법」(산업통상자원부) ◦ 「산업기술보호법」(산업통상자원부)

4 신고자

신고자	
미국	◦ 심사대상 거래의 당사자가 공동으로 제출
영국	◦ 투자가
캐나다	◦ 비캐나인 투자가

오스트레 일리아	○ 다음에 해당하는 외국인(foreign person) 투자자: – 오스트레일리아의 통상 거주자가 아닌 개인 – 외국정부 또는 외국정부투자가 　회사, 신탁 수탁자 또는 리미티드 파트너십의 제너럴 파트너로서 오스트레 　일리아의 통상 거주자가 아닌 개인, 외국 회사 또는 외국 정부가 그 20% 이 　상의 실질적 지분을 보유하는 것 – 회사, 신탁 수탁자, 리미티드 파트너십의 제너럴 파트너로서 2인 이상의 외 　국인이 합산하여 그 40% 이상의 실질적 지분을 보유하는 자
일본	○ 다음에 해당하는 외국 투자자(foreign investor): – 비거주자인 개인 – 외국 법령에 따라 설립된 법인, 기타 단체 또는 외국에 주된 사무소가 있는 　법인, 기타 단체 – 비거주자 개인, 외국법인 등이 직간접으로 50% 이상의 의결권을 보유한 　회사 – 조합 등으로 외국인 출자금액 총액에서 차지하는 비율이 50% 이상인 것 또 　는 외국인이 업무집행조합원의 과반수를 차지하는 것(특정 조합 등) – 법인 및 기타 단체로서 외국인이 임원 또는 임원으로 대표하는 권한이 있는 　자 중 과반수를 차지하는 자
한국	○ 외환거래법 – 외환 관련 거래(이하 외국인 투자 제외)에 종사하는 자 ○ 외국인투자촉진법 (i) 1억원 이상의 투자로 인한 한국법인 의결권 주식 10% 이상의 취득 및 (ii) 　한국법인에 대한 1억원 이상의 투자이며, 이사 임명을 수반하는 것을 포함 　한 외국인 투자를 실시하는 외국인 ○ 산업기술보호법 – 국가로부터 연구개발비를 지원받아 개발한 국가핵심기술을 보유하고 있으 　며 국제인수, 합병, 조인트벤처 등을 예정하는 기관

심사대상	
미국	① 심사대상지배권거래(covered control transaction) : 직간접을 막론하고 주식 취득 비율에 관계없이 미국 기업에 대한 외국의 지배로 이어지는 모든 거래 ② 대상 투자(covered investment): TID 미국 사업(TID US businesses)에 대한 지배권 획득을 수반하지 않는 외국 투자(중요한 테크놀로지, 중요한 인프라스트럭처 또는 미국 시민의 민감한 개인정보와 관련된 특정 미국 사업)로 투자자에게 다음 중 하나를 부여하는 것, 　(a) TID 미국 사업이 보유한 비공개 기술 정보 접근 　(b) TID 미국 사업에서의 이사회 등의 구성원 또는 옵서버로서의 지위(혹은 그와 동등한 권리) 　(c) TID 미국 사업의 중요한 테크놀로지, 중요한 인프라 스트럭처 또는 민감한 개인정보와 관련된 중요한 의사결정과 관련된 관여 ③ 대상지배거래 또는 대상투자에 의한 권리변경 ④ CFIUS 심사를 회피하기 위한 의도로 설계된 거래 ⑤ 대상 부동산 거래: 특정 미국 군사시설, 항만 또는 기타 민감한 지역 인근의 부동산 구입, 사용권 취득 또는 리스 등
영국	○ 대상이 되는 첨단산업(sensitive sector)의 지배권 취득에는 국가안전보장심사와 관련된 의무적 통지가 필요함. ○ 지배권(Control)이란 다음과 같은 취득이라고 정의 　- 투자자가 보유한 주식 또는 의결권의 25%, 50% 또는 75%를 초과하는 증가 　- 대상회사의 지배에 관한 결의사항의 가결이나 방지에 충분한 의결권 　- 대상회사의 정책에 중대한 영향을 미치는 지위 ○ 다음과 같은 첨단산업 　① 첨단 소재 ② 인공 지능 ③ 선진 로봇 공학 ④ 민생용 원자력 ⑤ 통신 ⑥ 컴퓨터 하드웨어 ⑦ 정부의 핵심 공급업체 ⑧ 구급 업무의 중요 공급업체 ⑨ 암호 인증 ⑩ 데이터 인프라스트럭처 ⑪ 방위 ⑫ 에너지 ⑬ 생물 공학 ⑭ 군사 및 민군 양용 품목 ⑮ 양자 기술 ⑯ 인공위성 및 우주기술 ⑰ 운수 　단, 통지가 요건이 되는 것은 첨단산업에서의 특정 활동에 한정. 국무부 장관은 통지된 거래를 심사하는 것 외에 거래가 국가안전보장상의 리스크를 일으킨다고 판단하는 경우 완료된 거래에 대해 실행일로부터 5년 이내(또는 국무부 장관이 거래를 인식한 후 6개월 이내)에 국가안전보장심사를 위해 call-in 심사를 실시할 수 있음

캐나다	① 순이익 심사 - 이하의 기준치에 해당하는 캐나다 사업의 지배권 취득:
	
	(a) 비국영 투자자에 의한 비문화 사업의 직접 취득
	
	  – 투자자 또는 대상 회사가 캐나다와의 자유무역협정 체결국(미국, EU 등)으로부터 최종적으로 지배받고 있는 경우: 대상 기업가치 15.65억 캐나다 달러 이상(2021년 연도 기준)
	
	  – 투자자 또는 대상회사가 WTO 회원국(캐나다 제외)에 최종적으로 지배되고 있는 경우
	
	  – 투자자 또는 투자 대상 중 어느 것도 WTO 가맹국으로부터 최종적으로 지배되지 않는 경우(국영기업 투자가에게도 적용됨)
	
	(b) 국영 투자가에 의한 비문화 사업의 직접적인 취득으로, 투자자 또는 대상회사가 (캐나다 제외) WTO 가맹국으로부터 최종적으로 지배되고 있는 경우
	
	(c) 문화 사업 직접 취득: 대상 자산 장부가 5백만 캐나다 달러 이상
	
	(d) 문화사업의 간접취득 또는 (비문화사업의 취득으로) 투자자 및 대상회사 중 어느 하나 이미 WTO 회원국으로부터 최종적으로 지배되고 있지 않은 경우: 대상 자산부가 5천만 캐나다 달러 이상(캐나다 자산이 총 자산의 50% 이상인 경우 500만 캐나다 달러 이상)
	
	② 국가 안보상의 심사:
	
	(a) 캐나다 사업의 신규 출범
	
	(b) 캐나다 사업의 지배권 취득
	
	(c) 어떤 사업체가
	
	(i) 캐나다의 사업소, (ii) 캐나다에서 그 사업체의 사업과 관련하여 고용되는 종업원이나 자영업자 또는 (iii) 그 사업체의 사업 수행에 이용되는 캐나다의 자산을 가진 경우, 캐나다의 사업체 사업의 전부 또는 일부를 취득하거나 그 사업의 전부 또는 일부를 수행하는 사업체의 설립

오스트레일리아	① 통지대상행위(notifiable action) : – 외국인 투자자가 오스트레일리아 농업에 대한 지분, 오스트레일리아 사업체의 실질적 지분(20% 초과) 또는 오스트레일리아 토지의 권익을 취득하고자 하는 경우 또는 외국 정부 투자자가 오스트레일리아 사업체의 직접 지분(일반적으로는 10% 초과. 단, 대상회사에 대한 지배권이 부여되어 있는 경우를 제외하고 (이 경우는 0% 초과)) 또는 오스트레일리아 토지의 권익을 취득하고자 하는 경우 어느 경우에도 해당 사업체, 사업 또는 토지가 외자 매수법에 따른 관련 금전적 기준에 해당하는 경우에만 통지 대상임. – 통지 대상 행위에는 FIRB에 신고 의무가 발생 ② 중대행위(significant action)

– 외국인 투자가 오스트레일리아 사업의 유가증권, 자산 또는 오스트레일리아 토지에 대한 권익을 취득하거나 기타 수단으로 오스트레일리아와 관련된 사업체 및 사업과 관련된 행위를 하고, 그 결과 지배권의 변경이 발생하는 경우. 어느 경우든 해당 사업체, 사업 또는 토지가 「외자매수법」에 따른 관련 금전적 기준에 해당하는 경우에만 중대행위로서 심사대상이 됨.

– 신고는 임의이지만 재무부 장관은 소환권(call-in power)에 따라 거래 완료 후 10년간 소급적으로 호출할 권한이 있음

③ 국가안전보장통지대상행위(notifiable national security action)

– 외국인 투자자가 국가안전보장사업의 신규 출범을 하고자 하는 경우, 국가안전보장사업에 대한 직접 지분(10% 초과)을 취득하는 경우, 국가안전보장사업을 수행하는 기업의 직접 지분을 취득하는 경우, 국가안전보장구역(national security land)인 오스트레일리아 토지 지분을 취득하는 경우 또는 국가안전보장구역인 오스트레일리아 토지에 관한 개발허가에 대한 권익을 취득하고자 하는 경우

– 국가안전보장사업이란 주요 인프라, 통신, 방위 또는 일정한 데이터 및 개인정보에 관여하는 것을 말함. 국가안전보장구역이란 방위시설에 관여하는 것 또는 국가기밀정보기관(national Intelligence community), 국가정보국(Office of National Intelligence), 오스트레일리아 비밀첩보부(Australian Secret Intelligence Service), 오스트레일리아 안전보장정보기관(Australian Security Intelligence Organisation) 등이 공지의 권익을 가진 구역을 말함. 국가안전보장통지대상행위에는 FIRB에 신고의무가 발생함

④ 국가안전보장심사대상행위 (reviewable national security action)

– 외국인이 오스트레일리아 사업체의 설립 또는 (10% 초과의) 직접적인 지분 취득(지분 비율을 불문)을 하는 경우로서, 해당 행위가 통지 대상 행위가 아닌 경우 또는 관련 외국인 투자가 해당 사업체의 지배권, 경영참가권 또는 의사결정에 대한 영향력을 가지는 경우.

– 신고는 임의이지만 재무부 장관은 콜인 권한에 따라 거래 완료 후 10년간 소급하여 콜인할 권한이 있음

일본	① 대내직접투자 등 ◦ 상장회사 등의 주식, 의결권의 취득(출자비율 또는 의결권비율이 1%인 기준치이상) ◦ 비상장회사의 주식 또는 지분 취득 ◦ 비상장회사의 주식 또는 지분양도 ◦ 회사의 사업목적의 실질적인 변경에 관한 동의 또는 이사나 감사의 선임이나 사업 전부의 양도 등의 의안에 대한 동의(실질적 보유 의결권 비율이 1% 이상인 경우)

- 은행, 등록금융사업자, 가스·전기사업자 등 특정사업자 국내지점 등의 설치 또는 국내지점의 종류나 사업목적의 실질적인 변경
- 국내법인에 대한 일정금액을 초과하는 금전의 대부로 그 기간이 1년을 초과 하는 것
- 국내법인으로부터의 사업의 양수, 흡수분할 및 합병에 의한 사업의 승계
- 국내법인의 사모채 취득
- 출자증권의 취득
- 상장회사에 대한 주식 일임 운용
- 의결권 대리행사 수임, 위임
- 공동의결권 등 행사동의 취득

② 특정 취득
- 외국투자가로부터의 비상장회사 주식, 지분 양수 모두의 경우에도 절차가 불 필요한 일부 유형에 의한 것을 제외하고, 대내직접투자/특정취득의 대상이 되 는 국내법인이 지정업종을 영위하고 있는 경우에는 사전신고 면제제도를 이용 하지 않는 한 사전신고 대상. 사전신고 면제제도는 크게 외국 금융기관이 이용 하는 포괄면제제도와 그 이외의 외국투자자가 이용하는 일반면제제도가 있음
- 지정 업종이란 국가의 안전을 해치고 공공질서의 유지를 방해하거나 공중의 안전 보호에 지장을 초래하게 될 우려가 있는 대내직접투자 등과 관련된 업종 또는 (일본이) 경제협력개발기구의 자본이동 자유화에 관한 규약 제2조 b의 규정에 근거해 유보하고 있는 대내직접투자 등과 관련된 업종으로 구체적으 로는 고시에 규정되어 있음

한국	- 외환거래법 (1) 외환과 관련된 모든 거래에 외환거래법에 근거한 보고 의무가 적용 (2) 외국인투자촉진법상의 외국인 투자에 해당하는 거래에 대해서는 외환거래법 에 연계한 보고 의무가 적용 - 외국인투자촉진법에 따른 외국인 투자 제한 　- 이하의 업종에 대해 외국인 투자는 금지. 　i. 우편업, 중앙은행, 개인공제업, 사업공제업, 연금업, 금융시장관리업, 기타 금융서비스업(어음교환업) ii. 입법기관, 중앙최고집행기관, 재정 및 경제정 책 행정, 교육 행정, 우편 및 통신행정 등 iii. 법원, 검찰, 교도기관(민영교 도소는 가능). 경찰 　- 이하의 업종에 대해 외국인 투자는 제한

i. 외국인투자비율이 50% 미만이어야 하는 업종 : 육우사육업, 육류도매업, 전력 및 연안수의 수송, 판매, 항공여객·화물운송, 신문, 잡지, 정기간행물 발행 ii. 외국인 투자 비율이 49% 이하이어야 하는 업종: 프로그램 제공, 종합유선(케이블 네트워크)·위성 및 기타 방송, 유선·무선 및 위성통신, 기타 전기통신 iii. 외국인 투자 비율이 국내 발전 설비 전체의 30%를 넘지 않아야 하는 업종: 수력 발전, 화력 발전, 태양광 발전, 기타 발전. iv. 외국인 투자 비율이 25% 미만이어야 하는 업종: 뉴스 제공 v. 예외적인 경우를 제외하고 인정되는 기타 분류 A. 곡물 및 기타 식량 작물 재배(벼 재배 및 보리 재배 제외) B. 기타 기초무기화학물질 제조(원자력발전연료의 제조·공급 제외) C. 비철금속 제련·정련 및 합금 제조(원자력발전연료의 제조·공급 제외) D. 국내은행(농업중앙회 및 수협중앙회 제외) vi. 산업통상자원부 허가를 필요로 하는 업종: 방위산업

○「산업기술보호법」에 따른 매수, 합병 등의 제한

  – 국가로부터 연구개발비를 지원받아 개발한 국가핵심기술을 보유한 기관이 국제인수, 합병, 조인트 벤처 등을 예정하는 경우 산업통상자원부로부터 사전 승인을 취득.

  – 외국인이 단독으로 또는 다음에 해당하는 자와 합산하여 국가핵심기술을 보유한 대상기관의 주식 또는 지분(장래에 주식 또는 지분으로 전환하거나 주식 또는 지분을 인수할 권리를 포함)을 100분의 50 이상 소유하려는 경우(100분의 50 미만을 소유하려는 경우로서 주식등의 최다소유자가 되면서 보유기관의 임원 선임이나 경영에 지배적인 영향력을 행사할 수 있게 되는 경우를 포함). 외국인이 단독으로 또는 주요 주주나 주요 지분권자와의 계약 또는 합의에 의하여 조직변경 또는 신규사업에의 투자 등 주요 의사결정이나 업무집행에 지배적인 영향력을 행사할 수 있는 회사. 외국인이 단독으로 또는 주요 주주나 주요 지분권자와의 계약 또는 합의에 의하여 대표자를 임면하거나 임원의 100분의 50 이상을 선임할 수 있는 회사

  – 외국인이 보유기관의 영업의 전부 또는 주요 부분의 양수·임차 또는 경영의 수임방식으로 보유기관을 경영하려는 경우

  – 외국인이 보유기관에 자금을 대여하거나 출연을 하면서 과반수 이상의 임원 선임에 지배적인 영향력을 행사할 수 있게 되는 경우

심사기준
미국	○ 심사의 일반적 고려 요소 (a) 예상 국방 요건에 필요한 국내 생산 (b) 인력, 제품, 기술, 재료 및 기타 공급품 및 서비스의 가용성을 포함한 국방 요건을 충족하기 위한 국내 산업의 능력 및 생산력 (c) 국가 안보 요건을 충족하는 데 필요한 미국의 능력 및 생산력에 영향을 미치는 외국인의 국내 산업 및 상업 활동 통제 (d) 해당 거래가 테러지원, 미사일·생물무기 등의 확산, 잠재적인 지역적 군사적 위협이 우려되는 국가로 인정된 국가에 대한 군사품, 장비 또는 기술 판매에 미치는 잠재적 영향 (e) 해당 거래가 미국의 국가안보에 영향을 미치는 분야에서 미국의 국제적 기술 리더십에 미치는 잠재적 영향 (f) 주요 에너지 자산을 포함한 미국의 주요 인프라에 미치는 잠재적인 국가 안보 관련 영향 (g) 미국의 핵심기술에 미치는 잠재적인 국가안보 관련 영향 (h) 심사 대상 거래가 외국 정부 지배 거래인지 여부 (i) 특히 외국 정부 지배 거래와 관련하여 ① 해당 외국 조약 및 다자간 공급 지침을 포함한 핵 비확산 관리 체제에 대한 준수 ② 해당 외국과 미국의 관계, 특히 테러 대책에 대한 협력 실적 및 ③ 수출 관리법 및 규제 분석을 포함한 군사 용도의 기술 이전 또는 전용 가능성에 관한 현재 평가 심사 (j) 미국의 에너지원 및 기타 중요한 자원·재료의 필요성과 관련된 장기적인 예측 (k) 대통령 또는 CFIUS가 일반적으로 또는 특정 심사나 조사와 관련하여 적절하다고 판단하는 기타 요인 ○ 심사의 특별한 고려 요소 ① 공급망 회복력과 국가안보 ② 미국의 기술 리더십에 대한 위협. ③ 산업 투자의 증가에 따른 위험 ④ 사이버 보안에 대한 위험 ⑤ 중요한 데이터에 대한 위험

캐나다	◦ 캐나다의 순이익이 되는가. 고려 요소: － 캐나다 경제활동의 규모와 성격에 미치는 영향 － 캐나다인의 참여 정도 및 중요성 － 생산성, 산업효율, 기술개발, 제품 혁신성 및 다양성에 미치는 영향 － 경쟁에 미치는 영향 － 산업, 경제 및 문화 정책에 대한 적합성 － 국제시장에서 캐나다의 경쟁력에 대한 기여도 ◦ 국가안보를 해하는가. ① 캐나다의 방위상 능력 및 이익(방위산업 기반 및 방위시설 포함)에 대해 투자가 미칠 수 있는 효과 ② 방위제조법 (Defence Production Act) 제35조에서 정한 물품 및 기술의 연구, 제조 또는 판매에 관여 ③ 투자가 외국에 의한 감시 또는 첩보를 가능하게 할 가능성 ④ 투자가 현재 또는 미래의 인텔리전스 운영 또는 법 집행을 방해할 가능성 ⑤ 캐나다 외교 관계를 포함한 국제적 이익에 투자가 미칠 수 있는 영향 ⑥ 투자가 테러리스트, 테러 조직 또는 범죄조직 및 기타 위법 행위자에게 관여하거나 이에 편의를 제공할 가능성 ⑦ 첨단기술 또는 노하우의 캐나다 국외 이전에 투자가 미칠 수 있는 효과 ⑧ 캐나다 주요 인프라스트럭처의 안전보장에 투자가 미칠 수 있는 영향 ⑨ 캐나다인에게 중요한 물품 및 서비스 공급에 투자가 미칠 수 있는 영향 ⑩ 캐나다 정부에 대한 중요한 물품 및 서비스 공급에 투자가 미칠 수 있는 영향 ⑪ 건강관련 산업에 투자가 미칠 수 있는 영향 ⑫ 투자를 통해 민감한 개인정보를 얻을 수 있는 가능성[개인 식별이 가능한 건강 또는 유전자(예: 건강 상태 또는 유전자 검사 결과); 생체 인식(예: 지문); 재무(예: 지출 및 부채를 포함한 기밀 계정 정보); 통신(예: 개인 통신); 지리적 위치; 공무원에 관한 개인정보 군대 또는 정보기관의 구성원 등] ⑬ 중요 광물 및 중요 광물 공급망에 투자가 미칠 수 있는 영향

영국	◦ 국가안전보장상의 리스크를 발생시킬 것인가. 이하의 3분류의 리스크 평가에 근거해 판단된다. (i) 지배권 리스크: 투자자가 대상 회사의 활동에 대해 취득하는 지배권의 정도. (ii) 대상 회사 리스크: 해당 사업체 또는 자산이 국가안전보장에 위험을 초래하기 위해 사용될 가능성이 있는가. BEIS는 예로서 대상회사가 첨단시설에 근접해 있는 경우를 들지만, 최종적으로는 첨단산업에 해당하는 사업을 실시하고 있는 경우는 대상회사 리스크가 증가한다고 생각할 가능성이 높음 (iii) 매수자 리스크: 투자자가 국가 안보상의 우려를 발생시키는 특성을 갖는가. 관련 특성에는 투자자가 활동하는 산업, 투자자의 기술적 능력 및 영국에 대한 리스크라고 생각되는 사업체와의 연결이 포함. 리스크 평가에서는 투자가의 최종적인 지배자도 고려 요소. 투자자의 과거 투자가 수동적이거나 장기적이라는 특성은 매수자 리스크가 낮다는 것을 나타내는 고려사항이 됨
오스트레 일리아	◦ 예정된 투자가 국가안보를 포함한 오스트레일리아의 국익에 위배되는가. ① 국가안보: 해당 투자가 오스트레일리아의 전략 및 안전을 유지하는 능력에 어느 정도 영향을 미치는가. ② 경쟁: 해당 투자의 결과, 투자자가 오스트레일리아 국내 상품이나 서비스의 시장 가격이나 생산을 지배하게 될 가능성이 있는가, 또는 투자자가 세계로의 상품이나 서비스 공급에 대해 지배하게 될 가능성이 있는가. ③ 오스트레일리아 정부의 정책: 해당 투자가 오스트레일리아의 세수나 환경 문제와 관련된 목표치 등 오스트레일리아 정책에 영향을 미칠 가능성이 있는가. ④ 오스트레일리아 경제·지역사회에 미치는 영향: 해당 투자(투자 후 예정된 재편 포함)가 오스트레일리아 경제 전반에 영향을 미칠 가능성이 있는가. 또한 오스트레일리아 국민을 위해 공정한 혜택을 가져올 것인가. ⑤ 투자자 특징: 투자자가 투명성이 높은 상업적 기반을 바탕으로 활동하고 있는가. 충분하고 투명성 있는 규제 및 감독의 대상이 되고 있는가(해당 외국 투자가의 기업 거버넌스 실무도 고려).

일본	∘ 투자처 기업의 사업 내용에 관한 심사기준 ① 국가안전의 확보, 공공질서의 유지 또는 공중 안전의 보호와 관련된 산업생산 기반 및 해당 산업이 가진 기술기반의 유지에 미치는 영향 정도 ② 국가의 안전 확보, 공공질서 유지 또는 공중 안전 보호와 관련된 기술이나 정보가 유출되거나 이러한 목적에 반하여 이용될 가능성 ③ 국가 안전의 확보, 공공질서의 유지 또는 공중안전의 보호를 위하여 필요한 재화나 서비스의 평시 및 유사시 공급조건, 안정적인 공급 또는 공급되는 재화나 서비스의 질에 미치는 영향 정도 ∘ 외국 투자자의 속성에 관한 심사기준 ① 해당 외국 투자가 등의 자본구성, 실질적 지배자, 거래관계 및 기타 속성과 투자와 관련된 계획 및 과거의 행동ㆍ실적(외국 정부 등에 의한 직접적 또는 간접적인 영향의 정도를 포함) ② 해당 외국 투자가 등이 따르는 조약, 법령 및 그 밖의 규범이 국가 안전 확보, 공공질서 유지, 공중 안전 보호 또는 일본경제의 원활한 운영에 미치는 영향 정도 ③ 해당 외국 투자자 등의 외환 및 외국무역법 또는 동 법에 상당하는 외국 법령 준수상황 ∘ 투자ㆍ관여 ① 해당 외국 투자가 등이 이미 취득했거나 취득하고자 하는 주식, 지분, 의결권, 출자증권 또는 회사채의 수ㆍ비율이나 금액, 금전을 대부하는 경우 대출 누계액이나 조건이 발행회사ㆍ대출처 회사에 미치는 영향 정도(해당 외국 투자가 및 합산대상이 되는 관계자가 취득하거나 운용하게 되는 주식의 수ㆍ비율, 보유 또는 행사ㆍ지도하게 되는 의결권의 수ㆍ비율을 포함한다.) ② 해당 외국 투자자가 다음의 행위를 하는 경우 심사대상이 됨 i) 발행회사 등의 이사나 감사역에 취임하거나 자신의 밀접관계자를 발행회사 등의 이사나 감사역에 취임시키는 것, ii) 지정 업종에 속하는 사업의 양도ㆍ폐지와 관련된 의안을 발행회사의 주주총회에 제안하는 것 iii) 비밀기술 관련 정보를 취득하거나 공개할 것을 제안하거나 비밀기술 관련 정보의 관리에 관한 발행회사 등의 사내 규칙 등의 변경을 제안할 가능성 및 해당 행위가 행해진 경우 국가 안전 등 확보에 미치는 영향 정도

한국	(1) 외환거래법 (2) 외국인투자촉진법 – 보고서 제출을 필요로 하는 외국인 투자에 대해서는 한국은행 또는 외환은행(정부기관에 위탁된 기관)이 보고서가 법적 요건을 충족하는지 여부 및 업종 규제가 적용되는지 여부만 확인할 수 있음. – 산업통상자원부 장관의 허가를 필요로 하는 외국인 투자에 대해서는 산업통상자원부 및 국방부 장관이 (투자 대상이 되는) 방산업체가 생산하는 방위물자가 다른 국내기업의 제품으로 대체 가능한지, 허가가 국내 안보에 중대한 영향을 미치는지에 대해 심사 (3) 산업기술보호법 – 산업통상자원부는 합병에 대해 국가안전보장에 미치는 영향을 심사. 수출에 대해서는 국가안보 및 국민경제적 파급효과 등을 심사

 심사 절차

심사 절차	
미국	○ 거래 당사자는 거래 완료 전 또는 후에 국가안전보장심사 임의통지를 제출할 수 있음 ○ 의무적 신고는 (관련 예외규정이 적용되지 않는 한) 다음의 경우에 적용 ① 외국투자가에 의한 중요기술과 관련된 TID 미국사업의 대상거래로서, 관련된 미국사업의 하나 이상의 중요기술을 외국투자가 또는 실질적인 소유자에게 수출, 재수출 또는 재이전을 하는 경우에 하나 이상의 미국 규제에 의한 승인을 요하는 것 ② 외국 정부가 실질적으로 (49% 이상의 의결권) 소유한 외국 투자자에 의한 대상 투자로, TID 미국 사업의 25% 이상의 의결권을 취득하게 되는 것. ○ 의무적 신고의 대상이 되는 거래에 대하여 신고요건은 거래완료 30일 전까지 충족되어야 함. ○ 신고는 통지(full notice) 또는 신고(short-form declaration)에 의해 가능. 신고의 경우 CFIUS에 의한 수리에서 30일 이내 ○ 신고 프로세스는 보통 제출에서 5 내지 6주 안에 완료 ○ 통지 프로세스에 필요한 기간은 보통 3- 4 달. 이 기간에는 CFIUS가 통지 드래프트를 심사하고 여기에 코멘트를 하는 신고 전 기간 45일이 포함 ○ CFIUS의 판단에 따라 예외적으로 15일간 조사기간 연장이 가능

	○ CFIUS가 경감조치로 해결할 수 없는 국가안보상 위험이 발생할 수 있다고 판단할 경우 당사자가 거래를 파기하지 않는 한 거래는 대통령에게 회부. 대통령은 15일 이내에 그 거래를 중지 또는 금지하거나 거래가 완료된 경우에는 지분의 처분을 명한다) 결정을 할 수 있음. 일반적으로 대통령의 명령이 내려지는 것보다 자발적인 거래를 파기하는 경우가 더 많음
	○ CFIUS의 심사에 시간이 더 필요한 경우(경감조치의 교섭을 실시하는 경우 등)에는 CFIUS는 당사자가 신고를 취하한 후 재신고를 실시하는 절차를 취하는 것을 인정할 수 있으며, 이 경우 당초의 45일간의 심사기간이 새롭게 개시
영국	○ 의무적 통지의 대상이 되는 당사자에 대해서는 거래 완료 전에 통지를 제출해야 하며, 여기에는 거래 실행 금지의 효과가 있음
	○ BEIS가 통지 제출 완료를 확인한 후 영업일 기준 30일간 초기 심사를 실시 (BEIS가 통지를 수령한 후 제출 완료를 확인할 때까지는 통상 2-3영업일이 소요).
	○ 초기 심사에 의해 거래가 국가안전보장상 위험을 초래할 가능성이 있어 상세한 심사를 받을 만하다고 국무부 장관이 판단할 경우 국무부 장관은 이 시점에서 call-in 통지를 발행. call-in 통지는 당사자에 의한 거래 통지가 없는 거래에 관해서도 발행할 수 있음(단, 완료된 거래에 대해 실행일로부터 5년 이내 또는 국무부 장관이 거래를 인식한 후 6개월 이내라는 기간 제한).
	○ call-in 통지가 발부되면 해당 통지일로부터 30 영업일간의 평가기간이 있으며, 이 기간은 추가로 45영업일까지 연장할 수 있음. 투자자의 동의가 있으면 리스크 경감 조치 협의 등을 위해 추가 연장이 가능. 이 기간은 모두 BEIS에 의한 정보 청구가 있을 경우 일시적으로 정지.
캐나다	① 관련 기준치에 해당하는 지배권의 취득에는 거래 실행 전의 심사 신청이 필요(단 간접 취득은 거래 실행 후에 신청 가능). 정부는 45일 이내에 거래 완료 전의 거래 금지 기간부의 순이익심사를 실시(30일까지 연장 가능하며 동의가 있으면 추가 연장이 가능).
	② 기준치에 해당하지 않는 지배권의 취득은 거래 실행 전 또는 거래 실행 후 30일 이내의 통지 요건의 대상. 문화사업에 관해서는 정부는 통지로부터 21일 이내에 순이익 심사를 개시 가능.
	③ 국가안전보장 심사는 심사신청 또는 통지 수령 후 45일, 심사 또는 통지대상이 아닌 거래(지배권 취득이 아닌 거래)에 대해서는 거래 실행부터 45일 이내만 가능

오스트레 일리아	○ 통지대상행위 또는 국가안전보장통지대상행위는 그 행위가 실행되기 전에 의무적 통지(및 승인취득)를 요함 ○ 중대행위 또는 국가안전보장심사대상행위의 신고는 임의나 신고를 하는 경우에는 행위를 실행하기 전에 하여야 함. 투자자는 지분취득에 관한 계약을 체결할 수 있는데, 해당 지분취득은 FIRB의 승인을 조건으로 함. ○ 재무부 장관은 신청서를 30일 이내에 검토하고 결정을 내림. 이 결정까지의 기한은 신청 수수료 전액이 지불된 때부터 기산. FIRB 또는 재무부 장관이 투자자에게 추가 정보를 청구한 경우에는 추가 정보 제출까지의 기간 동안 30일의 심사 기간은 정지. FIRB는 법정 30일 경과 후에 추가적인 30일간의 정식 연장을 요청하도록 당사자를 재촉하는 것이 통상적임. FIRB 또는 재무부 장관은 잠정명령을 발령함으로써 법정의 당초 30일을 90일까지 연장할 수도 있음. ○ 재무부 장관의 결정은 이의를 진술하지 않는 결정, 승인, 조건부 승인 또는 승인 거부 중 하나가 됨
일본	○ 사전신고 대상이 되는 직접 대내투자 등(지정업종과 관련된 회사에 대한 투자 등)은 투자 등에 앞서 재무대신 및 사업관할대신에게 신고할 필요가 있음 ○ 외국투자가는 재무대신 및 사업소관대신이 해당 신고를 수리한 날부터 기산하여 30일이 경과하는 날까지는 해당 신고와 관련된 대내직접투자 등을 하여서는 아니됨(금지기간). 재무대신 및 사업소관대신은 국가의 안전 등과 관련된 대내직접투자 등에 해당하지 아니하는 때에는 금지기간을 단축할 수 있으며, 심사가 필요하다고 인정하는 때에는 최대 5개월까지 연장할 수 있음 ○ 재무대신 및 사업소관대신은 금지기간을 연장하여 심사를 실시한 경우로서, 대내직접투자 등이 국가안전 등과 관련된 대내직접투자 등에 해당한다고 인정하는 때에는 관세·외국환 등 심의회의 의견을 듣고 내용의 변경 또는 중지를 권고할 수 있음. 외국투자가는 해당 권고에 응하는 통지를 한 경우에는 권고에 따라 직접 대내투자를 실시할 수 있음. ○ 외국 투자자가 해당 권고로부터 10일 이내에 해당 권고에 응하는 취지의 통지를 하지 아니한 경우 또는 해당 권고를 수락하지 아니하는 취지의 통지를 한 경우에는 주무대신 및 사업소관대신은 해당 권고를 받은 자에 대하여 해당 대내직접투자 등과 관련된 내용의 변경 또는 중지를 명할 수 있음 ○ 재무대신 및 사업소관대신은 외국투자가가 사전신고 없이 대내직접투자를 한 경우, 금지기간 중에 대내직접투자를 한 경우, 내용변경권고에 응낙통지를 했음에도 불구하고 이에 따르지 아니하고 대내직접투자를 한 경우, 사전신고에 허위기재를 한 경우(사전신고에 기재한 사실상의 준수사항을 위반한 경우를 포함한다) 등으로 해당 대내직접투자가 국가안전 등과 관련된다고 인정하는 때에는 관세·외환 등 심의회의 의견을 듣고 취득주식, 지분 등의 전부 또는 그 밖에 필요한 조치를 명할 수 있음

한국	(1) 외환거래법 (2) 외국인투자촉진법 – 보고서 제출이 필요한 투자에 대해서는 외국환은행 또는 한국은행이 보고서를 확인. 실무에서는 이 프로세스에는 약 1~5일이 소요 – 산업통상자원부의 허가를 필요로 하는 외국인 투자(방위산업 투자)에 대해서 산업통상자원부는 국방부 장관의 협의 후 15일을 상한으로(최장 15일까지 1회 연장 가능), 신청서를 심사 (3) 산업기술보호법 – 산업통상자원부는 관련 중앙 행정 기관과 협의하여 45일을 기준으로 신청서를 심사

⑧ 모니터링과 집행

	모니터링과 집행
미국	○ CFIUS는 거래가 국가안전보장상의 리스크를 초래한다고 판단한 경우, 그러한 리스크에 대처하기 위해 경감조치의 실시를 요구할 수 있음. 경감조치는 통상 거래 당사자와 공동으로 심사를 주도 ○ (복수의) CFIUS 담당기관 간에 교섭하는 경감 합의 체결 형식으로 실시. (복수의) CFIUS 담당기관은 경감합의 준수상황 등에 대해 확인하는 모니터링을 실시. ○ 경감합의를 위반했을 경우, CFIUS는 제재금을 부과하는 것도 가능. ○ CFUS는 조치를 결정하면 거래에 세이프 하버를 부여하는데, 이는 원래 신고 내용에 중대한 허위기재 또는 누락이 없는 한 거래가 다시 CFIUS의 심사 대상이 되지 않는다는 것을 의미
영국	○ 국무부 장관은 거래가 국가안전보장상의 리스크를 발생시킨다고 간주하는 경우 거래를 해소, 거부하거나 이에 리스크 경감조치(구조적 구제조치 포함)를 부과할 수 있음. 조직적 조치, 행위적 경감 조치를 부과하는 것도 가능. 예를 들어 정보 차단 의무, 보고 의무의 부과가 있음
캐나다	○ 순편익 심사에 기초한 승인에는 통상 구속력이 있는 3~5년간(경우에 따라서는 보다 장기적인) 서약 사항의 정부 제시를 조건으로 함(캐나다에서의 본사 유지, 캐나다에서의 설비투자, 캐나다에서의 고용 등) ○ 모니터링을 목적으로 투자자는 보통 서약사항 유효기간을 통해 18개월마다 정부에 보고. 국가안전보장에 관해서도 조건부로 투자의 클리어런스가 부여될 수 있으며 모니터링도 실시

오스트레일리아	○ 재무부 장관은 외국투자가 일정한 서약사항을 제시하고 이를 준수하는 것을 조건으로 승인을 부여할 수 있음. 이러한 조건은 거래가 국익 또는 국가안전보장에 반하지 않도록 확보하는 것을 목적으로 함. ○ 조건부 승인을 취득한 신청자는 관련 조건의 준수를 나타내는 정기보고를 제출할 필요가 있음. 부과된 조건을 준수하지 않는 것은 위법하며 재무부 장관은 위반에 대해 자산 처분 요청을 포함한 광범위한 권한을 가짐 ○ 재무부 장관은 심사를 위한 광범위한 정보수집 권한을 가짐. 「외자매수법」은 재무부 장관이 정보의 제공을 당사자에게 요구하는 통지를 발행할 수 있다고 정하고 있음. 또한 권한을 가진 직원은 FATA 규정 준수 여부를 판단하고 FATA 위반 및 민사규정에 관한 자료를 수집하기 위해 법원발부 영장에 따라 집행할 수 있음. ○ 재무부 장관은 조건의 준수위반 이외에도 기준치에 해당하는 투자의 통지를 게을리하는 등 「외자매수법」을 위반한 외국인 투자가에 대하여 자산, 사업 또는 토지에 대한 지분처분을 명령할 수 있음
일본	○ 재무대신 및 사업소관대신은 외국투자가가 사전신고 없이 대내직접투자를 한 경우, 금지기간 중에 대내직접투자를 한 경우, 내용변경 권고에 응낙 통지를 했음에도 불구하고 이에 따르지 아니하고 대내직접투자를 한 경우, 사전신고에 허위기재를 한 경우(사전신고에 기재한 사실상의 준수사항을 위반한 경우를 포함) 등으로 해당 대내직접투자가 국가안전 등과 관련된다고 인정하는 때에는 관세·외환 등 심의회의 의견을 듣고 취득주식, 지분 등의 전부 또는 일부 처분 및 그 밖에 필요한 조치를 명할 수 있음
한국	(1) 외환거래법(FETA) – 외국 투자자가 FETA에 따른 보고 의무에 관해 5년 이내에 2회 이상 위반한 경우 기획재정부는 관련 외환거래 또는 행위를 제한 또는 정지하고 위반행위별로 1년을 초과하지 않는 기간에 거래허가를 취소할 수 있음 – 한국은행 및 기획재정부는 외국투자자에 대해 보고서 작성을 요구하고 필요에 따라 투자자를 조사할 수 있음 – 기획재정부는 상기 조사에 의하여 위법행위를 발견한 경우 시정명령을 발하거나 그 밖의 필요한 조치를 강구할 수 있음 (2) 외국인투자촉진법(FIPA) – 외국 투자를 받은 회사는 투자액을 지급받고 나서 60일 이내에 외국투자회사로 등록되어 회사 또는 외국투자가는 외국투자에 변경이 있는 경우 해당 변경사항을 등록할 필요가 있음 – 산업통상자원부 및 그 밖의 주무장관은 외국투자가에 대하여 보고서 작성을 요구하며, 필요에 따라 투자가를 조사할 수 있음

– 산업통상자원부 및 그 밖의 주무장관은 투자자가 허가 또는 보고된 사항을 실시하지 아니하는 경우, 투자자에 의한 실시가 위법하거나 부당한 경우 또는 해당 장관이 국가안전보장이나 공공질서에 대한 위협, 공중위생이나 한국의 도덕이나 습관에 대한 피해, 한국의 법령이나 규제에 대한 위반을 특정한 경우 시정명령을 발하거나 그 밖의 필요한 조치를 강구할 수 있음

(3) 「산업기술보호법」

– 산업통상자원부는 필요에 따라 신청을 거부하거나 조건, 기한 및 추가 의무를 부과할 수 있음

– 산업통상자원부가 국가핵심기술의 유출이 국가안전보장에 심각한 영향을 미칠 가능성이 있다고 판단할 경우 장관은 국제매수·합병 등에 대해 중지·금지·원상회복 등의 조치를 명할 수 있음

9 벌칙

	벌칙
미국	○ CFIUS 제재금: – 중대한 허위 기재나 누락에 대해 위반 시마다 25만 달러 이하의 제재금. 경감 합의/명령의 중요 조항 위반 등에 대해 위반 시마다 25만 달러 또는 거래 가격 중 높은 금액을 초과하지 않는 금액의 제재금 – 신고의무 위반은 위반 시마다 25만 달러 또는 거래가액 중 높은 금액을 초과하지 않는 금액의 제재금 ○ 형사처벌: 없음
영국	○ 행정벌: – 통지 불이행에 관하여 그 사업의 전 세계 총매출액의 5퍼센트 이하 또는 1,000만 파운드 중 어느 하나의 높은 금액의 제재금. 명령 위반에 대하여 하루 전 세계 총 매출의 0.1% 이하 또는 200,000파운드 중 하나 이상의 제재금 ○ 형사벌: – 해당 거래의 통지 불이행, 명령 위반, 허위 정보 제공, 보호 대상 정보의 다른 사람과의 공유는 NSIB의 위반이 되며 법인에 대한 벌금 상한액은 위와 같음. 자연인에게는 유죄판결에 근거하여 위반의 성질로 1,000만 파운드 이하의 벌금, 5년 이하의 수감 또는 병과

캐나다	○ 행정벌: – 법령 위반은 하루당 1만 캐나다 달러 이하의 과태료. 법령 준수를 요구하는 명령(지분 처분 명령 포함) ○ 형사벌: – 의도적인 허위 또는 오해의 소지가 있는 정보의 제공에 대하여 2년 미만의 징역 또는 5만 캐나다 달러 이하의 벌금을 내용으로 하는 약식기소
오스트레일리아	○ 민사벌: – 「외자매수법」 위반(통지 불이행, 승인조건 미준수 등)에 대해 자연인에게 5,000 penalty units/법인에 대해 50,000 penalty units 또는 투자액의 75%(상한 2,500,000 penalty units) 중 하나인 높은 금액의 제재금 ○ 형사벌: – 「외자매수법」 위반(통지 불이행, 승인조건 미준수 등)에 대해 10년 이하의 징역, 자연인에 대해 15,000 penalty units/법인에 대해 150,000 penalty units 이하의 벌금 또는 이들 병과
일본	○ 행정벌:없음 ○ 형사벌: – 사전신고 불이행, 허위 사전신고, 금지기간 중 대내직접투자, 내용변경 권고 또는 조치명령 위반 등에 대하여 자연인(행위자)에 대하여 3년 이하의 징역 또는 100만 엔 이하(단, 해당 위반행위 목적물 가격의 3배가 100만 엔을 초과하는 경우 벌금은 해당 가격의 3배 이하)의 벌금 또는 이들 병과 및 법인에 대하여 3억 엔 이하의 벌금.
한국	○ 행정벌: (1) 외환거래법 보고서를 제출하지 않거나 허위 보고서를 제출하여 자본거래를 한 경우 1억원 이하의 제재금 (2) 외국인투자촉진법 보고서를 제출하지 않고 기존 주식을 취득할 경우 1,000만 원 이하의 제재금 (3) 「산업기술보호법」 국가핵심기술의 보호조치를 거부·방해 또는 기피한 자 등 1천만원 이하의 과태료 ○ 형사벌: (1) 외환거래법 보고의무 위반에 대하여 위반액이 1억 원을 초과하는 경우 1년 이하 징역 또는 위반액의 3배를 상한으로 하는 벌금

(2) 외국인투자촉진법

- 허가 또는 보고에 관하여 허위문서를 제출한 경우 3년 이하의 징역 또는 3,000만원 이하의 벌금
- 방위사업을 운영하는 기업의 주식을 허가 없이 취득한 경우 1년 이하의 징역 또는 1,000만원 이하의 벌금

(3) 「산업기술보호법」

① 국가핵심기술을 외국에서 사용하거나 사용되게 할 목적으로 공개 등에 해당하는 행위를 한 자는 3년 이상의 유기징역. 이 경우 15억원 이하의 벌금을 병과

② 산업기술을 외국에서 사용하거나 사용되게 할 목적으로 부정한 행위등을 한 자는 15년 이하의 징역 또는 15억원 이하의 벌금

CHAPTER

외국의 부동산 투자 안보 관련 법령비교표

① 법률명

	법률명
미국	○ 1950년 The Defense Protection Act of 1950 제721조를 수정한 외국투자위험심사현대화법[Foreign Investment Risk Review Modernization Act (FIRRMA) (50 U.S.C. §4565)] ○ 31 C.F.R. Parts 800-802[부동산의 경우 802]
오스트레일리아	○ 1975년 외자에 의한 취득 및 인수에 관한 법률(외국인 매수법) (Foreign Acquisitions and Takeovers Act 1975 (Cth) (FATA)) ○ 2015년 외국인의 취득 및 인수에 관한 규칙(외자매수규칙) (Foreign Acquisitions and Takeovers Regulation 2015 (Cth) (FATR) ○ 2020년 외자에 의한 취득 및 인수와 관련된 수수료 부과에 관한 법률(Foreign Acquisitions and Takeovers Fees Imposition Amendment Act 2020) 등
일본	○ 중요 시설 주변 및 국경 도서 지역에서의 토지 등의 이용 상황 조사 및 이용 규제 등에 관한 법률(重要施設周辺及び国境離島等における土地等の利用状況の調査及び利用の規制等に関する法律) ○ 토지등이용상황심의회령(土地等利用状況審議会令)
한국	○ 부동산 거래신고 등에 관한 법률 (약칭:「부동산거래신고법」) ○ 부동산 거래신고 등에 관한 법률 시행령 등

(2) 심사주체

심사 주체	
미국	◦ 대미외국인투자위원회(CFIUS)
오스트레 일리아	◦ 재무부 장관
	◦ 외국투자심사위원회(Foreign Investment Review Board(FIRB) 등
일본	◦ 내각부
	◦ 토지등이용상황심의회(土地等利用状況審議会)
한국	◦ 신고관청[시장·군수 또는 구청장]
	◦ 관계 행정기관과 협의

(3) 목적

목적	
미국	◦ 국가안전보장
오스트레 일리아	◦ 국가안전보장 및 국익
일본	◦ 국민생활기반 유지, 일본 영해 등의 보전, 국가안전보장
한국	◦ 건전하고 투명한 부동산 거래질서를 확립하고 국민경제에 이바지함

(4) 신고자

신고자	
미국	◦ 심사대상 거래의 당사자가 공동으로 제출
오스트레 일리아	◦ 법에 규정된 외국인, 투자자 등
일본	◦ 매도인 및 매수자 쌍방(계약 당사자)
한국	◦ 외국인 등

심사대상	
미국	① 심사대상지배권거래(covered control transaction) ② 심사 대상 투자(covered investment) ③ 심사대상지배거래 또는 대상투자에 의한 권리변경 ④ CFIUS 심사를 회피하기 위한 의도로 설계된 거래 ⑤ 대상 부동산 거래: 특정 미국 군사시설, 항만 또는 기타 민감한 지역 인근의 부동산 구입, 사용권 취득 또는 리스 등
오스트레일리아	① 통지대상행위(notifiable action) 　외국인 투자자가 오스트레일리아 농업에 대한 지분, 오스트레일리아 사업체의 실질적 지분(20% 초과) 또는 오스트레일리아 토지의 권익을 취득하고자 하는 경우 또는 외국 정부 투자자가 오스트레일리아 사업체의 직접 지분 ② 중대행위(significant action) 　외국인 투자가 오스트레일리아 사업의 유가증권(security), 자산 또는 오스트레일리아 토지에 대한 권익을 취득하거나 기타 수단으로 오스트레일리아와 관련된 사업체 및 사업과 관련된 행위를 하고 그 결과 지배권의 변경이 발생하는 경우. ③ 국가 안보 통지 대상 행위(notifiable national security action) ④ 국가안전보장심사대상행위 (reviewable national security action)
일본	① 방위관계시설 ② 해상보안청 시설 ③ 생활관련시설(원전, 공항) ④ 국경 낙도(영해기선, 영해경비 활동 거점)
한국	1. 「군사기지 및 군사시설 보호법」 제2조제6호에 따른 군사기지 및 군사시설 보호구역, 그 밖에 국방목적을 위하여 외국인등의 토지취득을 특별히 제한할 필요가 있는 지역으로서 대통령령으로 정하는 지역 2. 「문화재보호법」 제2조제3항에 따른 지정문화재와 이를 위한 보호물 또는 보호구역 2의2. 「자연유산의 보존 및 활용에 관한 법률」에 따라 지정된 천연기념물·명승 및 시·도자연유산과 이를 위한 보호물 또는 보호구역 3. 「자연환경보전법」 제2조제12호에 따른 생태·경관보전지역

4. 「야생생물 보호 및 관리에 관한 법률」 제27조에 따른 야생생물 특별보호구역

[시행령] 제6조(외국인등의 토지거래 허가) ① 법 제9조제1항에 따라 토지취득의 허가를 받으려는 외국인등은 신청서에 국토교통부령으로 정하는 서류를 첨부하여 신고관청에 제출하여야 한다.

② 법 제9조제1항제1호에서 "대통령령으로 정하는 지역"이란 국방목적상 필요한 다음 각 호의 어느 하나에 해당하는 지역으로서 국방부장관 또는 국가정보원장의 요청이 있는 경우에 국토교통부장관이 관계 중앙행정기관의 장과 협의한 후 「국토의 계획 및 이용에 관한 법률」 제106조에 따른 중앙도시계획위원회의 심의를 거쳐 고시하는 지역을 말한다. 〈개정 2023. 10. 4.〉

1. 섬 지역

2. 「국방·군사시설 사업에 관한 법률」에 따른 군부대주둔지와 그 인근지역

3. 「통합방위법」에 따른 국가중요시설과 그 인근지역

④ 신고관청은 법 제9조제1항제1호에 따른 구역·지역에 대한 토지취득의 허가 여부를 결정하기 위해 같은 조 제2항에 따라 국방부장관 또는 국가정보원장 등 관계 행정기관의 장과 협의하려는 경우에는 제1항에 따른 신청서 등 국토교통부령으로 정하는 서류를 해당 관계 행정기관의 장에게 보내야 한다. 〈신설 2023. 10. 4.〉

⑥ 심사기준

심사기준	
미국	○ 거래가 국가안전보장상 위해를 초래하는가.
오스트레일리아	○ 예정된 투자가 국가안보를 포함한 오스트레일리아의 국익에 위배되는가.
일본	○ 국가안보, 영해보전, 국민생활 기반 유지
한국	○ 토지의 투기적인 거래가 성행하거나 지가가 급격히 상승하는 지역과 그러한 우려있는 지역(내국인 토지거래 허가 기준)

심사 절차	
미국	○ 거래 당사자는 거래 완료 전 또는 후에 국가안전보장심사의 임의통지를 제출할 수 있음. 의무적 신고의 대상이 규정되어 있음 ○ 의무적 신고의 대상이 되는 거래에 대하여 신고요건은 거래완료 30일 전까지 충족되어야 함. 신고는 통지 또는 신고를 통해 가능 ○ 신고 프로세스는 보통 제출 후 5 내지 6주 만에 완료. 통지 프로세스에 필요한 기간은 통상 3~4개월임. ○ CFIUS의 판단에 따라 예외적으로 15일간 조사기간 연장이 가능.
오스트레일리아	○ 통지대상행위 또는 국가안전보장통지대상행위는 그 행위가 실행되기 전에 의무적 통지(및 승인취득)가 필요 ○ 중대행위 또는 국가안전보장심사대상행위의 신고는 임의나 신고를 하는 경우에는 행위를 실행하기 전에 하여야 함. 투자자는 지분취득에 관한 계약을 체결할 수 있는데, 해당 지분 취득은 FIRB의 승인을 조건으로 함 ○ 재무부 장관은 신청서를 30일 이내에 검토하고 결정을 내림. 이 결정까지의 기한은 신청 수수료 전액이 지불된 때부터 기산함 ○ FIRB 또는 재무대신이 투자자에게 추가 정보를 요구한 경우에는 추가 정보 제출까지의 기간 동안 30일의 심사기간이 정지. ○ FIRB 또는 재무부 장관은 법정 30일을 90일까지 연장할 수 있음
일본	○ 특별 주시구역 내에 있는 일정 면적 이상의 토지 및 건물에 관한 소유권(또는 그 취득)을 목적으로 하는 권리를 이전 또는 설정하는 계약을 체결하는 경우 계약 당사자(매도인 및 매수인 쌍방)는 법령에서 정한 사항을 총리에게 신고할 필요가 있음 ○ 특별 주시 구역 내에 있는 토지 등으로 그 면적이 200평방 미터 이상인 것이 대상. 신고 대상이 되는 권리는 소유권 또는 그 취득을 목적으로 하는 권리 ○ 사전 신고: 토지 등 매매 등 계약을 체결하고자 하는 경우에는 계약체결 전에 미리 총리에게 신고하여야 함. 우송하는 경우 계약 예정일 전날까지 내각부에 도달하도록 해야 함. ○ 사후 신고: 토지 등 매매 등 계약을 체결한 날부터 기산하여 2주 이내에 총리에게 신고하여야 함. 우송하는 경우는, 계약일로부터 기산해(첫날 산입) 2주 이내에 내각부에 도달하도록 함.

한국	○ 외국인 등이 대한민국 안의 부동산등을 취득하는 계약을 체결하였을 때에는 계약체결일부터 60일 이내에 신고관청에 신고하여야 함
	○ 외국인등이 상속ㆍ경매, 그 밖에 대통령령으로 정하는 계약 외의 원인으로 대한민국 안의 부동산등을 취득한 때에는 부동산등을 취득한 날부터 6개월 이내에 신고관청에 신고
	○ 대한민국 안의 부동산 등을 가지고 있는 국민이나 법인 또는 단체가 외국인 등으로 변경된 경우 그 외국인 등이 해당 부동산 등을 계속보유하려는 경우에는 외국인등으로 변경된 날부터 6개월 이내에 따라 신고관청에 신고
	○ 외국인 등이 취득하려는 토지가 특정 구역ㆍ지역 등에 있으면 토지를 취득하는 계약을 체결하기 전에 신고관청으로부터 토지취득의 허가를 받아야 함

⑧ 모니터링과 집행

모니터링과 집행	
미국	○ CFIUS는 거래가 국가안전보장상의 리스크를 초래한다고 판단한 경우, 그러한 리스크에 대처하기 위해 경감조치의 실시를 요구할 수 있음. 경감조치는 통상 거래 당사자와 공동으로 심사를 주도
	○ (복수의) CFIUS 담당기관 간에 교섭하는 경감 합의 체결 형식으로 실시. (복수의) CFIUS 담당기관은 경감합의 준수상황 등에 대해 확인하는 모니터링을 실시.
	○ 경감합의를 위반했을 경우, CFIUS는 제재금을 부과하는 것도 가능.
	○ CFUS는 조치를 결정하면 거래에 세이프 하버를 부여하는데, 이는 원래 신고 내용에 중대한 허위기재 또는 누락이 없는 한 거래가 다시 CFIUS의 심사 대상이 되지 않는다는 것을 의미

오스트레일리아	○ 재무부 장관은 외국투자가 일정한 서약사항을 제시하고 이를 준수하는 것을 조건으로 승인을 부여할 수 있음. 이러한 조건은 거래가 국익 또는 국가안전보장에 반하지 않도록 확보하는 것을 목적으로 함.
	○ 조건부 승인을 취득한 신청자는 관련 조건의 준수를 나타내는 정기보고를 제출할 필요가 있음. 부과된 조건을 준수하지 않는 것은 위법하며 재무부 장관은 위반에 대해 자산 처분 요청을 포함한 광범위한 권한을 가짐
	○ 재무부 장관은 심사를 위한 광범위한 정보수집 권한을 가짐. 「외자매수법」은 재무부 장관이 정보의 제공을 당사자에게 요구하는 통지를 발행할 수 있다고 정하고 있음. 또한 권한을 가진 직원은 FATA 규정 준수 여부를 판단하고 FATA 위반 및 민사규정에 관한 자료를 수집하기 위해 법원발부 영장에 따라 집행할 수 있음.
	○ 재무부 장관은 조건의 준수위반 이외에도 기준치에 해당하는 투자의 통지를 게을리하는 등 「외자매수법」을 위반한 외국인 투자가에 대하여 자산, 사업 또는 토지에 대한 지분처분을 명령할 수 있음
일본	○ 제도의 취지, 구체적인 절차 등에 대해서 주지·홍보를 정확하게 실시
	○ 신고 양식을 가능한 한 간소화한 후 그 기재 매뉴얼을 작성·공표하는 것 외에 신고와 관련된 Q&A를 공표하는 등 대상자로부터의 상담에 세심하게 대응하는 체제를 정비. 온라인에 의한 신고를 가능하게 해, 신고 절차의 부담 경감 및 편리성 향상을 도모
	○ 「택지건물거래업법」(宅地建物取引業法) 제35조에 근거하여 택지건물거래업자가 택지건물거래사로 하여금 대상이 되는 토지 등의 구입자에게 '중요사항'의 일부가 되는 법 제13조 제1항에 대한 설명을 의무화
한국	○ 지가의 동향과 토지거래의 상황을 조사
	○ 토지거래계약에 관한 허가 또는 변경허가를 받지 아니하고 토지거래계약 또는 그 변경계약을 체결한 자, 토지거래계약에 관한 허가를 받은 자가 그 토지를 허가받은 목적대로 이용하지 아니한 자, 부정한 방법으로 토지거래계약에 관한 허가를 받은 자 드에 대해서는 허가 취소 또는 그 밖에 필요한 처분을 하거나 조치를 명할 수 있음
	○ 토지거래계약 허가의 취소 처분을 하려면 청문을 하여야 함

⑨ 벌칙

벌칙	
미국	○ CFIUS 제재금: ○ 중대한 허위 기재나 누락에 대해 위반 시마다 25만 달러 이하의 제재금 ○ 경감 합의/명령의 중요 조항 위반 등에 대해 위반 시마다 25만 달러 또는 거래 가격 중 높은 금액을 초과하지 않는 금액의 제재금 ○ 신고의무 위반은 위반 시마다 25만 달러 또는 거래가액 중 높은 금액을 초과하지 않는 금액의 제재금 ○ 형사처벌: 없음
오스트레일리아	○ 민사벌: ○ 「외자매수법」위반(통지 불이행, 승인조건 미준수 등)에 대해 자연인에게 5,000 penalty units/법인에 대해 50,000 penalty units 또는 투자액의 75%(상한 2,500,000 penalty units) 중 하나인 높은 금액의 제재금 ○ 형사벌: ○ 「외자매수법」위반(통지 불이행, 승인조건 미준수 등)에 대해 10년 이하의 징역, 자연인에 대해 15,000 penalty units/법인에 대해 150,000 penalty units 이하의 벌금 또는 이들 병과
일본	○ 명령 위반: 2년 이하의 징역 또는 2백만엔 이하의 벌금에 처하거나 이를 병과 ○ 신고 위반: 위반행위를 한 자는 6개월 이하의 징역 또는 백만엔 이하의 벌금 ○ 허위 보고 등: 보고나 자료의 제출에 대하여 허위 보고를 하거나 허위자료를 제출한 때에는 해당 위반행위를 한 자는 30만엔 이하의 벌금
한국	○ 부당하게 재물이나 재산상 이득을 취득하거나 제3자로 하여금 이를 취득하게 할 목적으로 거짓으로 신고한 자는 3년 이하의 징역 또는 3천만원 이하의 벌금 ○ 허가를 받지 아니하고 토지취득계약을 체결하거나 부정한 방법으로 허가를 받아 토지취득계약을 체결한 외국인 등은 2년 이하의 징역 또는 2천만 원 이하의 벌금 ○ 허가 또는 변경허가를 받지 아니하고 토지거래계약을 체결하거나, 속임수나 그 밖의 부정한 방법으로 토지거래계약 허가를 받은 자는 2년 이하의 징역 또는 계약 체결 당시의 개별공시지가에 따른 해당 토지가격의 100분의 30에 해당하는 금액 이하의 벌금 ○ 허가 취소, 처분 또는 조치명령을 위반한 자는 1년 이하의 징역 또는 1천만 원 이하의 벌금 ○ 양벌규정과 과태료

CHAPTER 05

국내 투자 안보 관련 법령비교표

----

① 목적

법령	목적
외국환거래법	○ 외국환거래와 그 밖의 대외거래의 자유를 보장하고 시장기능을 활성화하여 대외거래의 원활화 및 국제수지의 균형과 통화가치의 안정을 도모함으로써 국민경제의 건전한 발전에 이바지함을 목적
외국인투자 촉진법	○ 외국인 투자를 지원하고 외국인 투자에 편의를 제공하여 외국인투자 유치를 촉진함으로써 국민경제의 건전한 발전에 이바지함을 목적
국가첨단전략산업 경쟁력 강화 및 보호에 관한 특별조치법	○ 국가첨단전략산업의 혁신생태계 조성과 기술 역량 강화를 통하여 산업의 지속 가능한 성장기반을 구축함으로써 국가·경제 안보와 국민경제 발전에 이바지함을 목적
부동산거래 신고법	○ 부동산 거래 등의 신고 및 허가에 관한 사항을 정하여 건전하고 투명한 부동산 거래질서를 확립하고 국민경제에 이바지함을 목적
방산기술보호법	○ 방위산업기술을 체계적으로 보호하고 관련 기관을 지원함으로써 국가의 안전을 보장하고 방위산업기술의 보호와 관련된 국제조약 등의 의무를 이행하여 국가신뢰도를 제고하는 것을 목적
산업기술보호법	○ 산업기술의 부정한 유출을 방지하고 산업기술을 보호함으로써 국내 산업의 경쟁력을 강화하고 국가의 안전보장과 국민경제의 발전에 이바지함을 목적

ㄹ 주무 부처

법령	주무부처
외국환거래법	◦ 기획재정부(외환제도과), 044-215-4753, 4756
외국인투자촉진법	◦ 산업통상자원부(투자정책과) 044-203-4077
국가첨단전략산업법	◦ 산업통상자원부(산업정책과) 044-203-4215 ◦ 산업통상자원부(기술안보과) 044-203-4854
부동산거래신고법	◦ 국토교통부(토지정책과- 부동산거래 신고, 토지거래 허가) 044-201-3402 ◦ 국토교통부(주택 임대차 지원팀 - 주택 임대차 신고) 044-201-3314
방산기술보호법	◦ 국방부(전력정책과) 02-748-5613
산업기술보호법	◦ 산업통상자원부(기술안보과) 044-203-4852

ㅌ 다른 법률과의 관계

법령	다른 법률과의 관계
외국환거래법	제26조(다른 법률과의 관계) 제11조의3 제5항, 제20조, 제23조, 제24조 및 제25조 제2항은 「금융실명거래 및 비밀보장에 관한 법률」 제4조에 우선하여 적용된다.
부동산거래 신고법	제20조(다른 법률에 따른 인가 · 허가 등의 의제) ① 농지에 대하여 제11조에 따라 토지거래계약 허가를 받은 경우에는 「농지법」 제8조에 따른 농지취득자격증명을 받은 것으로 본다. 이 경우 시장 · 군수 또는 구청장은 「농업 · 농촌 및 식품산업 기본법」 제3조 제5호에 따른 농촌(「국토의 계획 및 이용에 관한 법률」에 따른 도시지역의 경우에는 같은 법에 따른 녹지지역만 해당한다)의 농지에 대하여 토지거래계약을 허가하는 경우에는 농지취득자격증명의 발급 요건에 적합한지를 확인하여야 하며, 허가한 내용을 농림축산식품부장관에게 통보하여야 한다. ② 제11조 제4항 및 제5항에 따라 허가증을 발급받은 경우에는 「부동산등기 특별조치법」 제3조에 따른 검인을 받은 것으로 본다.

외국인투자 촉진법	제20조(다른 법률에 대한 특례) ① 외국인 투자지역에서 토지를 분할하는 경우에는 「국토의 계획 및 이용에 관한 법률」 제56조 제1항 제4호를 적용하지 아니한다. ② 외국인투자지역에 입주하는 외국인투자기업에 대하여는 「대외무역법 제11조에도 불구하고 산업통상자원부장관이 정하는 바에 따라 수출 또는 수입에 관한 제한을 완화할 수 있다. ③ 외국인투자지역에 입주하는 외국인투자기업에 대하여는 다음 각 호의 법률을 적용하지 아니한다. 2. 「국가유공자 등 예우 및 지원에 관한 법률」 제33조의2 제1항, 「보훈보상대상자 지원에 관한 법률」 제39조 제1항, 「5·18민주유공자예우 및 단체설립에 관한 법률」 제24조의2 제1항, 「특수임무유공자 예우 및 단체설립에 관한 법률」 제21조 제2항 제30조(다른 법률 및 국제조약과의 관계) ① 이 법 중 외국환 및 대외거래에 관한 사항에 관하여는 이 법에 특별한 규정이 없으면 「외국환거래법」에서 정하는 바에 따른다. ② ~⑥ [생략] ⑦ 일반지주회사의 손자회사가 제6항에 따라 공동출자법인의 주식을 소유하고자 하는 경우에는 외국인투자위원회의 승인을 받아야 한다. 이 경우 산업통상자원부 장관은 손자회사와의 사업 관련성 및 합작 주체로서의 적절성 여부 등 대통령령으로 정하는 요건에 대하여 공정거래위원회의 사전 심의를 거쳐야 한다. ⑧ 제6항 및 제7항에서 사용하는 "일반지주회사", "손자회사", "공동출자법인"의 정의는 「독점규제 및 공정거래에 관한 법률」에서 정하는 바에 따른다. ⑨ 이 법은 대한민국이 체결·공포한 국제조약의 내용을 수정하거나 제한하는 것으로 해석되지 아니한다.
국가첨단전략 산업법	제4조(다른 법률과의 관계) ① 이 법은 전략산업등의 육성에 관하여 다른 법률에 우선하여 적용한다. 다만, 다른 법률을 적용하는 것이 전략산업등을 영위하는 사업자에게 유리한 경우에는 그 법률을 적용한다. ② 전략기술의 보호조치에 관하여 이 법에 특별한 규정이 있는 경우를 제외하고는 「산업기술의 유출방지 및 보호에 관한 법률」에서 정하는 바에 따른다.
방산기술보호법	제3조(다른 법률과의 관계) 방위산업기술의 보호에 관하여 다른 법률에 특별한 규정이 있는 경우를 제외하고는 이 법에서 정하는 바에 따른다.
산업기술보호법	제4조(다른 법률과의 관계) 산업기술의 유출방지 및 보호에 관하여는 다른 법률에 특별한 규정이 있는 경우를 제외하고는 이 법이 정하는 바에 따른다.

④ 심사주체

심사주체	
외국환거래법	○ 기획재정부장관 – 본 거래를 하려는 자는 대통령령으로 정하는 바에 따라 기획재정부장관에게 신고하여야 함. 다만, 외국환 수급 안정과 대외거래 원활화를 위하여 대통령령으로 정하는 자본거래는 사후에 보고하거나 신고하지 아니할 수 있음
외국인투자 촉진법	○ 산업통상자원부, 외국인투자위원회. – 외국인 투자유치에 관한 중요사항을 심의하기 위하여 산업통상자원부에 외국인투자위원회를 설치 운영
국가첨단전략 산업법	○ 국무총리, 산업통상자원부, 국가첨단전략산업위원회 – 전략산업 등의 육성 및 보호와 관련된 주요 정책 및 계획에 관한 사항을 심의·의결하기 위하여 국무총리 소속으로 국가첨단전략산업위원회 설치 운영
부동산거래 신고법	○ 국토교통부 장관, 신고 관청 – 외국인 등이 취득하려는 토지가 「군사기지 및 군사시설 보호법」 제2조 제6호에 따른 군사기지 및 군사시설 보호구역, 그 밖에 국방 목적을 위하여 외국인 등의 토지 취득을 특별히 제한할 필요가 있는 지역으로서 대통령령으로 정하는 지역 등에 해당하는 구역·지역 등에 있으면 토지를 취득하는 계약을 체결하기 전에 대통령령으로 정하는 바에 따라 신고관청[시장, 군수, 구청장]으로부터 토지 취득의 허가를 받아야 함
방산기술보호법	○ 국방부 장관, 방위산업기술보호위원회 – 방위산업기술의 보호에 관한 주요 사항을 심의하기 위하여 국방부 장관 소속으로 방위산업기술보호위원회를 설치 운영
산업기술보호법	○ 산업통상자원부 장관, 산업기술보호위원회 – 산업기술의 유출방지 및 보호에 관한 주요 사항을 심의하기 위하여 산업통상자원부 장관 소속으로 산업기술보호위원회를 설치 운영

5 심사 주체의 구성 및 관련 부속 기관

법령	심사 주체의 구성 및 관련 부속 기관
외국환거래법	○ 기획재정부장관 ○ 기획재정부장관은 이 법에 따른 권한의 일부를 대통령령으로 정하는 바에 따라 금융위원회, 증권선물위원회, 관계 행정기관의 장, 한국은행총재, 금융감독원장, 외국환 업무 취급기관 등의 장, 그 밖에 대통령령으로 정하는 자에게 위임하거나 위탁할 수 있음
외국인투자 촉진법	○ 산업통상자원부 장관 ○ 외국인투자위원회는 산업통상자원부 장관이 위원장이 되고, 다음의 위원으로 구성. 기획재정부 차관, 교육부 차관, 과학기술정보통신부 차관, 외교부 차관, 국방부 차관, 행정안전부 차관, 문화체육관광부 차관, 농림축산식품부 차관, 환경부 차관, 고용노동부 차관, 국토교통부 차관, 해양수산부 차관, 방위사업청장, 금융위원회 부위원장. 국가정보원장이 지명하는 국가정보원 차장. 외국인투자위원회의 회의에 부치는 안건과 관련된 중앙행정기관의 차관·부위원장 또는 차장, 서울특별시 부시장, 시·도지사(서울특별시장은 제외) 또는 대한무역투자진흥공사의 장 ○ 외국인투자위원회에서 심의할 안건을 검토·조정하고 대통령령으로 정하는 바에 따라 외국인투자위원회가 위임한 안건을 심의하기 위하여 외국인 투자실무위원회를 설치 운영 ○ 외국인 투자와 관련된 상담·안내·홍보·조사·연구와 민원사무의 처리 및 대행, 창업보육, 그 밖에 외국투자가 및 외국인 투자기업에 대한 지원업무를 종합적으로 수행하기 위하여 대한무역투자진흥공사에 외국인 투자지원센터를 설치 운영
국가첨단전략 산업법	○ 국무총리, 국가 첨단전략산업위원회 – 위원회는 위원장 1명을 포함한 20명 이내의 위원으로 구성하되, 위원장은 국무총리가 되며, 간사위원은 산업통상자원부 장관, 위원은 다음과 같음 　1. 대통령령으로 정하는 관계 중앙행정기관의 장 　2. 전략산업등의 육성·보호에 관한 전문성과 경험이 풍부한 사람으로서 산업계·학계·연구기관 등에 종사하는 사람 중에서 위원장이 위촉하는 사람 – 위원회에서 심의·의결하는 사항을 미리 검토·조정하고 대통령령으로 정하는 바에 따라 위원회로부터 위임된 사항을 다루기 위하여 위원회에 첨단전략산업조정위원회를 두며, 조정위원회의 위원장은 산업통상자원부 장관이 지명하는 산업통상자원부 차관이 됨

	– 조정위원회의 심의를 효율적으로 운영하기 위하여 대통령령으로 정하는 바에 따라 소위원회를 설치 운영 – 위원회는 업무를 수행하기 위하여 필요한 경우에는 전문적인 지식과 경험이 있는 관계 전문가의 의견을 듣거나 관계 중앙행정기관 및 지방자치단체, 공공기관·연구기관 또는 그 밖의 기관·단체 등에 자료 제출 또는 의견 제시 등의 협조를 요청할 수 있음
부동산거래 신고법	○ 국토교통부장관 – 이 법에 따른 국토교통부장관의 권한은 그 일부를 대통령령으로 정하는 바에 따라 시·도지사, 시장·군수 또는 구청장에게 위임할 수 있음 – 국토교통부 장관은 제5조의 부동산거래가격 검증체계 구축·운영, 제6조 제3항에 따른 신고내용조사 및 제25조의 부동산정보체계의 구축·운영 업무를 대통령령으로 정하는 바에 따라 부동산시장 관련 전문성이 있는 공공기관[한국부동산원]에 위탁할 수 있음
방산기술보호법	○ 국방부 장관, 방위산업 기술 보호 위원회 – 위원회는 위원장 1명을 포함한 25명 이내의 위원으로 구성. 위원 중에는 방위산업기술의 보호에 관한 전문지식 및 경험이 풍부한 사람으로서 국방부 장관이 위촉하는 사람이 5명 이상 포함되어야 함. – 위원장은 국방부 장관이 되고, 부위원장은 방위사업청장이 되며, 위원은 다음 각 호의 사람 1. 국방부·방위사업청·합동참모본부 및 각군의 실·국장급 공무원 또는 장성급(將星級) 장교 중에서 대통령령으로 정하는 사람 2. 법무부·과학기술정보통신부·외교부 및 산업통상자원부의 실·국장급 공무원으로서 소속기관의 장이 추천하는 사람 중에서 국방부장관이 위촉하는 사람 3. 「국방과학연구소법」에 따른 국방과학연구소의 장 및 「방위사업법」에 따른 국방기술품질원의 장 4. 방위산업기술의 보호 관련 업무를 수행하는 대통령령으로 정하는 정보수사기관(이하 "정보수사기관"이라 한다)의 실·국장급 공무원 또는 장성급 장교로서 소속기관의 장이 추천하는 사람 중에서 국방부장관이 위촉하는 사람 5. 방위산업기술의 보호에 관한 전문지식 및 경험이 풍부한 사람으로서 국방부장관이 위촉하는 사람 – 방위산업기술의 보호에 관한 사전검토 등 사항을 지원하기 위하여 위원회에 실무위원회를 설치 운영

	○ 산업통상자원부 장관, 산업기술보호위원회
산업기술보호법	- 위원회는 위원장 1인을 포함한 25인 이내의 위원으로 구성. 위원 중에는 산업기술의 유출방지 및 보호에 관한 학식과 경험이 풍부한 자로서 위원장이 성별을 고려하여 위촉하는 자가 5인 이상 포함
	- 위원장은 산업통상자원부 장관이 되고, 위원은 다음의 자 : 관계 중앙행정기관의 차관·차장 또는 이에 상당하는 공무원 중 대통령령으로 정하는 자, 산업기술의 유출 방지 업무를 수행하는 정보수사기관의 장이 지명하는 자, 산업기술의 유출 방지 및 보호에 관한 학식과 경험이 풍부한 자로서 위원장이 성별을 고려하여 위촉하는 자
	- 위원회에 간사 1명을 두되, 간사는 산업통상자원부 소속 공무원 중에서 위원장이 지명하는 자.
	- 산업기술의 유출 방지 및 보호에 관한 사전검토, 위임받은 사항을 사전에 전문적으로 검토하기 위하여 위원회에 분야별 전문위원회를 설치 운영
	- 대상기관은 산업기술의 유출 방지 및 보호에 관한 정책을 효율적으로 추진하기 위하여 산업통상자원부 장관의 인가를 받아 산업기술보호협회를 설립 운영, 협회는 법인으로 함

⑥ 신고자

법령	신고자
외국환거래법	○ 외환 관련 거래(이하 외국인 투자 제외)에 종사하는 자 ○ 자본거래를 하려는 자는 대통령령으로 정하는 바에 따라 기획재정부장관에게 신고
외국인투자 촉진법	○ 외국인은 제2조 제1항 제4호 각 목에 해당하는 방법에 따라 외국인투자를 하려는 경우에는 산업통상자원부령으로 정하는 바에 따라 미리 산업통상자원부장관에게 신고하여야 함 ○ 외국인이 대통령령으로 정하는 방위산업체를 경영하는 기업에 대하여 제2조 제1항 제4호가목의 방법에 따른 외국인투자를 하려는 경우에는 제5조 제1항 및 제2항에도 불구하고 산업통상자원부령으로 정하는 바에 따라 미리 산업통상자원부장관의 허가를 받아야 함

국가첨단전략 산업 경쟁력 강 화 및 보호에 관 한 특별조치법	○ 전략기술(국가첨단전략기술)을 보유한 자 ○ 국가첨단전략기술이란 공급망 안정화 등 국가·경제 안보에 미치는 영향 및 수출·고용 등 국민경제적 효과가 크고 연관산업에 미치는 파급효과 가 현저한 기술로서 제11조에 따라 지정된 기술을 말함
부동산거래 신고법	○ 거래당사자란 부동산 등의 매수인과 매도인을 말하며, 제4호에 따른 외 국인 등을 포함 ○ 거래당사자는 다음 각 호의 어느 하나에 해당하는 계약을 체결한 경우 그 실제 거래가격 등 대통령령으로 정하는 사항을 거래계약의 체결일부터 30일 이내에 그 권리의 대상인 부동산 등의 소재지를 관할하는 시장·군 수 또는 구청장(이하 "신고관청")에게 공동으로 신고하여야 함 ○ 외국인 등의 부동산 취득·보유 신고. 외국인등이 대한민국 안의 부동산 등을 취득하는 계약을 체결하였을 때에는 계약체결일부터 60일 이내에 대통령령으로 정하는 바에 따라 신고관청에 신고하여야 함
방산기술보호법	○ "대상기관"이란 방위산업기술을 보유하거나 방위산업기술과 관련된 연 구개발사업을 수행하고 있는 기관으로서 다음 각 호의 어느 하나에 해 당하는 기관을 말함. 가. 「국방과학연구소법」에 따른 국방과학연구소 나. 「방위사업법」에 따른 방위사업청·각군·국방기술품질원·방위산업체 및 전문연구기관 다. 그 밖에 기업·연구기관·전문기관 및 대학 등 ○ 방위산업기술의 유출 및 침해 신고 등 : 대상기관의 장은 제10조 각 호 의 어느 하나에 해당하는 행위가 발생할 우려가 있거나 발생한 때에는 즉시 방위사업청장 또는 정보수사기관의 장에게 그 사실을 신고하여야 하고, 방위산업기술의 유출 및 침해를 방지하기 위하여 필요한 조사 및 조치를 요청할 수 있음
산업기술보호법	○ "대상기관"이란 산업기술을 보유한 기업·연구기관·전문기관·대학 등 을 말함 ○ 국가핵심기술의 수출 등: 국가로부터 연구개발비를 지원받아 개발한 국 가핵심기술을 보유한 대상기관이 해당 핵심기술을 외국기업 등에 매각 또는 이전 등의 방법으로 수출(이하 "국가핵심기술의 수출")하고자 하는 경우에는 산업통상자원부 장관의 승인을 얻어야 함 ○ 국가핵심기술을 보유하는 대상기관의 해외인수·합병등: 국가로부터 연구 개발비를 지원받아 개발한 국가핵심기술을 보유한 대상기관이 대통령령으 로 정하는 해외 인수·합병, 합작투자 등 외국인투자(이하 "해외인수·합병 등")를 진행하려는 경우에는 미리 산업통상자원부장관의 승인을 받아야 함

법령	심사대상
외국환거래법	○ 적용 대상 1. 대한민국에서의 외국환과 대한민국에서 하는 외국환거래 및 그 밖에 이와 관련되는 행위 2. 대한민국과 외국 간의 거래 또는 지급·수령, 그 밖에 이와 관련되는 행위(외국에서 하는 행위로서 대한민국에서 그 효과가 발생하는 것을 포함) 3. 외국에 주소 또는 거소를 둔 개인과 외국에 주된 사무소를 둔 법인이 하는 거래로서 대한민국 통화(通貨)로 표시되거나 지급받을 수 있는 거래와 그 밖에 이와 관련되는 행위 4. 대한민국에 주소 또는 거소를 둔 개인 또는 그 대리인, 사용인, 그 밖의 종업원이 외국에서 그 개인의 재산 또는 업무에 관하여 한 행위 5. 대한민국에 주된 사무소를 둔 법인의 대표자, 대리인, 사용인, 그 밖의 종업원이 외국에서 그 법인의 재산 또는 업무에 관하여 한 행위 ○ 외환과 관련된 모든 거래에 FETA에 근거한 보고 의무가 적용. FIPA상의 외국인 투자에 해당하는 거래에 대해서는 FIPA에 근거한 보고 의무가 적용
외국인투자촉진법	○ 외국인투자 허가 등 − 외국인이 대통령령으로 정하는 방위산업체를 경영하는 기업에 대하여 제2조제1항제4호가목의 방법에 따른 외국인투자를 하려는 경우에는 제5조제1항 및 제2항에도 불구하고 산업통상자원부령으로 정하는 바에 따라 미리 산업통상자원부장관의 허가를 받아야 함. 허가받은 내용 중 외국인투자비율 등 산업통상자원부령으로 정하는 사항을 변경할 때에도 또한 같음
국가첨단전략산업법	○ 전략기술의 수출 승인 등 − 전략기술 보유자가 해당 전략기술을 외국기업 등에 매각 또는 이전 등의 방법으로 수출(이하 "전략기술의 수출"이라 한다)하고자 하는 경우에는 산업통상자원부 장관의 승인을 받아야 함 ○ 전략기술 보유자의 해외 인수·합병 등 − 전략기술 보유자가 대통령령으로 정하는 해외 인수·합병, 합작투자 등 외국인투자(이하 "해외인수·합병등")를 진행하려는 경우에는 미리 산업통상자원부 장관의 승인을 받아야 함

	1. 외국인이 단독으로 또는 다음 각 목의 자와 합산하여 전략기술보유자의 주식 또는 지분(장래에 주식 또는 지분으로 전환하거나 주식 또는 지분을 인수할 권리를 포함. 이하 "주식등")을 100분의 50 이상 소유하려는 경우(100분의 50 미만을 소유하려는 경우로서 주식등의 최다소유자가 되면서 전략기술 보유자의 임원 선임이나 경영에 지배적인 영향력을 행사할 수 있게 되는 경우를 포함) 가. 외국인의 배우자, 8촌 이내의 혈족, 4촌 이내의 인척 나. 외국인이 단독으로 또는 주요 주주나 주요 지분권자와의 계약 또는 합의에 의하여 조직변경 또는 신규사업에의 투자 등 주요 의사결정이나 업무집행에 지배적인 영향력을 행사할 수 있는 회사 다. 외국인이 단독으로 또는 주요 주주나 주요 지분권자와의 계약 또는 합의에 따라 대표자를 임면하거나 임원의 100분의 50 이상을 선임할 수 있는 회사 2. 외국인이 전략기술 보유자의 영업의 전부 또는 주요 부분의 양수·임차 또는 경영의 수임방식으로 그 영업을 경영하려는 경우 3. 외국인이 전략기술 보유자에 자금을 대여하거나 출연을 하면서 과반수 이상의 임원 선임에 지배적인 영향력을 행사할 수 있게 되는 경우
부동산거래 신고법	∘ 외국인 등의 토지거래 허가 – 외국인등이 취득하려는 토지가 다음 각 호의 어느 하나에 해당하는 구역·지역 등에 있으면 토지를 취득하는 계약(이하 "토지취득계약")을 체결하기 전에 대통령령으로 정하는 바에 따라 신고관청으로부터 토지 취득의 허가를 받아야 함 1. 「군사기지 및 군사시설 보호법」 제2조 제6호에 따른 군사기지 및 군사시설 보호구역, 그 밖에 국방 목적을 위하여 외국인등의 토지취득을 특별히 제한할 필요가 있는 지역으로서 대통령령으로 정하는 지역 2. 「문화재보호법」 제2조 제3항에 따른 지정문화재와 이를 위한 보호물 또는 보호구역 2의2. 「자연유산의 보존 및 활용에 관한 법률」에 따라 지정된 천연기념물·명승 및 시·도자 연유산과 이를 위한 보호물 또는 보호구역 3. 「자연환경보전법」 제2조제12호에 따른 생태·경관보전지역 4. 「야생생물 보호 및 관리에 관한 법률」 제27조에 따른 야생생물 특별보호구역

방산기술보호법	○ 방위산업기술의 유출 및 침해 금지 1. 부정한 방법으로 대상기관의 방위산업기술을 취득, 사용 또는 공개(비밀을 유지하면서 특정인에게 알리는 것을 포함)하는 행위 2. 제1호에 해당하는 행위가 개입된 사실을 알고 방위산업기술을 취득·사용 또는 공개하는 행위 3. 제1호에 해당하는 행위가 개입된 사실을 중대한 과실로 알지 못하고 방위산업기술을 취득·사용 또는 공개하는 행위
산업기술보호법	○ 국가핵심기술의 수출 등 – 국가로부터 연구개발비를 지원받아 개발한 국가핵심기술을 보유한 대상기관이 국가핵심기술을 외국기업 등에 매각 또는 이전 등의 방법으로 수출(이하 "국가핵심기술의 수출")하고자 하는 경우에는 산업통상자원부장관의 승인을 얻어야 함 ○ 국가핵심기술을 보유하는 대상기관의 해외인수·합병 등 – 국가로부터 연구개발비를 지원받아 개발한 국가핵심기술을 보유한 대상기관이 대통령령으로 정하는 해외 인수·합병, 합작투자 등 외국인투자(이하 "해외인수·합병등")를 진행하려는 경우에는 미리 산업통상자원부장관의 승인을 받아야 함

심사기준

심사기준	
외국환거래법	○ 외국환거래의 정지 등 : 기획재정부장관은 천재지변, 전시·사변, 국내외 경제 사정의 중대하고도 급격한 변동, 그 밖에 이에 준하는 사태가 발생하여 부득이 하다고 인정되는 경우에는 대통령령으로 정하는 바에 따라 다음 각 호의 어느 하나에 해당하는 조치를 할 수 있음 1. 이 법을 적용받는 지급 또는 수령, 거래의 전부 또는 일부에 대한 일시 정지 2. 지급수단 또는 귀금속을 한국은행·정부기관·외국환평형기금·금융회사 등에 보관·예치 또는 매각하도록 하는 의무의 부과 3. 비거주자에 대한 채권을 보유하고 있는 거주자로 하여금 그 채권을 추심하여 국내로 회수하도록 하는 의무의 부과

	○ 기획재정부장관은 다음 각 호의 어느 하나에 해당된다고 인정되는 경우에는 대통령령으로 정하는 바에 따라 자본거래를 하려는 자에게 허가를 받도록 하는 의무를 부과하거나, 자본거래를 하는 자에게 그 거래와 관련하여 취득하는 지급수단의 일부를 한국은행·외국환평형기금 또는 금융회사 등에 예치하도록 하는 의무를 부과하는 조치를 할 수 있음 1. 국제수지 및 국제금융상 심각한 어려움에 처하거나 처할 우려가 있는 경우 2. 대한민국과 외국 간의 자본 이동으로 통화정책, 환율정책, 그 밖의 거시경제 정책을 수행하는 데에 심각한 지장을 주거나 줄 우려가 있는 경우 ○ 보고서 제출을 필요로 하는 외국인 투자에 대해서는 한국은행 또는 외환은행(정부 기관에 위탁된 기관)이 보고서가 법적 요건을 충족하는지 여부 및 업종 규제(industry restriction)가 적용되는지 여부만 확인할 수 있음. 실무상 한은은 그 재량에 따라 투자 내용을 더 심사할 수 있음
국가첨단전략 산업법	○ 전략기술의 지정·변경 및 해제 등 1. 해당 기술이 산업 공급망 및 국가·경제 안보에 미치는 영향 2. 해당 기술의 성장잠재력과 기술난이도 3. 해당 기술이 다른 산업에 미치는 파급효과 4. 해당 기술이 가지는 산업적 중요성 5. 해당 기술이 수출·고용 등 국민경제에 미치는 영향 6. 그 밖에 대통령령으로 정하는 사항 ○ 해외인수·합병 등의 사전검토 - 해외인수·합병 등을 진행하려는 자는 해당 해외인수·합병등과 관련하여 다음 각 호의 사항에 의문이 있는 때에는 대통령령으로 정하는 바에 따라 산업통상자원부 장관에게 미리 검토하여 줄 것을 신청할 수 있음. 1. 해당 전략기술이 국가·경제 안보와 관련되는지 여부 2. 해당 해외인수·합병 등이 제1항에 따른 승인 대상인지 여부 3. 그 밖에 해당 해외인수·합병 등과 관련하여 의문이 있는 사항
외국인투자 촉진법	○ 외국인투자 신고 및 허가신청 등 : 「외국인투자 촉진법」에 따른 신고를 하려는 자 또는 법 제6조제1항에 따른 허가를 신청하려는 자는 서류를 첨부하여 대한무역투자진흥공사의 장이나 외국환은행의 장(법 제2조 제1항 제4호라목의 외국인투자를 하려는 경우에는 대한무역투자진흥공사의 장으로 한정) 또는 산업통상자원부장관(허가를 신청하려는 경우에 한정)에게 제출해야 함 ○ 법 제5조 제3항, 법 제6조 제1항 후단 및 법 제21조 제3항 제4호에서 "산업통상자원부령으로 정하는 사항"이란 다음 각 호의 사항을 말함

	1. 외국인 투자비율, 외국인 투자금액 2. 외국 투자가의 상호 또는 명칭 및 국적 3. 외국인 투자기업의 상호 또는 명칭 및 주소 4. 외국인 투자기업이 경영하고 있는 사업 또는 경영하려는 사업 5. 주식 또는 지분의 양도자 6. 차관제공자, 차관 금액 및 차관 조건 7. 출연금액 및 출연 조건 8. 그 밖의 외국인 투자 신고서 또는 허가신청서, 외국인 투자기업 등록신청서 기재 사항의 변경
부동산거래 신고법	○ 외국인 등의 토지거래 허가 – 법 제9조 제1항에 따라 토지 취득의 허가를 받으려는 외국인등은 신청서에 국토교통부령으로 정하는 서류를 첨부하여 신고관청에 제출하여야 함 ○ 대통령령으로 정하는 지역이란 국방 목적상 필요한 다음 각 호의 어느 하나에 해당하는 지역으로서 국방부장관 또는 국가정보원장의 요청이 있는 경우에 국토교통부장관이 관계 중앙행정기관의 장과 협의한 후「국토의 계획 및 이용에 관한 법률」제106조에 따른 중앙도시계획위원회의 심의를 거쳐 고시하는 지역을 말함. 1. 섬 지역 2.「국방 · 군사시설 사업에 관한 법률」에 따른 군부대주둔지와 그 인근지역 3.「통합방위법」에 따른 국가중요시설과 그 인근지역
방산기술보호법	○ 방위산업기술의 지정 · 변경 및 해제 등 – 방위사업청장은 지정될 방위산업기술을 선정함에 있어서 해당 기술이 국가안보에 미치는 효과 및 해당 분야의 연구동향 등을 종합적으로 고려하여 필요한 최소한의 범위에서 선정하여야 함
산업기술보호법	○ 국가핵심기술의 수출 등 – 산업통상자원부 장관은 규정에 따른 승인신청에 대하여 국가핵심기술의 수출에 따른 국가안보 및 국민경제적 파급효과 등을 검토하여 관계중앙행정기관의 장과 협의한 후 위원회의 심의를 거쳐 승인할 수 있음 ○ 국가핵심기술을 보유하는 대상기관의 해외인수 · 합병등 – 산업통상자원부 장관은 승인신청을 받은 경우 해외인수 · 합병등이 국가안보에 미치는 영향을 검토하여 관계 중앙행정기관의 장과 협의한 후 위원회의 심의를 거쳐 승인할 수 있음. 이 경우 산업통상자원부 장관은 승인을 할 때 필요하다고 인정되는 조건을 달 수 있음

	심사절차
외국환거래법	○ 자본거래의 신고 등 ○ 법 제18조 제1항에 따라 자본거래의 신고를 하려는 자는 기획재정부장관이 정하여 고시하는 신고 서류를 기획재정부장관에게 제출하여야 함. 이 경우 신고의 절차 및 방법 등에 관한 세부 사항은 기획재정부장관이 정하여 고시 ○ 기획재정부장관은 법 제18조 제3항에 따라 신고수리 여부를 결정할 때에는 제7항에 따른 처리기간에 신고수리, 거부 또는 거래 내용의 변경 권고 여부를 정하여 신고인에게 통지하여야 함. 이 경우 투자 업종, 투자 유형, 투자 규모 등을 고려하여 정형화된 해외직접투자로 인정되는 것으로 미리 고시한 경우에 해당하면 요건심사를 생략할 수 있음 ○ 기획재정부 장관은 심사를 할 때 신고 내용이 불명확하여 심사가 곤란하다고 인정되는 경우에는 지체 없이 상당한 기간을 정하여 보완을 요구할 수 있으며, 신고인이 이 기간에 보완을 하지 아니하면 신고 서류를 반려할 수 있음 ○ 거래 내용의 변경 권고를 받은 자는 변경 권고를 받은 날부터 10일 이내에 해당 변경 권고에 대한 수락 여부를 기획재정부장관에게 알려야 하며, 그 기간에 수락 여부를 알리지 아니하면 수락하지 아니한 것으로 봄 ○ 기획재정부장관은 수락하지 아니한다는 통지를 받은 때에는 통지를 받은 날(통지가 없는 경우에는 신고인이 변경 권고를 받은 날부터 10일이 지난 날)부터 10일 이내에 해당 자본거래의 변경 또는 중지를 명할 것인지의 여부를 결정하여 신고인에게 알려야 함. ○ 대통령령으로 정하는 처리기간이란 30일을 말함. 보완에 걸리는 기간은 처리기간에 산입하지 아니함.

외국인투자 촉진법	○ 법 제6조 제2항에 따른 허가 여부의 처리기간은 허가 신청을 받은 날부터 15일로 함. 다만, 부득이한 경우에는 15일의 범위에서 한 차례만 처리기간을 연장할 수 있음. ○ 산업통상자원부 장관은 법 제6조 제1항에 따른 외국인투자자의 허가 신청에 대하여 보완이나 보정이 필요하다고 인정되는 경우에는 기간을 정하여 그 보완이나 보정을 요구할 수 있으며, 처리기간에 그 보완이나 보정에 소요된 기간은 산입하지 아니함 ○ 산업통상자원부 장관은 법 제6조 제1항에 따른 외국인투자자 허가 신청에 대하여 국방부장관에게 협의를 요청하여야 하며, 협의 요청을 받은 국방부장관은 그 요청을 받은 날부터 10일 이내에 그에 대한 의견을 산업통상자원부 장관에게 통보하여야 함 ○ 요청을 받은 국방부 장관은 허가 신청 대상인 방위산업체가 생산하는 방위산업 물자가 국내의 다른 기업으로부터 대체 공급이 가능하거나 허가로 인하여 국가안보에 중대한 영향을 미치지 아니한다고 판단하는 경우에는 그 허가에 동의하여야 함 ○ 국방부 장관이 의견을 통보하려는 경우에는 다음 각 호의 어느 하나에 해당하는 조건을 붙여서 허가할 것을 산업통상자원부 장관에게 요청할 수 있음 1. 방위산업 물자의 지속적인 생산 및 보안 유지를 위하여 필요한 조건 2. 「방위사업법」 제3조 제11호에 따른 방위산업시설(이하 "방위산업시설")을 대한민국국민이나 대한민국법인에 분리하여 매각하는 조건 ○ 조건이 붙어 허가된 경우 해당 방위산업시설의 매각이 완료되기 전에 주식 등을 취득한 외국인은 해당 기업의 경영에 참여하지 못함 ○ 산업통상자원부 장관은 법을 위반하여 주식 등을 취득한 자에 대하여 그 위반사실을 안 날부터 1개월 이내에 그 주식등을 대한민국 국민이나 대한민국 법인에 양도할 것을 명해야 함. 이 경우 그 양도기간은 6개월의 범위에서 산업통상자원부 장관이 정하는 기간으로 하되, 부득이한 사유가 있다고 인정되는 경우에는 6개월의 범위에서 그 양도 기간을 연장할 수 있음.

국가첨단전략 산업법	○ 해외인수 · 합병등의 사전검토 서류 1. 해외인수 · 합병등을 진행하려는 외국인의 명칭, 주요 주주현황, 매출액, 자산총액 및 사업내용에 관한 자료 2. 해외인수 · 합병등의 내용과 관련 시장 현황에 관한 자료 3. 국가첨단전략기술의 용도와 성능에 관한 기술자료 4. 국가첨단전략기술의 제공 조건과 방법에 관한 자료 5. 국가첨단전략기술을 사용한 관련 제품의 시장 규모 및 경쟁력 수준에 관한 자료 6. 그 밖에 해외인수 · 합병등의 사전검토에 필요한 서류로서 산업통상자원부 장관이 정하여 고시하는 자료 ○ 그 밖에 해외인수 · 합병등의 승인, 중지 · 금지 · 원상회복 등의 절차에 관하여는 「산업기술의 유출방지 및 보호에 관한 법률」을 준용
방산기술보호법	○ 방위산업기술 판정 신청 등 – 보유 기술이 방위산업기술에 해당하는지에 대한 판정을 신청하려는 자는 국방부령으로 정하는 방위산업기술 판정 신청서에 다음 각 호의 서류를 첨부하여 방위사업청장에게 제출하여야 함 1. 보유 기술의 특성 · 용도 및 성능에 관한 자료 2. 그 밖에 방위산업기술의 판정에 필요한 추가 설명 자료 ○ 신청서를 제출받은 방위사업청장은 신청을 받은 날부터 15일 이내에 해당 기술이 방위산업기술에 해당하는지 여부를 판정하고, 신청인에게 판정 결과를 서면으로 알려야 함. 다만, 판정을 신청한 기술에 대하여 기술 심사가 따로 필요한 경우에는 기술 심사에 걸리는 기간은 본문에 따른 기간에 포함하지 아니함 ○ 방위사업청장은 기술 심사가 필요한 경우에는 검토에 걸리는 예상 기간을 신청인에게 사전에 알려야 함 ○ 방위사업청장은 방위산업기술로 판정한 경우에는 신청인에게 국방부령으로 정하는 방위산업기술 판정서를 발급하여야 함
부동산거래 신고법	○ 외국인 등의 토지거래 허가 – 신청서를 받은 신고관청은 신청서를 받은 날부터 다음 각 호의 구분에 따른 기간 안에 허가 또는 불허가 처분을 해야 함. 다만, 부득이한 사유로 제1호에 따른 기간 안에 허가 또는 불허가 처분을 할 수 없는 경우에는 30일의 범위에서 그 기간을 연장할 수 있으며, 기간을 연장하는 경우에는 연장 사유와 처리예정일을 지체 없이 신청인에게 알려야 함 1. 법 제9조제1항제1호에 따른 구역 · 지역의 경우: 30일 2. 제1호 외의 구역 · 지역의 경우: 15일

	○ 신고관청은 법 제9조 제1항 제1호에 따른 구역·지역에 대한 토지 취득의 허가 여부를 결정하기 위해 같은 조 제2항에 따라 국방부 장관 또는 국가정보원장 등 관계 행정기관의 장과 협의하려는 경우에는 제1항에 따른 신청서 등 국토교통부령으로 정하는 서류를 해당 관계 행정기관의 장에게 보내야 함 ○ 신고관청은 법 제9조에 따른 허가내용을 매 분기 종료일부터 1개월 이내에 특별시장·광역시장·도지사 또는 특별자치도지사에게 제출하여야 함. 다만, 특별자치시장은 직접 국토교통부장관에게 제출하여야 함 ○ 허가내용을 제출받은 특별시장·광역시장·도지사 또는 특별자치도지사는 제출받은 날부터 1개월 이내에 그 내용을 국토교통부장관에게 제출하여야 함
산업기술보호법	○ 사전 검토 – 해외인수·합병등을 진행하려는 자는 해당 해외인수·합병등과 관련하여 다음 각 호의 사항에 관하여 의문이 있는 때에는 대통령령으로 정하는 바에 따라 산업통상자원부장관에게 미리 검토하여 줄 것을 신청할 수 있음 1. 해당 국가핵심기술이 국가안보와 관련되는지 여부 2. 해당 해외인수·합병등이 제1항의 승인대상인지 여부 및 제5항·제6항의 신고대상인지 여부 3. 그 밖에 해당 해외인수·합병등과 관련하여 의문이 있는 사항 ○ 중지·금지·원상회복 명령 – 산업통상자원부 장관은 국가핵심기술을 보유한 대상기관이 제1항에 따른 승인을 받지 아니하거나 거짓이나 그 밖의 부정한 방법으로 승인을 받아 해외인수·합병등을 진행한 경우 또는 제5항 및 제6항에 따른 신고를 하지 아니하거나 거짓이나 그 밖의 부정한 방법으로 신고를 하고서 해외인수·합병등을 한 경우에는 정보수사기관의 장에게 조사를 의뢰하고, 조사 결과를 위원회에 보고한 후 위원회의 심의를 거쳐 해당 해외인수·합병등에 대하여 중지·금지·원상회복 등 필요한 조치를 명할 수 있음 ○ 위원회는 다음 각 호의 어느 하나에 해당하는 경우에는 대상기관의 의견을 청취할 수 있음 1. 제1항에 따른 승인신청에 대한 심의 1의2. 제5항 및 제6항에 따른 신고에 대한 심의 2. 제7항에 따른 국가안보에 심각한 영향을 주는 해외인수·합병등에 대한 중지·금지·원상회복 등 심의 3. 제7항의 조치에 따른 대상기관의 손해에 대한 심의

4. 제9항에 따른 미승인, 부정승인, 미신고 또는 거짓신고 등에 대한 해외 인수·합병등의 중지·금지·원상회복 등 심의

- 산업통상자원부장관은 승인신청 또는 신고와 관련하여 분야별 전문위원회로 하여금 검토하게 할 수 있으며 관계 중앙행정기관의 장 또는 대상기관의 장에게 자료제출 등의 필요한 협조를 요청할 수 있음. 이 경우 관계 중앙행정기관의 장 및 대상기관의 장은 특별한 사유가 없는 한 이에 협조하여야 함

⑩ 모니터링과 집행

법령	모니터링과 집행
외국환거래법	- 경고 및 거래정지 등. 기획재정부장관은 이 법을 적용받는 자가 허가사항 또는 신고사항에 정하여진 기한이 지난 후에 거래 또는 행위를 한 경우 등 해당하는 경우에는 경고를 할 수 있음 - 기획재정부장관은 이 법을 적용받는 자의 거래 또는 행위가 규정에 따른 신고 등의 의무를 5년 이내에 2회 이상 위반한 경우에는 각각의 위반행위에 대하여 1년 이내의 범위에서 관련 외국환거래 또는 행위를 정지·제한하거나 허가를 취소할 수 있음. - 보고·검사 : 기획재정부장관은 이 법의 실효성을 확보하기 위하여 거래 당사자 또는 관계인으로 하여금 필요한 보고를 하게 할 수 있으며, 비거주자에 대한 채권을 보유하고 있는 거주자로 하여금 대통령령으로 정하는 바에 따라 그 보유 채권의 현황을 기획재정부장관에게 보고하게 할 수 있음. - 기획재정부장관은 이 법을 시행하기 위하여 필요하다고 인정되는 경우에는 국세청, 한국은행, 금융감독원, 외국환업무취급기관등 이 법을 적용받는 관계 기관의 장에게 관련 자료 또는 정보의 제출을 요구할 수 있음 - 기획재정부장관은 이 법을 시행하기 위하여 필요하다고 인정되는 경우에는 소속 공무원으로 하여금 외국환업무취급기관등이나 그 밖에 이 법을 적용받는 거래 당사자 또는 관계인의 업무에 관하여 검사하게 할 수 있음 - 기획재정부장관은 효율적인 검사를 위하여 필요하다고 인정되는 경우에는 외국환업무취급기관등이나 그 밖에 이 법을 적용받는 거래 당사자 또는 관계인의 업무와 재산에 관한 자료의 제출을 요구할 수 있음.

	○ 기획재정부장관은 검사 결과 위법한 사실을 발견하였을 때에는 그 시정을 명하거나 그 밖에 대통령령으로 정하는 필요한 조치를 할 수 있음 ○ 기획재정부장관은 이 법을 적용받는 거래, 지급, 수령, 자금의 이동 등에 관한 자료를 국세청장, 관세청장, 금융감독원장 또는 한국수출입은행장에게 직접 통보하거나 한국은행총재, 외국환업무취급기관 등의 장, 세관의 장, 그 밖에 대통령령으로 정하는 자로 하여금 국세청장, 관세청장, 금융감독원장 또는 한국수출입은행장에게 통보하도록 할 수 있음 ○ 기획재정부장관은 대통령령으로 정하는 자에게 이 법을 적용받는 거래, 지급, 수령, 자금의 이동 등에 관한 자료를 「신용정보의 이용 및 보호에 관한 법률」 제25조에 따른 신용정보집중기관에 제공하도록 할 수 있음
외국인투자 촉진법	○ 외국인투자의 사후 관리 – 외국투자가 또는 외국인투자기업은 다음 각 호의 어느 하나에 해당하는 경우에는 대통령령으로 정하는 바에 따라 외국인투자기업의 등록을 하여야 함 1. 출자목적물의 납입을 마친 경우 2. 제2조 제1항 제4호가목의 방법에 따른 주식등의 취득을 완료(그 주식등의 대금을 정산한 것을 말한다)한 경우 3. 제2조 제1항 제4호다목 및 마목의 방법에 따른 출연을 완료한 경우 ○ 외국인 투자 사후관리 협조 – 산업통상자원부장관은 외국투자가 또는 외국인투자기업으로부터 주식등의 양도 또는 감소와 관련된 변경등록 신청을 받은 경우에는 그 변경등록 신청내용을 지체 없이 국세청장, 관세청장 및 시·도지사에게 알려야 함 ○ 보고·조사 및 시정 등 – 산업통상자원부 장관 및 주무부 장관은 이 법에 따른 외국인투자와 관련하여 필요하다고 인정되는 사항에 관하여 외국투자가, 외국인투자기업, 대한무역투자진흥공사의 장, 관계 금융기관의 장, 그 밖의 이해관계인으로 하여금 보고를 하게 할 수 있음. 산업통상자원부장관은 이 법의 운영과 관련하여 필요하다고 인정되면 소속 공무원 또는 관계 행정기관의 장으로 하여금 조사하게 할 수 있음 ○ 조사를 하는 경우에는 조사 7일 전까지 조사일시, 조사이유, 조사내용 등에 대한 조사계획을 피조사자에게 통지하여야 함. 다만, 긴급히 조사하여야 하거나 사전에 통지하면 증거인멸 등으로 조사목적을 달성할 수 없다고 인정하는 경우에는 예외

	◦ 산업통상자원부 장관은 다음 각 호의 어느 하나에 해당하는 경우에는 외국투자가, 외국인 투자기업, 외국인이 투자한 자금 및 자본재를 도입하거나 사용하는 자, 그 밖의 이해관계인에게 그 시정을 명하거나 그 밖에 필요한 조치를 할 수 있음 1. 이 법에 따라 허가받거나 신고한 사항을 이행하지 아니하거나 그 이행이 위법 또는 부당한 경우 2. 제4조제2항 각 호에 해당하는 사실을 발견한 경우 ◦ 세관장은 외국인 투자를 위하여 자금 및 자본재를 도입한 자가 「관세법」에 규정된 장치기간(藏置期間)에 자본재를 통관·인수하지 아니하면 대통령령으로 정하는 바에 따라 매각할 수 있음
국가첨단전략 산업법	◦ 자료 제출 및 검사 등. 산업통상자원부 장관 또는 관계 행정기관의 장은 감독을 위하여 필요한 경우에는 특화단지 관리기관 및 전략산업등 관련 기관·법인·단체에 대하여 그 업무에 관한 보고 또는 자료의 제출을 명할 수 있음. ◦ 산업통상자원부장관 또는 관계 행정기관의 장은 소속 공무원으로 하여금 특화단지 관리기관 및 전략산업등 관련 기관·법인·단체의 사무소, 사업장 및 그 밖의 장소에 출입하여 관련 서류를 검사하게 하거나 관계인에게 질문을 하게 하는 등 필요한 조치를 할 수 있음 ◦ 청문. 산업통상자원부장관은 다음 각 호의 처분을 하려는 경우에는 청문을 하여야 한다. 1. 제12조 제4항에 따른 전략기술의 수출중지·수출금지·원상회복 2. 제13조 제5항 및 제7항에 따른 해외인수·합병 등에 대한 중지·금지·원상회복 ◦ 적극행정 면책 특례. 제19조, 제22조, 제23조 및 제29조에 따른 업무를 적극적으로 처리한 결과에 대하여 그의 행위에 고의나 중대한 과실이 없는 경우에는 「공공 감사에 관한 법률」에 따른 징계 요구 또는 문책 요구 등 책임을 묻지 아니함
부동산거래 신고법	◦ 부동산 정책 관련 자료 등 종합관리. 국토교통부장관 또는 시장·군수·구청장은 적절한 부동산 정책의 수립 및 시행을 위하여 부동산 거래 상황, 주택 임대차 계약상황, 외국인 부동산 취득현황, 부동산 가격 동향 등 이 법에 규정된 사항에 관한 정보를 종합적으로 관리하고, 이를 관련 기관·단체 등에 제공할 수 있음 ◦ 국토교통부 장관 또는 시장·군수·구청장은 정보의 관리를 위하여 관계 행정기관이나 그 밖에 필요한 기관에 필요한 자료를 요청할 수 있음. 정보의 관리·제공 및 자료요청은 「개인정보 보호법」에 따라야 함

방산기술보호법	○ 방위산업기술의 수출 시 보호. 방위사업청장은 법 제9조제3항에 따라 방위산업기술 수출 과정에서 다음 각 호의 조치를 할 수 있음 1. 불법이전, 오용, 유용, 분실 및 도난 등에 대한 보호 대책 점검 2. 수출대상 국가별 방위산업기술 보호를 위하여 필요한 사항 확인·점검 ○ 방위산업기술의 국내 이전 시 보호. 방위사업청장은 법 제9조제3항에 따라 방위산업기술 국내 이전 과정에서 다음 각 호의 조치를 할 수 있음 1. 국내 이전 대상기관의 방위산업기술 보호체계 구축 여부 확인 2. 국내 이전 대상기관별 방위산업기술 보호를 위하여 필요한 사항 확인·점검 ○ 연구개발사업 수행 시 방위산업기술의 보호. 법 제8조제1항에 따른 연구개발 단계별 방위산업기술 보호에 필요한 대책에는 다음 각 호의 사항이 포함되어야 함 1. 연구개발 단계별 성과물의 보호에 관한 사항 2. 인원 통제 및 시설 보호에 관한 사항 3. 해킹 등 사이버 공격 방지에 관한 사항 4. 그 밖에 방위산업기술 보호체계 관리에 필요한 사항 ○ 조사. 방위사업청장 또는 정보수사기관의 장은 방위산업기술 유출 및 침해의 확인에 필요한 정보나 자료를 수집하기 위하여 조사대상자(조사의 대상이 되는 법인·단체 또는 그 기관이나 개인을 말함 게 출석요구, 진술요구, 보고요구 및 자료제출요구를 할 수 있고, 현장조사·문서열람을 할 수 있음. 방위사업청장 또는 정보수사기관의 장은 법령 등에 특별한 규정이 있는 경우를 제외하고는 조사의 결과를 확정한 날부터 7일 이내에 그 결과를 조사대상자에게 통지하여야 함 ○ 방위산업기술 보호를 위한 실태조사. 방위사업청장은 방위산업기술 보호를 위하여 필요한 경우 대상기관의 방위산업기술 보호체계의 구축·운영에 대한 실태조사를 실시할 수 있음

산업기술보호법	○ 개선권고. 산업통상자원부 장관은 제10조의 규정에 따른 국가핵심기술의 보호조치 및 제12조의 규정에 따른 국가연구개발사업의 보호관리와 관련하여 필요하다고 인정되는 경우 대상기관의 장에 대하여 개선을 권고할 수 있음 ○ 산업기술보호를 위한 실태조사. 산업통상자원부장관은 필요한 경우 대상기관의 산업기술의 보호 및 관리 현황에 대한 실태조사를 실시할 수 있음. 산업통상자원부 장관은 실태조사를 위하여 산업기술을 보유하고 있는 대상기관 및 관련 단체에 대하여 관련 자료의 제출이나 조사업무의 수행에 필요한 협조를 요청할 수 있음 ○ 자료의 제출. 법원은 산업기술의 유출 및 침해에 관한 소송에서 당사자의 신청에 의하여 상대방 당사자에게 해당 침해의 증명 또는 침해로 인한 손해액의 산정에 필요한 자료의 제출을 명할 수 있음. 다만, 그 자료의 소지자가 그 자료의 제출을 거절할 정당한 이유가 있으면 그러하지 아니함. ○ 비밀유지명령. 법원은 산업기술의 유출 및 침해에 관한 소송에서 그 당사자가 보유한 산업기술에 대하여 다음 각 호의 사유를 모두 소명한 경우에는 그 당사자의 신청에 따라 결정으로 다른 당사자(법인인 경우에는 그 대표자를 말한다), 당사자를 위하여 소송을 대리하는 자, 그 밖에 해당 소송으로 인하여 산업기술을 알게 된 자에게 그 산업기술을 해당 소송의 계속적인 수행 외의 목적으로 사용하거나 그 산업기술에 관계된 이 항에 따른 명령을 받은 자 외의 자에게 공개하지 아니할 것을 명할 수 있음. 다만, 그 신청 시점까지 다른 당사자(법인인 경우에는 그 대표자를 말한다), 당사자를 위하여 소송을 대리하는 자, 그 밖에 해당 소송으로 인하여 산업기술을 알게 된 자가 제1호에 규정된 준비서면의 열람이나 증거 조사 외의 방법으로 그 산업기술을 이미 취득하고 있는 경우에는 그러하지 아니함 1. 이미 제출하였거나 제출하여야 할 준비서면 또는 이미 조사하였거나 조사하여야 할 증거에 산업기술이 포함되어 있다는 것 2. 제1호의 산업기술이 해당 소송 수행 외의 목적으로 사용되거나 공개되면 당사자의 경영에 지장을 줄 우려가 있어 이를 방지하기 위하여 산업기술의 사용 또는 공개를 제한할 필요가 있다는 것

벌칙	
외국환거래법	제27조(벌칙) ① 다음 각 호의 어느 하나에 해당하는 자는 5년 이하의 징역 또는 5억원 이하의 벌금에 처한다. 다만, 위반행위의 목적물 가액(價額)의 3배가 5억원을 초과하는 경우에는 그 벌금을 목적물 가액의 3배 이하로 한다. ② 제1항의 징역과 벌금은 병과(倂科)할 수 있다. 제27조의2(벌칙) ① 다음 각 호의 어느 하나에 해당하는 자는 3년 이하의 징역 또는 3억원 이하의 벌금에 처한다. 다만, 위반행위의 목적물 가액의 3배가 3억원을 초과하는 경우에는 그 벌금을 목적물 가액의 3배 이하로 한다. 제28조(벌칙) ① 제22조를 위반하여 정보를 이 법에서 정하는 용도가 아닌 용도로 사용하거나 다른 사람에게 누설한 사람은 2년 이하의 징역 또는 2억원 이하의 벌금에 처한다. 제29조(벌칙) ① 다음 각 호의 어느 하나에 해당하는 자는 1년 이하의 징역 또는 1억원 이하의 벌금에 처한다. 다만, 위반행위의 목적물 가액의 3배가 1억원을 초과하는 경우에는 그 벌금을 목적물 가액의 3배 이하로 한다. ② 제1항제4호의 미수범은 처벌한다. 제30조(몰수·추징) 제27조제1항 각 호, 제27조의2제1항 각 호 또는 제29조제1항 각 호의 어느 하나에 해당하는 자가 해당 행위를 하여 취득한 외국환이나 그 밖에 증권, 귀금속, 부동산 및 내국지급수단은 몰수하며, 몰수할 수 없는 경우에는 그 가액을 추징한다. 제31조(양벌규정) 제32조(과태료) ① 다음 각 호의 어느 하나에 해당하는 자에게는 1억원 이하의 과태료를 부과한다. 다만, 제29조에 해당하는 경우는 제외한다. ② – ④ 생략 ⑤ 제1항부터 제4항까지의 규정에 따른 과태료는 대통령령으로 정하는 바에 따라 기획재정부장관이 부과·징수한다.

외국인투자 촉진법	제32조(벌칙) 이 법에 따른 대외송금, 외국인투자와 관련하여 국외에 외화자금을 도피시킨 자(기업의 경우에는 그 대표자를 포함한다)는 1년 이상의 유기징역 또는 도피액의 2배 이상 10배 이하에 상당하는 벌금에 처한다. 이 경우 도피시킨 외화자금은 몰수하고 이를 몰수할 수 없을 때에는 이에 상당하는 가액을 추징한다. 제33조(벌칙) 제21조 제3항 제2호에 따른 변경등록을 하지 아니한 자는 5년 이하의 징역 또는 5천만원 이하의 벌금에 처한다. 제34조(벌칙) – 제35조(벌칙) 생략. 제36조(양벌규정) 법인의 대표자나 법인 또는 개인의 대리인, 사용인, 그 밖의 종업원이 그 법인 또는 개인의 업무에 관하여 제32조부터 제35조까지의 어느 하나에 해당하는 위반행위를 하면 그 행위자를 벌하는 외에 그 법인 또는 개인에게도 해당 조문의 벌금형을 과(科)한다. 다만, 법인 또는 개인이 그 위반행위를 방지하기 위하여 해당 업무에 관하여 상당한 주의와 감독을 게을리하지 아니한 경우에는 그러하지 아니하다. 제37조(과태료) ① 다음 각 호의 어느 하나에 해당하는 자에게는 1천만원 이하의 과태료를 부과한다. ② 제1항에 따른 과태료는 대통령령으로 정하는 바에 따라 산업통상자원부장관이 부과·징수한다.
국가첨단전략 산업법	제50조(벌칙) ① 전략기술을 외국에서 사용하거나 사용되게 할 목적으로 제15조 제1호부터 제3호까지의 어느 하나에 해당하는 행위를 한 자는 5년 이상의 유기징역에 처한다. 이 경우 20억원 이하의 벌금을 병과한다. ② 전략기술을 외국에서 사용하거나 사용되게 할 목적으로 제15조 제5호부터 제8호까지의 어느 하나에 해당하는 행위를 한 자는 20년 이하의 징역 또는 20억원 이하의 벌금에 처한다. ③ 제15조 각 호(제4호·제6호 및 제8호는 제외한다)의 어느 하나에 해당하는 행위를 한 자는 15년 이하의 징역 또는 15억원 이하의 벌금에 처한다. ④ 제15조 제4호 또는 제8호에 해당하는 행위를 한 자는 5년 이하의 징역 또는 5억원 이하의 벌금에 처한다. ⑤ 제10조 제5항 각 호의 어느 하나에 해당하는 행위를 한 자는 1년 이하의 징역 또는 1천만원 이하의 벌금에 처한다. 제51조(과태료) ① 제45조 제1항을 위반하여 관련 자료를 제출하지 아니하거나 허위로 제출한 자 또는 같은 조 제2항의 출입·검사 등을 거부·기피 또는 방해한 자는 1천만원 이하의 과태료에 처한다. ② 제1항에 따른 과태료는 대통령령으로 정하는 바에 따라 산업통상자원부장관이 부과·징수한다.

부동산거래 신고법	제26조(벌칙) ① 부당하게 재물이나 재산상 이득을 취득하거나 제3자로 하여금 이를 취득하게 할 목적으로 제4조제4호 또는 제5호를 위반하여 거짓으로 제3조 또는 제3조의2에 따라 신고한 자는 3년 이하의 징역 또는 3천만원 이하의 벌금에 처한다. ② 제9조 제1항에 따른 허가를 받지 아니하고 토지취득계약을 체결하거나 부정한 방법으로 허가를 받아 토지취득계약을 체결한 외국인등은 2년 이하의 징역 또는 2천만원 이하의 벌금에 처한다. ③ 제11조 제1항에 따른 허가 또는 변경허가를 받지 아니하고 토지거래계약을 체결하거나, 속임수나 그 밖의 부정한 방법으로 토지거래계약 허가를 받은 자는 2년 이하의 징역 또는 계약 체결 당시의 개별공시지가에 따른 해당 토지가격의 100분의 30에 해당하는 금액 이하의 벌금에 처한다. ④ 제21조에 따른 허가 취소, 처분 또는 조치명령을 위반한 자는 1년 이하의 징역 또는 1천만원 이하의 벌금에 처한다. 제27조(양벌규정) 제28조(과태료) ① 다음 각 호의 어느 하나에 해당하는 자에게는 3천만원 이하의 과태료를 부과한다. ② 다음 각 호의 어느 하나에 해당하는 자에게는 500만원 이하의 과태료를 부과한다. ③ 제3조 제1항부터 제4항까지 또는 제4조제2호를 위반하여 그 신고를 거짓으로 한 자에게는 해당 부동산등의 취득가액의 100분의 10 이하에 상당하는 금액의 과태료를 부과한다. ④ 제8조 제1항에 따른 신고를 하지 아니하거나 거짓으로 신고한 자에게는 300만원 이하의 과태료를 부과한다. ⑤ 다음 각 호의 어느 하나에 해당하는 자에게는 100만원 이하의 과태료를 부과한다. ⑥ 제1항부터 제5항까지에 따른 과태료는 대통령령으로 정하는 바에 따라 신고관청이 부과·징수한다. 이 경우 개업공인중개사에게 과태료를 부과한 신고관청은 부과일부터 10일 이내에 해당 개업공인중개사의 중개사무소(법인의 경우에는 주된 중개사무소를 말한다)를 관할하는 시장·군수 또는 구청장에 과태료 부과 사실을 통보하여야 한다. 제29조(자진 신고자에 대한 감면 등) 신고관청은 제28조제2항제1호부터 제3호까지 및 제3항부터 제5항까지의 어느 하나에 따른 위반사실을 자진 신고한 자에 대하여 대통령령으로 정하는 바에 따라 같은 규정에 따른 과태료를 감경 또는 면제할 수 있다.

방산기술보호법	제21조(벌칙) ① 방위산업기술을 외국에서 사용하거나 사용되게 할 목적으로 제10조 제1호 및 제2호에 해당하는 행위를 한 사람은 20년 이하의 징역 또는 20억원 이하의 벌금에 처한다. ② 제10조 제1호 및 제2호에 해당하는 행위를 한 사람은 10년 이하의 징역 또는 10억원 이하의 벌금에 처한다. ③ 제10조 제3호에 해당하는 행위를 한 사람은 5년 이하의 징역 또는 5억원 이하의 벌금에 처한다. ④ 제19조를 위반하여 비밀을 누설·도용한 사람은 7년 이하의 징역이나 10년 이하의 자격정지 또는 7천만 원 이하의 벌금에 처한다. ⑤ 제1항부터 제3항까지의 죄를 범한 사람이 그 범죄행위로 인하여 얻은 재산은 몰수한다. 다만, 그 재산의 전부 또는 일부를 몰수할 수 없는 때에는 그 가액을 추징한다. ⑥ 제1항 및 제2항의 미수범은 처벌한다. ⑦ 제1항부터 제3항까지의 징역형과 벌금형은 병과할 수 있다. 제22조(예비·음모) ① 제21조 제1항의 죄를 범할 목적으로 예비 또는 음모한 사람은 5년 이하의 징역 또는 5천만원 이하의 벌금에 처한다. ② 제21조제2항의 죄를 범할 목적으로 예비 또는 음모한 사람은 3년 이하의 징역 또는 3천만원 이하의 벌금에 처한다. 제23조(양벌규정) 제24조(과태료) ① 다음 각 호의 어느 하나에 해당하는 사람에게는 3천만 원 이하의 과태료를 부과한다. ② 제1항에 따른 과태료의 부과·징수, 재판 및 집행 등의 절차에 관한 사항은 「질서위반행위규제법」을 따른다.
산업기술보호법	제22조의2(산업기술의 유출 및 침해행위에 대한 손해배상책임) ① 제14조에 따른 산업기술의 유출 및 침해행위(이하 이 조에서 "산업기술침해행위"라 한다)를 함으로써 대상기관에 손해를 입힌 자는 그 손해를 배상할 책임을 진다. 제36조(벌칙) ① 국가핵심기술을 외국에서 사용하거나 사용되게 할 목적으로 제14조제1호부터 제3호까지의 어느 하나에 해당하는 행위를 한 자는 3년 이상의 유기징역에 처한다. 이 경우 15억 원 이하의 벌금을 병과한다. ②산업기술을 외국에서 사용하거나 사용되게 할 목적으로 제14조 각 호(제4호를 제외한다)의 어느 하나에 해당하는 행위를 한 자(제1항에 해당하는 행위를 한 자는 제외한다)는 15년 이하의 징역 또는 15억 원 이하의 벌금에 처한다.

③ - ④ 생략

⑤ 제1항부터 제4항까지의 죄를 범한 자가 그 범죄행위로 인하여 얻은 재산은 이를 몰수한다. 다만, 그 전부 또는 일부를 몰수할 수 없는 때에는 그 가액을 추징한다.

⑥ 제34조의 규정을 위반하여 비밀을 누설하거나 도용한 자는 5년 이하의 징역이나 10년 이하의 자격정지 또는 5천만원 이하의 벌금에 처한다.

⑦ 제1항부터 제3항까지의 미수범은 처벌한다.

⑧ 제2항부터 제4항까지의 규정에 따른 징역형과 벌금형은 이를 병과할 수 있다.

제36조의2(비밀유지명령 위반죄) ① 국내외에서 정당한 사유 없이 비밀유지명령을 위반한 자는 5년 이하의 징역 또는 5천만원 이하의 벌금에 처한다.

② 제1항의 죄는 비밀유지명령을 신청한 자의 고소가 없으면 공소를 제기할 수 없다.

제37조(예비·음모) ① 제36조 제1항 또는 제2항의 죄를 범할 목적으로 예비 또는 음모한 자는 3년 이하의 징역 또는 3천만원 이하의 벌금에 처한다.

② 제36조 제3항의 죄를 범할 목적으로 예비 또는 음모한 자는 2년 이하의 징역 또는 2천만 원 이하의 벌금에 처한다.

제38조(양벌규정)

제39조(과태료) ① 다음 각 호의 어느 하나에 해당하는 자는 1천만 원 이하의 과태료에 처한다.

② 제1항의 규정에 따른 과태료는 대통령령이 정하는 바에 따라 산업통상자원부 장관이 부과·징수한다.

참고문헌

KIEP(2022), "일본의 과학기술·경제안보전략 추진동향과 시사점", 이슈분석 207호

KISTEP(2021), "해외기술유출방지 정책동향과 시사점", 이슈분석 198호.

경선주(2022), "미·중 기술 패권 경쟁 시대, 중국의 대응 전략과 시사점-「중화인민공화국「과학기술진보법」」 개정 내용을 중심으로-", 국회입법조사처.

고준성. 박수령(2022), "국가안보차원에서의 해외투자심사제도의 도입-추진 및 평가와 전망: 미국의 입법동향을 중심으로-[부록]경제안보를 고려한 주요국의 외국인 투자 심사제도", 「Issue Brief」, 광장 국제통상원.

김규판 외(2022), "일본과학기술·경제안전보장전략-주요내용과 시사점-", 「KISTEP 브리프11」.

김명아(2019), 「국제통상 투자 법제연구(1)」, 한국법제연구원.

김민배(2017), "미국의 토지이용규제와 주민투표", 「법학연구」 제20집 제1호, 인하대 법학연구소.

김민배(2017), "오리건주의 토지이용규제와 입법 투쟁", 『토지공법연구』 제79집, 한국토지공법학회.

김민배(2020), "미국의 외국인 투자규제 대상과 특징- 미국의 외국투자위험심사현대화법(FIRRMA)를 중심으로-", 「법제」 통권 690호, 법제처.

김민배(2020), "미국의 외국인 투자규제 대상과 특징", 「법제」 통권 690호, 법제처.

김민배(2020), "미국의 첨단기술보호정책과 국가안보의 판단기준", 「법제」 통권 691호, 법제처.

김민배(2022), "기술 유출·침해행위에 대한 처벌 법규 및 양형 기준의 국제 비교와 정책과제", 「전국경제인연합회 경제안보 T/F(보고서)」.

김민배(2022), "미국의 부동산에 대한 외국인의 투자규제와 국가안보- 31 CFR Part 802가 한국에 주는 시사점을 중심으로-", 「법제」 통권 699호, 법제처.

김민배(2022), "일본의 「중요토지조사규제법」의 제정과 쟁점", 「토지공법연구」, 한국토지공법학회.

김민배(2022), "주요국의 첨단기술 보호 정책과 투자 규제의 대상", 「법학연구」 제25집 4호, 인하대 법학연구소.

김민배 외(2022), 「주요국의 기술유출 방지정책 강화동향 분석」, 한국산업보안연구학회.

김민배 외(2023), 「주요국 부동산 투자 안보법제 강화 사례조사 및 외국인 부동산 투자 안보위협 대응방안 보고서」, 인하대 산학협력단

김민배 외(2023), 「외국인 부동산 취득규제 해외사례조사 보고서」, 인하대 산학협력단

김세현·김예성(2020), "외국인의 국내 부동산 취득관련 쟁점과 과제", 「국회입법조사처」.

김여선(2018), "국제투자규범에서 국가안보에 대한 규제", 「서울法學」, 서울시립대학교 법학연구소.

나수엽, 김영선(2020), "미국의 「외국인투자위험심사현대화법(FIRRMA)」발효와 미국의 대중투자규제", 「KIEP 세계경제포커스」, 대외경제정책연구원.

백서인·윤여진·성경모·양승우(2022), 「미·중·EU의 국가·경제·기술안보 전략과 시사점」, 과학기술정책연구원.

사공목(2022), "일본의 경제안보법 제정 경위와 함의" KIET 산업경제, 2022.3.

산업연구원(2022.8), 「미국 반도체와 과학법의 정책적 시사점」, I-KEIT 산업경제이슈 제141호.

손한기(2021), "중국 반외국제재법의 주요 내용과 시사점", 한중 Zine INChina Brief vol. 400, 인천연구원.

손한기(2021), "중국 수출규제법제 체계 및 주요 내용", 최신 외국법제정보 Issue Brief on Foreign Laws, 2021년 제1호.

오시진(2017), "미국 우선주의에 대한 소고 미국 우선주의에 대한 소고-미국 예외주의 전통에서 본 Trump 미국 예외주의 전통에서 본 Trump 행정부의 국제법관-", 국제법평론(통권 제47호), 1-36.

이지수(2017), "무역제한조치와 안보: WTO 안보상 예외에 관한 해결되지 않은 문제들", 국제경제법연구 15(3).

이효영(2017), "미국 우선주의(America First)통상정책의 국제통상질서에 대한 함의", 국제법평론회 국제법평론 제47호, 57-79.

장성길(2021), "국가안보 예외 관련 재판관할권과 판단의 기준 검토", 통상법률 2021-1.

정형곤, 이아라(2020), 「주요 선진국의 외국인직접투자 정책변화와 시사점」, 대외경제정책연구원.

정형곤·김서희(2022), "주요 선진국의 외국인투자 경제안보 심사 정책 동향과 시사점", KIEP 오늘의 세계 경제, vol.22 No.3, 대외경제정책연구원

조석영, "미국의 정보기관 조직과 활동-미 국가정보국을 중심으로-", 「형사법의 신동향」 통권 제63호, 2019, 334-365.

한국과학기술기획평가원(2021), 「중국 '14.5 규획' 과학기술정책 방향과 시사점」, 글로벌 과학기술정책정보 서비스 이슈 분석

한국과학기술기획평가원(2022.8), 「美, 반도체와 과학법(CHIPS and Science Act) 주요 내용 및 시사점」.

한국무역협회(2022.8), 「CHIPS 및 IRA의 법제화와 미국 입법절차」, 통상보고서.

한국바이오협회(2022.9), 「미국의 바이오기술 및 바이오제조 이니셔티브」.

「強靭な経済安全保障の確立に向けて―地経学の時代に日本が取るべき針路とは-」(2021年4月21日 公益社団法人 経済同友会); https://www.

doyukai.or.jp/policyproposals/articles/2021/210421a.html

「経済安全保障法制に関する意見 - 有識者会議提言を踏まえて -」, 2022年 2月9日, 一般社団法人 日本経済団体連合会; http://www.keidanren. or.jp/policy/2022/015.html

「経済安全保障法制に関する提言」(2022 年 2 月 1 日 経済安全保障法制に関 する有識者会議); https://www.cas.go.jp/jp/seisaku/keizai_anzen_ hosyohousei/dai4/teigen.pdf

「経済財政運営と改革の基本方針2021」(2021年6月18日閣議決定); https://www5.cao.go.jp/keizai-shimon/kaigi/cabinet/2021/ decision0618.html

「林芳正外相インタビューの要旨「G7で国際秩序守る」, 日本経済新聞, 2023 年4月14日.

「半導体戦略(概要)」, (経済産業省, 2021年6月); https://www5.cao.go.jp/ keizai-shimon/kaigi/cabinet/2021/2021_basicpolicies_ja.pdf

「法令解説 機微技術の違法流出を防ぐ―対内直接投資規制と貨物・技術の 輸出規制の強化, 罰則の強化―外国為替及び外国貿易法の一部を改正 する法律(平成 29 年法律第 38 号)平 29. 5. 24 公布 平 29. 10. 1 施 行―」, 『時の法令』2047 号, 2018. 4. 15.

「習近平総書記チャンスを捉えて第13次5カ年計画を系統的に策定」人民 網日本語版, 2015年5月29日

「新国際秩序創造戦略本部中間取りまとめ-「経済財政運営と改革の基本 方針 2021」に向けた提言-」, (令和3年5月 27日 自由民主党 政務調査 会 新国際秩序創造戦略本部); https://jimin.jp-east-2.storage.api. nifcloud.com/pdf/news/policy/201648_1.pdf

「中国製造2025の公布に関する国務院の通知の全訳」科学技術振興機構 研究開発戦略センター, 2015年7月25日. <https://www. jst. go. jp/ crds/pdf/2015/FU/CN20150725. pdf>

「重要インフラの情報セキュリティ対策に係る第4次行動計画」(2020年1月30日, 内閣サイバーセキュリティセンター サイバーセキュリティ戦略本部); https://www. nisc.go.jp/active/infra/pdf/infra_rt4_r2.pdf

角田　昌太郎, "各国の輸出管理と対内直接投資管理をめぐる動向", 「レファレンス」845号, 国立国会図書館 調査及び立法考査局, 2021.5.; https://dl.ndl.go.jp/view/download/digidepo_11673568_po_084502.pdf?contentNo=1&alternativeNo=

経済産業省通商政策局編, 『不公正貿易報告書 2016 年版』, 2016.

内閣官房 土地調査検討室, 国土利用の実態把握等に関する有識者会議, 令和2年11月9日; https://www.cas.go.jp/jp/seisaku/kokudoriyou_jittai/dai1/siryou3.pdf

内閣総理大臣岸田文雄, 第211回国会(常会)答弁書, 内閣参質二一一第四二号, 令和五年四月四日; https://wwwsangiingojp/japanese/joho1/kousei/syuisyo/211/touh/t211042htm

独立行政法人 日本貿易振興機構 ニューヨーク事務所, 『経済産業省委託事業 営業秘密に関する欧米の法制度調査』, 2022年 3月.

令和3年度 重要技術管理体制強化事業, 『対内直接投資規制対策事業(諸外国における投資環境動向調査) 報告書』, 令和 4年 3月.

萬歳寛之, 『国際違法行為責任の研究ー国家責任論の基本問題ー』, 成文堂, 2015.

米山一弥, "米国安全保障法制と中国ビジネス" ～特集：米中対立下の経済安全保障", 「JOI」, 2021.1.

峰尾洋一, "技術競争で欠落する米国の攻めの戦略", 「丸紅ワシントン報告」, 2020.01, 3-4.

山本草二, 「国際経済法における相互主義の機能変化」, 高野雄一編『国際関係法の課題(横田先生鳩寿祝賀)』, 有斐閣, 1988.

山本草二, 「日米経済摩擦問題の転換点」, 『ジュリスト』900, 1988.

杉之原真子, "対米投資規制強化の政治過程-2018年外国投資リスク審査現代化法をめぐって", 「国際交流研究」, 2019 第21号,105.

星野大輔, 張翠萍, 陳致遠, "経済安全保障推進法の内容と外国企業への影響", 西村あさひ法律事務所, 2022年5月20日号"; https://www.nishimura.com/sites/default/files/newsletter_pdf/ja/newsletter_220520_china_corporate.pdf

細川昌彦, 「企業も大学も「機微技術」の管理を急げ米中技術覇権で問われる「アクセス天国・日本」の対応」, 『中央公論』1636 号, 2020.3,

小林良樹, 『なぜ,インテリジェンスは必要なのか』, 慶應義塾大学出版会, 2021.

小野亮, "安全保障に基づく対米投資規制の強化(CFIUS 改革)— 中国の最先端技術獲得と規制逃れに高まる警戒", 「みずほリポート」, みずほ總合研究所, 2018.05,

松下満雄, "米國輸出管理法と中國反外國制裁法の域外適用", 國際商事法務 vol.50, no.5, 2022.

松下満雄, 『日米通商摩擦の法的争点―紛争事例分析―』, 有斐閣, 1983.

阿部純一, 「富国と強軍の統一目指す中国―胡錦濤の軍近代化戦略」, 『中国調和社会への模索―胡錦濤政権二期目の課題』,日本貿易振興機構アジア経済研究所, 2008.

永野秀雄, 「米国における科学者・技術者に対するセキュリティクリアランス―量子情報科学を中心に(上)」, 『CISTEC journal』192 号, 2021.3.

猪木武徳, 『戦後世界経済史―自由と平等の視点から―』, 中央公論新社, 2009.

増田耕太郎, "中国企業の対米直接投資の急増と米国の 国家安全保障 米国民に歓迎される投資を増やせるのか", 「国際貿易と投資」 No.108, 2016.

参議院議員 神谷宗幣, 第211回国会(常会)質問主意書 質問第九号く "外

国人による我が国の島嶼買収の実態に関する質問主意書", 令和 五年 二月 九日.; https://www.sangiin.go.jp/japanese/joho1/kousei/ syuisyo/211/syuh/s211009.htm

$議院議員 神谷宗幣, 第211回国会(常会)質問主意書 質問第八〇号, 我が 国における外国人による土地取得に関する再質問主意書, 令和五年五 月十九日.

参議院議員神谷宗幣, 第211回国会(常会) 質問主意書 質問第四二号, 我が 国における外国人による土地取得に関する質問主意書. 質問主意書を 国会法第七十四条によって提出する. 令和五年三月二十三日; https:// www.sangiin.go.jp/japanese/joho1/kousei/syuisyo/211/syuh/ s211042.htm

川口 貴久, "経済安全保障推進法案の概要と今後の争点", Tokio Marine dR Co., Ltd, 2022; https://www.tokio-dr.jp/publication/report/ riskmanagement/pdf/pdf-riskmanagement-367.pdf

浅井敏雄, "経済安全保障法務：経済安全保障推進法の成立とその概要", Pasona Inc. 2022.5.https://www.corporate-legal.jp/matomes/4799

平見健太, "国家安全保障を理由とした経済規制とWTOの安全保障例外", 国際法学会エキスパート・コメントNo.2019-6.

平見健太, 国際経済法秩序の動態, 早稲田大学審査学位論文(博士), 早稲田大 学大学院法学研究科; https://core.ac.uk/download/pdf/161813175. pdf

平木 綾香, 経済安保を俯瞰する(後編)—米中の競争と分断が先端技術領域で 激化, https://faportal.deloitte.jp/institute/report/articles/000749. html

新华网(2021.9.22.), 习近平提出全球发展倡议, https://bit.ly/3dmDoZW

新华网(2022.4.21.), 习近平提出全球安全倡议, https://bit.ly/3deFtXI

全国人大网, 关于《中华人民共和国出口管制法(草案)》的说明. http://www.

npc.gov.cn/npc/c30834/202010/fb877d7e54814c6b91845f2b4dded83b.shtml

中国科技网(2021.4.14.), 总体国家安全观的"16种安全"; https://bit.ly/3AfMUac

中国科学技术协会(2022.6.27.), "中国科协发布2022重大科学问题,工程技术难题和产业技术问题", https://bit.ly/3JMUcFv

中国人民共和国教育部(2022.7.11.), "教育部办公厅工业和信息化部办公厅国家知识产权局办公室联合印发《关于组织开展"千校万企"协同创新伙伴行动的通知》; https://bit.ly/3JNsTLi

"Background Investigation Mission Moving to DoD," 2019.7.29. Defense Counterintelligence and Security Agency website; https://www.dcsa.mil/Portals/69/documents/news/DCSA_Press_Release_TOF.pdf

"Background Investigations." Defense Counterintelligence and Security Agency website; https://www.dcsa.mil/mc/pv/investigations/

"National Security Presidential Memorundum-33: Presidential Memorandum on United States Government-Supported Research and Development National Security Policy," 2021.1.14.; https://trumpwhitehouse.archives.gov/presidential-actions/presidential-memorandum-united-states-government-supported-research-development-national-security-policy/

"Security Executive Agent Directive 5: Collection, Use, and Retention of Publicly Available Social Media Information in Personnel Security Background Investigations and Adjudications," 2016.5.12.; https://www.dni.gov/files/NCSC/documents/Regulations/SEAD_5.pdf

"Security Executive Agent Directive 7: Reciprocity of Background Investigations and National Security Adjudications," 2018.11.9.; https://www.dni.gov/files/NCSC/documents/Regulations/SEAD-7_BI_ReciprocityU.pdf⟩

Andreas Paulus, "Whether Universal Values Can Prevail over Bilateralism and Reciprocity", in Antonio Cassese(ed.), Realizing Utopia: The Future of International Law (Oxford University Press, 2012).

Arvin S. Quist, "Security Classification of Information: Volume 1. Introduction, History, and Adverse Impacts," 2002.9.20. Federation of American Scientists website; https://sgp.fas.org/library/quist/index.html

B. Simma, "Reciprocity" in R. Wolfrum(ed.), The Max Planck Encyclopedia of Public International Law, Vol. VIII, 2012.

Benton Heath, "The New National Security Challenges to the Economic Order" Yale Law Journal (2020).

Bob Davis, "Trump Plans New Curbs on Chinese Investment, Tech Exports to China", WSJ, June 24, 2018.

Caroline Henckels, "Scope Limitation or Affirmative Defence?: The Purpose and role of Investment Treaty Exception Clauses: Society of International Economic Law, Fifth Biennial Global Conference (2016)

Center for Security and Emerging Technology: CSET, 'The Semiconductor Supply Chain:Assessing National Competitiveness'; 'Securing Semiconductor Supply Chains, 2021.01.; https://cset.georgetown.edu/publication/the-semiconductor-supply-chain/

Christopher M. Fitzpatrick, "Where Ralls Went Wrong: CFIUS, the Courts, and the Balance of Liberty and Security", 101 Cornell L. Rev. 2016, pp.1087-1114.

Congress Contemplates Committee to Review Outbound Investment, Torres Trade Law, PLLC; https://www.jdsupra.com/legalnews/congress-contemplates-committee-to-6906409/

David H Autor, David Dorn, Gordon H. Hanson, "The China Shock: Learning from Labor Market Adjustment to Large Changes in Trade", *NBER Working Paper,* No.21906, 2016.

David H. Autor, David Dorn, Gordon H. Hanson, "The China Syndrome: Local Labor Market Effects of Import Competition in the United States,"*American Economic Review*, American Economic Association, vol. 103(6), 2013.

E.g., Adrian M. Johnston & Michael J. Trebilcock, "Fragmentation in International Trade Law: Insights from the Global Investment Regime", World Trade Review, Vol. 12, No. 4 (2013).

Eric Lander, "Clear Rules for Research Security and Researcher Responsibility," 2021.8.10.; https://www.whitehouse.gov/ostp/news-updates/2021/08/10/clear-rules-for-research-security-and-researcher-responsibility/

Executive Order 13526 of December 29, 2009, Federal Register, vol.75 no.2, January 5, 2010, pp.707-731.

F. Roessler, "The Rationale for Reciprocity in Trade Negotiations under Floating Currencies", KYKLOS, Vol. 31, No. 2(1978).

Gilbert R. Winham, International Trade and the Tokyo Round Negotiation(Princeton University Press, 1986).

Government Incentives and US Competitiveness in Semiconductor

Manufacturing, BCG/Semiconductor Industry Association, September 2020; https://www.semiconductors.org/wp-content/uploads/2020/09/Government-Incentives-and-US-Competitiveness-in-Semiconductor-Manufacturing-Sep-2020.pdf

Government Regulation Can't Secure America's Supply Chain, By James Edwards, February 21, 2022; https://www.realclearmarkets.com/articles/2022/02/21/government_regulation_cant_secure_americas_supply_chain_817631.html

GrahamAllison, *Destined for War: Can America and China Escape Thucydides's Trap?*(Houghton Mifflin Harcourt, 2017)

House of Commons, Standing Committee on Public Safety and National Security, Evidence, 42-1, No 69 (12 June 2017).

I. M. Destler & M. Noland, "Constant Ends, Flexible Means: C. Fred Bergsten and the Quest for Open Trade", in M. Mussa (ed.), C. Fred Bergsten and the World Economy (2006).

Innovation, Science and Economic Development Canada, Guidelines, "Guidelines on the National Security Review of Investments"(Ottawa: Innovation, Science and Economic Development Canada, 24 March 2021.

ITI Cautions New Outbound Investment Provisions in Bipartisan Innovation Act Could Undermine U.S. Competitiveness, May 03, 2022; https://www.itic.org/news-events/news-releases/iti-cautions-new-outbound-investment-provisions-in-bipartisan-innovation-act-could-undermine-u-s-competitiveness

Jagdish Bhagwati, Protectionism (MIT Press, 1988).

James K. Jackson, "The Committee on Foreign Investment in the United States (CFIUS)", Congressional Research Service Report,

February 14, 2020.

JASON and The MITRE Corporation, "Fundamental Research Security," 2019.12; https://www.nsf.gov/news/special_reports/jasonsecurity/JSR- 19 - 2 IFundamental Research Security_12062019 FINAL.pdf.

John Gerard Ruggie, "Multilateralism: The Anatomy of an Institution", in John Gerard Ruggie (ed.), Multilateralism Matters: The Theory and Praxis of an Institutional Form (Columbia University Press, 1993).

John H. Jackson, The World Trading System: Law and Policy of International Economic Relations (MIT Press, 1989).

John J. Mearsheimer, *The Tragedy of Great Power Politics*(New York: Norton, 2001).

Joshua Weisman, "Restrictions on the Acquisition of Land by Aliens", The American Journal of Comparative Law 28(1),1980.

Klon Kitchen, Out-of-Bounds Investments: How Some American Investors Are Helping the Chinese Military, The Dispatch, May 13; https://thedispatch.com/p/out-of-bounds-investments-how-some

Lawmakers Continue Push for Review of Outbound Investments, 17 Jun 2022;

https://www.mofo.com/resources/insights/220617-lawmakers-continue-push-review-outbound-investments.html

Marcel Mauss. The Gift: The Form and Reason for Exchange in Archaic Societies(Routledge, 2002).

Margaret M. Pearson, Meg Rithmire, Kellee S. Tsai, "China's Party-State Capitalism and International Backlash: From Interdependence to Insecurity," *International Security,* 47 (2), 2022.

Marko Hakamaa, "Top Reasons for Security Clearance Denial in 2020," 2021.1.6. Clearancejob.com website; https://news.clearancejobs.com/2021/01/06/top-reasons-for-security-clearance-denial-in-2020/

Michelle D. Christensen, "Security Clearance Process: Answers to Frequently Asked Question," CRS Report, R43216, 2016.10.7.; https://crsreports.congress.gov/product/pdf/R/R43216/7

National Counter Intelligence and Security Center, "Fiscal Year 2019 Annual Report on Security Clearance Determinations," 2020.4, pp.6-8. Federation of American Scientists website ⟨https://sgp.fas.org/othergov/intel/clear-2019.pdf.

National Security and Investment Act 2021; https://www.legislation.gov.uk/ukpga/2021/25/contents/enacted

Office of Personnel Management, "Presidential Transition Guide to Federal Human Resources Management Matters: Election Year 2020," 2020.12, p.57; https://www.opm.gov/about-us/our-people-organization/office-of-the-director/executive-secretariat/presidential-transition-guide-2020.pdf

Panel Report, United States - Sections 301-310 of the Trade Act of 1974, WT/DS152/R, adopted on 27 January 2000.

R. O. Keohane, "Reciprocity in International Relations", International Organization Vol. 40, No. 1, 1986.

Regulation(EU) 2019/452 of the European Parliament and of the Council of 19 March 2019 establishing a framework for the screening of for the investments into the Union; https://eur-lex.europa.eu/eli/reg/2019/452/oj

Revised National Critical Capabilities Defense Act of 2022 Proposes

Expansive Outbound Investment Review Regime, ALERT JUNE 16, 2022; https://www.cov.com/en/news-and-insights/insights/2022/06/revised-national-critical-capabilities-defense-act-of-2022-proposes-expansive-outbound-investment-review-regime

Richard E. Baldwin, "Multilateralising Regionalism: Spaghetti Bowls as Building Blocs on the Path to Global Free Trade", The World Economy, Vol. 29, No. 11(2006).

Robert E. Hudec, Developing Countries in the GATT Legal System: With a New Introduction by J. Michael Finger(Cambridge University Press, 2011).

Russia-Measures concerning Traffic in Transit, Report of the Panel, WT/DS512/R, 5 April 2019.

Ruth L. Okediji, "Back to Bilateralism?: Pendulum Swings in International Intellectual Property Protection", University of Ottawa Law & Technology Journal, Vol. 1, Nos. 1 & 2 (2003-2004), pp.125-147.

S. Rep. No. 93-1298 (1974), reprinted in 1974 United States Code Congressional and Administrative News 7197, 7302; https://www.finance.senate.gov/imo/media/doc/trade10.pdf

Taking Stock of China's Semiconductor Industry, Jul 13 2021, Semiconductor Industry Association; https://www.semiconductors.org/taking-stock-of-chinas-semiconductor-industry/

The White House , "Executive Order on America's Supply Chains: A Year of Action and Progress", 2022; https://www.aeaweb.org/forum/2386/supply-assessments-strategies-energy-transport-

참고문헌

defense-health

The White House, "National Strategy for Critical and Emerging Technologies", October 2020: https://nps.edu/documents/115 559645/121916825/2020+Dist+A+EOPOTUS+National+Strateg y+for+Critical+%26+Emerging+Tech+Oct+2020.pdf/1543be15-a2ae-3629-7a45-aabdecaedb84?t=1602805142602

The White House, Building Resilient Supply Chains, Revitalizing American Manufacturing, and Fostering Broad-Based Growth. June 2021.; https://www.whitehouse.gov/wp-content/uploads/2021/06/100-day-supply-chain-review-report.pdf

US NATIONAL SECURITY REVIEW FOR OUTBOUND INVESTMENT: DOMESTIC AND GLOBAL IMPACT, May 09, 2022; https://www. morganlewis.com/pubs/2022/05/us-national-security-review-for-outbound-investment-domestic-and-global-impact

US-China Economic and Security Review Commission (2021) "Report to Congress of the US-China Economic and Security Review Commission" Executive Summary and Recommendations; https://www.uscc.gov/sites/default/files/2021-11/2021_ Executive_Summary.pdf

http://gettysfootnotes.seesaa.net/article/379273292.html
http://hibiix.co.jp/ja/1475-2/
http://www.gov.cn/xinwen/2021-03/13/content_5592681.htm
http://www.gov.cn/zhengce/2015-07/01/content_2893902.htm
http://www.tradetimes.co.kr/news/articleView.html?idxno=6213
https://cainlamarre.ca/en/publications/prohibition-on-the-purchase-of-residential-property-by-non-canadians/

https://canadagazette.gc.ca/rp-pr/p2/2022/2022-12-21/html/sor-dors250-eng.html

https://caselaw.findlaw.com/us-dc-circuit/1672928.html

https://chizai-portal.inpit.go.jp/madoguchi/aichi/news/1124.html

https://digitalcommons.law.seattleu.edu/cgi/viewcontent.cgi?article=1466&context=sulr

https://elaws.e-gov.go.jp/document?lawid=324AC0000000228

https://elaws.e-gov.go.jp/document?lawid=420AC0100000063

https://en.4paradigm.com/index.html

https://foreigninvestment.gov.au/sites/firb.gov.au/files/guidance-notes/16_GN_FIRB_2016.pdf

https://foreigninvestment.gov.au/sites/firb.gov.au/files/guidance-notes/G06Residentialland_0.pdf].

https://home.treasury.gov/news/press-releases/jy1686

https://home.treasury.gov/policy-issues/international/the-committee-on-foreign-investment-in-the-united-states-cfius/cfius-laws-and-guidance

https://home.treasury.gov/policy-issues/international/the-committee-on-foreign-investment-in-the-united-states-cfius/cfius-real-estate-instructions-part-802

https://home.treasury.gov/system/files/206/Part-802-Final-Rule-Jan-17-2020.pdf

https://ised-isde.canada.ca/site/investment-canada-act/en/guidelines/guidelines-national-security-review-investments

https://ised-isde.canada.ca/site/investment-canada-act/en/investment-canada-act/guidelines/all-guidelines

https://ised-isde.canada.ca/site/investment-canada-act/en/
   investment-canada-act/guidelines/guidelines-national-
   security-review-investments

https://itif.org/

https://ja.111capitalusa.com/real-estate-faq/what-is-capital-
   gain/

https://landchecker.com.au/products/document-searches/

https://laws.justice.gc.ca/eng/acts/c-34/FullText.html

https://laws.justice.gc.ca/eng/regulations/sor-85-611/index.html

https://laws-lois.justice.gc.ca/eng/acts/f-7/

https://laws-lois.justice.gc.ca/eng/acts/I-21.8/index.html

https://laws-lois.justice.gc.ca/eng/regulations/sor-2009-271/
   page-1.html

https://laws-lois.justice.gc.ca/eng/regulations/sor-79-416/
   FullText.html

https://rules.house.gov/bill/117/hr-4521

https://sherloc.unodc.org/cld/uploads/res/document/fra/1953/
   financial-and-monetary-code_html/financial_and_monetary_
   code_as_of_2010_english.pdf

https://taxfoundation.org/research/all/state/state-tax-reform-
   relief-2023/

https://uscode.house.gov/view.xhtml?path=/prelim@title50/
   chapter58&edition=prelim

https://www. ic. gc. ca/eic/site/ica-lic. nsf/eng/h_lk81126. html

https://www. ic. gc. ca/eic/site/ica-lic. nsf/eng/lk81224. html.

https://www.aei.org/foreign-and-defense-policy/commerce-andtreasury-make-china-legislation-harder/

https://www.akingump.com/en/news-insights/us-policymakers-consider-alternatives-for-outbound-investment-review.html

https://www.aph.gov.au/Parliamentary_Business/Committees/Senate/Economics/ForeignReformAquisiti/Report/section?id=committees%2Freportsen%2F024583%2F75193#footnote24target

https://www.appraisalfoundation.org/imis/TAF/Standards/Appraisal_Standards/Uniform_Standards_of_Professional_Appraisal_Practice/TAF/USPAP.aspx?hkey=a6420a67-dbfa-41b3-987

https://www.ato.gov.au/General/Foreign-investment-in-Australia/New-or-near-new-dwelling-exemption-certificates/

https://www.bclaws.gov.bc.ca/civix/document/id/complete/statreg/02078_01

https://www.bis.doc.gov/index.php/documents/technology-evaluation/2939-22-1175-attachment-1-of-1-ict-supply-chain-assessment-report-v3-dhs-doc-signed-02-24-22/file

https://www.bis.doc.gov/index.php/regulations/commerce-control-list-ccl

https://www.bmwk.de/Redaktion/DE/Publikationen/Industrie/industriestrategie-2030.html

https://www.canada.ca/en/immigration-refugees-citizenship/news/2022/03/canada-ukraine-authorization-for-emergency-travel.html

https://www.cao.go.jp/keizai_anzen_hosho/doc/kihonhoushin.pdf

https://www.casey.senate.gov/imo/media/doc/outbound_investment_transparency_act_one-pager.pdf

https://www.cmhc-schl.gc.ca/en/professionals/housing-markets-data-and-research/housing-research/consultations/prohibition-purchase-residential-property-non-canadians-act/faq

https://www.congress.gov/bill/115th-congress/house-bill/5841/text

https://www.congress.gov/bill/116th-congress/house-bill/4998/text

https://www.congress.gov/bill/117th-congress/house-bill/6329/text?r=8&s=1

https://www.consilium.europa.eu/en/meetings/european-council/2023/06/29-30/

https://www.cov.com/en/news-and-insights/insights/2022/06/revised-national-critical-capabilities-defense-act-of-2022-proposes-expansive-outbound-investment-review-regime

https://www.dlapiperaccelerate.com/knowledge/2017/what-is-the-investment-canada-act-and-why-should-i-care.html

https://www.dni.gov/index.php/ncsc-newsroom/item/2339-ncsc-and-partners-unveil-safeguarding-science-toolkit-to-help-u-s-research-enterprise-guard-against-threats

https://www.ecfr.gov/current/title-31/subtitle-B/chapter-VIII/part-800/subpart-B/section-800.248

https://www.edb.gov.sg/

https://www.energy.gov/technologytransitions/technology-transfer-working-group-ttwg

https://www.faa.gov/airports/planning_capacity/joint_use_airports/

https://www.fordhamgroup.com.au/insights/vacant-residential-land-tax/

https://www.goodwinlaw.com/publications/2018/06/hospitality-and-leisure-series

https://www.gov.uk/government/organisations/competition-and-markets-authority

https://www.gov.uk/government/publications/national-security-and-investment-act-guidance-on-notifiable-acquisitions/national-security-and-investment-act-guidance-on-notifiable-acquisitions

https://www.gov.uk/guidance/national-security-and-investment-act-guidance-on-acquisitions#contact-the-investment-security-unit-isu

https://www.govinfo.gov/app/details/BILLS-118hr3136ih

https://www.govinfo.gov/content/pkg/PLAW-104publ294/pdf/PLAW-104publ294.pdf

https://www.hdb.gov.sg/cs/infoweb/residential/buying-a-flat/understanding-your-eligibility-and-housing-loan-options/application-for-an-hdb-flat-eligibility-hfe-letter/

https://www.insidegovernmentcontracts.com/2022/09/president-biden-issues-executive-order-on-national-biotechnology-and-biomanufacturing-initiative/

https://www.iras.gov.sg/taxes/stamp-duty/for-property/buying-or-acquiring-property/additional-buyer's-stamp-duty-(absd)

https://www.irs.gov/businesses/small-businesses-self-employed/do-you-need-a-new-ein

https://www.kirkland.com/publications/article/2022/06/

outbound-investment-reviews-for-us-cos

https://www.law.cornell.edu/uscode/text/50/chapter-35

https://www.law.cornell.edu/wex/freehold

https://www.law.cornell.edu/wex/possessory_estate

https://www.legislation.gov.au/Details/C2023C00094

https://www.legislation.gov.uk/ukpga/2002/40/contents

https://www.legislation.gov.uk/ukpga/2003/44/contents

https://www.legislation.gov.uk/ukpga/2005/15/contents

https://www.legislation.gov.uk/ukpga/2007/27/contents

https://www.legislation.gov.uk/ukpga/2009/25/contents

https://www.lexology.com/library/detail.aspx?g=a4db4c22-58fa-49e2-a174-df4b10c4537

https://www.mls.com/

https://www.mnd.gov.sg/newsroom/press-releases/view/release-of-first-half-of-2023-government-land-sales-(gls)-programme

https://www.mondaq.com/unitedstates/terrorism-homeland-security-defence/1203578/lawmakers-continue-push-for-review-of-outbound-investments-

https://www.morganlewis.com/pubs/2022/05/us-national-security-review-for-outbound-investment-domestic-and-global-impact

https://www.nortonrosefulbright.com/en/knowledge/publications/c8b20a65/the-uks-new-nsi-regime-what-do-you-need-to-know

https://www.nsf.gov/pubs/policydocs/pappg22_1/index.jsp

https://www.pref.aichi.jp/site/aichi-chizai/keizaianpo2022.html

https://www.proskauer.com/alert/final-cfius-rules-issued-what-it-means-for-real-estate-transactions-and-investors

https://www.rbhf.ca/2021/12/ontario-land-titles-act-registry-act-explained/

https://www.rocketmortgage.com/learn/government-sponsored-enterprise

https://www.sangiin.go.jp/japanese/joho1/kousei/syuisyo/211/syuh/s211080.htm

https://www.sequoiacap.com/our-companies/

https://www.skadden.com/insights/publications/2022/06/congress-reportedly-advances-broad-proposal?sid=0c4eb6c0-a746-49a0-b343-c9fac4a49ee7

https://www.straitstimes.com/singapore/housing/maximum-tenancy-period-to-rent-hdb-flat-to-non-malaysians-non-singaporeans-to

https://www.ura.gov.sg/maps/?service=mp

https://www.usa.gov/agencies/federal-housing-administration

https://www.uscc.gov/annual-report/2021-annual-report-congress

https://www.uscc.gov/sites/default/files/2022-11/2022_Executive_Summary.pdf

https://www.uschina.org/advocacy/regulatory-comments-on-china/uscbc-views-make-it-america-act-previously-usica-and-america-competes-act

https://www.whitehouse.gov/briefing-room/presidential-actions/2021/02/24/executive-order-on-americas-supply-chains/

https://www.whitehouse.gov/briefing-room/presidential-actions/2022/09/12/executive-order-on-advancing-biotechnology-and-biomanufacturing-innovation-for-a-sustainable-safe-and-secure-american-bioeconomy/

https://www.whitehouse.gov/briefing-room/speeches-remarks/2023/04/27/remarks-by-national-security-advisor-jake-sullivan-on-renewing-american-economic-leadership-at-the-brookings-institution/

https://www.whitehouse.gov/briefing-room/statements-releases/2022/09/15/fact-sheet-president-biden-signs-executive-order-to-ensure-robust-reviews-of-evolving-national-security-risks-by-the-committee-on-foreign-investment-in-the-united-states/

https://www.whitehouse.gov/wp-content/uploads/2021/05/gov_fy22.pdf

https://www2.gov.bc.ca/gov/content/taxes/property-taxes

Sen. Cramer Cosponsors Bipartisan, Bicameral Bill to Protect Ag Industry from Foreign Interference (senate.gov)

저자약력

김 민 배 金敏培, KIM, MINBAE

충남 서산에서 농업에 종사하다가 고졸 검정고시에 합격하였고, 인하대학교 대학원에서 법학박사 학위를 받았다. 1991년 인하대 법대 교수로 임용된 후 법대 학장, 학생지원처장, 로스쿨 추진위원장 등을 역임했다. 日本 中央大 法科大學院과 一橋大 法科大學에서 Visiting Scholar로서 연구를 했다.

2004년 '산업기술보호법'의 제정을 위한 연구에 참여한 후『기술보호의 적정한 관리의 나아갈 방향에 대한 보고서(편역, 2009)』,『산업기술보호법(2011)』,『산업보안조사론(공저, 2020)』,『산업보안학(공저, 2022)』등을 성과물로 펴냈다.『행정법 I, II(공저, 2010)』,『공법연습(공저, 2002)』,『정치자금과 법제도(2004)』등의 저서가 있으며,『주요국의 기술 유출 방지정책 강화 동향 분석 보고서(2023)』등 150여 편의 논문과 보고서가 있다. 주요 언론 등에 1,500여 편의 칼럼을 집필하였다.

산업기술보호위원회 위원, 방위사업청 방산기술자문관, (사)한국산업기술보호협회 자문위원, 법무부 보안관찰처분심의위원회 위원, 대검찰청 수사심의위원회 위원, 법제처 법령해석심의위원, 민주평화통일자문위원회 상임위원, 인천지방경찰청 수사이의심사위원회 위원장, 인천 자치분권협의회 위원장, 제12대 인천연구원장 등을 역임하였다.

1994년 참여 연대 창립에 참여하였으며, 민주주의법학연구회장, 한국산업보안연구학회장, 경인일보 객원 논설위원, 인천 TBN 시청자위원회 부위원장, 재단법인 정수장학회 장학지도위원, (재)인천인재평생교육진흥원 이사 등으로 활동하였다. 제50주년 법의 날에 홍조근정훈장을 받았다.

현재는 (사)새얼문화재단 운영위원, 인천 사회복지공동모금회 부회장, (재)이철옥 장학재단 감사, 굴업풍력상생협의회 및 오스테드 인천해상풍력 지역협의회 위원장, 인하대 법학전문대학원 명예교수 등으로 활동하고 있다. 관심을 두고 있는 주제는 "인간과 생명, 민주주의와 헌법해석, 소유제도와 통일, 서해5도와 해상풍력, 경제 안보와 첨단기술" 등이다.

경제안보와 외국투자안보법

초판발행	2024년 7월 25일
지은이	김민배
펴낸이	안종만·안상준
편 집	양수정
기획/마케팅	김민규
표지디자인	Ben Story
제 작	고철민·조영환
펴낸곳	(주) 박영사
	서울특별시 금천구 가산디지털2로 53, 210호(가산동, 한라시그마밸리)
	등록 1959.3.11. 제300-1959-1호(倫)
전 화	02)733-6771
f a x	02)736-4818
e-mail	pys@pybook.co.kr
homepage	www.pybook.co.kr
ISBN	979-11-303-4725-7 93360

정 가	49,000원